LES SOUVENIRS VIENNENT À MA RENCONTRE

La liste des publications de l'auteur se trouve en fin d'ouvrage.

Edgar Morin

Les souvenirs viennent à ma rencontre

Pluriel

Couverture : Delphine Delastre
Image : © Catherine Gugelmann / Opale / Leemage
ISBN : 978-2-818-50639-4
Dépôt légal : janvier 2021
Librairie Arthème Fayard/Pluriel, 2021

Ainsi, toujours poussés vers de nouveaux rivages,
Dans la nuit éternelle emportés sans retour,
Ne pourrons-nous jamais sur l'océan des âges
Jeter l'ancre un seul jour ?

Lamartine
Le Lac

Je remercie Sabah dont la sollicitude m'a permis les trois années de rédaction de ces souvenirs

Et Hélène Guillaume qui fit le si indispensable, si patient, si pertinent travail de débroussaillage d'une première mouture bourrée d'incorrections

Introduction

Bien qu'ils émanent de ma mémoire, ces souvenirs ne sont pas des Mémoires qui obéiraient à un ordre chronologique. Ils me sont venus et m'ont envahi selon l'inspiration, les circonstances, s'interpellant les uns les autres, certains en ont fait émerger d'autres de l'oubli. Je crains qu'il en soit de très chers et très marquants qui reviendront trop tard. Quelques-uns me demandent une extrême discrétion et attendent en silence. Il en est d'autres, enfouis dans mon cerveau, qui n'ont pu s'éveiller.

Ceux qui ont émergé témoignent que le fils unique, orphelin de mère que j'étais, a trouvé dans sa vie des frères et des sœurs.

Ils témoignent que j'ai trouvé des aimées aimantes.

Ils témoignent que j'ai pu admirer inconditionnellement des hommes ou femmes qui furent à la fois mes héros et mes amis.

Ils témoignent des illuminations qui m'ont révélé mes vérités, de mes émotions, de mes ferveurs, de mes douleurs, de mes bonheurs.

Ils témoignent que je suis devenu tout ce que j'ai rencontré.

Ils témoignent de mes résistances : sous l'Occupation, puis au cours des guerres d'Algérie, de Yougoslavie, du Moyen-Orient, et contre la montée de deux barbaries, l'une venue du fond des âges, de la haine, du mépris, du fanatisme, l'autre froide, voire glacée, du calcul et du profit, toutes deux désormais sans freins.

Ils témoignent des *querencias* que j'ai trouvées, où j'ai cru me fixer pour la vie et que j'ai dû abandonner, rue Soufflot et rue des Blancs-Manteaux, à Paris, à Caldine, en Toscane, à La Bollène-Vésubie ou à Hodenc, en France.

Ces souvenirs témoignent enfin d'une extrême diversité de curiosités et d'intérêts, mais aussi d'une obsession essentielle, inépuisable, inépuisée, celle qu'exprimait Kant et qui n'a cessé de m'animer : Que puis-je savoir ? Que puis-je croire ? Que puis-je espérer ? Inséparable de la triple question : qu'est-ce que l'homme, la vie, l'univers ?

Cette interrogation, je me suis donné le droit de la poursuivre toute ma vie.

1

Rencontres avec la mort

Première rencontre

Je commence par un souvenir profondément inscrit dans mon cerveau, mais dont je n'ai aucune conscience, bien que ce soit le premier des deux événements les plus atroces de ma vie, le second, lui, est irrémédiablement présent dans ma conscience.

Le souvenir dont je n'ai aucune conscience est prénatal. J'étais déjà un petit être vivant avec une tête, un visage, un corps formé, une sensibilité, peut-être des rêves, sans doute des plaisirs ou des déplaisirs.

Mon père, Vidal, âgé de 26 ans, épouse à Paris, le 22 juin 1920, Luna Beressi, âgée de 23 ans. Deux ans plus tôt, Luna avait été affectée par la grippe espagnole, pandémie qui aurait fait cent millions de victimes en 1918 (plus que la Première Guerre mondiale), et lui avait causé une lésion cardiaque.

Elle devient très vite enceinte, mais, apparemment, elle avorte. J'ignore depuis quand elle savait que sa lésion au cœur lui interdisait d'avoir un enfant ; mon père, en tout cas, l'ignorait. À son insu, une « faiseuse d'anges » a fait subir à son épouse un traitement abortif, pratique clandestine à l'époque. Mais, de nouveau enceinte, elle retourne chez la faiseuse d'anges qui lui donne à nouveau un traitement abortif. Le fœtus subit la violence du traitement (poison ? manipulation ?), mais il résiste à cette atroce agression physique. Il a dû se pelotonner à contresens de l'utérus, ce qui explique qu'il sera expulsé par le siège et étranglé par le cordon ombilical lors de l'accouchement. Comme cette fois Luna est condamnée à accoucher, elle révèle sa maladie cardiaque au gynécologue, le docteur Schwab, qui confie à mon père le danger mortel qu'encourent la mère et l'enfant : « De toute façon, nous sauverons la mère. »

Dans la nuit du 8 juillet 1921, à leur domicile, 10, rue Mayran, le docteur Schwab extirpe du ventre de la femme un petit mort-né, apparemment étouffé par le cordon enroulé autour de son cou. Il prend le bébé par les pieds et ne cesse de le gifler, sans discontinuer, pendant un temps à perdre tout espoir, jusqu'à ce qu'un hurlement, enfin, annonce le retour à une vie qui semblait avoir disparu.

Jusqu'aujourd'hui, il m'est resté de ce traumatisme de naissance, et ce jusqu'à la fin de mes jours, de soudaines sensations d'étouffement que seul peut soulager un soupir libérateur venu des profondeurs de mes poumons. En résistant au traumatisme prénatal, j'ai peut-être acquis une « résilience », comme on dit maintenant, en tout cas une forte capacité de résistance à la mort.

C'est bien plus tard, une fois adulte, que mon père me livra le récit complet de cette histoire. Il évoque l'accouchement dans une lettre qu'il m'adressait le 8 juillet 1975 :

8 juillet 1975, 6 heures et demie du matin

Mon cher Edgar,

Cinquante-quatre ans ! On a passé une nuit blanche ; à l'aube vers 4 heures, j'entends le docteur Schwab taper des claques. Je m'approche de la porte, je l'ouvre un peu et vois qu'il tient par les pieds un petit corps comme un petit lapin et il continue à taper sur le ventre, sur la joue, sur le cœur.

Des moments interminables, et finalement tu pousses un premier cri ; il te dépose sur le lit de ta maman tout endolorie, il vient me rejoindre : « J'ai eu du mal, me dit-il, je n'ai pas voulu m'arrêter de le frapper, car il ne respirait pas. Préparez-moi un fauteuil pour me reposer un peu ; je veux rester deux ou trois heures pour voir la maman se remettre et le gosse se maintenir en vie. »

Juste à cette heure-ci, il m'a demandé de lui préparer un café. Il a vu ta maman et toi déjà gesticulant et pleurant, et m'a dit qu'il partait tranquille pour revenir vers midi de ce 8 juillet, semblable à aujourd'hui, très chaud. Il y a cinquante-quatre ans.

En bien t'embrassant,

Bon anniversaire.

La lésion cardiaque de ma mère obligea mes parents à n'avoir qu'un fils unique, quasi miraculé, provoquant leur angoisse à chacune des maladies infantiles que je subissais. Moi-même, privé de frères et sœurs, étais condamné à la sauvagerie et me suis renfermé, dès que je pus lire, dans les contes pour enfants puis dans les romans.

J'étais tellement timide et sauvage que je refusai d'aller à l'école le jour de la rentrée. Mon père reçut l'ordre de me faire entrer en classe. Il n'était pas question pour moi de quitter l'appartement. Il m'en arracha, me traînant de marche en marche du troisième étage jusqu'au rez-de-chaussée. Je résistai encore en hurlant devant la loge de la concierge. Il finit par m'extraire de l'immeuble et me tira par la main rue Rochechouart, puis rue Trudaine jusqu'au lycée Rollin. Là, je refusai d'entrer et fus à nouveau agrippé et poussé par mon père jusqu'à la classe enfantine dont il ouvrit la porte pour m'y laisser ; la maîtresse m'indiqua un siège, mais je me précipitai sur la porte qu'elle ferma aussitôt à clé. Je restai durant toute la classe muet et terrorisé…

Je ne pouvais pas savoir alors qu'après la mort de ma mère le lycée deviendrait l'un de mes deux refuges, l'autre serait le cinéma.

Deuxième rencontre

J'étais en symbiose avec ma mère ; bébé, elle me portait au salon de thé des Galeries-Lafayette, puis, plus tard, me prenait par la main pour faire ses courses, me conduisait chez sa petite couturière pour me faire confectionner de beaux costumes de marin.

Au printemps 1931, nous avions déménagé pour Rueil-Malmaison où mon père avait fait édifier une villa. J'avais 10 ans. Je prenais un train le matin qui me conduisait gare Saint-Lazare et, de là, un bus jusqu'au lycée Rollin.

Ce jour-là, un des derniers jours de classe, j'étais très heureux et insouciant. En sortant du lycée, je fus seulement surpris que mon oncle Jo, époux de la sœur de ma mère, Corinne, vienne me chercher et m'amène chez lui me disant que mes parents étaient partis en voyage. Toujours heureux, debout dans le taxi au toit ouvrant, je respirais l'air à travers le boulevard du métro aérien où les arbres étaient couverts de feuilles vertes. Je n'avais aucun souci, aucune inquiétude, le soir, quand je partageai avec mes cousins plus jeunes le repas préparé par Marie, la bonne arménienne de ma tante. Je ne sais plus s'il y eut un jour ou deux d'insouciance, voire de plaisir d'être en apparentes vacances. Un matin ou un après-midi, Marie nous amena avec mon petit cousin et ma petite cousine au square Martin-Nadaud qui jouxte le cimetière du Père-Lachaise dont il est séparé par un mur, ce que j'ignorais. J'étais en train de jouer sur le gazon à je ne sais quel jeu quand, soudain, je vis des souliers noirs, un pantalon noir, un costume noir, un homme en noir, c'était mon père. Ce fut une intuition fulgurante : je compris aussitôt que ma mère était morte. Mon père me dit : « Ne reste pas sur le gazon, c'est interdit. » Je rechignai pour cacher mon soudain désespoir. Il partit. Sans doute était-il venu de l'enterrement au cimetière voisin et voulait-il me voir.

Je fus ravagé par un Hiroshima intérieur. En même temps, je cachais ma douleur en m'enfermant dans les cabinets ou en pleurant la nuit sous mes draps. Par la suite, j'écoutais en silence mon père me dire que ma maman était en voyage et j'eus son mensonge en horreur. Puis tante Corinne crut bon de m'informer que ma mère était partie voyager au Ciel, ce dont on revient parfois, mais pas toujours. Je l'écoutai avec une apparente indifférence. Vint le jour où elle me dit : « Maintenant, c'est moi ta maman », et je ne lui fis aucune réponse. Je ressentis en secret une usurpation de maternité. À voir mon attitude, mes parents conclurent à une insensibilité ou une idiotie, et cela d'autant plus que pour le premier anniversaire de la mort de ma mère je refusai de les accompagner au cimetière. Les animaux se cachent pour mourir, je me cachais pour souffrir.

Troisième rencontre

Nous passâmes l'été à Rueil avec tante Corinne, son mari et ses enfants. Je me rappelle avoir fait beaucoup de vélo, notamment dans l'île de Chatou sorte d'île de la mort où je cherchais une marque funèbre. Je ne me souviens guère de l'année scolaire suivante, en classe de septième. J'avais exigé de rester au lycée Rollin alors qu'habitant Ménilmontant chez tante Corinne j'aurais dû aller au lycée Voltaire.

Je prenais le métro aérien à Ménilmontant et descendais à Anvers, puis après 18 heures je faisais le trajet inverse. Je ne me souviens pas d'amitiés au cours de cette période. Je me sentais seul et malheureux. Un mur mental me séparait de mon père et de ma tante. Je sais que j'allais au cinéma le jeudi, jour de congé, et le dimanche. Je sais que j'écoutais sans arrêt le disque *El Relicario* qu'aimait tant ma mère, jusqu'à usure de mon petit gramophone. Je sais que j'ai lu avec un sentiment d'extrême violence *Œdipe-roi*, qui se trouvait dans la bibliothèque de ma mère.

L'été arriva, que nous passâmes à Rueil. Je faisais de grandes expéditions à vélo à Saint-Germain, à Paris, suivi de mon cousin Freddy. Vers la fin de l'été, je tombai malade au point que ma fièvre grimpa au-delà de 40°, j'avais la gorge infectée de glaires, mon état laissa sans voix notre médecin de famille, le docteur Amar. Incapable de diagnostiquer quoi que ce soit, il fit venir deux confrères, non moins stupéfaits. Ils donnèrent l'instruction de me mettre de la glace sur le corps et tante Corinne m'enlevait du doigt les glaires qui m'étouffaient. Finalement on diagnostiqua une fièvre aphteuse.

Est-ce que quelque chose en moi me poussait à mourir, soit par excès de difficulté à vivre, soit pour rejoindre ma mère ? Je reste persuadé que cette maladie est une conséquence de sa disparition, et je n'ai pu résister à la mort qu'avec les soins de tante Corinne et le secours de la glace.

Je fus guéri quelques jours après la rentrée scolaire. Comme je me rendais vers la classe de sixième, le surveillant général, M. Lorphelin, me demanda avec bienveillance : « Tu as été malade, mon petit ?

– Oui, m'sieur, j'ai eu la fièvre aphteuse.

Ah toi, ne te fous pas de ma gueule ! »

Les deux souricières : 1943-1944

La mort me négligea durant mon adolescence. Puis, résistant sous l'occupation allemande, je vécus comme beaucoup sous les menaces de l'arrestation, de la torture, de la déportation, toutes porteuses de danger mortel. Il y eut deux occasions où elle me tendit un piège dans lequel j'aurais dû tomber.

Lyon 1943, été ou début d'automne. J'avais intégré le Mouvement de résistance des prisonniers de guerre et déportés, né dans le stalag XIB, où un groupe de prisonniers résistants fabriquait de faux papiers de rapatriement pour maladie et les utilisait pour rentrer sans encombre en France. Les animateurs étaient Michel Cailliau, dit Charette, neveu de De Gaulle, André Ulmann, ancien journaliste à *Vendredi*, Pierre Le Moign, dit Lebreton, l'aspirant Duprat-Geneau, dit Philippe Dechartre. Avec ces faux papiers, ils réussirent à gagner la France et créer un mouvement de résistance. J'ai dû quitter mon identité parce que j'avais l'âge de partir en Allemagne pour le STO (Service du travail obligatoire), et pour cela j'ai utilisé un faux *urlaubschein* de rapatriement au nom de Gaston Poncet, âgé de 28 ans, encore prisonnier de guerre. La mairie d'Antibes m'avait établi à ce nom des cartes d'identité, d'alimentation, de textile, de tabac, etc., une batterie de vrais faux papiers d'identité. De surcroît, le mouvement me donna une carte de travailleur à l'Imprimerie nationale.

André Ullmann, que m'avait fait connaître Clara Malraux, (celle-ci a joué un grand rôle dans mon destin, je reviendrai sur cette période) m'avait recruté. Je lui avais objecté que je devais rejoindre les FTP (Francs-tireurs et partisans) sur les instructions du parti communiste ; il me répondit avec un sourire entendu qu'il arrangerait cela. En fait, il était sous-marin du Parti (affilié secret), comme j'allais l'être moi-même (à un grade au-dessous).

Il me recruta donc au printemps ou au début de l'été 1943 et je passe sur divers épisodes aventureux que je traiterai plus tard pour en arriver à l'épisode fatal. J'avais rencontré par hasard mon condisciple de lycée, Joseph Recanati, grand admirateur de Julien Benda dont j'avais été le semi-nègre quand je résidais à Toulouse (voir p. 86 et suivantes), et je l'avais recruté puis présenté à André.

André avait décidé de me faire connaître Henriot, important résistant (de son nom Gemähling), qui assurait la liaison avec Londres et Alger. Ils avaient rendez-vous au square du musée un après-midi. Peu avant le rendez-vous, nous sommes attablés à un café, place Bellecourt, André, Joseph et moi. Une forte sympathie s'était créée entre eux deux. Au dernier moment, André me dit : « C'est Joseph qui viendra avec moi, toi, tu rencontreras plus tard Henriot. » Je leur demande par un automatisme de précaution de me donner leurs documents compromettants, tracts ou autres, ce qu'ils font. La Gestapo, qui faisait de terribles ravages dans nos rangs, sous le commandement de Barbie, avait eu accès à la boîte à lettres qui contenait l'annonce du rendez-vous, elle a cueilli André et Joseph au square du musée.

Tous les deux ont été torturés, puis déportés au camp de Mauthausen où ils ont survécu grâce à l'organisation des déportés communistes du camp (à laquelle participait Pierre Daix, j'y reviendrai plus longuement). Mais, à la libération par l'armée américaine, Joseph eut le malheur d'engloutir une boîte de conserves, ce qui, après des mois de famine, lui fut fatal. J'ai souvent pensé qu'il était mort à ma place, et, bien qu'innocent de ce qui s'est produit au square du musée, j'ai gardé un sentiment de culpabilité.

Dès que j'appris leur arrestation je me souvins que Joseph avait noté, quand je l'avais rencontré (il ne prenait pas encore les précautions nécessaires à la clandestinité, qui exigent de ne rien noter en clair), mon nom et mon adresse dans son carnet. Or, j'avais chez moi la valise-trésor du mouvement que j'avais pu récupérer chez un camarade qui venait d'être arrêté par la Gestapo.

Je remonte un peu dans le temps pour dire comment j'avais récupéré cette valise. Caillé (j'ai oublié son prénom, Roland, je crois) avait été appréhendé avec deux autres résistants de notre mouvement sur la route d'Ambérieu, et la valise contenant faux tampons, faux papiers, tracts, archives, monnaie, quelques armes, c'est-à-dire le trésor du mouvement en zone sud, se trouvait chez lui. André me donne l'ordre de la récupérer. Je suis accompagné de Joseph. Nous arrivons à l'immeuble de Caillé. Je dis à Joseph de m'attendre en bas et, au moindre signe suspect, d'aller prévenir André. Je monte les trois étages d'un majestueux escalier XVIIe siècle, et j'arrive devant la porte. Je sonne, la peur au ventre, rien ne vient. Je sonne plusieurs fois, pas de réponse. Je m'obstine. Finalement, une jeune femme épouvantée m'ouvre. Je la rassure en lui disant que je viens chercher la valise, puis je repars avec. Le seul endroit où la mettre est dans la chambre que je loue chez un vieux couple, dans une impasse à la Croix-Rousse. Je range la valise sous mon lit.

Tout semblait donc assuré jusqu'à ce que l'arrestation de Joseph me fasse craindre la visite de la Gestapo chez moi. Je me fais accompagner par Violette, devenue ma compagne. Nous descendons du tram. Je lui demande d'aller voir. Si tout semble normal, elle doit sonner, et, s'il y a du louche, fuir aussitôt ; je l'attends au coin de l'impasse. La logeuse lui ouvre, Violette dit que je lui ai demandé de récupérer ma valise, elle va la prendre et me rejoint. Je contacte mon camarade Ubu, membre du mouvement, qui vit dans une résidence à Caluire et, dans la nuit, nous allons enterrer la valise dans son jardin pour quelques jours.

Le surlendemain, inquiet de ne pas avoir de mes nouvelles, mon père de passage à Lyon se rend chez mes logeurs.

« Mais votre fils est un bandit, un voleur de bijoux, la police est venue le chercher hier, vous devriez avoir honte d'avoir un tel fils ! »

Puisque je raconte l'histoire de la valise je la termine.

Comme je l'ai dit, une vague effroyable de répressions s'abat alors sur la Résistance à Lyon. J'essaie d'aller à un rendez-vous de repêchage devant un cinéma, mais, avant d'y arriver, je vois deux tractions avant noires, véhicules favoris de la Gestapo, je m'éloigne par une petite rue tranquille ; je m'aperçois que je suis suivi et j'entends au bout de la rue le tintement d'un tramway en approche. Je fais aussitôt le plus beau sprint de ma vie, prends le tramway en marche et vois un quidam courir en vain derrière moi.

Tous mes contacts à Lyon étant coupés, je décide de retourner à Toulouse (où j'ai vécu de 1940 à 1942) et où je peux renouer avec la Résistance. Le problème est de transporter la valise sans encombre. Nous la déterrons, la nettoyons, puis je prends le train à Lyon où les feldgendarmes me laissent passer. J'avais prévenu Clara Malraux de mon arrivée et il était convenu qu'avant de sortir de la gare je lui passerais la valise par-dessus un grillage séparant le quai n° 1 de l'extérieur. Ce qui fut fait et nous permit avec Violette de sortir tranquillement. La valise était désormais en sécurité.

J'en viens au second piège mortel.

J'avais recruté comme adjoint à Toulouse Jean Krazatz, un marin de Hambourg, Allemand antinazi ayant combattu en Espagne, évadé du camp du Récébédou, hébergé par Clara Malraux dont il était un amant occasionnel ou principal, je ne sais. Je fus très heureux de ce compagnonnage. Avec Jean nous pouvions essayer d'avoir, via des femmes parlant leur langue, des contacts avec des militaires portant l'uniforme allemand pour avoir des renseignements, voire les inciter à déserter. Quand je décidai de quitter Toulouse pour Paris où devait s'opérer la fusion de notre mouvement avec celui de François Mitterrand, (je reviendrai sur cet épisode) j'emmenai Jean avec moi.

Il logeait hôtel Toullier, près de la Sorbonne, où Violette et moi avions vécu avant de trouver un autre hôtel, puis un appartement. Nous nous rencontrions presque quotidiennement en des lieux discrets. J'avais rendez-vous une fin de matinée avec lui au cimetière Vaugirard, toujours désert, où il est facile de voir si son partenaire est suivi. Il n'était pas là et, bizarrement, je ne me suis pas inquiété.

Après avoir déjeuné dans un restaurant du quartier, je me rends, accompagné de Violette, à son hôtel, je ne regarde pas la concierge, mais le tableau des clés, et je vois que la sienne n'y est pas attachée. Il est donc dans sa chambre, qui se trouve au second étage. Violette m'attend en bas, je monte le premier étage. Arrivé sur le palier, une étrange lassitude me saisit. J'hésite, puis redescends l'escalier. Je lui laisse un mot : « Cher Jean, rendez-vous à la galerie X de la Sorbonne demain telle heure. » J'apprends peu après qu'une souricière avait été tendue dans sa chambre où il était enfermé, avec une copine, Gaby Bounes, venue le voir et qui avait aussi été arrêtée, que la concierge, terrorisée, n'avait rien osé dire à Gaby ni à moi, qu'elle avait seulement fait disparaître mon mot, sans doute par peur.

J'ai toujours voulu comprendre mon état d'esprit d'alors ; je n'avais aucune crainte, je ne me doutais pas du tout que Jean avait pu être arrêté dans sa chambre. J'étais jeune et alerte, deux étages ne m'auraient nullement fatigué, et pourtant un sentiment se traduisant en lassitude m'avait fait rebrousser chemin. Une intuition, totalement obscure puisqu'elle ne m'avait pas particulièrement prévenu d'un danger, avait provoqué en moi un alanguissement m'incitant à ne pas aller jusqu'à la chambre de Jean et à redescendre l'escalier. Aujourd'hui, Sabah me dit que c'est ma mère morte qui veillait sur moi et m'a averti. J'aime cette version.

Jean a été torturé. Il avait un léger accent qui convenait à son patronyme flamand sur sa (fausse) carte d'identité française. Mais après plusieurs séances de tortures, hébété, il répondit en allemand à ses bourreaux. Ceux-ci, après d'ultimes supplices vengeurs, l'exécutèrent dans leur cave. Gaby, quant à elle, est revenue de déportation.

Rendez-vous sur l'autoroute entre Mannheim et Francfort

Arrivés à l'état-major de la première armée, le 27 février 1945, nous étions passés de la prose sordide à une nouvelle poésie de fraternité. À Lindau, petite ville d'opérette sur le lac de Constance, nous vivions l'euphorie de la victoire.

Ce qui rendit merveilleux notre séjour à Lindau, ce fut la découverte de nouveaux amis, issus du maquis de Franche-Comté et intégrés dans la 1re armée : Romuald et Jacqueline de Jomaron, Georges Lesèvre et leur chef de maquis, le commandant Durandal, de son vrai nom Chazeaux, ouvrier communiste devenu un vrai seigneur en s'étant formé dans les responsabilités du combat. Romuald, doux rêveur, semblait toujours un peu ailleurs et, pourtant, il s'était révélé combattant résolu dans le maquis. Jacqueline était hyperprésente, chaleureuse. Georges était très affable et son sérieux cachait un secret ; la Gestapo venue l'arrêter chez ses parents avaient pris ceux-ci et les avait déportés. Il ne savait rien d'eux en avril-mai 1945. Sa mère, Mme Lesèvre, revint finalement, et, plus tard, témoigna au procès de Klaus Barbie, chef de la Gestapo de Lyon, qui l'avait torturée. Nous respections tous le commandant Durandal qui avait une autorité naturelle sur nous. Les Jomaron et Lesèvre formaient un trio soudé qui nous laissa entrer dans leur communauté. Nous chantions sans cesse des chants révolutionnaires, des chants de la guerre d'Espagne, des chants volés à l'ennemi, comme *Rosamunda*, devenu l'hymne d'un régiment de tirailleurs marocains, *Lili Marlene*, *Ich hatt' einen Kameraden*, et même le *Horst-Wessel-Lied*. Nous fraternisions sous le soleil d'été, faisions des balades en voiture dans le Vorarlberg, nous sommes allés ensemble voir le nid d'aigle de Hitler, à Berchtesgaden, et nous sommes rendus au premier festival de Salzbourg d'après-guerre. L'amitié fraternelle demeura, surtout avec les Jomaron. Romuald m'accompagna à la clinique des Métallos la nuit de la naissance de ma fille Véronique ; Jacqueline était toujours ardente, passionnée.

Enfin, à Lindau, je retrouvai Michel Herr, fils de Lucien Herr (grande personnalité socialiste du début du siècle) que j'avais rencontré dans la Résistance. Pour faire avaler le communisme à Violette qui fut d'abord rétive, il évoqua la lutte du chevalier blanc contre le chevalier noir : l'un et l'autre combattent avec des armes semblables, s'assènent des coups semblables, mais l'un porte en lui l'avenir libérateur et l'autre le passé oppresseur. Il appartenait à l'état-major de De Lattre de Tassigny et s'efforçait de convaincre le général de créer, en zone française, une université hégélienne (hégélo-marxiste, dans son esprit). C'était un communiste enthousiaste et, du reste, quand il revint au civil peu après, il voulut absolument se rendre au congrès du Parti à Strasbourg, bien qu'il n'y fût pas convié. Il se rendit gare de l'Est, se dirigea vers la locomotive (à vapeur, à l'époque) et vers les mécaniciens noirs de suie pour leur demander avec exaltation : « Puis-je faire le voyage avec vous dans la locomotive, camarades ? » Ils n'étaient bien sûr pas autorisés à lui dire oui. Et, bien que non-délégué au congrès, il voulut y entrer, on le mit à la porte comme provocateur. Cela ne diminua en rien sa foi.

Brusquement, en août 1945, la création d'un gouvernement militaire français dans notre zone d'occupation élimina le pouvoir de De Lattre et me déporta au siège du gouvernement militaire à Baden-Baden, ville balnéaire du Bade-Wurtemberg, sorte de Vichy allemand, remplie d'hôtels où les chambres se transformèrent en bureaux pour les ronds-de-cuirs et culottes de peau rescapés de l'ère vichyste. De l'exaltation poétique de la victoire, nous passions à la prose de la bureaucratie. Violette et moi logions dans une grande villa située sur une colline, avec une très belle vue ; tous les jours je prenais le tramway pour descendre en ville à mon bureau. J'étais sous l'autorité d'un civil sympathique, assimilé général, Jean Arnaud, et il me nomma chef de la propagande. Les Jomaron n'ont pas suivi et sont rentrés en France. Nous nous liâmes avec Pierre Grappin, germaniste, conseiller du chef du gouvernement militaire, et son amie Marcque Maucors.

Je faisais des tracts portant des phrases ou des vers de Goethe, Schiller, Buchner, Heine, des affiches antinazies, dont une célébrant le 1er mai : j'avais mis un fond rouge sur deux bras prolétariens qui brisent leurs chaînes. On m'obligea à mettre un fond vert, couleur qui n'était pas encore écologique.

Je profite de mon poste pour me faire donner des missions dans les diverses zones occupées. Je découvre une Allemagne ravagée, anéantie, dont les villes sont en ruine, les populations hagardes.

Je raconte mes visions dantesques à Robert Antelme, Dionys Mascolo, Marguerite Duras. Robert, qui se lance comme éditeur, me demande de faire un livre, ce sera mon premier : *L'An zéro de l'Allemagne*, que je commence à rédiger sur place. Le germaniste Émile Bottigelli, communiste et spécialiste de Engels, qui a regardé sur mon épaule quelques lignes où je considère le peuple allemand plus comme victime que coupable de l'hitlérisme me dit : « Tu vas te faire exclure. » La ligne du Parti était alors « antiboche » et il fallut attendre le discours de Staline, « les Hitler passent, le peuple allemand reste », pour que le Parti communiste français change de ligne, et cela au moment où mon livre sortait en librairie.

André Mandouze, qui fut l'animateur de *Témoignage chrétien* dans la Résistance, rejoignit le gouvernement militaire à Baden-Baden. Et puisque j'évoque André Mandouze, un souvenir me revient. J'étais à Lyon, étudiant et résistant, quand j'appris que Mandouze, qui enseignait à l'université, s'était adressé à ses étudiants le 27 avril 1941, jour de la prise d'Athènes par l'armée nazie, en leur disant : « Debout, messieurs, je vous demande une minute de silence : le drapeau de la barbarie flotte sur le temple de la civilisation. »

Témoignage chrétien était un mouvement de résistance très actif et, à cette époque, communistes et chrétiens fraternisaient (ce qu'exprima le poème d'Aragon *La Rose et le Réséda* : « Celui qui croyait au ciel, celui qui n'y croyait pas »).

J'admirais Mandouze sans le connaître et, quand il arriva à Baden-Baden pour s'intégrer un temps dans le gouvernement militaire français, nous fraternisâmes rapidement. Avec André

Mandouze, nous rédigions un petit journal pour la zone occupée. Un soir, après la rédaction, nous avions décidé de nous rendre en zone américaine où nous savions pouvoir trouver dans les mess pour officiers des réserves de whisky, chocolats, cigarettes blondes et autres denrées encore rarissimes pour nous. J'étais avec Violette, lui avec une copine, et nous avions un chauffeur militaire, Guérineau.

Nous quittons Baden-Baden tard dans la nuit, nous nous égarons dans Mannheim en ruine, retrouvons l'autoroute. Sur le siège arrière, Violette, la copine, Mandouze somnolent, je somnole aussi. La voiture roule. Soudain, je m'éveille et crie à Guérineau : « Stop ! ». Coup de frein, arrêt. Je sors du véhicule ; à deux mètres, un gouffre est béant. Le haut pont autoroutier surmontant un fleuve était coupé, effondré, les signaux d'avertissement avaient été enlevés. Nous avons appris plus tard qu'une Jeep avec quatre Américains s'était fracassée dans le ravin, tuant ses passagers.

À nouveau, je ne sais quelle intuition m'a averti, cette fois clairement, d'un danger qui était pourtant, me semble-t-il, invisible.

Nous faisons marche arrière et prenons en sens inverse l'autre partie du pont qui avait été restaurée. Nous reprenons le bon sens de l'autoroute et continuons à rouler. Guérineau s'endort à son volant, la voiture part sur la gauche, traverse l'autre partie de l'autoroute, tombe d'un remblai et va heurter un arbre qui l'immobilise, tandis que ses vitres se brisent, que la poitrine de Guérineau tord le volant. Je ne sens rien ; je me dis : « Je suis mort », et suis surpris du grand silence serein : mais, soudain, cris et gémissements sortent du siège arrière où Mandouze a de profondes coupures à la main et me prouvent que je vis encore. Je réussis à ouvrir ma porte, à gravir à quatre pattes le remblai, et je fais signe à la première voiture que je vois. Je ne sais plus très bien combien de temps nous avons dû attendre une ambulance, puis nous fûmes transportés dans un hôpital voisin pour personnes déplacées, c'est-à-dire russes, polonais, juifs de l'Est. Bien que je fusse sous l'uniforme français, un vieux juif polonais ou russe me repéra : « *Yid ? – Ya…* »

Je n'avais qu'une douleur à l'épaule, j'étais le moins atteint, je quittai l'hôpital le premier pour retourner à Baden-Baden où peu après les autres me rejoignirent.

J'ai eu deux intuitions salvatrices dans ma vie. Pourtant, je ne suis pas un intuitif. Je n'ai pas pressenti la mort de ma mère, ni que le square du musée de Lyon était dangereux, et bien des événements m'ont surpris sans que je les aie vu venir.

Mandouze et moi nous opposions sur un point : pour lui, la fin ne justifiait pas tous les moyens, alors que je pensais, en communiste brechtien, qu'il fallait parfois être mauvais pour être bon, et que le but sublime du communisme, sans les justifier toujours, incluait l'usage de certains moyens. Je ne sais pas si c'est en 1945 ou 1946 qu'il m'invita à en débattre dans *Témoignage chrétien*, où il exprima avec force sa conviction qu'une fin élevée ne peut justifier des moyens bas.

De mon côté, j'assurais qu'il était indispensable d'utiliser tous les moyens disponibles pour la plus juste des causes, en l'occurrence le salut de l'humanité.

Je quittai Baden-Baden pour revenir à Paris le 1er avril 1946.

L'Homme et la mort, *1949-1951*

Comment en suis-je venu à écrire un livre sur la mort ?

Une amie, Olga Jurgensen, s'était fait confier par les éditeurs Buchet et Chastel (Corrêa) la direction d'une collection dont chaque thème serait traité dans une perspective historique. Le titre de la collection était explicitement « Dans l'histoire », et elle en avait écrit le premier livre : *Les Femmes dans l'histoire*. Comme elle avait apprécié mon *An zéro de l'Allemagne*, elle me demanda un texte. Ce fut *La Mort*, que je rectifiai en *L'Homme et la mort*. Le livre parut sous le titre *L'Homme et la mort dans l'histoire*, lorsqu'il passa aux éditions du Seuil je fis supprimer *dans l'histoire*.

Je savais bien, comme avait dit La Rochefoucauld, que « le

soleil ni la mort ne peuvent se regarder en face ». Je cherchais en fait à interroger le genre humain face à son destin mortel.

Pourquoi ? Présence en moi de la mort de ma mère, mort d'amis résistants comme Jean et Joseph, morts de parents déportés, comme mon oncle Jo, mari de Corinne, à Auschwitz, de mon oncle Benjamin à Compiègne, morts par millions de la Seconde Guerre mondiale, morts d'Hiroshima...

Une grande malchance me donna la grande chance de faire ce livre.

En fait, je devins chômeur, ce qui me permit de me rendre quotidiennement à la Bibliothèque nationale, et, pendant deux ans, de me consacrer à mon livre sur la mort. J'y allais le matin, j'y avais ma place, je retrouvais mes livres de la veille, j'en demandais de nouveaux selon mes lectures, je m'absentais pour fumer une cigarette ou bavarder avec Marie Susini, bibliothécaire à la BN et écrivaine, j'allais manger un croque-madame au bistro voisin, je partais à la fermeture de la bibliothèque. C'était une vie calme, paisible, studieuse que j'aimais beaucoup.

Pendant ce temps, mon épouse Violette allait enseigner la philo dans un lycée de province, puis au collège Paul-Bert à Paris, c'est elle qui gagnait la croûte pour moi et nos deux filles en très bas âge. Aux moments creux, mon père nous assurait une petite aide.

Je m'étais donc inscrit comme « chômeur intellectuel » et fus un jour convoqué, muni de mon curriculum vitae. Je tendis à mon interlocuteur une grande feuille où je faisais état de mes services dans les Forces françaises combattantes, de mes responsabilités dans la Résistance, puis à l'état-major de la 1re armée ainsi qu'à la direction du bureau de propagande au gouvernement militaire français, enfin de mon poste de rédacteur en chef du *Patriote résistant*. L'homme m'exprima son admiration et me demanda : « Accepteriez-vous à la rigueur un poste qui ne soit pas à la hauteur de vos précédentes fonctions ? – Oui, à la rigueur, répondis-je. – C'est dommage, nous n'en avons pas ; mais accepteriez-vous à l'extrême rigueur un poste qui ne soit pas du tout à la hauteur de vos qualités, comme coller des enveloppes et y inscrire des adresses ? – Oui, à l'extrême rigueur… – Nous n'en avons malheureusement pas en ce moment. »

Je me voyais donc chômeur à vie, ignorant que le salut me viendrait de façon inattendue.

Toutefois, un ancien étudiant de philo à Toulouse, Jean-Paul Valabrega, célèbre parmi nous pour avoir remis une dissertation de certificat de licence d'une demi-page seulement et avoir été cependant admis, était devenu notre proche voisin et ami quand Violette et moi habitions Vanves. Il était psychanalyste, et c'est lui qui m'introduisit à l'œuvre de Freud, important pour mon livre, non comme thérapeute, mais comme anthropologue. Bref, désolé de me voir chômeur et sachant que je pourrais accepter des boulots sans joie, il parla de moi aux imprimeurs Auger et Gauger, à Montrouge, qui éditaient sa revue franco-allemande *Wort und Tat*, et avaient besoin d'un représentant d'encre d'imprimerie. Ces messieurs me fixèrent un rendez-vous à leur siège un début d'après-midi. Comme le Salon des vins s'ouvrait ce jour-là au Grand Palais et que c'était pour moi joie et jouissance de déguster gratis, je passai ma matinée au Salon des vins, allant de stand en stand, dégustant tel et tel cépage et m'autorisant (alors que j'étais fauché) à faire quelques commandes de vins de renom en donnant mon adresse pour me faire livrer.

Puis, bien que déjà ivre, je me souviens de mon rendez-vous avec les imprimeurs, je quitte précipitamment le Salon, je rejoins par le métro la porte d'Orléans, y prends un bus de banlieue et m'avise soudain qu'il faut apporter un CV. Je cherche dans mes poches de quoi écrire et n'y trouve qu'un papier hygiénique. Hagard, inconscient, j'y inscris mes grades et titres. Je suis cordialement reçu par MM. Augé et Gauger qui me font remarquer mon retard – dont je rends responsable des embouteillages (et non des bouteilles). Ils me demandent civilement mon curriculum et je leur tends le papier hygiénique que je sors tranquillement de ma poche.

Ils le regardent, se regardent, commencent à lire, hochent la tête d'approbation pour mes services rendus à la nation et concluent : « On vous écrira. »

C'est grâce à cet échec que je pus continuer et finir mon livre ; j'accumulais des notes. J'ai exploré les rites mortuaires dans la préhistoire, les conceptions religieuses de la mort, les psychanalyses, les psychologies, les sociologies, les philosophies, les évocations poétiques et littéraires liées à la mort, et j'ai pu découvrir la biologie de la mort ainsi que les idées de Metchnikov et Metalnikov envisageant la prolongation de la vie humaine. Pour la première fois, je m'étais lancé dans une grande entreprise transdisciplinaire, m'obligeant à passer par presque toutes les disciplines.

Non seulement j'ai pu articuler entre elles des connaissances dispersées, mais aussi poser des questions-clés et faire une découverte déterminante. En l'occurrence qu'il y a deux conceptions premières et fondamentales de la vie après la mort : la première est celle du spectre corporel, ou « double », qui survit à la décomposition des chairs et devient éventuellement esprit vénéré de l'ancêtre ou esprit errant ; la seconde, attestée par les corps disposés en position fœtale dès Neandertal, est celle de la renaissance en humain animal ou végétal.

La première s'est manifestée en Grèce et Rome dans les enfers où survivent les morts fantômes, la seconde dans les réincarnations d'Asie. En Occident, pour échapper à la vie dévaluée des enfers, sont apparues les religions à mystère où les fidèles d'un Dieu qui meurt et ressuscite sont promis à la résurrection. En Orient, pour échapper à des vies successives de souffrance, le bouddhisme a offert aux purifiés l'anéantissement dans le Nirvana.

Les recherches faites pour ce livre me firent découvrir l'énorme importance de l'imaginaire et du mythe que le marxisme dévaluait comme « superstructures ». Je mis *homo mythologicus* au cœur désormais de mon anthropologie en opposition complémentaire avec *homo faber*.

Je constatais l'horreur de la mort dans toutes les civilisations. Et pourtant, dans toutes les civilisations, il y avait des humains qui sacrifiaient leur vie pour leur Dieu, leur patrie, leur famille. Cela m'entraînait à considérer que dès que le Je se fond dans un Nous ou se voue à une Foi, il est capable de surmonter angoisse et horreur de mourir.

Je voyais bien que tout être vivant tendait à éviter la mort et à lui résister, mais l'être humain était le seul qui eût conscience de la mort dans sa vie, en dehors de tout danger immédiat. Et pourtant, sans nier cette conscience, puisque les rites funéraires tendent à éviter par le feu ou cacher sous terre la putréfaction du cadavre, les humains, dès la préhistoire, supposent que le « double », spectre corporel, visible dans l'ombre, le reflet, le miroir, actif dans le rêve, survit au corps décomposé. L'être humain, tout en reconnaissant la mort, la nie. C'est le seul animal qui ait conscience de la mort et qui, en même temps, la surmonte dans le mythe.

Au terme de l'ouvrage, examinant les expériences de Carrel qui montraient que des cellules embryonnaires convenablement nourries pourraient vivre indéfiniment, considérant les idées de Metchnikov et Metalnikov qui faisaient de la mort la conséquence d'une sclérose du tissu conjonctif, j'énonçais que la science ferait reculer progressivement et indéfiniment la mort. Elle ne procurerait pas l'immortalité, car guerres, accidents, attentats, virus, bactéries continueraient à menacer les vies humaines, mais l'amortalité, c'est-à-dire une vie qui ne serait pas soumise à la mort par déterminisme interne.

Durant mon séjour à l'institut Salk de biologie, en Californie, le biologiste Leslie Orgel m'expliqua que de toute façon le fonctionnement ADN/ARN/protéines était soumis à des aléas quantiques et que, tôt ou tard, la mort devrait survenir par détraquages cumulés. D'autre part, je découvrais l'apoptose, ce processus par lequel un arbre sclérose la tige de ses feuilles pour les faire tomber, c'est-à-dire programme leur mort. Il me fallait faire machine arrière, ironiser sur mon mythe scientiste d'amortalité et, dans une nouvelle postface ou préface, invalider totalement cette idée.

Je rencontrai il y a peu le biologiste Jean-Claude Ameisen, qui me dit : « Vous aviez raison dans votre première édition, car, effectivement, les cellules souches, les prothèses, la médecine prédictive pourront retarder progressivement et indéfiniment la mort en maintenant de la jeunesse dans la vieillesse… »

Octobre 1962, Mount Sinai Hospital

En juin 1962, comme en 1961, je retourne à Santiago du Chili pour donner trois mois de cours à la Flacso, faculté latino-américaine des sciences sociales, fondée par l'Unesco, dont la responsabilité est confiée à mon proche ami Lucien Brams. J'étais accompagné en 1961 par Violette. Cette fois, je suis accompagné par Magda, avec qui je me suis lié l'année précédente. Violette est au courant, et comme j'ai prévu au retour en septembre de faire escale à Washington où doit se tenir un congrès mondial de sociologie, je lui ai promis, pour atténuer son mécontentement, de la conduire en Californie après le congrès. Le séjour à Santiago se passe au mieux.

Je quitte la capitale du Chili en compagnie de Magda avec qui je partage un amour fort, paisible et sensuel. Elle a constitué à Turin avec deux amies sociologues comme elle, charmantes également, une boîte privée d'études sociologiques. Ce trio a quelque chose de pavésien qui m'émeut. Bref, je me sens bien avec Magda, mais il est prévu que nous nous séparions à l'aéroport de Washington où je dois rejoindre Violette au congrès de sociologie, puis tenir ma promesse californienne. Comme le billet de retour de Santiago, situé à l'extrême ouest des Amériques, permet de rentrer selon l'itinéraire de son choix vers le nord à condition de revenir toujours vers l'est, j'ai mijoté un itinéraire Santiago-Arica par avion, Arica-La Paz par train, La Paz-Guayaquil (avion), Guayaquil-Mérida, Mérida-New Orleans-Washington.

Je raconterai ce voyage plus tard. Je veux noter ici mon goût pour les nourritures indigènes et la musique des Huaynos. À chaque étape du train, je prenais de la chicha, boisson de maïs mastiqué et salivé par les vieilles femmes, puis fermenté. Quand j'appris à La Paz qu'il y avait une fête locale dans la petite ville de Chulumani dans les Yungas, j'ai affrété un taxi, qui a franchi un col de 4 900 mètres, plus haut que le Mont Blanc, en s'arrêtant plusieurs fois pour modifier le réglage de son carburateur vu la raréfaction d'oxygène, et nous sommes arrivés après cent vingt kilomètres de route particulièrement rustique. La fête dura trois jours et trois nuits, animée par des *comparsas* jouant, chantant et dansant interminablement jusqu'à épuisement ; des Afro-Américaines, pour certaines d'entre elles descendantes des esclaves noirs importés par les Espagnols. Magda et moi avons dansé à perdre haleine, nous effondrant, puis recommençant, nous gavant de plats étranges et d'empanadas, nous enivrant de pisco.

Enfin, nous arrivons à l'aéroport de Washington, nous dormons dans un hôtel proche, et la décision est prise de nous séparer le lendemain matin. Au lever, Magda refuse. Elle est sociologue, me dit-elle, et le congrès l'intéresse. Je lui demande alors d'éviter l'hôtel où je serai avec Violette. Elle me répond qu'elle verra, mais, en fait, elle ira dans le très grand hôtel où sont logés tous les congressistes. Je retrouve Violette au 22e étage sans savoir que Magda a une chambre un peu plus haut. Tout semble paisible jusqu'à ce qu'un groupe de sociologues français, Alain Touraine en tête, nous propose une balade dans la ville. Nous nous joignons au groupe, et je découvre Magda quelques rangs devant nous. Je préviens alors Violette de sa présence, ce qui, puisque contraire à nos conventions, la stupéfie et la rend furieuse.

De son côté, Magda est devenue déchaînée. J'essaie de calmer l'une et l'autre en montant et descendant par l'ascenseur les quelques étages qui séparent nos chambres. Je ne fais qu'attiser le feu.

Au cours du congrès, je perds l'appétit lequel me désertera jusqu'à la découverte de ma maladie. Comme promis, je me dois d'aller avec Violette en Californie. Nous profitons de la voiture d'un enseignant de San Francisco. Tout au long du trajet, je sommeille, je me sens nauséeux. Violette croit que c'est la mélancolie due à ma séparation avec Magda. Le malentendu dure. Nous allons dans divers restaurants de San Francisco, Los Angeles, Disneyland, Las Vegas, et elle attribue mon dédain des aliments au chagrin sentimental. Elle me pousse à prendre cars et voitures pour découvrir la Californie. Au retour à San Francisco, je suis soudain saisi par une fièvre intense alors que je me trouve sur le Golden Gate. Le lendemain, nous devons partir pour New York mais, sans doute par économie, nous devons changer d'avion à Chicago. Je suis de plus en plus mal, fiévreux, décomposé, je ne sais pas à quel moment Violette a compris que je souffrais non pas d'amour mais de maladie. À New York, mon cher vieil ami Stanley Plastrik, ancien militant trotskiste, animateur de la revue de la gauche américaine *Dissent*, demande à son ami le docteur Pidzenik de venir me voir à l'hôtel (déjà, à New York, à cette époque, les médecins ne se déplaçaient plus). J'ai 40 ° de fièvre. « De quelle couleur votre urine ? – Foncée. – Vos selles ? – Elles étaient blanches, mais je n'en ai plus. » Il diagnostique aussitôt une grave hépatite et me fait entrer au Mount Sinai Hospital. Dans la torpeur qui m'envahit, j'imagine des infirmières noires chantant *Moses go down let my people go*, et autres spirituals. Violette veut rester, je la supplie de rentrer en France, Magda veut revenir, je la supplie de rester en Italie. Plus de femmes, plus de femmes !

J'entre dans un sommeil profond – deux semaines, peut-être coma ou voisin du coma – entretenu par les médecins qui ont parié sur ses vertus thérapeutiques. Mon père était très anxieux : quand un correspondant new-yorkais de mon oncle Léon venait me voir pour l'informer de mon état, il me trouvait toujours endormi. Mes médecins favorisaient (je ne sais comment) ce sommeil, car ils se méfiaient des médicaments usuels contre l'hépatite. Quand je me suis éveillé, ils m'ont questionné sur ses causes possibles. Je n'ai pu faire que de vagues hypothèses, j'avais pris l'année précédente de fortes doses d'émétine pour combattre une amibiase contractée à Mar del Plata, je m'étais nourri de plats indigènes inconnus de moi lors de mon voyage de Santiago au Yucatan, j'avais eu de fortes émotions et stress lors du congrès de Washington, et, surtout, le long voyage en Californie avait aggravé mon hépatite qui, d'après le médecin de mon unité, avait failli devenir mortelle.

Ayant repris connaissance, je découvris mes voisins. Un vétéran de la guerre de Corée qui me sembla un dur à cuire. Un jeune homme au visage très doux, très émouvant, qu'on emporta au bout de deux jours pour l'opérer et qui mourut. Un petit vieux que venait de temps en temps voir sa fille, très bourgeoise américaine. Il avait très peur quand sa fille était absente et appelait les infirmières sous mille prétextes. Un jour, il demanda à aller à la selle. Peut-être n'avait-il pas envie, peut-être poussa-t-il à l'excès ? Il entra en agonie et on le ramena mourant dans son lit, voisin du mien, où il succomba. On le transporta à la morgue et, avec une vélocité extraordinaire, les aides-soignantes avaient nettoyé le lit et ses alentours, changé les draps, vidé la table de nuit, déposé une rose dans un vase.

Mon ami Stanley vint m'avertir que New York allait être bombardé. Une grave crise s'était ouverte avec l'URSS qui avait placé des missiles nucléaires à Cuba. Le président Kennedy allait s'adresser à la nation. Je réussis à quatre pattes à me rendre dans une salle voisine où patients valides, nurses, infirmiers et médecins écoutaient le discours alarmant de Kennedy. J'échappais à la mort par hépatite, mais voilà qu'arrivait la menace de la mort hiroshimienne. Je n'eus plus qu'une pensée : « *I want to go home !* »

Mais j'étais sous expérimentation. Le docteur Popper, grand spécialiste qui surveillait mon mal du sous-sol de l'hôpital, avait décidé de tester mon foie en me faisant suivre un régime HO (riche en calories). Je fus surpris, alors que j'étais à la diète du bouillon, de voir arriver sur mon lit un plateau de mets avec force sauces et crèmes. Je crus que ce plateau était destiné à un Chinois nommé HO, au vu de l'étiquette. Le docteur de l'unité m'expliqua qu'il s'agissait de stimuler mon foie, et que, par précaution, on me prendrait la température toutes les trois heures.

Effectivement, de jour comme de nuit, arrivait dans ma chambre un homme thermomètre, spécialisé en prises de température, qui me tendait soit un thermomètre oral soit un thermomètre anal. Je me trompais souvent et alors, impérativement, il me disait « *mouth* » ou bien « *ass* » J'étais très curieux de ma température, mais il refusait toujours de me la donner, comme s'il s'agissait d'un secret d'État. Quand j'avais le thermomètre en bouche, je tentais de loucher sur son mercure et me cassais la tête à convertir les Fahrenheit en Celsius. Quand je l'avais dans le derrière, j'attendais un moment d'inattention, sortais à toute vitesse le thermomètre, le regardais aussitôt et le replaçais instantanément, mais je m'égarais là aussi dans mes calculs. C'est pourquoi je dis un jour à l'homme thermomètre : « Vous savez, une conquête de la Révolution française (les larmes me venaient aux yeux pendant cette hospitalisation quand j'évoquais la France) a été de créer les centigrades : c'est très pratique, quand l'eau bout, c'est 100 °C, quand elle devient glace, c'est 0 °C » ! L'homme médita et me dit : « Vous savez centigrades ou Fahrenheit, quand vous avez le feu au cul c'est toujours la même chose. »

Je pus supporter le régime HO et faire quelques pas, notamment pour aller aux toilettes. Il y avait une rangée d'urinoirs, et chaque malade, après avoir pissé, pressait sur un bouton qui vidangeait l'urine et la remplaçait par de l'eau propre. Je remarquai un jour près de moi un urinoir jaunâtre et, soudain, surgit un vieux patient qui s'exclama en jurant : « Quel est l'enfant de putain qui n'a pas pressé sur le bouton ? » Je lui dis avec dignité : « *It is not me.* » Mais ce dingue ne cessait de me surveiller chaque fois que j'allais uriner, et quand je voyais un urinoir jaune je pressais aussitôt le bouton. Il finit par m'innocenter et, un jour où des infirmiers portaient une civière devant nous, il me dit : « *He is dead* », mais je refusai le dialogue.

Un matin, je vis plein de blouses blanches s'affairer autour du lit du dur à cuire de la guerre de Corée. Un médecin vint parmi eux, l'homme se mit à pousser des gémissements épouvantables. Je demandai à une dame qui assistait le nouveau malade du lit voisin : « *What is it ?* » Elle me répondit en articulant : « *Biopsy. – For what ? – For the liver.* » On lui extrayait un petit bout de foie pour le faire examiner.

Je fus soulagé. À moi, on n'avait pas fait de biopsie.

Le soir, j'annonçai à mon infirmière mon contentement de n'avoir pas eu à subir de biopsie. Elle me répondit : « On vous en fait une demain matin. »

Je réclamai un somnifère. Si un dur à cuire poussait des cris épouvantables, qu'en serait-il de moi ?

Au matin, je dis à mon aimable docteur que je refusais la biopsie. Il me rassura, me dit qu'avant le prélèvement on me ferait une piqûre euphorisante et que tout se passerait bien. Effectivement, la piqûre me fit un peu mal, mais pas le prélèvement. Le docteur revint avec une éprouvette où mon tronçon de foie brunâtre flottait dans de l'alcool. Sous l'effet de l'euphorisant, je dis en riant : « Renvoyez-le en cuisine, il manque les petits oignons. »

J'allais de mieux en mieux, mais le docteur Popper s'intéressait de plus en plus à mon foie qui était très singulier et contenait des traces de métaux rares ; il voulait comprendre les causes de mon hépatite : il envoya des lamelles de mon foie à des collègues étrangers, dont le docteur Albot, grand spécialiste à Paris, beau-père de celle qui allait devenir ma bien-aimée. J'appris qu'il voulait multiplier les biopsies sur plusieurs de mes organes. Je décidai alors de fuir. J'avais reçu la visite du directeur de l'Institut français de New York et je préparai mon évasion en lui demandant d'actualiser mon billet de retour Air France pour Paris pour le début de la semaine suivante. Je savais que le directeur de mon unité m'accorderait une permission de sortie pour le week-end. Mon ami Stanley vint me chercher en poussant le fauteuil roulant qui me portait. Je suppose que, pendant ce temps, montaient les ordres du mystérieux docteur Popper concernant mes biopsies. Je me reposai chez les Stanley, puis embarquai dans un vol pour Paris. Violette et mes filles m'attendaient à Orly. Je me sentais bêtement glorieux d'arriver à elles dans un fauteuil roulant.

Je devais faire une longue convalescence, et ma tante Emy se montra prête à m'accueillir dans le petit appartement de son fils, mobilisé en Algérie, à Monte-Carlo. Tout frétillant à l'idée de revoir Magda qui vivait à Turin, je lui téléphonai, sans penser que Violette, avec un second téléphone situé dans la chambre, écoutait la conversation. J'eus cette phrase malheureuse : « J'ai hâte de retrouver ta chair fraîche », et, soudain, une furie fit irruption dans le salon où je couchais, cassant tout sur son passage et criant : « Ah, la chair fraîche, la chair fraîche !!! » Reprenant son calme, elle me dit : « Si tu revois Magda, tu ne mets plus les pieds ici ! » Je revis Magda.

À New York j'avais retrouvé la vie végétale. Je retrouvai, en faisant ma première balade dans les jardins de Monte-Carlo, la vie animale, et de plus en plus. J'allais rejoindre Magda à Savone, lieu intermédiaire entre Turin et Monaco. J'avais pris quelques notes à l'hôpital où j'avais décidé de réfléchir à ma vie, trop dispersée, et à l'état de mes idées et croyances. J'appelais ça *La Méditation* ; je fis un programme de réflexions, lesquelles furent entrecoupées de notes journalières sur les événements me concernant ou m'intéressant. Cette rédaction me prit quelques mois, mais elle était d'abord pour moi-même et je ne songeais pas à l'éditer. C'est six ou sept ans plus tard, après mai 1968, que je décidai de faire paraître ce texte hybride sous le titre : *Le Vif du sujet,* le meilleur et le moins lu de mes livres.

Je revins à Paris où je fus hébergé par une amie chère, Yvette Prince, devenue après son mariage Yvette Prince-Cauquil. Artiste peintre, elle occupait deux étages d'un hôtel XVIIe siècle, au 38, rue des Blancs-Manteaux. Elle, son mari et son fils habitaient le second étage, et elle avait installé au premier, l'étage noble, des métiers à tapisserie médiévaux ; elle s'était vouée à la traduction en tapisserie des tableaux de peinture contemporaine, de Chagall, Picasso et d'autres. Près de l'atelier, il y avait une grande pièce où elle m'hébergea, avec un coin cuisine et un lit. Le matin, je grimpais l'échelle de l'atelier pour me rendre à leur étage et prendre avec eux le petit déjeuner. J'avais emporté seulement dix livres de mon appartement. J'aimais me faire la cuisine en faisant cuire très doucement, sans eau, les légumes ; j'étais souvent invité à dîner. Magda venait me rendre visite depuis Turin, elle mettait un tablier, nettoyait tout, puis me rejoignait au lit. J'ai brusquement cessé cette vie tranquille en rencontrant Johanne. Mais cela est une autre histoire.

Morphine du Val-de-Grâce, 2014-2015

Je passe sur la tuberculose contractée en 2000, à la suite de refroidissements en cascade, et qui, vu sa raréfaction en France à l'époque, n'a pu être rapidement diagnostiquée. Cela m'a valu une année et demie d'un traitement massif d'antibiotiques qui m'a affaibli les reins.

Me voici en automne 2014, affligé d'une sciatique extrêmement rebelle que nul traitement n'a pu réduire. J'ai même été obligé d'aller à quelques-unes de mes conférences à la Sorbonne en fauteuil roulant.

Invité à Doha pour une rencontre mondiale annuelle du WISE (World Innovation Summit of Education), le jour fixé, je rate le départ, mais, sur l'insistance des organisateurs, (je devais faire l'intervention d'ouverture), et après contrôle du docteur Albarello, alors médecin de l'Élysée, je pars pour Doha par un avion privé affrêté par l'ambassade, j'y arrive vers 2 heures du matin, me lève vers 7 heures pour faire le discours d'ouverture, puis je reste dans ma chambre à l'hôtel, ma sciatique aggravée. Sabah, alarmée, décide de quitter ses étudiants pour me retrouver, puis, à nouveau en avion privé, nous rentrons à Paris.

Le docteur Albarello me fait hospitaliser au Val-de-Grâce. Là, je tombe deux fois, d'abord dans mes toilettes, je rampe vers la porte que j'arrive à ouvrir, et j'appelle à l'aide. La deuxième fois, près de mon lit. Du coup, le jeune médecin qui s'occupe de moi, du reste sans bienveillance, me fait prendre de la morphine. Sans que je m'en rende compte, ma tension baisse, mes reins faiblissent encore plus, mais je me sens tranquille. Lorsque Sabah me téléphone, et que je lui apprends d'une voix euphorique, presque d'ivrogne, que je suis sous morphine, elle réagit aussitôt, elle téléphone à mon médecin traitant et au professeur, directeur de l'hôpital, qui stoppent immédiatement le traitement. En même temps, j'attrape une pneumonie, d'où pénicilline. Je m'en sors surtout grâce à l'intervention de Sabah et à la direction éclairée de l'hôpital.

Je finirai ce chapitre en indiquant seulement les vagues de morts (dont je parlerai individuellement au fil de mon récit) qui ont déferlé sur moi.

À commencer par ceux de la Résistance : Claude Dreyfus, Jean l'Allemand, ceux de la famille déportés : mon oncle Jo, mon oncle Benjamin.

Les morts de ma quarantaine : le peintre Atlan, Jean Amrouche, Pierre Courtade.

Les vagues d'après les années 1980 : Dionys, Robert, Marguerite, Jean Duvignaud, Kostas Axelos, Pierre Fougeyrollas, Pierre Hervé, André Breton, Pierre Naville, Violette, Johanne, Edwige.

Tant d'autres dont le nom apparaîtra dans ce livre.

Et les grandes morts.

La mort nucléaire, capable d'anéantir l'humanité par mégadeaths, chaque mégadeath représentant 1 million de morts, l'humanité valant environ 2 000 mégadeaths.

L'agonie du Soleil entraînant la mort de toute vie sur la Terre dans trois ou quatre milliards d'années.

La mort de l'Univers « dans un chuchotement » (Eliot) par dispersion et silence, à l'horizon d'une fin des temps et du temps....

Il y a une trentaine d'années je crois, j'ai lu *La Fuite de Tolstoï*, d'Alberto Cavallari, publié en 1986 (qu'il m'avait envoyé), récit quasi sténographique du départ clandestin du vieux Tolstoï le 27 octobre 1910 de sa résidence de Yasnaïa Poliana, où il étouffait sous les honneurs, avec le rêve de retourner en Géorgie et ses paysages méridionaux, où il avait été jeune cavalier. Il avait pris le train, puis, malade, avait dû s'arrêter à la gare d'Astapovo. Là, on l'avait couché dans la chambre du chef de gare, il y est mort le 7 novembre.

Depuis cette lecture, j'ai pensé que moi-même je partirais de façon irrépressible pour le pays où fleurit l'oranger, et finirais de façon semblable.

Et, maintenant, j'espère pouvoir terminer ce livre de souvenirs...

2

6 février 1934

En ce 6 février 2018, l'émeute du 6 février 1934 n'a été (à ma connaissance) nulle part remémorée.

C'est dans un contexte de crise économique et de scandales financiers ayant éclaboussé le gouvernement radical qu'éclata, à la suite du limogeage du préfet de droite, Jean Chiappe, une émeute où se mêlèrent groupes de droite, ligues d'extrême droite, associations d'anciens combattants ; elle déferla place de la Concorde vers le Palais-Bourbon, ce qui déclencha une fusillade de la part des forces de l'ordre qui fit 30 morts et 2 000 blessés. Le gouvernement Daladier démissionna.

Un gouvernement Doumergue, dit d'« union nationale », lui succéda, comportant des élus de droite. L'agitation des ligues d'extrême droite continua. La menace d'un « danger fasciste » suscita, sur l'initiative de Gaston Bergery, un front commun. Dès le 12 février, une manifestation communiste et une manifestation socialiste se joignirent. Puis, la stratégie anti-social-démocrate du Komintern ayant été abandonnée après la victoire de Hitler en Allemagne, le Front populaire fut créé, intégrant le Parti communiste français.

Ainsi, à la suite du 6 février, deux fractions opposées de la France se dressèrent l'une contre l'autre.

C'est alors que la politique est entrée en coup de vent dans ma classe du lycée Rollin et continua à l'agiter. Insultes et empoignades se multiplièrent entre fils de parents de gauche et de droite. J'avais 13 ans, et ce fut le premier événement politique qui me marqua[1]. Comme j'avais dévoré les romans d'Anatole France dont j'avais fait mien le « scepticisme souriant », je contemplais de haut l'agitation de mes camarades de droite et de gauche.

Par contre, plus tard, je fus transporté, ému, par la formidable grève de juin 1936.

L'alliance du Front populaire avait été conclue en 1935 entre les partis politiques de gauche pour tenter de résoudre la crise économique, vaincre le chômage, faire échec au fascisme.

Sa victoire électorale en mai 1936 entraîne alors la formation d'un gouvernement dirigé par le socialiste Léon Blum. Dès qu'il arrive au pouvoir, une vague de grèves de deux millions de salariés avec occupations d'usines, d'ateliers, de magasins paralyse le pays.

Je sors de classe, les gens discutent dans la rue, des hommes exhibent leurs cartes de combattants, tout le monde se parle, les vendeuses des grands magasins se sont mises en grève et sont joyeuses sur le boulevard Haussmann. Un vent d'espérance, magnifique et illusoire, soulève les travailleurs, il me traverse, et cette fois je suis catapulté dans la politique.

La grève est stoppée par le haut : « Il faut savoir terminer une grève », dit Maurice Thorez. Ceux qui veulent continuer, trotskistes, pivertistes, sont isolés, perdus. Toutefois, le gouvernement Blum, en dépit de tous ses échecs et erreurs, a donné au peuple français, en plus de l'augmentation de 12 % des salaires

1. Je ne me souviens nullement de l'accession de Hitler au pouvoir en Allemagne, le 30 janvier 1933, alors que j'avais 12 ans, mais j'avais dû être frappé dès cette époque par ses apparitions hurlantes, quasi possédées, aux actualités cinématographiques. J'avais, avant la mort de ma mère, non pas pris conscience de la crise économique mais ressenti sans comprendre ses conséquences sur mon père. Il avait acheté un bout de terrain à Rueil-Malmaison et y avait fait construire en 1930-1931 une villa selon les désirs de ma mère. Elle rêvait d'une belle maison en pierre, dotée d'une terrasse et non d'un toit, avec balcons en fer forgé. Mais, sans la prévenir, mon père dut abandonner la pierre pour la brique creuse, le fer forgé pour encore de la brique. Ma mère fut très déçue en découvrant la villa, et je me souviens de son mécontentement et des querelles qui suivirent.

(qui sera rapidement résorbée), les congés payés et la loi des quarante heures de travail hebdomadaire.

Alors que le Front populaire est en crise, que la guerre d'Espagne a commencé, je me mets à rechercher ma vérité politique.

Mes lectures sont multiples : *Le Libertaire*, *Essais et Combats* (organe des jeunesses socialistes pivertistes, on dirait aujourd'hui gauchistes), *Le Canard enchaîné*, *Esprit*, *La Flèche*, les articles de Robert Aron, Arnaud Dandieu, Auguste Detœuf, ceux de Simone Weil.

Je découvre que la crise économique est due au capitalisme, que la démocratie parlementaire de la IIIe République est impuissante et victime de la corruption (scandales financiers, notamment l'affaire Stavisky, dont j'allais connaître et aimer plus tard celle qui fut sa jeune amante).

Je ne peux qu'avoir horreur du nazisme, avec cette fascination terrifiée d'assister, par écran interposé des actualités cinématographiques, aux discours hallucinés, hallucinants, ivres de frénésie, de fureur ou d'exaltation d'Adolf Hitler.

Je ne peux qu'avoir horreur du communisme stalinien. Mes lectures des textes d'anciens communistes désabusés, notamment du *Staline* de Boris Souvarine, publié en 1935, les comptes rendus dantesques des procès de Moscou qui, de 1936 à 1938, condamnent presque tous les dirigeants bolcheviks, compagnons de Lénine, lesquels, ignoblement insultés par le procureur Vychinski, avouent avoir été des traîtres et des espions, m'avaient éclairé, croyais-je à jamais, sur l'URSS.

Les deux menaces terrifiantes sont là : nazisme et stalinisme, le capitalisme porte en lui la guerre, comme la nuée porte l'orage selon l'expression de Jaurès et, effectivement, c'est la montée vers la guerre, avec le réarmement allemand, l'exigence d'espace vital par Hitler. Il faut une nouvelle voie qui sauve et transforme.

J'oscille entre révolution et réforme : la transformation radicale nécessaire me fait pencher du côté de la révolution, mais je crains l'aventure violente, la guerre civile. La prudence me fait pencher du côté d'un processus progressif de réformes, mais l'exemple de la SFIO montre que le réformisme s'essouffle très vite et capitule devant le « mur de l'argent ». Que faire ?

La guerre d'Espagne éclate le 18 juillet 1936 et va durer trois ans. Je ressens la tragédie d'une guerre civile sans merci. Presque aussitôt, je suis conscient d'une autre tragédie au sein de celle-ci. Alors que des paysans de Catalogne et d'Aragon croient accéder enfin au monde libertaire et brûlent les billets de banque dans les églises profanées, le pouvoir bourgeois et communiste écrase cette révolution-enfant. À la suite de la non-intervention française et de l'intervention militaire allemande et italienne au profit de Franco, on va vers une dépendance de plus en plus grande de la République espagnole vis-à-vis de l'URSS, sous le contrôle du général Orlov, chef des services secrets soviétiques et du PCUS. En mai 1937 ont lieu à Barcelone des affrontements sanglants entre les staliniens et les anarchistes et révolutionnaires du Parti ouvrier d'unification marxiste. Comme je le narre plus loin dans le chapitre 3 consacré à Wilebaldo Solano, le dirigeant du Poum, Andreu Nin, est arrêté par des agents communistes de la police politique. Il est confié au général Orlov, il est torturé et finalement assassiné le 20 juin 1937.

Bien informé par mes lectures sur le sort des anarchistes et leur combat continu contre le franquisme, j'accomplis à quinze ans le premier acte politique de ma vie en me rendant au siège de la Solidaridad internacional antifascista, une organisation libertaire, afin d'aider à la confection de colis pour la Colonne Durruti. Durruti organise la résistance antifranquiste victorieuse à Barcelone, puis crée une colonne de 3 000 hommes qui combat sur le front d'Aragon puis celui de Madrid ; il est tué en novembre 1936 d'une balle non franquiste.

Tout en étant désabusé de la mythologie de l'unanimisme républicain, la guerre d'Espagne me travaille au cœur. Le roman de Malraux *L'Espoir* me relance dans la participation psychique aux batailles de Teruel et de l'Ebre, et l'angoisse de la défaite républicaine demeure présente en moi.

Aussi, quand je découvre la manchette énorme de la première page de *Paris-Soir* annonçant la chute de Barcelone le 26 janvier 1939, je suis secoué de sanglots. Les réfugiés par milliers se dirigent vers la France où ils vont être parqués et enfermés dans des camps. Le 10 février, toute la Catalogne est occupée. L'Espagne devient totalement franquiste le 1er avril.

Très ému par les sévices et meurtres qui frappèrent trotskistes, poumistes, libertaires, je ne pouvais cependant croire en leurs espoirs révolutionnaires. Même si l'idée ou plutôt le mythe de la révolution suscitait en moi un sentiment mystique, je ne pouvais y adhérer après tant d'échecs, de défaites, de déviations et détournements. Mais je participais sentimentalement à l'aspiration révolutionnaire. Ainsi, je me souviens d'avoir assisté à un meeting trotskiste où une chorale dirigée par le petit docteur Leibovitch (que je connus après la guerre comme dentiste et ami) chantait des airs qui continuent à me mettre dans un état second d'exaltation : *La Varsovienne*, *Komintern*, *Front rouge*.

Toute révolution me semblant impossible ou vouée à l'échec, je me mis à suivre les chercheurs d'une troisième voie. À cette époque, elle n'avait rien à voir avec celle de Tony Blair. Elle cherchait ce que la révolution tchèque de 1968 appellerait le « socialisme à visage humain » : sauver les libertés, développer les solidarités et communautés, échapper à l'hégémonie du profit.

Confluaient vers la troisième voie le courant personnaliste d'Emmanuel Mounier et sa revue *Esprit*, Robert Aron et Arnaud Dandieu (l'Ordre nouveau), Alexandre Marc, Simone Weil.

Je crus trouver cette troisième voie et ma propre voie dans le frontisme, mouvement créé par Gaston Bergery en 1936, et qui s'exprimait dans l'hebdomadaire *La Flèche*. Gaston Bergery était un homme d'une quarantaine d'années en 1936. Après avoir été député radical et s'en être détaché sur la gauche, il avait initié le « front commun contre le fascisme, contre la guerre et pour la justice sociale » puis, l'année suivante, l'hebdomadaire frontiste *La Flèche* et, en 1936, le parti frontiste. En 1936, il est élu à Mantes député du Front populaire.

Le frontisme s'annonçait comme une lutte contre le fascisme et contre le communisme stalinien. On prétendait régénérer la République en inscrivant un socialisme réformateur dans la nation.

Je lisais des éditoriaux qui me semblaient lucides. J'assistais à des meetings où Bergery se montrait sobre, sérieux, rationnel et en même temps porteur d'un message d'espoir. Claude Mauriac, Jules Romain, Simone Weil voyaient en lui un homme politique non conforme et d'une qualité exceptionnelle. J'admirais Bergery. J'étais séduit par l'homme qui avait un discours sans rhétorique, ne faisait pas de gestes. Quand lui on faisait des compliments, il avait l'air indifférent. Il était rigoureux, convaincant. Ce n'était pas un orateur à tripes.

J'ai écrit dans *Autocritique* en 1959 que « j'avais trouvé dans *La Flèche* un syncrétisme qui ficelait, assez lâchement du reste, les sentiments qui s'embrouillaient en moi : la fraternité antifasciste, la critique libertaire, le pacifisme, le rationalisme sceptique (l'acceptation de perspectives restreintes), de sorte que mon désordre intérieur se sentait à l'aise dans le désordre de *La Flèche*, tout en y puisant une impression d'ordre ». Ce que j'ai écrit là est partiellement vrai. Je trouvais tous ces éléments divers dans *La Flèche*, où il y avait peu de cohérence entre le pacifisme individualiste de Georges Pioch et les éditoriaux de Bergery, mais le frontisme avait surmonté mon désordre intérieur et donné une cohérence à ma conception de la politique, avec l'idée de lutte sur deux fronts et celle d'une réforme nationale. Je dis aussi plus justement dans *Autocritique* : « Le frontisme m'était apparu comme l'adaptation la plus humaine aux nécessités du siècle. »

Je m'inscris donc aux étudiants frontistes qui se réunissent au sous-sol d'un café situé place de l'Odéon.

Il me semble qu'on est en 1938, je suis en classe de philo. Je découvre une trentaine d'étudiants et me lie avec Georges Delboy, lui-même en philo à Henri-IV, élève du professeur marxiste et communiste Maublanc. Delboy me fait découvrir le manifeste communiste et m'incite à penser le monde selon l'optique de Marx.

En mars 1938, Hitler annexe l'Autriche. Nous savons que l'Allemagne est devenue une dictature impitoyable, que le nazisme a créé des camps de concentration pour communistes et opposants, que les libertés y sont abolies, que les juifs sont soumis à des mesures discriminatoires et persécutions diverses qui poussent un nombre important d'entre eux à fuir l'Allemagne, nous savons que de grands écrivains artistes et cinéastes ont dû s'exiler.

Mais les hécatombes et la démence de la guerre de 1914-1918 ont marqué la gauche française d'un profond pacifisme et je subis cette empreinte. J'ai vu les films *À l'Ouest rien de nouveau* (américain), *Quatre de l'infanterie* (allemand), *Les Croix de bois* (français), tous montrant la cruelle imbécillité de la guerre. « Plus jamais la guerre ! » « Tout, mais pas ça ! » Ceux qui se pensent pacifistes intégraux proclament qu'il vaut mieux vivre à genoux que mourir debout. Le pacifisme est alors extrêmement vivace chez les militants politiques et syndicalistes, et aussi chez d'anciens combattants dont Bergery, blessé de guerre.

Pourtant, la situation européenne d'avant 1939 n'a rien à voir avec celle de 1914. En 1914, un attentat à Sarajevo avait provoqué une réaction en chaîne : ultimatums, mobilisations, puis déclenchements d'hostilité entre nations dont aucune n'avait la volonté de dominer toute l'Europe. En 1939, apparaissait une grande nation expansionniste, guidée non seulement par une exigence d'espace vital, mais par un mythe légitimant la domination de la race aryenne des seigneurs sur les peuples inférieurs, notamment les Slaves et les Français, ceux-ci dégénérés par « les juifs » et « les nègres ». En 1939, le danger n'était pas tant la revanche de l'Allemagne que la domination du totalitarisme nazi sur l'Europe.

Nous étions pacifistes pour deux raisons.

La première : l'annexion de l'Autriche, peuple germanique applaudissant cette action, était conforme au droit des peuples à disposer d'eux-mêmes. La revendication des Sudètes, partie de la Tchécoslovaquie habitée par une population allemande, était conforme au droit des peuples. La revendication de Dantzig, ville allemande donnée à la Pologne après la Première Guerre mondiale, était conforme au droit des peuples.

La seconde : la France n'était pas prête et n'était plus de taille à lutter contre l'Allemagne surarmée de 1938.

Aussi Bergery approuva-t-il les accords de Munich le 29 septembre 1938 laissant l'Allemagne démanteler la Tchécoslovaquie.

Le 15 mars 1939, Hitler piétine les accords de Munich qui

sauvegardaient l'indépendance d'une Tchécoslovaquie mutilée. Les troupes allemandes envahissent ce qui reste de ce pays et y établissent le protectorat de Bohême-Moravie. La colonisation de l'Europe commence.

En 1938, Gaston Bergery reçoit une très longue lettre de Simone Weil qui voyait en lui le seul homme politique français capable de penser la situation : cette lettre est, je crois, en résonance avec l'état d'esprit de Bergery après Munich (lettre découverte récemment par moi, mais confirmant l'article que j'avais lu d'elle dans *Les Nouveaux Cahiers* en 1938 ou 1939 et que j'évoque à la suite).

« On peut contester, pour des raisons d'honneur, les accords de Munich, mais la vérité oblige à dire que le principe des nationalités, cher à Napoléon III et aux démocrates-libéraux du XIXe siècle – et au mien aussi, soit dit en passant –, penchait largement en faveur de l'Allemagne, nazie ou pas. L'*Anschluss* était justifié, de même que la rétrocession des Sudètes au Reich.

« Dois-je dire toute ma pensée ? Une guerre en Europe serait un malheur certain, dans tous les cas, pour tous, à tous les points de vue. Une hégémonie de l'Allemagne en Europe, si amère qu'en soit la perspective, peut en fin de compte n'être pas un malheur pour l'Europe. Si l'on tient compte que le national-socialisme, sous sa forme actuelle d'extrême tension, n'est peut-être pas durable, on peut concevoir à une semblable hégémonie, dans le cours prochain de l'histoire, plusieurs conséquences possibles qui ne sont pas toutes funestes. »

Du reste, dans un article des *Nouveaux Cahiers*, Simone Weil avait développé cette idée en se référant à l'histoire romaine. Rome avait bâti son empire de la façon la plus barbare, saccageant la Grèce, massacrant des populations et pillant le monde méditerranéen. L'empire fut institué avec le couronnement d'Auguste en 27 avant notre ère. Deux siècles plus tard, l'édit de Caracalla (212) accordait la citoyenneté romaine à tout habitant de l'empire conquis. Simone Weil estime qu'en cas de domination sans guerre de l'Allemagne sur l'Europe le nazisme, idéologie de tension et de guerre, s'adoucirait puis se décomposerait au profit d'une Europe libéralisée et enfin unie.

Les Munichois ont cru que l'Allemagne nazie pouvait s'assagir, ils n'ont pas vu la formidable force d'expansion de cette Allemagne hitlérisée, aussi puissante en ce siècle que dans le passé l'expansion coloniale anglaise, mais pour s'imposer dans et sur l'Europe.

Ils n'ont pas vu que leur capitulation allait inciter Staline à renverser ses alliances et à se protéger de l'Allemagne nazie en pactisant avec elle. L'opposition absolue entre les deux ennemis mortels, communisme (judéo-bolchevisme) et nazisme, semblait exclure ce qui pourtant arriva en coup de tonnerre le 23 août 1939 : le pacte germano-soviétique.

Staline avait d'abord négocié avec les Français et les Anglais, mais ceux-ci refusant que les troupes soviétiques entrent en Pologne et en Roumanie en cas d'agression allemande, il décide d'envisager un pacte de non-agression avec l'Allemagne, tandis que Ribbentrop convainc Hitler de s'entendre avec l'URSS pour dépecer l'Europe centrale. Le 21 août 1939, Berlin propose officiellement à l'URSS un pacte de non-agression au motif de mettre un terme aux provocations de la Pologne.

Ce pacte de non-agression et de collaboration économique (livraisons de blé, pétrole, matières premières à l'Allemagne) signé par Molotov et Ribbentrop à Moscou le 23 août 1939 comportait plusieurs protocoles secrets dont le partage de la Pologne. Ces résolutions délimitaient les sphères d'influence de l'Allemagne nazie et de l'URSS dans les pays situés entre eux (Scandinavie, pays Baltes, Pologne, Roumanie…). Une autre clause secrète prévoyait la livraison à l'Allemagne nazie de militants communistes allemands réfugiés en URSS (elle serait exécutée comme les autres).

Bien après la guerre, j'ai appris que, pendant que Ribbentrop et Molotov signaient le pacte, Staline, debout, s'était rapproché de l'ambassadeur d'Allemagne et lui avait dit : « Faites savoir à votre Führer que j'approuve pleinement sa politique à l'égard des juifs. » L'ambassadeur du Japon, tout proche, avait capté ces paroles et les rapporta longtemps après dans ses Mémoires. En réfléchissant à l'énormité qu'était la livraison des communistes allemands à Hitler et l'approbation par Staline de l'antisémitisme nazi, en me remémorant également que Staline n'avait pas cru son agent secret Sorge au Japon, qui l'avait averti de l'invasion allemande imminente en juin 1941, il me semble bien que le si soupçonneux Staline, dont la méfiance fut extrême pour les communistes eux-mêmes, avait confiance en Hitler. Il admirait sans doute le génial stratège politique, capable de donner une véritable puissance militaire et économique à son pays et d'écraser l'armée française. Il fut comme anéanti lors de l'attaque allemande, demeura plusieurs jours muet avant de retrouver son énergie et de haïr celui avec qui il avait peut-être rêvé de fraterniser.

Puisque j'ai songé de façon assez plausible que Staline s'était senti trahi dans sa confiance en Hitler, je peux aussi songer que c'est Hitler qui lui a offert la possibilité de revanche à la fois de mythe à mythe et d'homme à homme. Quand l'Allemagne déclenche son offensive de l'été 1942 pour conquérir le pétrole du Caucase, Hitler dévie un corps d'armée sur Stalingrad, qui n'est nullement sur la route du Caucase, afin de frapper à mort le mythe de Staline. Cela conduit celui-ci à tout faire pour empêcher Stalingrad de tomber. D'où la longue et féroce bataille, rue par rue, usine par usine, maison par maison, et qui se conclut, en janvier 1943, par la capitulation de l'armée allemande assiégeant Stalingrad.

Mais revenons à 1939.

Hitler, débarrassé de la crainte d'avoir à combattre sur deux fronts, envahit la Pologne dès le 1er septembre 1939. La France et le Royaume-Uni honorent leur promesse faite à la Pologne de déclarer la guerre à l'Allemagne, mais ils se déshonorent en ne donnant pas suite à leur engagement et en l'abandonnant au dépeçage germano-soviétique. Varsovie est assiégée le 14 septembre. Trois jours plus tard, l'Armée rouge entre en Pologne orientale et l'occupe. La France et l'Angleterre avaient déclaré la guerre à l'Allemagne pour ne pas la faire. Pourtant, le front occidental était dégarni, la Wehrmacht étant presque tout entière occupée à envahir la Pologne. Un an plus tard, l'Allemagne envahit la France.

Bergery a voté seul avec Pierre Laval contre la déclaration de guerre à l'Allemagne. Rétrospectivement, cela ne m'apparaît pas tant comme un acte pacifiste de principe, mais comme un vote qui aurait évité la défaite. Toutefois, l'absence de déclaration de guerre aurait été une capitulation qui n'aurait pas évité qu'avec ou sans guerre la France subisse l'hégémonie allemande et devienne un protectorat. Le seul espoir, transporté dans un futur incertain, avait été formulé par Simone Weil : le nazisme aurait dépéri tôt ou tard.

Lors de réunions frontistes privées, j'avais revu Bergery dénoncer cette guerre sans guerre, puis, après la déclaration triomphaliste de Paul Reynaud assurant (en avril-mai 1940) « que la route permanente du fer pour l'Allemagne était coupée », avec la prise de Narwick, il nous avait dit que la route pas permanente n'était nullement coupée. Son pronostic était pessimiste. Puis j'ai perdu tout contact avec lui jusqu'à une rencontre de hasard, en 1963 ou 1964, que j'évoque plus loin.

Après le formidable trauma psychique collectif de l'effondrement de l'armée française, puis de l'armistice demandé par Pétain, Bergery réapparaît à Vichy où, avec Emmanuel Berl, autre homme de gauche, il corédige un ou deux des premiers discours de Pétain, puis il est mis à l'écart par le maréchal et Pierre Laval. A-t-il cru en une opportunité de réaliser au moins une partie de sa politique ? De toute façon, il avait déjà dérivé lorsque, le 6 juillet 1940, il appelait le Parlement à voter une motion instaurant un « ordre nouveau, autoritaire, national, social, anticommuniste et antiploutocratique ».

Il s'est converti de façon irréductible à la fatalité historique de la défaite, à la constitution d'un régime autoritaire et à la nécessité de la collaboration avec l'Allemagne. Il est toutefois écarté de Vichy, monopolisé par la droite, et ne reçoit que l'aumône de l'ambassade de France à Moscou, qu'il rejoint en avril 1941, soit deux mois avant l'attaque allemande contre l'URSS, ce qui l'oblige à rentrer presque aussitôt en France. Puis, de 1942 à 1944, il est ambassadeur à Ankara où il se lie avec Von Papen, ambassadeur d'Allemagne, lui-même quasi exilé et qui a joué un rôle décisif dans l'accession de Hitler au pouvoir en croyant le manipuler.

Bergery avait compris, dès Munich, que la France ne serait plus de taille à s'attaquer à l'Allemagne. Mais cette lucidité lui fit accepter aveuglément la défaite comme une fatalité historique durable et la collaboration comme une voie de sauvegarde de l'essentiel. Pourtant, le journal de Paul Morand nous révèle un nouvel aspect de sa lucidité en 1942 : « Bergery est le premier à me dire : "Les Russes ont gagné, les Allemands sont perdus." »

Alors que Simone Weil entre en résistance en 1941 et remet en cause son diagnostic, Bergery, pour sa part, devient et reste vichyste et collaborationniste. Du reste, il participera après la guerre à la fondation de l'Association pour défendre la mémoire du maréchal Pétain.

Aujourd'hui, Bergery est ignoré, voire tombé dans l'oubli. Yves Pourchet l'évoque dans un beau texte de 2013 : « Qui donc se souvient de lui ? Sa vie semble définitivement perdue. Il fait partie de ce petit groupe d'hommes brillants, auxquels certains ont tant cru et qui ont chu dans l'oubli de l'histoire. »

Au cours de l'été 1963 ou 1964, Maurice Clavel m'avait invité à passer quelques jours de vacances avec lui dans une propriété de Sainte-Maxime dont l'hôtesse recevait éclectiquement d'anciens résistants et d'anciens vichystes. Bergery et sa femme vinrent y passer une journée. Comme Maurice m'appelait « Edgar », celle-ci me demanda : « Vous êtes Edgar Faure, père ou fils ? »

J'étais très ému de rencontrer Gaston Bergery. Il avait un peu vieilli, mais était resté mince, glabre, les traits bien marqués. Je lui ai dit que j'avais été membre des étudiants frontistes et que je me souvenais de ses réunions, notamment la dernière, après Narvik, peu avant le désastre. « Et nous avions raison », m'affirma-t-il, je ne peux dire si c'était avec assurance ou autorité. J'aurais voulu parler avec lui, discuter, essayer de comprendre. Je n'ai pas osé. Il est mort en 1974.

Les dérives ! Les dérives !

Les tournants et les tourments dans la vie des sociétés et des personnes, et surtout les tsunamis historiques, comme le désastre de 1940, provoquent des dérives : on s'éloigne insensiblement de sa croyance pour en arriver à une autre, parfois diamétralement opposée. Ainsi Doriot, responsable communiste qui rompt avec le stalinisme pour combattre autant le capitalisme que le stalinisme, autant Hitler que Staline, fonde le Parti populaire français en juin 1936, qui devient rapidement profasciste avant de s'avérer totalement fasciste sous l'Occupation, et il s'engage dans la guerre contre l'URSS sous l'uniforme allemand. Déat, quant à lui, rompt avec la SFIO pour moderniser le socialisme, l'adapter au contexte des années 1930, puis devient totalement hostile à une guerre contre l'Allemagne en 1939 et, dès l'Occupation, se transforme en nazi en fondant en 1941 le Rassemblement national populaire. Mon meilleur ami de lycée, Henri Macé, faucon rouge (le nom des jeunesses socialistes) pacifiste, profondément de gauche, adhère par pacifisme à la collaboration, s'engage au RNP, et cela l'entraîne à justifier la guerre hitlérienne contre l'URSS en juin 1941, devenant mondiale en décembre 1941. J'ai connu des pacifistes devenus des collaborateurs, demeurés amers après la défaite allemande, et même alors restés aveugles aux déportations nazies et aux répressions de la Gestapo pour déplorer les excès de la Résistance.

Moi-même j'ai adhéré à ce que je condamnais : le communisme soviétique. Dans un premier temps, après la défaite, j'avais pensé, conformément à l'argument de Simone Weil, que l'empire allemand hitlérisé s'humaniserait dans la *pax germanica*. Puis, après décembre 1941, j'avais reporté sur l'URSS l'argument de Simone Weil, avec une modification de départ. Certes, le communisme de l'URSS avait été implacablement cruel, mais je me suis alors convaincu que cette carence était due à une psychologie obsidionale due à l'encerclement de l'URSS par le monde capitaliste, conjointement à l'arriération de la Russie tsariste. Le culte du chef génial répondait à la nécessité d'unir par une idole concrète les peuples si divers de l'Union soviétique. Une véritable civilisation socialiste s'épanouirait en URSS après la victoire et rayonnerait sur le monde. Mais j'ai très tôt compris que mes espoirs étaient vains, l'URSS redevenait stalinienne, et j'ai pu échapper à la dérive qui en a emporté tant d'autres.

3

Wilebaldo Solano[1]

J'avais 16 ans en 1937, et je m'étais éveillé à la conscience politique après la victoire du Front populaire en France. Toutes mes lectures réprouvaient le communisme stalinien, dénonçaient l'imposture des procès de Moscou, révélaient la répression que subissaient dans le camp républicain anarchistes et poumistes, et faisaient état de la disparition de Nin. Aussi, comme si un fil invisible me liait à cette minorité réprimée et opprimée, mon premier acte politique fut d'aller au siège de la SIA[2] qui demandait des bénévoles pour faire des colis aux combattants anarchistes. Quatre ou cinq ans plus tard, il a fallu la résistance soviétique devant Moscou et l'espérance que la victoire pourrait faire dépasser l'âge de fer du communisme pour que s'estompât dans ma conscience ce qui était si vif durant mon adolescence.

J'ai raconté dans *Autocritique* comment j'avais occulté (apparemment effacé) cette culture politique formée entre 1936 et 1939 en me ralliant au communisme en 1942, quand la guerre devint mondiale. Cette conversion me fit recourir à la *ruse de la raison* de Hegel, et à la croyance que les vices de l'URSS stalinienne,

1. Wilebaldo Solano Alonso (1916-2010). Né à Burgos. Élu secrétaire général du Poum en 1947, il gagne sa vie en travaillant à l'agence France Presse de 1953 à 1981. Il fonde *Tribuna socialista* en 1960. Il est l'un des initiateurs de la Fondation Andreu Nin (https://bataillesocialiste. wordpress.com/solano-1916).

2. Solidaridad internacional antifascista.

que je connaissais bien, grâce justement à ma culture adolescente, étaient les produits de l'arriération tsariste et de l'encerclement capitaliste, mais que la victoire du socialisme à l'échelle mondiale ferait advenir un temps de liberté et de fraternité.

Le désenchantement qui suivit la victoire de 1945, la crétinisation culturelle imposée par le jdanovisme[1], le retour aux immondes procès de sorcières, effectués dans les démocraties populaires, tout cela provoqua en moi un écœurement tel que je ne repris pas ma carte du Parti en 1949, mais je n'osai le dire, et il fallut attendre mon exclusion, en 1951, pour que le divorce se fît ouvertement.

C'est alors que me revinrent à l'esprit les croyances et idéaux de mon adolescence, mûris et complexifiés, et, en même temps, j'eus le remords de m'être tu alors que le Parti ne cessait de calomnier les trotskistes et les libertaires, Camus, les surréalistes' etc. Même au Parti, je continuais à rencontrer amicalement Jean-René Chauvin[2], admirable militant trotskiste que j'évoquerai plus loin, May Picqueray[3], la sublime libertaire, Pierre Naville,

1. Doctrine d'Andreï Aleksandrovitch Jdanov (1896-1948), homme politique soviétique, proche collaborateur de Joseph Staline. Il a joué un grand rôle dans la politique culturelle de l'URSS. Responsable de l'idéologie du Parti communiste d'Union soviétique à la veille et au lendemain de la Seconde Guerre mondiale. En 1946-1947 se déclenche sous sa direction la persécution des écrivains, des compositeurs, des critiques de théâtre. Après-guerre, il lance le Kominform, bureau d'information chargé secrètement d'affirmer la tutelle du « grand frère » soviétique sur les partis communistes nationaux (*universalis.fr/encyclopedie*).

2. Jean-René Chauvin (1918-2011). Militant du Parti ouvrier internationaliste (trotskiste), il est arrêté, le 15 février 1943, aux abords de la gare du Nord à Paris par la police française. De la rue des Saussaies, il est transféré à Fresnes puis à Compiègne. Il est déporté à Mauthausen puis dans le kommando du Ljubelj P et enfin à Auschwitz et au kommando de la mine de Jawischowitz, première marche de la mort vers Buchenwald. La seconde le mène vers Leitmeritz où il est libéré par les Soviétiques le 8 mai 1945. À son retour des camps, il sera journaliste, spécialisé dans le domaine des affaires sociales, et toujours militant révolutionnaire.

3. Marie-Jeanne (dite May) Picqueray (1898-1983). Militante anarchiste, anarcho-syndicaliste et antimilitariste, elle rencontre Rocker, Souchy, Berkman et Emma Goldman. À Paris, durant la guerre d'Espagne, elle travaille avec une association de Quakers en aide aux réfugiés et aux enfants espagnols. En 1940, à Toulouse, elle vient en aide aux réfugiés internés dans les camps du sud de la France et en particulier celui du Vernet (Ariège) où elle parvient à faire évader plusieurs personnes. De retour à Paris, elle fabrique des faux-papiers pour les réseaux de résistants. À la Libération, elle reprend son métier et milite au Syndicat des correcteurs. Elle soutient l'action de Louis Lecoin

métatrotskiste que j'évoque plus loin. Désormais, j'allais avec bonheur à la rencontre des maudits du stalinisme, les continuateurs de la gauche prolétarienne (d'avant la revue maoïste du même nom), les anciens communistes devenus anticommunistes, Manès Sperber, Daniel Lochak, Maurice Martinet (de l'ancienne gauche prolétarienne), François Bondy, les toujours libertaires comme Luis Mercier Vega[1], les grands : André Breton, Benjamin Péret, les nouveaux amis de Socialisme ou barbarie, en premier lieu Claude Lefort, puis, en 1956, Cornelius Castoriadis. Ainsi, je me reconstruisais une famille spirituelle brisée par la guerre, tout en y incluant mes frères, les ex-communistes, détrompés, depuis ceux des années 1930 jusqu'aux plus récents des années 1940. S'y joignirent, à partir de 1956, mes nouveaux amis de l'Octobre polonais, Roman Zimand, Leszek Kolakowski, Janek Strelecki, ceux émigrés de la révolution hongroise, en premier lieu András Bíró qui est avec moi un fraternel survivant d'épopées communes, et, bien sûr, le grand méconnu espagnol : Wilebaldo Solano.

J'ai connu Wilebaldo en 1956 me semble-t-il, dans les années fiévreuses du rapport K, de l'Octobre polonais, de la Révolution hongroise. Il avait alors rédigé un appel (que j'avais cosigné) destiné à Nikita Khrouchtchev afin qu'il réhabilite Trotski, les condamnés des procès de Moscou qui, dans les années 1930, avaient été exécutés comme traîtres et hitléro-trotskistes, dont les dirigeants bolcheviks, compagnons de Lénine durant la révolution d'octobre 1917. Mais il était surtout obsédé par la nécessité de réhabiliter Andreu Nin, dirigeant du Poum, assassiné par les agents de Staline durant la guerre d'Espagne et dont la mémoire demeurait souillée par d'abjectes calomnies.

Wilebaldo était né en 1916. Il avait commencé des études de médecine qu'il interrompit pour se vouer à sa passion révolutionnaire. La guerre d'Espagne commence le 17 juillet

---

en faveur des objecteurs et insoumis au service militaire. En 1974, elle crée le journal *Le Réfractaire*, qu'elle publiera jusqu'à sa mort.

1. Luis ou Louis Mercier Vega (1914-1977). Anarchiste belge, dès son adolescence, il écrit dans *Le Libertaire* sous le nom de Charles Ridel. Il appartient à L'Union anarchiste (UA) dans la tendance « communisme libertaire ».

1936 par un putsch militaire contre la République espagnole. Wilebaldo a 20 ans et milite à la Jeunesse communiste ibérique (la Juventud comunista iberica), affiliée au Poum : le parti est né en 1935, à Barcelone, de la fusion entre Izquierda comunista, dirigé par Andreu Nin, et Bloque obrero y campesino (Bloc ouvrier et paysan), dirigé par Joachim Maurin[1], issus l'un et l'autre d'une rupture avec le parti communiste stalinien. Toutefois, le Poum resta indépendant de la IVe Internationale trotskiste bien qu'il partageât les critiques de Trotski contre le stalinisme et dénonçât les procès de Moscou. Néanmoins, il refusait de suivre l'ordre de Trotski de déserter les syndicats pour créer des soviets.

Après la mort de Germinal Vidal[2] au début de la guerre civile, Wilebaldo devint secrétaire général de la Jeunesse communiste poumiste et directeur de l'hebdomadaire *Jeunesse communiste* (1936-1937).

Andreu Nin, secrétaire général du Poum est ministre de la Justice dans le premier gouvernement de la Généralité de Catalogne, mais perd ce poste en décembre 1936. Dès le début de la guerre civile, il y a conflit entre anarchistes et poumistes d'une part, et le gouvernement « bourgeois » et les staliniens d'autre part. Dans les campagnes, les anarchistes catalans et aragonais pensent que l'ère libertaire est advenue.

Nin fut écarté du gouvernement de Catalogne sur pression communiste. Le Poum avait accru ses effectifs depuis le début

1. Joachim Maurin (1897-1973). Instituteur espagnol, d'abord syndicaliste révolutionnaire et secrétaire régional de la CNT en Aragon. Il adhère au PCE en 1924 et en devient très vite secrétaire général avant d'être arrêté en janvier 1925. Ses partisans accusent le Secours rouge et la nouvelle direction de ne rien faire pour aider Maurin et les autres prisonniers communistes. Libéré fin 1927, la direction du PCE demande son exclusion. Exclu finalement en 1930, Maurin fonde au début des années 1930, en 1931, le Bloc ouvrier et paysan, qui sera le noyau du Poum. Seul député du parti en 1936, il est capturé par les franquistes au début de la guerre civile et ne sera libéré qu'en 1946. Il part alors en exil et se retire de la politique active. (*marxists.org*)

2. Germinal Vidal (1915-1936). Ouvrier du port de Barcelone et dirigeant syndical, il adhère au BOC en 1931, et, dès 1933, dirige la JIC (Juventud comunista ibérica, les Jeunesses du BOC puis du Poum). Membre du Comité central du Poum en 1935. Il tombe dans les combats de rue face aux troupes franquistes, sur les barricades de la place de l'Université, à Barcelone, le 19 juillet 1936, au tout début du soulèvement populaire contre l'insurrection fasciste.

de la guerre civile, passant de 6 000 à 30 000, principalement en Catalogne et dans le pays valencien, mais il restait minoritaire par rapport aux communistes, dont les effectifs s'accrurent de plus en plus, et aux anarchistes. Alors que le parti communiste abandonnait toute perspective révolutionnaire immédiate, mais noyautait les organismes de l'Espagne républicaine, le Poum, comme les anarchistes, soutenait le mouvement collectiviste spontané et promouvait l'idée de transformer la république bourgeoise en république révolutionnaire. Le Poum fut bientôt dénoncé par le parti communiste comme collaborateur des franquistes.

En février 1937, Wilebaldo participe directement à la création du Front de la jeunesse révolutionnaire, formé à la base par les Jeunesses libertaires et celles du Poum.

Le 3 mai 1937, à Barcelone, le chef de la police barcelonaise, le communiste Eusebio Rodríguez Salas[1], accompagné de deux cents hommes, tente de prendre de force le central téléphonique, qui était depuis le début de la guerre sous le contrôle de la CNT. La CNT résiste et, craignant des attaques contre d'autres bâtiments, distribue des armes pour les défendre. Des barricades sont rapidement élevées dans toute la ville, opposant la CNT et le Poum d'un côté, la police et les staliniens de l'autre. Les dirigeants de la CNT, en particulier les ministres du gouvernement central appellent leurs militants à déposer les armes, bientôt suivis par les dirigeants du Poum. Alors qu'ils étaient militairement maîtres de la ville, les ouvriers quittent les barricades.

Le 6 mai, les hostilités ont cessé et les barricades ont été démontées, mais le PCE, et à sa suite le gouvernement de Juan Negrín[2] (crypto-communiste qui a remplacé Francisco Largo Caballero[3]), va réprimer les anarchistes et le Poum, déclaré illégal.

---

1. Eusebio Rodríguez Salas (1885-1952). Communiste, connu pour avoir été le commissaire général des forces de police catalanes et conseiller de l'ordre public de la Généralité de Catalogne, lors des journées de mai 1937.

2. Juan Negrín (1892-1956). Physiologue et homme politique espagnol. De 1937 à 1945, favorable à la politique imposée par Staline et les communistes, il sera chef du gouvernement de la Seconde République espagnole, puis du gouvernement en exil.

3. Francisco Largo Caballero (1869-1946). Homme politique et syndicaliste espagnol, membre du Parti socialiste ouvrier espagnol (PSOE) et de l'Union générale des travailleurs (UGT) dont il sera l'un des dirigeants historiques. Chef du gouvernement

Les staliniens, à la suite d'une grande opération de propagande menée par Otto Katz[1] et Willi Münzenberg[2] (qui seront plus tard assassinés par Staline), selon laquelle le Poum serait « hitléro-trotskiste » et complice des franquistes pour lesquels il aurait déclenché les émeutes de mai à Barcelone, exigent et obtiennent son interdiction.

Nin disparaît peu après en sortant du siège du Poum. Les staliniens déclarent qu'il a fui chez Franco. Ils publient une fausse lettre de Nin à Franco lui indiquant les fortifications de Madrid, encore tenue par les républicains. La police républicaine, sur la base des faux documents démontrant la collusion du Poum avec l'ennemi franquiste, investit le 16 juin 1937 le siège du Poum et y arrête ses dirigeants. Le Poum est interdit, ses unités combattantes dissoutes.

Wilebaldo avait continué son activité en publiant clandestinement *La Batalla*, et était devenu membre du Comité exécutif clandestin du Poum à partir de juillet 1937. Il est arrêté en avril 1938, emprisonné à la prison Model de Barcelone ; alors que la ville va tomber entre les mains franquistes (fin janvier 1939)

de la Seconde République espagnole du 5 septembre 1936 au 17 mai 1937, il refuse d'effectuer la besogne dont va s'acquitter Juan Negrín.

1. Otto Katz, connu sous le nom d'André Simone (1895-1952). L'un des plus importants agents d'influence de l'URSS stalinienne dans les milieux intellectuels et artistiques des démocraties occidentales pendant les années 1930 et 1940. Diverses liquidations voulues par Staline lors de la guerre d'Espagne lui sont imputées, mais également celles de Trotski et de Willi Münzenberg. Inculpé, sous le nom d'André Simone, lors des procès de Prague, dits procès Slansky, il finit pendu dans les locaux de la prison de Ruzine le 3 décembre 1952 : son corps est brûlé et les cendres sont dispersées sur le bas-côté d'une petite route à proximité de Prague.

2. Willi Münzenberg (1889-1940). Militant communiste allemand, membre de l'Internationale communiste, propagandiste très influent. Fidèle à Staline et à sa politique à l'étranger, il joue un rôle dans le recrutement des Brigades internationales qui vont combattre en Espagne dans le camp des républicains. Cependant, en 1937, la situation se complique pour lui : il est officiellement exclu du Parti communiste allemand et fait l'objet de nombreuses accusations. Il s'oppose alors pour la première fois à Staline de manière ouverte. Il devient un véritable leader d'opposition au fascisme, au stalinisme, et fonde un nouveau journal d'opposition *Die Zukunft* (« Le Futur »). Le 17 octobre 1940 dans un bois du village de Montagne, près de Saint-Marcellin (Isère), des chasseurs découvrent son corps, une corde autour du cou. Le dossier est classé « suicide » par le parquet. Tout laisse à penser qu'il a été assassiné par le NKVD sur ordre de Staline.

Wilebaldo et les autres détenus du Poum (Julian Gorkin[1], Juan Andrade[2], père Bonet) sont transférés à la prison de Cadaqués, dont ils réussissent à s'évader. Militants et dirigeants se réfugient en France comme des centaines de milliers d'autres républicains, ils y subissent le régime des camps d'internement. La guerre d'Espagne se termine le 1er avril 1939. Wilebaldo est libéré, Il s'établit à Paris, où il essaie de réorganiser le Poum.

L'Allemagne attaque la Pologne le 1er septembre, la France et l'Angleterre lui déclarent la guerre le 3 septembre. Le Poum adopte une position de « défaitisme révolutionnaire », adhérant au Front ouvrier international contre la guerre (créé en septembre 1938).

Alors que les troupes allemandes envahissent la France, Wilebaldo se réfugie à Montauban, qui fait partie de la zone sud non occupée. Le gouvernement de Vichy réprime les organisations espagnoles en exil. Wilebaldo est arrêté en 1941 avec d'autres dirigeants du Poum et condamné par le tribunal militaire de Montauban à vingt ans de travaux forcés. Il est détenu à la centrale d'Eysses, à Villeneuve-sur-Lot.

Voici ce que Wilebaldo m'a raconté :

« À la prison, il y avait des communistes détenus sous le gouvernement Daladier après l'approbation du pacte germano-soviétique par leur parti, des anarchistes, un trotskiste, le mathématicien Gérard Bloch, pour avoir promu le défaitisme révolutionnaire, un catholique, qui avait dû manifester son opposition à Vichy. »

Gérard Bloch ne tarissait pas de sarcasmes contre Staline auprès des détenus communistes. Ceux-ci, organisés en cellule,

---

1. Julián Gómez Garcia, dit Gorkin (1901-1987). En 1936, il représente le Poum (dont il devient secrétaire international) au Comité central des milices antifascistes de Barcelone. Il est arrêté après les journées de mai 1937 et détenu jusqu'à la chute de la Catalogne en 1939. Secrétaire du Poum en exil et du Centre marxiste international qui a succédé au Bureau de Londres (1939).

2. Juan Andrade (1898-1981). Participe à la fondation du PCE, membre du Comité exécutif et directeur de son hebdomadaire, *La Antorcha*. Exclu du PCE en 1927, en 1935, il participe à la fondation et à la direction du Parti ouvrier d'unification marxiste. Aux avant-postes durant la révolution et la guerre civile, il est arrêté par la police russo-stalinienne le 16 juin 1937 avec d'autres responsables du Poum et demeure en prison jusqu'à la fin de 1938. Après la guerre, il est un des animateurs de la direction du Poum en exil.

décidèrent de le liquider physiquement. Le catholique en avait eu vent et, indigné, s'en était ouvert à Wilebaldo, lequel se trouva dans un dilemme cornélien : avertir la direction de la prison et ainsi collaborer avec l'ennemi de classe, ou se taire et laisser exécuter Gérard Bloch. Il se résolut à avertir la direction, qui mit Bloch à l'isolement. Peu affecté par la solitude, celui-ci faisait des équations sur les murs de sa prison tout en gardant ses espérances révolutionnaires (il survécut à la déportation et, après la Libération, se présenta aux élections législatives dans le 9e arrondissement de Paris. Le PCF apposa une affiche sur les panneaux et les murs : « À bas Bloch, l'hitlérien ! »).

Du coup, Wilebaldo fut mis en quarantaine par ses codétenus communistes, d'autant plus qu'il dénonçait les mensonges de leurs camarades espagnols à l'égard du Poum. Puis le responsable de la cellule communiste tomba malade et ses camarades demandèrent à la direction de le transférer à l'hôpital, et ce d'autant plus que l'infirmerie de la prison était sous la responsabilité de Wilebaldo, qui, comme je l'ai indiqué, avait commencé des études de médecine. La direction refusa l'hôpital, et, après un débat lui-même cornélien, la cellule décida de confier le malade à l'hitléro-trotskiste. Par chance, Wilebaldo guérit le malade, dès lors, le Parti cessa sa quarantaine, et, la guerre devenue mondiale, tous furent d'accord pour souhaiter la défaite du nazisme.

La zone sud fut occupée par l'Allemagne en novembre 1942. Au cours de l'année 1943, un officier SS vint visiter la prison pour choisir les détenus à transférer dans les camps nazis d'Allemagne ou de Pologne. Communistes, trotskistes, poumistes furent parmi les déportables. L'officier SS, qui avait été dans sa jeunesse un militant trotskiste, reconnut Wilebaldo, il l'avait fréquenté lors d'une rencontre de jeunes révolutionnaires européens avant 1933. Aussi Wilebaldo ne figura pas sur sa longue liste…

Après le débarquement des Alliés, la libération approche et des FFI libèrent les prisonniers de la centrale d'Eysses, le 17 juillet 1944. Les communistes proposent à Wilebaldo de les suivre chez les FTP, il refuse et, avec des codétenus anarchistes, il met en place le bataillon Libertad[1], indépendant des maquis communistes. Il va délivrer son camarade Juan Andrade de la prison de Bergerac, dans laquelle il a été maintenu après la libération de la ville.

Une fois la France libérée, en juillet 1945, *La Batalla* reparaît officiellement. L'objectif du Poum est toujours de renverser le franquisme en Espagne, mais Solano et Andrade n'ont guère d'espoir, convaincus que les États-Unis et le Royaume-Uni ont intérêt au maintien de Franco au pouvoir.

En 1948, Wilebaldo Solano est secrétaire général du Poum en exil. Les militants en France sont évalués à trois cents personnes par les services du renseignement français. Commence alors le déclin de ce parti. Wilebaldo travaille pour l'Agence France Presse de 1953 à 1981, mais il ne cesse d'être obsédé par la nécessité de réhabiliter Andreu Nin à qui il consacre une biographie.

L'occasion quasi miraculeuse se présente après l'effondrement de l'Union soviétique. Wilebaldo apprend que les archives du KGB (successeur du NKVD) peuvent être consultées. Il organise une expédition à Moscou de journalistes et d'opérateurs de la télévision catalane pour découvrir la vérité sur la mort de Nin. Effectivement, des officiers du KGB acceptent de « vendre » les documents concernant Nin. Il s'agit de deux lettres à Staline du général Orlov, chef des services secrets soviétiques en Espagne durant la guerre civile. (Ces archives ont été utilisées par José María Zavala dans son livre *En busca de Andreu Nin – À la recherche d'Andreu Nin* – et filmées dans un documentaire de la télévision catalane consacré à Nin.) Dans la première lettre, Orlov propose un plan à l'approbation de Staline : organiser l'enlèvement de Nin par des policiers espagnols de confiance, le transférer dans le sous-sol d'une villa qui appartient au commandant des forces aériennes républicaines et lui faire avouer sa complicité avec Franco. Il pourra même monter un procès public à l'instar des procès de Moscou, où sera présentée une fausse lettre de Nin à Franco lui livrant les plans des fortifications de Madrid. Nin fut enlevé, enfermé, torturé, n'avoua rien et mourut assassiné le 20 juin 1937. Son cadavre fut enterré dans un

1. Composé en grande partie d'anarchistes espagnols.

champ et on annonça que Nin avait fui en territoire franquiste. La seconde lettre du général Orlov relate ces événements et elle est contresignée par cinq responsables du Komintern, dont deux Espagnols aux noms effacés par les agents du KGB.

Qui était et que devint le général Orlov ?

Après une carrière d'agent secret en diverses capitales, il fut affecté à Madrid durant la guerre d'Espagne. En octobre 1936, il s'illustra dans l'organisation du transport de tout l'or de la République espagnole de Madrid à Moscou. Le gouvernement républicain avait secrètement accepté ce transfert pour le paiement par avance de fournitures d'armes à venir. Durant quatre nuits, des convois de camion, conduits par des Soviétiques, acheminèrent 510 tonnes d'or de leur cache dans les montagnes jusqu'au port de Carthagène. Sous la menace des bombardements de la Luftwaffe[1], on en remplit quatre steamers soviétiques qui se dirigèrent vers Odessa. De là, tout fut convoyé jusqu'à Moscou dans un train spécial blindé. Une fois l'or en sûreté, Staline fit bombance en assurant que jamais les Espagnols ne le reverraient. Orlov fut décoré de l'ordre de Lénine.

La principale activité d'Orlov en Espagne consistait à arrêter et faire exécuter trotskistes, anarchistes, catholiques profranquistes ou supposés tels.

Durant les procès de Moscou, où les compagnons de Lénine étaient liquidés, Staline suspecta tous ceux qu'il avait envoyés en Espagne, pensant qu'ils subiraient des influences délétères, notamment trotskistes. Aussi fit-il emprisonner, voire exécuter, ceux qu'il rapatriait.

Orlov savait que les Soviétiques qui rentraient d'Espagne à Moscou se faisaient arrêter. Quand il fut rappelé en 1938 avec l'ordre de prendre un navire soviétique à Anvers, il s'enfuit avec sa femme et sa fille au Canada, puis aux États-Unis.

Mais il envoya, par le truchement de l'ambassadeur d'Union soviétique à Paris, deux lettres, l'une à Staline, l'autre à Iejov[2]

1. Composante aérienne de la Wehrmacht pendant la Seconde Guerre mondiale elle a auparavant participé à la guerre d'Espagne.

2. Nikolaï Ivanovitch Iejov (1895-1940). Surnommé le « nain sanguinaire », policier et homme politique soviétique. Le chef d'orchestre des grandes purges staliniennes de

alors chef du NKVD, annonçant qu'il révélerait tous les secrets des opérations du service s'il leur arrivait malheur, à lui et aux siens.

Orlov a aussi envoyé une lettre à Trotski le prévenant de la présence de l'agent du NKVD Zborowski auprès de son fils Lev Sedov (qui fut assassiné), mais Trotski considéra cela comme une provocation et ainsi s'aveugla, comme ce fut le cas de Staline quand son agent à Tokyo, Sorge, l'avait prévenu en juin 1941 de l'imminence d'une attaque allemande contre l'URSS.

Orlov n'a jamais révélé les noms des agents du NKVD opérant à l'Ouest, y compris quand il fut interrogé par le FBI et une commission sénatoriale américaine. Mais, trois ans après la mort de Staline, en 1956, il écrivit un article pour *Life Magazine*, « The Sensational Secret Behind the Damnation of Stalin ». Il y disait que des agents du NKVD avaient trouvé, dans les archives tsaristes, des documents prouvant que Staline avait été un agent de la police secrète d'alors, l'Okhrana. Ces agents auraient préparé un coup d'État avec le chef de l'Armée rouge, le maréchal Toukhatchevski[1], mais Staline avait découvert le complot, d'où l'exécution de Toukhatchevski et la sanglante purge dans l'Armée rouge.

Orlov demeura caché aux États-Unis sans que Staline puisse le débusquer. Il publia ses Mémoires après la mort de celui-ci en 1953 : *L'Histoire secrète des crimes de Staline.*

Orlov est mort dans son lit en 1973.

1936 à 1938. Il est mort fusillé sur ordre de Staline et de Beria le 4 février 1940 à Moscou et on l'a effacé des photos officielles.

1. Le maréchal Toukhatchevski (1893-1937). Officier du tsar, il rallie la Révolution et adhère au parti bolchevik en 1918. En 1921, sur ordre du Parti, il écrase la révolte des marins de Kronstadt, qui fait plusieurs milliers de morts. À l'été 1921, Toukhatchevski n'hésite pas à bombarder les populations aux gaz toxiques pour mater la grande révolte des campagnes de Tambov, sans l'accord de ses supérieurs. Il est nommé commandant en chef de l'Armée rouge en août 1921. Staline fait éliminer les chefs militaires de la révolution russe : les 11 et 12 juin 1937, le maréchal Toukhatchevski, les généraux Iakir, Ouborevitch, Kork, Eideman, Feldman, Primakov et Poutna sont fusillés (Gamarnik s'est déjà suicidé le 31 mai). Dans les dix jours suivants, plus de 1 000 officiers supérieurs sont arrêtés dont 21 généraux de corps d'armée et 37 généraux de division. Beaucoup seront également passés par les armes.

Wilebaldo est décédé en 2010. Nous nous étions revus à diverses reprises à Paris et à Barcelone. Mais nous nous étions à nouveau perdus de vue au début de ce siècle ; c'est tardivement que j'ai appris sa mort à l'âge de 94 ans.

4

Drôle de guerre

J'ai passé mon bac de philo en juin 1939. L'été fut politiquement bouleversé par la revendication allemande de Dantzig, puis foudroyé par le pacte germano-soviétique du mois d'août.

Je ne sais si j'ai passé juillet à Luchon cette année-là ou la précédente pour suivre une cure, car j'ai une rhino-pharyngite chronique. Je suis dans une pension où je fais des rencontres sympathiques. Une fillette de 13 ans s'est entichée de ma personne et m'appelle « Mine » à tout moment. Elle est avec sa grand-mère toulousaine ; un jour, cette Mme de Salvagnac me confie sa douleur : sa petite-fille est une enfant naturelle dont elle a la garde. L'une et l'autre sont très gentilles avec moi, de façon différente, et j'ai, depuis la mort de ma mère, un grand besoin d'affection. Il y a aussi un professeur d'anglais de Bordeaux, fan de jazz New Orleans, M. Desacher, et nous allons tous deux le soir au café des Arcades, allées d'Étigny, où un petit orchestre composé de M. et Mme Gelis et de leur jeune fils joue de manière éclectique tous les airs à la mode et répond aux demandes des clients. Mon ami réclame sans cesse *Tiger Rag* et me parle avec exaltation de Stéphane Grappelli et Django Reinhardt, que je découvre grâce à lui. Le matin, je fais ma cure, puis me balade à pied dans la montagne ; je ne sais plus pourquoi je suis délivré de mon père qui, pourtant, ne fut mobilisé qu'après la déclaration de guerre.

Le 3 septembre 1939, je suis à Paris. Un vent de panique pousse de nombreux Parisiens craignant bombardements et gaz asphyxiants à fuir la capitale.

Mon père me conduit à Chatou, à quinze kilomètres de la capitale, où son cousin Murat a une villa, nous y passons deux ou trois nuits, avec une attrayante cousine qui pressait sa poitrine contre moi et que je n'osais caresser. Mon père mobilisé, je pense m'installer, enfin libre, à la Cité universitaire, mais il m'oblige à loger chez sa sœur, la très bourgeoise tante Henriette, rue Demours, dans ce 17e arrondissement que j'exècre.

La « drôle de guerre » commence et, avec elle, mes études universitaires.

Au début, nous portions tous en bandoulière une boîte cylindrique contenant un masque à gaz. Nous subîmes quelques alertes aériennes, dont le hurlement des sirènes, dans les premiers temps, nous précipitaient dans les caves. Or ces alertes se révélèrent sans objet ou déclenchées par un leurre. La paix de la drôle de guerre s'installa, une paix artificielle dans une guerre artificielle. Tandis que l'Allemagne anéantissait la Pologne, dont l'URSS amorçait le dépeçage, il n'y avait à nos frontières que quelques escarmouches du côté de la Sarre. L'imprenable ligne Maginot nous protégeait de toute agression ; on oubliait qu'elle ne se prolongeait pas à l'endroit où la frontière avec la Belgique ouvrait sur la grande plaine des invasions… La Pologne fut digérée et oubliée, le parti communiste interdit, et le communisme devint l'ennemi intérieur. On commença à aider symboliquement la Finlande attaquée par la Russie. En dépit de deux ennemis non négligeables, tout semblait devoir durer tranquillement, de manière indéfinie avec, de temps en temps, les longs hululements d'alerte suivis des longs hululements de fin d'alerte.

Le somnambulisme hagard de cette drôle de guerre prolongeait celui, halluciné, de l'avant-guerre. Depuis 1933, le réarmement allemand, les revendications d'espace vital des nazis, l'intervention décisive de l'Allemagne dans la guerre d'Espagne, l'annexion de l'Autriche, la capitulation de Munich, le démantèlement puis l'annexion de la Tchécoslovaquie par l'Allemagne, l'exigence de Dantzig contribuent à indiquer une progression régulièrement interrompue vers la guerre ; ces événements étaient bien visibles, partout commentés, mais, simultanément, on faisait et on vivait la politique au jour le jour, on refoulait le sens de leur inéluctable progression, on se fixait sur les aléas parlementaires, les changements de gouvernement. L'ennemi pour la droite, alors ultranationaliste, anticommuniste, antisocialiste, antisyndicale, anti-ouvrière, antisémite était principalement à l'intérieur et, pour la gauche anticapitaliste, c'était les deux cents familles. L'idée munichoise dominante était que Hitler finirait par s'assagir avec la satisfaction d'intégrer les minorités allemandes extérieures et participerait au concert des nations. La persécution des juifs n'était pas encore liée à l'incarcération, l'extermination, mais aux spoliations, exclusions, ghettoïsations, et les juifs dépouillés pouvaient fuir l'Allemagne et l'Autriche.

Le somnambulisme de la drôle de guerre fut encore plus marqué. Toute cette période de septembre 1939 à mai 1940 a été vécue comme si la Wehrmacht s'était définitivement endormie ou comme si la ligne Maginot décourageait toute velléité offensive. En avril 1940, l'opération Narvik se passa très loin et fut saluée comme une victoire éclatante par la fanfaronnade de Paul Reynaud (voir p. 49), alors que l'important était l'occupation de la Norvège par les Allemands. Du reste, Narvik dut bientôt être évacué.

Je m'étais mis aux études, non pour avoir un métier, mais pour savoir de quoi est fait le destin humain. En me parlant de Marx, Delboy m'avait ouvert des horizons : il fallait connaître la société, l'économie, l'histoire si l'on voulait être lucide sur le monde humain, et Marx nous montrait la nécessité de relier philosophie et science en même temps que les sciences entre elles. Je m'inscrivis à la Sorbonne, en histoire, puis à la faculté de droit où l'on enseignait l'économie (j'ai travaillé sur les polycopiés de Gaétan Pirou et surtout sur ceux de François Perroux), et j'ai découvert la fabuleuse histoire du droit romain, le reste m'ayant profondément ennuyé. Je m'inscrivis aussi à Sciences-po, et c'est en tant que tel que je fis ma préparation militaire d'élève officier. Sans m'inscrire en philo, je suivais les cours de sociologie de Maurice Halbwachs (qui mourut en déportation) et d'Albert Bayet. Je lisais énormément, élargissant vers les sciences humaines une culture qui s'était formée par les romans, les essais, la poésie, le cinéma.

J'aimais beaucoup la bibliothèque Sainte-Geneviève que je fréquentais quotidiennement. J'y regardais sans cesse une étudiante au beau visage serein, aux traits très réguliers, que je n'osais aborder.

Je ne voyais plus Henri Luce, dont la famille avait été si accueillante pour moi et qui le serait encore sous l'Occupation, j'y reviendrai. Je voyais moins mon très cher ami de lycée, Henri Macé, qui avait dû redoubler et pour lequel j'avais eu une affection jalouse, lui demandant sans arrêt si j'étais son meilleur ami. Mon autre ami, Henri Salem, petit rouquin très vif, était plus que jamais anarchiste et m'avait dit adieu : il partait à Marseille embarquer comme passager clandestin pour l'Amérique. Effectivement, il put se cacher dans un canot de sauvetage, mais, ignorant que le cargo faisait escale au Portugal, il se découvrit trop tôt, fut débarqué et incarcéré à Lisbonne. Il n'y resta que quelques mois puis on le renvoya en France où je le revis au printemps 1940. Il n'abandonna pas son projet, cette fois décidant de se rendre légalement en Algérie d'où il trouverait le moyen de se rendre sur le continent américain.

En fait, il se fixa en Algérie. Nous nous écrivîmes jusqu'au débarquement allié qui coupa toute communication avec l'Algérie. Il avait eu le temps de m'avertir qu'il était devenu communiste, « parce que c'étaient les seuls qui agissent », et moi, je l'informai de la même évolution. Puis ce fut le silence entre nous. Devenu Henri Alleg, il allait prendre la responsabilité du journal communiste *Alger républicain*, être arrêté et torturé pendant la guerre d'Algérie, puis écrire cet admirable témoignage-réquisitoire : *La Question*. Je l'évoquerai à nouveau dans le chapitre consacré à la guerre d'Algérie.

Une fois de plus je digresse, porté par un flux anticipateur qui me projette loin de l'époque de mon récit. J'y reviens donc.

Devenu étudiant, je fréquente surtout Delboy qui est en même temps mon mentor. Je vois aussi Claude Lalet, camarade du lycée Rollin, retrouvé étudiant comme moi. Il est communiste et nous sommes tous deux contre la guerre. Il est dans la ligne du Parti qui, après le pacte germano-soviétique, condamne l'« impérialisme “anglo-français” ». Bien que nous n'ayons que le pacifisme comme seul point d'accord politique, nous aimons être ensemble, il est affable, doux, sa présence m'est bonne. Il y a des amitiés qui sont faites de vibrations et qui ont peu besoin de paroles. Il sera fusillé à Chateaubriand avec 48 autres otages communistes le 22 octobre 1941, en représailles de l'attentat qui a tué l'officier allemand Karl Hot à Nantes,

Cela nous était inimaginable quand nous devisions gaiement en marchant le long du boulevard Saint-Michel.

De mes cours à Sciences-po je me souviens de la haute figure d'André Siegfried, géographe et politologue de grande réputation dont ne reste dans ma mémoire que la « ligne Siegfried » qui séparait la France de la droite cléricale de la France de la gauche républicaine. Je me souviens de la PMS (préparation militaire supérieure) avec les fils de bonnes et grandes familles, à Vincennes, où nous marchions au pas sous les ordres d'un adjudant : « *Han Neu Han Neu.* Halte. Repos. Présentez armes. Garde à vous. En avant, marche ! *Han Neu Han Neu…* » Nous chantions au pas cadencé *Jeanneton prend sa faucille* et, sur l'air d'*Auprès de ma blonde*, des paroles stupides venant d'un joyeux drille de notre équipe : « C'est la quatrième, allons-y petits petits. » Je me sentais insolite dans ce milieu chic et n'établis aucun lien particulier d'amitié. S'appeller Nahoum sonnait étrangement parmi les noms à particule.

Après six mois de PMS, l'autorité nous demanda de choisir une arme : infanterie, cavalerie (motorisée) ou train des équipages. À la surprise de nos gradés et la nôtre, une grande majorité de fils de l'élite de la nation choisit le train des équipages, c'est-à-dire conducteurs de camions d'approvisionnement, réputé arme des planqués. J'avais moi-même choisi le moindre danger. Je fus donc versé à une section préparant au train des équipages où l'on nous enseignait les secrets des moteurs à essence, mais aussi à tirer au fusil. Après l'encerclement de la poche de Dunkerque qui causa d'énormes pertes à notre armée, notre capitaine nous rassembla tout glorieux : « Soyez fiers d'être au train des équipages, c'est l'arme qui a subi les pertes les plus massives lors de la retraite de Dunkerque. » Nous étions plutôt inquiets, car l'heure de notre mobilisation approchait.

Les cours de la fac de droit m'ennuient (droit civil surtout), mais je me concentre sur la science économique qu'on appelle économie politique puisque, selon le marxisme que m'a enseigné Delboy, c'est l'« infrastructure » des sociétés, J'apprécie toujours l'histoire du droit romain qui me montre que l'histoire transforme tout, y compris le droit.

Mais c'est surtout le cours de Georges Lefebvre, professeur d'histoire de la Révolution à la Sorbonne qui non seulement me passionne, mais va me révéler deux vérités-clés qui m'accompagneront toute ma vie et féconderont ma « pensée complexe ». Ces vérités, qui sont pour moi à la fois éthico-politiques et philosophiques, m'ont été apportées par ses deux cours, l'un sur les origines de la Révolution française, l'autre sur les conceptions des historiens de la Révolution française aux XIXe et XXe siècles.

Georges Lefebvre avait parmi nous la réputation d'avoir été un jeune paysan qui s'était formé tout seul et avait passé tardivement son bac. En fait, ce fils d'un modeste employé avait lentement gravi les échelons de l'enseignement et soutenu sa thèse de doctorat en 1924, à l'âge de 50 ans, sur les paysans du Nord pendant la Révolution. Nommé à la Sorbonne en 1935, il occupa la chaire de la Révolution française en 1937. Il avait publié en 1932 *La Grande Peur de 1789*, livre capital, qui montrait que l'agitation et la rébellion des campagnes avaient accompagné la révolution des villes et contribué à l'abolition des privilèges. Il était dans la ligne d'Albert Mathiez, mais n'en avait pas le fanatisme qui justifiait Staline par Robespierre et Robespierre par Staline ; de plus, ses cours apportèrent deux idées historiques essentielles qui passèrent inaperçues et dont je fus l'héritier inattendu.

La première vint de son cours sur les origines de la Révolution française. Il montrait que la convocation des états généraux fut au départ issue d'une réaction aristocratique, qui, soucieuse de recouvrer des privilèges abolis par la monarchie absolue de Louis XIV, voulut profiter de la faiblesse du règne de Louis XVI pour susciter une limitation du pouvoir monarchique. Les états généraux constitués par les représentants des trois ordres : clergé, noblesse, tiers état, n'avaient été que rarement convoqués, la dernière fois étant sous Louis XIII. Louis XVI, dans des conditions de difficultés économiques et financières, les convoqua pour le 5 mai 1789. Il y eut 291 représentants du clergé, 270 de la noblesse, 578 du tiers état. Il était de coutume de voter par ordre, ce qui donnait toujours la majorité à la noblesse et au clergé. L'événement, qui transforma la réaction aristocratique en révolution anti-aristocratique, fut la volonté irrévocable des représentants du tiers état d'établir le vote par tête et non plus par ordre, et de supprimer la distinction entre états. Le serment du Jeu de paume, le 20 juin 1789, fut l'engagement des députés de ne pas se séparer avant l'élaboration d'une constitution, ce qui conduisit à la fusion des trois ordres en une Assemblée nationale qui promulguerait l'abolition de la féodalité (4 août 1789), la déclaration des droits de l'homme et du citoyen (26 août 1789), et les grands principes de la Constitution (fin 1791).

Je pris ainsi conscience que les conséquences de décisions pouvaient être contraires à leurs intentions, et je découvris rapidement que l'histoire fourmillait de ce genre d'épisodes. Plus tard, je formulerais le principe d'écologie de l'action : « Le sens ou le sort d'une action dépend des conditions, réactions, interactions, rétroactions du milieu où elle s'effectue, et peut non seulement dévier par rapport à ses intentions, mais aussi se retourner contre ses initiateurs » (*L'Éthique*). Je pus vérifier concrètement cette vérité depuis la décision de Hitler d'anéantir l'URSS, jusqu'à la guerre d'Irak de George Bush, en passant par les défaites française puis américaine au Viêt Nam.

La seconde vérité apparut durant le cours de Georges Lefebvre sur l'« histoire des histoires de la Révolution française ». Lefebvre montrait que la vision du passé de l'historien était conditionnée, voire contaminée, par son propre contexte historique et ses préoccupations contemporaines. Ainsi en est-il de Aulard qui, dans le contexte de la IIIe République parlementaire, se concentre sur l'histoire parlementaire de la révolution et, radical-socialiste laïque, exalte Danton, « l'homme qui soutient une politique laïque et française par rapport à un système presque théocratique » (le culte de la déesse Raison par Robespierre).

Jaurès écrit une histoire socialiste de la révolution en traitant des conflits sociaux, des mouvements populaires, de l'histoire économique, mais aussi des mouvements révolutionnaires européens et des révoltes coloniales, comme à Haïti.

Mathiez, socialiste révolutionnaire devenu communiste après la révolution d'octobre, fait l'apologie de Robespierre et légitime par là la Terreur.

Je complète, ce que n'a pu faire Lefebvre, mort en 1959. Daniel Guérin, libertaire antistalinien, a au contraire légitimé les enragés qu'avait condamnés Robespierre ; puis François Furet, communiste déstalinisé, a fait l'histoire post-stalinienne de la Révolution, y voyant une grande embardée historique dont la France aurait pu se passer. Ce n'est pas terminé, 1789 revient.

Lefebvre m'a enseigné que l'historien projette sur le passé ses préoccupations ou conceptions présentes, d'où l'on doit conclure que l'historien doit s'historiser lui-même. Par la suite, je généraliserai cette idée avec l'axiome que « tout observateur doit s'auto-observer en même temps qu'il pratique une observation ».

Je commence à potasser mes examens au tout début de mai car je dois passer « études littéraires classiques », « histoire moderne et contemporaine », et la première année de droit.

Le 10 mai 1940, à l'aube, je suis réveillé par le hurlement désespéré de la sirène, mais, à la différence des fausses alertes précédentes, j'entends des bruits sourds.

La Wehrmacht a attaqué à 5 h 30 du matin les Pays-Bas, la Belgique et le Luxembourg, tandis que les avions allemands bombardent aéroports et centres de communication également en France.

Comme je l'ai écrit dans *Autocritique*, à partir du 10 mai

« tout se passa à une vitesse folle en même temps que dans une interminable chute au ralenti ». Tandis que, dans les premières semaines, les journaux annoncent quotidiennement l'approche du nouveau miracle de la Marne, c'est toute la France militaire et civile qui se décompose.

L'armée allemande déferle sur les Pays-Bas et la Belgique, et l'armée française se précipite à sa rencontre, tombant dans le piège tendu pour occulter la percée d'une armée blindée via les Ardennes, le 13 mai. L'état-major français n'a envoyé aucun avion de reconnaissance sur les Ardennes et les tanks allemands à la queue leu leu, regroupés à la sortie du massif, font tomber Sedan, puis prennent à revers les troupes franco-anglaises qui se sont enfoncées en Belgique où elles se heurtent à une avance allemande irrésistible. Le canal Albert, bien que fortifié, est percé le 11 mai. Bruxelles est occupé le 15 mai. Les civils belges fuient sur les routes de France. Parmi eux, deux de mes oncles vivant à Bruxelles.

Le 20 mai, le gros de l'armée franco-britannique envoyé aux Pays-Bas et en Belgique, contraint à la retraite, est coupé – par Guderian qui atteint la Manche à Abbeville – du reste de l'armée française, laquelle va essayer en vain d'établir une ligne de défense sur la Seine. Un million de combattants est pris dans une énorme poche qui se referme sur Dunkerque. Hitler interrompt pendant quarante-huit heures la ruée allemande sur la ville. Ce stratège hyperaudacieux (il a adopté le plan Manstein de percée par les Ardennes que refusait le reste de son état-major) argue d'une nécessité de prudence pour garantir la sécurité des communications alors que son état-major ne demande qu'à foncer[1].

L'hypothèse la plus probable est qu'il veut permettre à la Grande-Bretagne de rapatrier son corps expéditionnaire en vue d'une entente entre Aryens où il laisserait Albion maîtresse de son empire ; il sait qu'une part importante des hautes personnalités politiques anglaises est favorable à une entente avec l'Allemagne – si, à la suite de la déroute des troupes anglaises,

1. Cf. François Delpla *La Ruse nazie, Dunkerque, 24 mai 1940*, France Empire, et ses différents textes sur son site internet consacré à Hitler.

Neville Chamberlain, le conciliateur, n'avait pas dû démissionner le 10 mai 1940, Churchill l'irréconciliable ne serait pas devenu Premier ministre du Royaume-Uni. En fait, grâce à l'arrêt sur place des troupes allemandes, 330 000 soldats anglais ont pu rembarquer. Remarquons ici l'ironie de l'histoire et la pertinence de l'écologie de l'action où la pause de Hitler obtint des résultats inattendus, contraires à ceux qu'il escomptait. Elle a permis l'envoi du corps expéditionnaire britannique en Égypte où il a pu stopper l'offensive de Rommel vers Suez et les pétroles du Moyen-Orient. En tout cas, le retour des troupes britanniques dans leur île aurait certainement permis à l'Angleterre de se défendre si Hitler avait envisagé une invasion en Grande-Bretagne.

Mais, en mai 1940, on ne voit que le désastre de Dunkerque, suivi par un nouveau et définitif désastre. La stratégie de l'état-major a été nulle de bout en bout. Les Allemands ont pratiqué une guerre des tanks qu'ils avaient déjà théorisée et que de Gaulle avait proposée à la France dans les années 1930.

Les Allemands ne cessent d'avancer, Paris est bombardé le 3 juin, les usines de Billancourt et les aéroports sont frappés. Le 6 juin, la ligne « Weygand » de défense s'appuyant sur la Somme et sur l'Aisne s'effondre. Le 8 juin, le front français est totalement disloqué. Les stukas terrifient militaires au combat et civils en exode : ces avions chutent en piqué dans un bruit effrayant sur leur cible pour lâcher leurs bombes et remonter aussitôt quasi verticalement. Toutes les lignes de défense sont brisées, l'armée est en déroute, le pays plonge dans une énorme catastrophe.

Tout en continuant à préparer mes examens, j'écoute plusieurs fois par jour la radio qui fait état quotidiennement de l'avancée ennemie. Delboy et Lalet, d'un an plus âgés que moi, partent, mobilisés.

Au moment de nous séparer Delboy m'a dit : « Si l'on veut rester révolutionnaires, il faudra devenir communistes. » Et Lalet : « Nous sommes dans la situation de la Russie en octobre 1917. »

Le 8 juin, un communiqué à la radio annonce que tous les examens scolaires et universitaires sont suspendus à Paris. Je décide de quitter la capitale pour Toulouse. Mes oncles de Bruxelles qui ont fui la Belgique s'y sont réfugiés. Je pense que cette ville est stratégiquement bien placée pour attendre la suite des événements.

5

Toulouse

En même temps que le gouvernement fuit Paris, je prends le premier train du matin qui est le dernier pour Toulouse, nous sommes le 10 juin 1940.

Arrivé tôt à la gare, je trouve une place assise. Des gens s'entassent dans le couloir : heureusement, pas de vieux ou de femme à qui j'aurais dû céder ma place. Le train bondé subit de nombreux arrêts en pleine campagne : lignes coupées par des bombardements ? Priorité aux trains militaires ? Je suis serré contre un gros derrière qui, à la longue, m'excite et je le tripote pendant la nuit sans qu'il y ait de réactions hostiles, mais, au matin, je ne sais comment aller plus loin.

Limoges, Brive, Montauban. Nous arrivons à Toulouse. Je vais rejoindre mon oncle Léon à son hôtel, il m'a trouvé une chambre à louer chez une dame, au centre-ville.

Mon hôtesse se met devant l'armoire à glace de ma chambre, se regarde, fait le salut hitlérien en disant : « Heil Hilaire ! » et me dit en riant qu'elle se prépare à l'entrée de Hilaire à Toulouse. Je passe une nuit dévoré par les puces, beaucoup plus nombreuses que les habitants de Toulouse à cette époque, puis me rends au matin à l'université afin de m'informer sur les examens.

Je passe par l'avenue Alsace-Lorraine bondée de camions militaires avec des soldats au visage hâve et épuisé, de voitures venues de toutes les régions.

La France dégringolait du nord au sud en voiture, en train,

en camion, en charrette, en bicyclette et à pied. La nation se désintégrait en particules affolées dans un gigantesque tourbillon brownien fuyant les tanks allemands. À Toulouse, tout s'embouteillait dans une kermesse monstre, un tohu-bohu invraisemblable.

Arrivé place du Capitole, je m'immobilise devant une librairie qui a affiché dans sa vitrine une carte de France où des points rouges indiquent l'avancée des Allemands. J'entends une voix toulousaine derrière moi : « Ah ! Ils sont forts ! » Je me retourne et vois un moustachu d'une cinquantaine d'années : « C'est nous qui sommes faibles », lui dis-je. Ma réplique le surprend joyeusement : « Ah, vous n'êtes pas un espion ! Ce matin, j'en ai fait arrêter trois. » L'espionnite règne. On signale de partout les agents ennemis de la cinquième colonne camouflés.

À la faculté de lettres, on me donne les dates, assez proches, des examens ; les étudiants réfugiés peuvent s'inscrire ; j'apprends aussi que le professeur Faucher a créé un centre d'accueil pour étudiants réfugiés et que, dans la cour de la bibliothèque, rue du Taur, il y a une grande et longue table ouverte pour les repas.

J'y arrive pour le déjeuner et y trouve une trentaine d'étudiants et étudiantes venus du Nord, de Bretagne, d'Alsace, de Lorraine, de Paris, de Touraine.

Au cours d'un des repas arrivent deux étudiantes de Besançon qui sont venues en micheline. On se serre pour leur faire une place. On fraternise gaiement entre réfugiés de toutes provenances, français et étrangers.

À partir de ce moment, je me suis émancipé de ma famille et me mets à exister de façon autonome. J'étais déjà libéré de mon père, mobilisé à Bourges, mais il m'avait obligé à vivre sous le toit de ma bourgeoise tante Henriette, rue Demours. À Toulouse, j'ai également mes deux oncles réfugiés, mais je ne dépends pas d'eux. J'ai trouvé une communauté, celle de ces étudiants réfugiés, à laquelle se greffent quelques étudiantes toulousaines. Mon besoin de frères et sœurs, dont en fils unique j'étais privé, se trouve soudain pourvu.

Je découvre un bonheur : celui des fraternisations avec Fouad Kazan, le Libanais, Khorsan, l'Iranien, puis Mario Llorca et son ami, réfugiés de la guerre d'Espagne. Déracinés, nous nous enracinons les uns aux autres. On se parle, on se confie. Pacifiste, j'inspire confiance aux communistes ; juif, j'inspire confiance aux anti-Allemands. Au bout d'un mois, je deviens le secrétaire du centre d'accueil, je suis heureux de pouvoir rendre service, tenter de résoudre des problèmes de logement ou autres. Je fais des poèmes du style unanimiste sur notre communauté et, comme je l'ai écrit dans *Autocritique* : « J'eus le sentiment d'avoir gagné la plus glorieuse des citations à l'ordre de la collectivité. »

Bien que la sexualité se libère comme dans toutes les périodes où s'affaissent les sociétés, je ne vis avec mes rencontres que des étreintes maladroites, mais j'ai enfin des copines, dont Hélène Henri et Emmy Tedesco, la première personne, et pour longtemps la seule, à qui je fais part de mon malheur secret. Emmy est une étudiante réfugiée, qui gagne sa croûte en vendant *Paris-Soir* (édité à Lyon) rue Alsace-Lorraine. Un soir, elle m'invite à dîner chez elle, et ce fut mon dégel intérieur ; je lui parle de la mort de ma mère, de la façon dont on me l'a bêtement cachée, de la façon dont j'ai tout deviné, de mon chagrin immense et solitaire.

Pendant ce temps, la catastrophe s'amplifie. Le 13 juin, l'Italie déclare la guerre à la France. Le 14, les Allemands entrent dans Paris sans combats. Le 16 juin, le président Lebrun désigne le maréchal Pétain comme président du Conseil des ministres pour succéder à Paul Reynaud, démissionnaire. Pendant ce temps, l'URSS envahit et annexe les pays Baltes. Le 17 juin, Pétain lance un appel à cesser les combats. Le 18 juin, très peu de Français entendent l'appel londonien de De Gaulle à poursuivre la guerre, il sera transmis de bouche à oreille, mais ne provoquera que des sursauts individuels et dispersés. Les Français sont abasourdis, tétanisés, assommés. La plupart font confiance au « vainqueur de Verdun » pour sauver ce qui peut être sauvé, et l'armistice du 22 juin signé à Rethondes apporte aux uns la honte et les larmes, aux autres le soulagement de la fin des combats, des bombardements, des exodes. Rarissimes sont ceux qui comme le militant catholique Edmond Michelet, (déporté à Dachau plus tard pour faits de résistance) distribuent des tracts dans les boîtes aux lettres de Brive-la-Gaillarde dénonçant la capitulation.

C'est je crois *Le Figaro* qui publie alors le poème bouleversant d'Aragon : *Les lilas et les roses* :

Ô mois des floraisons mois des métamorphoses
Mai qui fut sans nuage et Juin poignardé
Je n'oublierai jamais les lilas ni les roses
Ni ceux que le printemps dans les plis a gardés

Je n'oublierai jamais l'illusion tragique
Le cortège les cris la foule et le soleil
Les chars chargés d'amour les dons de la Belgique
L'air qui tremble et la route à ce bourdon d'abeilles
Le triomphe imprudent qui prime la querelle
Le sang que préfigure en carmin le baiser
Et ceux qui vont mourir debout dans les tourelles
Entourés de lilas par un peuple grisé...

De mon côté, je fais un poème d'adieu à Paris.

Au cours de cette période, je passe enfin mes examens. Ceux de la première année de droit se déroulent dans une atmosphère indicible de triche : les antisèches sortent des poches, les bonnes copies s'offrent au regard des voisins, ça chuchote de partout, les pions ne sévissent pas. Les examens d'histoire et d'études littéraires classiques sont plus sérieux. Je suis reçu comme beaucoup, car il y eut une grande indulgence des jurys dans les conditions du désastre national.

À la même époque se situe un événement capital dont je n'ai eu connaissance que bien plus tard. Notons déjà que Franco déclare de façon insolite la non-belligérance de l'Espagne le jour où l'Italie déclare la guerre à la France. À la suite de l'effondrement de la France, Hitler est allé rencontrer Franco et lui a proposé le Maroc et la moitié de l'Algérie si l'Espagne laissait passer la Wehrmacht vers le Maroc pour tenter de conquérir toute l'Afrique du Nord jusqu'à Suez et les pétroles du Moyen-Orient. Franco a refusé arguant l'état d'épuisement de l'Espagne.

Ce refus est tout à fait étonnant à l'égard de son principal et décisif allié pendant la guerre civile et l'absence de risques à laisser seulement le passage à une armée amie. Lorsque j'ai eu cette information, après le décès de Franco, j'ai essayé de toucher indirectement son ministre des Affaires étrangères d'alors, Serrano Sunter, mais sans résultat. J'ai cependant envisagé deux hypothèses, que l'on peut d'ailleurs relier entre elles. La première est que le rusé caudillo sait que l'Angleterre n'est pas vaincue, a confiance dans sa force, il ne veut pas s'en faire une ennemie en favorisant une attaque militaire contre l'Empire britannique en Égypte, à Suez et dans ses protectorats du Moyen-Orient. La seconde est que Franco, qui a connaissance de son ascendance marrane, s'il a accepté, voire souhaité, l'aide militaire allemande pour *sa* victoire, ne tient pas à favoriser l'omnipotence d'une Allemagne persécutrice de juifs. (Du reste, il sauvera des juifs séfarades de nationalité espagnole des convois de déportation, et l'Espagne franquiste refoulera moins de juifs que la Suisse démocratique.)

C'est alors que Hitler se décide à ménager Vichy, ce qui maintiendra l'empire colonial français et la flotte française dans une neutralité qui les empêchera de basculer en faveur de l'Angleterre.

Le calcul fut juste. Si Churchill fit couler par excès de précaution la flotte française de Mers el-Kebir, celle de Toulon demeura dans sa rade jusqu'à l'invasion de la zone sud par la Wehrmacht, et l'empire colonial français, en dépit des tentatives gaullistes, demeura vichyste. Le refus franquiste détermina la collaboration solennisée par Hitler et Pétain à Montoire, le 24 octobre 1940. Le bombardement de Mers el-Kebir par la flotte anglaise favorisa Pétain et freina le développement de la Résistance.

Dès l'armistice, la France est divisée en deux : une zone sud non occupée gouvernée de Vichy par le maréchal Pétain, une zone nord occupée où Vichy gouverne *de jure*, mais l'Allemagne *de facto*. Au cours de l'été 1940, une partie des étudiants réfugiés repart de Toulouse. Restent les apatrides, polonais, autrichiens, libanais, iraniens, communistes, juifs. Parmi les adultes réfugiés, il y a des écrivains et intellectuels.

Mon père, son régiment ayant subi la débandade, parvient à Toulouse par différents moyens : camions, wagons, charrettes. J'ai craint un moment qu'il ne veuille rester avec moi, mais, dès que cela est possible, il rejoint Paris pour ses affaires amoureuses et commerciales, il y retrouve aux apéritifs des camarades de régiment, il a pu écouler ses vieux lots de bas et chaussettes invendables jusqu'à la pénurie généralisée. Il vient me voir de temps à autre en réussissant à acheter des faux ou des vrais laissez-passer allemands.

En juillet 1940, après la fin de la bataille de France, alors qu'une grande partie de l'Europe est sous le joug allemand, Hitler propose aux Britanniques une paix de compromis et de nouvelles négociations. Churchill refuse. Le 13 août, Goering déclenche une offensive aérienne sur divers points stratégiques de la Grande-Bretagne destinés à détruire son potentiel militaire, puis la résistance de la chasse anglaise entraîne des bombardements massifs de terreur sur Londres, le « blitz », de septembre 1940 à mai 1941. J'observe, haletant, cette guerre aérienne, heureux de la résistance anglaise, mais pensant qu'elle ne changera pas le sort de l'Europe occupée.

Au cours de l'été se répand la prophétie consolatrice de sainte Odile qui prédit avec une lucidité prématurée la délivrance de la France. Cette rumeur en a précédé une autre, très importante en 1941, selon laquelle les Allemands auraient tenté de débarquer en Angleterre. Mais les Anglais auraient arrosé d'essence la mer au voisinage de leurs rivages et mis le feu à l'arrivée des escadres allemandes qui auraient alors brûlé corps et biens ; cette rumeur était très précise : celui qui la rapportait disait qu'un sien parent, ou un ami sûr, ou un haut fonctionnaire, aurait été témoin visuel des corps calcinés des soldats allemands rejetés sur les côtes par la marée. Bien qu'à aucun moment la BBC ne fît état de ce pseudo-débarquement, la conviction de l'échec allemand devint forte et largement partagée.

Progressivement, le lait, le beurre, les fromages disparaissent des crémeries, la viande s'amenuise dans les étals et s'obtient en échange de tickets de rationnement, l'alimentation dans son ensemble diminue en quantité et qualité, l'essence, le textile, le tabac se raréfient, le rationnement s'installe à tous les niveaux des besoins quotidiens. À la rentrée, alors que la plupart de mes compagnons du centre d'accueil ont quitté Toulouse, je me lie avec Michel Chevalier, étudiant, comme moi, en histoire-géo, ainsi qu'avec Charley Théodore, mon condisciple au lycée Rollin à Paris, qui étudie le droit. La musique nous rapproche fortement Théodore et moi. Nous imitons de la voix les passages des symphonies que nous aimons, nous réussissons très bien à restituer les appels de cors du *Don Juan* de Richard Strauss, également les cymbales et grosses caisses, et puis nous chantons quantité d'airs d'opéra que nous connaissons par cœur ; nous avons passé ensemble une année d'amitié musicale, sans nous priver d'assister aux concerts ou opéras du Capitole[1]. Avec Michel Chevalier, garçon intelligent et sec d'apparence, ce sont nos intérêts communs pour l'histoire et les problèmes politiques qui nous rapprochent. Nous formons un trio et prenons nos repas au restau universitaire, où nous retrouvons, à une table commune, l'Alsacien Samuel et un étudiant du nom de Johannis. Samuel évoque souvent avec nostalgie sa petite ville de Wasselonne. Il sera déporté à Auschwitz alors que j'étais loin de Toulouse. Il s'y est lié avec Primo Levi et a gardé des liens d'amitié avec lui. De retour à Wasselonne, il est devenu pharmacien, prenant la succession de son père ; il a réussi à me joindre, m'y a invité avec ma compagne et nous avons passé là quelques jours d'amitié.

Pour revenir au restaurant universitaire, je ne sais si c'est par sollicitude ou à la suite d'un pourboire mystérieux que le serveur Jules nous octroie toujours une double ration du plat principal. Nous trouvons dans les épiceries des dattes venues d'Algérie qui calment nos faims de l'après-midi.

En fait, contrairement à ce que j'écrivais dans *Autocritique*, je ne commence pas une petite vie monotone d'étudiant, mais une vie amplifiée par mes rencontres intellectuelles et affectives.

1. Un soir, je suis même devenu figurant numide de l'armée carthaginoise dans *Salammbô*.

Je passe plusieurs heures par jour à la bibliothèque municipale, où je dévore toutes sortes de livres. J'aime aller de table en table deviser avec des copines, et les bibliothécaires m'appellent le « frotteur ». J'ose enfin adresser la parole à la plus belle de toutes, la superbe blonde Françoise Genest, déjà liée à un aimable Hongrois, elle devient une amie. Enfin, l'après-midi ou en soirée, je fais de belles balades le long de la Garonne, en compagnie de mes deux amis espagnols, et de deux ou trois jeunes et aimables Toulousaines. Je me rends parfois aux différents cafés de la place Wilson où je discute avec une petite tablée de Saloniciens, commerçants comme mon père, qui se sont « entoulousés » et m'invitent à prendre un verre. L'un d'eux me pinçait à chaque fois le bout de l'oreille, à l'instar de Napoléon avec l'un de ses grognards.

Le soir, je vais avec des copains au Chantaco pour admirer une belle pianiste brune, dont le visage plus que sa musique suscite mon attention et mon admiration. Mais plus elle me fascine, plus je me trouve intimidé, incapable d'aller lui parler. Un jour, elle n'apparaît plus et j'en garde une vraie nostalgie. Sept à huit ans plus tard, Jean Cassou, figure inoubliable de la résistance toulousaine, poète et écrivain d'une noblesse de caractère rarissime (j'en parlerai plus loin), fait une fête à Paris. Il invite entre autres ses amis de Toulouse, dont la pianiste du Chantaco. Cette fois, non plus intimidé mais quasi possédé, je lui dis combien j'avais désiré l'aborder à Toulouse. « Mais vous auriez dû », me dit-elle, avec un sourire enjôleur. Je reste auprès d'elle, je la raccompagne avec ma 4-CV, rue Lamarck. Elle s'appelle Georgette, son mari est docteur en médecine, mais elle me prouve sa liberté par un baiser d'au revoir. Oui, je l'ai revue et nous nous sommes aimés.

J'embrassais dans les cinémas ma cousine Régine, plus âgée, mais celle-ci, très amoureuse d'un officier aviateur, ne voulait pas céder et devenir pour moi une « panthère », on dirait « cougar » aujourd'hui.

Puis je me lie d'amitié avec l'étudiante périgourdine, Violette Chapellaubeau. Elle est hébergée chez une amie, une autre Georgette, qui accueille des réfugiés polonais. Violette est de ces personnes sensibles et fraternelles, donnant naturellement asile aux persécutés et réfugiés. Elle peut, par l'intermédiaire de ses parents ruraux, à Hautefort, en Dordogne, héberger de nombreuses familles juives, étrangères ou résistantes menacées par Vichy, j'aurai l'occasion d'y revenir.

La famille Henri

Mais l'une des plus belles rencontres de ma vie est celle de la famille Henri, dans un modeste petit restaurant de Toulouse, au cours de l'été 1940. Mme Henri est la veuve du professeur Victor Henri, un chimiste-physicien réputé internationalement et professeur à l'université de Liège. C'est une jeune princesse Yapounov quand elle le rencontre à Moscou, ou Leningrad, je ne sais, où il donne un cours, et, bien que beaucoup plus jeune que lui, elle l'épouse. Ils fuient les troupes allemandes avec leurs quatre enfants. Au cours de l'exode, le 21 juin 1940, le professeur Henri décède. Très courageusement, dans le dénuement le plus complet, Mme Henri arrive à Toulouse, retrouve des collègues universitaires de son mari qui lui accordent leur aide. Elle peut s'installer dans une rue donnant allée des Demoiselles, en fait proche de la rue de Fleurance, où je loue ma chambre dans une villa tenue par une vieille veuve. Mme Henri se montre très bienveillante à mon égard et m'invite à prendre le thé chez elle. En dépit des restrictions, elle offre l'hospitalité non seulement pour le thé et petits biscuits, mais aussi des repas et des logements. Ainsi elle accepte de loger mon ami Félix Kreissler, autrichien et juif, qui, arrêté en tant que tel par la police de Vichy, s'était, en raison de sa claudication, fait hospitaliser sous surveillance puis s'était évadé. Par chance, il me retrouve à Toulouse, dans la rue, alors qu'il est en cavale. Mme Henri lui offre gîte et couvert. Elle loge aussi ma future compagne Violette. Ce bout de Russie hospitalière à Toulouse avec la voix chantante et si douce de Mme Henri était un émerveillement. Sa fille aînée, Hélène, qui avait mon âge, était devenue plus que proche, une quasi-soeur. La benjamine, Vera, était une fillette qui venait sur mes genoux en petite amoureuse. Le fils aîné, Victor, avait un an de moins que moi, et Alex était un adolescent de 14 ans. Une belle harmonie régnait dans cette villa et se communiquait aussitôt aux visiteurs. Les collègues scientifiques du professeur Henri aux États-Unis organisèrent l'installation à New York de la famille. Hélène, à la suite d'une fausse information, en fait c'était un canular, avait entendu dire que la faculté de Toulouse serait interdite aux filles, elle partit la première, je ne la retrouverais qu'en 1969, en Californie, après une brève rencontre à Londres où j'avais été invité par Stuart Hall, responsable d'*University and Left Review*. J'évoquerai à nouveau Hélène, c'est sûr. Mme Henri et ses enfants mineurs obtinrent, comme Hélène, le visa pour les États-Unis, mais pas Victor, qui, de nationalité française, était en âge d'être requis pour les chantiers de jeunesse et ne pouvait quitter le pays. Mme Henri me confie Victor avant de partir, et c'est avec lui que je quitte Toulouse, en automne 1942, pour Lyon.

Julien Benda

Au cours de l'été 1940, mon père me fait parvenir (par ses frères) une mensualité qui couvre mes frais, je fréquente quelques restaurants de mon choix, le centre d'accueil est fermé pendant les vacances, le restau universitaire n'ouvrira qu'à la rentrée. Au cours d'un déjeuner, je parle littérature avec mon voisin de table, un homme entre 40 et 50 ans : celui-ci, à la fin du repas, me dit que vingt ans auparavant, en 1918, alors qu'il était étudiant, il avait dépouillé des livres pour Julien Benda, qui cherchait des citations d'auteurs pour étayer ses critiques dans son *Belphégor : essai sur l'esthétique de la présente société française*, où, au nom de la raison il dénonce le romantisme, le sensualisme, le sentimentalisme, le goût du flou et de l'imprécis. Il me dit que Julien Benda, réfugié à Carcassonne, vient de lui demander le même type d'aide pour son livre en préparation *La France byzantine*, mais qu'il il a dû refuser, étant très occupé par son métier d'imprimeur. Benda lui a demandé s'il ne connaissait pas un étudiant qui pourrait l'aider dans ce travail : « Est-ce que vous accepteriez ? » C'est, évidemment, un travail à titre gracieux. J'avais lu des articles de Benda dans la NRF, et je n'appréciais guère son rationalisme étroit, mais l'idée me séduisait d'aller servir de demi-nègre à cet essayiste connu.

Peu après, Benda m'envoie une lettre d'une courtoisie exquise pour me remercier de mon acceptation et me proposer de venir le rencontrer à Carcassonne. C'est à moins de cent kilomètres de Toulouse, je fais alors le voyage en train.

Benda occupe une chambre louée à une logeuse dans un petit immeuble modeste. La pièce est très nue. Sur une étagère, très peu de livres, où je reconnais un Spinoza.

Benda, à sa table de travail, écrivait pour l'éternité ou pour le néant, car tous ses livres d'auteur juif étaient interdits et ses ouvrages publiés mis au pilon. Il n'y avait aucun espoir de liberté à l'horizon. Benda menait une vie sobre, presque austère. Il prenait ses repas sans pain utilisant ses tickets de pain pour des biscottes le matin, avec un faux café à base de chicorée. L'hiver, il écrivait dans sa chambre non chauffée avec des mitaines, et couvert d'une grosse veste.

Lors de notre première rencontre, il m'explique que je dois chercher dans Valéry, Gide, Malraux et autres toutes les phrases ou formules illogiques ou irrationnelles qu'il pourrait citer dans son livre. Il a un tel mépris a priori pour ces auteurs qu'il ne veut pas perdre son temps à les lire. Par ailleurs, il m'incite à lire les grands auteurs, maîtres en « style d'idées » comme Hyppolite Taine, Charles Renouvier ou Ernest Renan.

J'aime beaucoup les écrivains que pourfend Benda, et, tout en récoltant leurs formules « irrationnelles », je lui dis que ces auteurs sont toutefois très riches en qualités et idées, mais je ne peux en rien l'influencer. Je prends l'habitude d'aller périodiquement à Carcassonne lui apporter ma moisson de citations. Nous partageons quelques repas et promenades. Je lui parle musique, et il me confie qu'il fut un excellent pianiste, mais qu'il a abandonné la musique parce que le plaisir sensuel qu'elle lui apportait troublait sa pensée. Mais, il est très content quand je lui imite de la voix certains passages des symphonies que j'aime. Nous allâmes même ensemble au récital d'un pianiste, de passage à Carcassonne. Tout en étant allergique à ses idées, je me prends d'affection pour ce petit homme qui vit si naturellement et de façon si modeste et solitaire, quasi en stoïcien, après avoir eu une vie aisée, mondaine et brillante dont il ne manifeste apparemment aucune nostalgie.

J'ai cessé ma collaboration avec Benda quand je suis parti à Lyon, en 1942. Toutefois, il me demanda d'y rencontrer le résistant André Philip pour faire circuler un sien manuscrit sur la liberté, écrit à Carcassonne. Un peu plus tard, comme les arrestations de juifs se multipliaient en zone sud, je me rendis à Carcassonne pour donner à Benda une fausse carte d'identité de protection. Je ne le revis qu'après la Libération, mais le charme était rompu. Il logeait à Paris, à l'hôtel Cayré, boulevard Raspail. En 1949, son rationalisme abstrait l'aveugla sur les procès staliniens dans les démocraties populaires, puisque, selon lui, les aveux des accusés prouvaient suffisamment leur culpabilité d'espions.

Joë Bousquet

Julien Benda fréquente régulièrement la chambre à coucher du poète Joë Bousquet où il me conduit. Bousquet a subi pendant la guerre de 14-18 une terrible blessure à la colonne vertébrale qui lui a paralysé les membres inférieurs. Il dort le jour tous volets clos, et se réveille le soir, puis après qu'on lui a fait sa toilette il reçoit amis et admirateurs, dont des poètes et écrivains occitans. Julien Benda y est traité très respectueusement par Bousquet qui l'appelle « maître ». Je me souviens que Bousquet lui demande un jour ce qu'il pense de Pierre Cot, qui fut ministre de l'Air sous le Front populaire et accusé, en septembre 1940, au procès de Riom, d'être responsable des faiblesses de l'aviation française en 1940 : « Ah, ce jeune homme m'a semblé un peu léger... »

C'est le rationaliste Benda qui a trouvé le beau titre poétique de l'autobiographie de Joë Bousquet, publiée en 1941 : *Traduit du silence.*

Clara Malraux

Au cours de l'été 1940, je fais la rencontre inattendue de Clara Malraux. Parmi mes lectures à la bibliothèque municipale figurent les numéros de la NRF précédant la guerre et je suis frappé par un texte signé Clara Malraux : « Le livre de comptes », où elle raconte avec grande émotion sa séparation avec André Malraux. Ce texte m'ayant touché, j'en fais part dans une lettre à une copine réfugiée, passant l'été à la campagne, et avec laquelle je m'entretiens de mes lectures. J'ignore qu'à Toulouse elle habite une chambre dans la même maison que Clara Malraux, et elle est heureuse de lui transmettre le témoignage d'un admirateur. Clara Malraux, surprise et charmée, m'écrit et me propose une rencontre.

Me voici à la porte d'un sous-sol que m'ouvre une femme accueillante et volubile. Elle a quitté l'aisance, voire le luxe parisien, pour vivre dans une pièce qui est presque une cave et où elle semble s'être très naturellement adaptée. Je vois une petite fille de 6 ans, assise sagement sur une table, sa fille Florence, fruit des amours toscanes d'André et Clara. Elle me parle presque immédiatement de sa séparation avec Malraux, qu'elle accable de reproches, dont celui d'abandonner sa fille, puis, de façon de plus en plus hystérique, elle éclate en sanglots. Florence reste muette et sage comme si de rien n'était. Peu après, la conversation prend un tour littéraire et nous sommes charmés l'un par l'autre. Je prends l'habitude d'aller lui rendre visite. Elle parle avec familiarité de tous les grands écrivains que j'admire. Non seulement elle évoque souvent Malraux, mais les écrivains que j'aime particulièrement, tels Gide, Guilloux. J'ai le sentiment d'entrer dans les arcanes de la NRF. De mon côté, je lui fais part de mes lectures préférées et de mon sentiment sur la guerre. Je lui développe la théorie de Simone Weil sur l'humanisation à terme de l'empire allemand. Elle trouve ça « intéressant » et me demande d'en faire part à son voisin de sous-sol, un intellectuel italien réfugié, antifasciste, nommé Andrea Caffi. Je ne sais pas alors que ce vieil exilé, curieux de tout et d'un savoir encyclopédique, a été le professeur de philosophie de Nicola Chiaromonte. Finalement, Clara Malraux conclut que je suis la personne la plus intelligente qu'elle ait jamais rencontrée en dehors d'André Malraux, dont elle continue à être obsédée. L'obsession diminua un peu quand, plus tard, nous fîmes ensemble de la résistance, puis quand elle écrivit après la guerre ses Mémoires qui l'en libérèrent.

Je lui dois deux rencontres décisives dans ma vie, celle d'André Ulmann, prisonnier évadé, responsable du Mouvement de résistance des prisonniers de guerre et déportés, qui me recruta au printemps 1943 et orienta mon destin, et celle de Jean Krazatz, dit, entre nous, « Jean l'Allemand », marin de Hambourg, engagé dans la guerre d'Espagne du côté républicain, interné au Récébédou après avoir fui la Catalogne envahie, puis évadé et devenu amant de Clara. Il fut mon adjoint à partir de l'été 1943 à Toulouse puis à Paris jusqu'à son arrestation, son supplice et sa mort, que j'ai relaté dans le chapitre consacré à mes rendez-vous avec la mort.

Clara me fit aussi rencontrer Jean Paulhan sous l'Occupation (voir p. 127), puis Bernard Groethuysen, gourou occulte d'écrivains de la NRF, ainsi que sa compagne, Alix Guillain, traductrice de Marx… L'amitié de Clara me fut bénéfique jusqu'à sa mort, en 1982, à l'âge de 85 ans. Je l'évoquerai à nouveau lors de mon retour à Toulouse en 1943 et pendant les années d'après-guerre.

Félix Kreissler

Je veux revenir ici sur Félix Kreissler, que j'ai rencontré si souvent ensuite de façon imprévue. Félix, je l'ai évoqué précédemment, était un étudiant émigré, autrichien, communiste, âgé de 23 ans en 1940. Affligé d'une claudication, il put se faire hospitaliser, après son arrestation à Toulouse, puis s'évader.

L'ayant rencontré par hasard dans la rue, j'ai pu lui trouver une chambre chez Mme Henri. De nouveau par hasard, je l'ai croisé dans une rue de Lyon, en 1942. Il déplia un journal devant son visage pour que je ne le reconnaisse pas (il était militant clandestin au Parti communiste autrichien exilé en France), mais il n'eut pas le temps de se cacher, car je l'abordai aussitôt. Il me parla de son activité au PC autrichien clandestin et nous nous séparâmes. Quand André Ulmann me donna la responsabilité de créer une section du MNPGD (Mouvement national des prisonniers de guerre et déportés) à Grenoble, lors de l'été 1943, j'eus la surprise de découvrir Félix comme vendeur à la librairie Payot. Puis, je ne sais plus comment, je le revis encore et l'intégrai au MNPGD, ce qui lui permit d'aider secrètement le Parti communiste autrichien à qui j'avais moi-même fourni de fausses cartes d'identité et un imprimeur. Félix fut arrêté et torturé sous la fausse identité de Lebrun, puis déporté, début 1944, à Buchenwald, où les communistes allemands qui détenaient les pouvoirs subordonnés de kapos et autres le placèrent, sans doute, vu sa claudication, à l'Arbeitstatistik, où il devait répartir les nouveaux détenus entre de multiples commandos et le camp de Buchenwald lui-même. Ce poste de « planqué » était aussi une énorme responsabilité. C'est de là que fut envoyé mon ami Jean-René Chauvin, dès qu'il fut repéré comme trotskiste, dans un commando particulièrement mortifère ; du reste, tout trotskiste était envoyé plus ou moins à court terme à la mort.

Félix aurait pu sauver Claude Dreyfus, mais comme celui-ci arriva à Buchenwald sous le nom de Claude Billard, il ne put le repérer et l'inconnu Billard fut envoyé à l'usine souterraine de Dora-Elrich fabriquer des V1 et V2, un des pires enfers concentrationnaires dont très peu revinrent, et dont il ne revint pas.

Félix aurait pu aussi mettre à l'abri Robert Antelme, dont il ne connaissait sans doute pas le patronyme, et qui fut envoyé dans un terrible commando à Gandersheim. Je reviendrai sur la résistance collaboratrice que nouèrent, à Buchenwald, des communistes allemands avec les SS, et qui put favoriser aussi un certain nombre de résistants français, proches des communistes. Toutefois, cette part collaboratrice disparut à l'approche des armées alliées et la résistance intérieure communiste contribua à la libération du camp.

Félix revint à Paris, après la guerre, il me retrouva sans doute en rejoignant le MNPGD et reprit aussitôt contact. Violette et moi l'hébergeâmes dans notre appartement, et nous lui fîmes faire un exposé sur Buchenwald lors d'une séance, aux Archives nationales, si ma mémoire est bonne, organisée par Charles Braibant.

Pendant ces quelques jours d'hospitalité, il se montra dogmatique et ne cessait de répéter à Violette : « Ma petite Violette, tu ne connais pas le marxisme-léninisme. » Il finissait par nous fatiguer avec son marxisme-léninisme. Puis il retrouva ses camarades du Parti, et surtout sa compagne, Denise Dordor, l'étudiante bisontine réfugiée que j'avais accueillie en 1940 et qui l'épousa en 1945. Il retourna en Autriche en 1947, mais n'y resta pas, ne perdit jamais ses convictions marxistes-léninistes, obtint un doctorat et créa à Caen un centre universitaire d'études autrichiennes. Il vint avec bienveillance à l'émission de radio que j'avais intitulée « Que sont mes amis devenus ? » où je voulais retrouver des êtres chers, dispersés. Il loua mes qualités de cœur, tout en faisant des réserves sur mes idées politiques. Je ne le revis plus, il est mort en 2004.

Je me suis laissé entraîner par le souvenir de Félix Kreissler, mais revenons à Toulouse, en zone sud.

Au cours de ce premier semestre 1941, où la résistance anglaise aux bombardements allemands me réconforte, où le pétainisme me paraît de plus en plus grotesque et va progressivement devenir odieux, la domination allemande sur l'Europe semble irréversible, et je me console du désespoir présent par un espoir mystique ou messianique avec ces deux formules, très profondément sourcées dans mon esprit : « la vie continue » et « un jour viendra ».

La première, je l'illustre dans la dissertation que je fis en histoire ancienne fin 1940, je crois, sur la conquête de la Grèce par Philippe de Macédoine ; j'écris : « L'effondrement d'Athènes parut en même temps à certains l'effondrement de quelques valeurs essentielles de la civilisation. En réalité, il n'y a aucune scission dans l'histoire grecque à la date de Chéronée. La vie économique continue son développement : le fait qu'Alexandrie et Rhodes tendent à se substituer au Pirée n'est pas un élément essentiel de différenciation. La culture grecque ne manifeste aucun symptôme de décadence : en philosophie, c'est l'époque de Zénon, Épicure, Théophraste. »

La seconde vient de plus loin. Je l'ai dit, j'ai longtemps cru, en dépit de ma certitude de sa mort irrémédiable, au retour de ma mère. Adolescent désirant désespérément une sœur ou des frères, je me prenais à rêver à une vie émancipée, libre, fraternelle, imaginant qu'un jour viendrait où je serais exaucé ; puis, à l'écoute du *Roi David* de Honegger, j'entendis le « un jour viendra où une fleur fleurira ta souche reverdie » : enfin, je trouvais exprimée la parole qui pouvait me donner l'espérance et qui correspondait alors à la perspective que m'avait ouverte l'article de Simone Weil.

Depuis, à chaque désespoir, ce « un jour viendra » me donne une forme hybride d'espoir et de consolation. C'est une formule toujours vivante en moi alors qu'approchent des temps sombres et peut-être une nouvelle nuit du siècle.

Vladimir Jankélévitch et Jean Cassou

L'été 1940 s'achève, la rentrée approche. Le 3 octobre, le statut des juifs est promulgué, ils sont écartés, entre autres, des carrières administratives et de l'enseignement. Un numerus clausus est établi pour les étudiants. À Toulouse, il ne sera appliqué ni en lettres ni en droit, et je peux m'inscrire sans contrôle pour préparer les certificats d'histoire ancienne, d'histoire du Moyen Âge, et ma seconde année de droit.

Le 4 octobre, il est décrété que les résidents étrangers de race juive seront internés ou placés en résidence surveillée. Ma famille belge se réfugie à Nice, zone italienne ; seul reste mon oncle Jacques qui se retrouvera en résidence surveillée dans un petit village des Pyrénées.

Les professeurs Vladimir Jankélévitch et Albert Bayet avaient pu commencer leur cours à la faculté des lettres de Toulouse, mais, très rapidement, il leur fut signifié qu'ils étaient renvoyés, l'un parce que juif, l'autre parce que franc-maçon.

Sous l'impulsion, je crois de Robert Pagès, alors communiste, des étudiants préparèrent une manifestation de solidarité pour le dernier cours de Jankélévitch. L'homme avait un énorme front où tombait une mèche de cheveux apparemment rebelle, un visage pathétique, une voix de fausset, mais qui, dès qu'il commençait son cours ou sa conférence, toujours dans l'improvisation, le rendait inspiré, poétique, ardent. Jankélévitch bénéficiait déjà d'un grand prestige chez les étudiants de philo. Il fit sa dernière classe et fut salué par de vifs et longs applaudissements. À côté de moi, une étudiante méridionale s'exclama : « Il faut faire quelque chose ! » C'est alors que je fis la connaissance de Violette Chapellaubeau, avec laquelle je me lie d'abord d'amitié, puis d'amitié amoureuse, avant qu'elle devienne une compagne de résistance, et enfin mon épouse pour ce qui aurait dû être la vie.

Vladimir Jankélévitch avait des étudiantes qui l'adoraient, dont Violette. Elles lui organisèrent un cours hebdomadaire privé dans une salle au premier étage d'un café de la place du Capitole, où nous payions chacun une petite contribution. Bien qu'à l'époque je croyais au primat de l'économie sur toute chose je ne pouvais pas ne pas subir la fascination, le charme, la poésie, la profondeur de son cours sur le « je-ne-sais-quoi » et celui sur la mort. Il donnait également dans un appartement privé des conférences sur les musiciens qu'il aimait, Fauré, Debussy, qu'il illustrait au piano.

Jankélévitch était le beau-frère de Jean Cassou. Celui-ci, révoqué par Vichy de son poste de conservateur du musée d'Art moderne, entre dans la Résistance dès septembre 1940, rédigeant ses premiers tracts et assurant la rédaction du journal *Résistance* (six numéros de décembre 1940 à mars 1941). Échappant à la Gestapo qui arrête beaucoup de ses amis du réseau du musée de l'Homme, il trouve refuge à Toulouse où il entre dans le « réseau Bertaux ».

Ces premiers résistants se rencontrent d'abord dans l'arrière-salle de la librairie Trentin. Sylvio Trentin fut maire socialiste de

Venise : émigré en France sous le fascisme, il devient libraire à Toulouse. C'est dans sa librairie que je découvre les ouvrages, alors ignorés et invendus, de Faulkner, Hemingway, Steinbeck dont je pris connaissance grâce à deux étudiants réfugiés, on dirait aujourd'hui branchés, ils m'éblouissaient en racontant leurs soirées chez Picasso et leurs rencontres avec des écrivains célèbres.

La fille de Sylvio Trentin, Francette, était secrétaire à la faculté des lettres et chargée du contact avec les étudiants. Elle semblait sortir d'un tableau de Titien avec une couronne de cheveux tressée autour de son front. Elle souriait avec une infinie douceur, bienveillance et charme. Je l'adorais en silence. Je la revis quarante ans plus tard à Venise, où elle résidait, elle avait toujours le même sourire, mais avait pris de l'embonpoint. Je lui révélai alors mon adoration. Elle et son frère Bruno étaient devenus des communistes à l'italienne, ouverts et tolérants, mais gardant un noyau infrangible, fanatique. Ainsi Bruno me dit au cours d'un repas où il s'était montré débonnaire sur tous les sujets abordés : « Soljénitsyne et Staline sont en symétrie, exécrables l'un et l'autre. »

Jean Cassou est arrêté par Vichy en décembre 1941. J'assiste avec Violette au procès de Jean Cassou et Pierre Bertaux au début 1942 où ils sont condamnés, pour faits de résistance, à quelques années de prison, et nous les saluons au moment où ils sont emmenés hors de la salle d'audience vers un fourgon cellulaire.

Cassou est emprisonné à la prison militaire de Furgol, à Toulouse, où il composera de tête, sans la possibilité de les écrire, ses *Trente-trois sonnets composés au secret*[1].

Après un an de prison, il sera envoyé au camp d'internement de Saint-Sulpice-la-Pointe. Libéré en juin 1943, il reprendra ses activités de résistant. En août 1944, au moment de la libération de la ville, il est abattu dans sa voiture par une colonne de SS et laissé pour mort. Transporté à l'hôpital dans le coma, il se rétablit puis retourne à Paris où, reprenant la direction du musée d'Art moderne, il continuera une activité littéraire et politique

1. Publiés clandestinement au printemps 1944 sous le pseudonyme de Jean Noir.

antifasciste. Il rompt avec le parti communiste après l'excommunication de Tito.

La famille Henri et la famille Cassou-Jankélévitch sont en relation d'amitié, Violette est liée à l'une et à l'autre, et, admiratif, je me suis lié à Jean Cassou.

Jean-Pierre Vernant

Dès l'automne 1940, la Résistance a commencé par des initiatives d'une part de nationalistes ne pouvant supporter l'humiliation de la France, d'autre part de militants antifascistes en rupture de communisme après le pacte germano-soviétique (tels Pierre Hervé et Jean-Pierre Vernant), et enfin d'immigrés communistes et souvent juifs appartenant à la MOI, qui passent outre aux consignes du Parti. En zone sud, c'est surtout au début de 1941 que se structurent les trois mouvements : Libération (avec Vernant à Toulouse), Combat (avec Léo Hamon à Toulouse), Franc-tireur (issu du mouvement France liberté de l'automne 1940, il s'est diffusé surtout à partir de Lyon et semble avoir eu peu d'influence à Toulouse).

Dès 1940 également, des prêtres catholiques fustigent Vichy : Bruno de Solages, René de Naurois. Le 23 août 1942, Jules-Géraud Saliège, archevêque de Toulouse, envoie aux curés du diocèse une lettre dénonçant les persécutions faites aux juifs pour qu'elle soit lue le dimanche dans toutes les églises. Une résistance catholique se développe à partir de la fondation à Lyon, en 1941, de *Témoignage chrétien.*

Je vois souvent Jean-Pierre Vernant passer en vélo, imperméable blanc déployé, suivi de son fidèle Mario Levi. Cet antifasciste italien réfugié avait rencontré à Paris avant l'invasion, sur la tombe de Modigliani, une jeune fille maigrichonne qui se recueillait tristement. Jeanne Modigliani, la fille du peintre, qui n'avait connu ni son père ni sa mère, avait été élevée par une parente à Livourne, qu'elle quittait pour retrouver la trace de son père. Mario Levi l'adopta, en fit sa compagne, et celle-ci vint avec lui à Toulouse. Plus tard, elle serait la compagne de Valdi Leduc, sous-marin communiste à Libération, qui eut un destin broyé par le Parti à l'instar d'Hervé et de Courtade, destin auquel échappa Jean-Pierre Vernant, sans doute parce qu'il resta dans l'Université et que sa foi dans le communisme était du type quiétiste, lui évitant toute ignominie et le maintenant dans une douce myopie.

Ce qui m'intéresse le plus à l'université, ce sont les cours d'André Aymard sur l'Empire romain et ceux du professeur de géographie, Faucher.

Aymard nous donne une nouvelle interprétation de la chute de l'Empire romain. Celle-ci aurait été la conséquence non de l'invasion des barbares, mais de la paix romaine : alors que les ennemis vaincus fournissaient la main-d'œuvre esclave, la paix priva Rome de cette main-d'œuvre et, faute d'inventer le capitalisme et le salariat, son économie dépérit, fragilisant l'empire.

Quant à Faucher, il nous fait faire des excursions géographiques où nous découvrons ce qui nous semblait jusqu'alors statique : montagnes, reliefs, vallées étaient en fait le résultat de processus telluriques vieux de millions d'années ; il nous révélait par là même une gigantesque histoire de la Nature. Parmi les étudiants en géographie, il y avait le jeune Maurice Faure, futur ministre, issu d'une famille périgourdine, qui nous récitait par cœur des discours d'Édouard Herriot et autres sommités radicales et surtout, comme s'il préparait déjà une campagne électorale, nous distribuait divers pâtés et saucissons qu'il ramenait du Périgord.

Pour les vacances de Pâques de l'année 1941, nous décidons Michel Chevalier et moi de faire le tour de la zone sud en bicyclette. Nous quittons Toulouse avec nos sacoches remplies de pommes de terre cuites, et nous faisons quotidiennement des étapes d'une centaine de kilomètres. Les routes sont très tranquilles, il y a peu de circulation automobile vu les restrictions d'essence très peu compensées par le gazogène, dont les véhicules dégagent d'épaisses fumées. Pour gravir les côtes un peu raides, nous nous accrochons à des camions qui se mettent en seconde vitesse pour la montée. Nous passons le col de Naurouze, limite climatico-géographique entre le Midi languedocien et le Midi méditerranéen, après quoi les oliviers apparaissent. Nous traversons le désert de la Crau, pas encore recouvert de rizières, nous faisons étape à Aigues-Mortes, nous nous hissons au sommet du pont du Gard, nous faisons étape en Avignon où nous sommes accueillis par mes cousins Chary et Hiddo, alliés à la famille Naquet. (Ces parents ont une entreprise qui taille les chardons pour le cardage de la laine. Les petits ânes arrivent de la garrigue chargés de chardons extrêmement piquants, qui sont ensuite délicatement travaillés par des ouvrières.) Puis nous nous séparons, car je veux aller jusqu'à Nice voir mon père, et à Monaco ma tante Emy (dont le mari Maurice est chef d'une tribu familiale). Je fais seul la route de la Côte d'Azur. Nice est sous occupation italienne, y vivent beaucoup de juifs réfugiés, dont ma tante Corinne et son mari Joseph qui ne sont pas inquiétés. Tout changera avec l'occupation allemande qui se substitue à l'italienne en automne 1943. Mon oncle Jo sera arrêté sous les yeux de sa femme dans le train où il vient de monter ; un contrôle policier allemand le conduit aux toilettes et y vérifie qu'il est circoncis. Il est déporté à Auschwitz et y disparaît.

Après ce périple, je retourne à Toulouse par le train avec mon vélo dans le fourgon.

Mon ami et condisciple du lycée Rollin, Claude Dreyfus, est réfugié à Toulouse. Déjà communiste en philo, il n'a à aucun moment cessé de croire au communisme. Il s'est forgé une sainte trinité : Jésus, Robespierre et Staline. Il croit inséparablement en la Terreur et la Vertu, comme Robespierre. Lui-même est vertueux, il ne boit ni vin ni alcool, exalte la chasteté et la pureté des mœurs et veut généraliser l'enseignement du grec dans le secondaire. Il me distribue des tracts communistes dénonçant à la fois Vichy et l'impérialisme anglais, tracts qui deviendront antinazis seulement après l'attaque allemande en URSS du 22 juin 1941. Je trouve cette littérature grotesque et la jette aux chiottes. Après juin 1941, le parti communiste crée et contrôle le Front national ouvert à toutes croyances et opinions dans la lutte pour libérer la France. Alex Lindenberg, étudiant militant avec Claude Dreyfus dans la MOI, vient me trouver, et lui qui me tutoyait me dit cérémonieusement : « Monsieur, connaissant votre patriotisme et votre haine du fascisme, je viens vous demander d'adhérer au Front national qui lutte héroïquement contre l'infâme envahisseur. » Je lui réponds en critiquant le pacte germano-soviétique et en lui rappelant les tournants communistes depuis 1933. Il est furieux, obligé de justifier l'URSS et les changements de stratégie. Finalement, il me jette :

« Et que feriez-vous si une bombe tombait sur votre maison ?

– Je me cacherai sous mon lit.

– Eh bien, restez sous votre lit ! »

Dreyfus revient régulièrement me harceler : « Lâche, salaud, le sort du monde se décide maintenant ! »

Je reviens à l'automne 1940.

Je ne sais plus comment, et je ne sais plus où, mais peu après la rentrée des universités, je rencontre une étudiante Annick Morvan, toujours flanquée d'une inséparable Élisabeth de Sugar qui, bien qu'à peine plus âgée qu'elle, semble jouer un rôle de duègne.

Annick est une blonde au beau doux visage ; elle aime de façon privilégiée comme moi les écrivains russes, au premier rang desquels Dostoïevski, elle aime la musique comme moi, je ne lui vois que des attraits et des qualités (n'ai pas changé d'avis depuis), je suis en communion de sentiments, d'idées, de goûts ; j'ai enfin rencontré l'âme sœur. Bref je suis attiré par une force de gravitation invincible, je deviens amoureux. Malheureusement pour moi, je suis inséparable du trio que nous constituons, Théodore, Chevalier et moi, qui sommes également attirés par Annick. Ce cas de rivalité mimétique aurait pu être étudié par René Girard.

Notre inséparabilité, comme l'inséparabilité d'Annick et d'Élisabeth font qu'il est impossible pour moi de rencontrer Annick seul à seul. Aussi chaque rencontre m'est-elle à la fois un délice et un supplice.

Il me faut attendre mai 1941 et la préparation des examens pour que Théodore et Chevalier s'y consacrent, se concentrant jour et nuit. Pour ma part, je néglige mes examens et propose à Annick des excursions en bicyclette dans la campagne le jour, des dîners et soirées la nuit. Je suis enivré de bonheur.

Un après-midi sur l'herbe, j'ose mettre mon corps sur le sien et l'embrasser. Elle me dit, et cela me paralyse : « Fais-moi mal. » Je n'ai pas osé aller plus avant.

Nous continuons nos rencontres, balades, dîners, je rate bien sûr mes examens. Le dernier soir, avant notre séparation pour les vacances, après un dîner, je lui déclare mon amour le long du canal, elle me dit qu'elle ne peut y répondre me parlant allusivement d'un Yourik qu'elle a connu et qui est resté à Paris. Je pleure, elle me serre dans ses bras, et je la quitte désespéré. Je dois retrouver mon père, qui est à Nice, puis mon ami Mario Llorca à Marseille qui attend son visa pour le Mexique ; je me souviens qu'au cours de cet été 1941 je ne pensais qu'à Annick et lui ai même envoyé une lettre inconsidérée la demandant en mariage suscitant une réponse désolée de sa part.

Mon père m'a donné l'adresse à Marseille d'un autre Salonicien, Félix Gattegno, qui a abandonné toute idée de commerce pour se consacrer à la littérature. Il fait partie du comité des *Cahiers du Sud*. Il a traduit en français le *Romancero gitano* de Garcia Lorca qu'il me fait découvrir ainsi qu'*Éloges et Anabase* de Saint John Perse. Dans une ville du Sud où je passe quelque temps je rencontre un jeune pianiste de mon âge, Pierre Barbizet, avec qui je sympathise, nous resterons longtemps en correspondance.

En juin 1941 a été ordonné le recensement des juifs qui doivent faire tamponner en caractères gras le mot « juif » sur leur carte d'identité ; je ne me fais pas recenser. Dès l'avant-guerre, le nazisme avait déjà dégradé les juifs allemands, les privant de droits, les stigmatisant d'une marque d'infamie en les ghettoïsant, en les privant de leurs biens tout en les laissant partir, jusqu'à la guerre où toute fuite devint impossible.

L'extermination est potentielle dans *Mein Kampf* : elle commence d'ailleurs à s'actualiser avec l'invasion de l'URSS où des unités de police allemandes et des escadrons de la mort locaux, appelées *Einsatzgruppen*, sont chargés de liquider physiquement les opposants politiques et surtout les juifs parmi les populations occupées. Ils vont procéder à des centaines de milliers d'exécutions par balles.

Ce n'est qu'après la première défaite allemande, devant Moscou, que, selon un historien suisse dont je ne retrouve plus le nom, Hitler commence à envisager qu'il peut perdre la guerre et, pour empêcher les juifs de jouir d'une victoire, qu'il décide, lors de la conférence de Wannsee, le 20 janvier 1942, d'amorcer la deuxième phase d'extermination des juifs : mettre en œuvre la « solution finale » qui va s'opérer à partir des déportations massives dans les mois qui suivent vers des camps de Pologne.

Mais revenons à l'année 1941. Alors que je suis en plein désespoir amoureux, la guerre se déchaîne à l'est et semble devoir conduire à une débâcle soviétique, analogue à la débâcle française.

En effet, le 22 juin 1941, la Wehrmacht se rue sur l'URSS prise par surprise, et, bien que Staline ait été informé par divers canaux de l'attaque allemande, il n'y a pas cru. L'aviation soviétique est clouée au sol. La ruée allemande disloque les défenses soviétiques, effectue des encerclements de plusieurs centaines de milliers d'hommes. Le groupe d'armée Nord arrive sur Leningrad mais ne pourra qu'assiéger la ville durant neuf cents jours. Le groupe d'armée Centre parcourt près de six cent cinquante kilomètres en six jours et franchit le Dniepr le 11 juillet. Smolensk tombe le 16. Une résistance soviétique inattendue conduit Hitler à différer l'avance frontale sur Moscou et à dévier vers le sud pour s'emparer de l'Ukraine où vont être encerclées cinquante divisions soviétiques. Les Allemands font quatre cent mille prisonniers et Kiev tombe le 19 septembre.

Le 3 septembre 1941 est lancée l'offensive pour prendre Moscou. Elle fait cinq cent quarante mille prisonniers à Viazma et Briansk et, rencontrant une résistance acharnée, n'arrive que fin novembre aux terminus des trams de Moscou. Pendant ce temps, le groupe d'armée Sud atteint les portes du Caucase.

De la France occupée où nous pouvons suivre les événements via les communiqués allemands mais aussi l'écoute de la

BBC, nous ne pouvons que constater l'avance inexorable de la Wehrmacht et les effondrements soviétiques. Nous ne voyons pas le titanesque transfert de deux mille six cents grandes usines et cinquante mille ateliers et usines plus petites, ainsi que seize millions d'ouvriers et techniciens évacués au-delà de l'Oural. Nous ne voyons pas que Hitler a dû différer fin juillet l'attaque frontale sur Moscou qu'il aurait prise peut-être s'il s'était obstiné. Nous ne voyons que les victoires et avancées allemandes, nous ne voyons pas que les objectifs du plan Barbarossa – liquider avant l'hiver toute résistance soviétique et s'emparer de la Russie à l'Europe jusqu'à l'Oural – n'ont pas été réalisés.

Aussi l'impression domine que l'Union soviétique ne peut que s'effondrer entraînant le communisme dans son désastre. Mounier écrit dans un article d'*Esprit* dont je me souviens : « Enfin, l'hypothèque communiste sur le monde est levée. »

En France, la collaboration s'accentue, une légion de volontaires français contre le bolchevisme est levée. Parallèlement, la Résistance s'accentue et l'entrée des communistes dans la Résistance déclenche le premier attentat contre un militaire allemand, l'aspirant Alfons Moser, le 21 août 1941, à la station Barbès-Rochechouart, à Paris. Cet attentat provoque le cycle infernal entre exécutions, répression et attaques résistantes armées. Le parti communiste veut multiplier les actions armées contre les Allemands alors que les résistants non communistes se bornent à des attentats contre les trains militaires de l'ennemi. Il n'y a pas de troupes allemandes en zone sud, celle-ci est envahie en novembre 1942.

Jusqu'à l'automne 1941, la domination de l'Allemagne nazie sur l'Europe, y compris la Russie d'Europe, semble assurée pour une longue période, Hitler annonce un Reich millénaire. Or l'improbable et l'inattendu arrivent.

Tout d'abord, la marche allemande vers Moscou endura de fortes pluies qui provoquèrent une *raspoutitsa*, véritable mer de boue engloutissant les véhicules. Puis le gel précoce, après avoir permis une certaine progression, congela une armée et des véhicules non adaptés à des températures extrêmement basses. Les hommes n'étaient pas équipés pour l'hiver. L'avancée s'arrête aux terminus des trams de Moscou fin novembre.

Cela n'aurait pu être qu'un épisode d'interruption provisoire dû à des conditions climatiques extrêmes, mais il faut se rappeler que si Hitler avait déclenché son offensive en mai comme il en avait l'intention, et non en juin, Moscou serait tombé. Hitler différa son offensive d'un mois à la suite de la résistance imprévue de l'armée grecque qui refoulait l'armée italienne d'invasion, Mussolini demanda l'aide d'Hitler qui envoya ses troupes. Celles-ci perdirent un mois à briser la résistance serbe en Yougoslavie et à atteindre Athènes. Il faut songer aussi qu'en juillet 1941 Hitler abandonna l'attaque frontale sur Moscou pour se ruer sur l'Ukraine. Savoir aussi que l'agent secret de Staline au Japon, qui l'avait avisé en vain de l'attaque allemande de juin, lui donna l'information que le Japon n'attaquerait pas la Sibérie, mais préparait son expansion dans le Pacifique-Sud. Enfin, Staline nomma le général Joukov au commandement du front de Moscou, lequel réussit y à réaliser secrètement le transfert massif des troupes soviétiques d'Extrême-Orient.

Joukov déclenche le 6 décembre au nord et au sud de Moscou la contre-offensive prenant en tenaille les forces allemandes avec ses troupes fraîches, aguerries, équipées pour les plus rudes hivers, de surcroît dotées des nouveaux chars T 34 et des lance-roquettes Katioucha. Le tout sous des températures oscillant entre moins 20° et moins 50° qui font geler les moteurs des chars, des camions et des avions allemands.

Les lignes allemandes sont éventrées et reculeront de deux cents kilomètres, libérant définitivement Moscou.

Enfin, le 7 décembre 1941, un jour après le déclenchement de l'assaut libérateur de Joukov, le Japon attaque Pearl Harbor et fait basculer les États-Unis dans une guerre désormais mondiale alors qu'elle n'était jusque-là qu'européenne.

En dépit de défaites subies dans le Pacifique jusqu'à la bataille navale décisive des Midway les 5-7 juin 1942, l'énorme puissance américaine, jointe au sursaut victorieux de la puissance russe, va transformer la probabilité de la domination germano-nazie sur l'Europe en improbabilité...

Durant l'hiver 1941-1942, je garde intact mon amour pour Annick, mais nous avons décidé de ne plus nous rencontrer. Cependant, deux ou trois fois, je me rends à la messe des Dominicains, dont nous aimions la musique, à l'église de la Dalbade, et je la vois de dos. Je suis bouleversé. Je ne pourrai l'oublier. Par la suite, elle deviendra résistante, se liera à un militant catholique, l'épousera. Celui-ci est devenu député après la Libération, puis je ne sais plus rien d'elle. Plusieurs années plus tard, je passe rue de Grenelle ou de l'Université et je vois, sur l'autre trottoir, Annick accroupie et tendant les bras à un enfant en bas âge. Tout en mourant d'envie d'aller vers elle, je reste paralysé, immobile ; elle ne me voit pas, elle ne regarde que l'enfant qui titube un peu. Sans que je le veuille et sans que je ne le veuille pas, mes jambes font quelques pas pour s'éloigner, obéissant à un destin inexorable. Encore plus tard, je sympathise avec une aimable collaboratrice des Éditions du Seuil au patronyme de Morvan. Plein d'espoir, je lui demande si elle a un lien de parenté avec Annick. La réponse est négative.

Au cours de l'automne 1941, je vois de plus en plus souvent Violette, étudiante en philo, dont les maîtres furent Alain et Michel Alexandre : elle est pacifiste comme moi et, comme moi, va participer à la Résistance. Nous sommes de plus en plus familiers, je me sens comme un frère qui devient un peu incestueux et, un jour que nous sommes attablés à un café : je m'entends lui dire : « C'est normal qu'un petit frère veuille embrasser sa petite sœur », et nous commençons à échanger des baisers.

Nous allons aussi dans un bar au premier étage d'un café de la place Wilson dont j'ai oublié le nom, et où le serveur s'est lié d'affection avec Violette. Nous avons appris plus tard qu'il était devenu un indicateur de la Gestapo.

Je me sens quasi définitivement installé à Toulouse.

Je sais maintenant que l'issue de la guerre est imprévisible mais je sais aussi que la libération est devenue possible. Mon esprit messianique me fait reporter l'argument de Simone Weil avec une chronologie, une géographie et une sociologie différentes, sur l'Union soviétique. La lecture de l'ouvrage de Georges Friedmann *De la sainte Russie à l'URSS* joue un rôle décisif. Ce livre qui insiste sur les grands progrès sociaux accomplis en URSS – santé, éducation, apparente émancipation de la classe ouvrière, apparente égalité sociale – constate un « culte du chef » qu'il attribue à la nécessité de lier psychologiquement et affectivement des peuples extrêmement divers, et impute les faiblesses ou carences qu'il constate à l'arriération tsariste. Ces réserves suffirent pour faire attaquer ce livre comme antisoviétique et calomniateur par la presse communiste, notamment un article très violent de Georges Politzer. Comme mon adolescence avait été très marquée par la connaissance des ignominies staliniennes, dont les procès de Moscou, il a fallu que j'attribue ces délires monstrueux à l'encerclement capitaliste qui avait créé chez les dirigeants de l'URSS une psychologie obsidionale voyant complots et traîtres partout, et de la même façon les aspects les plus grossiers et barbares du gouvernement soviétique à l'héritage de l'arriération et du despotisme tsaristes. Et alors, retrouvant et amplifiant l'argument de Simone Weil, je me convaincs que la victoire soviétique, en faisant cesser l'encerclement capitaliste, permettra l'avènement d'une merveilleuse civilisation conforme à l'idéologie communiste de fraternité et d'émancipation humaine, non seulement en Union soviétique mais en Europe et au-delà. Les romans de Malraux, *La Condition humaine*, *Le Temps du mépris*, *L'Espoir*, faisaient de ses héros communistes des modèles exaltants, évoquaient l'épopée héroïque des révolutionnaires et leur martyre. Les communistes devenaient dans mon esprit comme les premiers chrétiens. J'occultais le fait que le communisme avait engendré des bourreaux, je voyais qu'il avait produit et continuait de produire des saints et des héros.

Je rencontrais de temps en temps Georges Friedmann, ami de Jean Cassou et de Violette. Son livre avait été déterminant dans ma conversion en cours. Lors d'une promenade ensoleillée dans Toulouse, je lui dis que je suis tenté de devenir communiste, mais que j'ai encore bien des réticences. Il s'arrête, me regarde, réfléchit et me répond : « C'est une expérience qui vous est peut être nécessaire. » Dans *Autocritique*, je raconte que le sens de sa réponse fut celui de la réponse de Socrate sur l'immortalité de l'âme : « C'est un beau risque à courir. »

Je me débattais : le langage grossier et manichéen des tracts du Parti, l'absence de toute complexité, les thèmes cocardiers et antiallemands (« à bas le Boche exécré »), le fanatisme de mon ami Claude Dreyfus, tout cela me rebutait. Mais ce qui m'attirait et attira tant d'autres comme moi, c'était l'apocalypse de la révolution mondiale, le mythe du salut historique de l'humanité par l'efficacité bolchevique. J'acceptais le manichéisme en demeurant non manichéen, j'endossai le cruel stalinisme comme seul moyen d'accéder à la fraternité universelle. Je me convainquais que c'était pour lutter contre la barbarie que le socialisme s'était fait barbare. Je voyais dans le stalinisme le seul antidote au fascisme Je me reconnaissais dans le cri de Feldmann aux soldats allemands qui le fusillaient : « Imbéciles, c'est pour vous que je meurs ! »

Je vais parfois au cours de droit et me mets au dernier rang de l'amphithéâtre, à côté d'un étudiant au visage déjà adulte qui lit tranquillement *La Guerre et la Paix*, de Tolstoï. Le cours terminé, alors qu'il sort une cigarette et s'apprête à partir, je l'aborde :

« Cette façon d'enseigner le droit, sans aucun lien avec la vie économique et sociale, juste de l'abstraction…

– Ça vous étonne ? »

Nos antennes se tâtent. Il me demande prudemment :

« Vous connaissez la doctrine de Marx ?

– Bien sûr.

– Elle vous semble juste ?

– Naturellement, à condition de ne pas être appliquée de façon mécaniste.

– Le matérialisme historique n'est pas mécaniste, mais dialectique.

– Oui, je sais. »

Finalement, il me demande négligemment :

« Vous appartenez à un parti ouvrier ?

– Non… pas encore…, c'est-à-dire… »

Je lui confie mes doutes, mes appréhensions. Il m'apprend qu'il vient d'entrer chez les trotskistes. Je veux qu'il exorcise ma peur et me donne le secret du courage.

« Votre vie, vous la sacrifiez pourquoi ? Ne peut-on laisser l'histoire se faire ? Pourquoi risquer d'être exécuté ?

Il me donne le secret que seule l'action révèle :

– Le courage, comme dit Malraux, est une affaire d'organisation. »

Zavarro, le trotskiste, a fait plus pour mon adhésion au communisme que les staliniens. Après l'épreuve d'écrit du droit, il est parti. Je lui ai écrit qu'il était admissible. Il n'est pas revenu. J'ai appris plus tard qu'il avait été arrêté. Je l'ai rencontré quinze ans après au comité des intellectuels contre la guerre d'Algérie, il était devenu avocat, défenseur de militants algériens, et communiste, inscrit au Parti. Et moi, exclu du Parti, j'étais qualifié de trotskiste !

Le problème n'était pas seulement une question d'idées, de croyances, de vérités, d'erreurs. Il était physique. J'avais 20 ans, je commençais à vivre, et j'avais peur que le fait de m'engager dans la Résistance mette un coup d'arrêt à ma vie. Mais je comprenais de mieux en mieux qu'en 1942 vivre n'était pas survivre. Vivre c'était risquer sa vie dans la plus belle aventure, celle du salut de l'humanité. Et je ressentis avec une force incroyable ce vouloir vivre, qui ne pouvait être absolu qu'en affrontant la mort, un soir que, dans ma chambre obscure, une lampe sur la table, la radio ouverte, j'entendis les appels sublimes de l'ouverture du *Vaisseau fantôme* qui m'envahirent tout entier. C'était l'appel océanique qu'avait entendu le jeune Chateaubriand. Je m'écriai : « Tempêtes du Vaisseau fantôme, emportez-moi ! »

La Résistance s'est développée et consolidée à Toulouse au cours des six premiers mois de 1942. Jean-Pierre Vernant, animateur de Libération, sillonne donc les rues à bicyclette, toujours suivi de son fidèle Mario Levi. Léo Hamon que je rencontre souvent, anime Combat. Un inspecteur de police, Vallat, qui a fait des études de philosophie, prévient ses amis résistants des arrestations prévues et des rafles de juifs. La résistance catholique est bénie par monseigneur de Saliège, l'archevêque auteur d'un magnifique message de Pâques sur les devoirs envers les juifs, et est animée par l'abbé de Solages. Maurice Pagès et son ami Porte qui étaient communistes, deviennent trotskistes par dégoût du nationalisme chauvin du Parti à la suite de l'entrée de l'Union soviétique dans la guerre. Bien des communistes qui avaient alors quitté le Parti y reviennent après Moscou et confirmeront leur retour de foi après Stalingrad.

Une bonne partie des dirigeants de la Résistance, dont beaucoup ont été écœurés par le pacte germano-soviétique et sont devenus des résistants indépendants, vont devenir « sous-marins », c'est-à-dire rejoindre secrètement le Parti, gardant un contact avec le Comité central. En fait, à la Libération, une grande partie du MLN est « noyautée », avec Degliame-Fouché, Kriegel-Valrimont, Pierre Hervé et bien d'autres. Moi-même je deviendrai sous-marin dans le MNPGD.

Les communistes s'activent, *L'Humanité*, quotidien clandestin, et leurs tracts se déchaînent désormais contre l'Allemagne nazie et dénoncent la collaboration de Pétain et Laval. Claude Dreyfus me harcèle. Il me propose de distribuer des tracts.

« Mais ces tracts sont idiots ! »

Il me propose de l'accompagner dans des soirées de peinture antivichystes sur les murs. Je recule.

« Après les examens.

– Et la jeunesse soviétique, elle attend les examens ? »

Finalement, mais spécifiant que je ne veux pas adhérer au Parti, j'accepte de l'accompagner dans des distributions de tracts dans les boîtes aux lettres, au fond des couloirs d'immeubles. Je fais d'abord le guet, sursautant au moindre bruit, puis m'enhardis en glissant les *Huma* à travers les fentes. Après quelques autres distributions, il m'annonce que la soirée de gloire arrive. Nous allons peindre au pochoir sur les murs des mots d'ordre anti-collabos. Nous marchons avec un pot de minium et un pinceau pour aller faire nos inscriptions du côté du pont des Demoiselles, non loin des usines (pour stimuler la classe ouvrière). Comme le pochoir ne donne rien sur des murs rugueux, nous inscrivons directement : « À bas Pétain ! » « À bas Laval ! » « À bas la relève[1] ! ». Claude baptise « chablons » (mot yiddish) ces sorties nocturnes et nous disons naturellement : « Ce soir il y a chablon. » Je fais une fois équipe avec Violette et deux copains ; Violette a commencé une belle grande inscription en artiste sur un beau mur quand nous entendons des bruits de pas. Nous nous volatilisons, et Violette reste seule, le pinceau levé. Un bonhomme apparemment ivre vient contempler l'inscription inachevée, réfléchit et s'éloigne. Nous revenons honteux et terminons nos œuvres en esthètes.

Une autre soirée de chablon, je suis avec Claude et Alex (celui qui m'avait incité à entrer au Front national) sur une rive du canal. Ils se disputent bruyamment, l'un préférant des inscriptions nombreuses mais petites, l'autre quelques géantes mais rares. Je réussis à les faire taire en proposant le compromis d'inscriptions de taille moyenne. Au même moment, une équipe de camarades, chablonnant sur l'autre rive du canal, se fait prendre en stigmatisant le pétainisme sur les murs de ce qu'ils ignoraient être un commissariat.

Au cours de cette période chablonneuse, nous apprenons que notre condisciple du lycée Rollin, Jacques-Francis Rolland, très lié à Claude Dreyfus, perdu de vue depuis 1939, se trouve à Grenoble où il est devenu communiste. Il vient nous voir à Toulouse, nous raconte ses exploits, notamment un attentat contre le siège de la Milice. Nous fraternisons. Je m'étonne de voir le gamin transformé en bolchevik d'acier. « Il ne suffit pas, me dit-il en pédagogue, d'être marxiste, il faut aimer la classe ouvrière. » Claude l'invite à un chablon de gala qui se termine à minuit par des lancers de tracts dans les rues désertes, sous les étoiles, en chantonnant *L'Internationale.*

Je ne me souviens plus s'il est revenu à Toulouse ou si sa venue a coïncidé avec l'entrée des troupes allemandes en zone sud à la suite du débarquement allié en Afrique du Nord. Rolland nous encourage à le rejoindre pour la nouvelle année universi-

1. Ouvriers français partant en Allemagne relever des prisonniers de guerre rentrant par échanges en France.

taire à la maison des étudiants de Lyon, dont le directeur Jean Thomas est l'ami de son père, professeur de lettres et prisonnier en Allemagne. Comme Toulouse, où je suis très connu, va devenir dangereux pour moi, je décide de rejoindre Rolland à Lyon en me faisant accompagner par mon « protégé », Victor, le fils aîné de Mme Henri.

Je tiens à rencontrer Annick à qui je révèle que je suis devenu communiste. Elle a lu Malraux et me dit : « Tu es de ceux qu'on jette dans la chaudière des locomotives. »

Rolland repart le 11 novembre pour Lyon. Le matin même, nous regardons ensemble, place Esquirol, passer interminablement les chars allemands.

« Ce sont toujours les mêmes qui reviennent, dit Rolland.

– Non, dis-je sombrement, ce ne sont pas les mêmes. »

6

Lyon

Résistance étudiante

En novembre 1942, Toulouse passe de la zone libre à la zone occupée, de la police de Vichy à la Gestapo.

Ma décision est saine de quitter cette ville où je suis très connu et elle est joyeuse à l'idée de rejoindre Jacques-Francis Rolland à la maison des étudiants où selon lui nous allons pratiquer la « conception synthétique de la vie », c'est-à-dire passer de la militance active aux études austères, puis des études austères aux surprises-parties, puis revenir à la militance active.

Avant de partir, je réfléchis avec un ami à propos de ma carte d'identité. Je ne me suis pas fait identifier comme juif, alors que j'en avais l'obligation légale. Mais le nom Nahoum ne risque-t-il pas de me trahir ? Je ne saurai que plus tard qu'il y a des Nahoum chrétiens au Liban et en Macédoine. Je pourrais aisément transformer le h en b et devenir Nabousset ou Naboussin. Je préfère attendre et décide de me faire appeler à Lyon Edgar Beressi, du nom de ma famille maternelle.

Le directeur de la maison des étudiants de Lyon, rue Bernard Mulé, est le professeur Jean Thomas, ami de Louis Francis, le père de J.-F. qui fut du reste mon professeur de lettres en 4e et qui est prisonnier en Allemagne. Thomas a réservé une chambre à deux lits pour J.-F. et moi, et la chambre en face pour Victor Henri que j'ai emmené avec moi, fidèle à la promesse faite à sa mère. Victor est un compagnon aimable, paisible, discret, et notre amitié vit surtout de silences. Avec son menton en galoche, J.-F. a encore un visage de gamin, il est disert, très sociable, avide de bons mots, calembours et contrepèteries. Nous avons une passion commune, Rimbaud, dont nous récitons tantôt avec un doux recueillement : *À quatre heures du matin, l'été* ou *La Rivière de Cassis*, tantôt avec exaltation des passages d'*Une saison en enfer*, convaincus qu'« à l'aurore, armés d'une ardente patience, nous entrerons aux splendides villes ».

Le soir, nous faisons des batailles de polochon et, parfois, nos discussions amicales se terminent en combats de catch.

Nous avons en permanence très faim. Nos repas à la cantine étudiante de l'hôpital Édouard-Herriot voisin nous laissent affamés. Après le pseudo-déjeuner à la cantine, nous allons au restaurant privé Antoinette, réservé aux journalistes de *Paris-Soir* exilé en zone sud, et devenu en fait une cantine de la Résistance et d'intellectuels lyonnais, comme Jean Beaufret ou Léon-Pierre Quint dont les deux homosexualités jetèrent le dévolu sur moi et auxquelles j'ai pu échapper. Beaufret m'invite une fois chez lui pour discuter et je le trouve à poil ; il s'habille lentement devant moi. Il tient à m'accompagner une fois à l'Opéra et, pendant que je regarde *Boris Godounov*, il me fixe avec insistance.

Rolland me conduit parfois à la table de deux couples, que j'évoquerai plus loin, auxquels il apporte son aura de jeune aventureux ; nous louchons sur leurs plats et ils nous laissent quelques reliefs.

Chez nous, on fait chauffer alternativement du thé et des pâtes sur un petit réchaud. Le thé a une saveur de pâtes, les pâtes une saveur de thé, c'est notre « thé aux pâtes ».

Nous avons décidé que notre mission au service de la patrie et du prolétariat nécessitait d'être bien nourris, aussi avons-nous pris la décision de transformer la reprise individuelle, chère aux anarchistes, pour justifier le vol, en reprise patriotique-prolétarienne.

Nous « reprenons » nos pâtes au Prisunic. Pâtes, riz, lentilles y sont vendus en vrac, et nécessitent des tickets d'alimentation pour les acquérir. Il n'y a pas en ce temps-là de vidéosurveillance et nous pouvons tranquillement, après un rapide tour d'horizon, mettre dans nos poches des poignées de pâtes. Quand, quelques mois plus tard, Clara Malraux vient à Lyon avec sa petite Flo, elle déplore la carence en alimentation de sa fille. Je conduis mère et fille au Prisunic, et, selon leur désir, j'empoche pâtes et riz en quantité. Flo est émerveillée de cet exploit et en gardera longtemps le souvenir.

Nous avons coordonné une stratégie à trois chez l'épicier pour maximiser nos larcins. Pendant que J.-F. demande un produit que l'épicier va chercher dans son arrière-boutique, Victor avec ses ciseaux coupe les ficelles de quelques saucissons pendus au plafond, et moi je plonge à plusieurs reprises mes mains dans un tonneau de margarine pour en extirper le plus possible et je mets les morceaux dans la poche de mon imperméable.

Ces séances de reprise sont suivies de festins mémorables à trois dans notre chambre.

La plus belle de nos reprises se passe chez Antoinette. De la salle de restaurant, un couloir conduit aux toilettes. Là, il fait un angle droit et va vers une table où est posée une énorme motte de beurre. Puis, de cette table, un nouvel angle conduit le couloir aux cuisines d'où la motte est visible.

Le jour J, je vais aux toilettes, Rolland se met à courir vers la motte de beurre qu'il saisit et me lance comme un ballon de rugby au moment où je sors des toilettes ; à mon tour, je lance la motte à Victor qui se trouve à l'entrée du couloir, il la camoufle sous un chapeau posé sur sa poitrine et nous sortons dignement tous les trois.

Les voleurs ne seront jamais détectés ; en revanche, il n'y aura plus jamais de motte de beurre sur cette table.

Il faut dire que nous avons aussi bénéficié de l'aide de ma tante Corinne qui habitait non loin de la maison des étudiants, impasse Berchet. Très souvent, elle m'appelait pour nous offrir un plat prélevé sur le dîner du soir. Il remplaçait avantageusement le thé aux pâtes.

Je dois ajouter que ce ne fut pas la faim, mais la gourmandise qui nous poussa à une extrême indélicatesse. Alors que la France était famélique, la Suisse regorgeait de nourritures, chocolats, gâteaux. Le parent suisse d'une amie pianiste, Sorel Nysberg, passant par Lyon, me demanda de faire parvenir à sa parente vivant à Toulouse et que je connaissais un colis de victuailles.

Je gardai précieusement ce colis que Rolland commença à flairer de plus en plus intensément. Nous nous interrogions sur son contenu. Le temps passait et je ne prévoyais aucun déplacement à Toulouse. Finalement, nous ouvrons le paquet. Nous découvrons des tablettes de chocolat, des gâteaux secs, de la confiture, bref tout ce dont nous manquons. Nous prélevons une tablette de chocolat, puis refermons le colis. La tablette entraîna une autre tablette et, en quelques jours, tout le colis y passa.

Rolland décide de faire un livre sur la lutte des classes en France. Je rédige le premier chapitre, portant sur la Révolution française, il rédige le dernier sur Vichy. À la différence de mon texte historien, le sien est polémique, accumulant les « le traître Pétain », et relève du tract. Nous abandonnons l'ouvrage.

Il me force quasiment à adhérer au Parti. Je rencontre le responsable des jeunesses communistes, un garçon de mon âge qui, ayant appris mon adhésion, me déclare les yeux fixés sur les miens qu'« à partir de maintenant tu n'as plus de famille, plus d'amis, ta famille, tes amis, c'est le Parti ». Ces propos me terrifient, mais je serai rasséréné un peu plus tard quand j'apprends que le père savoyard de ce jeune responsable est venu le prendre par le fond de la culotte pour le ramener chez lui.

Victor, J.-F. et moi formons un « groupe de trois », dimension à ne pas dépasser au sein du Parti ; Rolland a le contact direct avec le Parti, et je suis satisfait de cette formule. Les jeunesses communistes se sont alliées à d'autres mouvements résistants de jeunesse, les FUJP, Forces unies de la jeunesse patriotique. Nous recevons les ordres du Parti, en distribuons les tracts le soir dans les boîtes aux lettres des immeubles de Lyon ; parfois le hardi Rolland en lance à la volée dans un amphithéâtre de faculté. Nous avons inondé Lyon de tracts communistes place du Pont pour une grande manifestation de protestation contre les premières déportations de jeunes travailleurs en Allemagne (les étudiants comme nous avions droit à un sursis jusqu'aux examens). Arrivés au jour et à l'heure dits sur les lieux, nous voyons énormément de forces de police et de gardes mobiles, mais seulement quelques visages de prolétaires aussi attristés que les nôtres.

Le Parti nous demande un tract. Nous rédigeons un appel vibrant : « ÉTUDIANT PARTOUT AUTOUR DE TOI TES CAMARADES OUVRIERS, PAYSANS… » Le Parti trouve ce tract trop intellectuel, pas assez national. Une « lettre des étudiants de Paris au maréchal Pétain » le critiquant avec virulence, après quelques ronds de jambe épistolaires, de sa « Kollaboration » avec l'occupant, me donne l'idée d'une lettre semblable des étudiants de Lyon. J'en fais une première rédaction revue par J.-F. et Victor, se terminant par : « Sachez, monsieur le Maréchal, que nous saurons nous mêler dans une grande fraternité à tous ceux qui résistent déjà dans nos campagnes et préparent la libération finale. » Nous soumettons ce texte à des camarades talas[1], qui se méfient de ce qui vient des communistes et dont l'accueil est froid, puis nous décidons de demander de l'aide à Louis Martin-Chauffier, journaliste et écrivain résistant, chrétien de gauche. Martin-Chauffier améliore le texte que nous proposons à nos amis de *Témoignage chrétien.* « Ça sent le communiste disent-ils. – C'est un grand chrétien qui l'a écrit, rétorquè-je. – C'est de la mauvaise foi anticommuniste », dit J.-F.

La lettre circule un peu à Lyon et ne parvient pas à son destinataire.

Parmi nos rencontres, il y a Joseph Rovan, d'origine juive allemande (Rosenthal), philosophe de formation lié à *Témoignage chrétien*, un peu plus âgé que nous (25 ans), grand producteur et distributeur de faux papiers qui permirent de sauver d'innombrables juifs apatrides et clandestins.

Bien qu'il eût une tête typiquement juive, il ne fut jamais arrêté au faciès, et passa presque toute la clandestinité sous l'identité d'un ami demeuré en Afrique du Nord, Citron, mais il fut arrêté par la Gestapo en février 1944 et déporté à Dachau. Il se lia

1. Une façon quand on était étudiant de désigner les catholiques pratiquants « ceux qui *vont à la* messe ».

avec Edmond Michelet, s'y convertit au catholicisme, revint et travailla beaucoup à la réconciliation franco-allemande, comme Alfred Grosser. Il enseigna l'histoire de l'Allemagne et publia un livre sous ce titre. Je ne le revis qu'après de longues années, vers l'an 2000, alors qu'il avait 80 ans. Il avait épousé une femme originaire du Massif central et vivait en Auvergne. De juif allemand il était devenu un authentique catholique auvergnat. Il était épanoui, très en forme pour un octogénaire, et mourut d'une noyade en 2004.

Nous nous faisons quelques amis à la maison des étudiants, notamment Georges Snyders, normalien, fou de musique, toujours au piano de la résidence, et qui ne veut pas nous suivre dans la Résistance. Nous apprîmes après la guerre qu'il avait été déporté à Auschwitz, qu'il en était revenu, et qu'il était devenu communiste stalinien intégriste. Nous nous sommes revus, bien plus tard, lui, toujours « dans la ligne », moi ennemi du Parti…

Nous avons une petite radio dans notre chambre et écoutons les émissions françaises de la BBC qui nous ont permis de suivre l'interminable siège de Stalingrad, puis la contre-offensive soviétique, et la capitulation de Paulus (sans pouvoir me douter qu'un jour de 1945 je serais le messager de sa première lettre pour sa femme). Comme je l'ai écrit dans *Autocritique* : « Stalingrad balayait en moi et sans doute pour des milliers comme moi critiques, doutes, réticences. Il lavait tous les crimes du passé, cruautés, procès, liquidations quand il ne les justifiait pas. Il nous liait mythiquement et mystiquement à l'URSS salvatrice. La déroute de 1941 aboutissait au piège génial de Staline. » « Oui, Staline est génial, disait Rolland.

– Évidemment, ça fait un peu con de le dire, mais c'est vrai », convenais-je.

Nous voulons écrire une ode à Stalingrad.

« Ville de fer, ville de Staline » puis ma plume devient bouffonne : « je me puddle, je me lamine ».

Au cours de l'année 1943, à chaque victoire soviétique nous courons dans les couloirs en clamant : « Koursk » « Orel » puis nous précipitons dans la chambre d'un étudiant d'origine russe qui salue la victoire en nous sortant sa bouteille de vodka.

Désormais, et jusqu'en 1948, le mot Révolution prend pour moi un sens mystique et mythique.

Rolland, qui a déjà noué des relations dans les milieux résistants, nous a obtenu un accès chez Antoinette, ce restaurant privé pour les journalistes de *Paris-Soir* qui, vu son caractère privatif, permettait à des responsables des Mouvements unis de résistance (MUR regroupant Combat, Libération Franc-tireur) de se regrouper.

Notre adhésion au Parti reste mystique, car nous préférons fréquenter les résistants non communistes, de plus les communistes ne se seraient pas laissé fréquenter. Chez Antoinette, je fais la connaissance de Pierre Courtade qui va devenir communiste après la guerre, Pierre Hervé, dirigeant du MLN qui est sans doute un sous-marin du Parti, Ségolène Manceron, que Beaufret appelle notre Jeanne d'Arc, une ardente militante qui après la Libération épousera le chef FFI devenu général Joinville. Roger Stéphane, qui plus tard conduira la résistance de l'Hôtel de Ville à Paris, en août 1944, va de table en table et donne des informations inédites. Roger Massip adore raconter des blagues, dont celle de la pompeuse de nœuds. Rolland aime sortir ses tracts de son sac tyrolien et les exhiber, mais aussi se montrer ostensiblement résistant. Ce qui fait dire à Georges Szekeres qui connaît *La Chanson de Roland* : « Roland est preux, mais Edgar est sage. »

Nous nous attablons à la table partagée par cet intellectuel hongrois, sa compagne la journaliste Janie Chauveau, un ex-communiste Didier Limon et sa compagne. Bien qu'ils ne s'aiment pas, Limon et Szekeres prennent leur repas ensemble, sans doute parce que leurs compagnes sont amies. Je ressens une amitié de nature différente pour Limon et Szekeres. Pour Limon, elle est intime, intériorisée. Un jour il me prend à part et me dit : « Vous ne devriez pas entrer au Parti. » Je sais cela, mais je le refoule aux franges de ma conscience : « Il faut bien connaître l'histoire du mouvement ouvrier, bien envisager la question de la discipline et de la démocratie dans le Parti, réfléchir sur l'autonomie de la conscience individuelle et les procès, les exclusions, les outrages. » Je lui réponds que ces problèmes se poseront plus tard, il me réplique : « Il faut se les poser dès maintenant. »

Je sens quand même fléchir la foi qui me convainc que tous les vices dus à l'encerclement capitaliste et à l'arriération tsariste disparaîtront après la victoire, et qu'enfin le socialisme s'épanouira.

Il me parle de sa participation ardente aux grèves de juin 1936 puis de son départ en Chine.

« Pourquoi êtes-vous allé en Chine ?

– Par désespoir… »

Il était parti en août 1938, huit jours après que le Parti et la CGT eurent condamné une grève qu'il avait organisée.

Mes conversations avec Limon sont non seulement intimes mais secrètes, je n'en parle ni à Victor ni à J.-F. Par contre, tout ce que me dit Szekeres contribue à fortifier ma foi en lui donnant une assise dialectique.

Georges Szekeres me fait une révélation essentielle. Comme les marxistes d'Europe centrale, et particulièrement hongrois, il a subi l'influence de Georges Lukacs, qui, au lieu d'éliminer le jeune Marx philosophe, disciple critique de Hegel, au profit d'un Marx scientifique, ne dissociait pas l'un de l'autre. Il me pousse à connaître Hegel. Je peux lire à la bibliothèque de l'université *La Phénoménologie de l'esprit*, traduite en 1941 par Jean Hyppolite, la vieille et seule traduction de la *Logique* par Auguste Véra au milieu du XIXe siècle, et les très stimulants morceaux choisis de Hegel par Henri Lefebvre et Nathan Guterman, publiés chez Gallimard avant-guerre. Ma révolution intellectuelle est la découverte que la contradiction, au lieu d'être éliminée comme erreur, est non seulement inéliminable dans la connaissance du monde, de la vie, de l'humain, mais nécessaire à la pensée. Je n'avais pas encore le mot de complexité en tête, mais je sentais que la contradiction complexifiait la pensée. La dialectique hégélienne m'apparaît alors comme la méthode indispensable pour reconnaître, affronter, puis surmonter les contradictions en une « synthèse » qui ferait apparaître de nouvelles contradictions.

L'idée de négation et de négation de la négation me semble comme la force dynamique qui fait progresser la conscience et l'action. Certes, depuis *La Méthode* j'ai compris qu'il est des contradictions indépassables, et j'ai appris aussi qu'elles sont vitales. (Voir les trois premiers tomes.) De fait, j'ai du coup reconnu et compris que je suis moi-même un tissu de contradictions et que cela constitue non une infirmité, mais une richesse. Ainsi suis-je devenu un hégélo-marxiste, et les cours de philo que je suis à Lyon, notamment ceux de Pierre Lachièze-Rey, ne m'ont guère influencé.

Szekeres m'a aussi apporté la maxime qui me permet de reconnaître à quel genre de communiste j'appartiens : « Il y a deux sortes de communistes, ceux qui sont fanatiques quant aux moyens, indifférents quant aux fins, et ceux qui sont fanatiques quant aux fins, sceptiques quant aux moyens. » Cela va m'aider à considérer avec scepticisme la brutalité des langages et des moyens, l'utilisation du mensonge, la grossièreté des arguments et ce que Milosz va appeler plus tard la « langue de bois ».

Georges Szekeres, né dans l'ancienne Hongrie en 1914, a alors 28 ans. Il fait partie du mouvement Libération.

J'évoquerai plus tard son destin à la fois héroïque et tragique, et avec lui deux autres qui lui furent et me furent proches, Pierre Hervé et Pierre Courtade, pour montrer comment le communisme fit d'eux des héros tragiques, chacun à sa façon et selon un mode propre.

De novembre 1942 à juin 1943, les mois se succèdent jusqu'au moment où les étudiants de ma classe d'âge vont être sommés de partir travailler en Allemagne pour le STO. Notre trio les passa dans la militance, dans les rencontres au sein de la résistance lyonnaise, dans les études. Il n'y eut pas d'aventures amoureuses, sinon la fascination d'une belle jeune femme pour Victor. De mon côté, j'admirais Ségolène Manceron et je l'aimais d'un amour désincarné qui n'aurait jamais osé se déclarer.

Évidemment nous ne pensions pas nous soumettre au STO ; le Parti avait prévu de nous verser dans les FTP. Un événement modifia ce destin.

Clara Malraux m'avait fait rencontrer André Ulmann, prisonnier de guerre autorapatrié du stalag XI B. Pour expliquer ce que signifie ce terme d'autorapatrié, je dois dire qu'André Ulmann, Michel Cailliau, neveu de De Gaulle, et Charles Bonnet avaient monté dès juin 1941 une organisation de résistance dans leur camp, ils y avaient installé une radio clandestine, avaient même pu, grâce à un Alsacien, fabriquer de faux *urlaubschein*, papiers de rapatriement pour cause de maladie, et de faux tampons. Les départs ne pouvaient se faire qu'au compte-goutte. Je ne sais plus comment l'autorapatrié sortait du camp, légalement ou par évasion, mais, une fois hors du camp, il pouvait prendre tranquillement le train pour la France et subir les contrôles sans crainte.

André Ulmann et Michel Cailliau, sitôt libres, entreprennent de créer un mouvement de résistance de prisonniers évadés ou rapatriés, (MRPGD), établissant les relations avec les prisonniers demeurés en Allemagne pour les informer sur la guerre, leur demander des renseignements s'ils travaillent en usine, les inciter à l'évasion. Leur but est aussi de recruter des non-prisonniers pour les activités de résistance en France, tracts, journaux, renseignements, faux papiers, actions armées. C'est ce que recherche Ulmann qui s'adresse, entre autres, à Clara Malraux, qui établit alors la liaison avec moi.

En mai 1943, je rencontre André, il a une trentaine d'années, une moustache, un visage avenant, les yeux clairs. Je suis aussitôt séduit et impressionné quand il évoque la résistance au stalag, son évasion, ses besoins. Il souhaite me recruter ainsi que mes deux amis. « Mais, lui dis-je, le Parti doit nous faire passer dans les FTP. » Il répond avec un sourire étrange : « Vous avez mieux à faire, j'arrangerai cela avec le Parti. »

Avant-guerre, il a été collaborateur de Mounier à *Esprit*, a coopéré à l'assistance aux réfugiés de la guerre d'Espagne, a été rédacteur en chef de l'hebdomadaire de gauche *Vendredi* ; à son « j'arrangerai cela » je subodore qu'il est devenu sous-marin du Parti.

Il y avait de nombreux sous-marins dans la résistance de la zone sud : soit des communistes qui avaient rompu après le pacte germano-soviétique, soit des personnes de gauche ou apolitiques

tiques au départ que l'héroïsme des communistes et les victoires soviétiques avaient acquis à la cause. Le Parti leur demanda de rester dans leurs mouvements de résistance, et d'y maintenir un lien secret avec le comité central, voire le bureau politique. En fait, les MUR de la zone sud unis aux mouvements résistants de la zone nord dans le MLN (Mouvement de libération nationale) furent en bonne partie dirigés par des sous-marins et ainsi noyautés par le Parti.

Nous fûmes donc recrutés par André Ulmann, J.-F., Victor et moi, chacun muni d'un faux *urlaubschein*, établi à l'identité réelle, date et lieu de naissance compris, d'un prisonnier en Allemagne. À notre trio s'ajouta un proche ami de J.-F. qui fit de la résistance avec lui à Grenoble, Henri Pozzo di Borgo, lui aussi muni d'un *urlaubschein*. Il s'agissait, avant la date fatale du départ, d'obtenir à une mairie de vrais papiers d'identité avec cartes d'alimentation, de tabac, de textile.

Nous décidons de faire cette opération sur la côte et arrivons à Nice. Henri Pozzo et moi allons à la mairie d'Antibes, J.-F. et Victor à celle de Nice, je crois.

Nous sommes à la mairie dans la matinée et la préposée nous demande de revenir l'après-midi, le temps de préparer tous les documents. Nous nous promenons Henri et moi dans Antibes. Pour m'adapter à ma nouvelle identité de Gaston Poncet, 28 ans (j'en ai alors 22), j'ai laissé pousser mes poils de barbe, je porte un chapeau, une gabardine loqueteuse. Nous passons sans le savoir devant un commissariat, mais notre mine de rôdeurs fait sortir les flics qui nous arrêtent. Au poste, ils vérifient nos papiers d'identité (qui sont encore les vrais), ce qui prend un certain temps, puis nous disent qu'il faut partir dès le lendemain en Allemagne, pour le STO, ce qui est, répondons-nous, notre intention, puis ils nous libèrent. Le temps a passé, la mairie risque de fermer, nous y courons et recueillons nos papiers. Je suis désormais Gaston Poncet, âgé de 28 ans.

J'ai oublié de dire que mon *urlaubschein* avait une validité d'un mois, et André m'avait dit que je pouvais voyager sans crainte avec. Aussi j'étais dans un train pour Grenoble, conversant avec mes voisins et leur racontant l'enfermement du camp : « Les barbelés, toujours les barbelés !! »

À un arrêt, les feldgendarmes avaient fait descendre du train des jeunes aux bouilles paysannes, probablement partant au maquis. Le train reprit sa marche et deux feldgendarmes, un vieux et un jeune, vinrent nous demander nos papiers. Je leur tends mon *urlaubschein*. Le jeune l'examine longuement : « Pas bon… – Très bon », dis-je faiblement. Il montre mon *urlaubschein* au vieux, qui semble débonnaire, ils discutent, puis ils me le rendent en me disant de me procurer un certificat de travail.

Une nouvelle vie commence pour moi.

André m'envoie d'abord en mission dans une petite ville de Savoie récupérer un poste émetteur radio auprès d'un ingénieur. Je suis reçu dans l'appartement d'un homme courtois et réservé.

« Que me vaut votre visite ?

– Je viens de la part de (je donne le nom indiqué par André).

– Je ne le connais pas… C'est à quel sujet ?

– Je viens chercher un poste émetteur que vous avez fabriqué. »

L'homme sur ses gardes me dit n'en avoir jamais fabriqué, et ma mission échoue complétement.

Ma seconde mission est d'aller rencontrer dans un campement scout POM (Paul Ollier de Montrichard) pour lui dire ou lui demander je ne sais plus quoi. Après une longue montée sur une colline, je rejoins le campement tout éclairé de feux, plein de scouts, trouve POM très sympathique et chaleureux. J'ai complètement oublié qui de lui ou de moi doit remettre un document, qui de lui ou de moi doit transmettre une information, mais la mission est réussie.

Ensuite André me demande de m'installer à Grenoble pour y créer une section du MRPGD. Rolland, qui a passé une année d'université à Grenoble, me donne l'adresse de son ami Simon Nora.

Devant la gare, contemplant la ville déjà très active en termes de résistance, je pris l'attitude taciturne et attentive du commissaire politique que j'avais vu dans le film *Eux, les marins de Cronstadt*. Je loue une chambre dans un petit hôtel triste, et je me rends à l'adresse de Simon Nora. Je sonne à l'appartement :

une porte s'ouvre, je vois un charmant bambin tout réjoui, qui sera plus tard Pierre Nora, une jolie gamine souriante qui sera l'épouse de François Furet, et un autre garçon qui sera docteur en médecine. Simon, qui a mon âge, n'est pas là. Je le rencontrerai un peu plus tard à Lyon, puis il partira dans le maquis du Vercors où il vivra l'épopée jusqu'à sa fin tragique ; il en réchappera par miracle. Je le revois encore pendant la résistance à Paris, puis il fréquente la rue Saint-Benoît, et j'assiste à son premier mariage avec Marie-Pierre de Cossé-Brissac, rue Mazarine, je crois, et la vois au piano chanter *Sur les marches du palais.*

À Grenoble, j'entre dans la grande librairie Arthaud, où je découvre avec stupeur Félix Kreissler devenu, comme je l'ai dit, vendeur de livres.

Je prends un tram pour rentrer à mon hôtel et j'y drague une jeune beauté populaire, qui me demande mon prénom ; je réponds Edmond. « Ah ! Je vous appellerai Momon. » Je l'entraîne discrètement et ne me souviens plus de ce qui s'est passé.

Je n'eus pas le temps d'opérer à Grenoble. Peu après mon arrivée, André me rappela, à la suite de trois arrestations dans notre mouvement, sur la route entre Ambérieu et Lyon, dont celle de Roland Caillé, qui gardait chez lui la valise contenant le « trésor » du mouvement. Entre-temps, j'ai recruté mon copain de lycée Joseph Recanati. J'ai raconté dans mon premier chapitre, lors de mon troisième rendez-vous avec la mort, comment j'ai réussi à déménager cette valise-trésor de l'appartement de Roland Caillé, comment je l'ai installée chez moi, comment, au dernier moment, Recanati fut choisi à ma place pour le rendez-vous au square du musée où ils furent arrêtés, comment, sachant que Recanati avait noté en clair mon adresse sur son carnet, Violette et moi pûmes déménager la valise et l'enterrer dans un jardin de Caluire chez notre camarade Ubu, comment, échappant à nouveau aux arrestations je déterrai la valise et l'emportai à Toulouse où je m'installai en y créant une section du MRPGD, cette fois avec plus de réussite qu'à Grenoble.

J'ai oublié de dire qu'avant de partir pour Toulouse je me réfugiai dans une ferme près de Tarare, grâce à Mme Dumontet, compagne de mon oncle maternel, Édouard Mosseri. J'y jouai au prisonnier rapatrié convalescent et mes hôtes n'arrêtaient pas de me questionner sur la vie du camp. Une petite route jamais fréquentée la nuit conduisait à la ferme. Or, une nuit, je vis deux phares de voiture au loin qui s'approchèrent jusqu'à m'aveugler. Je crus que la Gestapo avait découvert mon refuge, mais les phares obliquèrent et disparurent. J'allais aussi chez le coiffeur de Tarare, puis mon oncle Édouard me dit que des rumeurs couraient sur mon compte. Je décidai de hâter mon départ pour Toulouse.

7

Résistance

Toulouse-Paris

Retour à Toulouse

Je suis donc de nouveau à Toulouse en cette fin d'été 1943 (août, je crois) où je retrouve le contact avec la Résistance et le Parti. Je deviens de fait bientôt confirmé par Michel Cailliau comme responsable régional du MRPGD pour la région toulousaine, et cela jusqu'en décembre 1943.

Clara Malraux, qui, une fois de plus, oriente mon destin, m'« offre » comme adjoint Jean Krazats, que j'ai déjà évoqué, marin de Hambourg, combattant de la guerre d'Espagne, interné au camp du Récébédou en France puis évadé de ce camp, et auquel elle s'est liée.

Jean est hébergé à Pechbonnieu, près de Toulouse, par une fermière, Mme Robène, qui m'y accueille également. On se rend au village à partir du terminus du tram 10. On marche une dizaine de kilomètres, on gravit une colline et on est arrivé. Mme Robène est une maîtresse femme. Elle règne sur son mari, ses enfants et de trois à six clandestins juifs, communistes ou résistants. Elle a accueilli avant nous d'autres clandestins et elle en accueillera après. Chacun d'entre nous est appelé à la soupe par des coups de sifflet selon un nombre qui lui est propre. Nous soupons à une grande table commune. Mme Robène est tout naturellement hospitalière, généreuse et courageuse. Je suis ému de la noblesse de cœur de cette paysanne. Elle fit faire par le maire de Pechbonnieu de vraies cartes d'identité aux faux noms de ses hôtes.

Le matin, Jean et moi repartons en ville faire notre métier d'artisans résistants. Je recrute Strickler, qui lui-même recrutera des amis pour le mouvement que je fonde à Toulouse. Nous devenons intimes, je lui fais savoir que je crois au communisme, il me dit qu'il a été exclu du Parti pour je ne sais quelle déviation. Je lui assure que le Parti va changer après la victoire. C'est à lui que je laisserai la responsabilité du mouvement lors de mon départ pour Paris. Récemment, j'ai pu voir ses papiers d'identité au musée de la Résistance à Toulouse.

Jean constitue un petit réseau de femmes d'origine allemande ou parlant allemand. Elles vont entrer en conversation avec des soldats de la Wehrmacht et doivent soit en tirer des informations, soit éventuellement les inciter à la désertion. Alors que le Parti est « antiboche » dans sa propagande, et que Ehrenbourg pourra dire avant le grand virage de Staline : « Je ne connais qu'une sorte de bon Allemand, c'est un Allemand mort », je tiens à demeurer strictement antinazi, et jamais dans mes tracts et écrits clandestins je ne stigmatiserai les Allemands en tant que tels. Ce n'est que dans mon tract d'appel à l'insurrection de Paris, en août 1944, que je terminerai par la formule rituelle « Mort à l'envahisseur allemand ! » des communiqués soviétiques. J'ai résisté avec un adjoint allemand, j'ai aidé Kreissler l'Autrichien. Du reste, mon livre *L'An zéro de l'Allemagne* est le premier livre d'après guerre qui ne soit pas antiallemand. C'est mon honneur. Je dois dire aussi que ce sont deux juifs d'origine allemande de ma génération, Joseph Rovan et Alfred Grosser qui ont le plus fait pour réduire l'antigermanisme si enraciné dans une France qui a connu trois guerres contre l'Allemagne, antigermanisme qui s'est ancré dans la conscience de beaucoup de juifs, surtout après Auschwitz.

Comme j'ai repris contact avec la direction du MRPGD, Michel Cailliau, fondateur du mouvement en France et devenu son responsable après l'arrestation d'André Ulmann, vient à Toulouse. Il est et sera toujours accompagné de son fidèle Jules, prisonnier évadé, d'origine hongroise, qui le sert avec un dévouement total. Je prépare un journal clandestin à destination des prisonniers de guerre en Allemagne. Nous le mettrons dans des colis d'alimentation pour prisonniers. Michel fait un éditorial exaltant de Gaulle et appelant au sabotage de la machine industrielle allemande. Je fais tirer le journal chez notre imprimeur clandestin et, en lisant l'article de Michel, nous découvrons une coquille malheureuse : le « de Gaulle le plus fier de tous » de Michel est devenu « le plus fou de tous ». Nous passons des heures Michel, Jean et moi à mettre « fier » au lieu de « fou ».

Nous nous sommes procuré un très grand nombre d'adresses de prisonniers en camp ou en usine. Nous pouvons mettre comme envoyeurs des noms toulousains. Surgit l'idée de créer un comité de personnalités de la littérature et de la culture patronnant l'envoi de colis. Clara Malraux me suggère d'aller voir à Paris Jean Paulhan de sa part. Arrivé à Paris, je lui téléphone en lui disant que je suis envoyé par Clara Malraux pour le rencontrer. Cela pique sa curiosité et il me propose de me rendre à son bureau chez Gallimard le lendemain.

Le jour dit, j'entre avec émotion et respect dans ce sanctuaire de la littérature, je gravis le noble escalier qui mène au bureau de Paulhan. Une queue de postulants à l'édition est agglutinée sur les marches de l'escalier. Paulhan m'a dit d'aller directement à son bureau, j'y arrive et je le vois parler de sa voix inimitable à un jeune écrivain : « Votre manuscrit est très intéressant, seulement il faudrait le réduire de 400 pages à 150. » (Il cherche le manuscrit sur sa table encombrée.) « Je vous le rends… – Maître, dit le jeune écrivain, il est là. – Ah oui. » Et le malheureux s'en retourne avec son manuscrit. Paulhan ferme la porte derrière moi, me demande des nouvelles de Clara, s'imagine que je suis peut-être son nouvel amant, et je lui explique notre besoin. Il refléchit, me dit de m'adresser à Armand Hoog, écrivain et ancien prisonnier de guerre qui a son bureau chez Gallimard. Hoog me donne son accord et me dit qu'il cherchera à rassembler des noms prestigieux pour patronner le comité.

Nous avons pu faire un gros envoi de colis, remplis de conserves et de littérature clandestine dans les pots de confiture.

Nous aurions pu continuer sous l'égide d'un comité de notables, mais, quand notre mouvement fusionna avec celui de Mitterrand (12 mars 1944) et que Michel Cailliau s'y refusa (voir plus loin), le nouveau mouvement abandonna l'envoi de colis et moi-même je quittai Toulouse pour Paris.

Le MRPGD avait eu cette originalité remarquable d'avoir créé un cadre inédit de résistance : le front intérieur allemand, où l'on cherchait à intégrer prisonniers de guerre et travailleurs en Allemagne à l'activité de renseignements, au sabotage industriel, à l'évasion. Jean apporta le contact avec *Soldaten am Mittelmeer*, organisation antinazie vouée à démoraliser et faire déserter les soldats sous uniforme allemand de zone sud. Pour ma part, je ferai intégrer Félix Kreissler et, par là, l'action des émigrés antinazis autrichiens au MRPGD.

Je me souviens d'une fausse alerte finalement comique. Nous étions Jean l'Allemand et moi à Montauban dans la villa que louaient Clara Malraux et son amie Madeleine Lagrange, veuve du ministre des Sports et Loisirs du Front populaire, mort au combat en juin 1940. Il y avait la petite Flo. Nous étions tous à la cuisine, ayant étalé sur la table du matériel clandestin. Flo croit se souvenir d'une grenade ou de plastic. On sonne à la grille et nous voyons deux gendarmes. Aussitôt Jean bondit comme un chat dans le jardin, court au mur du fond, le saute et se dissimule derrière. Clara met au feu les papiers et cache le reste je ne sais où. J'attends avec Clara. Madeleine va au-devant des gendarmes et leur demande avec noblesse ce qui les amène. En fait, il s'agissait d'une formalité bureaucratique sans danger.

Je fais de fréquents séjours à Paris pour rencontrer les responsables du mouvement : Michel Cailliau, Pierre Le Moign, Philippe Dechartre.

Au cours de ces séjours je suis hébergé par les Barré. Mme Barré était la mère de mon condisciple Henri Luce, elle s'était prise d'amitié pour moi. Elle avait d'abord été l'épouse d'un commissaire de police de Pantin, puis M. Luce l'avait quittée pour sa jeune secrétaire. Me sachant orphelin, elle se montrait très maternelle à mon égard, m'invitait à déjeuner avec son fils, puis en vacances, à Cayeux-sur-Mer, où je jouais à la guerre de façon inoubliable dans les dunes avec Henri, son frère Georges, ses amis et amies.

Puis, encore avant-guerre Mme Luce s'était remariée avec M. Barré, chef de gare à Bar-le-Duc et s'y était installée avec lui. Ils m'y invitèrent. M. Barré, un Lorrain très patriote, me fit visiter le champ de bataille de Verdun, l'ossuaire de Douaumont, Vaux, la tranchée des baïonnettes où surnagent de terre les pointes des armes des soldats enterrés vivants. Cela renforça alors mon horreur de la guerre, mais exaltait son patriotisme, il m'avait appris la *Marche lorraine* et chantait la *Protestation des chasseurs à pied.*

Vous qui voulez
Qu'on nous supprime
Qu'avez-vous à nous reprocher ?
Le jour la nuit
Notre seul crime
C'est d'avoir su trop bien marcher.

Je les rencontrai donc à mon premier séjour à Paris, à la fin de l'été 1943, et ils m'offrirent à nouveau l'hospitalité. J'y revins à diverses reprises avant de m'installer définitivement à Paris. Leurs enfants, mon ami Henri et son frère Georges, avaient obéi au STO et étaient partis travailler en Allemagne. J'eus la chambre d'Henri. Je leur fis rapidement savoir que j'étais résistant, mais je leur cachai que j'étais communiste. M. Luce, qui s'était séparé de sa jeune seconde épouse, venait quasi quotidiennement déjeuner chez les Barré. Vichy l'avait nommé préfet de police de Paris en juin 1940, puis l'avait démis de ses fonctions au bout de deux mois. Je crois qu'on l'avait mis ou qu'il s'était mis à la retraite.

J'avais donc dissimulé à mes hôtes mon appartenance communiste et comme ils parlaient librement devant moi j'en avais honte. Au cours d'un repas, Luce évoqua Gitton, ex-communiste passé à la collaboration, disant que c'était une casserole, c'est-à-dire un indicateur. Mais dépositaire de beaucoup de secrets, ayant été quelque temps préfet de police, il était avare de confidences. Barré tenait des propos enflammés contre les Boches.

Désormais affecté à la direction centrale de la SNCF à Paris, il me fit savoir que la Wehrmacht commandait ses trains (de soldats, de munitions, de déportations) seulement une journée à l'avance pour éviter que l'information se propage. Je lui demandai un rendez-vous avec le patron de la SNCF pour le mettre en contact avec la Résistance, ce que j'obtins. Ce haut responsable, dont j'ai oublié le nom, très heureux de pouvoir apporter sa contribution à la lutte contre l'occupant, m'expliqua qu'il fallait que l'information sur les trains parvienne très rapidement aux Alliés, car ils disposeraient de moins d'un jour pour organiser un bombardement. Je lui promis de lui trouver une communication rapide pour Londres.

Mon mouvement, le MNPGD, ne pouvait transmettre rapidement à Londres les informations capitales sur les horaires et la nature des trains, et je donnais le contact à Roger Vailland, dirigeant du réseau Mithridate, qui avait les liaisons radio indispensables.

Je le joignis par J.-F. Rolland, devenu membre de ce réseau. Rolland avait une admiration éperdue pour Roger Vailland qu'il avait connu à Lyon chez Antoinette. Il admirait l'aventurier, l'amateur de prostituées et de cocaïne. J'étais moins extatique, bien que j'aie suivi Vailland dans deux ou trois maisons closes. De plus, Rolland l'avait converti au communisme et Vailland créant son réseau était en fait devenu un sous-marin, transmettant même des informations aux agents soviétiques de l'Orchestre rouge. Il avait un contact direct avec Londres. Je lui passai mes liaisons SNCF et j'espère que j'ai pu ainsi contribuer indirectement à des bombardements de trains militaires.

Roger Vailland était de ces sceptiques et cyniques qui se transforment en croyants exaltés. Correspondant de guerre en Allemagne après la Libération, puis écrivain, il est l'auteur de *Drôle de jeu* où il évoque, sous pseudonyme, J.-F. Rolland et Claude Dreyfus. Avec la guerre froide, il devint fanatique et idolâtre, écrivant avec la photo de Staline sur sa table. Je crois que c'est après le rapport K et la révolution hongroise qu'il se déconvertit brusquement et totalement. Il mena une vie paisible et épicurienne à Meillonnas, dans l'Ain, faisant quelques séjours à Paris. J'appris qu'il souffrait d'un cancer. Un jour, rue Bernard-Palissy, je le vois attablé dans un restaurant avec son épouse et Florence Malraux. Son visage était tout rouge et encore plus maigre : « La mort, la mort ! » s'exclama-t-il en me voyant.

J'étais interloqué, évoquait-il sa propre fin ? Il ajouta : « Tu as écrit un très beau livre sur la mort. » Ses convives et moi furent rassérénés.

Mais revenons à 1943.

Je cessai de loger chez les Barré quand Violette vint avec moi à Paris, puis, de plus en plus accaparé par mes tâches clandestines, je cessai de leur rendre visite. Je me souviens vaguement d'une rencontre après la Libération, précisément d'une colère de M. Barré contre Roger Vailland, l'accusant de je ne sais plus quelle déloyauté. J'aurais pu, par la suite, ne serait-ce que par reconnaissance, retrouver les Barré, et aussi mon ami Henri Luce, rentré d'Allemagne en 1945, mais j'étais gêné d'avoir caché mon appartenance communiste. Mon père resta en relation avec eux. M. Barré lui avait, début août 1944, demandé de contribuer de province au ravitaillement de Paris[1]. Puis, après la guerre, il fut envisagé que Henri Luce puisse s'associer à mon père dans son commerce. Mon père m'évoquait tout cela, mais j'étais comme paralysé par la honte, et je reste depuis tourmenté par la pensée de mon ingratitude à l'égard de ces personnes qui furent pour moi si bienfaisantes et m'ont permis de faire entrer la direction de la SNCF dans la Résistance.

Mitterrand, le CNR et le MNPGD

Au cours de mes séjours à Paris, notre mouvement s'apprêtait à fusionner avec le mouvement dit « Pinot-Mitterrand », j'ai contribué à cette fusion d'une étrange façon.

Pinot avait été à Vichy le commissaire national chargé des prisonniers de guerre. Ceux-ci étaient accueillis dans des maisons du

1. Cf. la relation de cet épisode dans mon livre *Vidal et les siens*.

prisonnier dans les diverses villes de la zone sud. Ce commissariat est la seule instance vichyste à avoir désobéi aux conventions d'armistice qui prévoyaient la restitution à l'Allemagne des prisonniers évadés. Ils étaient au contraire accueillis et protégés. Après l'invasion de la zone sud en novembre 1942, Pinot et Mitterrand créent un réseau qui passe à la Résistance. Le CNR demande au MRPGD et au mouvement Pinot-Mitterrand de fusionner. Pinot s'efface, vu son passé officiel vichyste. Mitterrand prend la tête du mouvement.

Comme j'avise le Parti des préparatifs de cette fusion, on me demande de présenter pour celle-ci un autre mouvement de prisonniers, le CNPG, inventé pour l'occasion, en fait une petite section du Parti animée, entre autres fonctions, par Robert Paumier, évadé du stalag V C. La supercherie passe et la fusion se prépare à trois. Michel Cailliau, dit Charette (du nom du chef vendéen), est d'abord hostile à la fusion avec un mouvement d'origine vichyste, puis, la voyant incontournable, veut en être le dirigeant. C'est finalement de Gaulle qui décidera à Alger, après avis du Comité national de libération. Mitterrand a de puissants appuis au CNR, dont Henri Frenay, et il réussit à partir clandestinement par avion à Alger pour présenter sa candidature. Michel Cailliau envoie une lettre à son oncle Charles de Gaulle, soulignant le passé vichyste de Mitterrand et suggérant au chef de la France libre d'envoyer Mitterrand à l'armée d'Italie. À Alger, Mitterrand séduit le Comité de la France libre par son allant, son panache. De Gaulle le reçoit en tête à tête et, dès cette première rencontre, les deux hommes ne sympathisent pas ; toutefois, de Gaulle ne veut pas faire de népotisme, ni s'opposer à l'avis de son comité. Il adoube Mitterrand. Michel Cailliau quittera alors le processus de fusion et créera le réseau Charette auquel Violette et moi adhérerons, en même temps que nous nous inscrivons dans le nouveau mouvement, le MNPGD.

Michel Cailliau

Je dois ici retracer le destin de Michel Cailliau que je pensais évoquer dans mon premier projet de souvenirs, réservé à « mes amis, mes héros » dont il fait partie.

Michel, né en 1913, a 30 ans au moment où je fais sa connaissance. Sa mère est une de Gaulle, sœur aînée du Général. Son père est ingénieur. Michel ressemble à son oncle en modèle réduit. J'imagine que le sculpteur César, faisant une compression du « grand » de Gaulle, obtiendrait comme résultat le « petit » Michel Cailliau. Fait prisonnier en 1940, il est enfermé au stalag XIB de Falingbostel, il commence aussitôt à y organiser réseau et activités de résistance, se lie avec Ulmann, Bonnet et d'autres qui seront le noyau du MRPGD. Un Alsacien, Marcel Kahn, interprète à l'*Arbeitsamt* du stalag, rend possible l'« évasion » des prisonniers de guerre. Dans le bureau d'un des médecins du stalag, Marcel a monté un petit atelier de fabrication de papiers pour de faux-malades. « Les dossiers étaient rédigés de son écriture et revêtus de vrais ou de faux cachets. » Revenu en France, Marcel Kahn continuera à fabriquer de faux certificats de PG.

Michel Cailliau est rapatrié en faux malade en mars 1942 et entreprend aussitôt de créer un premier réseau « Charette », qui deviendra MRPGD. En juillet 1943, tandis qu'André Ulmann à Lyon me fait faire mes premières missions au MRPGD, Michel Cailliau se rend clandestinement à Londres, s'y entretient avec Passy et Pierre Bloch, prend contact avec le SOE (le service anglais chargé d'appuyer les mouvements de résistance dans les territoires occupés). Maurice Schumann lui cède le micro de la BBC durant une soirée pour qu'il s'adresse aux résistants et prisonniers de guerre. Puis Michel rentre en France en passant par Alger, où il réside à la villa Les Oliviers en compagnie de son oncle, le général de Gaulle. Ensemble, ils évoquent le rôle et l'organisation de la Résistance en France et décident que l'aspirant Duprat-Geneau (Dechartre) et André Ulmann représenteront le MRPGD à l'Assemblée consultative.

Michel rentre en France, poursuit le développement du mouvement pendant l'absence d'André Ulmann, arrêté à Lyon, et vient me rencontrer à Toulouse. Il prendra et gardera le contact avec Jean l'Allemand qui, en relation avec le mouvement antinazi allemand *Soldaten am Mittelmeer*, lui fournit des renseignements. Après la rupture avec le MNPGD dirigé par Mitterrand, il reprend le réseau Charette où collaborent comme moi d'anciens du MRPGD.

Il fut vaincu par Mitterrand non seulement parce que celui-ci était un habile et Michel un candide, non seulement parce que Mitterrand avait une vraie détermination dans son ambition, que Michel se croyait naturellement voué à diriger, vu son antériorité dans la Résistance et la reconnaissance du MRPGD par Londres, mais surtout parce que Mitterrand était déjà un fin stratège politique alors que lui n'était qu'un chef résistant.

Comme je le dirai plus loin, et sans pour autant diminuer mon affection et mon admiration pour Michel Cailliau, Mitterrand m'a alors séduit par son rayonnement, son courage à la limite de la témérité.

Je revis à plusieurs reprises Michel dans la clandestinité, toujours intrépide et toujours suivi par Jules.

Après la guerre, il fit divers voyages à caractère économique, notamment dans les pays nordiques et j'ai supposé qu'il faisait du renseignement économique pour la France. Il portait en lui une terrible amertume et une détestation totale pour Mitterrand. Je ne sais pas s'il fit des procès à Mitterrand ou si ce fut le contraire : l'avocat Badinter les lui fit perdre. Il écrivit l'*Histoire du Mouvement de résistance des prisonniers de guerre et des déportés (MRPGD) de 1941 à 1945*.

Il me donna à lire le manuscrit, et je voyais bien que ce livre était exagérément polémique, avec l'obsession de rabaisser Mitterrand, mais je pensais qu'il devait être édité et j'en parlai à Claude Durand, alors PDG de Fayard. Il lut le manuscrit et le refusa. Il avait de bonnes raisons pour cela : le texte était plus polémique qu'historique malgré un intérêt historique certain.

Nos rencontres avec Michel s'espacèrent après la guerre. Je me souviens encore d'un dîner chez lui près de la Maison de la Radio, avec son épouse et Violette, où nous évoquâmes nos souvenirs. Il gardait la tristesse d'avoir été évincé, marginalisé et complètement oublié, alors qu'il fut un des premiers et magnifiques résistants.

Il quitta peu après Paris pour la Bretagne je crois. Il mourut en 2000 sans que je le sache. Sinon j'aurais écrit l'article nécrologique qu'il aurait été de mon devoir de faire.

Au cours du seul dîner (j'y viendrai) que Mitterrand, alors président, m'accorda en privé et en famille, nous évoquâmes notre passé résistant, je lui parlai de mon amitié pour Michel.

« Il était un peu zozo, non, me dit-il avec dédain.

– Pas du tout », me borné-je à lui répondre…

Je reviens au MNPGD qui naît en mars 1944. Je fais partie du trio responsable de la région parisienne avec Georges Beauchamp (mitterrandien) et Pierre Bugeaud (communiste). Je suis chargé de l'information et la propagande. Je rédige des tracts, certains sous l'inspiration du Parti, mais en évitant le plus possible la langue de bois. Pierre Le Moign, alias Lebreton, en devient secrétaire général au mois de mai.

Ce héros au sourire si doux

Pierre Le Moign fut un vrai héros. Il était de la grande génération des dirigeants trentenaires de la Résistance. Né dans les Côtes-d'Armor, il devint instituteur après des études de lettres et de droit, puis fut mobilisé en 1939. Il participa à la désastreuse bataille de Sedan où il fut fait prisonnier. Après différentes affectations, il arrive au stalag XIB où il se lie avec Michel Cailliau et André Ulmann, et fait partie du noyau de l'organisation résistante du camp ; après cinq tentatives d'évasion qui échouent, il est lui aussi rapatrié comme malade avec des faux *urlaubschein* en mars 1943. Il devient adjoint de Michel Cailliau et est chargé en mai 1943 de diriger en zone sud l'action contre le STO, en liaison avec les maquis. Commence alors pour lui une série d'arrestations et d'évasions. Arrêté par la Gestapo à Limoges, il est interné au camp de Compiègne et s'en évade en août 1943. À nouveau arrêté, il subit quarante-cinq jours de cellule puis, ayant donné le change, il est libéré ; il réorganise le MNPGD en zone sud, il est aussi responsable du front intérieur allemand,

Je fais sa connaissance alors que ses évasions l'ont rendu légendaire parmi nous. Il a un beau visage breton, très noble, très doux, et semble avoir souvent un léger sourire aux lèvres. Il est bon, sans ambitions, totalement désintéressé, sensible, cultivé. Violette et moi l'aimons et l'admirons. J'apprends en mars 1944 son arrestation par la Milice. Il est torturé dans les caves, est victime de plusieurs syncopes, résiste à de nouvelles tortures sans craquer moralement ni succomber physiquement. Finalement incarcéré au siège de la Milice à Lyon, avec des fers aux pieds et aux mains, il attend son exécution. De sa cellule, il peut observer les horaires des miliciens, notamment ceux de leur relève la nuit. Il réussit avec une patience infinie à dégager ses pieds. Connaissant le moment propice entre deux rondes, il réussit à quitter la cellule de nuit, à courir les mains toujours entravées, à sauter le mur et à courir encore jusqu'au domicile d'un ami lyonnais qui lui libère les mains et l'héberge. Il retourne à l'action. En mai 1944, il est nommé secrétaire général du MNPGD ; il lui restera à vie des traces cérébrales des tortures subies à la Milice, lui donnant un regard encore plus rêveur, avec des moments d'absence, mais rien n'entama sa résolution. Outre la croix de guerre avec palmes, la Légion d'honneur, la Médaille des évadés, de Gaulle le fit Compagnon de la Libération.

Je l'ai quelque peu converti au communisme, mais il n'adhéra pas au Parti.

Il reprend son métier d'enseignant comme professeur de lettres. Je lui dois mon départ pour rejoindre la 1re armée entrant en Allemagne.

Quand nous le rencontrons au moment où de Gaulle va reprendre le pouvoir en mai 1958, au lieu de retrouver le Pierre communisant, je vois un Pierre inspiré et heureux, comme s'il retrouvait la jeunesse et la Résistance et qui me dit, le visage illuminé : « On y va ! »

Il a raconté ses aventures de guerre et de résistance dans un livre *Les Chemins du refus. 1940-1944.* Il restera à jamais pour moi ce « héros au sourire si doux ».

Arrestations

Je reviens au MNPGD. Nous faisons imprimer des tracts clandestinement par un imprimeur d'un très grand courage, auquel Violette rendit hommage à la Libération dans un article de *L'Homme libre* ; je cherche son nom dans ma mémoire, mais je me souviens que l'atelier d'impression était du côté de la porte des Lilas. Je m'y suis toujours rendu avec une certaine anxiété et suis heureux qu'il n'ait jamais été découvert.

Je me souviens aussi d'une réunion avec les mitterrandiens, rue Dupin. Plus tard, j'ai su que c'était le domicile de Minette Antelme, sœur de Robert. J'étais étonné d'une telle imprudence et pourtant je ne savais pas que Mitterrand y passait ses nuits.

J'y vins pour une réunion avec les fidèles de Mitterrand. Je sus par la suite par Robert Antelme, revenu de déportation (qui avait été arrêté dans ce même appartement), que les mitterrandiens avaient été avertis par l'un d'eux : « Edmond va venir, attention, c'est un communiste » (je n'étais pas aussi sous-marin que je croyais ou du moins mon périscope était bien visible), Robert me dit aussi qu'à son interrogatoire la Gestapo lui montra une photo de moi et lui demanda des informations pour me trouver.

L'arrestation de Robert, de sa sœur et d'autres camarades eut lieu le 1er juin 1944. Mitterrand y échappa de peu. Le soir, avant de rentrer, il téléphonait par routine à Minette qui lui confirmait que tout allait bien. Le soir de la souricière, Minette lui répond : « Vous vous trompez de numéro. » Le gestapiste la frappe, Mitterrand a compris.

Après la souricière de la rue Dupin, il y eut d'autres arrestations dans le mouvement.

Je pensais à une trahison c'est-à-dire un retournement par la Gestapo après arrestation, et mes soupçons se portèrent sur un couple homosexuel militant dans le mouvement, à partir d'un certain nombre d'indices, mais non avec certitude. De toute façon, ai-je pensé et me suis-je dit, même s'ils ne sont pas coupables mais seulement imprudents, ils représentent un danger pour le mouvement, et ma conclusion était toute bolchevique : les liquider physiquement.

J'eus une entrevue à ce sujet avec François Mitterrand, nous marchions ensemble du côté du Panthéon (déjà…), il pensa comme moi qu'ils étaient dangereux et prit la décision de les mettre à mort.

Cette sentence ne fut pas exécutée. Les événements se précipitèrent après le débarquement en Normandie, puis l'insurrection fut déclenchée. À la Libération, le mouvement ne trouva pas S., qui s'était engagé dans la division Leclerc ou la 1re armée. Il arrêta B. et le mit dans sa propre prison (en fait très sale), qui était un hôtel de la rue Beaubourg dont les chambres avaient été transformées en cellules. Aussitôt après la libération de Paris, Dionys et moi allâmes l'interroger. Par les portes des chambres-cellules ouvertes on voyait des types accroupis ou couchés, le visage parfois tuméfié ou ensanglanté, ce qui m'écœura. Déjà j'avais ressenti le même dégoût aux débuts de l'insurrection quand étaient amenées dans mon bureau de la place Clichy des prostituées afin que je décide de leur punition pour avoir couché avec des Allemands, je les laissais filer par un escalier de service.

On arrive à la cellule de B., il est vautré, lamentable, proteste de son innocence. Dionys veut lui extorquer des aveux. Il pleure. Je dis à Dionys de laisser tomber. Coupable ou non, nous avions gagné et il ne pouvait plus faire de mal. Nous revîmes B., devenu une personnalité de la culture, lors d'un cocktail chez Gallimard, Dionys le prit à part pour l'interroger à nouveau, et B. s'indigna : « Laisse tomber, laisse tomber », dis-je à Dionys.

Je reviens à la Résistance. Dès Lyon, j'avais lu un petit manuel clandestin imprimé par le Parti indiquant les précautions indispensables à prendre dans l'illégalité. Les militants du Parti d'avant-guerre étaient particulièrement visés : la police française connaissait leur nom, leur adresse, et allait souvent vérifier à leur domicile. Il y avait des précautions que je ne voulais pas prendre, c'est-à-dire ne pas fréquenter ses amis clandestins hors des activités résistantes. Mais j'en prenais d'autres comme de garder le secret de mon domicile à Paris, où j'habitais avec Violette dans un appartement de la rue de l'Abbé-Groult. Et, surtout, j'avais acquis l'obsession de la filature. La Gestapo réussissait à identifier logement et contacts clandestins en pistant les résistants, ce qui l'amenait aussi à découvrir nos « boîtes à lettres », adresses qui nous servaient à fixer nos rendez-vous.

Pour déjouer l'éventuelle filature, j'empruntais des rues désertes et, de temps en temps, me retournais naturellement ou faisais mine de regarder une vitrine. Je faisais des itinéraires en zigzag. Je fus pourtant une fois photographié par la Gestapo sans le savoir puisque son interrogateur montra ma photo à Robert Antelme. Je soupçonne que ce fut place Saint-Georges, où un type à une cinquantaine de mètres me regarda, puis disparut ; du coup, je n'allai pas au bistro voisin où j'avais rendez-vous. Mais c'est surtout le métro qui m'aidait à échapper à mes éventuels suiveurs. Avant de sortir de Convention pour rentrer chez moi, je changeais de direction, traînais dans les couloirs jusqu'à ce qu'ils fussent déserts, et, mieux encore, puisqu'il y avait des portillons automatiques à l'entrée du quai qui se fermaient à l'arrivée de la rame, j'attendais que le portillon commence à se fermer pour me précipiter, bondissant dans le wagon en vérifiant bien que personne n'avait fait comme moi. Je revenais donc en tranquille Gaston Poncet dans notre appartement. Il y avait parfois des distractions imprudentes. Violette oublia un jour un sac plein de tracts dans un hall d'hôtel, mais nous réussîmes à le récupérer avant qu'il fût découvert. Précédemment à l'Abbé-Groult, nous vivions dans un hôtel place de la Contrescarpe (hôtel aujourd'hui démoli et remplacé par un immeuble) ; il m'était arrivé de laisser pour la nuit, au-dessus de la chasse d'eau du cabinet, qui était dans le couloir de l'étage, les papiers les plus compromettants et je venais les récupérer au petit matin.

Quant au Parti, il me donnait ses rendez-vous dans la banlieue pavillonnaire où les rues sont généralement désertes, chacun venant d'un côté opposé de la rue pour s'assurer que l'autre n'était pas suivi, et la conversation se faisait toujours en marchant.

Je dus ainsi être « cadré », c'est-à-dire exploré dans mes sentiments et ma biographie, par Tourneur, grand escogriffe inquiétant que Rolland et moi appelions le Guépéou. Cela se passa au cours d'une « promenade » commune dans une triste banlieue. Je fus très surpris de voir que Tourneur inscrivait mes réponses, en code me dit-il, sur un carnet, alors que les ordres étaient de garder tout en mémoire, rien par écrit. Mais la haute bureaucratie stalinienne avait besoin d'archives. Elle avait besoin de biographies des militants consultables, donc sur papier.

Tourneur me posa, ce que je sus plus tard, les questions rituelles de toute bio. Il demanda d'abord si j'avais des parents, ou des amis dans la police. Puis il me demanda mon attitude au moment du pacte germano-soviétique. Je répondis que j'avais pensé que c'était une ruse de Staline déjouant l'intention des alliés à pousser l'Allemagne à attaquer l'Union soviétique. Il posa enfin la question : « Que penses-tu des trotskistes ? » Je réfléchis pour faire une réponse qui ne soit pas immonde. Je dis : « Ils sont objectivement traîtres. » Il répondit avec force en me regardant dans les yeux : « Et même subjectivement. » Plus tard, j'appris que Tourneur était Francis Cohen, d'une famille très stalinienne. Il devint journaliste à *L'Humanité* et resta dans la ligne *perinde ac cadaver*.

Les précautions n'empêchaient pas l'imprudence commune aux résistants non communistes qui consistait à se retrouver au café ou au restaurant. À cette époque de disette, je fréquentais particulièrement les restaurants lyonnais de la rue des Fossés-Saint-Bernard, riches en charcuterie, cochonnailles, dont l'andouillette qui est, surtout celle du Beaujolais, un de mes plats cultes (avec les *melanzane alla parmigiana*). Ces restaurants « marché noir » ne demandaient pas de cartes d'alimentation. Nous nous retrouvions avec J.-F., Victor, d'autres copains, et trinquions au beaujolais. Dans ces restaurants surgissait parfois un prédicateur portant la Bible et annonçant d'une voix lugubre : « La mort approche, la vie éternelle arrive ! » Nous apprîmes plus tard qu'il était indicateur de la Gestapo et venait reconnaître des visages dont on lui avait montré les photos.

Les trois identités

Me sentant repéré en tant qu'Edmond, je décidai de changer de pseudonyme et je choisis Manin, personnage de *L'Espoir* de Malraux, c'était aussi le nom d'un héros de l'indépendance vénitienne au XIXe siècle, dont je sus bien plus tard qu'il était marrane. Je voulus profiter d'un voyage à Toulouse pour étrenner ce pseudo. Je fus accueilli à la gare par l'amie résistante qui, je crois, s'appelait Duclos et lui dis : « À partir de ce moment, je m'appelle Manin. » Elle me conduisit à une réunion où je me rappelle la présence de Jean-Pierre Vernant, mais dont j'ai totalement oublié l'ordre du jour.

Les participants sont déjà tous là. Elle me présente : « Le camarade Morin. » Je n'ose la démentir. Pendant ce séjour à Toulouse, je suis donc Morin et accepte de le rester.

Je suis à la fois Poncet et Morin, du coup j'en arrive à oublier parfois ma première identité de Nahoum. Ainsi Rolland me pousse à bénéficier de l'expertise sexuelle de la belle Rita, prostituée à Pigalle, qu'il a voluptueusement fréquentée. Rencontre au café, Rolland nous présente et elle me conduit dans un hôtel où je croise dans les couloirs des uniformes allemands. Dans la chambre, elle me mène au lavabo pour me nettoyer la queue et j'en perçois avec épouvante la circoncision. Elle semble négliger la chose, me conduit au lit, me fellationne avec ardeur, mais le sexe reste d'une mollesse désolante ; elle s'acharne en vain, puis écœurée m'abandonne et va dans une chambre voisine partouzer avec des Allemands. Je me repantalonne en hâte, remets ma veste, ouvre doucement la porte, le couloir est désert et je fuis.

Nahoum, mon identité souterraine, était remontée à la surface. Ainsi, selon les moments, c'est tantôt l'une, tantôt l'autre de ces trois identités, Poncet, Morin, Nahoum, qui occupait le siège de mon « je ». Je redevenais Nahoum dans mon courrier avec mon père, Poncet à mon domicile, et Morin pour mes camarades de la Résistance.

En même temps j'étais à la fois gaulliste, communiste et juif, trois péchés mortels pour les nazis et les miliciens ; parfois, j'en frissonnais, parfois je m'en sentais glorieux.

Par ailleurs, j'étais gêné d'être communiste quand des camarades de résistance critiquaient le Parti ou l'URSS comme si j'étais des leurs. De même je fus gêné quand Paumier, membre du Comité central, bonne bouille ronde d'homme du peuple, me dit parlant des juifs : « Ils ne sont pas comme nous. » Mais, en même temps, j'étais content de me sentir gaulliste et communiste, patriote et internationaliste. En vérité, pour moi, ces termes étaient complémentaires. Il m'aurait manqué quelque chose si je n'avais été que l'un sans l'autre.

Mon activité était polyvalente et ne se résumait pas à la propagande par tracts. Je faisais du recrutement pour le mouvement. Parmi mes recrues, un érotomane, qui draguait dans les transports publics et les chemins de fer. J'essayai en vain de le modérer et de lui donner des conseils de prudence. Il publia après la guerre un recueil de nouvelles, *Amour et résistance*, où il contait ses exploits. Je me souviens seulement d'une phrase : « Déshabillez-vous, Lucette. »

Mon plus beau recrutement fut celui du grand patron de la SNCF que j'ai évoqué plus haut.

J'avais aussi un petit atelier de faux papiers qui permettait de fournir aux juifs la protection d'une carte d'identité « aryenne » pour échapper à la déportation.

J'avais installé cet atelier dans une chambre louée au troisième étage d'un immeuble du Faubourg-du-Temple. J'y remisais aussi des tracts et autres documents clandestins, et j'y allais selon les besoins. Un jour de juillet, je quitte ce local et, dans la rue, mû par je ne sais quelle curiosité, je lève les yeux vers ma fenêtre et remarque à la fenêtre voisine une vieille femme qui me fixe. Je prends la décision de raréfier mes visites à l'atelier, puis l'approche de l'insurrection me le fait oublier. J'appris après la Libération qu'une descente de police y avait été faite. Je ne sais par quelle police, ni si la vieille avait pensé dénoncer un trafiquant du marché noir ou un résistant. Je n'ai pas voulu le savoir.

J'avais encore de la famille à Paris, notamment mon oncle Pepo Beressi et sa femme Margot. Celle-ci allait dans la rue en camouflant de façon élégante son étoile jaune sous une écharpe, ce qui lui permettait en cas de contrôle d'identité de montrer qu'elle était en règle. Leur brave concierge leur faisait passer les nuits dans un appartement inoccupé à un étage supérieur pour que les rafles et arrestations qui survenaient au petit matin ne puissent les surprendre chez eux. Je voyais aussi mon oncle Benjamin Beressi qui vivait avec sa compagne, concierge « aryenne », dans sa loge et croyait ne pas devoir être inquiété. Il fut pourtant arrêté et mourut au camp de Compiègne qui était une étape sur la voie de la déportation.

J'organisais aussi un réseau de fausses cartes d'alimentation grâce à May Picqueray que nous fréquentions par amitié. May était une femme libre et libertaire. Par antiracisme elle s'était fait faire un enfant par un Noir américain, un autre par un Peau-Rouge, un troisième par un juif. Elle avait été déçue par la révolution soviétique qui combattit ses alliés anarchistes et, en 1922, elle refusa de serrer la main de Trotski. Les libertaires ne se lient pas à la Résistance, mais ils protègent les pourchassés, ennemis de toute autorité, ils haïssent l'autorité occupante sans vouloir entrer dans la guerre. May était une femme alerte, gaie, active que Violette et moi aimions et admirions. Nous avons continué à la rencontrer après la guerre. Elle demeura fidèle à Louis Lecoin, puis participa à toutes les campagnes antinucléaires tout en continuant à soutenir les objecteurs de conscience et les réfractaires. Elle gagnait sa vie comme correctrice d'imprimerie. Elle est morte en 1983. Depuis 2015, un jardin porte son nom au niveau du 94, boulevard Richard-Lenoir, dans le 11e arrondissement de Paris.

Nous ne fûmes pas ses seuls admirateurs et un livre lui a été consacré[1].

Début juin, Claude Dreyfus est arrêté hôtel Goudeau, place du même nom, à Montmartre. Rolland l'avait fait entrer au réseau Mithridate comme sous-marin. Il s'était métamorphosé peu avant son arrestation. Il avait découvert l'amour, le vin, la bonne chère, les joies de la vie. Il fut déporté à Buchenwald sous le nom

1. *May Picqueray, une réfractaire, une libertaire, une femme libre*, collectif, Éditions libertaires, Graine d'ananar, 2004.

de Claude Billard, puis transféré à l'usine souterraine de mort de Dora Ellrich qui fabriquait les V1 et V2. Il aurait pu être sauvé, comme je l'ai déjà dit, par Félix Kreissler que l'organisation communiste de Buchenwald avait placé à l'Arbeitstatistik, poste qui affectait les nouveaux arrivés à des commandos (ainsi Robert fut affecté au kommando de Gandersheim) voire à Buchenwald, situation de faveur dont jouissaient les communistes et leurs protégés. Toutefois, Félix ne put savoir que Claude Billard était Claude Dreyfus. Après la guerre, le père et surtout la mère de Claude ne purent croire à sa mort. Ils voulurent enquêter en Allemagne de l'Est où était situé Buchenwald, près de Weimar. Mon ami Panine, commissaire politique contrôlant à Berlin le général Tchouïkov, l'un des héros de Stalingrad, leur obtint un laisser-passer. Ils cherchèrent en vain. Le chagrin de Mme Dreyfus ne s'atténua jamais. Voici la lettre qu'elle m'a adressée le 15 août 1968.

Cher ami,

J'espère qu'en cette période de vacances, vous aurez pu vous-même, avec Mme Johanne, prendre un vrai repos dans un site calme, agréable, réconfortant, où vous trouverez la détente souvent si nécessaire. J'espère qu'à votre retour l'un de vous aura la gentillesse de me téléphoner, cela me serait très agréable que vous m'appeliez exceptionnellement une fois. Comme je vous l'ai dit, je crains si souvent de vous importuner, de tomber au moment où vous êtes en plein travail, où vous auriez envie de m'envoyer promener. Cette lettre-ci que j'écris exprès le 15 août (date que je devrais souligner mille fois), je ne sais pas encore quand je vous l'enverrai. Je ne veux pas troubler vos vacances. Le 15 août 1944, Claude a été déporté par le dernier train. Voilà ce cruel anniversaire. Il y a vingt-quatre ans. Mon cher ami, pensez un instant à l'infinie détresse de Claude. C'est tellement difficile à réaliser. Ce matin, je suis allée me recueillir sur ce sinistre quai aux bestiaux de la gare des marchandises de Pantin. Vous me direz peut-être : « À quoi cela sert ? » Je ne crois pas que vous me désapprouvez, au contraire. Si je vous écris ceci, c'est pour vous demander, le jour où moi, sa mère, je ne serai plus de ce monde, que vous, l'excellent ami d'enfance Nahoum, que vous alliez une fois évoquer le souvenir de Claude, un matin au quai à bestiaux de Pantin. Lorsque vous êtes exactement à la Porte de Pantin, il y en a pour dix minutes en auto, vous prenez le trajet de l'autobus 151. Il prend l'avenue du Général-Leclerc, vous passez devant la mairie de Pantin, vous passez devant la piscine (en briques rouges) puis sous un genre de tunnel, immédiatement après ce tunnel, vous obliquez à gauche rue Cartier-Bresson, encore à gauche vous montez quelques mètres entre deux hautes murailles et vous êtes sur ce quai de malheur où Claude a été embarqué. Il y a aujourd'hui vingt-quatre ans. Vous imaginez combien il devait être glacé d'effroi, de terreur, de désespérance. Si vous vous rappelez, le 13 août 1944, il faisait une chaleur tropicale.. Ce matin, j'étais là-bas à 8 heures du matin, j'ai rencontré un cheminot à la retraite, il venait cultiver un bout de jardin en bordure du quai, il m'interpelle, il me demande : « Vous étiez dans le train du 15 août ? » Il m'a dit avoir aussi assisté à cette tragédie, il paraissait dire la vérité. D'après cet homme, ils ont été embarqués dans des wagons à bestiaux qu'on a bondés. Mais le train ne serait parti que le soir, à la nuit. Et tant que ce train ne démarrait pas, peut-être que Claude espérait encore être sauvé, mais lorsqu'il s'est ébranlé, il s'est senti perdu. J'évoque tout cela plus particulièrement aujourd'hui puisque cela fait vingt-quatre ans, presque un quart de siècle. Et si je vous l'écris à vous, c'est un peu pour que vous preniez la « relève » lorsque je serai trop âgée. En avançant en âge, les facultés cérébrales s'usent (c'est une terreur pour moi) et je pourrais peut-être l'oublier. À vous, cher Ami, d'essayer de perpétuer le souvenir de Claude. Je vous écris d'un café de Montmartre où Claude m'avait emmenée déjeuner lorsque je suis venue clandestinement le voir en février 1944. J'ai été faire encore un tour à l'hôtel Goudeau en haut de la rue Ravignan où Claude avait sa chambre et où j'ai couché deux nuits. Enfin, je ne veux pas vous lasser plus longuement, je vais conserver cette lettre quelques jours et puis, je vous l'enverrai, ou bien ne vous l'enverrai-je pas ? De crainte de vous ennuyer. Vous avez l'avenir devant vous et votre si charmante compagne pour partager votre existence. J'espère qu'à notre prochaine rencontre, elle pourra vous accompagner, il me serait agréable de la connaître davantage si cela ne l'ennuie pas. Transmettez-lui mon souvenir de sympathie. Pour vous l'assurance d'une amitié fidèle et si ancienne qui doit remonter à trente-six ans en sixième à Rollin. Claude était très attiré par votre intelligence et touché par votre sensibilité. À travers Claude, je vous connaissais si bien il me semble.

À bientôt j'espère.

Hélène G. Dreyfus

Vélos volés

Peut-être dès le début juin, date du débarquement en Normandie, voire avant, la fréquence des alertes aériennes avait souvent arrêté le trafic du métro et rendu plus difficile nos déplacements. Le Parti donna l'ordre de se procurer des vélos par tous les moyens, y compris le vol. Simone K., que j'avais connue étudiante en médecine à Toulouse, convertie au communisme, appartenait aux Jeunesses communistes à Paris. Son sentiment pour moi l'amena à voler des vélos et à me les offrir. Dans la cour de mon immeuble, j'eus bientôt une écurie de cinq vélos, certains de course, d'autres de tourisme, que j'utilisais selon mon humeur et qui eux-mêmes étaient parfois volés, mais aussitôt remplacés. Simone faisait l'admiration des dirigeants des JC pour son efficacité militante. Après la guerre, elle vola un vélo pour son frère qui arrivait de Toulouse dans l'immeuble même des Jeunesses communistes. Alors que ces larcins étaient louables avant la Libération, ils devenaient coupables après. Simone fut exclue du mouvement. Lors de l'un de nos rendez-vous, place de la République, elle vint me parler en termes ardents de son désir pour moi. Je ne l'exauçai pas, du moins pas immédiatement, mais, par la suite, son visage désirant devint pour moi un visage désirable ; je fus poursuivi par son image et, de temps à autre, soudain saisi d'une impulsion violente je venais dans son lit l'adorer temporairement. À la fin de ses études, elle aima un médecin qui rompit avec elle. Il habitait au premier étage. Un matin, elle vint avec sa petite voiture décapotable d'où dépassait une échelle, posa le haut de l'échelle sur la fenêtre ou le balcon, je ne sais plus, grimpa et entra dans la chambre en se jetant sur l'objet de sa passion. Il appela la police et elle fut internée en asile psychiatrique. Je ne sais plus combien de temps. Elle revint me voir à l'époque d'*Arguments,* donc vers 1957-1960, pour me montrer un manuscrit autobiographique qu'elle avait envoyé à Simone de Beauvoir. Je dévorai ce texte extraordinaire. Elle y racontait que, pour quitter Toulouse, projet auquel s'opposaient son père et sa mère, elle les avait empoisonnés tous les deux et qu'ils étaient morts de façon apparemment naturelle. Je me demandais si elle avait seulement fantasmé ou réalisé ce double meurtre. J'allai la voir à son cabinet de cardiologue, dans le 15e, où elle n'avait pas de clients. J'imaginai que j'allais la désirer à nouveau, mais son état d'abattement, de solitude, inhiba toute libido en moi. Je ne sais pas ce qu'il advint d'elle après cette ultime rencontre. Bien plus tard, une jeune femme, sa fille, dont j'ignorais l'existence, vint me trouver pour que je lui parle de sa mère. Je n'ai pas osé évoquer le supposé empoisonnement par Simone de ses grands-parents. Depuis, parfois, son visage félin et son corps nu aux seins piriformes m'apparaissent et me troublent.

Dionys

J'en viens maintenant à la rencontre pour moi la plus importante de cette période clandestine. Mon partenaire à la direction de la région parisienne, Georges Beauchamp, sachant que j'avais besoin d'un adjoint, me dit un jour : « Je vais vous faire un beau cadeau, un très beau cadeau… »

Je donne rendez-vous au « cadeau » avenue Trudaine. J'ai mon vélo à la main. Arrive un jeune homme qui semble de mon âge (en fait, il a cinq ans de plus) dont le visage de statue grecque et le sourire engageant me séduisent aussitôt. J'appris plus tard que Marguerite Duras avait dit, quand Dionys entra dans son bureau et qu'elle le vit pour la première fois : « Le soleil est entré chez moi. »

Il se présente sous le nom de Masse, pseudonyme paresseux de Mascolo. J'apprendrai son prénom plus tard, Dionysos, qu'il a réduit en Dionys. Son père, un artiste sicilien imprégné de mythologie grecque, avait nommé ses enfants Athena, Endymion et Dionysos. Masse a un poste chez Gallimard, il a collaboré au mouvement Combat avec Albert Camus, je comprendrai plus tard pourquoi il a préféré à Combat le MNPGD : c'est le mouvement auquel appartient Marguerite Duras. Du reste, il ne peut s'empêcher de me parler d'une Mme Leroy, qui s'occupe du sort de nos camarades arrêtés. Nous marchons lentement avenue Trudaine tout en devisant. Je suis frappé par son intelligence, sa sensibilité je suis ébloui par tant de beauté physique, morale, intellectuelle. Après lui avoir dit ce que j'attendais de sa collaboration, je lui fais part de mes espoirs d'après-guerre dans le communisme, bref je commence à l'endoctriner. Ce n'est pas ce que dit le Parti que je justifie, c'est ce que promet sa victoire que j'annonce. Je dois le dire sans gloriole et sans honte : c'est moi qui ai entraîné Dionys, Marguerite, Robert vers le communisme. Puis c'est ensemble que nous nous opposerons au stalinisme.

Les armées alliées ont percé le front de Normandie. Nous croyons qu'elles foncent sur Paris, nous ne savons pas que Eisenhower a prévu de contourner la capitale pour éviter un long siège et un très coûteux assaut. Le Parti avait cru pouvoir déclencher l'insurrection au moment du débarquement en Normandie, mais son projet avorta. C'est l'ensemble de la Résistance comprenant toutes les tendances qui décida l'insurrection de Paris. La police parisienne s'y est jointe. L'Hôtel de Ville est occupé par la Résistance avec, à sa tête, Roger Stéphane. Des barricades se dressent dans les quartiers. Je quitte mon état-major de la place Clichy pour dresser une barricade protégeant le « 44 », l'immeuble historique, réoccupé par le Parti, et où les militants se sont enfermés, montrant parfois un rude visage résolu et méfiant. Accompagné de jeunes, femmes et hommes, on met armoires, grilles d'arbre, objets massifs les plus divers, et je peux contempler satisfait « ma » barricade, que du reste nul assaut ne viendra menacer. Les chars et véhicules allemands circulent sur les grands boulevards et avenues, l'insurrection tient les quartiers ; je me promène faraud à Montmartre avec mon brassard FFI et un fusil de chasse que j'ai dégotté. Je rencontre Marcel Aymé et lui parle de l'insurrection. « N'est-ce pas un peu prématuré ? » me dit-il...

Notre mouvement a occupé *Le Petit Journal* rue de Richelieu et c'est là que siège Dionys avec Mme Leroy qui se révèle bientôt Marguerite Antelme. J'y préfère de loin l'atmosphère à celle de la maison du prisonnier, place Clichy. Aussi Violette et moi nous y rendons-nous souvent en vélo et longtemps. Parfois, nous devons traverser à toute vitesse la place de la Concorde, subissant la mitraille. Une autre fois, traversant le boulevard Saint-Martin avec Violette alors que des chars allemands y roulent, nous attirons l'attention d'un tankiste qui vient vers nous. Nous nous embrassons fougueusement, il s'arrête et repart.

Je me rends souvent au *Petit Journal* et nous nous lions désormais avec Dionys et Marguerite. Comme il fait très chaud, Violette et moi passons les nuits sur la terrasse qui surplombe la maison du prisonnier, place Clichy.

Une nuit, alors que l'on peut voir rougeoyer les incendies dans des ministères où les Allemands brûlent leurs archives, on entend toutes les cloches des églises de Paris carillonner. J'ignore que Pierre Courtade a téléphoné à l'archevêché pour l'informer de l'arrivée de l'avant-garde Leclerc et lui demander de sonner les cloches. Je ne sais par quel bouche-à-oreille nous apprenons que les chars français sont place de l'Hôtel-de-Ville. De Gaulle a obtenu de Eisenhower qu'il accepte de laisser la division Leclerc percer jusqu'à Paris.

Nous arrivons au petit matin sur la place. Quelques chars sont là, les visages des libérateurs sont épuisés, certains ont des larmes de joie ; nous ne savons pas que ce sont des anarchistes et communistes espagnols qui, en Algérie, se sont engagés dans l'armée Leclerc avec l'espoir de finalement libérer leur pays.

Nous pleurons de bonheur.

Les combats se poursuivent jusqu'à la capitulation du commandement allemand. Les chars à croix de Lorraine ont définitivement remplacé les chars à croix gammée.

Le défilé de la Libération commence à l'Étoile, descend les Champs-Élysées et doit arriver à l'Hôtel de Ville. Il est conduit par Charles de Gaulle et les membres du CNR, puis viennent des FFI à pied, suivis de FFI en voiture. Nous sommes Violette, Marguerite, Dionys et moi dans une voiture conduite par Georges Beauchamp. La voiture est décapotable, je suis debout, tenant le drapeau tricolore. Nous roulons au pas dans les clameurs d'enthousiasme. Soudain, arrivés au carrefour Champs-Élysées-Clemenceau, nous entendons des tirs et voyons devant nous une foule affolée s'égailler dans les jardins. Des fascistes de la collaboration se sont disposés sur les toits non seulement des Champs mais des avenues avoisinantes, depuis lesquels ils tirent. Beauchamp fait un virage, arrive boulevard Hausmann, je reste debout avec le drapeau sous les tirs, nous sommes applaudis par les gens massés sous les auvents des grands magasins. Au *Petit Journal*, un quidam nous signale un tireur de toit sur un immeuble voisin. Beauchamp, revolver à la main, se précipite, suivi par Dionys, mais ils ne trouvent personne.

Les tirs n'ont pas gâché, mais ont souligné l'aspect héroïque de la libération de Paris. Ce fut ma première « extase de l'histoire », moment sublime de fraternité et de bonheur, nouvelle naissance pour un avenir qui semble radieux.

Puis tout retombe. Pour moi, en tout cas, tout est retombé très vite.

8

Ma chute

septembre 1944 – février 1945

Après la Libération, certains vont se lancer dans une carrière politique, comme Mitterrand ou Philippe Dechartre, ou bien journalistico-politique, comme Albert Camus, Claude Bourdet, Pierre Courtade, Pierre Hervé, d'autres encore retournent à la vie civile et retrouvent leur métier. Je n'ai que deux licences, une en histoire et géographie, l'autre en droit.

À la rentrée, l'Éducation nationale donne l'occasion aux résistants qui ont dû interrompre leurs études de passer l'agrégation dans des conditions de grande bienveillance. Mais je m'étais habitué à une vie personnellement libre, sans horaires programmés, sans domicile fixe, et je ne me voyais pas fonctionnarisé répétant mes cours jusqu'à la retraite.

J'ai envie de m'exprimer par écrit. Sous l'Occupation, j'avais fait un article pour *Les Lettres françaises* non arrivé à destination, confrontant *Les Mouches* de Sartre, apologie de la liberté, à l'*Antigone* d'Anouilh, apologie de l'autorité.

Le MNPGD possède un journal, *L'Homme libre*, publié clandestinement dès le débarquement allié du 6 juin 1944 et qui sort au grand jour aussitôt après la Libération à l'instar de *Combat*, *Franc-Tireur*, *Libération* (seul titre ayant survécu après bien des métamorphoses). Le titre *L'Homme libre* étant légalement protégé, le quotidien s'appelle *Libres.* Marcel Haedrich en est le rédacteur en chef. C'est un ex-prisonnier qui a rejoint le mouvement de François Mitterrand.

J'ai dans la tête une idée hégéliano-marxiste que je tiens à exprimer, j'en fais un article et il paraît dans *Libres* : « Où sont les philosophes ? ». Je dis que la philosophie s'exprime désormais non par des écrits ou des cours, mais par des actes émancipateurs, et je me souviens de ma phrase de conclusion : « C'est sur le Rhin, c'est sur l'Oder, que sont les philosophes. » Cet article parut délirant aux uns (c'est mon point de vue actuel), incompréhensible à d'autres, stupide à d'autres encore. Notre ami philosophe de Toulouse, Georges Lebreton, dit narquoisement : « Ah, je ne savais pas que les trouffions étaient philosophes. » En la personne de Bugeaud, le Parti me fait savoir que ce texte est trop abstrait, déphasé, et m'enjoins d'écrire un article prônant l'épuration.

Après la Libération, le Parti se déchaînait pour l'épuration, en critiquait les lenteurs ou les carences. Elle frappait les écrivains qui avaient collaboré ou écrit dans les journaux sous l'Occupation, ou encore vécu en fréquentant les sphères officielles, à l'instar entre autres de Sacha Guitry. Elle interdisait des artistes comme Arletty qui avait eu un officier allemand pour amant (et qui protesta en disant : « Mon cœur est français, mais mon cul est international ») ou encore Piaf, Maurice Chevalier qui s'étaient produits sur scène. (Maurice Chevalier fut protégé par Aragon, comme incarnation du Paris populaire.) Elle éliminait des industriels qui avaient vendu des produits aux autorités allemandes et des fonctionnaires qui avaient continué leur fonction sous Vichy. Alors que les mouvements résistants ne faisaient pas de l'épuration leur cheval de bataille principal, le Parti se concentrait sur l'élimination des « traîtres », oubliant son attitude lors du pacte germano-soviétique.

Je n'appréciais pas cette obsession de la purge. Je me sentais viscéralement opposé à l'interdiction de publier qui frappait les écrivains collaborateurs ou jugés tels. Et je ne pouvais refuser de rédiger l'article. J'aimerais le retrouver aujourd'hui et le lire. Je me souviens qu'Haedrich me dit avec mépris : « Est-ce que vous croyez vraiment à ce que vous avez écrit ? » Je répondis faiblement oui, et ce fut fini pour eux et pour moi à *Libres*.

Après ces deux articles, je devins plus louche pour les uns et pour les autres au MNPGD. Pour les non-communistes, je me révélais dans le second article comme communiste sectaire, pour les communistes dans le premier j'étais un intellectuel fumeux hors de la ligne du Parti. Je fus du reste écarté de la demande de promotion à la Légion d'honneur faite au gouvernement par le mouvement.

Par ailleurs, Violette et moi allions d'un appartement de location à un autre, alors que la plupart des responsables résistants s'étaient fait réquisitionner de beaux logements inoccupés loués à des prix insignifiants. L'appartement de mon père avait été réquisitionné par les autorités sous l'Occupation et loué à des gens qui s'en considéraient les légitimes occupants. Je vins les voir avec mon brassard FFI, mais ne songeai pas à les expulser.

J'étais tombé dans un grand vide.

Rolland s'était fait admettre comme correspondant de guerre à *Ce soir*, quotidien du Parti, à l'exemple de son idole Roger Vailland, lui-même devenu correspondant de guerre pour *France-Soir*, journal issu de la Résistance, dirigé alors par Patrice Blank, qui deviendra mon ami. (Patrice Blank, issu du mouvement Défense de la France, devenu secrétaire général du MLN, puis PDG de *France-Soir*, se fera évincer par un complot pour laisser la direction du journal à Pierre Lazareff, rentrant des États-Unis, patron de *Paris-Soir* avant la guerre. Le journal passera des mains de la Résistance à celles de la finance.)

Une occasion inespérée de faire carrière dans le journalisme s'offrit alors. Pierre Hervé et Pierre Courtade lançaient un hebdomadaire issu de la Résistance, *Action*, déjà contrôlé par deux sous-marins du Parti, Leduc et Kriegel-Valrimont, mais en 1944-1945 le Parti ne serrait pas les vis, Hervé et Courtade se sentaient libres. Ce dernier me proposa une rubrique régulière d'idées en deuxième page et je fis avec enthousiasme un article où j'expliquai que, dans la conjoncture victorieuse d'après-guerre, le communisme n'avait besoin que d'une « domination du prolétariat » non d'une « dictature du prolétariat ». J'exprimai un besoin minimal de liberté et de démocratie que nous étions nombreux à ressentir parmi les sous-marins. Leduc me convoqua.

Il me fit savoir que c'était au Comité central de se prononcer sur la nécessité ou non de la dictature du prolétariat. Je me suis senti paralysé, je ne suis pas arrivé à proposer d'autres articles. *Action* ne me relança pas.

Rolland, voyant mon désarroi lors d'un de ses passages à Paris, demanda à Louis Parrot, rédacteur en chef de *Ce soir* de m'intégrer dans son équipe. On me mit à une table dans une salle de rédaction et on me confia la rubrique des « chiens écrasés », petits faits divers à mettre en forme en quelques lignes. Je restai à cette table une semaine, puis partit sans que personne s'en affectât.

Crimes hitlériens

Les survivants commençaient à rentrer des camps de concentration, et Marguerite Antelme, ex-Mme Leroy, et pas encore Duras, allait tous les jours consulter les noms des revenants des camps ; les actualités cinématographiques commençaient à montrer des amoncellements de cadavres, la presse faisait connaître les horreurs cachées de l'univers concentrationnaire hitlérien.

Déjà, début 1944, j'avais été averti du processus d'extermination à Auschwitz par un article où un évadé du camp faisait état des meurtres de masse, article paru à Londres et reproduit dans le bulletin de l'AFP clandestine, dirigée par Gilles Martinet. De plus, j'avais lu avant la guerre la traduction en français du *Braunbuch (Livre brun)* où d'anciens détenus allemands de Buchenwald et autres camps nazis institués dès 1933 faisaient leur récit des sévices et tortures subis par les communistes, socialistes, antinazis.

J'eus alors l'idée d'organiser une exposition sur les « Crimes hitlériens » qui partirait de 1933 avec ceux commis sur des Allemands. Marguerite et Dionys, eux-mêmes dans l'émotion des révélations et l'attente de Robert, acceptèrent de participer avec moi à la préparation de l'exposition. Le MNPGD donna son assentiment et le ministère des Prisonniers et Déportés (Mitterrand) ainsi que le ministère de l'Information apportèrent leur contribution : ils nous fournirent un appartement pour le bureau organisateur avenue de Friedland, deux fonctionnaires, des secrétaires (on était en octobre 1944). En fait, l'un des deux fonctionnaires s'arrogea la responsabilité administrative de l'entreprise avec l'aide de son acolyte, autre fonctionnaire. Leur pouvoir bureaucratique écœura Marguerite et Dionys qui se retirèrent et je me retrouvai seul face à eux. Le premier fonctionnaire, J.B. voulut que l'exposition s'appelât « Crimes allemands », je dus batailler pour conserver à l'exposition son caractère antinazi. Le fossé se creusait entre eux et moi et, comme un jour je leur rappelai qu'ils n'avaient pas fait de résistance, l'adjoint (que j'ai appelé dans un roman vengeur[1] Régulisse) me dit goguenard : « Toi, t'étais bien obligé, t'étais juif ! »

J'étais passé d'un univers poétique de communion, de fraternité, d'élan, à un monde prosaïque de petitesses, d'ambitions mesquines.

Ma recherche de documentation portait aussi sur les crimes hitlériens commis en Europe de l'Est. Et puis il y avait le massacre des officiers polonais à Katyn, près de Smolensk, que les Allemands affirmaient avoir découvert lors de l'invasion de 1941 et attribuaient au « judéo-bolchevisme », alors que l'URSS les attribuait à l'Allemagne nazie ; l'ambassade d'URSS me fit parvenir un énorme document rempli de témoignages des habitants de la région, paysans et autres, affirmant tous sous serment avoir vu l'opération du massacre par les nazis ; j'avais eu des doutes sous l'Occupation, d'autant plus que le gouvernement polonais en exil à Londres avait dénoncé ces crimes comme soviétiques, puis mon esprit avait vite refoulé l'affaire dans les oubliettes mentales. Après avoir examiné les documents soviétiques, je fus persuadé qu'il s'agissait d'un crime nazi. Évoquant Katyn lors de notre expédition à Varsovie en janvier 1957 avec Claude Lefort, Dionys, Robert, pour saluer l'Octobre polonais de déstalinisation, mes interlocuteurs m'assurèrent que le crime était bien soviétique. Plus tard, le gouvernement chinois fabriqua des montagnes de témoignages assurant que les Américains avaient

1. Le roman s'intitule *Une cornerie* (Nagel, 1947) et il s'agit d'une exposition sur l'Empire colonial français.

largué des bombes bactériologiques en Corée, et montrant à l'appui, sous microscope, à des scientifiques occidentaux, des grouillements de microbes ; cette fois, je ne fus plus dupe. Un journaliste hongrois, dont j'essaie de me rappeler le nom, fit mille conférences et plusieurs livres dans le monde pour dénoncer la guerre bactériologique des Américains, il fut convaincu un jour par ses amis chinois de haut rang, alors que les relations sino-américaines s'amélioraient, que la guerre bactériologique devait être oubliée, et il passa de nouvelles années à dénoncer la mystification chinoise.

Le gouvernement polonais délivra officiellement la vérité sur Katyn en se libérant de l'URSS et, en 1990, Moscou confirma ouvertement la nature stalinienne du crime commis au printemps 1940 après le dépeçage de la Pologne, au cours duquel furent massacrés 20 000 officiers principalement, mais aussi des médecins, professeurs, ingénieurs, et 60 000 autres civils furent déportées en Sibérie.

J'étais de plus en plus dépossédé de l'exposition et, en même temps, je faisais en sorte que son esprit ne fût pas trahi ; je rappelle que le climat d'alors était antiallemand et que la propagande du Parti auquel appartenait le père[1] de J.B. allait dans ce sens.

J'étais écœuré, mais je ne pouvais me résoudre à abandonner mon « enfant » et le laisser totalement dénaturer. Le hasard me sauva.

Début 1944, je rencontrai par hasard Pierre Le Moign dans la rue, il était resté très amical à mon égard et me dit que le commandant Durandal, ex-chef du maquis de Franche-Comté, intégré à l'état-major de la 1re armée entrant en Allemagne, cherchait des volontaires pour le rapatriement des prisonniers et déportés, la dénazification et l'administration de la future zone française d'occupation. Violette et moi saisîmes l'occasion et je décidai d'oublier l'exposition. Pour être sûrs de demeurer ensemble et aussi pour rassurer sa famille, nous décidâmes de nous marier.

1. Ce notable de l'intelligentsia communiste voulut lancer une collection de livres sous le titre « Raison d'être ». Selon lui, tout ce qui est physique, biologique, humain avait sa raison d'être. Je fus ahuri par un projet si déraisonnable.

La date de notre départ étant trop rapprochée pour le temps de publication des bans, mon camarade de classe Melik, résistant et poète, travaillant à la mairie du 18e où nous étions domiciliés, trafiqua les documents, et ainsi nous nous mariâmes légalement de façon illégale. La veille ou l'avant-veille du départ, nous fêtâmes la noce au premier étage du restaurant grec Athènes, que j'aimais à la suite de mon père, et où nous allions souvent Violette et moi sous l'Occupation. Je me souviens qu'elle m'attendit un soir où je devais la rejoindre à 20 heures, après une mission en vélo à Saint-Cloud. En fait, je m'étais attardé, je n'étais toujours pas là à 22 heures et Violette, me croyant arrêté, pleurait. Le garçon, Nikos, croyant que je l'avais abandonnée, essayait de la consoler : « Il vous reviendra. » Finalement, prenant conscience du temps, je revins, en pédalant à toute allure.

Le déjeuner de mariage avait réuni en une grande table circulaire nos amis : je me souviens de J.-F., Victor, Pozzo di Borgo, je ne vois plus la tête des autres ; nous chantâmes *La Marseillaise* et *L'Internationale*. Nous partions pour revivre la « vraie vie » qui, après la Libération, s'était particulièrement montrée absente.

André Ulmann était revenu du camp de Mauthausen alors que Joseph Recanati, je l'ai évoqué, à la libération du camp, avait dévoré une boîte de conserves et en était mort. Je vins rencontrer Ulmann avant de partir, dans sa villa près de Paris, où je fis connaissance de sa belle et douce compagne, Suzanne Tenand et de son jeune fils répondant au prénom stendhalien de Fabrice. Je fus très étonné qu'il me remette un questionnaire demandant des informations sur les divisions américaines stationnées en Allemagne occupée. J'oubliai vite ce questionnaire.

Tassés en plein air dans un camion, nous partîmes avec quelques autres civils et militaires pour nous rendre à la 1re armée, il s'arrêta à Strasbourg, traversa ensuite le Rhin sur un pont de bateau pour finalement arriver à Lindau, sur le lac de Constance, où de Lattre avait établi son état-major. J'y resterais du 27 février 1945 au 31 juillet de la même année. Puis à Baden-Baden, au gouvernement militaire, du 1er juillet 1945 au 1er avril 1946.

J'ai évoqué la période Lindau-Baden-Baden dans mon premier chapitre. Lindau fut une période heureuse d'amitié avec Romuald et Jacqueline de Jomaron, Georges Lesèvre, mais aussi de ferveur, de festins et de randonnées.

Heidegger

Je m'aperçois que j'ai oublié de faire le récit de ma rencontre avec Heidegger.

J'avais lu la traduction en français de fragments de *Sein und Zeit* sous le titre *Qu'est-ce que la métaphysique ?* traduit chez Gallimard un peu avant-guerre, et cette prose alternativement pesante et poétique m'avait troublé. J'apprends à Baden-Baden que Heidegger est à Fribourg, non loin de là, je décide de lui rendre visite.

C'est un homme de 55 ans, son visage me semble rustique, il a une moustache assez fournie. En voyant mon uniforme d'officier français, Heidegger est très inquiet, chaque visite de ce genre correspond pour lui à une interdiction : d'enseigner, de se déplacer, entre autres. Je lui dis que je viens pour parler. Notre conversation est difficile, car je ne connais que quelques mots d'allemand, je le comprends à peine, il me dit qu'il comprend le français. Je lui dis que ce que j'ai lu de lui m'incite à aller plus avant. Sa femme est là, essaie de me jauger. Finalement, ils sont rassurés et il m'invite à revenir. Comme au cours d'un de mes passages à Paris je suis tout fier de dire que j'ai rencontré Heidegger, Max-Pol Fouchet, directeur de la revue *Fontaine* me remet une lettre demandant à Heidegger un texte. Je suis donc revenu le voir et cette fois il m'a invité dans son chalet, presque au sommet d'une colline boisée, que l'on atteint par un *holzweg*, un chemin forestier. Le chalet est en bois, tout l'intérieur est d'une extrême simplicité. Je garde de mes visites le regret de n'avoir pu vraiment échanger avec lui. C'est une douzaine d'années après, à l'époque de ma revue *Arguments*, et sous l'incitation de Kostas Axelos qui était passé de Marx à Heidegger, heideggerisant Marx dans sa thèse « Marx penseur de la technique », que je me suis initié au second Heidegger, que j'ai été stimulé par sa réflexion sur la technique, que j'ai repris son thème de l'ère planétaire. Puis, plus tard, j'ai lu la traduction sauvage de *Sein und Zeit* faite par Emmanuel Martineau sans l'autorisation de l'éditeur Gallimard. Le même Martineau s'est par ailleurs livré à une reconstitution éblouissante de l'ordre dans lequel Pascal devait inscrire ses *Pensées*.

Par la suite, étant donné que toute œuvre importante ne peut être réduite aux caractères les plus négatifs ou mesquins de son auteur, étant donné que je ne peux considérer *Sein und Zeit* comme un livre de philosophie nazie, étant donné que la complexité humaine suppose bien des facettes et bien des contradictions dans une même personne, je pense que tout réductionnisme concernant l'œuvre de Heidegger est erroné et que chacun est libre de ses interprétations.

9

De l'an zéro en Allemagne au printemps de Prague

Mon livre *L'An zéro de l'Allemagne,* sorti en 1946, aussitôt après le revirement soviétique à l'égard de l'Allemagne – mais c'est une pure coïncidence – m'aurait fait exclure du parti communiste deux mois plus tôt ; il me valut au contraire d'être mis en avant.

Par ailleurs, en dehors du Parti, je reçus de bonnes critiques.

J'y révélais la totale décomposition d'une grande nation dans ses ruines, son hébétude, ses rumeurs. J'avais rédigé un chapitre plein d'illusions sur la zone soviétique, où j'avais quand même mentionné les innombrables viols qui avaient marqué la conquête soviétique, mais j'en avais minimisé le caractère effrayant en évoquant davantage les massacres et exactions commis par les troupes allemandes en URSS. D'avoir si légèrement traité de ces viols me valut d'être accusé par un intellectuel, dont j'ai oublié le nom, et qui maintint cette assertion pendant des années, d'avoir « une tache de sang intellectuelle ineffaçable sur la main ». C'est bien tardivement, notamment à l'occasion de la guerre de Yougoslavie, que je pris réellement conscience de ce que représente un viol pour la victime. Je dois donc assumer ma tache de sang intellectuelle.

L'hebdomadaire culturel *Les Lettres françaises*, issu de la Résistance, mais contrôlé dès la Libération par le Parti, me sollicita. Je fus accueilli par son directeur, Claude Morgan, brave homme à l'apparence rustique bien que fils d'académicien, et sympathisai fortement avec le poète réunionnais Loys Masson, rédacteur en chef, puis avec le gendre de Morgan, Henri Thimonnier. C'est grâce à eux que nous pûmes lancer dans ces pages la fronde culturelle qui nous opposa à la direction du Parti jusqu'à notre défaite. Effectivement, Dionys et moi y fîmes l'interview hérétique de Vittorini qui dissociait le front de la culture du front de la politique.

Je raconte l'histoire de cette fronde ailleurs. Si j'évoque ici *Les Lettres françaises,* c'est parce qu'elles m'accordèrent, sur ma demande, le statut d'envoyé spécial au premier Festival mondial de la jeunesse à Prague, au printemps ou à l'été 1947. Ce festival, sous l'égide du parti communiste, faisait appel aux mouvements de jeunesse de gauche et anticolonialistes de la planète entière.

Il y eut un train spécial de Paris à Prague et nous voyageâmes très longuement sur des sièges en bois, mais dans une vraie joie. À Prague, ce fut quelques jours d'euphorie permanente. J'étais heureux de fraterniser avec des Indiens et Indiennes, des Africains et Africaines, des Latino-Américains et Latino-Américaines. Nous fîmes un gigantesque défilé place Venceslas, acclamés par les « *Nazdar !* » d'une foule enthousiaste, car il n'y avait pas eu encore le « coup de Prague » qui instaura la dictature de ladite « démocratie populaire ». Avec quelques amis français nous faisions du bateau sur la Vltava, allions au concert.

Antonin Liehm

Là, je fis la connaissance d'un jeune homme de mon âge, Antonin Liehm, très vif et intelligent, communiste comme moi, mais traducteur enthousiaste de Sartre et Camus, auteurs non encore maudits par le Parti.

Il me laissa un souvenir très prégnant. Peut-être nous sommes-nous écrit par la suite, mais cela dut être très provisoire.

Il a fallu le printemps de Prague, de janvier à août 1968 – coïncidant en fait avec Mai 68, lequel l'ignora totalement –, c'est-à-dire l'avènement d'un communisme libéral sous la conduite de Dubček, pour que j'apprenne qu'Antonin Liehm était devenu un acteur actif du renouveau culturel tchécoslovaque. L'intervention militaire soviétique et la répression qui s'ensuivit l'obligèrent à émigrer à Paris où il se fit le défenseur et l'illustrateur du printemps de Prague. Je l'y rencontrai après mon séjour en Californie en 1969-1970. Il n'avait pas trouvé de structure d'accueil à Paris et avait accepté un poste d'enseignant à la City University de New York, logeant à Long Island, non loin de Manhattan. Invité à dîner chez lui, je dus prendre un itinéraire compliqué. Je ne sais plus si à l'époque Long Island était un isolat paisible dans une ville de délinquance ou, au contraire, un secteur particulièrement dangereux. Je me souviens juste de rues totalement désertes. Nous fraternisâmes à nouveau. Chacun de son côté, nous avions évolué de la même façon. Je découvris qu'il était comme moi passionné de cinéma. Il avait reconnu et proclamé en leur temps l'importance mondiale des films de Forman, Menzel, Chytilová et Passer.

Par bonheur, le lien rétabli entre nous se renforça quand Liehm revint à Paris, nommé enfin professeur à l'École des hautes études. En 1984, il créa *Lettre internationale*, vouée aux échanges entre auteurs et écrivains de part et d'aûtre du rideau de fer, et destiné à faire connaître à l'Ouest des textes écrits à l'Est. Il me nomma président du club de ce magazine, et je participai avec conviction à cette aventure. *Lettre internationale* dura jusqu'en 1993 et n'obtint aucune aide institutionnelle ou autre, mais la formule française essaima en Allemagne, en Italie, en Espagne, au Danemark puis, après la chute de l'URSS et des démocraties populaires, en Roumanie et en Russie.

Antonin Liehm partagea alors son temps entre Paris et Prague et il continue de le faire. Je l'avais perdu de vue, mais on me donna son numéro de téléphone à Prague où j'eus la joie d'entendre son accent tchèque. Il est un de ces héros méconnus, ardent défenseur des cultures européennes au moment où celles-ci furent séparées par le rideau de fer, et il y consacra toute sa vie. En 2014, lors de l'anniversaire de sa naissance, il déclara : « Mon 90e anniversaire, je ne le fête pas, je le regrette. »

Je ne sais plus à quelle occasion j'étais revenu à Prague sous la triste démocratie populaire. Je pouvais du moins jouir de cette ville splendide, avec si peu de voitures et sans aucun touriste, traverser le pont dans une paix mélancolique et monter lentement vers l'imposant château où s'était jouée la tragédie de l'assassinat de la démocratie tchèque, méditer au cimetière juif, lieu de mort resté vivant pendant des siècles. J'y avais retrouvé un ami, Tajjedine Baddou, que j'avais connu lycéen à Rabat et devenu depuis ambassadeur du Maroc à Prague ; avec lui je pus enfin trouver un peu d'intimité.

Plus tard, je revins à Prague avec Edwige, j'y fis encore un séjour au début de la *perestroïka* moscovite. Et comme j'avais récemment séjourné à Moscou, des dirigeants du parti tchèque, de vieux stals, m'invitèrent à déjeuner. Ils m'écoutèrent d'un air à la fois résigné et renfrogné faire l'éloge des changements en URSS.

Enfin, je fus heureux que les Éditions de l'Aube me demandent de préfacer les lettres de prison de Václav Havel.

Milan Kundera

J'avais lu et beaucoup aimé *La Plaisanterie* de Milan Kundera, et je l'ai rencontré quand il émigra à Paris, grâce à Jean Daniel dont il devint l'ami. J'ai beaucoup apprécié ses œuvres, et particulièrement son essai, *L'Art du roman*.

Milan Kundera n'a jamais accordé d'interview, alors que, pour ma part, afin de contourner le silence de la critique à mon égard et aussi par ma difficulté à dire non, j'en ai trop subi et j'ai perdu énormément de temps à les corriger, car l'interviewer, surtout français, coupe, déforme et récrit avec son propre langage, totalement différent du mien. Kundera m'a dit un jour : « Je ne fais pas d'interview, c'est mon dogme. » J'ai pensé qu'il avait totalement raison, j'aurais tant voulu l'imiter, je n'ai pas pu. Il a ainsi jalousement préservé sa sphère privée, aidé en cela par son épouse, Vera. Récemment, Sabah, au cours d'un déjeuner commun chez les Daniel, a voulu le prendre en photo et s'est fait vivement rabrouer par Vera.

Notre relation, devenue distante, s'est quelque peu réchauffée quand nous avons évoqué Antonin Liehm.

10

Les années Duras

1946-1949

Rue Saint-Benoît

Pendant que je suis à Lindau en avril 1945, à l'état-major de la 1re armée, Mitterrand, ministre des Prisonniers et Déportés, visite le camp de Dachau sous contrôle de l'armée américaine.

Dans les dernières semaines de la guerre, les SS, fuyant les armées soviétiques et alliées, ont conduit vers Dachau des colonnes de déportés faméliques et épuisés ; pendant ces « marches de la mort », ceux qui tombaient étaient aussitôt exécutés.

Robert Antelme, déporté en août 1944, se trouve dans une colonne évacuée de son kommando Gandersheim. Pendant une halte, il entoure avec quelques camarades un déporté qui tire les cartes. Chacun veut savoir ce qu'il adviendra de lui. Le tireur de cartes rend son verdict pour chacun : « Toi tu reviendras, toi tu ne reviendras pas. » À Robert, il dit d'abord : « Tu ne reviendras pas », puis se ravise : « Tu reviendras, et tu trouveras une militante. » Ce qui reste de la colonne arrive à Dachau, surpeuplé de survivants et de morts dont les cadavres s'entassent. Les Américains libèrent le camp, mais y maintiennent en quarantaine les déportés, par crainte du typhus.

François Mitterrand visite donc Dachau en avril 1945 et passe parmi les corps squelettiques affalés. Il entend une faible voix : « François » ; Robert l'a vu. Mitterrand ne peut le faire libérer : les sentinelles américaines empêchent toute sortie de détenu. Mitterrand revient à Paris et prévient Marguerite Duras.

Marguerite a épousé Robert en 1939. Elle a rencontré Dionys dont elle est devenue l'amante en 1942. Elle a voulu que Robert et Dionys se connaissent, ce fut aussitôt un coup de foudre d'amitié. Marguerite a continué d'aimer Robert d'un amour immense à la fois comme une fille aime son père et comme une mère aime son fils.

Aussitôt que la nouvelle leur parvient, Dionys Mascolo et Georges Beauchamp décident d'aller délivrer Robert. Mitterrand leur donne tous les laissez-passer officiels nécessaires. Ils partent en voiture avec une capote et un calot d'officier pour pouvoir en recouvrir Robert afin de camoufler sa tenue de déporté. Ils entrent dans le camp, localisent Robert, d'une maigreur effrayante. Ce géant de plus d'un mètre quatre-vingts, habituellement un peu corpulent, ne pèse plus que trente-deux kilos. Ils le font sortir. Ils ont consulté un médecin qui les prévient que le cœur ne tient que par les artères et les veines et qu'un choc automobile pourrait être fatal. Arrivés à toute vitesse, ils sont condamnés à rouler lentement pour le retour. Quasiment porté par Dionys et Georges, Robert arrive à son étage du 5, rue Saint-Benoît, où Marguerite l'attend à la porte de son appartement. C'est une militante : elle vient d'adhérer au PC.

Robert est sauvé par un médecin qui a vécu et pratiqué en Inde, il sait que l'on traite la famine, non par de la nourriture, mais d'abord par du sérum physiologique, puis des soupes.

Je découvre Robert au cours d'un aller-retour d'Allemagne à Paris. Il est au lit, le visage émacié, mais très doux, ses yeux me semblent immenses, il me sourit faiblement. Puis je le revois plus tard, encore très maigre, il retrouve progressivement sa forme et son poids. Cela l'étonnera. « C'est le métabolisme », lui dis-je sans bien comprendre ce mot. Je suis toujours frappé par son visage d'où émane une immense bonté. J'y vois celui du prince Mychkine dans *L'Idiot*. Rétabli, il fonde, avec l'aide d'un imprimeur ami, les Éditions de la Cité universelle dont le premier projet est de publier le *Saint-Just* de Dionys, signé Jean Gratien. (Je vois bien maintenant comment son *Saint-Just* et son communisme coïncidèrent chez lui et combien il fut lui-même, à nos yeux, une sorte de Saint-Just.)

À chaque séjour à Paris, où je dors rue Saint-Benoît, j'évoque mes voyages dans les différentes zones occupées, les villes en ruine, les populations hagardes. Robert me demande de faire un livre de mes expériences pour la Cité universelle. Ainsi stimulé, je me mets à la rédaction. On pense au titre. Robert avait trouvé pour son livre, où il relate sa déportation le titre de *L'An zéro*, mais il l'avait abandonné pour *L'Espèce humaine* (chef-d'œuvre dont Courtade me dira, quand je l'incitai à en parler dans *Action*, avec son sourire narquois : « Vois-tu Edgar ce n'est pas de la littérature », ne comprenant pas que la vraie littérature se moque de la littérature). Je trouve que *L'An zéro de l'Allemagne* convient pour mon livre et Robert me fait cadeau du titre. J'écrirai fièvreusement ce livre à Baden-Baden avec Violette qui m'aidera à bien mettre en lumière ma thèse consistant à réfuter l'idée de culpabilité collective du peuple allemand, encore dominante à l'époque.

Au fil de ces mois, mon lien s'est resserré avec Marguerite et Dionys, et englobe Robert. Quand Violette et moi décidons de rentrer en France en avril 1946, cela correspond plus ou moins avec la publication de *L'An zéro de l'Allemagne*. Marguerite nous propose de loger dans son appartement de la rue Saint-Benoît, où il y a une chambre d'ami inoccupée en plus de la pièce qu'occupe Robert. Quand Dionys reste la nuit, il dort sur un divan.

Je suis entré dans le système gravitationnel de ce trio extraordinaire qui n'est pas un « ménage à trois », mais un triple noyau d'amour ; je suis l'électron satellite qui restera le plus proche de ce trio tant qu'il durera, et auquel viendra se joindre Elio Vittorini.

Je l'ai dit, Marguerite avait épousé Robert peu avant la guerre, leur lien restera très fort et l'amour de Marguerite pour Robert s'amplifiera durant son absence. Marguerite, un jour qu'elle me demandait le nombre maximal de fois où j'avais fait l'amour à la suite, me répondit, lorsque je lui retournai la question : « douze », ce qui suscita mon admiration. Leur relation physique disparut ou s'atténua après l'accouchement d'un enfant mort-né. Durant l'Occupation, elle fut responsable de la distribution du papier aux éditeurs. Dionys vint un jour lui faire une demande pour Gallimard où il travaillait et Marguerite fut éblouie. Dionys avait un beau visage, comme modelé par un sculpteur athénien du temps de Praxitèle. Un regard direct et attentif, un sérieux à peine tempéré par un très léger sourire, une façon de parler précise et élégante. Son visage resta longtemps jeune, alors que celui de Marguerite est devenu autre avec le vieillissement. Mais, dans les années 1945-1950, elle était au comble de sa beauté, avec un je-ne-sais-quoi d'eurasien, un ovale parfait, une bouche charnue et bien dessinée, de grands beaux yeux. Elle avait un corps gracile d'adolescente, de petits seins, toute l'intensité attractive, je dirais même fascinante, de son être était dans son visage.

Robert avait retrouvé Anne-Marie Henrat, son amante d'avant-déportation, mais sans passion. Il tomba sous le charme de Monique Descombes, superbe jeune femme aux très longs cheveux tombants, au visage angélique et discrètement sensuel qui semblait nimbé d'un doux mystère. Je l'appelais bêtement « la sainte ». Elle avait été adoptée par Marguerite après la Libération car elle avait été la maîtresse d'un militaire allemand dans une ville de province et avait été menacée d'être tondue, voire pire. Elle inspira à Marguerite l'héroïne d'*Hiroshima mon amour*. Je ne sais pourquoi, le lien de Robert avec Monique Descombes dura peu. Elle fut remplacée par une autre Monique, Monique Régnier, fille d'un secrétaire perpétuel de l'Académie française, vivant dans l'appartement de son père rue des Saints-Pères. Monique avait participé dès l'âge de 16 ans à la Résistance, était devenue agent de liaison de Leduc, un des responsables du MLN, autre sous-marin. Elle était devenue communiste, s'était mariée avec Bernard Guillochon, avait un fils, Nicolas, et entra dans la cellule communiste de Saint-Germain-des-Prés au moment où Robert lisait un rapport ; elle en tomba immédiatement amoureuse, mais en silence, jusqu'au jour où, atteinte d'une angine avec 40 de fièvre, Robert lui téléphona et vint la voir. Depuis lors, ils s'aimèrent.

Marguerite était très jalouse de Dionys, mais ignorait et ignora toujours sa double vie avec Mme D., dont il eut un enfant, presque en même temps que son fils issu de Marguerite. Il ignora de son côté le tableau de chasse de Marguerite.

J'avais introduit dans le cercle Jacques-Francis Rolland qui, tout en étant fasciné par Marguerite, fréquentait en même temps le clan rival de Beauvoir-Sartre, où il avait entre autres pour amis Jean Cau et Jacques-Laurent Bost avec qui il faisait de multiples sorties et parties de poker.

Bien qu'étant sur des positions politiques très voisines à l'époque, le clan Sartre et le clan Saint-Benoît ne communiquaient pas. Rolland faisait la navette entre les deux, mais sans jamais parler de ses relations avec l'autre clan.

Marguerite et Simone étaient rivales pour la prééminence littéraire. Beauvoir s'imposa intellectuellement auprès des femmes par son féminisme, mais Duras s'imposa viscéralement auprès d'elles par sa féminité. L'une montrait que la femme était semblable à l'homme et égale en droits ; l'autre exprimait sans cesse l'irréductible féminin, venu des profondeurs, et sa littérature unique le révéla pleinement.

J.-F. présenta Jacques-Laurent Bost à Marguerite, qui se passionna aussitôt pour lui et nous vécûmes à notre façon cette liaison entre une Montaigu et un Capulet. Marguerite était à la fois honteuse et fière de sa relation avec Bost. Dans un sens, elle était passée à l'ennemi, dans un autre, elle en ramenait un trophée. Néanmoins, Robert et Dionys intervinrent pour que cesse la mésalliance et contraignirent Marguerite à la séparation. Elle me dit alors avec ce ton de conviction pathétique qu'elle savait prendre : « C'est comme si on m'avait coupé un bras. »

Communauté, famille d'élection

1946, rue Saint-Benoît. Marguerite était à la fois une fée du logis et la reine des abeilles (formule impropre, car la reine des abeilles est passive et se contente de pondre). Tout en sachant se réserver des heures pour écrire, elle était bien la reine active de notre ruche communautaire, et nous régissait tous. Elle faisait la cuisine, souvent vietnamienne, torréfiait le café vert dans une poêle, composait des déjeuners littéraires et organisait des dîners-fêtes. Queneau y venait souvent jusqu'à sa rupture (Marguerite lui demanda un jour si ça allait toujours bien avec SM sa maîtresse). Sa femme, Janine, était d'un érotisme déchaîné et faisait du pied sous la table à son amant RC. Georges Bataille, que j'avais découvert sous l'Occupation et dont le mysticisme athée m'avait marqué, faisait des attouchements discrets à ses voisines, sans discrimination. Je découvris *La Part maudite*, chef-d'œuvre relativement maudit, ses écrits de jeunesse dans *La Critique sociale*, mais fus moins séduit par son *Érotisme* qui est selon lui l'« approbation de la vie jusque dans la mort ». Maurice Merleau-Ponty, un habitué de ces dîners, avait un penchant pour Marguerite qu'il appelait Georges. Claude Roy était lui aussi très familier. Il écrivait, à l'instar d'Aragon pour Elsa, des poèmes éperdus d'amour pour sa Claire (grâce à qui il était passé du maurrassisme à l'antifascisme), mais il ne s'interdisait pas quelques infidélités, en particulier avec Marguerite. Blanchot – objet d'admiration immense de Marguerite, Dionys et Robert – devint de plus en plus familier et fut après la guerre d'Algérie le plus proche ami de Robert et Monique. Étaient souvent présents Maurice Nadeau, grand découvreur d'écrivains et auteur d'une *Histoire du surréalisme*, le bon poète André Frénaud (qui lorsque Aragon se déchaîna contre le Parti communiste italien, qui protestait contre l'annexion de Brigue et Tende par la France, me dit consterné : « Mais on n'est pas aussi chauvins ! »).

Je me souviens de dîners avec René Clément, réalisateur entre autres de *La Bataille du rail*, du merveilleux *Jeux interdits*, et qui allait tourner en 1957 *Barrage contre le Pacifique* de Marguerite, et de son compère Jacques Tati qui ne cessaient de raconter leurs blagues et canulars.

Nous chantions souvent pendant ces dîners. Marguerite aimait *L'Amour de moy*, *Les Petits Pavés*, *Ramona*, moi, *La Complainte de Mackie*, *Le Chant des partisans*, des chants révolutionnaires. Nous adorions chanter *Les Feuilles mortes* de Prévert et Kosma, *À Paris*, de Francis Lemarque, et tant d'autres encore. Après les grands dîners, c'était fête, on dansait jusque tard dans la nuit. Il nous arriva de faire un réveillon tellement merveilleux pour tous ces participants qu'on décida d'en refaire un une semaine plus tard.

Au cours de ces danses, des couples se faisaient et se défaisaient et tout se terminait en nouvelles unions.

Notre bonheur de communion chez Duras baignait dans la gaieté conviviale du Saint-Germain-des-Prés d'alors.

Nous multipliions les rendez-vous au Flore. Nous sortions aussi au Tabou, où Boris Vian s'époumonait à sa trompette (on le disait tuberculeux et on s'inquiétait d'un accident cardiaque), mais aussi à La Rose rouge.

La poésie était alors très présente à Saint-Germain-des-Prés, avec les Frères Jacques, Francis Lemarque, Juliette Gréco, Jacques Douai (le troubadour portant toujours avec lui sa guitare), et bien sûr le jazz de Mezz Mezzrow, ressuscitant le style New Orleans, suivi par Sydney Bechet.

Nous vivions rue Saint-Benoît en commun, en communauté, en communion, en un « communisme de la vie et de l'esprit, entre amis » selon le mot de Hölderlin.

Hors des préparatifs, rencontres, repas, sorties, danses, chants, Marguerite écrivait presque secrètement, à l'abri de tous, dans une petite pièce. Elle montrait ses manuscrits à Dionys qui, ayant apporté quelques corrections, les déclarait géniaux, puis à Robert qui saluait également le génie. Moi, j'aimais *Un barrage contre le Pacifique*, *Les Petits Chevaux de Tarquinia*, mais je ne parlais pas encore de génie. Je crois que le génie de Marguerite fut comme une montée des profondeurs viscérales, comme la lave d'un volcan, lorsque son écriture devint post-hemingwayienne, post-vittorinienne pour être véritablement durassienne. Tout écrivain est un post-chaman qui écrit sous l'emprise d'une inspiration plus ou moins profonde. L'inspiration durassienne, celle du *Ravissement de Lol V. Stein*, du *Vice-consul* et de tant d'autres œuvres, surgit de nappes phréatiques profondes, des sous-sols inconscients qui deviennent créateurs, avec, bien entendu, l'intervention ultérieure de la conscience correctrice qui enlève scories et maladresses. Dans ses interviews, Marguerite se transformait en pythie lançant une phrase suivie d'un silence, pendant lequel se formait la parole qui allait surgir, comme un oracle.

Passant avec un journaliste à Lépanges, devant la maison de la mère de Grégory, cet enfant retrouvé mort, assassiné, elle s'écria : « C'est elle… sublime, forcément sublime. » Cette parole à la fois présomptueuse et délirante pour le sens commun était celle d'une chamane qui avait cru reconnaître dans ce crime un sacrifice humain, le sacrifice de l'être le plus cher, comme les dieux cruels l'ont exigé pour Iphigénie.

Après la Libération, l'environnement intellectuel à Saint-Germain-des-Prés était très cordial, parfois fraternel, et ce jusqu'à la guerre froide. Albert Camus, ami de Dionys, venait rue Saint-Benoît. C'est chez Marguerite que l'on fêta le mariage de Jorge Semprun et Loleh Bellon, belle actrice, qui deviendra auteure. Écrivains et journalistes de gauche se fréquentaient et se côtoyaient en permanence, que ce soit au Flore ou dans des sorties communes. L'hebdomadaire *Action*, dans ses toutes premières années, fut alors un lieu de rencontres et de discussions avant de se refermer. Courtade devisait amicalement avec Merleau-Ponty et lui disait, même après *Humanisme et Terreur* : « Je pourrais bientôt vous appeler camarade. » Merleau-Ponty introduisait dans la vision de la terreur stalinienne, à l'époque des procès de Moscou, une complexité qui, sans les justifier, la rendait compréhensible dans les conditions d'extrême tension dues à l'encerclement capitaliste et au danger nazi. Il énonçait cette contradiction qu'allait reprendre plus tard Dionys dans son livre *Le Communisme* : « On ne peut pas être anticommuniste, on ne peut pas être communiste. » Disons qu'à l'époque les intellectuels communistes n'étaient pas virulents et excommunicateurs, et que les anticommunistes étaient marginalisés.

Nous vivions notre vie quotidienne comme en apesanteur. Nous nous couchions très tard, nous nous levions très tard. Après le déjeuner, Dionys partait à son bureau chez Gallimard où il dirigeait le service de traduction. Vers 5 heures de l'après-midi, Robert et moi l'y rejoignions. J'aimais gravir le majestueux escalier des éditions pour retrouver Dionys à son bureau où était aussi installée son adjointe, Monique Lange, chez qui, par la suite, j'ai pu connaître Juan Goytisolo, qu'elle épousa pendant un temps, et Jean Genet.

Nous débauchions Dionys et allions en face, au bar de l'Espérance où nous discutions sans arrêt de tout. Pendant le dîner, toujours très animé, nous nous opposions volubilement sur des idées ou des personnes ou bien nous nous accordions chaleureusement et chantions.

Dionys me donnait des invitations pour les cocktails Gallimard, assez fréquents à l'époque. De coupe de champagne en coupe de champagne, je me saoulais à chaque fois. Merleau-Ponty s'étonnait : « Edgar a des problèmes ? » Après le cocktail, je dérivais avec un groupe de hasard dans un bar ou un restaurant.

J'aimais passionnément chaque membre du trio. J'étais sous le charme de chacun. Chacun avait une présence extraordinaire. Alors que l'esprit de Dionys était radical et souvent tranchant, celui de Robert était tout de compréhension, de bienveillance, d'indulgence. Celui de Marguerite passait de l'intensité pathétique à la drôlerie, elle aimait comme moi les plaisanteries et les blagues, alors que le fond de l'esprit de Dionys et de Robert était sérieux. Dionys et moi fûmes mutuellement pédagogues : je lui enseignais l'hégéliano-marxisme, la sociologie, il me faisait connaître le surréalisme, *La Montagne magique* et *Mort à Venise* de Thomas Mann, *Wozzek* d'Alban Berg, le flamenco, qui marquèrent en profondeur mon esprit et ma culture.

En même temps que liés en une communauté aimante, nous l'étions aussi par notre commun espoir en un monde communiste, dont nous étions en quelque sorte un microcosme avancé.

Par ailleurs, souterrainement, Marguerite me voulait. Était-ce pour cela qu'elle nous avait invités à habiter chez elle ? Je lui plaisais et j'avais pour elle l'aura du martyre juif qu'elle avait réellement découvert avec Auschwitz. Elle me plaisait infiniment, je trouvais son visage eurasien désirable et adorable, au sens fort de ce dernier mot. Et pourtant, en dépit de toutes les occasions et opportunités, je fus toujours inhibé au dernier moment en pensant à Violette et à Dionys (scrupule que ne partagea nullement Dionys vis-à-vis de Violette)…

Quand nous dansions ensemble à nos fêtes, le désir me venait, elle me déboutonnait la braguette, et ce geste, au lieu de délivrer mon désir, l'inhibait. De même, au cours d'un voyage en Suisse, elle se mit nue dans sa chambre où je devais passer pour aller dans la salle de bains, et je fis l'ignorant. Mais dès que j'étais loin d'elle, mon âme était envahie par son visage et je me ventousais à sa bouche.

Marguerite tint à venir à Hautefort, en Périgord, où résidaient les parents de Violette. Je crois qu'elle voulait tout savoir de moi et du couple que nous formions. Elle séduisit notre ami Mougenot, instituteur, et plut au père de Violette.

D'une certaine façon, nous fûmes des amants virtuels. Ce que me rappela Marguerite bien plus tard, lors d'une émission de radio. On m'avait interviewé sur elle pendant la période de la rue Saint-Benoît et je fis mon récit sur la « reine des abeilles ». Pour la suite de l'émission, on lui présenta mon propos et on lui demanda ce qu'elle en pensait. J'entendis alors sa voix railleuse : « Mais non, Edgar, mais non... C'est que nous aurions dû avoir une histoire ensemble. » La journaliste rit, et moi je fus foudroyé par cette vérité que je n'osais regarder en face

Et voilà que j'ai passé trois jours, du 19 au 22 mai 2017, au colloque annuel « Duras dans la ville de Duras », encore préservée de tout McDonald's, de tout *fast food*, de tout vocabulaire américain businesso-médiatique. J'avais pour mission d'évoquer Robert, mais je décrivis évidemment le trio sublime avec lequel j'avais vécu la plus belle et vraie année communautaire de ma vie. L'union est restée dans la séparation, quand j'ai dû partir et que Robert aussi eut déménagé. Elle s'est même fortifiée encore dans notre dissidence et notre rupture avec le Parti. En dépit de la faille provoquée par le conflit FLN-Messali, l'union s'est poursuivie pour la Pologne et la Hongrie.

Comme il m'arrivait de ne pas manifester le même enthousiasme que Dionys et Robert pour ses œuvres (sauf pour quelques-unes, dont *Le Ravissement de Lol V. Stein*), Marguerite s'en consolait en me voyant de la race des sociologues et non des littéraires.

Le soir, après dîner, Dionys partait dormir chez sa mère. Parfois, devant notre insistance, il passait la nuit sur un divan. Mais il tenait à dormir chez sa mère. C'est ce qu'on croyait tous. C'est plus tard qu'il m'a révélé en partie son secret.

La seconde part du secret fut dévoilée involontairement à Pierre Péan par un Dionys vieillissant. Tout était parti de l'arrestation de Robert, en 1944. Marguerite, qui ressentait avec violence son lien viscéral avec lui, voulut s'informer sur son sort et, je pense, par le truchement d'amis collaborateurs, comme Ramón Fernandez, elle rencontra un dénommé Delval qui était agent de la Gestapo et avait procédé à l'arrestation de Robert et de sa sœur, Minette, rue Dupin. Séduit par Marguerite, Delval lui promit de s'informer et la revit de restaurant en restaurant, lui disant poursuivre ses recherches. Dionys vint même prendre un repas dans l'un de ces restaurants pour repérer le gestapiste.

À la libération de Paris, Delval fut arrêté comme collaborateur, dénoncé par des voisins parce qu'ils le voyaient très souvent recevoir chez lui des uniformes allemands. Notre mouvement, qui le recherchait, le retrouva détenu à Drancy, l'en extirpa et le fit emprisonner. Mme Delval fut appréhendée par le mouvement et interrogée par Mitterrand, Dionys et deux autres camarades. Elle dit tout ignorer des activités policières de son mari, qui était antiquaire à Paris depuis des dizaines d'années. Quand Mitterrand lui demanda si elle savait que son mari était attiré par Marguerite Duras, elle fut ravagée de jalousie. Dionys la raccompagna chez elle, et ils devinrent amants. Elle s'était mise à haïr son mari et avait dit à Dionys : « Je jouirai quand il sera exécuté. » Plus tard, devenue intime, elle confia à Dionys que Delval était le nom d'un prisonnier de guerre français de la guerre de 1914, mort en camp, que l'Abwehr, service d'espionnage allemand, avait attribué à un jeune agent parlant français et qui avait été installé à Paris en antiquaire comme taupe dormante après 1918. Delval vécut comme un Français et épousa une Française. Il ne révéla à sa femme son identité allemande que sous l'Occupation, où il avait plaisir à fréquenter ses vrais compatriotes. Vers la fin de l'Occupation, la Gestapo, en manque d'agents, l'avait mobilisé pour des missions policières. Il avait procédé à des arrestations, dont celles de la rue Dupin. Au cours d'une conversation avec Marguerite, sans doute pour lui révéler qu'il avait quelque humanité, il lui dit qu'arrivé dans un appartement pour arrêter une famille juive il avait vu la photo d'une petite fille et avait abandonné la fouille de l'appartement.

Il y eut un procès où Delval, dont tous ignoraient la vraie identité allemande, fut amalgamé à la bande immonde de Bonny-

Lafont, ex-policiers devenus agents et tortionnaires de la Gestapo. Marguerite vint témoigner à charge le premier jour du procès. Puis elle eut quelque remords et voulut intervenir le deuxième jour où elle raconta l'histoire de la famille juive épargnée par Delval, mais cela n'eut aucun effet et il fut condamné à mort, comme les Bony-Laffont.

Au moment de l'exécution par fusillade, Bony et Lafont gémissaient ou sanglotaient. Delval leur dit : « De la tenue, messieurs, sachez mourir en Français. » Dionys et Mme Delval faisaient peut-être l'amour à ce moment précis, réalisant la prophétie de la femme trahie de jouir le jour de cette mort.

Dionys poursuivit sa liaison secrète avec celle dont il eut un enfant. Quand il tenait à nous quitter le soir pour aller dormir chez sa mère, il vivait sa seconde vie chez Mme Delval. Il m'avait parlé assez tôt de l'épisode amoureux de 1944, mais je croyais qu'il avait été sans lendemain.

Quand Pierre Péan, préparant son livre sur François Mitterrand, me dit qu'il y avait quelque chose de bizarre dans l'affaire Delval (certains membres du mouvement croyaient que Marguerite avait couché avec Delval, ce qui me paraissait improbable, mais non impossible), je lui dis qu'il y avait un secret dont je n'étais pas dépositaire et lui suggérai d'aller interroger Dionys. C'était en 1993, Dionys, âgé de 75 ans, avait des absences et était souvent distrait. Quand Péan alla le voir, il lui raconta sa liaison avec Mme Delval. Quand le livre parut, j'exprimai à Dionys mon étonnement qu'il eût livré son secret. Il nia avoir parlé, demanda qui était Péan, et persista dans le déni. Sa fille, Virginie, lui dit : « Mais papa, tu me l'avais raconté et j'ai même appris que j'avais un petit frère. » Alors il lança avec un geste large : « Tout ça, c'est des histoires de concierge. » Dionys mourut en 1997.

Je reviens aux années 1946-1947, rue Saint-Benoît.

L'appartement a porte ouverte, et certains prennent l'habitude de venir discuter dans le salon. C'est ce qu'on va appeler le « groupe de la rue Saint-Benoît ». Il est parfois parasité par quelques fâcheux. Michel Herr veut le transformer en GEM, groupe d'études marxistes, mais sa tentative avorte.

Le jeune Jorge Semprun déporté à Buchenwald se lie avec Robert et va traduire pour la Cité universelle le *Stalingrad* de Theodor Plievier, que j'ai rapporté de Berlin.

Pendant la première année de notre communisme d'amitié, nous vivons hors-sol, Robert et moi. Nos journées sont libres. C'est Monsieur Benoît qui s'occupe des problèmes techniques de sa petite maison d'édition, celle-ci n'a publié que trois livres (le *Saint-Just* de Dionys, 1946, sous le nom de Jean Gratien, *L'An zéro de l'Allemagne* et *L'Espèce humaine*, paru en mai 1947).

Violette et moi vivons jusqu'à leur épuisement de nos économies constituées par nos traitements d'officiers en Allemagne occupée. Arriva le moment où, pour Robert et moi, le besoin d'argent se fit sentir.

Mon *An zéro de l'Allemagne* me valut d'être, pendant quelques mois, au début de 1947, responsable, au ministère du Travail, du *Neue Kurier* destiné aux 200 000 Allemands devenus travailleurs libres ex-prisonniers de guerre (PG) et 150 000 PG. Mais je maîtrisais trop peu l'allemand pour être un bon rédacteur en chef et je passais des articles selon la tête des Allemands antinazis qui me les proposaient. L'un d'eux m'assurait toujours avec conviction : « Ce n'est bas du pla pla pla. » Le départ du ministre Croizat me fit perdre ce poste, du reste très peu accaparant.

Un de nos amis, ancien déporté, communiste lui aussi, Fougerousse, nous proposa à Robert et à moi de travailler à la Fédération nationale des déportés et internés résistants et patriotes, contrôlée par le Parti. Un certain nombre de déportés l'avait quittée, dont le révérend père Riquet (dont nous allions Violette et moi écouter les prêches à Notre-Dame), parce que la fédération s'obstinait à dénoncer toute intention d'enquête sur les camps soviétiques. Le président était le colonel Manhès, « sans parti », d'une fidélité absolue à l'égard de Marcel Paul, son protecteur au camp de Buchenwald. Le secrétaire général était Maurice Lampe, ancien ouvrier, militant des années 1930, adjoint d'André Marty comme commissaire politique aux Brigades internationales pendant la guerre d'Espagne, et ancien déporté. Cet homme qui avait dû être de fer semblait devenu débonnaire. Son adjoint, Fredo Ricol, plus jeune, très actif, membre d'une grande famille du Parti, allait entrer en conflit avec Lampe dont il guignait le poste. Ricol réussit à trouver les subventions, peut-être à faire les magouilles nécessaires pour édifier un beau centre de post-cure à Fleury-Mérogis. Nous fûmes assez vite familiers avec Ricol. Notre amie Monique Régnier, qui allait épouser Robert, fut recrutée comme secrétaire. Robert était chargé de la propagande et moi du bimensuel *Le Patriote résistant.* Robert et moi avions le même bureau dans l'immeuble de la FNDIRP, rue Pierre-Leroux, près de la place Victor-Hugo. Nous y demeurâmes du début février 1948 au 9 décembre 1949. Le journal faisait état des revendications de la FNDIRP : pensions, soins médicaux, aide aux familles, etc. Il y avait des informations sur les activités des amicales de déportés. Et toujours un éditorial, que je trouvais stupide, du colonel Manhès, mais on ne pouvait le changer d'un iota. Je me plus à faire une chronique de livres, où je pus recenser des ouvrages de Colette et d'Henri Calet que j'aimais beaucoup (« ne me secouez pas, je suis plein de larmes ») et d'autres que j'ai dû oublier, et je fus très content de recevoir une lettre aimable de Colette.

Le Patriote m'occupait seulement quelques jours, deux fois par mois. Le reste du temps, protégé par une pile de livres, j'écrivais un roman qui ne serait jamais édité, dont la dactylographie se perdit au cours d'un déménagement où disparurent quelques cartons, et dont l'IMEC a récemment trouvé des brouillons. À la fin du mois, nous touchions notre paye et allions religieusement Robert, Monique et moi prendre un vieux porto, non loin, chez Potel et Chabot.

J'étais attiré physiquement, avec violence, par une déportée d'Auschwitz, dont l'expression était à mes yeux ravageusement sensuelle, et qui m'invita à voir sa bibliothèque.

Une liaison souterraine et par à-coups dura ainsi quelques années, nous entraînant dans des délires. Revenus à la conscience, elle me voulait toujours plus près d'elle et alors je voulais fuir, cela jusqu'à la fin, amère.

La vie rue Saint-Benoît semblait devoir durer indéfiniment. Mais il me fallut perdre ce paradis. Marguerite et Violette se trouvèrent enceintes quasi simultanément. La place manquait pour les polichinelles *in utero.* Il nous fallait partir. Mon père nous trouva un appartement à Vanves, derrière la Foire de Paris, que quittait une de ses connaissances.

L'opposition culturelle

Après notre déménagement à Vanves, nous sommes restés très liés au trio, et ce lien s'approfondit quand nous nous mobilisons contre le crétinisme culturel qui n'a cessé de progresser depuis 1947 et que le Parti impose.

Aragon et Elsa sont à la manœuvre, sous l'autorité de Laurent Casanova, membre du bureau politique et responsable à la culture. Elsa a assuré qu'un écrivain anticommuniste ne pouvait avoir de talent. Henry Miller et Sartre sont condamnés pour pornographie. Hemingway est rayé de la littérature pour avoir évoqué André Marty durant la guerre d'Espagne. À l'occasion de son prix Nobel (1947), André Gide est dénoncé par Jean Kanapa dans *Les Lettres françaises* comme un vieux fasciste pédéraste. Je fais un article dans *Action* rappelant que « Gide eut une immense influence libératrice » (tout en condamnant son anticommunisme ultérieur). Je suis réfuté dans le même *Action* par un « exalté triste » (voir *Autocritique*), Claude Hoffman, et je contre-attaque : un marxiste ne peut se borner à excommunier des individus « une certaine forme de critique rate son but critique quand elle oublie l'aspect complexe, ou ambivalent, ou équivoque des hommes et des choses », mais mon article ne paraît pas.

La dénonciation des écrivains ou poètes « formalistes ou décadents » et l'exaltation du si peu réaliste « réalisme socialiste » s'effectue en URSS jusqu'à la condamnation solennelle par Jdanov, en septembre 1949, de la culture bourgeoise.

Laurent Casanova demande à Claude Morgan de dénoncer le *Reader's Digest*, et celui-ci me demande de faire cet article à partir d'un livre américain, lui-même très critique vis-à-vis de ce magazine médiocre. Je reprends ses arguments stigmatisant la dégradation culturelle liée à l'énorme diffusion de la revue. Morgan me transmet la critique de Casanova : j'aurais dû dénoncer non pas la basse qualité intellectuelle de la publication, mais l'impérialisme américain qui nous impose, via le *Reader's Digest*, une pseudo-culture à son service.

Dionys, Robert et moi sommes de plus en plus allergiques à cette crétinisation envahissante, incluant de surcroît la condamnation de Sartre et de Camus.

Dionys et Marguerite ont rencontré Elio Vittorini, écrivain communiste italien, de passage à Paris, et une amitié fulgurante est née entre eux. Vittorini dirige *Politecnico*, revue culturelle communiste qui se refuse au jdanovisme.

Nous constatons notre accord total et décidons, Dionys et moi, de passer à l'offensive en interviewant Vittorini pour *Les Lettres françaises*.

L'interview prend le contre-pied de toutes les thèses du Parti en art et en littérature. Alors que Casanova ne cessait d'avertir qu'il « ne faut pas se placer sur le terrain de l'adversaire », Vittorini rétorque : « Nous devons être les derniers à nous dérober aux questions et accepter les termes dans lesquels ces questions nous sont posées, sans nous contenter de dire qu'elles ne sont pas marxistes. » Et, surtout, l'interview affirme que le front de la culture ne peut être identifié à celui de la politique, que le communisme est protestantisme, non catholicisme, et que le principe « la fin justifie les moyens » n'est en aucune manière un principe communiste

Claude Morgan était quelque peu inquiet, Loys Masson poussa à la roue. L'interview fit scandale à la direction du Parti, et Casanova réunit un certain nombre d'écrivains, artistes et intellectuels dans une petite salle de la Mutualité. J'étais parmi les invités. À un moment, Casanova cita une phrase anodine de Sartre sur l'aliénation en la commentant : « Canaille, va ! » Puis, mentionnant notre interview de Vittorini, ce Corse lança : « Qu'est-ce que cet Italien vient nous donner des leçons à nous, Français ? » Quand il eut terminé sous les applaudissements, je demandai la parole et fit valoir que l'identité italienne de Vittorini n'avait rien à voir avec le problème posé par ses idées. Un lourd silence accompagna mes propos sacrilèges. Pis, Aragon crut bon de remarquer que je venais de critiquer le camarade Casanova, ce que tous avaient compris. Des voix demandèrent que le cercle des critiques, que venait d'instituer Casanova, fasse dès sa première séance l'examen des idées de Vittorini. Qui se chargerait de faire le rapport ? Henri Thimonnier, jeune journaliste, gendre de Morgan, lança : « Morin, puisqu'il connaît bien Vittorini ! » Il y eut à nouveau un silence désolé. Casanova souriait, paterne. Il venait de prendre une décision de sagace politique. Il se tourna vers moi : « Et pourquoi pas le camarade Morin ? » J'ai raconté la suite dans *Autocritique* et j'y renvoie le lecteur intéressé. Mon exposé s'intitulait « Politique et culture » et l'autonomie de la culture fut notre ligne de clivage et de résistance. J'avais critiqué ceux qui condamnaient la littérature de crise (Kafka, Sartre, Camus), je ne sais qui me demanda si *Mein Kampf* faisait partie de la littérature de crise. Je fus critiqué par Mury, Guillevic, Renaud de Jouvenel, Ulmann, et soutenu par Dionys, Robert, J.-F. Comme j'avais vivement pris à partie Kanapa dans mon exposé, il fut décidé qu'une prochaine séance serait consacrée à cet intellectuel particulièrement sectaire. Robert fut chargé du rapport qu'il prépara sous la supervision de Pierre Daix qui, tout en étant défenseur des thèses officielles, avait été lui-même déporté à Mauthausen et respectait Robert. La sincérité de Robert, l'exactitude de cet acte d'accusation, porté au nom d'un minimum vital d'honnêteté, remuèrent ce qu'il y avait de meilleur chez les plus blasés. Aragon vola au secours de Kanapa en usant de l'argument d'autorité. Courtade intervint habilement, ménageant chèvre et chou : « Comprenez ces jeunes gens, Aragon, il y a quelque chose de fondé dans leur mécontentement. » Beaucoup que nous imaginions conformistes étaient avec nous, Éluard, Leduc se taisaient. Nous nous crûmes vainqueurs. Mais, au cours d'une réunion suivante, Casanova nous remercia Antelme et moi « d'avoir dit des bêtises » et prépara une motion de reconnaissance envers Maurice Thorez où nous nous engagions à tenir fermement les positions idéologiques du Parti. La motion fut votée à l'unanimité, il n'y eut plus de réunions plénières d'intellectuels, mais des cercles spécialisés, tenus par des éléments sûrs.

La paralysie politique

Robert, Dionys et moi ne nous sommes jamais alignés sur la ligne culturelle du Parti, mais nous sommes restés politiquement passifs. Nous fûmes très peu conscients que la vassalisation de la Tchécoslovaquie, de la Pologne, de la Bulgarie, de la Roumanie se transformait ni plus ni moins en colonisation par l'URSS et que des pouvoirs à participation communiste se transformaient en pouvoirs communistes autoritaires.

Nous sommes restés politiquement paralysés lors de l'exclusion de Tito et du procès Kravchenko. Tito fut condamné par le Kominform, c'est-à-dire Moscou, le 28 juin 1948, et la résistance de Tito à l'URSS déclencha une campagne stalinienne dans le monde d'une violence et d'une bêtise inouies. En France, Renaud de Jouvenel publia *Tito maréchal des traîtres* où il dénonçait le fascisme d'un Tito entouré d'agents de la Gestapo, Dominique Desanti, chatte mutine devenue hyène féroce, écrivit *Masques et visages de Tito et les siens*, avec un acharnement haineux, délirant. Pierre Courtade, dont la déplorable déchéance intellectuelle avait commencé, écrivit dans *L'Humanité* : « Je me fais fort de démontrer scientifiquement que Tito est fasciste. »

Nous savions bien que tous les « arguments » staliniens antititistes étaient menteurs, mais nous n'osions prendre parti. Nous pensions qu'une logique implacable entraînerait Tito dans le camp impérialiste. Jusqu'à ce que l'URSS fasse exploser sa première bombe atomique dans le Kazakhstan, en août 1949, nous pensions qu'elle était à la merci d'une agression américaine, ce qui nous empêchait de condamner la condamnation pesant sur Tito.

Jean Cassou, Clara Malraux, Jean Duvignaud, Claude Bourdet firent courageusement, sous les insultes des staliniens, un voyage d'enquête en Yougoslavie où ils trouvèrent en guise de fascisme une tentative d'édifier un communisme basé sur l'autogestion et déjà un peu de liberté. À leur retour, ils organisèrent un meeting.

Le soir de ce meeting, je dînais chez mon amie Olga Wormser (qui me demanda d'écrire mon livre sur la mort) et sa sœur Hélène Parmelin, journaliste à *L'Humanité*. Nous attendions leurs maris, l'intellectuel Wormser et le peintre Pignon, au bon visage franc et ouvert. Ils arrivèrent avec retard, tout excités, venant du meeting de Bourdet et Cassou où ils étaient allés pour « casser la gueule aux titistes »...

Bien entendu, je demeurai l'ami de Clara, Jean Duvignaud et Jean Cassou, alors que les intellectuels communistes les considéraient comme des pestiférés.

De la même façon, nous fûmes paralysés lors du procès Kravchenko en janvier 1949. Ce diplomate soviétique ayant fait défection s'était installé à New York et publia, en 1947, *J'ai choisi la liberté* où il faisait un tableau de la vie en Union soviétique absolument opposé au mythe euphorique qu'entretenait le stalinisme. *Les Lettres françaises* publièrent un article affirmant que Kravchenko n'était pas l'auteur de son livre, que ce livre était un faux, écrit par un agent de la CIA nommé Sim Thomas. Kravchenko intenta un procès en diffamation aux *Lettres françaises* et Georges Izard défendit Kravchenko ; Joë Nordmann, lui, défendit *Les Lettres françaises*. Les témoins de Kravchenko étant russes, ex-personnes déplacées, passées en Occident, Nordmann ridiculisa leur accent, affirmant qu'ils récitaient mal leur leçon. Les témoins de moralité pour l'URSS, Louis Martin-Chauffier, Fernand Grenier, Pierre Courtade, Vercors, Emmanuel d'Astier de La Vigerie, le général Petit, Vladimir Pozner, Jean Bruhat, Roger Garaudy, Frédéric Joliot-Curie rendirent tous un vibrant hommage à l'Union soviétique, laquelle, malgré les énormes sacrifices consentis pour la victoire commune, subissait les ignobles calomnies d'un traître.

Parmi les témoins de Georges Izard, avocat de Kravchenko, on comptait Margarete Buber-Neumann, Allemande, fille du philosophe Martin Buber, épouse du dirigeant communiste allemand Heinz Neumann.

En 1937, fuyant le nazisme, Margarete Buber-Neumann et son mari s'étaient réfugiés à Moscou. En avril 1937, Heinz Neumann disparut, victime des grandes purges staliniennes. Margarete fut arrêtée en juin 1938, condamnée à cinq années d'emprisonnement dans un camp de travail et déportée à Karlag, goulag de Karaganda, au Kazakhstan, où elle passa deux ans. En 1940, Staline livra à l'Allemagne nazie les communistes allemands réfugiés en Union soviétique, et Margarete Buber-Neumann après deux années de goulag, fut remise à la Gestapo qui la fit aussitôt interner au camp de concentration de Ravensbrück. Elle y passa quatre ans, durant lesquels elle se lia d'amitié avec Germaine Tillion et Milena Jesenská, amie de Franz Kafka, qui mourut d'épuisement en mai 1944 et dont elle écrivit la biographie.

En avril 1945, à l'approche de l'Armée rouge, la direction du camp libéra un grand nombre de détenues, et Margarete Buber-Neumann entreprit un périple pour éviter l'armée soviétique, Elle traversa à pied une partie de l'Allemagne et rejoignit sa famille en Bavière.

En 1949, son témoignage au procès Kravchenko fut le premier récit vécu sur un camp soviétique et, pour la première fois aussi, on rapprocha la réalité des camps soviétiques à celle des camps de concentration nazis.

Emmanuel Mounier, directeur de la revue *Esprit*, tient à ce que Robert Antelme et moi-même rencontrions Margarete Buber-Neumann. Nous sommes saisis, bouleversés, par cette femme admirable, nous ne mettons pas un instant en doute l'événement monstrueux dont nous prenons connaissance : que Staline ait livré à Hitler les communistes allemands qui s'étaient réfugiés en URSS pour fuir le nazisme. Nous sommes abattus. Mais nous ne faisons rien.

J'apprendrai plus tard que Sim Thomas, supposé avoir écrit secrètement le témoignage de Kravchencho n'avait jamais existé, que ce montage avait été réalisé par un des hommes que j'avais le plus admiré dans la résistance, André Ulmann. À ma honte, je dois révéler qu'André Ulmann m'avait demandé ou plutôt exigé un livre centré sur la zone française d'occupation. Je n'en avais nulle envie, mais j'avais obéi, et avais écrit un petit ouvrage médiocre. « C'est moins bon que *L'An zéro*, lui dis-je. – C'est bien meilleur », me répondit-il. Le livre parut en 1947 aux éditions du Parti, Hier et aujourdhui. Quand je fus exclu, il fut supprimé du catalogue et je le retirai de ma bibliographie. Malheureusement, on peut encore en trouver un exemplaire chez Amazon.

Je fus stupéfait d'apprendre qu'il avait été capable de fabriquer un faux grossier. Récemment, j'ai lu qu'il avait été recruté comme agent soviétique, selon les archives du KGB apportées par le transfuge Vassili Mitrokhine. *La Tribune des Nations*, dirigée par André Ulmann, périodique envoyé aux ministères, aux principaux décideurs et à de nombreuses ambassades, était subventionnée par l'URSS via la Roumanie. Ulmann avait bénéficié des 3 500 000 francs français versés en vingt-quatre ans par l'Union soviétique…

En 1966, Kravchenko fut retrouvé mort d'une balle dans la tête dans son appartement, à New York, une mort considérée comme un suicide. Son fils Andrew pense qu'il a été assassiné par le KGB. Il est venu me trouver il y a trois ou quatre ans à Paris et m'a longuement interrogé sur le procès. Nous avons fortement sympathisé.

Après le procès Kravchenko, au début 1950, David Rousset, ex-trotskiste, ancien déporté, auteur de *L'Univers concentrationnaire* et des *Jours de notre mort*, proche de Robert – celui-ci me l'avait d'ailleurs fait connaître –, lança un appel dans *Le Figaro* appelant les anciens déportés à organiser une commission d'enquête sur les camps soviétiques. Robert fut plus qu'embarrassé. Il se doutait bien que les goulags n'étaient ni des sanatoriums, ni des lieux de rédemption, ni des camps de travail. Rousset le sollicita directement. Je crois me souvenir qu'il répondit par un petit texte de refus embarrassé, mais cela reste obscur dans ma mémoire.

En octobre 1950, Rousset créa la Commission internationale contre le régime concentrationnaire (CICRC), qui entreprit des enquêtes sur les enfermements non seulement en URSS, mais aussi en Espagne franquiste, dans la Grèce des colonels, en Yougoslavie. Il introduisit en France le terme de goulag. *Les Lettres françaises* le dénoncèrent alors comme « trotskiste falsificateur » ; il leur intenta un procès qu'il gagna en 1951. La FNDIRP, dont je ne faisais plus partie, l'accabla de calomnies.

Finalement, Marguerite, Robert, Dionys, Monique Régnier (qui refusa de les condamner) furent exclus de la pittoresque cellule de Saint-Germain-des-Prés, laquelle ne représentait que très partiellement les classes populaires. Elle était constituée d'une majorité d'intellectuels et bénéficiait du passage de Juliette Gréco et de l'arrivée d'une starlette, Monique Arthur. Il lui fut demandé de révéler dans le bulletin de la cellule les raisons de son adhésion. Elle fut très embarrassée. Marguerite se fit maternelle : « Voyons, qu'est-ce que signifie pour toi le Parti... ? – Oh, il existe depuis très longtemps. »

J'ai assisté à quelques séances avant mon déménagement à Vanves. Je me souviens notamment de Marguerite vendant *L'Huma* à la sortie de la messe de l'église Saint-Germain-des-Prés.

C'est après mon déménagement, en 1949, qu'eut lieu l'événement qui provoqua l'exclusion de Marguerite, Robert et Dyonis. Au sortir de la réunion qui se tenait dans une salle des Horticulteurs sur la place Saint-Germain-des-Prés, Robert, Dionys, Marguerite, Eugène Mannoni, journaliste à *Ce soir*, prenaient un verre au Bonaparte et ils commencèrent à exprimer leur ironie sur Aragon, Elsa, Kanapa et d'autres. Mannoni prononça cette phrase : « Je peux vous dire, puisque je suis corse comme lui, que Casanova est un grand mac. » Laurent Casanova, du bureau politique, était le tout-puissant responsable des intellectuels. Cette parole sembla sacrilège à Jorge Semprun, présent à leur table. Il rapporta la conversation à son ami Martinet, membre du comité de section, qui pensa qu'il fallait rapporter au secrétaire de section ces propos calomnieux. Toutefois, ils n'osèrent pas coucher sur le papier les mots les plus sacrilèges de Mannoni (« grand mac »), lequel fut ainsi épargné par l'exclusion à laquelle il assista, muet. Semprun témoigna et, à la demande du secrétaire de section, les coupables furent exclus. Quand il se déstalinisa, bien plus tard, Semprun oublia sa délation à l'égard de ses amis, notamment de Robert Antelme qui l'avait pris en affection. Monique Antelme se souvient que, peu après son exclusion, Robert rencontrant par hasard Semprun boulevard Saint-Germain lui dit simplement : « Tue-moi. »

Ils sont donc exclus en 1949. En ce qui me concerne, je venais d'écrire à Dionys, de Nice, où, chez ma tante Emy, j'avais réfléchi à la façon de lui dire que je pensais quitter le Parti. Le procès Rajk avait brisé mon lien initial. J'étais définitivement écœuré.

Dionys m'avait aussitôt répondu pour me mettre en garde sur la « pente savonnée » sur laquelle on glisse jusqu'à l'abjection quand on quitte le Parti. À Vanves, je n'avais pas repris ma carte, mais n'osais le dire. Le bon concierge Tousseul, secrétaire de la cellule locale, croyait que je militais ailleurs, et quand j'entrai au CNRS les communistes locaux ont cru que je militais sur mon lieu de travail.

En 1957, j'étais encore en relation avec Marguerite quand elle se lia avec Gérard Jarlot, personnage journalistico-littéraire de Saint-Germain-des-Prés étrange et mythomane, dandy solitaire et quelque peu cynique, qui, selon ce que me disait son amie Claude F., dormait avec un revolver sous son oreiller. Marguerite imposa la présence de Jarlot à Dionys et Robert pour les sorties. Elle me parla de Jarlot comme d'une relation « très très très violente ». Elle découvrit la volupté de la soumission et de la sujétion. Ce fut pour elle une plongée dans la folie des sens. Elle fit un texte érotique sur la violence de leur corps à corps, qu'elle me montra (qui reste impublié je crois), je me souviens de cette phrase qu'il lui jetait dans la convulsion suprême et la faisait jouir : « Pute ! Ma femme. » Je savais par les confidences de Jarlot à Claude F., qu'il n'avait pas de respect pour Marguerite. Je n'eus pas de respect pour lui.

En 1957 toujours, mais plus tard, Marilu avec qui j'étais en amour fut enceinte et, comme je n'arrivais pas à quitter Violette, elle décida d'avorter. Violette et Marguerite étaient au courant de l'avortement. Les deux femmes en parlèrent et Marguerite lui dit : « Si encore l'enfant était de lui ! » Violette eut plaisir à me rapporter ce propos et je décidai de ne plus voir Marguerite. Cela dura dix ans.

Les années passèrent. J'avais oublié ma rancune et j'eus l'occasion de la retrouver. J'avais passé l'année 1966 à travailler à mon livre sur Plozévet, longue et difficile synthèse d'innombrables documents (voir le chapitre « CNRS ») et, en ce début d'année 1967, je n'avais pas encore terminé. Johanne et moi avions rencontré Marguerite, et celle-ci nous invita à Neauphles pour que je puisse continuer mon travail. Dionys et sa compagne Solange s'y installèrent également, Robert et Monique vinrent de temps en temps et ce fut pour moi une réminiscence heureuse de notre communauté perdue. Marguerite adorait Johanne aussi pour sa négritude et lui promettait un rôle dans son prochain film. Johanne s'entendait bien avec tous. Nous vécûmes ensemble à Neauphles pendant la guerre des Six-Jours. Au tout début, Marguerite et moi tremblions pour Israël, bien qu'un voyage à Jérusalem deux années auparavant m'eût montré que ce n'était pas seulement le pays des pionniers et des kibboutz. Dionys lui s'inquiétait pour la Palestine. Israël fut très rapidement vainqueur et étendit sa colonisation.

Tout était de nouveau harmonieux quand arriva un très pénible incident. Marguerite livrait à Johanne des propos très péjoratifs sur Solange. Solange confia à Johanne que Marguerite ne l'aimait pas et la méprisait, ce qu'un jour Johanne, l'écervelée, lui confirma. Blessée par cet aveu, Solange révéla à Dionys ce qu'avait rapporté Johanne. Dionys, pour en avoir le cœur net, nous réunit tous de façon à la fois dostoïevskienne et agathachristienne. Il interrogea Johanne qui confirma avec gêne et Marguerite, encore plus embarrassée, dit que c'étaient des paroles en l'air, et qu'elle estimait Solange. Tout sembla se terminer dans l'apaisement. On était fin juin ou début juillet et nous allions tous nous disperser pour les vacances. Moi, très heureux de la communauté retrouvée, je demandai à Marguerite quand nous allions nous voir après les vacances. « Toi, quand tu veux, Edgar, mais il n'est plus question que je revoie Johanne. » J'avisai alors tristement Marguerite que je ne pouvais revenir sans Johanne.

Je me rendis à New York pendant un trimestre pour donner un cours au département français de la New York University, dirigé par Tom Bishop. Mon cours portait sur le thème « complexité et littérature ». J'évoquerai plus loin ce séjour.

J'habitais un superbe appartement au vingtième étage d'une tour à Bleecher Street, dans le Village, avec vue sur le confluent de l'Hudson et de la River, la statue de la Liberté et les avions à la file indienne se dirigeant vers l'aéroport de La Guardia. Johanne ne vint à New York que plus tard ; Marguerite y fut invitée à la même période et elle qui, jusqu'alors, avait toujours eu peur de l'avion, fit son premier voyage aérien. Dionys et Solange vinrent également et je les logeai dans mon appartement, j'y invitai également Marguerite, mais elle avait son hôtel réservé non loin. Nous retrouvâmes une communion heureuse une fois encore, mais de façon précaire.

Des années passèrent. Robert ne vit plus Marguerite après la publication de *La Douleur* dans la revue *Sorcières*, où elle évoquait de façon quelque peu romancée sa souffrance et son attente pendant la déportation de Robert. Quand, en 1983, Robert eut son AVC qui le paralysa, lui fit perdre sa mémoire immédiate et qu'il fut hospitalisé aux Invalides sur intervention de Mitterrand, Marguerite ne vint pas lui rendre visite. En 1990, elle n'assista pas non plus à son enterrement.

Ses rapports avec Dionys s'étaient distendus depuis que Yann Andréa était entré dans sa vie, mais ils les maintenaient malgré tout. Dionys ne se rendit pas à l'église Saint-Germain-des-Prés pour la mort de Marguerite en mars 1996, et il resta à la porte du cimetière Montparnasse pour l'enterrement.

En 1977, France Culture me demande d'inviter une personne de mon choix à dialoguer avec moi. Je pense à Marguerite et lui téléphone : « Oui, mais il faut d'abord que tu voies *Le Camion.* » Son film avec Gérard Depardieu venait de sortir. Je vais le voir et lui téléphone : « Superbe !!! » Alors, elle me demande de faire l'interview à Neauphles. D'inviteur je suis devenu invité, et la rétribution de l'émission est allée à Marguerite.

J'ai aussi raconté qu'en 1982 Marguerite avait écrit en ma faveur à Mitterrand, devenu président de la République, pour qu'il m'accorde la direction de la villa Médicis à Rome (voir p 438) Mais, en fait, nous nous rencontrions assez rarement.

Quand je me liai avec Edwige, je voulus qu'elle et Marguerite se connaissent. Curieuse, elle nous invita une semaine à Trouville. Je n'ai en mémoire aucun événement particulier, sinon une impression d'ensemble de sérénité et de cordialité, avec une très légère réserve chez l'une et chez l'autre.

Je fus invité dans une émission d'Antoine Spire sur France Culture, « Le bon plaisir », du 15 novembre 1986, où il m'était proposé d'inviter qui je voulais. J'ai choisi le thème « Que sont mes amis devenus ? » et j'accueillis des amis perdus de vue, tels Pierre Hervé, Félix Kreissler, ma quasi-mère nourricière arménienne, Macrue, qui, me découvrant après plus de soixante ans, s'exclama : « Oh, mon petit Edgar qui n'a plus de cheveux ! », et puis, bien entendu, Dionys et Marguerite. L'émission était enregistrée chez moi. Dionys vint, et après l'émission me dit : « Tu n'as pas invité Marguerite ? – Bien sûr que si, mais elle n'a pas répondu. – Ce n'est pas possible, je lui téléphone ! »

Il appelle : « Bonjour Yann, pouvez-vous me passer Marguerite ? »

Elle prend l'appareil.

« Marguerite, je suis chez Edgar pour l'émission où il vous a invitée et je ne comprends pas que vous ne lui ayez pas répondu.

– Edgar ne m'invite que pour la radio, jamais pour la télévision. Dionys, patient : – Mais, Marguerite, à la télévision il est invité et non invitant, alors que, pour cette émission, il est invitant.

Silence de Marguerite, puis :

– Et puis on n'a jamais couché ensemble.

Et Dionys a cette formule superbe :

– Marguerite, nous avons tous couché avec Edgar ! »

Alors, pourquoi n'avons-nous pas couché ensemble ? Je l'ai dit, mon inhibition est venue de ma peur d'offenser Violette et de ma répugnance à tromper Dionys, mais aussi de la peur de la tragédie qu'aurait suscitée notre liaison. Marguerite aimait la tragédie, mais moi j'y voyais la rupture de notre communauté.

Un jour de mars 1996, j'apprends quasi en même temps la mort de Colette Garrigues et celle de Marguerite. Je me rends le matin à l'église du 16e pour l'office destiné à Colette et l'après-midi à l'église Saint-Germain-des-Prés pour Marguerite.

Quand je vais sur la tombe d'Edwige, dans le même cimetière, je passe par celle de Marguerite, qui est toujours fleurie par de ferventes durassiennes. Son œuvre a envoûté tant de femmes dont elle fut la voix non idéologique mais utérine.

Comme le dit la chanson de Prévert : « La vie sépare ceux qui s'aiment, tout doucement, sans faire de bruit. » Le titre du film d'Ettore Scola *Nous nous sommes tant aimés* me vient à l'esprit lorsque je pense à notre communisme existentiel de ces très anciennes années.

Avant même la mort qui disperse des molécules reliées de nos corps, les forces de dispersion ont rongé celles reliantes de l'Éros. Robert a rompu avec Marguerite lors de la publication en revue de *La Douleur*, Dionys a gardé une relation, mais distendue. J'ai rompu un temps avec Marguerite à cause de Marilu. Nous nous sommes tant aimés et pourtant nous nous sommes quittés. Et j'ai vécu la même défaite de l'amour à Caldine… De nouvelles amours sont venues, sans rien remplacer…

J'ai toutefois retrouvé et resserré le lien avec Monique, l'épouse de Robert. Je garde en moi la présence de son petit-fils Thomas, qui faisait des articles littéraires dans *Le Nouvel Observateur*, mais passait par des phases de dépression terribles. Il vivait avec Monique et se tua en se jetant par la fenêtre de leur appartement. J'ai une profonde affection pour leur fils Frédéric, dont le visage et la présence m'évoquent tellement Robert. Il tient un restaurant près de Beaubourg, Le Hangar, où nous nous sommes souvent retrouvés avec Monique, jusqu'à sa mort, en 2012.

Dans mon hommage à Robert Antelme publié dans *Le Monde*, le 2 novembre 1990, je rappelle :

« L'Espèce humaine *a un caractère unique, inouï. C'est un chef d'œuvre de littérature débarrassé de toute littérature, c'est un document où les mots disent toute la richesse de l'expérience vécue. C'est une œuvre dont la pure simplicité procède du sentiment profond de la complexité humaine, car Antelme n'a jamais perdu la conscience que le bourreau qui veut retirer la qualité d'homme à sa victime est lui-même un être humain. C'est une œuvre sans haine, d'infinie compassion comme seuls la ressentent les grands Russes.* »

Je dis aussi :

« Marguerite Duras et Dionys Mascolo étaient entrés ensemble dans la Résistance dans le mouvement que dirigeait François Mitterrand. Ce mouvement fusionna avec deux autres mouvements

créés dans des camps de prisonniers. Je connus alors Dionys Mascolo, mais c'est après son arrestation, en juin 1944, que je découvris Robert Antelme aux évocations et au souci permanent de Dionys Mascolo et de Marguerite Duras. Celle-ci avait fait se rencontrer ces deux hommes qui s'étaient aimés aussitôt d'un amour fraternel. Ce que je connus d'abord de Robert Antelme, c'est l'amour qu'il suscitait, et, par la suite, je vis qu'une de ses grâces était de susciter l'amour de ses amis. C'est cet amour d'amitié, le plus grand que j'ai vécu, que j'ai ressenti pour Robert et pour Dionys.

Et je conclus :

« Il vécut en retrait du monde, mais continuant à souffrir de tous les maux du monde, à vivre de tous les élans de fraternité, à rire dans toutes les occasions de joie. Un accident cérébral l'immobilisa en 1983. Il est mort le vendredi 26 octobre 1990. Méchanceté, arrogance, médiocrité déferlent toujours sur le monde. Mais Antelme nous a montré que l'on peut accomplir avec bonté, modestie, noblesse le métier de vivre. »

11

Ces mêmes années

1945-1950

Bernard Groethuysen

Clara Malraux, rentrée à Paris, m'avait fait rencontrer Bernard Groethuysen, gourou philosophique chez Gallimard, vieil ami de Paulhan, qui avait très peu publié, mais fait connaître Hölderlin, Kafka et créé la « Bibliothèque des Idées », collection que poursuit Pierre Nora. Il était très estimé par Gide et Malraux.

Né à Berlin, ayant beaucoup vécu en France, il avait 65 ans quand je l'ai connu, et pour compagne Alix Guillain âgée de 70 ans (1876-1951), militante communiste belge ; ils vivaient dans un atelier d'artiste rue Campagne-Première. Bernard avait une barbe en désordre, des cendres de tabac sur les poils et son gilet. Alix lui mettait son manteau comme à un enfant, et nous sortions dîner au restaurant. Sorte de Socrate chez Gallimard, il m'apparut comme l'incarnation de la sagesse et je lui demandai une préface, fort significative pour moi en raison de mon admiration et de ses origines, pour *L'An zéro de l'Allemagne* qu'il m'accorda. Alix était une femme généreuse, totalement désintéressée et dévouée, qui traduisit en français des œuvres de Karl Marx. Un jour, elle me fit part d'un grave problème de conscience. Elle avait découvert – en lisant à l'intérieur du boîtier de montre de la gouvernante de ses enfants une dédicace amoureuse de Marx – que celui-ci avait pour maîtresse cette gouvernante. Alix voulut à la fois garder secrète cette découverte tout en ne voulant pas cacher la vérité historique. J'admirais et aimais ce couple à la fois sage, candide, plein d'expérience et de bonté. Le tabac fit mourir Bernard Groethuysen d'un cancer du poumon au Luxembourg en septembre 1946, et Alix s'éteignit en 1951.

Clara à Paris

Clara Malraux était hébergée avec la petite Flo chez une tante de Malraux, dans une rue du 15e arrondissement. J'avais rendez-vous avec elle pour une soirée. Quand on sonna à la porte, elle crut que c'était moi et alla ouvrir. C'était André Malraux en uniforme de chef de la brigade Alsace-Lorraine, qui revenait en hâte faire escale à Paris pour aller à Périgueux où sa compagne, Josette Clotis, venait de mourir accidentellement en glissant, sur un quai de gare, sous un train qui commençait à rouler. Clara, stupéfaite et émue, voulut l'embrasser en lui disant « mon pauvre chéri », mais il s'enfuit aussitôt. Quand je la vis un peu plus tard dans la soirée, je la trouvai bouleversée. Le frère de Clara, qui vivait dans le Sud-Ouest, apprenant dans la presse l'accident mortel de « Mme André Malraux », crut qu'il s'agissait de sa sœur et courut à l'hôpital de Périgueux avec une énorme couronne de fleurs. Quand il vit à la morgue que la morte n'était pas Clara, il lança de joie sa couronne mortuaire en l'air et s'en fut.

Peu après, Clara trouva un appartement pour elle et Flo dans le 15e arrondissement, qu'elle aménagea avec des meubles persans récupérés d'avant-guerre. Elle reprit d'anciennes amitiés et adorait les conversations littéraires.

François Fejtö

Clara Malraux était très généreuse en amitié : à l'opposé de ceux qui cloisonnent, elle faisait partager. Par elle, je connus Louis Guilloux, au très beau visage breton, qui nous chantait *Jean-François de Nantes*.

Elle me fit également rencontrer François Fejtö, journaliste, alors à l'AFP, qui allait jouer un si grand rôle dans l'épisode capital qui brisa en moi le lien ombilical communiste.

J'avais connu Fejtö, au lendemain de la Libération. En 1934, il avait été socialiste en Hongrie sous la dictature Horthy, il avait fait un an de prison, puis avait émigré en 1938, par crainte d'une seconde arrestation. Sous l'Occupation il avait vécu dans la clandestinité et la Résistance, puis, après la Libération, il fut en poste à l'AFP, où il travaillait sur la presse des pays de l'Est. Il était lié au directeur de l'agence, Géraud Jouve, résistant, homme cordial et bienveillant, que je rencontrais parfois pour déguster un beaujolais de qualité chez M. Perret, 6, rue Daguerre. Jouve était marié à une Hongroise, superbe brune obsédée par ses angoisses de l'Occupation et imaginant des espions de la Gestapo cachés derrière les fenêtres de leur appartement.

Fejtö était demeuré socialiste, mais son parti avait fusionné avec le Parti communiste hongrois avant d'y être phagocyté. Les communistes hongrois étaient encore ouverts avant la glaciation stalinienne dans les « démocraties populaires ». Il devint de ce fait directeur de l'Institut culturel hongrois de Paris.

Avant cette glaciation, il m'interrogea un jour sur ce que je pensais du *Zéro et l'infini* d'Arthur Koestler. Le héros de ce livre est un bolchevik qui, accusé d'être un espion hitléro-trotskiste lors d'un des procès de Moscou, reconnaît ce crime imaginaire, sacrifiant son honneur à la cause du Parti. Je dois dire que j'avais lu un gros volume contenant le compte rendu du procès de Moscou où fut condamné Boukharine, qui avait été un des acteurs principaux de la révolution d'octobre et avait eu, jusqu'à sa destitution, de grandes responsabilités en URSS. Or Boukharine fut le seul à défendre une partie de son honneur en se reconnaissant « objectivement » coupable, mais niant les faits les plus vils qui lui étaient reprochés par l'immonde procureur Vychinski, et assurant que l'essentiel n'était pas son destin personnel mais l'avenir de l'Union soviétique. À l'époque, j'admirais ce sublime sacrifice du mensonge pour la vérité du Parti, et Boukharine était pour moi un héros renforçant mon lien mystique avec le communisme. C'est bien plus tard que je pris connaissance de l'ultime séance du bureau politique du Parti, où, accusé et injurié par tous ses excamarades, il demanda un instant de répit en disant : « Camarades, je souffre énormément. » Et Staline de lui lancer : « Et nous, tu crois qu'on ne souffre pas ? » Plus tard encore, je pus lire les souvenirs bouleversants de sa femme qui fut déportée durant vingt ans, que Beria voulut séduire, qui survécut, fut libérée lors de la déstalinisation, et écrivit *Boukharine, ma passion*, publié en France en 1990. Elle y écrit qu'avant son arrestation Boukharine s'effondre à ses pieds et lui fait réciter son testament, une lettre « à la génération future des dirigeants du Parti » : « Sachez camarades, que sur le drapeau que vous portez en marche triomphale vers le communisme, il y a aussi une goutte de mon sang ! » Puis il déchire la lettre. Elle vint à Paris après sa libération et y rencontra Pierre Naville qui me fit part de leur entrevue.

Je me souvenais donc bien de ce que pouvait contenir pour moi de grandeur boukharinienne le sacrifice du héros du *Zéro et l'infini*, mais je ne me souviens plus de ma réponse à Fejtö. Peut-être un banal : « Oui, c'est terrible, mais ça ne se reproduira plus »...

Fejtö est devenu ami pour la vie, jusqu'à sa mort à l'âge de 99 ans, en 2008. J'évoque son rôle décisif sur moi lors du procès Rajk (voir p. 221).

Clara et Jean Duvignaud

Jean Duvignaud était très malrauxphile comme moi, et aussi malrausien, me faisant penser à un clone juvénile de son mentor, je parlai de lui à Clara Malraux qui me fit part de son désir de le connaître et de lire son livre.

Nous sommes donc allés chez Clara après un dîner. Je me souviens que nous étions autour d'un feu de cheminée. Leurs deux malrausismes s'attiraient comme par aimantation. Elle lui demanda de lui lire quelques pages de son livre. Ce qu'il commença à faire tandis qu'elle écoutait, concentrée. À un moment, je pris conscience que je m'ennuyais et décidai de rentrer chez moi. Ils restèrent seuls et, comme dit le poète, il y eut un moment où ils cessèrent de poursuivre la lecture.

Elle fut très heureuse d'avoir trouvé un jeune malrausien, il fut très heureux de se surmalrauser avec la femme du grand écrivain. Ils formèrent un couple, mais ne vivaient pas ensemble. Elle vivait dans son petit appartement près de la Santé avec sa fille Florence devenant adolescente. Il s'était installé dans le grenier-atelier du petit hôtel particulier de Léo Hamon, un des dirigeants du mouvement Combat dans la Résistance (que j'avais connu à Toulouse en 1940-1942), devenu parlementaire démocrate-chrétien (MRP). Il recevait parmi ses amis le peintre Jean Atlan, garçon plein d'humour. Arrêté comme juif et résistant sous l'Occupation, Atlan feignit si bien la folie qu'il fut interné à Sainte-Anne jusqu'à la libération de Paris où il eut quelque difficulté à faire admettre qu'il n'était pas fou. Il ne vendait pas ses toiles et, pour gagner sa vie, était obligé de faire les marchés avec une voiture à bras chargée de bonneterie. Mais soudain, peut-être après une exposition à la galerie Charpentier, peut-être un peu plus tard, il devint mondialement célèbre et fabuleusement riche. Il décida de faire le tour du monde avec sa femme Denise, mais, victime d'une hémorragie cérébrale, il mourut en 1960, à 47 ans.

Clara et Jean fréquentaient les rencontres littéraires de Royaumont où ils m'entraînèrent une ou deux fois. Clara le lia à Marcel Arland qui lui donna une chronique à la NRF. Il était passionné de revues et créa avec Clara *Contemporains*. Mais, surtout, au moment de l'excommunication de Tito, ils rompirent avec le Parti et firent le voyage d'information en Yougoslavie avec Jean Cassou et Claude Bourdet, alors que je n'osais rompre à ce moment ni énoncer publiquement la moindre critique. Nous restâmes pourtant liés. Ils eurent ensemble le courage, avec Jean Cassou, de faire ce voyage, sous la malédiction des staliniens et la réserve apeurée des « progressistes », compagnons de route justifiant en permanence le Parti tout en déclarant ne pas être communistes.

Duvignaud aimait beaucoup créer des revues. Avec Clara, ils créèrent *Contemporains*, avec moi *Arguments*, puis, avec Georges Perec, *Cause commune*, il y eut ensuite *Scarabée international* et enfin *Internationale de l'Imaginaire.*

Nommé maître de conférences à l'université de Tunis en 1960, il s'était installé dans le magique Sidi Bou Saïd, petite république multiculturelle d'artistes, journalistes, écrivains, qui comportait de nombreux couples mixtes. Il s'était séparé de Clara et marié avec une jeune femme douce, discrète, secrète, Christine, qui disparaissait et réapparaissait mystérieusement. Il m'invita chez lui. Je me souviens que je les conduisais en Jeep à travers champs et collines, grimpant et dégringolant dans les rires et un peu d'affolement.

Ainsi, je dois à Duvignaud la naissance d'*Arguments* aux Éditions de Minuit : c'est lui qui proposa à Jérôme Lindon d'héberger la revue, et celui-ci accepta. Je reviendrai sur cette époque.

Notre amitié eut des trous, mais aucune faille.

Duvignaud fut nommé président de la Maison des cultures du monde qui présentait et présente toujours de merveilleux spectacles de tous les continents. Il écrivit des essais très stimulants dont *Le Don de rien*, chez Actes Sud, éditeur qui lui resta fidèle. Il eut un fils de sa troisième compagne devenu son épouse, Matthieu, et, souvent, constatant notre marginalité permanente, il s'écriait : « Matthieu nous vengera. » Il se retira à La Rochelle où je le revis, la dernière fois, fatigué et malade. Il mourut en février 2007, à 86 ans.

Quant à Clara, elle mourut à 85 ans, en 1982, au Moulin d'Andé, lieu de séjour pour écrivains (où j'ai corrigé *Le Vif du sujet* à la fin des années 1960). La mort la visita en douceur, elle s'endormit un soir pour ne plus se réveiller.

Leonhard, Mounier, Sartre

Rudolf Leonhard était un poète allemand, né en 1889, qui avait fait la Première Guerre mondiale, puis participé aux mouvements révolutionnaires de 1918-1919. Il avait émigré en France, en 1927, avait été interné au camp du Vernet en 1941, puis à Castres, s'était évadé et avait rejoint Paris à la Libération.

Je ne sais pas de quoi il tirait ses maigres ressources, vivant dans un modeste petit hôtel de la rue Monsieur-le-Prince. Il joignit au téléphone, en 1946, l'auteur de *L'An zéro de l'Allemagne*. Il pensait que j'étais tout indiqué pour créer un comité d'intellectuels français ayant pour but de soutenir les intellectuels allemands antinazis et, plus largement, la démocratisation de l'Allemagne. Je pensais qu'Emmanuel Mounier, directeur de la revue *Esprit*, pouvait animer l'entreprise et lui en parlai. Il se montra tout à fait disposé à créer ce comité. Rudolf Leonhard et moi avions envisagé un certain nombre de noms que Mounier enregistra. De son côté, il se mit à la recherche de nouvelles personnalités. Quand je le revis, il me soumit sa liste où figurait Sartre, et je n'y fis aucune objection. Quand je prononçai ce nom à Rudolf, il se mit à vociférer avec son terrible accent tudesque : « Ce n'est pas possible ! » Sartre était alors l'objet de virulentes et imbéciles accusations du Parti. Rudolf était dans un état d'affliction et de bouleversement indicible. Il voyait son enfant chéri assassiné avant même de naître. Il me supplia de convaincre Mounier de supprimer le nom de Sartre. J'étais d'autant plus gêné que j'avais accepté tout naturellement ce nom. J'allai voir Mounier qui, entre-temps, avait trouvé un jeune intellectuel, d'origine allemande, Alfred Grosser, pour devenir secrétaire général du comité. Je lui dis qu'à mon grand regret la présence de Sartre rendait impossible celle de communistes au comité et lui demandai de l'en retirer. Il ne voyait pas pourquoi procéder à une exclusion sans aucune justification.

Je retrouvai Rudolf qui conclut qu'il ne pouvait participer à ce comité et en était affligé. Je ne pouvais me désolidariser de lui et j'écrivis à Mounier que je me retirais du comité. J'avais honte de moi. Mounier me répondit amèrement : « Comme tout cela est mal joué ! »

Alfred Grosser était en tout cas l'homme de la situation. Lui et Joseph Rovan, deux juifs d'origine allemande, ont fait œuvre admirable pour la compréhension mutuelle entre la France et l'Allemagne ; un descendant de Sefarad y contribua.

L'Allemagne restera toujours vivante en moi et j'y serai présent à de nombreuses reprises dans ma vie, entre 1945 et 2012, particulièrement à Berlin, dont j'ai suivi les métamorphoses ; je le relate plus loin dans mon chapitre consacré à cette ville.

Rudolf continua à vivre dans un quasi-dénuement à Paris. La RDA l'invita à plusieurs reprises à résider à Berlin-Est où on lui proposait un statut de poète officiel. Mais, bien que se sentant lié au communisme (je crois savoir qu'il avait quitté le Parti en Allemagne après les années révolutionnaires, pour adhérer à une tendance plus « gauchiste »), il préférait vivre en loup libre à Paris plutôt qu'en chien repu à Berlin. Il était pourtant de plus en plus seul et s'accrochait à moi (peut-être aussi par son homosexualité) et, bien qu'il me fatiguât, je continuais à le voir. Finalement, en 1950, il se décida à partir pour Berlin.

Les soirées caustiques d'avant le regel

En dehors de la rue Saint-Benoît, je continuais à fréquenter Szekeres, Hervé, Courtade, avec Rolland et quelques autres ex-responsables du MLN, sous-marins devenus animateurs d'*Action.*

Ce sont des soirées de retrouvailles des années résistantes, dans la camaraderie et le défoulement où, hors de toute surveillance, l'ironie naturelle reprend le dessus. Dans ces fêtes, chacun revitalise sa nature critique pour mieux supporter son conformisme du moment. Les Lohengrin se transforment en Figaro, puis les Leporello redeviennent lohengriniens. Les anecdotes railleuses fusent sur les sottises, dogmatismes, sectarismes. Le plus mordant est Pierre Courtade.

Mais, progressivement, le regel stalinien va figer puis disloquer ce groupe. Hervé a pu faire quelques éditoriaux non conformistes jusqu'à ce que l'extension des tabous ait raison de sa verve. Courtade est devenu chroniqueur de politique étrangère à *L'Humanité* et, du coup, membre du Parti. Sous la bienveillance et surveillance de Maurice Thorez ses articles sont désormais en tous points conformes à « la ligne », et ses ironies privées s'atténuent fortement. Szekeres, de son côté, part à Rome à l'ambassade de Hongrie.

Je bataillerai avec Courtade sur le procès Rajk, avec Hervé sur le procès Kostov, je reverrai en tête à tête Szekeres qui n'a pas obtempéré à l'ordre de rejoindre Budapest et s'est réfugié à Paris.

Puis Courtade me dénoncera comme titiste. Hervé acceptera dans *Action* quelques miens articles anodins que je signe

« Edmond Beressi », par la suite *Action* lui échappera. (Je reviendrai sur cette période dans le chapitre 14.)

Gilles Martinet et France Observateur

Jacques-Francis Rolland fréquentait de façon caméléonesque des milieux très divers, les durassiens rue Saint-Benoît, les sartriens avec ses amis de poker et autres jeux : Jacques-Laurent Bost et Jean Cau (me disant de celui-ci qu'il faisait l'amour comme un toréador), et il fréquenta le petit groupe qui créa en 1950 *L'Observateur*, devenu en 1954 *France Observateur* (il changera de mains en 1964 pour devenir *Le Nouvel Observateur*). Il avait une liaison avec une Italienne, Ornella, sœur de l'épouse de Gilles Martinet, et je fus progressivement introduit dans ce milieu prudemment critique à l'égard du parti communiste. Gilles Martinet était rédacteur en chef, Roger Stéphane, omniprésent, avait financé l'entreprise, Claude Bourdet était directeur, et le très sobre et sympathique Hector de Galard assurait l'administration.

Gilles Martinet était très intelligent, très perspicace dans ses diagnostics. Il m'apprit à ma grande stupéfaction (je n'étais pas encore sorti du PC) que jusqu'à la rupture avec Tito l'URSS exploitait la Yougoslavie de façon quasi suzeraine, lui faisant payer au prix fort les exportations soviétiques et achetant à bas prix ses importations locales. Je découvrais l'exploitation économique des satellites. Martinet était très libre dans ses propos, très prudent dans ses éditoriaux, sentant en les écrivant l'œil de Jacques Duclos ou de Guy Mollet dans son dos.

Du reste, il manqua étrangement de courage à mon égard lors d'un épisode que j'ai déjà raconté dans *Autocritique*. Après la manifestation anti-Ridgway fin mai 1952 et l'arrestation consécutive de Jacques Duclos, secrétaire général du PC, je tenais à montrer, quoique récent exclu du Parti, que j'étais loin d'être devenu anticommuniste et suggérai à Gilles Martinet une pétition d'intellectuels protestant contre l'incarcération de Duclos. Martinet réunit chez Roger Stéphane un certain nombre d'intellectuels de gauche, non communistes, dont Sartre, qui se montra d'accord avec moi (la seule fois de notre vie) pour que la protestation fût énergique. Nous réunîmes un certain nombre de noms. Pierre Courtade, devenu communiste orthodoxe, voulut les vérifier et demanda à Martinet de me supprimer du lot, ce qu'il fit sans m'en aviser. Le lendemain, à la lecture de la presse, je fus stupéfait de ne pas voir mon nom. Martinet m'assura qu'une erreur s'était glissée, que je serais dans une deuxième liste, mais il ne tarda guère à m'avouer que c'était l'intervention de Courtade qui m'avait exclu.

Je me joignis de plus en plus à sa petite bande, composée du docteur Fanny Schapira qui avait apprécié *L'Homme et la mort*, du cardiologue Jacques Fortin, très brave homme, que j'allais consulter quand je crus mon cœur atteint – il me rassura dans l'immédiat, mais m'affirma qu'avec un rétrécissement mitral je ne dépasserais pas les 40 ans...

Valabrega et Lacan

Comme je l'ai dit, nous avions dû quitter la rue Saint-Benoît pour louer, du reste en sous-main à un ami de mon père, un appartement à Vanves. Nous habitions non loin de Jean-Paul Valabrega, que j'avais connu étudiant en philo à Toulouse. Très assuré, il avait remis une dissertation d'une demi-page à l'examen et le prof n'avait pas osé lui mettre zéro. Nous ne nous fréquentions guère à Toulouse, mais la proximité parisienne nous incita à nous rencontrer fréquemment, notamment à dîner, lui et sa femme, Touti, fille du peintre Cavaillès, Violette et moi. Nous nous entendions bien et devînmes très familiers. Il s'occupait encore je pense d'une revue franco-allemande *Wort und Tat*, et, voulant me rendre service quand je devins chômeur, il m'avait fait postuler à un job de représentant pour les imprimeurs Auger et Gauger (voir p. 27).

Il était devenu freudien et c'est grâce à lui que j'entrepris une lecture de Freud pour mon *Homme et la mort*. Si le Freud thérapeute m'a laissé assez indifférent, le Freud anthropologue m'a passionné. Jean-Paul m'entraîna au séminaire de Lacan à Sainte-Anne, qu'il suivait régulièrement et j'assistai en fait aux trois dernières séances, Lacan ayant dû ensuite émigrer à l'École normale supérieure.

Je voyais Lacan comme une sorte de chaman inspiré, tenant des propos à mes oreilles (et sans doute à celles de beaucoup) ésotériques et mystérieux ; parfois, une formule fulgurante me frappait et je la notais aussitôt, puis tout retombait dans l'incompréhensible. Mais aucun ennui, jamais, nous étions tous fascinés par l'étrange charisme du personnage.

À la fin de la dernière séance, un disciple admiratif voulut prononcer des remerciements ou éloges. Lacan lui coupa brutalement la parole. Le disciple, exalté :

« Je parlerai !

– Non !

– Si ! »

Et, brusquement, se rendant compte qu'il avait contredit le maître, il s'effondra, disparut et tout se termina dans la confusion.

C'est au cours de ma première venue au séminaire que Jean-Paul, me désignant un trentenaire de mon âge au visage rond, me dit : « Tiens, voilà ton sosie, je l'ai pris pour toi l'autre jour, c'est fou comme vous vous ressemblez. »

De fait, pendant tout l'hallucinant séminaire, le sosie et moi nous regardions avec curiosité. À la fin, j'allai vers lui : « Il paraît que nous sommes sosies. »

Il acquiesça et nous convînmes d'un rendez-vous au café du musée de l'Homme.

Nous nous sommes bien dévisagés. Il se présenta, il était prof de littérature dans un lycée, il avait à peu près le même âge que moi. Il est vrai que nous nous ressemblions beaucoup. Il voulut aller plus loin que les apparences et m'interrogea sur mes goûts littéraires. Je lui répondis et il me dit : « Moi aussi. » Il m'interrogea sur le genre de femmes qui me plaisait. Je lui dis mon éclectisme, il me répondit : « Moi aussi. » Il me demanda comment je faisais l'amour, je fus extrêmement gêné : « À la papa… », il me répondit : « Moi, pas seulement. »

Une fois convaincu de notre gémellité somato-psychique, il me demanda de l'aider pour son livre, car il piétinait.

Je ne pouvais l'aider, mais nous continuâmes à nous rencontrer.

Il vint une fois avec une de ses maîtresses, peut-être dans l'intention de la partager. Le temps passa, et nous nous ressemblions de moins en moins jusqu'à ce que toute similitude faciale ait disparu.

Notre très proche et chaude amitié avec les Valabrega dura tant que nous restâmes voisins. Puis, quand nous déménageâmes à Rueil, nos relations s'espacèrent. Il quitta l'orthodoxie lacanienne pour former un « troisième groupe » avec Piera Aulagnier et Cornelius Castoriadis. Je vins le consulter une fois pour un rêve qui m'avait beaucoup frappé, un aigle s'étant posé sur mes épaules. Il l'avait interprété par mon inconscient homosexuel.

Amitiés antistaliniennes

Mon retour à la culture antistalinienne de mon adolescence me fit trouver ou retrouver mon amitié avec Jean-René Chauvin, infatigable lutteur trotskiste, qui, déporté à Buchenwald, s'était fait envoyer par l'*Arbeitsstatistik* entre les mains des staliniens, peut-être alors celles de Félix Kreissler, à l'usine souterraine mortelle de Dora Ellrich. Mon ami Claude Dreyfus, envoyé également là-bas, ne revint jamais.

Je fréquentai Marcel Martinet, de *La Bataille socialiste* ; le libertaire Luis Mercier Vega, membre du Congrès pour la liberté de la culture, qui subit le discrédit à gauche quand on apprit qu'il avait été financé indirectement, via les syndicats américains, par la CIA ; François Bondy, lui aussi ex-stal devenu anti-stal ; Manès Sperber, ancien agent du Komintern, ayant rompu lors des procès de Moscou et auteur de la splendide épopée réaliste *Et le buisson devint cendre*.

À la suite d'un exposé que je fis au Congrès pour la liberté de la culture, une femme vint me trouver en se disant amie de J. M., de l'amicale d'Auschwitz, avec laquelle j'avais eu une liaison sensuellement fatale. Elle m'invita à prendre un café chez elle, et je la sentis troublée, sans doute par l'intensité de ma relation physique avec son amie. Ce qui me troubla moi-même.

Au moment de la quitter elle me proposa une nouvelle rencontre, je lui dis que j'en avais peur.

« Vous êtes si peu courageux ? »

Je crois que je pris son visage entre mes mains et que les lois de l'attraction aimantèrent nos lèvres. Je ne sais plus pourquoi ni comment cessa cette liaison dont le souvenir me trouble à nouveau.

Dans les années 1950

Les années éruptives ont commencé en 1954 avec la guerre d'Algérie, puis le rapport K en 1956, déstalinisateur, la révolte de Poznań, l'Octobre polonais, la révolution hongroise et sa répression, la guerre israélo-égyptienne avec l'intervention franco-anglaise, puis le putsch d'Alger et l'arrivée au pouvoir de De Gaulle.

Le premier livre de Soljénitsyne, *Une journée d'Ivan Denissovitch*, parut en 1962, avec l'accord de Khrouchtchev, puis son auteur subit des critiques de plus en plus violentes et calomniatrices, et, chassé d'URSS par Brejnev, fut contraint à l'exil en 1974.

Serreau et Césaire

Je fréquentais aussi Alioune Diop, qui avait fondé en 1947 la revue *Présence africaine* et joua un grand rôle pour la reconnaissance des civilisations africaines et des penseurs africains contemporains, dont Cheik Anta Diop.

Et puis, je me liai avec Jean-Marie Serreau, metteur en scène de théâtre, qui fit découvrir au public le théâtre de Brecht, mais aussi et surtout révéla Beckett, Adamov, Ionesco. Il dirigea pendant une dizaine d'années le théâtre de Babylone. Sa physionomie était ouverte et paisible, sa voix douce, mais tout ce qu'il fit était audacieux.

Je me souviens des représentations hilarantes de *Amédée* ou *Comment s'en débarrasser*, de Ionesco, et de l'extraordinaire pièce d'Adamov, *La Grande et la Petite Manœuvre* : un ouvrier doté de tous ses membres au début de la pièce a les deux bras broyés par une machine-outil. Puis ce manchot devient cul-de-jatte et homme-tronc.

C'est par Serreau que j'ai connu Kateb Yacine, cet extraordinaire poète algérien, auteur des *Ancêtres redoublent de férocité*, et qui, durant la guerre d'Algérie, tout en soutenant sans faille le combat pour l'indépendance, était intérieurement déchiré. Je n'ai pas osé en parler avec lui : était-ce l'extrême déchaînement de la violence ? Le conflit FLN-MNA ? Je ne sais.

Jean-Marie Serreau était un initiateur, il mit en scène *La Tragédie du roi Christophe* d'Aimé Césaire. J'avais déjà une grande admiration pour Césaire qui avait publié en 1950 son *Discours sur le colonialisme* avec cette définition de la colonisation : « Tête de pont dans une civilisation de la barbarie d'où, à n'importe quel moment, peut déboucher la négation pure et simple de la civilisation. » Et aussi : « On me parle de progrès, de "réalisations", de maladies guéries, de niveaux de vie élevés au-dessus d'eux-mêmes. Moi, je parle de sociétés vidées d'elles-mêmes, de cultures piétinées, d'institutions minées, de terres confisquées, de religions assassinées, de magnificences artistiques anéanties, d'extraordinaires possibilités supprimées. »

De plus, nous avons en même temps dénoncé, moi par un article dans *France Observateur*, Césaire par une lettre publique à Maurice Thorez, le Parti et ses intellectuels lors de la répression de la révolution hongroise.

Par Serreau, j'ai également rencontré le jeune Édouard Glissant, alors surtout poète, qui s'est révélé ensuite penseur de la créolité, c'est-à-dire du métissage. Je l'ai retrouvé quelques mois avant sa mort alors qu'il était rentré en France, victime d'une erreur médicale dans un hôpital de New York, en 1911. À cette occasion, les quelques malentendus qu'il y eut entre nous se sont dissipés. Je dois dire que je considère la Martinique, avec Césaire et Glissant, comme le foyer le plus créateur culturellement de la langue française. Sans oublier le Haïtien Depestre, Fanon et Chamoiseau, ce merveilleux écrivain que je n'ai découvert que depuis les dix dernières années et avec lequel je me sens en profonde résonance.

Il me fit inviter à la Martinique où je passai quelques jours heureux dans la communauté de ses amis. Là, je compris la marque profonde, indélébile, originelle que la traite et l'esclavage avaient laissée dans la conscience de leurs descendants.

Je reviens à Serreau. Il a fait jouer le rôle de Madame, dans *Les Bonnes* de Genet par Johanne, dans une ou deux représentations au théâtre de la Fenice à Venise. Madame était noire et ses bonnes étaient blanches. Je n'ai rencontré Genet que fugitivement, chez Monique Lange, fasciné par le personnage et admirateur de ses œuvres, notamment poétiques.

Parallèle 50

Un souvenir jaillit d'un envoi de Monique Peyrière.

Elle m'adresse un mien article publié par *Parallèle 50* sur *Les Caractères* de Jean Prévost, livre posthume, paru en 1948. J'avais rencontré cet écrivain résistant (dont j'avais lu le *Stendhal* paru en 1942 à Marseille) chez Antoinette en 1943. Il allait souvent dans le Vercors où il était l'un des organisateurs du maquis. Puis nous avons appris en août 1944 qu'il avait été tué par les SS au cours de l'effondrement de la Résistance.

Du coup me revient le souvenir de *Parallèle 50,* étrange publication fondée par Artur London, financée par l'ambassade de Tchécoslovaquie en France pour entretenir un trait d'union politico-culturel entre les deux pays. Après le coup de Prague du 25 février 1948, qui impose en fait une « démocratie populaire » en Tchécoslovaquie (ce dont je sous-estime alors le sens), Henri Thimonnier en devient le rédacteur en chef, sous l'autorité de Hoffmeister, aimable dessinateur tchèque qui fit office de potiche. Thimonnier est le gendre de Claude Morgan, alors débonnaire directeur des *Lettres françaises*, l'hebdomadaire culturel issu de la Résistance et totalement contrôlé par le Parti. En fait, Thimonnier m'avait soutenu habilement au cours de ma fronde culturelle, notamment en suggérant lors de la réunion anti-Vittorini organisée par Laurent Casanova, membre du bureau politique, responsable à la culture, de me confier le rapport sur l'écrivain italien (voir p. 181).

Devenu le rédacteur en chef de *Parallèle 50*, Thimonnier me propose d'y collaborer et de m'occuper de théâtre. J'ai plaisir à avoir la carte de critique qui me fait assister aux générales avec Violette.

Plus encore, *Parallèle 50* devient une SARL pour donner à la publication une apparente autonomie alors qu'elle est subventionnée par l'ambassade tchèque. Thimonnier me fait copropriétaire fictif de *Parallèle 50*, avec Roger Maria, intellectuel très stalinien, et deux autres personnes d'origine tchèque.

Tout se passe sans encombre jusqu'à la publication dans les *Lettres françaises* d'un retentissant article d'Aragon faisant l'éloge de Maurice Barrès et exaltant son nationalisme. Certes, le PC condamnait alors américanisme et « cosmopolitisme », mais l'éloge par un communiste d'un réactionnaire xénophobe, antidreyfusard, antisémite, grotesquement chauvin durant la guerre de 1914-1918 m'incitait à faire un article critique sur lui dans *Parallèle 50*. C'était de ma part une ultime poussée de fronde. L'article suscite la fureur d'Aragon qui saisit la direction du Parti communiste français, lequel intervient auprès de l'ambassade tchèque pour protester contre la publication de cet article. Or, me voici protégé par le dogmatisme du Parti communiste tchèque contre celui du Parti français. Réponse : « Nous, communistes tchèques, n'avons pas de leçons à recevoir des communistes français. »

Mon exclusion du PC m'a fait cesser ma collaboration à *Parallèle 50*. Peu après l'événement, l'intellectuel égyptien Hanocka, parasite ami d'Aghion, vint en effet me demander de démissionner de la SARL de *Parallèle 50*. Cela se passa au cours d'une réunion administrative glaciale.

12

Avec Violette en Périgord

Comme je l'ai écrit, j'ai rencontré Violette en 1940, au dernier cours de philosophie de Vladimir Jankélévitch, lorsqu'il fut chassé de l'Université par le décret de Vichy éliminant de l'enseignement juifs et francs-maçons.

C'était à la faculté des Lettres de Toulouse (voir chapitre « Toulouse »), lors d'une petite cérémonie d'hommage organisée par ses étudiants, à laquelle j'avais voulu participer. J'étais assis à côté d'une étudiante, dont je remarquai le fort accent régional, quand elle s'exclama, une fois l'hommage rendu je crois par l'étudiant Robert Pagès : « Il faut faire quelque chose ! »

Elle était issue d'une famille rustique du Périgord, de Hautefort plus précisément, un bourg perché sur une colline, dominé par un imposant château dont le dernier propriétaire était le baron de Bastard. Son père, Adrien Chapellaubeau, avait une petite conserverie artisanale à Tourtoirac qu'il aurait pu exploiter sous l'Occupation et devenir riche, mais qu'il a négligée ; il disposait de quelques biens immobiliers. Sa mère, d'origine corrézienne, née Entraygues, était institutrice à Hautefort. Par le biais de Violette, ils logèrent, protégèrent et planquèrent des réfugiés juifs. Le père avait été le premier socialiste du bourg, et nombreux en Périgord étaient les représentants rustiques du peuple républicain de gauche.

En fait, l'enfance de Violette fut tragique (toutes les femmes que j'ai aimées ont vécu une grande souffrance dans l'enfance).

Le mariage de ses parents procédait d'un arrangement de famille, et elle se sentait tellement malheureuse dans un foyer sans amour qu'à l'âge de 5 ans elle avait demandé à une bohémienne dans sa roulotte de l'emmener avec elle ; comme son père s'approchait, elle avait insisté de plus en plus en pleurant, jusqu'à ce qu'il la fasse rentrer de force à la maison. À 7 ans, elle vécut un nouveau drame. Elle avait compris que sa mère, institutrice, avait une liaison amoureuse avec un beau collègue à grande cape, qu'elle rencontrait dans une maison voisine abandonnée. Le père en fut avisé par une dénonciation téléphonique alors qu'il se trouvait à Tourtoirac. Il fonça dans sa voiture. Violette, le voyant arriver, voulut l'entraîner chez eux pour un prétexte quelconque, mais le père se débarrassa d'elle, courut vers cette maison, découvrit les amants et fit un esclandre public dont eut rapidement connaissance tout le village. Il semble bien, selon la *vox populi* d'Hautefort, que le frère de Violette ne fût pas le fils d'Adrien Chapellaubeau. Celui-ci reporta un amour sauvage et jaloux sur sa fille qui avait pour seule amie et confidente Jeanne, dite « la Chèvre », fille de la Manou, une femme réputée légère dans le village. Violette put échapper à ce père possessif en partant faire ses études secondaires au lycée de Périgueux où elle trouva épanouissement et bonheur. Elle y fut entourée de l'affection de ses enseignants, de la directrice du lycée, et vécut une amitié profonde, quasi amoureuse, avec sa compagne de classe, Andrée Hodet. Je savais qu'elle avait fait de la philo sous la direction de Michel Alexandre qui l'avait convertie à la philosophie d'Alain ainsi qu'au pacifisme. Elle aurait dû s'inscrire à la faculté de Bordeaux, mais cette ville étant alors occupée par l'armée allemande, elle s'installa et s'inscrivit à Toulouse.

Comme je l'ai évoqué, elle devint rapidement une grande admiratrice de Vladimir Jankélévitch et une familière de ses parents (le docteur Jankélévitch avait été traducteur de Freud), de sa sœur et de son beau-frère, Jean Cassou.

Je crois que c'est par moi qu'elle se lia à la famille Henri, où elle fut logée pendant un temps ; nos fréquentations communes (je suivais les cours privés que donnait Jankélévitch au premier étage d'un café de la place du Capitole) avec les Henri et les Cassou nous lièrent insensiblement.

Elle avait aussi une grande amie, Georgette, qui avait accueilli des réfugiés polonais, la plupart juifs. Quelques-uns de mes amis devinrent les siens et réciproquement. Ainsi en fut-il de Georges Lebreton qui aurait voulu s'unir à elle. Philosophe et poète, il avait découvert le secret des Chimères de Gérard de Nerval dans le Tarot.

C'est après mon amour pour Annick que nous nous rencontrâmes plus souvent avec Violette et que je l'entraînai dans mes premières équipées clandestines nocturnes où nous faisions sur les murs de la ville des inscriptions contre Pétain, Laval, la « relève » (par des travailleurs français en Allemagne de prisonniers de guerre rapatriés).

Je nous revois, en ce printemps 1942, assis côte à côte dans un café près de la place Esquirol, moi parlant de mes sentiments de petit frère pour sa petite sœur…

Mais Violette, âgée alors de 25 ans, préservait jalousement sa virginité. Nous devînmes de chastes compagnons, elle me retrouva à Lyon, me suivit à Paris où nous militions ensemble au MRPGD. Nous logions dans un petit hôtel assez miteux, démoli depuis, place de la Contrescarpe. Nous étions dans le même lit et, sans savoir comment, nous nous trouvâmes accouplés… Nous nous sentions bien, et rapidement je m'endormis. Je fus réveillé par ses sanglots de femme abandonnée et me fis pardonner ma léthargie post-coïtale.

Peu de mois après, elle était enceinte. J'aurais voulu garder l'enfant, mais nous ne pouvions le confier ni à mes parents planqués dans une campagne, ni aux siens qui n'auraient pas toléré un enfant hors mariage, et nous ne pouvions nous marier du fait de ma fausse-vraie identité de prisonnier rapatrié. Je sus plus tard que Pierre et Lily Fougeyrollas s'étaient trouvés dans la même situation, mais que les parents périgourdins de Pierre avaient pris en charge leur bébé.

Violette avorta à Lyon avec l'aide d'un étudiant en médecine, membre de notre mouvement. Je me souviens très bien avoir eu en mains le petit fœtus, l'avoir identifié comme masculin, puis jeté dans le cabinet. J'ai toujours regretté ce garçon qui aurait aujourd'hui 74 ans, tout comme j'ai regretté Abramino, ainsi nommé par Marilu qui, elle, avorta vers 1956-1957, et qui aurait eu aujourd'hui 60 ans. Il paraît que j'ai un fils inconnu, c'est ce que m'a fait savoir mon amie Marie-France Laval, ex-secrétaire du Cetsas. « Une dame » se serait rendue à l'EHESS croyant m'y trouver et lui aurait dit : « Je viens lui présenter son fils. »

Bon, une fois de plus, j'ai dérivé. Violette devint donc ma compagne de résistance. Elle était fiable ; je lui faisais une confiance absolue, et elle me donnait confiance en moi-même ; elle était généreuse, fidèle, hospitalière, elle était sûre, elle ne fut jamais « antiboche », xénophobe ou raciste ; je ne pus la convertir à mon marxisme, car elle restait fidèle à la philosophie de Michel Alexandre et d'Alain.

La décision de rejoindre la 1re armée qui entrait en Allemagne nous poussa à nous marier. Le mariage fut précipité et en fait était illégal. Mon ami Melik, secrétaire de mairie du 18e arrondissement, ne respecta pas les délais pour les bans afin de nous permettre de partir à temps.

Nous fîmes un repas de mariage, entourés d'amis, au restaurant grec de la rue Serpente, que j'aimais fréquenter à l'instar de mon père. Nous avons chanté *L'Internationale*, *La Marseillaise*, *Le Chant des partisans*.

Le lendemain, nous embarquions en camion pour l'Allemagne, direction Lindau.

Comme je l'ai écrit, le séjour à Lindau fut un nouveau bonheur, une plénitude d'amitié avec les Jomaron, les Lesèvre, le commandant Durandal. Puis, à Baden-Baden, Violette contribua grandement à la rédaction du chapitre-clé où je rejetais la thèse de la « culpabilité collective du peuple allemand » et elle relut mes pages en intelligente lectrice qu'elle était.

Nous partageâmes nos années Saint-Benoît, puis, quand elle fut enceinte en même temps que Marguerite, nous vécûmes à Vanves, dans un appartement dominant le Parc des expositions.

Elle me consola lors de la *noche triste* qui suivit mon exclusion du Parti, et, lorsque je devins chômeur, elle prit un poste de professeur de philo au collège Paul-Bert. Je pouvais tranquillement préparer *L'Homme et la mort* à la bibliothèque nationale. Puis, quand j'eus rédigé des brouillons, je vins les retravailler dans l'après-midi, d'abord au Dôme, puis à La Coupole où elle me rejoignait après ses cours. Je dus quitter le Dôme quand les garçons me firent remarquer que le halo de spiritualité qui se dégageait de mon travail perturbait les ondes sensuelles des demi-mondaines attablées non loin de moi.

À la Coupole, je pris l'habitude de m'installer au fond de la salle, non loin des toilettes et de la table de Jean-Paul Sartre et Simone de Beauvoir, que je ne vis jamais. Dans l'après-midi, tout y était tranquille et silencieux. Puis nous rentrions à Vanves.

Le camarade Dudhuy, qui tenait une galerie de peinture « réaliste-socialiste » boulevard Raspail, habitait dans le même immeuble que nous. Il nous invita pour boire un café chez lui et sa femme ; celle-ci, dont je trouvais le visage vipérin, nous fit une désagréable impression.

Elle révéla sa nature le soir de mon exclusion du Parti. Elle tint à avertir les participants qu'il fallait cesser toute relation avec un exclu, que l'exclu était le pire ennemi du Parti. De fait, et pas seulement pour les staliniens mais aussi pour les « progressistes » et compagnons de route, l'exclu était porteur d'une tare indélébile.

Je fus surpris quand, après la libération de l'assassin de Trotski de sa prison mexicaine, j'appris qu'il s'appelait en réalité Ramón Mercader, fils d'une fanatique stalinienne espagnole, et qu'il avait une sœur qui avait épousé mon ex-voisin, Dudhuy.

Non loin de mon immeuble, habitait Manès Sperber, homme de la génération de Malraux, formé à la psychanalyse adlérienne, juif autrichien devenu communiste et membre du Komintern jusqu'à sa rupture lors des purges staliniennes de 1937. Auteur de *Et le buisson devint cendre,* il y relate de façon romancée son expérience au cœur de la Stalinie. J'étais désormais aux antipodes de la camarade Dudhuy et proche en revanche de Sperber dont l'expérience me ramenait à ma culture antistalinienne d'origine que j'avais occultée pendant cinq ans.

Nos filles sont nées à un an de distance durant notre séjour à Vanves, l'une, Irène, en 1949, dans une clinique de Vincennes, l'autre, Véronique, à la polyclinique des Bluets. Elles furent toutes deux accouchées par le docteur Lamaze, l'homme qui avait introduit d'URSS en France la méthode de l'accouchement sans douleur, bien avant la péridurale. Romuald de Jomaron était avec moi la nuit de la naissance de Véronique. Comme le vieil héros de *La Mule* de Clint Eastwood qui a négligé les siens dans une vie vouée à ses passions, je regrette de n'avoir pas gardé une continuité dans la relation avec mes filles, les lésant et finalement me lésant.

Quand nous déménageâmes à Rueil, dans la villa qu'avait fait construire mon père en 1930, Violette fut nommée professeur au Dorat. Elle y allait trois jours par semaine. Je la conduisais en une demi-heure à toute vitesse de Rueil à la gare d'Austerlitz, il y avait très peu de circulation à l'époque, surtout tôt le matin.

Violette fut ma providence pendant des années. Elle aurait pu, aurait dû écrire, mais le fait que j'assumais le rôle d'écrivain l'inhiba.

Nous eûmes quelques aventures chacun de notre côté, mais sans dériver l'un de l'autre. Quand elle fut nommée à Arras, elle eut pour amant un collègue, philosophe également. Jusqu'alors nous nous disions nos liaisons sans éprouver de jalousie, mais celle-ci me devint insupportable, et je ressentis à nouveau pour elle un énorme désir qui s'était tari depuis quelque temps. Je la contraignis à rompre peu avant les vacances de l'année (1956) où nous partîmes ensemble en Grèce dans ma 4 CV. Nous embarquâmes avec nous Janine Bazin, femme d'André Bazin, l'extraordinaire critique de cinéma de *France Observateur*. J'étais de nouveau amoureux de Violette. Mais, au cours d'un repas à Athènes avec des amis et dans la liesse des mezzés et du retsina, je fis du genou à Janine, ce que Violette perçut. L'épisode fut oublié quand nous quittâmes Janine pour poursuivre notre périple en Grèce où nous retrouvâmes Georges Friedmann, très endeuillé après la mort de son épouse Hania.

Quelques mois plus tard, nous faisions notre périple en Pologne, Dionys, Robert, Claude Lefort et moi (je le raconte dans le chapitre 19) et, au retour, Lefort et moi fûmes invités à parler de l'Octobre polonais dans une mairie de banlieue. Il y vint accompagné d'une jeune femme dont le visage, le regard, l'expression me bouleversèrent, comme je le relate ailleurs. Avec Marilu, je connus soudain un amour total. Très vite, nous comprîmes que nous devions vivre ensemble. Je lui demandai un délai de six mois, que je ne pus tenir. Je n'ai pu lâcher Violette que j'avais obligée à quitter son amant un an auparavant. Et je ne pouvais la laisser seule avec deux fillettes de 8 et 9 ans.

C'est de Marilu que je dus m'éloigner, mais quelque chose était rompu entre Violette et moi. Cette fois nous avions dérivé l'un de l'autre. Elle me reprochait de « vouloir faire le jeune », et je lui faisais grief de s'embourgeoiser. Nous sommes encore restés ensemble, faisant lits séparés. Je me liai avec Magda, et c'est quatre années plus tard que j'ai obéi à son ultimatum : « Si tu revois Magda, tu ne mets plus les pieds ici. » En fait, ce fut une séparation partielle, nous continuâmes à prendre des vacances ensemble, notamment à Hautefort ; je la fis venir avec moi à Tel-Aviv durant le tournage du film *L'Heure de la vérité*, et, quand je me suis lié avec Johanne, nous avons fréquenté la maison de Violette.

Nous n'avons pas évoqué le divorce jusqu'à ce que Pierre Naville la demande en mariage. Du reste, je fus l'artisan de leur heureuse union. Comme je l'ai dit, (voir p. 276) elle voulut venir avec moi au Père-Lachaise pour l'enterrement de Denise Naville. Lorsque je lui avais fait part du désir de Naville de déjeuner en tête à tête avec moi et non avec ses vieux compagnons surréalistes et trotskistes, elle avait proposé de prendre le repas chez elle.

Le repas fut très gai ; il évoquait Denise, Aragon, leur jeunesse. Je dus partir au dessert. Je sus plus tard par Irène que celle-ci entrant inopinément dans la salle du déjeuner trouva Pierre sanglotant dans les bras de Violette.

Après notre séparation, Violette traversa une solitude relative. Elle eut de fidèles amis dont les Queneau, les Pouget, quelques liaisons et, surtout, un véritable amour pour Roland Barthes.

La mère de Roland Barthes, ignorant l'homosexualité de son fils, aurait été très heureuse qu'il épousât Violette et il avait décidé de le faire pour faire plaisir à sa mère et par affection pour Violette. Mais il demandait un délai, ayant sans cesse une aventure en cours. Son homosexualité, ou plutôt sa pédérastie, était cachée, mais avouée à quelques-uns, dont Violette et moi.

Mais revenons à mon union avec Violette. Notre mariage la réintroduisit et m'introduisit dans sa famille paternelle. Adrien Chapellaubeau, obsessionnellement fixé sur sa fille, aurait souhaité qu'elle se mariât à un Hautefortais et s'installât dans le pays. Il ne cessa de lui rappeler son regret. Il m'accepta donc avec un mélange de réticence et de curiosité. Il me demandait pourquoi je me trémoussais dans les synagogues, et je lui répétais en vain que je ne fréquentais pas ces endroits. Son fils Robert, frère de Violette, était médecin militaire à Bordeaux. Quand il avait appris ma visite, il avait écrit une lettre à son père que j'ai trouvée plus tard dans le grenier : « Papa, ferme tous tes placards, tous tes tiroirs, toutes tes armoires à clé, le Juif va tout te voler. » Je montrai cette lettre à Violette qui sourit tristement : « Le pôvre. » En fait, je l'ai su très tardivement – après leur mort –, Robert n'était peut-être pas le fils d'Adrien Chapellaubeau, mais, comme je l'ai raconté, le fruit adultérin d'un grand amour de sa mère Christine pour son collègue, un bel instituteur. Le mariage entre Christine, Corrézienne, et Adrien avait été arrangé par un marieur régional. Et, rétrospectivement, alors que je ne m'en rendais nullement compte *in vivo*, j'ai remarqué qu'il n'y avait aucune vraie familiarité dans ce couple. Christine vieillissante était très triste et pleurait souvent. Lui restait très actif. Il n'avait pas voulu faire prospérer son usine de conserves sous l'Occupation, l'avait abandonnée ensuite et était devenu huissier, partant fréquemment dans sa vieille Citroën des années 1920 pour recouvrer des dettes dans le département.

Je m'installais aisément à Hautefort pendant les vacances, et parfois en cours d'année pour rédiger un livre. J'étais à l'aise dans ce pays parmi les amis de Violette, et c'était devenu un « chez-moi ». La nourriture de Christine, entièrement au feu de bois, était exquise et je n'ai jamais goûté d'aussi délicieuses pommes de terre rissolées à l'ail. J'appréciais les grillons, sorte de rillettes en morceaux que faisait le boucher voisin et j'aimais les gueuletons périgourdins avec Jeanne et Robert Mougenot, instituteurs, amis de Violette, Jeanne, son amie d'enfance, les Fougeyrollas, voisins de Thiviers, et d'autres amis de passage. J'étais devenu ami avec un peintre en bâtiment, Parisien communiste installé à Hautefort, j'admirais l'art du diagnostic du garagiste Couzinou, qui détectait à merveille les maladies de ma 4 CV. Nous faisions de fréquentes excursions, notamment dans la vallée de la Dordogne. Nous avons pu visiter Les Eyzies, où le berger qui avait découvert les fresques préhistoriques était devenu guide. Violette et moi fîmes des fouilles dans les grottes des falaises de la vallée de l'Auvézère, près de Tourtoirac, où nous découvrîmes des fragments de couteaux préhistoriques.

Marguerite Duras vint nous voir. Elle était curieuse de notre vie là-bas. Elle séduisit aussitôt Mougenot. Elle me montra une lettre que lui avait envoyée Dionys où il lui disait : « Tu me tues au canon. » Elle s'en sentait fière. Je n'ai jamais su ce qui motivait ces termes.

Je me liai au cousin Séguy, propriétaire d'un camion de transports, qui me conduisit parfois à Hautefort dans son véhicule. Il avait un fils adolescent, Yvon, dit Vonvon, discret et secret, qui un jour se suicida, au désespoir et à l'incompréhension de ses parents. Depuis, le cousin Séguy vécut comme l'ombre de lui-même.

J'avais également découvert la famille corrézienne de la mère de Violette. Ils avaient une ferme dans un hameau, Russac, près de Turenne, où la ferme voisine était tenue par des ennemis héréditaires. Il n'y avait encore ni eau ni électricité. La cuisine se faisait dans l'âtre de la cheminée. Ces Entraygues étaient de braves gens, simples, intelligents, aimables. La tante Adeline, sœur de Christine, vint à Paris pour la naissance d'Irène. Elle arriva à la gare avec aux poings quatre poules vivantes tenues par deux, et de fabuleuses victuailles. Nous la laissâmes un jour à la cuisine et au retour elle nous accueillit triomphalement : « J'ai soufflé, soufflé, mais j'ai finalement éteint le feu. » Elle avait soufflé pour éteindre la flamme du gaz qui continuait à s'échapper sans qu'elle s'en rendît compte. Nous nous hâtâmes de fermer le robinet…

Après notre séparation, je revins à Hautefort avec Violette. Ce fut notre ultime séjour, nous y avions invité le couple Lucien Brams et Edwige, qui après être retournée un bref temps avec son premier mari était revenue vers son amant. Au cours d'un déjeuner, elle me regarda fixement et je sentis l'envoûtement revenir en moi. Après le repas, je m'arrangeai pour trouver un moment seul avec elle dans le jardin et lui proposai une rencontre à Paris. Elle vint un jour me retrouver dans ma chambre particulièrement nue de la rue des Blancs-Manteaux, ce qui je crois la fit renoncer à aller plus loin. Elle me dit que Lucien la suivait sans cesse, fou de soupçons et de jalousie, et elle ne vint pas au rendez-vous que je lui donnai. Peu après je rencontrai Johanne.

Violette et mes filles sont retournées fréquemment à Hautefort, mais mon lien familial et familier avec le Périgord s'est trouvé rompu, surtout après le mariage de Violette avec Pierre Naville. Pourtant, je me suis longtemps senti intégré dans cet univers périgourdin ; toutefois, ce n'est pas seulement la séparation, ce sont les morts qui m'en ont exclu. Je fus présent à la mort d'Adrien Chapellaubeau. J'étais seul près de sa couche, il respirait puissamment comme un soufflet de forge et très régulièrement. Soudain, la respiration s'arrêta et j'entendis le long sifflement d'expiration. Bien que déjà séparé de Violette, je me sentis un peu déculpabilisé d'avoir été présent à ce moment-là auprès de son père.

Je garde le regret d'avoir perdu ce monde rustique, familier, familial…

J'étais « toujours poussé vers de nouveaux rivages »…

Mes filles

Mon nomadisme et mes amours successives rendirent intermittents mes liens avec mes deux filles. Rien ne fut rompu, mais tout fut relâché. Elles grandirent, et en chacune j'ai retrouvé une part de moi-même.

En Irène, le scepticisme, l'ironie, l'angoisse secrète ; en Véronique, la passion civique et militante qu'amplifia son engagement pendant la guerre de Yougoslavie, d'abord en découvrant l'horreur des viols commis, puis prenant le parti des Bosniaques dans Sarajevo assiégé. Elle n'a cessé de militer pour les discriminés, exclus, humiliés et offensés, dont les sans-papiers, et récemment les migrants. Son mari, Michel Grappe, est un médecin pédiatre d'une très grande bonté, qui s'est particulièrement voué aux enfants traumatisés, y compris par la guerre, comme en ex-Yougoslavie. Ils ont trois enfants : Roland, en mémoire de Barthes, Gilles, en mémoire de Martinet, Luna, avec une pensée pour ma mère. Tous sont adultes aujourd'hui, et Gilles, marié, a une fille, née en 2018. L'arrière-grand-père auteur de ces lignes a senti au tréfonds de lui s'installer un lien viscéral avec la petite Liouba.

En faisant carrière à l'EHESS, Véronique a inauguré une forme originale d'anthropologie historique, ce dont témoignent ses publications.

Irène a fait des études en sociologie qui l'ont conduite à enseigner à l'Université de Tours. Elle a épousé Daniel Pennac, alors enseignant de littérature dans un collège privé, qui allait révéler son étourdissante fantaisie créatrice dans *la Fée Carabine* et les œuvres qui suivirent. Alors qu'il connut rapidement le succès littéraire, elle écrivit un Clausewitz ironique : *De la guerre conjugale*, qui, en dépit de sa lucide ironie et de son acuité diagnostique, demeura méconnu. Elle a publié récemment *Dans les yeux du spectateur*, fruit d'un travail très réflexif

Irène et Daniel vécurent trois ans comme enseignants à l'Université du Ceara à Fortaleza, dans le Nord-Est brésilien, ils ont une fille, Alice, qui se voue à la musique et pour qui je suis « son papy ».

Ils sont aujourd'hui séparés, mais sont demeurés amis. Irène a rencontré l'ethnomusicologue Gilles Léothaud, professeur de sa fille Alice, et sous l'incitation de laquelle une première rencontre de café s'éternisa une journée et a produit un couple uni et aimant, d'une qualité incomparable. Le père d'Irène adore parler musique avec Gilles, dont l'immense culture est propice à toutes sortes de discussions.

Après la mort d'Edwige, j'ai connu de merveilleuses retrouvailles familiales avec mes filles, d'abord en vacances d'hiver à Sitges, sur la côte catalane, puis, vers Pâques, au Pantanal, cette extraordinaire région du Brésil (je l'évoque p. 569). J'avais enfin retrouvé ma famille, mais la rencontre de Sabah m'emporta ensuite beaucoup au Maroc, me « renomadisa », fit à nouveau de moi un Parisien intermittent, donc un père intermittent et, je ne peux m'empêcher de le répéter encore, je me suis retrouvé dans le héros de *La Mule*, incarné par Clint Eastwood, qui a perdu de vue sa famille pour vivre sa vie, oubliant que sa vie est aussi dans sa famille.

Cela, je l'ai dit à l'une et à l'autre de mes filles qui durant leur existence en ont éprouvé de la tristesse, mais ont fini par me tolérer tel que l'aventure de la vie m'a fait advenir.

13

Tragédie et résurrection

1949-1951

L'année 1949 est destinale pour moi.

Le procès Rajk a lieu du 16 au 24 septembre.

Tout mon dégoût des procès de Moscou, refoulé dans mes oubliettes mentales, remonte en moi. Je suis de plus informé par mon ami Fejtö. Socialiste devenu communisant après-guerre, il avait été nommé à la tête de l'Institut culturel hongrois de Paris, rue du Faubourg-Saint-Jacques, dans un petit bâtiment situé en arrière-cour.

Quand, lors de l'arrestation de Rajk et autres, il reçut, comme Szekeres à Rome, l'ordre de partir pour Budapest, il fut extrêmement inquiet du comportement de ses collaborateurs staliniens, et il m'appela. Je le rejoignis aussitôt dans son bureau, croisant des personnages aux visages fermés dans le couloir et l'escalier. Il me parla avec une extrême agitation, me faisant comprendre qu'il courait un danger. Je lui demandai de quitter les lieux aussitôt avec moi et pour toujours. Nous quittâmes ensemble ce lieu néfaste.

Il rédigea pour *Esprit* un long et irréfutable article démontrant que Rajk ne pouvait être en Allemagne nazie, comme le prétendait l'accusation, alors qu'il était en pleine guerre d'Espagne, et qu'évidemment Rajk n'était ni traître ni espion (pour les nazis, l'Intelligence service, la CIA).

Pierre Courtade, qui avait fait les comptes rendus du procès Rajk dans *L'Humanité* dans des termes d'une bassesse et d'une bêtise incroyables chez cet esprit que j'avais connu si lucide et sceptique, vint trouver Emmanuel Mounier, directeur d'*Esprit*, pour le convaincre qu'il ne devait pas passer l'article de Fejtö, pour la raison que celui-ci était également un espion : « Je peux vous en apporter la preuve », fanfaronna-t-il. « Si vous m'apportez la preuve dans les quinze jours, je ne publierai pas l'article. » Le ministre de l'Intérieur hongrois, Gerö, qui, selon Courtade, avait tous les documents de preuve, ne s'intéressa peut-être pas à cette petite revue française et la « preuve » n'arriva pas. L'article parut.

Courtade avait été l'envoyé spécial de *L'Humanité* au procès Rajk et, en revenant à Paris, il réussit à convaincre Claude Roy et J.-F. Rolland de la « trahison » de Rajk. En outre, il évoquait son entrevue avec Gerö qui lui avait montré les pièces à conviction, et il citait les propos de journalistes américains près de lui au procès, « *fine people, but spies* ». Il ne put me convaincre et peut-être mon rejet de ce qui était à la fois mensonge politique et mensonge à lui-même fit que lorsque le responsable du Parti, enquêtant sur ma personne, lui demanda son opinion sur moi, il me dénonça comme titiste.

À vrai dire, je vécus une dure et éprouvante bataille. Mes amis Jomaron rompirent avec moi. Je luttais contre un énorme et imbécile mensonge qui triomphait autour de moi.

Pierre Hervé fut envoyé à Sofia, au procès Kostov, ce dirigeant bulgare lui aussi convaincu de trahison, sabotage et espionnage. Il se trouva qu'au premier matin du procès Kostov renia ses aveux, obtenus par la torture. Son avocat atteignit le comble du grotesque dans l'ignoble en suppliant le tribunal de ne pas tenir compte des dénégations de son client. Kostov revint l'après-midi soumis et confirma ses aveux de trahison. Pierre Hervé fit des comptes rendus du procès aussi immondes que ceux de Courtade. Je le savais tellement droit que j'essayais de le convaincre. L'attitude de Kostov la première matinée n'était-elle pas la preuve de son innocence ? Comme un enfant buté, Hervé répondait à mes arguments par un inlassable : « Je fais confiance au Parti bulgare. »

Il resta amical à mon égard. Tant qu'il garda sa responsabilité à *Action* il publia de petits articles que je signais sous le demi-pseudonyme d'Edmond Beressi. Je me souviens de l'article « Je suis chômeur intellectuel » dans lequel je racontais, enjolivée, l'entrevue que m'accorda un responsable du bureau de chômage, et d'un autre sur le monopole de la fromagerie Bel en Franche-Comté. *Action* avait reçu une lettre d'un fermier et Hervé m'avait envoyé sur place. J'ai pris le train pour Besançon, trouvé le fermier, qui me dit que le trust Bel fabriquait sa Vache qui rit avec des déchets de Comté, mais que nul n'osait le dénoncer. Je terminais mon article par : « Les fermiers ont un bœuf sur la langue, et quel bœuf ! Une Vache qui rit ! »

En fait, je ne repris pas ma carte du Parti, mais n'osais le dire, ce qui fait que les communistes de mon quartier à Vanves étaient persuadés que je militais à mon travail, au CNRS.

J'étais un cadavre politique, mais redevins un esprit en activité. Le destin me faisait travailler à ma renaissance sur le front des sciences humaines. Comme je l'ai évoqué précédemment, on m'avait commandé (voir p. 25 et suivantes) un livre sur l'homme et la mort pour la collection « Dans l'histoire » aux éditions Corrêa, et je m'étais mis à l'ouvrage, profitant de ma situation infortunée de chômeur intellectuel.

Robert et moi avions perdu notre poste à la suite d'une crise à la FNDIRP. Le conflit latent entre Lampe et Ricol avait éclaté, mobilisant deux puissants clans du Parti. Ricol était le frère de Lise Ricol, épouse d'Arthur London, et Lampe avait ses appuis. Le Parti les écarta l'un et l'autre de la FNDIRP, renvoyant Lampe « à la production ». Je ne sais plus ce que devint Ricol, que nous aimions, Robert, Monique et moi. Je le revis bien plus tard avec contentement. Du coup, je fus convoqué au « 44 » (siège du Comité central), où un haut responsable, Servin, je crois, me proposa d'entrer à *L'Humanité* comme journaliste à la page culturelle. Je lui dis que j'étais sensible à l'honneur qu'on me faisait, mais qu'en raison des divergences sur la culture je préférais un poste au journal de la CGT, *La Vie ouvrière*. Il fut très étonné et me demanda des noms de camarades du Parti pouvant témoigner à mon sujet. Je donnai ceux d'Hervé et de Courtade, lequel, comme je l'ai dit, me dénonça comme titiste, et je fus renvoyé « à la production ». Je téléphonai à Courtade avec colère, je ne sais plus ce qu'il me répondit.

Ce fut donc pour moi une chance née d'une malchance de travailler à mon livre sur la mort. Pendant plus d'un an, je passais mes journées à la Bibliothèque nationale, rue de Richelieu, y devenant un sédentaire, retrouvant la même place et les livres laissés la veille en dépôt. Le catalogue n'avait que deux livres, tous deux religieux, au mot « mort », mais j'avais à écumer la préhistoire, l'ethnographie, l'histoire, les religions, la psychologie, la psychanalyse, la poésie, la littérature et, bien sûr, la biologie. Je voisinais avec un vieil assidu qui fréquentait la bibliothèque depuis l'avant-guerre de 1914. Il avait été un jeune dandy, avec calèche, vivant de plaisirs ; un jour, ayant visité la BN, il y avait ressenti une puissante attraction, avait vendu tous les accessoires de sa vie mondaine et, depuis, passait ses jours à s'instruire. Il avait également eu l'idée d'aider les autres à développer leurs connaissances et avait créé une gazette, *L'Intermédiaire des curieux*, préhistoire artisanale de Google, qui répondait aux plus diverses demandes de savoir. J'avais un rythme de vie régulier, m'absentant de temps à autre pour fumer une cigarette, allant prendre un plat à midi dans un bistro voisin, fréquentant Marie Susini, ex-compagne de Jean Daniel, belle écrivaine corse et bibliothécaire sur les lieux, devenue une amie proche. Je prenais d'innombrables notes sur des fiches improvisées et poursuivais une quête immense me faisant traverser les frontières disciplinaires et découvrir des réalités et des pensées nouvelles pour moi. Certes, j'avais honte d'être chômeur, d'autant que Violette gagnait le pain du ménage en allant enseigner en province. Elle fut quelque temps plus tard nommée au collège Paul-Bert, à Montparnasse, et je devins chercheur au CNRS. Durant mes premiers mois au CNRS, je m'acharnais à terminer mon livre.

Georges Friedmann

À cet instant, je dois dire ma reconnaissance à Georges Friedmann, qui, à deux reprises, orienta mon destin. Je l'avais connu à Toulouse où il était réfugié, familier de Jean Cassou, qui l'avait introduit dans la Résistance. J'avais lu sa *Crise du progrès*, de 1936, dont la thèse était que la bourgeoisie, privée d'avenir, avait cessé de croire au progrès, à l'inverse du prolétariat qui, lui, avait l'avenir pour lui. J'avais surtout été frappé, au moment où je l'ai lu, sans doute fin 1941, par son *De la sainte Russie à l'URSS*, paru en 1938. Ce livre avait contribué à ma conversion imputant à l'arriération héritée de la Sainte-Russie les carences du système soviétique et reconnaissant mais justifiant le « culte du chef » par la nécessité de lier ensemble les peuples multiples de l'URSS et en certifiant les énormes progrès accomplis par l'URSS dans l'éducation, la santé, le travail, la condition des femmes. Ce livre, qui en fait incitait au communisme non pas malgré mais parce qu'il donnait sa part à l'esprit critique, fut pourtant violemment attaqué par le Parti lors de sa parution, et Friedmann, bien que lui-même non inscrit au Parti, se vit exclure de toutes les associations sympathisantes auxquelles il participait.

Très sensible à l'injustice de ces attaques, il s'en est trouvé durablement affecté.

Son père était un riche banquier. À sa mort, Georges voulut faire don de son héritage au Parti. Il m'a été dit qu'André Marty, à qui il proposait cet argent, s'écria : « Foutez-moi à la porte ce provocateur ! » Georges offrit la somme à l'Institut du cancer. Plus tard, à la mort de sa mère, il pensa faire don de l'héritage maternel au même institut, mais Hania, son épouse, s'y opposa, menaçant de le quitter s'il ne gardait pas l'héritage.

Je l'avais connu, avant ce dernier épisode, à Toulouse alors que je me demandais et lui demandais si je devais entrer au parti communiste clandestin. Il médita et me dit : « C'est une expérience que vous devriez peut-être faire. »

Je le revis souvent dans la clandestinité où il était devenu

Georges Fromentin. Il s'inquiétait : « Le Parti communiste a-t-il changé ? » C'était la même question que me posait Léo Hamon, avocat ex-communiste, animateur du mouvement de résistance Combat, à Toulouse, puis du Comité d'action contre le STO. Il conduisit le commando qui détruisit le fichier de toute une classe de recrutement. Il deviendra vice-président du comité parisien de la Libération et dirigera avec Roger Stéphane la prise de l'Hôtel de Ville en août 1944. Il sera aussi le négociateur de la trêve des combats que refusèrent d'observer le parti communiste et les résistants sous son influence. Hamon, même dans les rendez-vous clandestins, parlait avec le ton oratoire de l'avocat : « En 1935, le parti communiste a donné sa parole au service de la patrie, en 1941, il lui a donné son sang, mais est-ce un ralliement définitif ? » Je le rassurais comme je rassurais Friedmann : « Ce ne sera plus comme avant, il y a une nouvelle génération de dirigeants, leur patriotisme est définitivement enraciné. »

Georges Friedmann aimait et appréciait beaucoup Violette, alors étudiante en philosophie, dévouée aux persécutés, et qui avait organisé la mise à l'abri de juifs dans sa région natale de Dordogne.

Nous le revîmes souvent à Paris après la Libération. Nommé professeur à l'École des arts et métiers, il produisit des livres importants sur le machinisme industriel. Il devint membre de la commission de sociologie du CNRS et y succéda à Georges Gurvitch comme directeur du centre d'études sociologiques. Il impulsa les recherches empiriques dans les différents domaines de la sociologie.

Ses amis Jean Cassou, Louis Martin-Chauffier, Claude Aveline et lui-même publieront en 1946 *L'Heure du choix*, livre de compagnons de route du Parti où « l'URSS est exemple et pas modèle », mais il rompit définitivement avec le communisme soviétique lorsque Jean Cassou subit les plus immondes attaques, à commencer par celle de son beau-frère André Wurmser, pour avoir défendu Tito contre Staline.

Invités chez lui, nous découvrîmes son appartement, très sombre, au deuxième étage d'une petite rue grise du 16e arrondissement. Il y avait dans la pénombre du salon un grand nombre de toiles de Degas que je pensais être des reproductions. Je ne savais pas alors que ces tableaux, hérités de son père, constituaient un trésor. Georges avait prévu qu'à sa mort ces toiles iraient au musée d'Art moderne que dirigeait Jean Cassou. Après le décès d'Hania, il fut très désorienté, puis épousa une provinciale, Marcelle, dont il conservait en souriant les pataquès d'expression (ainsi, disait-elle « un théâtre en forme de harem » pour « un théâtre en forme d'arène »). Je ne sais plus ce qui déclencha le drame, mais sa fille refusa qu'il donne les Degas au musée. Il en fut profondément affecté et tenta même de se suicider. Après avoir ingéré quantité de barbituriques, il partit en forêt avec les chiens de sa maison de campagne, située à Nesles-la-Vallée, et s'endormit sous un arbre. Les chiens revenant sans leur maître, le gardien de la maison partit à sa recherche, guidé par eux, le trouva, le fit hospitaliser. J'allais le voir à l'hôpital de Pontoise où il avait très peur de sa fille et de sa femme.

Pendant sa convalescence en dehors de Paris, Marcelle m'appela un soir. Friedmann lui avait donné par testament un ou deux tableaux de petits maîtres. Elle avait trouvé une liste des tableaux comportant pour chacun leur estimation en francs. Elle avait besoin de moi pour comprendre ce que disait cette liste ; nous passâmes de tableau en tableau ; pour chacun j'annonçais la somme et, à chaque fois, elle en était estomaquée. Moi-même je découvrais avec stupeur la valeur de ces divers Degas et Renoir. Je la laissai toute déconcertée. Georges Friedmann souffrit beaucoup par la suite de l'hostilité virulente qui régnait entre sa femme et sa fille.

Il resta un ami bienveillant et bienfaiteur pour Violette et moi. Quand il crée le centre d'études des communications de masse à l'EHESS, en 1961, il me prend pour adjoint avec Roland Barthes et y fait entrer Violette. C'est ce centre qui se métamorphosera en centre d'études transdisciplinaires et que je dirigerai pendant un temps.

Je suis marqué par son *Fin du peuple juif ?*, de 1965, qui montre que les générations israéliennes de sabras, robustes et sûres d'elles, sont très différentes des juifs de la diaspora. Nous ne savions pas encore qu'Israël allait ressusciter le peuple juif sur les terres bibliques et qu'une majorité de membres de la diaspora renforceraient leur identité juive dans une identité israélienne.

Friedmann avait dépassé et englobé les problèmes du machinisme dans une pensée d'ensemble sur la civilisation technicienne. Son inquiétude croissante concernant les développements de la puissance à la fois conquérante et destructrice de la technique allait faire converger ses idées avec celles de Jacques Ellul et de Heidegger. *La Puissance et la Sagesse* est une réflexion profonde sur le destin de notre civilisation, ses maux et ses remèdes possibles. Ce grand livre fut méconnu.

Il mourut en 1977, et son apport fut soit réduit au machinisme industriel, soit oublié, alors qu'il a été un penseur perspicace de son siècle. Son esprit resta celui de découvreur parce que sa candeur l'amenait à s'étonner et à s'émerveiller. Fils de juif allemand, il ne cessait de se réjouir d'être français et de tout ce qui évoquait la France. Ainsi, il avait de l'affection pour Alain Touraine et se plaisait à me dire : « Touraine, quel beau nom ! »

Touraine, moi et quelques-uns nous sommes efforcés de temps à autre de ranimer sa mémoire.

Je me suis laissé déborder. Je reviens au conseil que me donne Friedmann d'entrer au CNRS. J'en ignore alors tout, jusqu'au nom lui-même. Au cours d'un déjeuner avec Violette, où je me lamente de ma triste situation de chômeur, lui, connaissant mon intérêt pour la sociologie depuis Toulouse, me suggère d'entrer au CNRS, dans la section de sociologie. Pour ce faire, il faut un projet de recherche et des parrains universitaires. Je concocte un projet sur l'esthétique du monde industriel (ou de la machine), pour rester dans ses cordes, et j'obtiens des lettres élogieuses de Maurice Merleau-Ponty, Vladimir Jankélévitch et Pierre George, tous trois professeurs à la Sorbonne.

La commission sociologie du CNRS me recrute comme stagiaire de recherches, c'est-à-dire tout en bas de l'échelle. J'avais été promu « commandant » par Michel Cailliau, homologué officiellement comme lieutenant quand j'avais 23 ans, voilà que j'étais deuxième classe au CNRS... On ne me qualifiait pas de

« jeune résistant » quand je faisais mon métier de clandestin, mais, à 30 ans, je devins « jeune chercheur ».

Pour autant, je ne m'en sens nullement humilié. En revanche, Alain Touraine recruté en même temps que moi comme stagiaire à l'âge de 24 ans, proteste en tant que normalien et passe au grade supérieur d'attaché de recherches.

Je crois d'abord travailler sur l'esthétique industrielle ; je fais quelques visites à mon parrain au CNRS, le professeur d'esthétique à la Sorbonne, Souriau, mais mon intérêt est tourné vers le cinéma. Du reste, Friedmann s'intéresse aux « mass media », comme on dit à l'époque, dont le plus significatif alors est le cinéma. Je commence par des enquêtes sur la fréquentation cinématographique, puis je glisse vers les contenus sociologiques des films, l'anthropologie du cinéma, en continuité avec mon travail anthropologique sur le « double » dans *L'Homme et la mort*. Friedmann a toléré ces glissements progressifs du désir et publiera dans sa collection « L'Homme et la Machine » aux éditions de Minuit mon livre *Le Cinéma ou l'homme imaginaire*.

Je fréquentais le séminaire de Georges Friedmann à l'École des hautes études en sciences sociales, où j'apprenais beaucoup des divers intervenants qui évoquaient leurs recherches. Mon ami Robert Pagès, connu à Toulouse où il était communiste, devenu trotskiste après 1941 car écœuré par le chauvinisme du Parti, et enfin libertaire, était lui-même entré au CNRS en psychologie sociale. Je ne comprends toujours pas pourquoi j'eus la bêtise de signaler à Mme Halbwachs, veuve du grand sociologue mort en déportation, secrétaire générale du centre d'études sociologiques, avec qui je me suis senti lié d'une affection réciproque, qu'il avait été trotskiste. La bonne Mme Halbwachs me prévint plus tard : « Vous allez vous faire exclure du Parti ! », sans que je prenne l'avertissement au sérieux.

Je reviens au séminaire Friedmann. Pagès, invité à l'un d'entre eux, nous exposa la théorie de l'information et de la communication de Shannon. Elle me sembla sans grand intérêt alors que, vingt ans plus tard, je découvrirais son importance.

J'étais depuis peu au centre d'études sociologiques quand

Georges Friedmann organisa une semaine sociologique « Villes et campagnes » ; je n'en ai raté aucune séance. Il y avait dans la rangée derrière la mienne Pierre Naville et sa femme Denise, dont je fis connaissance, et nous devînmes rapidement familiers. À l'issue du colloque, il me demanda d'en faire un compte rendu pour *L'Observateur*, ancêtre de *L'Obs* actuel, qui était dirigé par Claude Bourdet et Gilles Martinet. J'acceptai, malgré le pincement au cœur de la transgression.

Je rédigeai l'article ; mon propos essentiel était que les révolutions urbaines n'avaient pu réussir qu'avec l'appui des campagnes. Au juillet 1789 de Paris correspond la « grand-peur des campagnes » où les paysans attaquent ou brûlent des châteaux. Aux soviets de Petrograd correspond « la terre aux paysans » qui incite les moujiks à la révolution. Enfin, écris-je, Mao Tsé-toung implanta dans les campagnes une révolution chassée des villes, ce qui lui valut, ajouté-je, d'être exclu par l'Internationale communiste. À part cette petite piqûre d'épingle, mon article, bien que non marxiste-léniniste, n'avait rien de condamnable.

Exclusion

Du temps passa. J'ignorais que Dominique Desanti et Jean Kanapa avaient manifesté leur indignation auprès des instances responsables et qu'une machine à expulser s'était mise en route au sein du Parti. Je n'avais pas tenu compte de l'avertissement de Mme Halbwachs.

Je fus convoqué au 120, rue Lafayette, siège de la section parisienne du PC, et reçu par Annie Besse, une jeune Walkyrie blonde, assez plantureuse, l'air glacé et innocent, avec un beau regard bleu.

« Tu devines pourquoi je t'ai convoqué. »

Je ne devinais pas, elle pensa que j'étais dissimulé.

« Que dis-tu d'un communiste qui écrit dans le journal de l'Intelligence service ? »

Je lui répondis que j'en pensais le plus grand mal.

« Tu ne vois pas de quoi je te parle ?? »

Alors, elle me dit avec une conviction apparemment absolue :

« Le directeur de *L'Observateur* est Claude Bourdet, Claude Bourdet, c'est bien connu, est l'agent officiel, patenté, de l'Intelligence service en France. »

Elle nota mes réponses, et cela n'alla apparemment pas plus loin.

Aussi, quand le bon secrétaire de la cellule Tousseul, concierge en face de chez moi, vint me demander de participer à une réunion, je crus que c'était une assemblée des Combattants de la paix, mouvement satellite du Parti dénonçant le bellicisme américain, comportant des adhérents « bourgeois » ; je mis pour l'occasion mon beau costume croisé. Quand je vis entrer Annie Besse dans le hangar où se tenaient les militants de la cellule focale, je compris tout. J'ai fait le récit de la séance de mon exclusion dans *Autocritique*.

L'exclusion du parti communiste, à l'époque (et pendant longtemps encore !), était l'équivalent de l'excommunication catholique, du *herem* rabbinique, de l'étoile jaune pour les nazis.

Cette marque d'infamie se surimprimait en moi à mon sentiment de non-conformité d'orphelin de mère depuis l'âge de 10 ans, qui me faisait honte au point que je n'osais l'avouer à mes camarades de classe. Il s'ajoutait à l'autre sentiment de non-conformité qui me venait de ma naissance juive. Et ma vie intérieure était elle-même exclue du regard de ma famille.

Mais je ne m'étais pas fait rejeter auparavant par les miens, parents, amis ou frères en résistance. Cette fois, l'exclusion provoqua le rejet de très proches amis. Au cours d'une vive discussion, mon ami, mon frère, Jacques-Francis Rolland me dit dans la colère : « Je ne discute pas avec un exclu ! » Et je lui répliquai : « Va donc, espèce d'inclus ! » La cellule du centre d'études sociologiques voulut me mettre en quarantaine, mais son secrétaire, mon ami Lucien Brams, trouva des moyens astucieux pour s'y opposer. Henri Lefebvre, à ma vue, prit le trottoir d'en face. Pour les sartriens des *Temps modernes*, j'étais devenu un ennemi. Courtade réussit à faire supprimer par Martinet mon nom d'un texte condamnant l'arrestation de Jacques Duclos après la manifestation anti-Ridgway. De bons amis cessèrent de me voir.

Tout cela est passé. Voilà deux ou trois décennies que le PC m'invite à la Fête de *L'Humanité* et me demande articles ou interviews pour ce quotidien.

Même si j'en ai souffert, j'ai surtout été libéré, et cela dès le lendemain matin de la soirée fatale de l'exclusion, après mes pleurs dans les bras de Violette avant de m'endormir. Quelle jouissance de redevenir moi-même ! Je n'ai jamais plus adhéré à aucun parti. Wikipédia se trompe en indiquant que j'ai été membre du PSU. Depuis 1951, je suis resté autonome et m'exprime politiquement dans les articles que j'ai pu librement publier dans *France Observateur* d'abord, puis dans *Le Monde* à partir de 1963.

14

Le broyage des consciences

Des dérives des années 1930 à Vichy

La grande crise économique de 1929-1935, la crise de la démocratie en 1934, le triomphe du nazisme en Allemagne en 1933 avec une exaltation fanatique associée à une féroce répression, l'exaltation stalinienne tout aussi fanatique et les atroces procès de Moscou qui ont suivi, tout cela entraîna bien des esprits à trouver dans le nazisme l'antidote au communisme et dans le stalinisme l'antidote au nazisme. Se sont alors produites d'innombrables dérives idéologiques, adhésions aveugles, conversions du fascisme au communisme, voire du communisme au fascisme, à l'instar de Doriot et de ses compagnons.

Le *terremoto* psychique que fut le désastre de juin 1940 déclencha un processus de conversion de républicains démocrates à l'État autoritaire de Vichy et, chez quelques-uns seulement, une volonté de résistance. Par horreur de la guerre, un grand nombre de pacifistes acceptèrent l'occupation de la France. Alors que l'Allemagne était devenue maîtresse de l'Europe et avait envahi l'URSS en été 1941 jusqu'à arriver aux portes de Moscou, certains d'entre eux crurent qu'en dépit d'excès (qui seraient temporaires) l'Allemagne post-nazie accoucherait d'une Europe pacifiée et unie, voire socialiste. Quand la guerre en URSS se transforma en guerre mondiale, entraînant le Japon et les États-Unis, les pacifistes devinrent les collaborateurs non *europeana*, mais de la guerre hitlérienne. Ainsi, mon proche ami de lycée Henri Macé, socialiste de gauche, pacifiste avant-guerre, s'engagea dans le parti de Déat. Les carrières des Déat, Doriot, Laval sont significatives de ces dérives. Parti d'un *aggiornamento* du socialisme dans le cadre national, Déat devient sous l'Occupation chef d'un parti national-socialiste. Après une juste critique du parti stalinien de Thorez, l'ex-dirigeant communiste Doriot crée un parti populaire et national qu'il transmute en parti fasciste sous l'Occupation puis finit sous l'uniforme allemand, abattu au cours d'un mitraillage. Laval, socialiste dans sa jeunesse, progressivement passé à droite, a conduit la politique de collaboration sous Vichy.

J'ai constaté bien d'autres dérives au cours de mon existence.

Une des plus étonnantes est la transformation d'esprits au départ généreux et souhaitant œuvrer à l'émancipation de l'humanité en fanatiques, non seulement sectaires et obtus, mais cruels et venimeux. Le Parti a été une force énorme, terrifiante, de broyage des consciences, de sélection des pires et d'élimination des meilleurs, pas tant chez les braves militants endoctrinés, croyants naïfs en l'Union soviétique et en l'ignominie de ceux qu'on leur désignait comme anticommunistes, que chez les cadres, responsables et intellectuels. J'ai évoqué tout cela dans *Autocritique*.

Je voudrais m'arrêter ici sur trois cas de broyage des consciences, je dirais même de meurtres spirituels, accomplis et exécutés par le Parti, sur des hommes de grande et belle stature, d'esprit ouvert et lucide, des hommes au destin brisé. Et le moment fatal où sombra la conscience de deux d'entre eux, provisoirement pour l'un, où le sort du troisième sera la prison, fut, pour tous les trois, celui du procès de László Rajk, responsable communiste hongrois, condamné à mort et exécuté pour trahison et espionnage en 1949.

Pierre Courtade

J'ai connu Pierre Courtade à Lyon, chez Antoinette, il avait moins de trente ans. Encore journaliste à *Compagnon* (journal vichyssois pour la jeunesse), il appartenait déjà au mouvement Libération. Il était très lié à Pierre Hervé, un ami de khâgne, et n'appartenait pas au Parti ; il était un simple compagnon de route, et resta hors du Parti jusqu'à l'année fatale de 1946.

C'était un Méridional, brun, issu d'une famille modeste, promu par l'école républicaine – très intelligent, très vif, un air ironique, un sourire en coin, l'esprit foncièrement critique, pouvant aller jusqu'au persiflage et au sarcasme. Claude Roy dit de lui dans *Nous :* « Je fus frappé par son regard, des yeux railleurs et la gouaille du ton effaçant son accent de Bagnères-de-Bigorre : l'ironie, sa note dominante. »

Au cours d'une conversation où nous évoquions les lumières et les ombres du communisme, il m'avait dit, je ne sais plus si c'était encore sous l'Occupation ou peu après, avant que Maurice Thorez l'appelle à *L'Humanité* : « Tu vois, Edgar, je ne suis pas au Parti, parce que j'ai été en URSS en 1938. »

Sa femme, Genia, était d'origine russe et j'ai supposé qu'ils avaient eu des témoignages familiaux directs du déchaînement répressif de l'époque ; je ne savais pas alors qu'ils avaient rencontré le père de Genia, un vieux bolchevik, victime des purges staliniennes, qui avait été emprisonné et vivait dans le dénuement.

Après-guerre, il tint une rubrique à *Action*, hebdomadaire issu du mouvement Libération, mais dirigé par deux sous-marins du Parti : Hervé et Leduc. Il y avait un ton de liberté dans *Action*, surtout dans le domaine culturel et littéraire, puis, progressivement, l'étau du Parti se resserra et tout rentra dans la « ligne ».

C'est en 1946 que Maurice Thorez, chef du Parti, convoque Pierre Courtade et lui offre la chronique de politique étrangère dans *L'Humanité*, celle-ci avait été tenue avant-guerre par Gabriel Péri, héros du Parti, fusillé par les nazis.

« Mais, camarade Thorez, je ne suis pas au Parti !

– À partir de maintenant, tu l'es. »

Ainsi, il devint communiste sans l'avoir voulu, occultant définitivement son expérience de 1938, et crut de plus en plus à ce qu'il devait nécessairement écrire : en l'occurrence justifier et exalter tout ce qui est soviétique, dénoncer et condamner tout ce qui est américain, frapper d'ignominie comme anticommuniste toute critique du Parti et de l'Union soviétique.

Nous étions un certain nombre d'intellectuels qui, allergiques à la langue de bois et aux arguments brutaux du Parti, conscients de toutes les aberrations du passé stalinien, croyions au communisme comme avenir rédempteur de l'humanité. Aussi, quand nous nous réunissions pour des soirées, étions-nous intarissables d'ironie et de critiques non seulement à propos des intellectuels officiels du Parti, tels Aragon, Elsa Triolet, Kanapa, mais aussi des responsables politiques. Courtade était particulièrement brillant dans ces moments, véritables soupapes de sécurité.

Nous avions deux parts en nous : une sceptique, ironique, critique, une mystique, fervente, lohengrinienne pourrais-je dire. Et Courtade en avait une troisième, officielle et conformiste, en totale contradiction avec sa part ironique et critique, mais qu'il avait fini par assumer totalement en vertu de sa disposition lohengrinienne. Ce que j'ai diagnostiqué dans *Autocritique* en faisant de Courtade « l'intellectuel type de notre vulgate justificatrice du communisme, doté de deux personnalités, un Courtade d'Église et un Courtade privé[1] ».

Lors de la séance où mes amis et moi faisions de l'opposition culturelle en suscitant une violente critique de la part d'Aragon, Courtade intervint en modérateur : « Comprenez ces jeunes gens, Aragon. » Puisque nous le savions hostile à la ligne culturelle du Parti, nous lui demandâmes de signer un texte dans ce sens déjà avalisé par des intellectuels communistes et compagnons de route. Il nous signala des maladresses dans le texte : « Alors, corrige-les », fut notre réponse.

Il les corrigea, signa, puis revint le lendemain retirer son nom : « J'en ai parlé à Fajon [membre du bureau politique], il m'a dit que c'était contraire aux statuts du Parti, je ne peux pas signer. »

1. *Autocritique*, « Points Essais » , p. 101-102 et 127.

L'excommunication de Tito par Staline lui fit écrire une imbécillité qui l'aurait fait rougir ou ricaner quelques années auparavant : « Je peux démontrer de façon scientifique que le régime de Tito est fasciste. »

Cependant, le Courtade lucide sombra totalement lorsqu'il fut envoyé à Budapest par *L'Humanité* afin de couvrir le procès Rajk.

Ce procès tout à la fois ignoble, dément, idiot, permit à certains, dont moi, de déchirer le voile qui leur recouvrait les yeux, mais installa chez d'autres une membrane opaque dans leur perception. Certes, Courtade était obligé de faire un compte rendu ignoble, dément, idiot pour *L'Humanité*, et il ne se priva pas dans son article d'attenter à la subjectivité de Rajk, le peignant en traître jouissant de sa traîtrise. Il s'en convainquit lui-même avec l'aide du ministre de la Justice hongrois, lui déclarant qu'il avait en main tous les documents prouvant la culpabilité de Rajk, et les propos (rapporta-t-il) de journalistes américains parlant ainsi entre eux des accusés : « *Fine people, but spies.* »

Courtade n'était nullement un être abject, mais était d'un caractère faible, ce qui permit à l'abjection stalinienne d'entrer en lui et, par faiblesse, il se convainquit tout seul de l'infamie de Rajk pour occulter celle dont il devenait l'instrument.

Revenu à Paris, il sut en persuader Claude Roy, J.-F Rolland et quelques autres, mais, pour ce qui me concerne, il me persuada seulement de sa déchéance morale et intellectuelle. C'est sans doute pour cela qu'il me dénonça plus tard comme « titiste » au Comité central qui enquêtait sur moi et à qui j'avais donné le nom de deux témoins de « stalinité » : Pierre Hervé et Pierre Courtade.

Le procès Rajk l'enfonça dans le stalinisme le plus imbécile, lui, le plus intelligent, l'un des plus subtils parmi tous les intellectuels que j'avais rencontrés dans la Résistance.

Il était fait pour être écrivain, et, bien que politiquement conformiste, il n'était littérairement nullement réaliste-socialiste ; en effet, il faisait des romans à double sens, en partie cryptés, mais sans pouvoir déployer ses ailes (*Elseneur, La Place rouge*).

Le rapport Khrouchtchev l'effondra. Tout l'édifice de mensonges sur lequel il s'était juché s'écroulait. Il eut le culot désespéré d'écrire dans un article, « La lumière et les ombres », que « nous avions raison d'avoir eu tort et qu'ils avaient eu tort d'avoir raison ». J'ai écrit dans *Autocritique* qu'il était devenu l'un des pires staliniens, alors qu'il avait tout pour devenir un antistalinien lucide.

En fait, j'ai appris plus tard qu'au cours de la séance du Comité central consacrée au rapport K, que Thorez voulait occulter et qui fut finalement dit « attribué au camarade K », Courtade s'était opposé à Thorez en demandant la pleine reconnaissance de la réalité de ce rapport. Mais il ne manifesta ouvertement aucune critique sur la répression par l'URSS de la révolution hongroise.

Puis, pendant plusieurs années, il fut correspondant de *L'Humanité* à Moscou. Les bouches s'étaient ouvertes là-bas après le rapport K. Tout ce qu'il avait exalté était vomi. Et, par la même occasion, il découvrait ses propres vérités qu'il avait enfouies sous la chape de plomb de son stalinisme. J'avais cessé de le voir, mais j'imagine sa tragédie intérieure, il était sans doute rongé par son autodestruction psychique, laquelle provoqua, je pense, son autodestruction physique, puisqu'il mourut à 47 ans d'une crise cardiaque. Il aurait pu quitter le Parti, mais le Parti avait pris en charge les soins pour sa maladie, il en était devenu trop dépendant.

Il se justifiait auprès de ses amis en disant qu'il était entré dans un jeu dont il devait respecter la règle.

J'appris sa mort en 1963 alors que j'étais en convalescence dans le Midi à la suite de mon hépatite. Je fus très affecté, pensant à cette vie dégradée, déchue, avilie par la formidable machine à fabriquer héros et salauds que fut le Parti, à cette belle intelligence corrompue par la formidable machine à crétiniser les esprits.

Tant qu'il était vivant, j'incriminais sa faiblesse de caractère, mais, mort, je voyais bien que, s'il n'avait pas été au PC, il aurait pu épanouir ses talents. Finalement, le Parti l'avait assassiné psychiquement et physiquement. Roger Vailland a écrit que

Courtade était mort en riant de lui-même. Si c'est vrai, il aurait *in fine* retrouvé son ironie, sa dérision sa raillerie en la portant enfin sur sa personne.

Pierre Hervé

Pierre Hervé était issu d'une famille paysanne et, comme son ami Courtade, il avait accédé à la khâgne et se destinait à l'enseignement de la philosophie. Il avait une belle gueule de Breton, au front haut, large et droit,

À la différence de Courtade, Pierre Hervé était un homme de fort caractère. Étudiant communiste avant-guerre, il avait l'âme intrépide et avait participé à la manifestation étudiante du 11 novembre 1940, premier acte de résistance en zone occupée. Il avait été emprisonné avec un grand nombre de camarades à la Santé et, malgré les instructions du Parti qui interdisait toute tentative d'évasion, il s'enfuit de la prison avec son ami Blanchard, (qui lui restera fidèle toute sa vie), grâce à l'aide de sa compagne Annie (dont le beau et noble visage m'avait charmé à la bibliothèque Sainte-Geneviève quand j'étais étudiant). Il avait rejoint à Toulouse son ami Jean-Pierre Vernant, et ils avaient ensemble contribué à la formation du mouvement Libération, dont il devint le chef. Son ascendant naturel le porta aux responsabilités du secrétariat général du MLN. Il s'était lancé dans la Résistance alors que le Parti, par obéissance au pacte germano-soviétique, s'abstiendrait jusqu'en juin 1941. Bien qu'il le niât devant moi, il était devenu, je pense, un sous-marin du Parti, comme bien d'autres dirigeants de Libération puis du MLN.

Il plaida à la Libération pour la fusion du MLN avec le Front national, ce qui aurait intégré le plus gros de la Résistance sous l'obédience communiste, mais l'intervention d'André Malraux au congrès du MLN fit échouer le projet.

Il prit à la Libération la direction de l'hebdomadaire *Action*, où il sauvegarda le plus longtemps qu'il put la pluralité culturelle.

Il écrivit le 22 novembre 1946 un article retentissant, contraire à la ligne officielle du Parti, qui lui valut le début de sa déchéance intitulé : « Il n'y a pas d'esthétique communiste ». Quand je fus mis à l'index par le Parti il me fit faire un reportage sous le nom d'Edmond Beressi et publier quelques articulets à l'époque où j'étais chômeur intellectuel.

Il fut écarté d'*Action* et nommé rédacteur en chef adjoint de *L'Humanité*, où on lui laissa de moins en moins de responsabilités. *L'Humanité* l'envoya au procès Kostov en Bulgarie, qui suivit le procès Rajk. Comme Rajk, Kostov avait été le dirigeant communiste majeur en Bulgarie et était accusé des mêmes crimes que Rajk. À la première audience du procès, Kostov revint sur ses aveux à l'instruction, disant qu'ils avaient été extorqués sous la torture. Son avocat supplia le tribunal de ne pas croire que son client était innocent, le tribunal suspendit la séance, et l'après-midi Kostov revint et avoua tout. Hervé fit le compte rendu immonde de ce procès immonde. J'allais le trouver et, parmi mes arguments, je faisais valoir les dénégations de Kostov lors de la première audience. Hervé, à chacune de mes raisons, répétait comme une litanie avec son air têtu : « Je fais confiance aux camarades du Parti communiste bulgare. »

Quand je lui demandai pourquoi il n'était pas allé rencontrer son ami Szekeres, revenu en France en fugitif, alors que Courtade était allé le voir, il me répondit mystérieusement qu'il avait bien fait. Je compris plus tard. Courtade était allé voir Szekeres, mais avait fait un rapport au Parti relatant les propos tenus par celui-ci. Cela Szekeres l'avait su lorsque le policier hongrois venu le chercher en Allemagne de l'Est pour le conduire en Hongrie et l'emprisonner lui avait répété les propos qu'il avait tenus à Courtade. Pour ne pas avoir à trahir Szekeres en faisant un rapport au Parti, Hervé avait préféré trahir apparemment son amitié.

Action fut supprimé à la fin de 1952. En janvier 1953, la presse soviétique dénonça le « complot des blouses blanches », ces médecins soviétiques, presque tous juifs, accusés d'avoir assassiné deux dirigeants soviétiques et de vouloir assassiner Staline sur commandement de l'impérialisme. Hervé, arrivé au comble de la soumission et de la déchéance, écrivit un article incroyable dans *L'Humanité*, dénonçant les médecins aux ordres d'un sionisme cosmopolitique antisoviétique. À mon avis, il était arrivé à un somnambulisme ou à une hallucination politique totale, à une auto-humiliation quasi dostoïevskienne. Sa soumission fut aussi pathologique que celle de Courtade, tout en étant d'une autre nature. Peu de mois plus tard, le 5 mars 1953, Staline décédait, puis les médecins accusés furent réhabilités. Cela sortit Hervé de son hypnose et il fit un article autocritique.

Le Parti le renvoya « à la production », en l'occurrence l'écarta. L'ancien responsable du MLN, député du Finistère, dirigeant d'*Action*, retourna à la vie civile et trouva un poste de professeur de philo au lycée Voltaire où enseignait Jacques-Francis Rolland. Il se réveilla progressivement de sa torpeur intellectuelle, et avant le rapport Khrouchtchev, c'est-à-dire le signal de la déstalinisation, il écrivit *La Révolution et les fétiches* qui s'en prenait au dogmatisme et au fanatisme régnant dans le Parti. Ce livre était une lueur, un espoir dans la nuit, un retour de sève dans la stérilité. Jacques-Francis Rolland, enthousiaste, alla trouver Jean-Paul Sartre, persuadé que celui-ci ferait l'éloge du livre d'Hervé. L'article de Sartre fut un assassinat imbécile, accusant Hervé de « réformisme » et de régression. Le Parti exclut Hervé pour ce livre, le libérant ainsi complétement.

Il ne se résigna pas à quitter le combat politique. Il se lia avec Auguste Lecœur, fils et petit-fils de mineur, combattant communiste dans la guerre d'Espagne, qui anima la grande grève des mineurs sous l'occupation nazie en mai-juin 1941, encore au temps du pacte germano-soviétique. Lecœur fut une des plus fortes personnalités du Parti et devint en fait – pendant l'absence de Thorez, atteint d'hémiplégie, en URSS – le véritable dirigeant, très remarquable organisateur et en même temps hyperstalinien, implacable dans la disqualification d'André Marty et l'exclusion de Charles Tillon. Du coup, il fit de l'ombre à Maurice Thorez, suscita l'animosité de Jeannette Vermeersch, et le Parti instruisit son procès ; exclu en 1954, cet ancien ouvrier trouva un emploi de chauffeur routier. Son esprit, comme celui de tout exclu, se mit alors en mouvement et il se lia avec Pierre Hervé. Ils firent ensemble *La Nation socialiste*.

Je rencontrai deux ou trois fois Lecœur après son exclusion. Je l'interrogeai sur le suicide de son ami Camphin en 1954, au moment de son exclusion, car il m'avait été dit (je ne sais plus par qui) qu'il avait été suicidé. Il me répondit que c'était un des secrets du Parti qu'il ne pouvait révéler. Il avait été responsable de l'organisation secrète du Parti, qui incluait non seulement les relations politiques et financières avec l'URSS, mais aussi des activités d'espionnage et de faux documents. Toutefois, bien qu'insulté, attaqué et même agressé physiquement, il ne révéla jamais rien jusqu'à sa mort. Cet autoritaire qui s'était montré implacable durant toute sa carrière communiste était un homme d'honneur.

En 1958, Pierre Hervé et Auguste Lecœur demandèrent à adhérer au Parti socialiste. Puis Hervé devint un temps gaulliste de gauche et cessa toute activité politique à partir de 1973, à soixante ans. Il prit sa retraite avec Annie à Châtel-Censoir dans l'Yonne.

Je l'invitai à l'émission de France culture « Le bon plaisir » au cours de laquelle j'avais la liberté de programmer à ma guise et que j'avais consacrée au thème « Que sont mes amis devenus ? » et où j'avais souhaité sa présence. J'avais conservé une immense estime et une immense admiration pour Pierre Hervé et j'avais ressenti un immense respect pour son destin de chêne foudroyé. Quel grand homme serait-il devenu s'il n'avait été détruit systématiquement par le Parti ?

Puis je le retrouvai à Châtel-Censoir. Je devais faire une conférence dans une ville horlogère de Suisse et j'avais décidé d'y aller en voiture avec Edwige. Châtel-Censoir était presque sur mon passage, j'avisai donc Hervé de ma possible visite et il nous invita à dîner et à passer la nuit chez lui. J'étais tellement ému et heureux de ce dîner que ma vigilance hépatique s'effondra. Je bus et mangeai outre mesure pendant que nous évoquions tant et tant de souvenirs, de réflexions et de commentaires sur ce que nous avions vécu et connu. La nuit, dans notre chambre, j'eus une envie irrésistible d'uriner, je ne savais pas dans l'obscurité trouver le chemin des toilettes, je pissai par la fenêtre sur un terrain herbeux. Le lendemain, j'avais une crise de foie infernale, mais je dus partir, hébété ; je pense que c'est Edwige qui conduisit la voiture.

Georges Szekeres

J'ai déjà indiqué comment j'avais connu Georges Szekeres à Lyon en 1942, comment je lui dois la lecture de Hegel dont j'ai incorporé la pensée, et comment il contribua puissamment au caractère mystique de ma foi communiste en me disant qu'il valait mieux être sceptique quant aux moyens, mais croyant quant aux fins, plutôt que de mettre sa croyance dans les moyens.

Quand je l'ai connu, il avait 28 ans. Il s'était engagé dans l'armée à la déclaration de guerre, puis réfugié à Lyon avec sa compagne, Janie Chauveau, journaliste à *Marie-Claire*. Comme Hervé et Courtade, ses amis, il était résistant dans le mouvement Libération. Je le revis à Paris où il « monta », à l'instar de Hervé et Courtade, fin 1943. Il s'illustra pendant l'insurrection en lançant de sa chambre d'hôtel une grenade sur un camion rempli de soldats allemands.

Après la guerre, Szekeres fait partie de ce petit groupe d'amis incluant Courtade, Hervé, Degliame-Fouché, Rolland, et je participe souvent à leurs soirées. À partir de 1946, nous sommes de plus en plus caustiques et critiques vis-à-vis des carences, grossièretés et délires de notre Parti, ce qui nous rend de plus en plus mystiques (ce dont nous sommes inconscients). Georges Szekeres est correspondant à Paris du *Szabad Nép*, quotidien du Parti communiste hongrois, puis, en 1948, il est nommé premier secrétaire de l'ambassade hongroise où il se plaît à inviter ses amis. Le procès Rajk a lieu en septembre 1949. Szekeres est rappelé à Budapest en février 1950. Il a 36 ans. Sachant qu'il sera arrêté à son arrivée, il reste à Paris où il trouve une petite chambre. Sa compagne Janie Chauveau refuse alors de voir ce traître. Il en est de même de la plupart de ses proches amis, sauf

Courtade, qui reçoit peut-être l'ordre de le rencontrer et fait un rapport sur leur conversation aux instances supérieures du Parti. Nous ne sommes que très peu, dont Dionys et moi, à le voir. Il nous annonce qu'il compte se réfugier définitivement en France et écrire un livre sur « l'individu et l'histoire ».

Les services secrets français le convoquent et lui demandent des renseignements psychologiques sur les dirigeants communistes hongrois. Bien que de tels renseignements ne pouvaient avoir aucune conséquence politique notable, il s'y refuse par principe. On lui met le marché en main : ou bien il donne les informations demandées, ou bien il est expulsé en Hongrie. Il maintient son refus. Des amis de résistance comme Roger Stéphane et d'autres, dont j'ai oublié le nom, interviennent en vain auprès du président Auriol. Georges Szekeres est expulsé, envoyé dans une ville d'Allemagne de l'Est où vient le récupérer un policier hongrois qui le conduit en train jusqu'à Budapest, et qui lui rapporte, je l'ai dit, les propos qu'il a tenus à Courtade.

Il est condamné à huit ans d'emprisonnement. Il est libéré en 1954 par le premier gouvernement Nagy. Il vivote, puis trouve un travail de traducteur dans une maison d'édition. Il participe à la révolution hongroise de 1956, mais ne peut suivre ses amis qui fuient en France lors de la répression : il y est toujours sous le coup de l'arrêt d'expulsion, lequel ne sera abrogé qu'en 1964.

Je le retrouve à Budapest en septembre 1966, où il vit avec sa nouvelle épouse Vera (Janie s'est marié à Paris pendant qu'il était en prison). Il obtient la permission de voyager à l'étranger, revient à Paris, retrouve ses anciens amis qui l'avaient renié, mais qui sont désormais déstalinisés.

Vera, après sa mort, a entrepris de lui rendre justice et honneur en lui consacrant un livre paru en 2017 à L'Harmattan sous le titre *Salamandre*, sans doute par référence à la capacité de cet animal de régénérer son membre amputé.

Aujourd'hui, je suis frappé par le sort de ces amis : Courtade, Hervé, Szekeres, tous trois dotés de très grandes qualités dont l'intelligence et la lucidité, que le Parti a à la fois détruits et aveuglés. Ils s'en sont sortis, chacun à leur façon, mais blessés, mutilés, amoindris, et le plus malheureux, mort prématurément sans doute à cause de ce malheur même, fut Pierre Courtade.

André Ulmann

J'ajoute à ces trois héros de notre temps un quatrième, mon ancien chef et recruteur : André Ulmann, autre sous-marin du Parti.

Comme je l'ai indiqué dans un précédent chapitre, Clara Malraux m'avait fait rencontrer André Ulmann, qu'elle connaissait avant-guerre, alors qu'il était journaliste à l'hebdomadaire communisant *Vendredi*.

André Ulmann, prisonnier au stalag XIB, y avait été un des animateurs de la résistance intérieure au camp, avec Michel Cailliau et Pierre Le Moign. Il s'était fait rapatrier en pseudo-malade avec un *urlaubschein* portant les tampons des autorités du camp, et il avait aussitôt organisé la résistance du MRPGD avec ces deux acolytes. Il possédait, je crois, une maison de campagne à Ambérieu et avait fixé son action sur la région lyonnaise. Il me recruta, et j'entraînai avec moi Jacques-Francis Rolland, Victor Henri, Henri Pozzo di Borgo, qui ne restèrent que peu de temps dans le mouvement, attirés, à la suite de J.-F, par Roger Vailland qui montait son réseau Mithridate.

Il m'impressionna dès la première rencontre : un visage fin, une petite moustache, un de ces sourires, qu'on dit indéfinissables, en permanence aux lèvres, un air à la fois bienveillant et distant, avec souvent une pipe au coin de la bouche. Il me confia diverses missions que j'ai par ailleurs évoquées et m'envoya à Grenoble pour y créer un noyau de résistance (MRPGD), jusqu'à ce que l'ampleur des arrestations dans notre mouvement me rappelle à Lyon. Il fut arrêté en même temps que mon ami de lycée, Joseph Recanati, et j'eus la chance d'échapper à la Gestapo (voir chapitre 1).

André et Joseph furent déportés à Mauthausen, camp où les détenus gravissaient un long escalier sur une colline en portant de lourdes pierres. Ils s'y lièrent avec Pierre Daix. André participa à l'organisation internationale de résistance qui sauva beaucoup de détenus dans le camp. Ils furent libérés par l'armée américaine, mais, je l'ai raconté, Joseph, qui après une longue famine avait dévoré une boîte de conserve, en mourut.

Au retour, André s'installa dans une villa près de Paris où il recevait beaucoup et je fus d'une ou deux de ses réceptions. Je gardai mon respect et mon admiration pour sa résistance continue, du camp de prisonniers au camp de déportation en passant par la France. Lors de mon départ pour rejoindre la 1re armée en Allemagne, il me surprit. Il me donna tout naturellement un questionnaire portant sur les lieux de stationnement des divisions américaines dans leur zone d'occupation. Je ne pouvais ni psychologiquement ni matériellement faire ce travail et le lui dis. Après la publication de *L'An zéro de l'Allemagne* il insista pour que je fasse un livre critique sur la zone française d'occupation en Allemagne. Je n'en avais nulle envie, mais il m'affirma que c'était mon devoir de le faire. Il m'orienta vers le cabinet du ministre communiste Charles Tillon, que dirigeait Pierre Daix, et où je trouvais une documentation du reste très maigre.

Je me permets maintenant une parenthèse sur Daix : étudiant sympathisant communiste avant-guerre, il s'était engagé à entrer au Parti si celui-ci était condamné à l'illégalité ; le pacte germano-soviétique détermina le gouvernement Daladier à interdire le PC qui justifiait ce pacte, et alors que beaucoup désertèrent le Parti pour son stupéfiant revirement politique, passant de la condamnation de l'Allemagne nazie à la condamnation de l'Angleterre impérialiste, Daix devint communiste. Puis il participa à la manifestation résistante du 11 novembre 1940, fut arrêté et emprisonné de novembre 1940 à février 1941, il se remit à militer et fut arrêté en 1942, puis déporté à Mauthausen en mars 1943. Il s'y lia avec André Ulmann et participa à la résistance du camp. Je le rencontrai au ministère Tillon, mais nos relations étaient distantes. Je le retrouvai plus tard quand nous fîmes notre fronde contre les instances culturelles du Parti, Dionys Mascolo, Robert Antelme et moi. Il était d'une stricte orthodoxie, mais il ressentait une grande sympathie pour Robert, déporté comme lui, et ne se livra à aucune basse attaque contre nous. Par la suite, je sus qu'il s'intéressait aux arts et à la culture, qu'il s'était lié à Picasso, puis qu'il était devenu rédacteur en chef des *Lettres françaises* sous la direction d'Aragon. Je fus indigné que Daix, qui était encore à mes yeux un pur stalinien, fasse la préface à l'édition française d'*Une journée d'Ivan Denissovitch* de Soljénitsyne, mais j'avais tort, car il avait évolué, était devenu radicalement antistalinien, avait épousé la fille d'Artur London, Françoise, et il joua un rôle très positif dans l'évolution des *Lettres françaises* en faveur des écrivains soviétiques dissidents. Je ne sais plus très bien quand et comment il quitta le Parti, mais je l'appréciais et l'estimais de plus en plus. Lors d'une de nos dernières rencontres je l'interrogeai sur Ulmann devenu, comme nous allons le voir, agent soviétique.

Pierre Daix est mort en 2014.

Je fus abasourdi quand j'appris, bien après le procès Kravchenko (voir p. 184), que le journaliste américain Sim Thomas – qui avait publié un livre pour prouver que la CIA était l'auteur du livre de Kravchenko *J'ai choisi la liberté* – était en fait André Ulmann lui-même. Je ne pouvais comprendre que cet homme si courageux, ce héros de la Résistance, cet esprit que j'avais cru si subtil et éclairé, se fût abaissé à une besogne si vile.

André Ulmann était devenu le rédacteur en chef d'un hebdomadaire très peu diffusé, mais distribué dans les ambassades et auprès des élites politiques, *La Tribune des Nations*. Nous fûmes quelques-uns à savoir que ce journal était subventionné par la démocratie populaire de Roumanie. J'appris plus tard qu'en fait il était directement subventionné par l'URSS. Mais j'étais loin de m'imaginer ce qui fut révélé plus tard encore, à partir d'archives du KGB rendues publiques, qu'il était stipendié comme agent soviétique du NKVD, recruté en 1946[1].

Ulmann est mort en 1970, à 58 ans. Un livre en son honneur, dont les auteurs furent Michel Goldschmidt et sa veuve Suzanne

1. Étienne Genovefa et Claude Moniquet, *Histoire de l'espionnage mondial*, t. 2, Paris, Le Félin, 2001, p. 217.

Tenand, fut publié en 1982. Il relate les actions admirables de résistance ininterrompue d'André Ulmann de 1940 à 1945, au stalag XIB d'abord, puis en France, enfin, au camp de concentration de Mauthausen. André Ulmann mérite effectivement le nom de héros. Mais, dans ce livre, rien sur Sim Thomas, sur le procès Kravchenko, ni sur son activité d'agent soviétique. En 1992, la municipalité de Paris donna son nom à un square charmant du 17e arrondissement, qui se trouve au 28, avenue Brunetière. Le discours d'inauguration dut exalter sa résistance héroïque, du stalag XI B à Mauthausen. Ce qui fut vrai…

Encore une dérive… Il avait été secrétaire d'*Esprit*, la revue personnaliste d'Emmanuel Mounier en 1932, puis journaliste à *Vendredi*. Il était probablement devenu communiste avant-guerre, (peut-être déjà un sous-marin ?) puisque, lorsque je le rencontrai et qu'il me recruta pour le MRPGD, alors que je devais passer dans un maquis FTP (communiste), il me dit en souriant : « J'arrangerai ça avec le Parti. »

Une autre magnifique personnalité dégradée et asservie par le système communiste !

Devenir espion de l'URSS était à ses yeux servir la plus noble des causes, comme chez Philby et autres jeunes Oxfordiens de la *gentry*. Je crois qu'Ulmann s'est avili, en pensant servir le progrès humain, notamment dans le faux anti-Kravchenko.

Comme je suis heureux d'avoir eu l'énergie spirituelle de me rebeller contre le plus énorme des mensonges, celui du procès Rajk, comme je suis heureux de mon amitié avec François Fejtö qui m'éclaira totalement et définitivement sur ce mensonge !

15

Roland Barthes

Propulsé par Maurice Nadeau, Roland Barthes avait demandé à quelques-uns pour *France Observateur*, dont moi, leur vision de la littérature. J'avais répondu et nous avions décidé de nous rencontrer. Nous prîmes rendez-vous au restaurant Les Charpentiers, que je fréquentais assez souvent. Il fut tout admiratif de me voir commander un coq au vin. Je dérogeais à la règle des intellectuels dont il avait fait la mythologie et qui consomment de la viande rouge saignante. Sympathie.

J'aurais aimé avoir une noble tête d'hidalgo comme la sienne, une voix comme la sienne, grave, bien posée, dont les phrases avaient l'élégance de ses écrits. J'adorais l'entendre parler dans des repas d'amis, sobre, captant l'attention, jamais banal, toujours courtois.

Il avait été renvoyé du CNRS où sa sémiologie naissante n'était pas du goût des linguistes officiels qui le dirigeaient. Devenu notre ami à Violette et à moi, nous l'avons présenté à Georges Friedmann qui créait le centre d'études des communications de masse à l'EHESS ; celui-ci nous prit comme adjoints lui et moi et intégra Violette qui ainsi fut libérée de ses cours de philo en province. Naturellement séduisant, Barthes allait charmer Fernand Braudel et son épouse – faiseuse, sinon de rois, du moins de directeurs d'études – et accomplir l'ascension qui, via l'EHESS, allait le conduire au Collège de France.

Durant les années 1950, nous nous rencontrions régulièrement. Il m'avait fait un très bel article pour *L'Homme et la mort*, mais nous nous orientions intellectuellement de façon différente. J'appréciais la subtilité de ses « mythologies » tout en trouvant souvent excessive la « démystification » qu'elles contenaient. Ses centres d'intérêt le portaient vers Brecht, la « distanciation » théâtrale, les miens vers le cinéma, puis la sociologie du présent et l'anthropologie complexe. Ensuite il développa sa sémiologie qui eut beaucoup d'influence à l'ère structuraliste, mais nos différences de moins en moins évoquées n'altéraient pas notre amitié.

Naïvement « progressiste », il devint un temps maoïste sous l'influence de Sollers, tandis que j'allais vers les thèmes anthropo-cosmologiques qui me conduiraient à *La Méthode*. Il se lia à Sollers et Kristeva, les suivit dans leur voyage en Chine maoïste, puis, sommé par eux de faire un article sur la Chine dans *Le Monde*, il ne trouva qu'à louer la beauté du gris.

Je fus très content de son retour à la littérature et de sa distanciation discrète à l'égard du structuralisme dont il fut un chantre, mais tant d'intellectuels raffinés ont versé alors dans la croyance que l'homme était un mythe, une illusion, à l'instar de la notion de sujet, d'auteur (ce qui ne les empêchait pas de signer leurs œuvres et de se réjouir des compliments personnels) ou d'histoire.

Après ma séparation d'avec Violette, il fut très présent auprès d'elle.

Elle l'aimait tout en connaissant son homosexualité, qui demeura secrète jusqu'en 1968. Je me souviens qu'arrivant à un dîner commun il avait ôté ses lunettes noires et découvert un œil tuméfié dit « au beurre noir » ; il nous confia qu'ayant commencé à draguer un adolescent sur une plage il avait été attaqué et roué de coups par toute une bande qui l'avait laissé à terre sur le sable.

Or tout changea après mai 1968, il cessa d'être un homosexuel honteux, et il oublia sa promesse matrimoniale.

En février 1980, il fut renversé par un camion rue des Écoles après un déjeuner avec le candidat Mitterrand. Sa mère était déjà morte. Emmené à l'hôpital, je crois qu'il se laissa mourir (voir mon article dans *Communications*), alors qu'il aurait pu s'en sortir avec du vouloir-vivre. Sa mère avait été son seul grand amour. Tout cela fut confirmé par l'ébauche de son journal de deuil qui fut publié quelques années après sa mort. J'avais été témoin de sa relation infantile avec sa mère. Quand il prenait ses repas chez elle, il dévorait en glouton les plats qu'elle lui concoctait, alors que dans les dîners en ville il dégustait avec distinction. Il était resté Son enfant. Sans doute est-ce parce que j'ai gardé en moi l'amour infini pour la mère que j'ai compris son renoncement à vivre, comme moi j'avais renoncé à la vie, mais à l'âge de 11 ans, quand j'avais été terrassé par une mystérieuse fièvre aphteuse.

Dans ses dernières années, Barthes abandonna doucement sa mythologie structuralo-sémiotique au profit de la littérature. Il oublia, comme d'autres, le rejet des notions d'auteur, de sujet, d'homme. Les vertus de la littérature éclipsèrent celles de la science qui apparemment expliquait celle-ci en la stérilisant.

Lors de la création d'*Arguments*, j'embarquai Barthes. Il fut fidèle aux premières réunions, mais ce n'était pas sa tasse de thé et il nous quitta en arguant de la nécessité de se concentrer sur son enseignement.

16

Dans la guerre d'Algérie

L'insurrection algérienne commence le 1er novembre 1954, jour de la Toussaint, par quelques attentats. Le Maroc, où se développe l'action d'un front national marocain, n'a pas encore conquis son indépendance. La Tunisie vient d'accéder à l'autonomie interne en juillet 1954, mais son indépendance ne sera reconnue qu'en mars 1956.

En 1955, l'insurrection algérienne se transforme en guerre d'indépendance. C'est alors que notre ami Dionys Mascolo nous incite, Robert Antelme, Louis-René des Forêts et moi, à fonder un « Comité d'action contre la poursuite de la guerre en Afrique du Nord », qui se concentrera rapidement sur l'Algérie, où le conflit s'amplifie tragiquement, alors que le Maroc s'apaise après l'accord du gouvernement français avec le sultan, en novembre 1955, pour accéder à l'indépendance le 2 mars 1956.

Nous élaborons un très bel appel, et nous le proposons à la signature d'écrivains et d'intellectuels. Nous obtenons de prestigieuses signatures comme celles de Roger Martin du Gard, François Mauriac, André Breton, Maurice Merleau-Ponty, Jean-Paul Sartre. Nous sollicitons Louis Massignon, qui, beaucoup plus qu'universitaire et islamologue, est un mystique et un écrivain à l'esprit profondément poétique. Au préalable, il demande à nous voir. Nous nous rendons chez lui. Il est droit, mince, le regard bleu. Avant de nous inviter à nous asseoir, il nous passe en revue, l'un après l'autre, nous regardant chacun fixement dans les yeux. Il ne cherche même pas à lire notre texte : « Je signe, dit-il, votre regard ne ment pas. » Je sollicite Raymond Aron, lequel me dit être beaucoup plus efficace dans ses relations personnelles avec les gouvernants. Mais, dans l'ensemble, nous avons une superbe moisson de signatures, dont celles de personnalités n'ayant jamais signé de pétition.

Nous rassemblons les signataires dans une salle de Saint-Germain-des-Prés, et faisons le serment de ne nous séparer qu'après la fin du conflit.

Aucun de nous quatre ne connaît l'Algérie ; nous ignorons encore tout de l'histoire de la colonisation et de l'existence de mouvements indépendantistes. Nous sommes simplement et fermement contre la guerre coloniale et pour l'indépendance algérienne.

Aussitôt Francis Jeanson contacte Dionys, et Pierre Lambert me contacte. Jeanson endoctrine Dionys en le convainquant que le FLN est l'authentique représentant du peuple algérien et l'avant-garde d'une révolution qui réveillera la classe ouvrière française ; il le convainc également que Messali Hadj et son MNA (Mouvement national algérien) sont des traîtres et collaborateurs du colonialisme français.

De son côté, Lambert, le dirigeant d'un des deux partis trotskistes français, a souhaité me rencontrer par l'intermédiaire de Florence Malraux. Nous avons rendez-vous au Royal-Saint-Germain. Il commence par me dire : « Chez nous, pas de parlotes, pas de parlotes », puis il se lance dans un discours intarissable. Je lui demande pourquoi il n'y a pas une volonté d'union entre son propre courant trotskiste et celui de Pablo. Il bondit : « Quoi !!! » Et il me cite tel ou tel tract pabliste qu'il qualifie d'ignoble pour me démontrer que l'union est impossible. Enfin, on arrive à l'essentiel. Il est très lié avec Messali Hadj. Il m'apprend que Messali est le père du nationalisme algérien, qu'il a été maintes fois emprisonné, qu'il a toujours pensé que la libération viendrait de la lutte armée.

Lambert m'a par la suite donné des informations importantes sur les origines du conflit entre MNA et FLN et j'ai pu lire des textes historiques sur la résistance algérienne.

J'eus une période de familiarité avec Lambert. Il me raconta sa jeunesse militante à la CGT où, entré comme sous-marin trotskiste, son ardeur l'avait fait remarquer par Benoît Frachon, responsable du syndicat, dont le tempérament n'était guère stalinien. Un jour, le parti trotskiste lui demanda de sortir avec éclat du syndicat, et, au cours d'une grande assemblée où il commença à prendre la parole sous l'œil bienveillant de Frachon, il se mit à hurler : « Je suis trotskard ! » Je le trouvais excité, agité, mais j'avais de la sympathie pour lui. Il se fit un temps des illusions sur moi ; en 1956, il m'intégra au Clado qu'il formait (Comité de liaison et d'action pour la démocratie ouvrière) avec la certitude que la bourgeoisie étant incapable de régler le problème algérien, on était en situation prérévolutionnaire, et le Clado avait pour mission de coordonner l'action révolutionnaire des masses. Il y avait ses fidèles enseignants trotskistes, Chéramy et Letonturier, Hébert, le magnifique syndicaliste de Nantes, Lemoine, mineur du Nord, Maurice Clavel. Il y eut une ou deux réunions puis le Clado (que Dionys appelait « le Crado ») disparut. Beaucoup plus tard, je fus étonné du formidable ascendant que Lambert eut sur des hommes comme Benjamin Stora, Lionel Jospin, Pierre Fougeyrollas et bien d'autres.

Je reviens à Messali : né en 1898, à Tlemcen, il a créé le nationalisme algérien revendiquant l'indépendance dès 1927, d'abord via l'Étoile nord-africaine, dissoute par le gouvernement Blum du Front populaire en 1937, ensuite le Parti populaire algérien, dissout à son tour, puis le MTLD (Mouvement pour le triomphe des libertés démocratiques) en 1946, dissout en novembre 1954, à la suite de l'insurrection de la Toussaint, enfin le MNA. C'est la femme de Messali qui a confectionné le premier drapeau algérien, brandi en 1937, puis le FLN l'a adopté comme drapeau national. Sur trente-sept années, entre 1937 et sa mort, Messali Hadj en passera vingt-deux en prison et en résidence surveillée. Je fus profondément ému quand, au cours d'une petite réunion, je l'entendis dire doucement : « Ce que j'ai toujours voulu, c'est donner au peuple algérien… », puis sa voix s'amplifia et proféra avec une force extraordinaire : « … la PAROLE. »

En 1954, un conflit éclate entre Messali et le Comité central de son mouvement. Les centralistes accusent Messali, qui a demandé à être président à vie, de despotisme et de céder au culte de la personnalité. Messali, pour sa part, accuse les centralistes de réformisme, alors qu'il faut envisager une révolution décolonisatrice. Les centralistes font scission avec le MTLD. Un petit groupe d'activistes, le CRUA (Comité révolutionnaire d'union et d'action) animé par Ben Bella, Boudiaf, Krim Belkacem, Ben Boulaid, Aït Ahmed, se détache de Messali et des centralistes pour préparer une lutte armée qui les réconcilierait.

Le CRUA noue des relations étroites avec Nasser. En 1954, le raïs égyptien avise les délégués du CRUA au Caire que les conditions extérieures à l'action sont favorables parce que les États-Unis souhaitent la chute de Mendès France et qu'ils ne feront rien pour aider la France. Le CRUA décide alors de lancer l'insurrection le 1er novembre. Il se transforme en FLN, Front de libération nationale.

Messali est pris de court, mais il mène les militants algériens du MNA à l'action armée, et des maquis MNA se créent en même temps que des maquis FLN. Des négociations sont engagées au début de 1955 entre les dirigeants des deux mouvements. On offre à Messali la présidence du FLN, mais il doit dissoudre le MNA et ses maquis pour qu'ils se fondent avec ceux du FLN. Messali refuse toute dissolution. Il ne peut imaginer que lui, père de l'indépendance algérienne, puisse être déchu de son rôle de chef. Alors le FLN, qui a rallié les centralistes et finira même par rallier le modéré Fehrat Abbas, entreprend en 1955 de détruire physiquement les messalistes et leurs maquis, tout en les dénonçant comme traîtres, collaborateurs des Français ; Francis Jeanson saura répandre ces énormes calomnies (qu'il a cru vérités) auprès des intellectuels français, soutenant que Messali est le « saboteur » de la lutte de libération, « instrument aveugle des trotskistes et l'allié de la police française et de Soustelle ».

Mohammed Harbi, le premier historien algérien non conformiste de la guerre, dira que les membres du MNA ont joué, pour le FLN, le rôle des trotskistes dans l'URSS stalinienne : poursuivis, assassinés, accusés de trahison.

Et c'est bien parce que les calomnies contre le MNA et Messali me rappelaient celles démentes des staliniens contre Trotski et les trotskistes, et que j'avais honte de m'être tu pendant ma saison en Stalinie, au lieu de me révolter contre des propos abjects et de surcroît liés à des assassinats physiques, que je me suis manifesté dans le comité pour défendre l'honneur de Messali et des messalistes.

Notre Comité contre la guerre d'Algérie avait institué une sorte de conseil directeur comportant des sartriens (dont Jean Pouillon, qui considéra mon *Autocritique* comme un « monument d'hypocrisie »), des communistes (Jean Dresch, Jean-Pierre Vernant) et des défenseurs de Messali (Daniel Guérin, Robert Cheramy). Dionys était devenu farouchement frontiste et comparait Messali à Pierre Laval qui, socialiste dans sa jeunesse, était devenu collaborateur des nazis sous l'Occupation. Nous eûmes un durable et pénible malentendu à ce sujet.

La plupart des intellectuels de gauche furent pro-FLN. Sartre et *Les Temps modernes* suivirent totalement Francis Jeanson et considéraient le FLN comme l'avant-garde de la révolution mondiale. Les trotskistes « pablistes », ennemis des « lambertistes », étaient pro-FLN.

Les communistes étaient réservés, car la thèse du Parti sur l'Algérie, « nation en formation », voyait des étapes avant l'indépendance.

Messali n'avait que peu de défenseurs, parmi eux Jean Rous, Maurice Clavel, André Breton et l'admirable avocat courageux et solitaire, Yves Dechezelles.

Je pouvais suivre le cours de la guerre civile atroce qui aboutit à la liquidation physique des maquis messalistes en Algérie puis la liquidation physique des messalistes en France, étant informé par N., responsable clandestin du MNA, que j'hébergeais chez moi à Rueil, par Lambert et par celui qui a vécu l'expérience du maquis commandé par Bellounis, jusqu'à la mort de celui-ci, tué par les Français en juillet 1958.

C'est par ce témoin capital que j'appris la vérité sur le massacre de Melouza.

Le 29 mai 1957, des paysans d'un village voisin, conduits par des combattants FLN, massacrent les habitants du village messaliste de Melouza. Le FLN et ses partisans attribuèrent la tuerie à l'armée française, ce qui aurait pu être possible, mais la propagande française fit circuler photos et documents indiquant la culpabilité du FLN. La plupart des intellectuels profrontistes français crurent à la culpabilité française.

À la suite de ce massacre, le « général Bellounis », qui commandait un des tout derniers maquis messalistes, dont les troupes et l'armement étaient devenus extrêmement réduits, décida de négocier avec l'armée française. Il se présenta à la négociation avec ses derniers chevaux, ses dernières armes, comme s'il s'agissait de simples échantillons, bluffa les officiers français sur l'importance de son maquis et conclut un accord stipulant que Bellounis sera ravitaillé en armes, mais qu'il ne recrutera pas de troupes, ne prélèvera pas d'impôts, ne dressera pas le drapeau algérien. Bellounis n'obéit à aucune de ces trois prescriptions, et son maquis exsangue au moment de Melouza se développe, se fortifie, étend son territoire aux dépens du FLN et devient fort de 8 000 combattants. Bellounis écrit à Messali, l'informe de l'accord, assure que l'indépendance est en marche et lui demande sa bénédiction. Messali ne peut croire à une telle fortune et demande quelles sont les clauses secrètes de l'accord, cela irrite Bellounis qui se libère de la tutelle messaliste. Un de ses lieutenants, Meftah, demeuré fidèle à Messali, fait sécession entraînant quelques dizaines d'hommes. Le 23 juillet 1958, Bellounis est tué par une balle française. Les militaires avaient décidé de le liquider. Son état-major et ses hommes se dispersent, les uns rejoignent le Front, d'autres se perdent dans la nature. L'un de ses jeunes officiers s'enfuit à Alger. Il est pris par l'armée française, subit un « lavage de cerveau » par le service psychologique dédié, est libéré. Il a gardé documents et photos de l'aventure Bellounis. Il se réfugie à Paris, en écrit l'histoire de façon très sobre, sans aucun verbiage, devient vendeur au Bazar de l'Hôtel de Ville, puis, ayant eu mon adresse par son parent N., me joint en 1959 et me remet le manuscrit. Je le transmets aussitôt à Jérôme Lindon, directeur des Éditions de Minuit, qui a publié entre autres *La Question* d'Henri Alleg et de nombreux textes pour la libération de l'Algérie. Lindon me dit une phrase qui m'a souvent été répétée dans ma vie : « Ce n'est pas le moment. »

Une fois de plus, je compris que ce n'était jamais le moment pour la complexité[1]. J'éditais le livre[2] quarante ans plus tard, en 1998, grâce à Jean Viard, directeur des éditions de l'Aube, en le préfaçant, véritable document historique, accompagné de multiples photos, dont celle de Bellounis saluant le drapeau algérien.

J'ai écrit dans ma préface que ce livre « éclaire tout un pan inconnu, méconnu de la résistance algérienne et montre comment un mouvement de résistance minoritaire, comme cela arriva dans d'autres pays sous l'occupation nazie, pouvait être laminé, voire écrasé, entre le mouvement hégémonique à prétention monopoliste et les forces militaires de répression de l'occupant ». Et : « De même qu'il fallut attendre des décennies pour que soit éclairée la tragédie qui, au sein de la guerre d'Espagne, a conduit à la liquidation des trotskistes, poumistes, anarchistes du camp républicain ; de même je pensais qu'il y avait là une tragédie du même ordre qu'il fallait absolument révéler. »

N. fut arrêté, incarcéré à la Santé, où j'allais lui rendre visite et j'allais également rencontrer son ami, autre responsable MNA, Mohamed Maroc. Il fut libéré au bout de deux ans, se sépara de Messali, se réfugia en Allemagne. Quand je le revis à Paris, à la fin de la guerre, il me dit :

« Je rentre chez moi.

– Ici, en France ?

– Non, en Algérie. »

Je crus qu'il allait se jeter dans les griffes du FLN. Son père, vieux militant indépendantiste, avait été tué par les frontistes. En fait, les dirigeants du FLN, issus du messalisme, avaient été

1. Cette complexité qui nous apparaît si tardivement avec des livres comme *L'Art de perdre* d'Alice Zeniter ou celui de Slimane Zeghidour, *Sors, la route t'attend.*

2. Chems ed-Dir, *L'Affaire Bellounis, histoire d'un général fellagha*, précédé de *Retour sur la guerre d'Algérie*, 1998.

frères de militance avec ceux restés messalistes. Ils étaient passés, de part et d'autre, de la fraternité au meurtre. Puis il y eut des retours de fraternité. N. fut intégré au FLN à un haut niveau de responsabilité.

Quand je le revis pour la première fois après la guerre, il avait un poste officiel important dans la presse algérienne. Il me dit modestement : « Je ne fais pas de politique. »

Plus tard, Ben Bella exilé me disait avoir regretté la violence antimessaliste. Il y eut des articles de réhabilitation de Messali dans des journaux algériens. Mais, soixante ans après la guerre, quarante-trois ans après sa mort (1974), il n'est toujours pas reconnu comme le père du nationalisme algérien.

Revenons à notre comité, déchiré par l'opposition entre pro-FLN majoritaires et défenseurs de Messali, minoritaires. Un nouvel incident vint durcir le conflit. David Rousset, auteur d'une campagne de dénonciation des camps soviétiques quelques années auparavant, avait enquêté sur la répression française en Tunisie et était venu me trouver pour proposer au comité une commission d'enquête sur les exactions, tortures et camps français en Algérie. Je fus un chaud partisan de ce projet, mais, quand je l'exposai, la majorité poussa des cris d'orfraie. Le comité ne pouvait se salir avec l'infâme antisoviétique qu'était David Rousset. Le projet fut repoussé.

L'arrivée au pouvoir du Front républicain en 1956, avec Guy Mollet à la tête du gouvernement, donna des espoirs rapidement démentis. La nomination de Lacoste comme gouverneur de l'Algérie aggrava la situation.

Le 27 janvier 1956, nous avions organisé un grand meeting à la salle Wagram contre la guerre d'Algérie. Il y vint en fait une majorité d'Algériens messalistes, qui applaudirent à tout rompre quand André Mandouze, alors professeur à l'université d'Alger et converti au FLN, lança à l'assistance : « Je viens vous apporter le salut de la révolution algérienne. » Daniel Guérin, Alioune Diop, Michel Leiris, Aimé Césaire, Jean Dresh, Jean-Paul Sartre étaient à la tribune ou prirent la parole. Jean Amrouche, le subtil homme de lettres kabyle, intervieweur à la radio des grands écrivains, parla avec émotion de sa patrie algérienne. La guerre d'Algérie l'avait totalement bouleversé : c'était un Kabyle assimilé, intégré, et il découvrait sous l'identité kabyle et l'identité française, une identité algérienne. Il se rallia au FLN, mais, sans se soucier de mes réticences à l'égard du front, il était heureux de mon adhésion à la cause de l'indépendance algérienne et il me le témoigna en faisant avec moi des entretiens radiophoniques sur le cinéma.

À la fin du meeting, nous dînâmes ensemble avec quelques-uns, dont Mandouze. Au cours du repas, je lui demandai comment il pouvait justifier les accusations et les meurtres que subissaient les messalistes de la part des frontistes. « Que veux-tu, me répondit-il avec son jovial accent méridional, on ne fait pas d'omelettes sans casser des œufs ! » En douze ans, depuis Baden-Baden, j'étais passé de mon ancien point de vue à celui de l'ancien Mandouze, et lui était passé de son point de vue sur la fin et les moyens à celui qui avait été le mien (voir p. 25).

L'écrasement de la révolution hongroise en novembre 1956 exaspéra les conflits intérieurs. Dionys, moi-même et quelques autres étions convaincus qu'on ne pouvait dénoncer la répression armée en Algérie sans dénoncer la répression soviétique en Hongrie. Nous organisâmes une réunion générale du comité à cet effet. Communistes et sartriens voulaient que le comité reste strictement voué à l'Algérie. Claude Lefort, que Dionys et moi ne connaissions pas personnellement, fit une intervention magnifique dans notre sens, ce qui déclencha et scella immédiatement une amitié pour la vie.

En fait, le comité se disloqua et devint moribond, en dépit du serment initial de ne se séparer qu'à la fin de la guerre d'Algérie.

En mars 1958, les Éditions de Minuit publièrent *La Question* d'Henri Alleg. Responsable communiste d'*Alger républicain,* Alleg fut arrêté le 1er juin 1957 à Alger, chez son ami le jeune mathématicien Maurice Audin. Celui-ci fut torturé à mort ; Alleg, également torturé, survécut, et parvint à écrire de sa prison le récit de son martyre. Le livre fut aussitôt interdit, mais réédité clandestinement et publié en Suisse. Sartre fit un article décisif sur ce témoignage qui dévoile l'usage systématique de la torture par l'armée française. Le retentissement de *La Question*, récit d'un torturé sur son supplice, fut considérable en France et dans le monde et suscita chez les intellectuels une indignation qui contribua à les faire signer en 1960 le « Manifeste des 121 ».

Je l'ai dit précédemment, Henri Salem, dit Alleg, était avec Henri Macé, l'un de mes deux meilleurs amis de classe. Quand, en 1939, la guerre fut déclarée, il se sentait anarchiste et m'avait confié son intention de fuir la France pour les États-Unis. Effectivement, il embarqua clandestinement dans un paquebot à Marseille, se cacha sous la bâche d'un canot de sauvetage et il en sortit quand il crut que le navire était arrivé au grand large. Mais il fit escale au Portugal, Alleg y fut débarqué, et mis en prison, où il apprit le portugais en traduisant les *Lusiades*. Libéré, il revint en France et je le revis pendant la drôle de guerre. Il repartit, cette fois en Algérie, où il vécut de petits métiers, dont celui de pion. Nous échangeâmes une correspondance. Il m'écrivit ses balades, ses rencontres avec des filles, et aussi me fit entendre qu'il devenait communiste, tandis que de mon côté je lui faisais comprendre la même chose. Nous nous perdîmes de vue lors du débarquement allié en Afrique du Nord où toutes connexions avec la France se virent coupées à partir de novembre 1942.

Chacun d'entre nous fut emporté dans des flots communs, puis différents après guerre, lui à *Alger républicain*, moi en armée d'occupation en Allemagne, puis à Paris ; ensuite je me déconvertis du communisme alors que sa foi demeura inébranlable jusqu'à sa mort, en 2013. Quoi qu'il en soit, je suis à la fois bouleversé et stupéfait quand paraît *La Question*. Je fais aussitôt un article pour *France Observateur*, saluant l'importance de ce témoignage. Une semaine plus tard, c'est le grand article de Sartre dans le même hebdomadaire. J'ai rencontré sa femme Gilberte et lui ai dit mon émotion.

Henri Alleg est libéré peu avant les accords d'Évian. Il se rend à Berlin-Est où il s'exclame publiquement : « Je suis enfin sur une terre de liberté. » L'absurdité et l'aveuglement de ce propos m'abasourdissent. Héros de la liberté en Algérie, il ne prenait pas conscience qu'il était ennemi de la liberté en RDA. En dépit de mon désir de le revoir, je ne le pouvais, et peut-être en était-il de même de son côté pour l'« exclu » et le « traître » que j'étais devenu à ses yeux. Nous ne nous sommes jamais revus ni écrit. Il parle de notre jeunesse dans ses Mémoires, je parle de lui dans *Autocritique*. J'avais à la fois envie et pas vraiment envie de le revoir, et sans doute éprouvait-il la même chose.

J'ai vu sa bonne tête dans un documentaire où on le filmait retrouvant en Algérie ses vieux amis arabes, frères communistes du passé. Je ne comprends pas pourquoi il s'entêta à justifier l'injustifiable : ainsi soutint-il Honecker, le pire dirigeant stalinien de la RDA, qui l'avait accueilli en 1962 ; il fit un livre démontrant qu'il n'y avait pas d'antisémitisme en URSS. Il garda presque jusqu'à sa fin ses illusions sur l'Union soviétique. Lui qui, alors qu'on avait 13-16 ans, m'exprimait joyeusement son anarchisme était devenu un vieux stal !

Revenons à 1958. Le 13 mai, un putsch de généraux leur donne le pouvoir à Alger, provoquant une crise politique en France. Sous l'influence des gaullistes Delbecque et Neuwirth, les généraux font appel à de Gaulle, auquel, le 1er juin, le président Coty demandera de former un gouvernement. Pendant la crise, la plupart des hommes et femmes de gauche manifestent pour « barrer la route au fascisme ». Dionys combat la « menace fasciste » que représente de Gaulle, Castoriadis pense que le moment est venu pour Socialisme ou barbarie de préparer la révolution, Claude Lefort se sépare de lui, et, avec mon concours, nous essayons de créer des comités « populaires » non pour défendre les institutions de la IVe République, que nous pensons vermoulues, mais pour une nouvelle société. Au cours de ces journées d'attente et d'angoisse, Delbecque et Neuwirth, venus d'Alger, expliquent à une réunion d'intellectuels convoquée par *Esprit*, à laquelle je suis invité, que de Gaulle respectera les libertés de la République et aura l'autorité pour arrêter la guerre.

L'arrivée de De Gaulle au pouvoir le 1er juin crée de nouvelles dissensions. Alors que pour les sartriens et Dionys, il s'agissait d'une dictature fasciste, j'étais de ceux qui pensaient qu'il aurait peut-être l'autorité pour négocier, ce que j'indiquais dans un numéro spécial d'*Arguments* publié en mai 1958.

Dionys publie *Le 14 juillet*, qui réunit de nombreux articles virulents contre le « fascisme gaulliste », et le numéro du *14 juillet*, dont la publication coïncidera avec le référendum du 28 septembre 1958 – donnant plus de 80 % des voix à de Gaulle –, annonce en énorme manchette : « Le Peuple de France condamne de Gaulle à mort ».

Après la Hongrie et juin 1958, l'activité « anti-guerre d'Algérie » se développa ailleurs qu'au comité, désormais sans vie.

Dionys eut l'idée d'une « Déclaration sur le droit à l'insoumission dans la guerre d'Algérie » qui devint connue sous le nom de « Manifeste des 121 », et fut publiée le 6 septembre 1960.

Je fus témoin des étapes de sa rédaction par Dionys, en collaboration avec Maurice Blanchot. J'étais partisan d'un texte qui se limite à l'insoumission, sans faire mention du peuple algérien, y sentant une approbation implicite au FLN, alors que je pensais fortement que la monopolisation de la résistance par le front, et, par là, la monopolisation de l'expression de la volonté du peuple algérien par le FLN, constituait une menace future pour le peuple algérien. Mais surtout, je pensais que si la reconnaissance du droit à l'insoumission était justifiée, l'essentiel se situait ailleurs, dans le danger pour la France comme pour l'Algérie qu'aggravait la radicalisation ininterrompue du conflit : pour la France, une dictature militaire à la grecque ou à l'espagnole (que sut éviter par deux fois de Gaulle, fils ingrat d'un putsch de généraux) ; pour l'Algérie, une dictature de parti unique de modèle totalitaire, bien que non soumis à l'URSS, que l'Algérie ne put éviter.

L'appel des 121, que je ne signai finalement pas, réunit un très grand nombre de prestigieuses et diverses signatures, exprimant la juste réaction éthique d'une partie de l'intelligentsia française. René Char, Aragon, Barthes, Ricœur s'étaient abstenus de signer. Claude Lefort et moi, conscients que le problème essentiel et urgent était la paix, préparâmes un « Manifeste pour une paix négociée en Algérie » avec l'aide de Forestier, responsable du syndicat des instituteurs, et avec l'adhésion de Maurice Merleau-Ponty, Georges Canguilhem, Roland Barthes, Paul Ricœur et de nombreux enseignants. Mais la négociation n'était pas encore en vue.

Je fis en octobre ou novembre un article dans *France Observateur* explicitant mon point de vue, ce qui me valut des critiques acerbes, dont celle de Dionys.

Au cours du tournage du film *Chronique d'un été*, Jean Rouch et moi réunîmes autour d'une table les jeunes protagonistes du film, dont Jean-Pierre Sergent et Régis Debray, et nous posâmes la question de l'insoumission. Le moment fut pathétique. Les deux jeunes gens firent une réponse décidée. Mais, vu la censure, cette partie de la discussion sur la guerre d'Algérie fut écartée de la version commercialisée du fillm.

De Gaulle avait entamé une marche lente et par étapes vers la « paix des braves », puis « l'Algérie algérienne », suscitant les réactions furieuses de ceux qui l'avaient porté au pouvoir.

Je ne sais plus si c'est en 1960 qu'invité par Jean Duvignaud, alors professeur à l'université de Tunis, je fis une visite au GPRA, Gouvernement provisoire de la République algérienne, qui se trouvait hébergé dans cette ville. Mon interlocuteur, Rheda Malek, qui avait lu mon *Autocritique*, me reprocha d'avoir été trop dur pour le parti communiste, mais ne me reprocha nullement ma défense de l'honneur de Messali.

« Alors, camarade Morin, qu'attend le général de Gaulle pour négocier avec nous ?

– Ben, qu'attendez-vous vous-mêmes ? »

Je promis de faire part à de Gaulle de ce désir, mais je n'eus pas l'occasion de le rencontrer.

De Gaulle fit un pas en avant par un référendum de janvier 1961 sur l'autodétermination en Algérie, il fut approuvé par 75 % des électeurs.

Le 21 avril 1961 est déclenché le putsch des généraux d'Algérie conduit par Maurice Challe, Edmond Jouhaux, Raoul Salan et André Zeller. Il échoue quelques jours plus tard.

Après cet échec, l'OAS se déchaîne, multipliant attentats et assassinats en Algérie et en France. Lors d'une nuit d'intensification des attentats à Paris, nommée la nuit bleue, j'entends à la radio qu'il y a eu une tentative d'attentat chez un journaliste avec qui, la veille, j'ai enregistré, en compagnie d'un autre interlocuteur, une émission sur la situation en Algérie. Une demi-heure plus tard, la radio annonce la découverte d'une bombe chez un autre partenaire de l'émission. Je suis intrigué, me mets à ma fenêtre qui donne sur la rue Soufflot et je vois deux types entrer par la porte cochère de mon immeuble. Je me précipite sur le palier et allume la minuterie. Aussitôt, Violette aperçoit par la fenêtre les deux inconnus décamper. Mes voisins me demandent de prendre des précautions, car il y a beaucoup d'enfants dans l'immeuble et, pendant quelques jours, un policier sera en faction devant ma porte d'appartement. Cela a retardé mon départ pour une réunion antifranquiste à Madrid (voir p. 353).

Dans ces années 1960-1962, j'étais de plus en plus conscient que la guerre était entrée dans une phase de pourrissement. La radicalisation du conflit entraînait des deux côtés des dégradations et des régressions, comportant des dérives de plus en plus meurtrières.

La paix aurait dû avoir lieu en 1956, au moment de l'accession du Front républicain, et le gouvernement Guy Mollet n'avait fait qu'aggraver la guerre. L'énorme pression de la population pied-noire, jointe à l'énorme pression de l'armée qui ne voulait pas, après le Viêt Nam, encaisser une défaite de plus, et qui, en outre, avait gagné militairement la guerre dans les djebels en ignorant que la France la perdait diplomatiquement, tout cela empêcha et inhiba lourdement toute tentative française de négocier.

Du côté algérien, la direction collégiale du FLN bridait toute initiative hardie qu'aurait pu prendre un chef charismatique comme ce fut le cas pour Bourguiba en Tunisie et Mohamed V au Maroc. L'élimination de Messali s'avéra à la fois crime et faute. La direction collective du FLN se figea sur l'exigence maximale : la reconnaissance de l'indépendance comme préalable à toute négociation, alors que, partout ailleurs, la négociation aboutissait à la reconnaissance de l'indépendance. La France dut tout lâcher, y compris le Sahara et son pétrole.

La démocratie française faillit sombrer lors du putsch d'Alger de 1958. Elle fut sauvée par la ruse de De Gaulle qui, tel un lutteur de jiu jitsu, se servit de l'énergie de l'adversaire pour le mettre à terre. En 1961, la France fut une nouvelle fois sauvée par de Gaulle de la dictature de généraux qui auraient été des Pinochet nationaux. Mais régna pendant un temps la violence aveugle de l'OAS. Et longtemps perdura la rancœur des pieds-noirs ayant dû fuir leur Algérie. Sans oublier la tragédie des harkis, abandonnés et ghettoïsés en France, massacrés en Algérie.

En Algérie, l'indépendance apporta la dictature du FLN et une économie de démocratie populaire. De surcroît, ce pays demeura durablement victime de la tragédie dans la tragédie que fut le conflit FLN-Messali. Cette guerre fit, selon les estimations, plus de 25 000 morts et 65 000 blessés, du côté français, plus de 250 000 tués du côté algérien. Elle sema des haines inexpiables qui se transmirent de génération en génération, et il semble probable que bien des villages entraînés dans la révolte islamiste du FIS avaient été des villages messalistes.

Messali Hadj subit jusqu'à sa mort l'exil et le déni. Il est décédé à Gouvieux, en France, en 1974 sans avoir pu revoir la nation dont il avait été l'initiateur. Il n'obtint la nationalité algérienne qu'en 1965. Seules ses cendres eurent le droit de retourner en Algérie, et il fut inhumé le 7 juin 1974 à Tlemcen.

Je suis heureux quand des enfants de messalistes viennent me trouver pour me remercier d'avoir réhabilité leurs pères et les soulager de leur honte d'être perçus en fils ou filles de traîtres. Je suis fier d'avoir résisté à un grand mensonge auquel a cru jusqu'à mon plus proche ami. Quand donc la nation algérienne honorera-t-elle celui qui l'a annoncée, appelée, voulue, et a été un père, mais victime du parricide de ceux qui l'ont fait naître dans le sang ?

De longues négociations, d'abord secrètes, s'effectuèrent en 1961-1962. Je passai une saison en Amérique latine de juin à octobre 1961, et je me désobsédais progressivement de la tragédie algérienne. L'annonce des accords d'Évian nous parvint en mars 1962. Puis je retournai en Amérique latine en juin, fus ensuite hospitalisé, pour une grave hépatite, à New York (je l'ai raconté dans mon premier chapitre,) et ne revins qu'en automne pour une convalescence dans le Midi. Je vécus à distance les derniers soubresauts de la guerre d'Algérie

La colonisation de l'Algérie ne fut pas faite que d'oppression, mais l'oppression sur les Arabes fut dominante et elle produisit de nombreux crimes contre l'humanité, dont la répression de Sétif, en 1945. Comme durant la guerre d'Espagne, il y eut durant la guerre d'Algérie une guerre entre deux camps ennemis, et, à l'intérieur d'un des camps, s'est fomentée une guerre occultée, plus atroce encore.

Cette guerre, pour avoir trop duré, pour s'être à la fois radicalisée, et bloquée, a eu pour principale victime son vainqueur : le peuple algérien.

(Ainsi en fut-il, d'une autre façon, des peuples de l'Union soviétique, en commençant par le peuple russe après la victoire de 1945.)

Comme dans une tragédie antique où un crime initial rejaillit sur toute une descendance, l'assassinat du messalisme a rejailli sur le peuple algérien qui ne méritait pas d'en être châtié.

17

André Breton

C'est en le sollicitant pour le comité contre la guerre d'Afrique du Nord que Dionys et moi fîmes la connaissance d'André Breton.

Il avait alors soixante ans. Nous le revîmes à diverses reprises, et Dionys se lia particulièrement à son disciple, porteur de l'ultime flambeau du surréalisme, Jean Schuster.

Breton apprécia mes articles, notamment dans l'hebdomadaire *Demain*. J'avais d'abord en tête un Breton excommunicateur, imprécateur, celui du *Second Manifeste du surréalisme*, et je découvris un immense mage devenu calme et paisible. Sa sérénité quasi olympienne contrastait avec l'agitation et l'exaltation de ses deux fidèles lieutenants, Jean Schuster et Gérard Legrand, qui animaient le groupe surréaliste et ses publications.

À la différence d'Aragon (qui chercha désespérément à se réconcilier avec lui), il dédaignait la publicité, ne donnait pas d'interviews, et c'est très discrètement qu'il assistait aux procès des messalistes, sans chercher à se faire remarquer.

Grâce à Dionys, j'avais plongé dans le surréalisme, lu les deux *Manifestes*, les numéros de *La Révolution surréaliste*, riches de textes géniaux, et croyais en l'amour dans les termes d'André Breton : « Il n'est pas de solution hors l'amour. » Enfin, j'avais toujours cette ferveur pour les « deux mots d'ordre qui n'en font qu'un : "transformer le monde" et "changer la vie" ». C'est grâce à Breton que j'avais pu développer la bipolarité fondamentale entre prose et poésie de la vie.

Devenu père tranquille, il demeurait pourtant rebelle et disait de lui-même dans *Jugement de l'auteur sur lui-même* : « Son plus grand désir eût été d'appartenir à la famille des grands indésirables[1]. »

Breton me demanda un article pour sa revue et j'écrivis « Le Rapport Saint-Pierre » où, à l'instar d'un Khrouchtchev céleste, Pierre convoquait les anges pour leur apprendre après bien des circonlocutions que le Seigneur qu'ils adoraient était un monstre égocentrique qui avait couvert de calomnies le bon Lucifer et pris sa place. Habitués à la répulsion vis-à-vis de tout vocabulaire religieux, les responsables de la revue ne purent publier ce texte si profondément antireligieux mais utilisant le langage liturgique. (Peut-être le publierai-je enfin.)

À l'instigation de Breton, Dionys et moi fûmes invités le 2 décembre 1959 chez la poétesse Joyce Mansour, du groupe surréaliste, pour une cérémonie étrange : l'« exécution du testament du marquis de Sade ».

Nous arrivons dans un bel appartement bourgeois où nous trouvons de nombreux invités liés plus ou moins directement au surréalisme. Les hôtes nous parquent dans une pièce en deçà d'une ligne tracée sur le sol, devant un espace vide.

D'un haut parleur invisible sortent d'énormes grondements qui sont ceux d'un volcan en éruption, tandis qu'une voix récite les propos de Sade où celui-ci souhaite être semblable au terrible volcan.

Soudain, nous entendons ce qui ressemble à un hi-han violent, une porte s'ouvre, un homme torse nu, avec une marque rouge à la poitrine, s'avance au son du hi-han, tirant derrière lui une sorte de traîneau où se trouve un brasero contenant du charbon incandescent. L'homme s'arrête au milieu de la salle, sort du brasero un fer rougi à son extrémité en pochoir et s'écrie « SADE ! » en portant le pochoir brûlant à sa poitrine où la chair et les poils

1. *Œuvres complètes*, Bibliothèque de la Pléiade, Gallimard, 1992. t. II, p. 663.

se mettent à grésiller. Énorme émotion dans la pièce. Dionys à côté de moi s'évanouit. L'homme tend le fer en disant : « À qui le tour ? » Le peintre Matta déchire sa chemise et porte le fer à sa poitrine, puis le tend à l'assistance, mais personne ne s'en empare.

J'ai rendu visite à Breton dans sa maison de Saint-Cirq-Lapopie, surplombant le Lot, où il se délassait en compagnie de Julien Gracq et Benjamin Péret.

Benjamin Péret était resté candide et ardent, il avait milité dans l'ILO (Information et Liaison ouvrière) de Claude Lefort, après le départ de celui-ci du groupe Socialisme ou barbarie. Breton me demanda des nouvelles de Dionys. Je lui dis que nous étions brouillés. « Comment, me dit-il avec véhémence, deux vieux amis comme vous !

– Mais, Breton, vous avez fait ça toute votre vie ! »

Ce n'était plus le même Breton, il était devenu vraiment souverain.

Il m'a fait sur la nouvelle édition des *Manifestes du surréalisme* la plus belle dédicace que j'ai reçue : *À Edgar Morin, lui toujours en flèche.*

J'ai gardé ce livre précieusement à travers déplacements et déménagements, puis je l'ai offert à une femme aimée, et j'ai oublié qui était cette femme.

Je me rendis à son enterrement fin septembre ou début octobre 1966. Beaucoup d'anciens surréalistes étaient là. On nous distribua une rose, à jeter sur sa tombe. Je souffris de l'absence de recueillement. Naville, bien qu'insulté par Breton dans le *Second Manifeste* et n'ayant pas renoué depuis avec lui, était là, parlait à voix haute, quasi debout sur la tombe. Peut-être Breton eût-il aimé cette absence de respect pour la mort.

Quoi qu'il en soit, le message était gravé sur la pierre tombale : « Je cherche l'or du temps ».

Des années passèrent ; j'étais resté en relation avec Jean Schuster, mais le rencontrai surtout en compagnie de Dionys. Chacun de nous trois avions eu, en des temps différents, la même maîtresse, du reste charmante.

Lorsque François Mitterrand devint président de la République en 1981, Jean Schuster me demanda d'intervenir auprès de lui, pour la création non d'un musée (mort), mais d'un palais (vivant) du surréalisme. Cette idée de palais à la fois m'enchantait et me paraissait indispensable, car, pour moi, le surréalisme était bien le mouvement culturel le plus important du XXe siècle. De plus, ce projet semblait pouvoir se réaliser concrètement, très rapidement, puisque son contenu existait déjà ; en effet, Elisa Breton était prête à lui donner ce qu'avait Breton dans son atelier de la rue Fontaine. Le lieu du palais pouvait être un ancien couvent qui serait disponible.

J'écrivis donc à Mitterrand. Comme le surréalisme ne faisait pas partie de sa culture, il m'orienta sur sa conseillère culturelle, Laure Adler. Cette amie appréciait mon travail et j'étais optimiste. Schuster et moi allâmes rencontrer Laure à son bureau, mais il eut le tort de formuler parallèlement une autre demande, le rétablissement d'une subvention qui permettait de publier une lettre surréaliste périodique (comportant toujours des documents intéressants). La demande immédiate fut satisfaite, mais elle occulta la demande fondamentale. Je fis paraître un article dans *Le Monde* intitulé « Pour un palais du surréalisme » qui reçut l'approbation de Michel Deguy. Je ne sais pourquoi, ni Jean Schuster ni moi ne revînment à la charge. Puis la collection d'œuvres d'art de Breton finit par être vendue et dispersée.

Jean Schuster est mort en 1995. Ses dernières paroles furent : « Triste fin de moi. »

Il y a quelques mois j'ai pensé qu'on pourrait réactualiser ce projet avec la ministre de la Culture, Françoise Nyssen, mais elle a dû quitter le gouvernement. J'imagine ce lieu d'émerveillement, d'étonnement, où chacun pourrait découvrir les vertus de la qualité poétique de la vie. Il est tard, mais pas trop tard.

18

Pierre Naville

En mars 1951, Georges Friedmann, alors directeur du centre d'études sociologiques et mon protecteur au CNRS où j'étais arrivé l'automne précédent, organisa une semaine sociologique sur le thème « Villes et campagnes », réunissant sociologues, historiens, géographes et autres experts.

J'y assistai. Derrière moi, pendant les intervalles, j'entendais plaisanter à voix haute un homme et une femme. C'étaient Pierre Naville, directeur de recherche au CNRS et sa femme Denise. Je savais que lui avait été une des hautes figures du surréalisme, qu'il avait rompu avec Breton pour subordonner le surréalisme à la révolution et non la révolution au surréalisme, qu'il s'était rendu en URSS afin d'y rencontrer Trotski, avant l'exil de celui-ci, qu'il en avait rapporté le testament de Lénine et également le testament de Joffé, vieux bolchevik qui s'était suicidé en 1927.

Dans son testament tenu secret en URSS, Lénine disait notamment sa méfiance de la « grossièreté » de Staline. Quant au testament de Joffé, c'était une lettre à Trotski, où il dénonçait la mainmise croissante de Staline sur le Parti et qu'il terminait par cette phrase sublime : « Pour nous, notre infini, c'est l'espèce humaine. »

Pour moi, Naville n'était pas seulement cet homme jovial, directeur de recherche au CNRS. Il portait véritablement en lui la présence mythique du surréalisme et de Trotski, l'opposant irréductible à Staline, abattu d'un coup de piolet à Coyoacán, dans la maison que je visiterais quelques décennies plus tard.

Je savais vaguement que Denise avait été une « muse » du surréalisme, mais j'ignorais alors qu'elle était parente de Simone, la première femme de Breton, qu'elle avait été aimée par Aragon et avait choisi Naville. Elle avait un beau visage doux et mélancolique, un regard d'un bleu très clair, presque translucide. Elle avait une présence poétique un peu comme une sœur de Dorothea Schlegel, Sophie Brentano, Caroline Schelling, elle était pour moi une fille du romantisme allemand. Elle avait traduit Hölderlin et aussi, par amour pour Naville, *De la guerre* de Clausewitz.

Naville joua par deux fois un rôle décisif dans ma vie. Le premier, à l'issue de la semaine sociologique où il me demanda si je voulais en faire un compte rendu pour *France Observateur* (ancêtre de *L'Obs*). J'eus un pincement au cœur. C'était une époque de sectarisme aigu du Parti, sous l'égide d'Auguste Lecœur. Bien que n'ayant pas repris ma carte, je me sentais encore membre du Parti. Mais j'en avais assez d'être prudent. Cette petite occasion de transgresser me plut. J'acceptai.

Je fis l'article, insistant sur le rôle des campagnes dans les révolutions urbaines : la grande peur en 1793, puis en 1917, le slogan : « La terre aux paysans et le pouvoir aux soviets ! », enfin, l'assise dans les campagnes de la révolution chassée des villes par Mao Tsé-toung (qui, glissais-je, avait pour cela été exclu de l'Internationale).

Je pensais que l'article susciterait des remous au Parti, mais je ne pouvais imaginer qu'il déclencherait une procédure d'exclusion. La bonne Mme Halbwachs m'avait prévenu, sans que je prenne son avertissement au sérieux : « Vous risquez de vous faire exclure. » Je fus convoqué à la Fédération de la Seine par la redoutable Annie Besse, aux yeux de lac de Suède, mais je crus m'en être bien tiré de son interrogatoire grotesque (voir p. 230).

Certes, mon exclusion me tira quelques sanglots durant quelques heures au cours de la nuit, me laissant politiquement orphelin, mais me donna par la même occasion au petit matin un immense sentiment de liberté, je le dois à Pierre Naville. Nous sommes devenus amis. J'admirais le héros d'une aventure spirituelle sans précédent, son absolue indépendance d'esprit, son mépris pour les vanités, mais j'étais loin de son marxisme scientiste. Avant Althusser, il avait inventé la « coupure épistémologique » entre Marx philosophe et Marx scientifique pour rejeter le premier. J'étais loin de son behaviorisme en matière de psychologie, mais j'aimais sa fidélité à la mémoire de Trotski, qu'il vénéra toute sa vie et à qui il consacra de très belles pages, notamment dans *Trotski vivant* (1962). J'évoquerai plus loin ma visite dans la maison de l'assassinat et ma rencontre avec le petit-fils de Trotski, de mon voisinage inconscient, à Vanves, avec la sœur de l'assassin de Trotski : Ramón Mercader[1].

J'aimais son surréalisme souterrain qui émergeait dans ses peintures. Il avait eu ce côté très calviniste de renoncer à la poésie pour la science, (et je pense également à Jacques Monod qui aimait tellement la musique qu'il renonça aux jouissances de chef d'orchestre pour l'austérité de la biologie moléculaire).

Toutefois, le surréalisme remonta non plus seulement aux pinceaux, mais à la plume, et il écrivit en 1977 *Le Temps du surréel*, ce qui me permit d'exprimer mon admiration dans un article du *Nouvel Observateur*.

Je n'osai l'interroger sur sa rupture avec le parti trotskiste français dont il avait été un dirigeant. Il lui avait déjà enjoint de déserter en cas de déclaration de la guerre, comme le fit Thorez, mais il n'obéit pas au Parti et rejoignit son unité.

Que de ruptures dans sa vie comme dans celles d'André Breton et de Louis Aragon ! Je suis sûr qu'il resta secrètement très blessé par l'attaque de Breton contre lui dans le *Second Manifeste du surréalisme*. Pourtant, il continua à entretenir une amitié forte avec Michel Leiris et Maurice Nadeau, lui-même ancien trotskiste et auteur d'une *Histoire du surréalisme*.

Denise mourut en 1970. Violette avec qui j'étais séparé, mais

1. Je conseille de lire *L'homme qui aimait les chiens* de Leonardo Padura, consacré à la rencontre de deux destins, celui de Léon Trotski et celui de Ramón Mercader. Je conseille aussi les *Carnets* de Victor Serge, qu'il écrivit en exil au Mexique.

en amitié, proposa de me conduire au cimetière dans sa Peugeot. Étaient présents à la cérémonie les amis de Naville, anciens surréalistes, anciens trotskistes, membres du PSU. À la fin, il me prit à part pour me dire qu'il préférait déjeuner avec moi plutôt qu'avec ses amis de l'ancien temps. Je vais alors trouver Violette et l'avise que je déjeune avec Naville : « Pourquoi ne viendrait-il pas déjeuner chez moi ? »

Je transmets la suggestion à Naville qui accepte. Le déjeuner est très gai. Il évoque des souvenirs de sa vie avec Denise, dont le choix qu'elle fit entre Aragon et lui. C'est un de ces beaux repas de funérailles où le mort est vivant et illumine de sa présence ceux qui l'aiment. Mes filles, Irène et Véronique, écoutent émerveillées. Je dois quitter le déjeuner au dessert.

Bien plus tard, j'ai su par Irène que Naville et Violette restèrent l'après-midi ensemble et qu'entrant inopinément dans le salon elle le vit en pleurs dans les bras de Violette. Je savais qu'Éluard, pour échapper au désespoir après la mort de Nush, s'était jeté dans les bras de Dominique. J'ignore quand commença la liaison entre Naville et Violette qui aboutit à leur mariage. Ma culpabilité secrète à l'égard de Violette trouva un soulagement. Ils s'entendirent moralement, psychologiquement et physiquement. Ma relation avec lui se distendit quelque peu, le rôle de tiers inclus étant logiquement difficile à tenir. Il mourut en 1993, à 89 ans, et la nouvelle me frappa alors que j'étais au Chili.

Violette vécut jusqu'en 2003. Nous restâmes amis et j'étais au Père-Lachaise pour ses funérailles.

19

Les années éruptives

1956-1962

En février 1956, trois ans après la mort encensée de Staline, le rapport secret du secrétaire général du Parti, Nikita Khrouchtchev lors du XXe Congrès du parti communiste de l'URSS, dénonce le culte de la personnalité et les crimes ignobles commis par Staline lors des procès de Moscou contre la plupart des dirigeants communistes de la révolution d'octobre. Ce rapport K, transmis sans doute par la CIA à l'Ouest, divulgué quelques semaines plus tard, fut une bombe politique.

L'espoir renaît dans notre petit groupe. N'est-ce pas le début d'un chemin qui conduirait à un « communisme libéral », selon l'expression de Georges Bataille, qui espéra pendant quelques jours ? Notre espoir s'amplifie avec l'Octobre polonais de la même année puis dépérit et meurt après l'écrasement de la révolution hongroise.

En juin 1956, une émeute ouvrière éclate à Poznań et sera férocement réprimée, mais l'émotion se répand dans toute la Pologne, atteint la direction du Parti qui, le 1er octobre, rappelle au pouvoir l'exclu Gomulka, devenu populaire, au secrétariat général.

Commence alors l'effervescence du « printemps en Octobre » libération de la parole et de la presse, prolifération créatrice de conseils ouvriers. Gomulka, dans un discours historique du 24 octobre, annonce le rétablissement définitif du droit de grève (qui ne sera que provisoire). Il y a menace d'intervention soviétique, mais Khrouchtchev s'abstient au dernier moment. Le dégel printanier va décroître lentement car, le 4 novembre, huit divisions et des centaines de chars soviétiques écrasent l'insurrection hongroise à Budapest. Celle-ci avait porté au pouvoir Imre Nagy, dirigeant communiste libéral, qui avait supprimé la dictature du Parti et annoncé le retrait de la Hongrie du pacte de Varsovie. La répression fait plus de 2 500 morts et environ 200 000 exilés.

Par une fatale coïncidence, le raïs égyptien Nasser nationalise le canal de Suez, ce qui provoque une intervention militaire israélo-anglo-française le 29 octobre. Trois jours après l'intervention soviétique à Budapest, un ultimatum soviéto-américain contraint les belligérants de Suez à arrêter les opérations, et le corps expéditionnaire franco-anglais doit se retirer.

Ce torrent d'événements me secoue, m'agite, m'entraîne, m'active, me transforme. Au cœur des trois tragédies coïncidantes, Lambert organise un meeting pour dénoncer à la fois la guerre d'Algérie, la répression soviétique en Hongrie, l'intervention anglo-française à Suez. Je me souviens d'une petite salle de la rue de Grenelle, mais pleine, avec André Breton, Maurice Nadeau et d'autres participants que j'ai oubliés,

Je me vois, exalté, accusant les pouvoirs et les empires. Nous avons été les seuls à l'époque à nous dresser contre tous ! Mais nous sommes restés seuls…

Le voyage en Pologne, janvier 1957

Dionys, Robert et moi avions été très attentifs à l'Octobre polonais. Dionys est en relation avec Georges Lissowski, qui anime à Varsovie une revue littéraire *Tworjosk*. Lissowski l'invite et Dionys lui fait étendre l'invitation à Robert, Claude Lefort et moi. Nous décidons de partir en voiture pour la Pologne et, bien que le passage par l'Allemagne de l'Est nécessite un visa soviétique, nous bénéficions de laissez-passer français en quatre langues, dont le russe, fournis, je pense, par Mitterrand.

Il n'y avait pas de circulation automobile de France en

Allemagne de l'Est, et de l'Allemagne de l'Est en Pologne. Du reste, nous n'avons obtenu des autorités soviétiques (qui géraient en France les intérêts de l'Allemagne de l'Est, non reconnue diplomatiquement) qu'un visa pour chemin de fer.

J'incite mes compagnons à se fier à mon expérience du bureaucratisme soviétique et, un beau matin de janvier 1957, nous partons. Nos compagnes nous ont donné des caleçons de sous-mariniers des eaux polaires, nous ont emmitouflés dans de multiples lainages. Dès que nous quittons la porte de Pantin, Robert s'exclame : « Verglas ! » et nous fait stopper : en fait c'est une simple tache d'huile sur le macadam...

Nous arrivons sans encombre à Francfort-sur-Oder, à la frontière entre l'Allemagne de l'Est et la Pologne, où une pancarte célèbre l'amitié entre ces deux peuples qui, en fait, s'ignorent l'un l'autre. Nous dînons dans un restaurant où notre qualité de Français suscite un attroupement. Un des Allemands nous demande : « C'est vrai que la tour Eiffel va s'effondrer ? – Pas du tout ! »

« Un mensonge de plus de nos autorités », dit le demandeur.

Après le dîner, nous devons passer la frontière. Il n'y a personne du côté allemand ni du côté polonais. Finalement, nos klaxons suscitent l'arrivée de policiers de part et d'autre, tellement stupéfaits qu'ils sont incapables de découvrir l'invalidité de nos papiers. Nous voici en Pologne, sur la route de Poznań, où nous avons décidé de passer la nuit. Nous avons soif de vodka. Je hèle une paysanne dans la nuit et lui lance le mot de la désaltération, « *kawiarna* », autrement dit « taverne ». Elle ne répond pas. Plus loin, à la même demande, une paysanne crache sur le capot. Après le troisième échec, j'ai une illumination. Pour ces gens, les seules voitures étrangères sont soviétiques. Alors je crie : « *Françouski !* », et les visages s'éclairent, on nous indique les tavernes et nous saluons notre entrée en Pologne par d'abondantes gorgées de vodka, devant un comptoir, entourés de Polonais hilares et ivres.

Nous arrivons finalement à l'hôtel Orbis de Poznań en bénéficiant de l'aide de guides improvisés dans les rues de la ville.

Nous sommes stupéfaits : les réceptionnistes sont ivres, les clients aussi, un serveur glisse sur un escalier et fait tomber sa bouteille de vodka et ses verres. Nous comprenons que l'alcool est interdit le lendemain, jour d'élections. Nous-mêmes atteignons en titubant nos chambres.

Le lendemain, nous partons pour Varsovie. Nous nous arrêtons dans les *kawiarna*, mais comme l'alcool est interdit ce jour-là, on nous sert la vodka dans des tasses à thé. À Varsovie, nous sommes logés par Lissowski, dans un hôtel gratte-ciel, dont j'ai oublié le nombre d'étages. Le lendemain matin, au petit déjeuner, je remarque l'absence du lait et demande à la serveuse : « *Milk, milch, latto, leche* », elle reste ahurie. Finalement, je fais « meuh meuh » en mettant mes index en cornes autour de mon front, et elle éclate de rire en répétant elle aussi « meuh meuh », puis elle m'apporte le lait dans un ultime « meuh ».

Nous rencontrons les intellectuels qui ont été à la pointe de l'Octobre polonais, notamment dans leurs articles de *Pro prostu*, Leszek Kolakowski, Jan Strzelecki, Roman Zimand, d'autres, dont le nom m'échappe maintenant. Kolakowski, esprit puissant, fit une œuvre remarquable sur le marxisme et la religion, émigra à Oxford. Je le revis fraternellement en France, Angleterre, Californie, et il mourut à Oxford en 2009. Strzelecki était délicat, subtil. Roman Zimand, ex-fanatique stalinien devenu fanatique de la liberté, publia des livres sur Orwell ainsi que sur différents thèmes politico-littéraires. Il traduisit mon *Paradigme perdu*. Quand il y eut une période d'antisémitisme sous le communisme, il se refusa à quitter la Pologne, et, par remords d'avoir été stalinien, se sentit irrémédiablement attaché à son pays. Nous restâmes liés, il vint me voir à Paris et devint ami de Johanne.

Ces nouveaux amis avec qui nous fraternisons nous narrent l'aventure « révolutionnante », depuis les émeutes de Poznań, le combat politique, intellectuel, journalistique, les énormes progrès accomplis. Mais ils nous indiquent aussi que la répression soviétique en Hongrie a déjà des conséquences négatives en Pologne et ils craignent une régression. Lefort et moi pensons la même chose, mais Dionys reste dans l'euphorie du « vrai » communisme, surtout après notre visite au conseil ouvrier de l'usine automobile de Zerań. Nous croyons tous avec foi que la régénération du socialisme viendra des conseils ouvriers.

Lefort et moi voulions visiter le faubourg de Praga. Dionys ne trouva aucun intérêt à nous accompagner dans cette visite folklorique. Les maisons étaient des sortes d'isbas, il n'y avait pas vraiment de rues, mais des espaces en terre où couraient poules et cochons. Dans une taverne, un type nous interpella en français. C'était un ouvrier d'origine polonaise du nord de la France, dont la famille avait rejoint la Pologne après la guerre. Il nous demanda combien coûtait en France une paire de chaussures comme les nôtres. En entendant le prix, il exprima sa rancœur et nous parla des déceptions de tous ceux qui comme lui avaient quitté la France.

Au cours d'un déjeuner de *bigos* (ragoût aux choux) dans une taverne, Lefort et moi imaginâmes une visite secrète à la direction supérieure des conseils ouvriers qui duperait Dionys. Nous commençâmes par lui raconter qu'à Praga un ouvrier polonais, qui avait écouté nos propos sur les conseils ouvriers (que nous avions visités à Zerań), nous avait demandé si nous voulions connaître les *vrais* conseils ouvriers. « Mais bien sûr. – Alors, suivez-moi ! » Il nous avait conduits à travers poules et cochons jusqu'à une isba où il avait frappé trois coups. Une vieille femme avait ouvert. Il lui avait parlé en polonais, et la vieille, rayonnante, se tournant vers nous, nous avait dit : « Entrez, mes enfants ! » Nous voici introduits dans l'obscure isba. Autour d'une table, de rudes visages de prolétaires nous saluent. Ils nous informent qu'ils comptent organiser prochainement une insurrection générale des conseils ouvriers.

– Mais pas contre Gomulka ? s'écrie Dionys, alarmé.

– Mais si, mais si : pour eux, Gomulka est devenu un réactionnaire. »

Nous continuons devant un Dionys bougon. La vieille nous conduit vers une barquette miniature, posée sur la cheminée, dans laquelle il y a des documents secrets.

« Je vous prie, nous dit-elle, de les transmettre à Guy Mollet. »

À ce moment, Dionys indigné explose :

« Non, non et non ! Jamais je ne remettrai cette barquette à Guy Mollet ! »

Robert rit, mais ne se rend pas compte encore de la plaisanterie. Lefort et moi profitons de son rire pour laisser passer un peu de la rigolade que nous réprimons.

« Mais Dionys, dis-je en retenant mes spasmes, il faut que tu comprennes que pour eux Guy Mollet est un allié contre les staliniens !

– Je m'en fous. Jamais je ne porterai cette barquette dans ma voiture. Guy Mollet est un salaud ! »

Nous essayons de lui démontrer qu'il faut à tout prix transmettre la barquette à Guy Mollet. Et plus il s'indigne, plus nous rions. Robert dit souriant : « C'est une blague ! – Mais non, ce n'est pas une blague ! » dit Dionys, furieux. Nous nous tordons, et finalement, à grand-peine, nous finissons par le convaincre que l'isba, la vieille, le conseil ouvrier, la barquette n'étaient qu'inventions.

De Varsovie nous prenons la direction de Cracovie, toujours dans la voiture de Dionys, d'où nous irons à Auschwitz où les vestiges inutilisés de l'industrialisation de la mort, telle l'accumulation des cheveux, nous rendent présente l'horreur de l'extermination.

Puis, comme j'ai lu les poèmes pour adulte d'Adam Wazyk, dont celui décrivant de la façon la plus sinistre la ville ouvrière artificiellement construite de Nowa Huta pour faire pendant à l'aristocratique Cracovie, j'ai voulu voir Nowa Huta.

Dionys étant occupé ce jour-là avec une charmante amie polonaise, il me prête sa voiture et je pars avec Robert et Claude. Nous constatons la véracité du poème de Wazyk. Nous rentrons par la route verglacée. À un moment, je fais une erreur en changeant de vitesse, passant en seconde alors que je voulais la quatrième ; la voiture patine, j'en perds le contrôle et l'avant va s'écraser contre un pylône. Nous sommes indemnes, brusquement entourés de Polonais surgis d'on ne sait où. Quatre ou cinq d'entre eux la soulèvent, l'arrachent du pylône, mais la voiture ne peut repartir. Je dois téléphoner à Dionys. On m'indique une maison où il y a un téléphone. Dionys reste très calme, pas vindicatif du tout. Sa copine intervient auprès de l'usine automobile Zerań où les ouvriers sont disposés à travailler toute la nuit bénévolement pour que nous puissions repartir de Pologne le lendemain comme prévu. Après une longue attente dans le froid, les secours arrivent, notre voiture part soulevée par une grue, et nous sommes embarqués pour retrouver Dionys et sa belle amie Hanka.

Le lendemain, Dionys et moi accompagnons à la gare de Varsovie Robert et Claude qui rentrent en train pour Paris. Nous y voyons Yves Montand et Simone Signoret couverts de fleurs et entourés d'admirateurs.

J'ai convaincu Dionys de faire une étape à Berlin-Est. Son amie reste avec nous jusqu'à Poznań. Je conduis tandis qu'ils roucoulent sur le siège arrière, mais en faisant attention à ne plus commettre d'erreur. Nous laissons la belle à Poznań. À Berlin-Est, nous nous arrêtons à Alexanderplatz où se trouve le bureau d'accueil des invités privilégiés du Parti.

Je demande avec assurance une chambre pour la nuit, le réceptionniste n'ose demander aux deux apparatchiks que nous semblons être le moindre document, il se borne à nous faire signer le registre et nous sommes logés gratis. Je fais connaître à Dionys Unter den Linden, Stalinallee, etc., puis nous rentrons à Paris.

Lefort et moi avions compris que la fête était finie, que le gel recommençait, mais nous ne pensions pas qu'il irait si loin.

Auparavant, nous avions suivi avec enthousiasme la révolution hongroise et, avec rage, la féroce répression qui s'ensuivit. L'élimination sanglante des soviets ouvriers hongrois par une armée soviétique nous révulsa beaucoup plus que ne le fit la répression à Berlin-Est en 1953.

Des intellectuels communistes désertent définitivement le Parti, tels Claude Roy et Jacques-Francis Rolland.

Dans un comité de soutien à cette révolution nous avons accueilli et fraternisé avec des réfugiés de Budapest, dont András Bíró, devenu ami pour la vie. Dans ce même comité, nous avons découvert Cornelius Castoriadis, avec lequel je me lierai par la suite sur le chemin du méta-marxisme que chacun d'entre nous (lui, Lefort et moi) tracera à sa façon, non pas en vomissant Marx, mais en intégrant les diamants de sa pensée.

Arguments

À ce contexte coïncide l'aventure d'*Arguments* dont le premier numéro est daté de décembre 1956-janvier 1957[1].

Arguments fut pour moi capital dans ce cheminement. J'ai déjà dit comment était née la revue et comment, grâce à Duvignaud, elle avait été accueillie aux Éditions de Minuit.

Nul n'était rétribué. L'éditeur se chargeait de l'impression, de l'édition, de la rétribution d'une secrétaire, mais non de la diffusion, que nous faisions nous-mêmes, pour Paris en déposant les revues chez des libraires et par la poste pour la province. Notre local était une pièce d'arrière-boutique. Chaque membre du comité de rédaction avait le droit d'ajouter un commentaire aux articles publiés. Notre intention réflexive du départ avait été renforcée par la crise du stalinisme, les répressions anti-ouvrières de l'Union soviétique, et, dès le début, nous mettions le marxisme en question. Duvignaud avait déjà cessé de se dire marxiste ; en ce qui me concerne, ce fut l'occasion de cheminer vers le méta-marxisme avec le concours de textes de Karl Korsch, notamment de ses dix thèses sur le marxisme qui furent pour moi décisives, et ceux d'Adorno et de Heidegger, ces deux derniers si hostiles l'un envers l'autre, et pour moi complémentaires.

---

1. « *Arguments* n'est pas une revue, mais un bulletin de recherches, de discussions et de mises au point ouvert à tous ceux qui se placent dans une perspective à la fois scientifique et socialiste. *Arguments* n'aurait jamais vu le jour sans le travail entrepris depuis plus d'un an par l'équipe italienne de *Ragionamenti*. Sa naissance établit la première collaboration organique franco-italienne et prépare des échanges internationaux plus larges. Le comité de rédaction sera élu chaque année par les collaborateurs réguliers du bulletin. Les membres du Comité et leurs collaborateurs sont libres de compléter par des commentaires critiques les articles publiés. L'auteur de tout article sollicité, mais non publié, peut exiger que la rédaction explique dans une note son refus d'insérer. *Arguments* et *Ragionamenti* échangent des articles en toute liberté. Cette formule peut être étendue à toute autre publication fondée sur les mêmes principes. L'effort d'*Arguments* prend tout son sens à l'heure où l'éclatement du stalinisme incite chacun à reposer les problèmes et à rouvrir les perspectives. »

J'avais voulu intégrer dans la revue Dionys et Claude Lefort qui refusèrent l'un et l'autre, réticents à l'égard de Duvignaud puis d'Axelos (Lefort se bornant à écrire l'article principal dans le numéro consacré à la bureaucratie). À vrai dire, ce n'était plus seulement le marxisme que nous mettions en question, mais aussi notre civilisation elle-même, son bien-être, et plus encore l'amour, le cosmos.

C'est mon ami Fejtö qui nous trouve le titre *Arguments*. J'ai raconté ailleurs comment il avait accepté de diriger l'Institut culturel hongrois et m'appela quand il se sentit en péril dans ce petit édifice au fond d'une cour, rue du Faubourg-Saint-Jacques. J'ai dit le rôle capital qu'il a joué pour moi personnellement, mais aussi pour la vérité et pour tous dans son inoubliable article d'*Esprit* (voir p. 221).

À *Arguments*, il fut toujours sagace et clairvoyant, notamment pour notre numéro sur la Chine qu'il a dirigé et dont les témoignages contredisaient la version idyllique des maoïstes, et cela, en 1961, avant la Révolution culturelle.

Il se sentait à la fois juif, catholique (il s'était converti), fils de l'empire austro-hongrois et citoyen français.

Il est notamment l'auteur d'une *Histoire des démocraties populaires* et du *Requiem pour un empire défunt*.

Nous n'avons cessé de nous retrouver ; ce n'est que sur la Yougoslavie que nous avons un peu divergé, lui, par tradition austro-hongroise, favorable à la Croatie, moi favorable à la Bosnie et jamais antiserbe, gardant le souvenir de l'héroïsme historique des Serbes durant la Première et la Seconde Guerre mondiale.

François Fejtö mourut presque centenaire en 2008 au cours d'une interview dans son appartement, face à Beaubourg, en souriant à la charmante journaliste qui l'interrogeait.

Duvignaud

Jean Duvignaud est né à La Rochelle, en 1921. Comme moi, il avait en FFI participé au siège de la ville, puis était monté dans la capitale et était devenu communiste. J'ai évoqué précédemment sa relation avec Clara Malraux.

Il avait un visage de pirate, très aigu, une présence forte.

Je l'ai rencontré au groupe Mortiers, qu'avaient créé des jeunes intellos staliniens aux dents longues : Georges Mury, Jean Kanapa et quelques autres. La seule séance où j'allai (car aussitôt lassé) fut consacrée à leur désir d'une « critique de soutien » (soutiens-moi et je te soutiendrai), par des articles à la parution de leurs livres.

Duvignaud avait une intensité dans la parole et un regard qui me plut. Il me passa alors son livre de nouvelles, *Les dents ne poussent pas sur des chicots*, et nous nous revîmes.

Son côté mythomane me plaisait beaucoup. Un jour, il me dit : « Edgar, je sais qu'il y a au Mexique une pyramide remplie de feuilles d'or, nous partons de La Rochelle pour le Mexique et nous revenons chargés d'or, tu viens avec moi ? – Je viens. »

Puis il oubliait son rêve mexicain et passait aux enfants Finaly, orphelins de parents juifs massacrés à Auschwitz, recueillis puis cachés par une famille catholique qui les avait adoptés et refusait de les rendre à leur famille juive.

« Edgar, je sais dans quel couvent sont cachés les enfants Finaly. Nous nous déguisons sous une soutane, on dissimule notre mitraillette et on va les délivrer. D'accord ? – D'accord. »

Il y eut un épisode, sans doute mythologisé par lui, avec le jeune écrivain Guy de Chambure, lui-même habité par Malraux. Chambure vient le voir un jour avec un manuscrit. Il avait toujours la bouche à demi ouverte, la lèvre inférieure pendante, l'air un peu halluciné :

« Duvignaud, voici mon roman. »

Duvignaud lit les premières lignes puis, impératif :

« Chambure, allez au troisième rayon de ma bibliothèque.

– Oui, Duvignaud.

– Prenez *L'Espoir.*

– Oui, Duvignaud.

– Lisez les premières lignes.

Chambure lit : « “Un chahut de camions montait dans Barcelone.”

– Lisez maintenant les premières lignes de votre roman. »

Chambure lit :

« “Un chahut de camions montait dans Baden-Baden.”

– Alors, Chambure !!!!

– Alors quoi ? Lui c’est Barcelone, et moi c’est Baden-Baden ! »

Autre épisode. Chambure hagard, lèvre humide, va trouver Duvignaud.

« Duvignaud, dites-moi comment Malraux fait l’amour.

– Vous voulez une paire de gifles, Chambure ? »

Guy de Chambure, fils d’un très riche financier, qui fut directeur de la Banque d’Indochine, je crois, haïssait son père. Il fit représenter une pièce de théâtre où le héros déversait des imprécations devant la couche mortelle de son père. Nous nous étouffions de rire à cette scène. J’ai oublié le reste de la pièce. Devenu hyperbrechtien, il émigra un temps à Berlin-Est auprès du Berliner Theater en 1961, puis j’ai oublié ce qu’il est devenu.

Duvignaud était un esprit polyvalent, auteur d’un beau roman *L’Or de la République* (espagnole), adorateur brechtien, notamment de *Mère Courage et ses enfants* dont il aimait chanter le couplet qu’interprétait dans la version française la magnifique Germaine Montero (que je vis dans la mise en scène de Jean Vilar en 1951) : « *Mon capitaine/ c’est la famine/tous tes soldats/ meurent de faim.* »

Il fit une pièce brechtienne avec *Songs,* comme dans Brecht, se passant à La Rochelle avec des forçats.

Il travailla sur une très belle enquête sociologique dans le village tunisien de Chebika, en 1968, qui donna lieu à un film documentaire de Jean-Louis Bertuccelli

Mon exemple l’avait fait entrer au CNRS (il en fut de même pour Michel Crozier) où il travailla sous la houlette de Georges Gurvitch, sociologue génial et fou, haïssant Georges Friedmann et Raymond Aron. Il se voua à la sociologie du théâtre, sa passion, la mienne étant le cinéma, et fut enseignant à l'université de Tunis en 1960, où je le retrouvai (voir chapitre 16).

Mais, surtout, il fourmillait d'idées, son esprit était sans cesse en mouvement, en agitation à la fois brownienne et créatrice. Il pensait vite, mais écrivait un peu trop vite, sans se relire pour se corriger, réduire ou développer. C'était une sorte de Diderot méconnu.

Il fut très précieux pour *Arguments*, nous incitant à abandonner l'étiquette marxiste, suscitant d'innombrables thèmes de réflexion et d'articles.

Nous improvisâmes ensemble un nô dans son atelier devant quelques amies et amis. Nous nous déguisâmes avec divers oripeaux, j'étais la petite princesse japonaise et lui le samouraï venant me délivrer. Il arrivait avec son sabre en poussant des yôôô stridents, mais il s'écroulait quand il m'emportait dans ses bras, car j'étais assez lourd à l'époque.

Nous étions ensemble au *Nouvel Observateur* lors de l'élection de Mitterrand en 1981, lui enthousiaste pleurant de joie, moi sceptique et Gilles Martinet me glissant à l'oreille : « Maintenant, attachons les ceintures… »

Le nouveau pouvoir le fit président de la Maison des cultures du monde, qui, depuis, ne cesse de présenter des spectacles théâtraux, folkloriques, traditionnels des divers continents de la planète.

À La Rochelle, où il se retira, il poursuivit ses activités intellectuelles, mais il était de plus en plus fatigué. Nous allâmes lui rendre visite Edwige et moi, nous le trouvâmes presque épuisé et marchant péniblement. Il est mort en février 2007.

Axelos

Kostas Axelos, né en 1924, avait très jeune milité dans la résistance communiste grecque. Il était membre du Comité central qui décida en 1944 ou 1945 la liquidation physique des trotskistes grecs, parmi lesquels Cornelius Castoriadis. Menacé par les autorités réactionnaires grecques, il embarqua pour la France dans le même bateau que Castoriadis. Bien qu'Axelos lui ait exprimé ses regrets, Castoriadis n'a jamais voulu collaborer avec lui, et il a été suivi par Claude Lefort quand j'ai demandé à ce dernier de faire partie d'*Arguments*.

Je crois que j'ai connu Axelos dans l'un des comités éphémères que nous fîmes, d'abord en octobre 1956, en soutien à la magnifique insurrection de Budapest, puis aux Hongrois émigrés après la répression soviétique de novembre 1956. De tout ce qui a révolutionné ce peuple, il ne reste rien, et tout recommence aujourd'hui en Hongrie, comme avant la Seconde Guerre mondiale avec un régime néo-autoritaire.

Axelos manifeste son intérêt pour *Arguments* et rapidement nous en faisons le rédacteur en chef. C'est de façon usurpatrice que l'article de Wikipédia rédigé par je ne sais quel thuriféraire sous-informé présente les éléments biographiques suivants : « K. A. a rejoint en 1957 puis dirigé à partir de 1960 la revue *Arguments* à laquelle participaient notamment Edgar Morin et Jean Duvignaud, avant de fonder en 1960 et diriger pendant plus de quarante ans, aux Éditions de Minuit, la collection du même nom. » Ledit article allègue de façon peu cohérente mais fausse que, « Morin délaissant la revue, Axelos en devient le rédacteur en chef en 1960 ». Je n'ai nullement délaissé la revue comme l'indique mon adieu lors de sa dissolution en 1962.

Axelos était hautain, orgueilleux, à la limite de la vanité, méprisant pour les sciences sociales et la plupart des autres philosophes, il avait une riche culture, connaissait l'œuvre du jeune Lukacs, *Histoire et conscience de classe* (désavouée par celui-ci) qu'il fit traduire pour la collection Arguments, il connaissait l'école de Francfort, et, surtout, avait subi l'influence de Heidegger. Il apportait un vent d'Est qui secouait les frontières intellectuelles de l'Hexagone, où étaient alors inconnus Marcuse, Adorno, Horkheimer, Gramsci, Lukács, et surtout, Karl Korsch que nous traduisîmes et publiâmes. De mon côté, j'avais rencontré Marcuse aux États-Unis, et j'indiquai *L'Homme unidimensionnel* à Axelos pour le faire traduire dans la collection Arguments, que je lui avais confiée, vu son besoin de prestige, et qu'il dirigea par la suite en toute autorité. J'avais aussi sollicité l'historien trotskiste Pierre Broué pour qu'il écrivît une histoire de la guerre d'Espagne qui fut la première à briser la vision fallacieuse d'un peuple républicain uni contre Franco, alors que la tragédie d'un terrible conflit se jouait au sein même du camp républicain.

Son rôle fut très bénéfique et tout en étant très prétentieux, et n'appréciant nullement nos œuvres, il savait rester très amical avec nous.

Fougeyrollas

D'un an mon cadet, résistant communiste comme moi de 1942 à 1944, Pierre Fougeyrollas eut la chance d'avoir des parents adoptant la fille qu'il avait clandestinement eue de sa compagne Lily. Contrairement à moi, il devint, lors de la glaciation intellectuelle, un procureur implacable, condamnant au nom des thèses officielles les quelques velléités d'autonomie de pensée des Wallon, Zazzo et autres scientifiques. La répression soviétique en Hongrie provoqua sa rupture avec le Parti et, après quelques errances, il rejoignit *Arguments* où sa faconde et sa joyeuse humeur nous égayaient. Je me souviens que, lors de je ne sais quel cocktail où étaient présents quelques sartriens qui, tout en étant devenus staliniens, ne s'inscrivaient pas au Parti, il leur lança : « Vous êtes des demi-vierges ! »

Périgourdin comme Violette, nous nous retrouvions pour festoyer dans des restaurants régionaux. Il nous avait quittés pour Dakar où il devint professeur à l'université avant la fin d'*Arguments* ; je l'y rejoins pour quelques jours lors d'une escale pour Santiago du Chili. Nous prenions nos repas sur sa terrasse, et j'étais épaté de voir corbeaux et charognards faire du ramassage d'ordures ménagères en venant happer tous nos reliefs. Je fus aussi épaté en Casamance de goûter un très ferme et savoureux poulet qui avait couru dans le village et s'était bien nourri. Pierre Fougeyrollas s'était lié à une jeune fille qu'il avait emmenée avec lui à Dakar, tout en envoyant des lettres enflammées à sa femme

Lily pour la garder. Il vivait un intense conflit en raison de son besoin simultané et contradictoire de sa femme et de sa maîtresse.

Du reste, nous vivions tous, à *Arguments*, des relations difficiles en amour, juste au moment où nous publiâmes un numéro sous ce titre. Moi, avec Violette et Marilu, Fejtö, avec sa femme et une princesse italienne, Fougeyrollas, entre Lily et sa jeune amie, Axelos, lui, se livrait à l'errance érotique : il suscita la passion d'une belle étudiante qui semblait douée de toutes les qualités, et qui se suicida par exaltation d'amour, ce qui lui procura beaucoup d'orgueil et guère de remords. Le couple qu'il formait avec sa femme Réa était amical, peu conjugal.

Réa et Claude Simon

Réa avait vécu à Athènes un intense amour pour un homme politique marié, s'était résignée à s'exiler et avait rejoint Axelos. Elle était belle, sensible, intelligente, nous devînmes très vite amis et confidents. Quelque chose s'est passé et ne s'est pas passé entre nous deux. J'ai retrouvé une lettre d'elle reçue à un moment où nous allions peut-être chavirer l'un et l'autre. Pendant trois ans, elle fut secrétaire de rédaction d'*Arguments*.

Elle rencontra Claude Simon au cours d'un dîner chez Jérôme Lindon, éditeur de Simon et d'Axelos. Claude n'hésite jamais quand il sent qu'il a trouvé la femme qu'il lui faut ; il fonce comme un taureau. Il est fasciné par la superbe Réa qui cédera rapidement à sa passion et deviendra sa meilleure lectrice : « Elle est plus intelligente que moi », disait-il souvent. Ce qui est sûrement vrai. Ami de Réa, je le devins du couple, que j'allais voir à Salces, où Claude avait sa maison et son vignoble. En 1993, la publication de mon journal *L'Année Sisyphe* les éloigna de moi : ils réprouvèrent l'aspect privé et les menus événements quotidiens que je relevais systématiquement dans ce journal, où des faits minuscules mais très proches prenaient autant d'importance que des faits gigantesques mais lointains. Bref, j'eus l'impression de ne pas être compris alors qu'ils avaient l'impression que je m'étais fourvoyé en dévoilant ce qui aurait dû rester strictement privé. Hélas, je suis de la famille de Jean-Jacques Rousseau.

Gilbert Comte

Ce soir du dimanche 21 janvier 2018, je suis tout ému par un coup de téléphone avec Gilbert Comte.

Je ne l'avais pas vu depuis très longtemps, et je ne sais plus si c'est lui qui m'a relancé de façon irritée il y a quelques mois, m'envoyant copies de lettres que je lui écrivais en 1978. Toujours est-il qu'en fin d'après-midi, tombant sur ces lettres, je lui téléphone, mais sans réponse. Il est de ceux qui refusent smartphone et ordinateur.

Puis, au moment où je savoure mon fromage de brebis arrosé d'un pessac-léognan, il m'appelle, toujours impérieux et volubile.

Je l'ai connu à l'époque d'*Arguments*, c'était un jeune maurrassien qui avait moins de 30 ans, et qui tout en étant venu d'Action française en écartait les idées racistes répugnantes. Il était comme fasciné par les déviants de gauche ; il était également admirateur-ami de Pierre Hervé (voir p. 239) et je l'ai retrouvé à l'enterrement d'Annie Hervé.

Nous restâmes liés après *Arguments*. Il collabora au *Monde* de 1968 à 1983, s'en sépara, envoya une lettre déchaînée à ses responsables, j'en ai oublié le motif. Très virulent dans ses critiques, j'aimais son indépendance, sa solitude, sa haine de toute compromission.

Aujourd'hui, il a 85 ans, mais sa voix est jeune, ferme, convaincue. Il me dit être partagé entre deux maximes shakespeariennes, l'une tirée de *Hamlet* : « Il y a plus de choses sur la terre et dans le ciel que dans toute votre philosophie », l'autre de *Macbeth* : « La vie est une histoire racontée par un idiot, pleine de bruit et de fureur, et ne signifiant rien. »

Je lui exprime une petite et fragile espérance en l'amélioration des relations humaines (entre individus et entre peuples), mais ce qui me tonifie est de prendre le parti d'Éros contre Thanatos dans leur lutte sans répit, et où, du reste, on risque de se tromper en croyant servir Éros et en se mettant en fait sous la coupe de Thanatos.

Longue et fraternelle conversation, il est ému, comme moi.

Toujours solitaire, indépendant, il a depuis vingt ou trente ans une compagne qui lui apporte le bonheur. Je lui jure de le rappeler le lendemain pour une rencontre, mais, pris par je ne sais plus quoi, je ne le rappelle pas, et trois semaines ont passé.

Un autre personnage étonnant connu grâce à *Arguments* est l'abbé Boyer que j'évoque plus loin (voir p. 607 et suiv.).

Nous avons aussi de chaleureuses relations avec nos amis de *Présence africaine,* au premier rang de laquelle Alioune Diop qui nous fait découvrir Cheik Anta Diop.

Nous sommes aussi en correspondance avec *Universities and Left Review*, à Londres, avec qui on a essayé un jumelage et j'ai longtemps maintenu un lien avec Stuart Hall et Eric Hobsbawm. Ce dernier, historien et communiste, m'avait proposé d'émigrer à Londres lors du putsch d'Alger. Il était ravi à l'idée que, comme en 1940-1944, des intellectuels français viennent égayer la grise vie universitaire anglaise. Plus il insistait, plus je refusais, et plus il était furieux. Il fut finalement déçu que la France ne soit pas devenue une dictature militaire et le prive d'émigrés. Enfin, *Arguments* me donna l'occasion de renouer avec Herbert Marcuse que j'avais déjà rencontré aux États-Unis et qui ne me reconnaissant pas me demanda : « Que fait Morin en ce moment ? », mais surtout de connaître personnellement Theodor Wiesengrund Adorno, car, à part le mépris pour la *mass culture* et l'amour pour la musique dodécaphonique, je me suis senti très impressionné par sa créativité dialectique post-hégélienne et post-marxienne, et proche de son regard sur le monde.

Il s'était formé autour d'*Arguments* un petit cercle assez distendu d'amis venant nous visiter et/ou participant à la revue : François Châtelet, Georges Lapassade, parfois Henri Lefebvre.

Ces années *Arguments* furent des années bouillonnantes et intenses pour moi, et, de plus, toujours amoureuses.

Nos comités de rédaction se tenaient autour d'un dîner, dans l'euphorie, la discussion, l'ivresse.

Bien que très différents et surtout liés par la revue (à part mes liens plus anciens avec Fejtö et Duvignaud) nous avons fraternisé dans cette aventure où nous nous interrogions en interrogeant le monde et où les grandes ruptures des années 1956-1958 nous permettaient de tout repenser.

À ce titre, *Arguments* reste une aventure unique.

De plus, pour moi, c'est le premier épisode d'une reconstruction intellectuelle. Je trouve de quoi faire mon miel dans les apports antagonistes, et à mes yeux complémentaires, d'Adorno, Heidegger, Korsch, j'intègre la notion venant de Heidegger d'ère planétaire, de nouveaux ferments pour une pensée complexe s'installent en mon esprit qui vont se poursuivre jusqu'au Cresp avec Cornelius Castoriadis et Claude Lefort (voir p. 539), puis jusqu'au groupe des dix (voir p. 344), ensuite me conduire à La Jolla, en Californie, et finalement déboucher sur *Le Paradigme perdu* et *La Méthode*.

Fin des interrogations

J'ai déjà évoqué le putsch d'Alger de mai 1958 qui aboutit au retour au pouvoir de De Gaulle, mais je n'ai pas indiqué combien cet événement, après le rapport K, la Pologne, la Hongrie, venait anéantir les évidences des esprits de gauche découvrant des masses populaires incapables de répondre à un coup d'État. Une fois encore, la pensée binaire rendait aveugle, incapable de voir en de Gaulle à la fois un conservateur et un réformateur. Il nous sembla de plus en plus à *Arguments* que tout devait être repensé, à commencer par notre propre pensée.

À nouveau mes idées complexes suscitent un certain intérêt en ce temps de crise intellectuelle, mais sont ensuite chassées par des simplifications. La pensée dialogique est rejetée par la pensée binaire qui fait un retour triomphant.

1956-1962 furent pour moi des années fébriles, enthousiastes, exaltées, formatrices, transformatrices. Nous avons ouvert tous les grands chantiers. Puis tout s'éteignit, tout redevint unilatéral et réducteur, jusqu'en mai 1968.

En 1962, il y a eu la diaspora des « argumentistes » (Duvignaud en Tunisie, Fougeyrollas au Sénégal, moi en Amérique latine, puis à New York) après que nous eûmes traité plusieurs thèmes importants et nous être nourris d'idées au cours de cette aventure collective : chacun était désormais en mesure de progresser dans son aventure individuelle.

Conjointement, les grandes interrogations, suscitées par d'incroyables bouleversements sur une si courte durée (la dénonciation des crimes de Staline, l'Octobre polonais, la révolution hongroise, l'implacable répression de cette révolution, la guerre entre Israël et l'Égypte, l'intervention anglo-française à Suez, l'ultimatum américano-soviétique, le putsch d'Alger, l'arrivée de De Gaulle au pouvoir…), s'éteignaient à l'horizon de l'intelligentsia en même temps que ces événements se normalisaient, occultés, digérés dans les esprits. Survint alors la « solution » structuraliste en tous domaines, notamment anthropologique, marxiste, psychanalytique, linguistique.

La vie intellectuelle se racornit. Le structuralo-marxisme d'Althusser remplaçait le marxisme dialectique de Lefebvre et Sartre, le lacanisme, le structuralisme lévi-straussien allaient imposer l'élimination du sujet, de l'homme, de l'histoire, de la vie par des réductions mutilantes, adornées de broderies raffinées.

En 1962, nous décidâmes de concert, Axelos et moi, de saborder *Arguments*, dont le tirage demeurait constant, qui n'était pas menacée de l'extérieur, et nous fîmes notre adieu, dans l'ultime numéro.

20

Volare

Dans une quasi-coïncidence avec les débuts d'*Arguments*, le fatum me fit rencontrer Marilu Parolini.

En février 1957, au retour de Pologne, Claude Lefort et moi étions invités dans une mairie de banlieue pour parler des conseils ouvriers polonais (nous croyions encore que ces conseils étaient la clé du socialisme). Notre hôte, Maurice Pagat, était un militant infatigable. Lefort était venu avec une jeune femme brune, vêtue de noir, au regard pathétique, aux belles lèvres charnues esquissant un sourire triste, dont l'apparente austérité cachait mal un feu intérieur. Je la regardai tout au long de mon intervention.

À la fin de la séance, je vins vers elle, elle me dit qu'elle était italienne et travaillait comme secrétaire à l'Office italien du commerce à Paris. Je lui demandai si elle pouvait me traduire un texte, je ne sais plus si c'était du français à l'italien ou l'inverse, et nous prîmes rendez-vous le lendemain à la sortie de son bureau, à l'heure du déjeuner. Tandis que je la regardais dans un état second au cours du repas, elle me disait qu'elle venait de Crémone, qu'elle y participait à un groupe communiste-libertaire lié à Socialisme ou barbarie, et qu'elle était venue à Paris pour fuir un provincialisme étouffant en même temps que pour entrer en militance. Elle y avait donc rencontré Lefort.

Je lui donnai le papier à traduire et lui proposai de la rencontrer pour le week-end. Rendez-vous fut pris pour le samedi au Royal-Saint-Germain, à 14 heures.

Je l'y retrouve attablée avec un ou deux socialo-barbares qui me dévisagent avec curiosité puis hostilité quand elle se lève pour me suivre. Je la conduis aux Buttes-Chaumont, où nous marchons en devisant. Nous montons vers le belvédère et nous nous accoudons en regardant le paysage. Irrésistiblement je lui prends le visage entre mes mains, je l'embrasse, nous nous embrassons, elle recule son visage illuminé comme doit l'être le mien et, avec un sourire à la fois heureux et déchirant, elle dit : « Qu'est-ce qui m'arrive ? »

Jamais je n'avais ressenti une telle attraction, à la fois d'âme, d'esprit et de corps. Violette était une compagne-sœur, devenue amante et épouse. Marilu fut l'attendue inattendue.

Lorsque je l'entraînai à l'union, elle m'annonça qu'elle était frigide, et je fus heureusement surpris de sa jouissance coïncidant avec la mienne.

Désormais, nous sommes unis. Nous nous retrouvons pour nous aimer dans l'atelier de Duvignaud, puis une chambre d'hôtel près de la gare du Nord. Peu après Colette Garrigues, amie fidèle, l'installa dans une chambre de bonne de son immeuble près de la porte Maillot, et comme Violette partait deux à trois jours en semaine dans une ville de province où elle enseignait la philo, je passait ces nuits dans la chambre de Marilu.

Nous chantions sans cesse *Volare*, de Domenico Modugno, qui, pour nous, exprimait le besoin de voler ensemble par-dessus toutes les contingences :

Volare oh oh
Cantare oh oh oh oh
Nel blu dipinto di blu
felice di stare lassù...

Il nous était évident de devoir vivre ensemble, mais je lui demandais d'attendre six mois.

Pourquoi ?

C'est que je m'étais condamné à remettre à plus tard ma séparation d'avec Violette. Huit mois auparavant, j'avais en effet contraint

Violette à quitter son amant, un professeur de philo à son lycée de Lens. Or nous avions des liaisons auparavant, Violette et moi, que nous tolérions l'un l'autre et dont nous parlions librement. Mais sans doute dans des conditions de désarroi intérieur due à la remise en question radicale de mes croyances, je l'ai suppliée de rompre, alors qu'elle l'aimait, je suis devenu jaloux, j'ai été envahi par le désir, je l'ai adorée et vénérée, et elle, sensible à cette flamme, s'est séparée de lui. Nous sommes partis en voiture en Grèce pour l'été emmenant avec nous Janine, la femme d'André Bazin. Mon amour s'était calmé durant le voyage, puisque au cours d'un repas à Athènes je caressais sous la table le genou de Janine.

Violette, était au courant de ma liaison avec Marilu. Marguerite, Robert, Dionys le furent également.

Marilu fut enceinte et voulut avorter. Je la suppliai de garder l'enfant et de s'armer de patience, car j'étais sûr de la rejoindre. Elle était compulsive, paniquée et je lui pris rendez-vous avec un médecin qui fit l'intervention clandestine (il n'y avait pas encore d'IVG légale). J'attendais dans le café de l'immeuble du médecin, place de la République. Elle était plus malheureuse que soulagée, et moi j'étais accablé.

Il y eut un second épisode fatal lors du cocktail *Arguments* que nous avions organisé aux Éditions de Minuit. Marilu, devenue secrétaire de rédaction, était présente. Violette aussi, évidemment invitée. Beaucoup d'amis, journalistes, écrivains étaient là. À un moment, les deux femmes se rencontrèrent et passèrent ensemble dans une pièce vide, voisine. Alerté, j'ouvris la porte, elles me dirent de partir. Alors que la pauvre Marilu se disait humblement névrosée, Violette lui asséna une phrase de propriétaire : « C'est mon mari et je le garde. » Colette m'entraîna au-dehors, j'étais hagard. Nous entrâmes dans un hôtel.

Il y eut aussi cette soirée de réveillon, en 1956 ou 1957, je ne sais plus, où je fus sommé par Violette et par Marilu d'aller réveillonner avec chacune. J'étais en train de terminer *Autocritique*. La soirée avait commencé des deux côtés. Je trouvai l'énergie de rédiger les phrases finales. Puis je décidai d'aller à l'un puis à l'autre réveillon, après minuit, et, dans les deux cas, je fus mal accueilli.

Il y eut un ultime épisode, fatal. Je continuais à passer tour à tour de la chambre de Marilu à mon domicile de Rueil, dans la villa construite par mon père. Alors que je devais revenir chez moi, je m'attardai une nuit supplémentaire chez Marilu et rentrai à Rueil au petit matin. J'entrai dans la buanderie et trouvai Violette assise par terre dans la douche, en pleurs, une bouteille vidée de Punt e Mes à côté d'elle. Devant un tel désespoir, je compris que je ne pouvais la quitter comme je le prévoyais, c'est-à-dire dans trois mois.

Je demandai à Marilu d'attendre, j'étais sûr de la rejoindre tôt ou tard. Est-ce pour me punir en se punissant, elle commença par boire de plus en plus, se saouler. L'été arriva, ainsi que le délai de six mois, écoulé. Elle décida de partir en Italie. Je l'accompagnai à la gare, entrai dans son wagon jusqu'à son siège, l'embrassai, sortis, puis revins aussitôt en courant en pleurs pour l'embrasser à nouveau.

Je me souviens du lendemain. Sous un éclatant soleil, Violette, mes deux filles – dix et neuf ans – et moi, sommes allés sur les Champs-Élysées. Je fis bonne figure.

Marilu revint à Paris, mais nous ne nous rencontrâmes pas. Je lui avais trouvé, par Janine Bazin (avec qui j'eus de tendres moments), un poste de secrétaire aux *Cahiers du cinéma*, et elle y avait rencontré Agnès Varda qui l'initia à la photographie.

Deux années passèrent. Je ne savais rien de sa vie privée. Mais j'étais toujours dans la fièvre des événements d'URSS, de Hongrie, du Moyen-Orient, d'Algérie et dans l'effervescence d'*Arguments*. Il y avait quelques oasis dont une tendre et douce relation avec Jeanne Imhauser, qui vivait dans l'hôtel beatnik de la rue Gît-le-Cœur. Il y eut aussi les fêtes chez Thomson

Chez Thomson

Le peintre Thomson se plaisait à organiser des fêtes dans son atelier, rue du Commerce. Thomson était le fils d'une Française et d'un soldat américain venu combattre en France en 1917, et qui, après reconnaissance de l'enfant, semble avoir disparu. Il avait des principes, refusait d'entrer dans le jeu des expositions et des galeries ; il exhibait donc ses toiles dans son atelier, les vendant directement, faisant crédit à ses amis. C'est ainsi que j'acquis trois Thomson. Mai 68 l'ébranla quant à la valeur et l'importance de l'art, notamment de sa peinture. Il resta quelques années sans peindre. Il s'y remit ensuite, faisant des toiles très épurées et aux couleurs vives.

Je ne sais plus qui me conduisit à une fête chez Thomson, puis je revins à chaque fête. J'y fis des rencontres, dont celle de Marceline Loridan, qui avait été une toute jeune déportée à Auschwitz, avait survécu et portait en elle une intense ardeur de vivre. J'aimais la rencontrer, et comme elle avait des problèmes de gagne-pain, c'est tout naturellement que je pensais à l'intégrer à l'équipe de *Chronique d'un été* où elle fit une prestation bouleversante en évoquant son père.

Le retour

Quand nous avons commencé Jean Rouch et moi le tournage de ce qui devait s'appeler *Comment vis-tu ?* et qui deviendrait *Chronique d'un été*, je tenais à réaliser des tête-à-tête lors d'un repas qui seraient filmés au cours duquel surgiraient les vrais problèmes de nos vies ; cela devait se passer hors studio et se fit chez Marceline. Le producteur nous payait un riche repas, nous dînions tous ensemble avec Rouch, l'électricien, le preneur de son, le cameraman, puis, quand je sentais la chalume, je donnais le départ du dialogue. Je voulus commencer l'expérience avec Marilu, sans dire à Rouch ni à quiconque la nature de notre lien passé.

Par hasard, un soir récent à Saint-Germain-des-Prés, j'avais vu de loin Marilu avec deux garçons puis je l'avais retrouvée et recontactée.

Nous sommes donc en train de dîner chez Marceline avec la petite équipe du film également à table. Marilu est détendue, je donne le signal puis commence en lui posant la première question :

« Marilu, je t'ai vue l'autre soir à Saint-Germain-des-Prés avec deux garçons, que faisais-tu ? »

Marilu me regarde étrangement, puis me dit d'une voix qu'elle veut détachée :

« Nous avons bu, les deux garçons ont joué aux dés pour m'avoir et l'un a gagné. »

Je suis bouleversé.

« Coupez », dit Jean Rouch.

Ce plan fut éliminé, puis commença une confession de plus en plus pathétique : nous partîmes ensemble du dîner et nous passâmes la nuit ensemble ; je ne me souviens plus, en dépit de mes efforts de mémoire, de ce qu'il en fut de notre amour cette nuit-là.

Avant la fin du tournage, elle se lia avec Jacques Rivette. Nous fîmes un nouveau tête-à-tête. Son visage si tragique lors de notre premier entretien était radieux. Il y eut une parole qui me fit mal : « Une fois de plus, je ne sais pas ce qui m'arrive », me dit-elle avec un sourire entendu.

Elle et Marceline furent les personnages saillants et bouleversants de *Chronique d'un été.*

Je ne sais quand Marilu se sépara de Rivette. Elle retourna en Italie, collabora avec Bernardo Bertolucci au scénario de son film *La Stratégie de l'araignée* (1970), fit diverses folies. Je la rencontrai plusieurs fois par la suite et elle regretta trop tard de ne pas m'avoir attendu. Elle devint très amie avec Johanne et je me souviens qu'elles causaient et buvaient toutes deux pendant la nuit dans notre grande pièce de la rue des Blancs-Manteaux tandis que j'étais couché sur mon lit situé en balcon, les dominant, et que ma petite chienne yorkshire accouchait candidement de trois chiots sous mes draps à mes pieds.

Je revis Marilu à Paris et à Rome, dans son petit appartement près du Campo dei Fiori, où elle fréquentait son *vinaio*. Puis elle s'installa dans une maison de sa famille, dans un village, entre Crémone et Parme, où elle vivait solitaire et devenait infirme. Elle fut plusieurs fois hospitalisée et son organisme manifesta une résistance étonnante. J'ai voulu la loger dans un rez-de-chaussée (vu son invalidité croissante) à Parme, avec l'aide de mon ami Sergio Menghi, mais elle ne voulut pas bouger. Elle mourut en 2012 sans que je le sache. Sergio Menghi me l'apprit plus tard.

21

Berlin*

Préhistoire

Je raconte dans le chapitre « Cinéma cinéma » comment mes 11-15 ans ont été marqués par les grands films allemands de 1931-1932.

Dès ma pré-adolescence, j'avais dans mes fantasmes un Berlin quasi surréel, fait d'une sorte de syncrétisme entre celui du *Testament du docteur Mabuse*, celui, imaginaire, de *L'Opéra de quat'sous*, qui en fait représentait un Londres non moins imaginaire, et celui des troublantes Brigitte Helm et Marlène Dietrich.

L'Allemagne d'avant Hitler m'avait envahi, d'abord par le cinéma, puis, vers 1934, par la musique (Beethoven avant tout), par la littérature, Goethe, Lessing, Schiller, Novalis, Hölderlin, sans oublier le héros allemand Jean-Christophe, de Romain Rolland.

Le IIIe Reich a tué la culture de Weimar.

Après 1933, puis durant l'Occupation en France, ni le nazisme, ni l'antisémitisme n'avaient occulté en moi cette Allemagne : j'y voyais comme un cancer ravageant un être aimé. De fait, j'ai tellement aimé la pensée, la poésie, la musique allemandes que je n'ai jamais pu, aux pires moments de la domination hitlérienne, aux heures les plus sanglantes de la répression contre notre résistance,

---

* Ce chapitre est extrait du recueil *Mes Berlin*, paru aux Éditions du Cherche-Midi, 2013.

identifier Allemagne et nazisme. Je n'ai jamais cessé d'aimer ce pays en le combattant, et n'ai jamais pu, comme tant de Français, y compris communistes, haïr « le boche ». Pourtant, je voyais aux actualités cinématographiques de l'époque un Berlin grandiose et terrifiant, non plus capitale de culture, mais capitale de fureur et de haine, avec les vociférations du Führer comme possédé par le dieu Thor.

J'ai raconté dans d'autres chapitres mon exposition sur les crimes hitlériens (voir p. 154), mon séjour à Lindau, puis à Baden-Baden (voir premier chapitre) et mes activités qui furent dans l'esprit de ce texte écrit alors : « Notre collaboration » que je fis diffuser et qui fut publié dans le premier numéro de *Die Weltbühne*, importante revue de Weimar ressuscitée à Berlin-Est en 1946[1].

1945

Au cours des premiers mois de 1945, les Alliés de l'Ouest et de l'Est pénétrèrent de plus en plus profondément en Allemagne. L'armée soviétique arriva sur l'Oder en mars. Les bombardements américains sur Berlin, qui avaient déjà causé d'énormes ruines dans la capitale, cessèrent le 21 avril et furent remplacés par les terribles bombardements des quarante mille pièces de l'artillerie soviétique. Les armées de Joukov et Koniev encerclèrent Berlin, pénétrèrent dans l'aéroport de Tempelhof le 24 avril. La prise de la ville commença le 25 et, dès le 28 avril, des combats forcenés ravagèrent le centre de Berlin. Hitler se suicida le 30 avril. Le 1er mai, le drapeau rouge flottait sur le Reichstag, et la bataille de Berlin se termina le 2 mai. Le centre-ville fut presque entièrement détruit. Le 8 mai, l'Allemagne nazie capitula.

L'Allemagne était effondrée, décapitée, morcelée, dévastée,

1. Certains s'étonneront que mon ascendance juive ne m'ait pas fait haïr les Allemands. Au contraire, la conscience d'être issu d'un peuple maudit et non du peuple élu, jointe à l'intégration en moi de l'humanisme européen, a fait que j'ai toujours été incapable de mépriser un peuple quel qu'il soit.

hagarde, terrorisée. Et c'était de Berlin, désormais en ruines, qu'était partie la puissance fabuleuse qui avait asservi l'Europe et déferlé jusqu'au Caucase et l'Égypte.

Le 11 juillet, l'armée soviétique ouvrit Berlin aux états-majors occidentaux. Aussitôt, je me fis donner un ordre de mission, sautai dans un avion militaire à Strasbourg et arrivai à l'aéroport de Tempelhof, au sud-ouest de Berlin, en zone américaine. La voiture militaire qui m'attendait me fit traverser interminablement un univers de ruines. J'avais déjà connu les dévastations de Karlsruhe, Mannheim, Francfort, j'avais vu la petite ville anéantie de Pforzheim, mais je parcourais avec stupeur les ruines interminables de la gigantesque capitale, imaginant un Paris doublement étendu et mort de Vincennes à la Porte Maillot. Presque pas de passants, sinon furtifs, rasant les décombres. J'arrivai en zone française où un bureau militaire m'indiqua mon logement chez l'habitant, à Frohnau, au-delà du nord de la ville. Aussitôt quitté le périmètre urbain, ma voiture arriva dans un paysage nostalgique et d'une extrême beauté de dunes, lacs, pins où se trouvaient nichées, espacées les unes des autres, des maisonnettes *gemütliche*[1].

C'était un paysage, non de banlieue mais d'un ailleurs poétique. Mon habitation était, comme devaient être les autres, douillette et confortable. Un couple âgé, assez terrorisé, m'accueillit, et, après la traversée dantesque de Berlin, je me trouvais soudain dans un lieu de sérénité, préservé semblait-il de toute guerre.

Le lendemain, une petite voiture me fut affectée, avec un jeune chauffeur allemand, et j'entrepris d'aller aussitôt au cœur de la ville.

Le Tiergarten, autrefois parc boisé élyséen, avait perdu ses arbres, fauchés par la bataille. La porte de Brandebourg restait presque intacte, seulement ébréchée de quelques blessures ; un drapeau rouge déchiré, fiché sur son sommet, pendait plus qu'il ne flottait ; pas de vent dans cette superbe journée d'été. Parmi les ruines, l'arc de triomphe semblait être le survivant d'une très antique civilisation. Le ciel était bleu, le temps très doux. Et moi,

1. Aimables, agréables, confortables, bref, ce mot est intraduisible en français.

j'étais là, à l'entrée de l'Unter den Linden, en ruines sur toute sa longueur, devant l'ambassade de France dont on pouvait deviner sous les destructions les lignes classiques et, face à l'ambassade, l'hôtel Adlon, incendié, qui avait survécu par on ne sait quel miracle et offrait au regard mille fenêtres aveugles.

Proche de la porte de Brandebourg, le Reichstag incendié en février 1933 dressait le spectre de pierre, troué et ravagé, de la démocratie assassinée.

J'étais seul, et là où avait été le cœur vivant de la capitale il n'y avait pas de Berlinois, pas de visiteurs, même militaires, pas de tourisme, des ruines. Les places et les avenues étaient désertes.

Je restais immobile, ému aux entrailles par la mort qui m'entourait, mais aussi ému doucement par le si doux été. Soudain, dans l'extraordinaire silence qui régnait sur la ville, jaillit de nulle part et de tout près un chant sublime de violon, pur et déchirant, immense, à peine frangé d'un frêle accompagnement de piano. Je reconnaissais la sonate *Au printemps* de Beethoven. Le miracle venait d'un haut-parleur installé par les Soviétiques sur la porte de Brandebourg. Je fus empli d'un bonheur et d'une tristesse inouïs. Ce violon qui chantait pour la pierre, pour les ruines, pour la mort me semblait annoncer aussi la lontaine promesse d'un âge de tendresse.

Le silence revint. Je pris la rue dévastée qui avait été la Wilhelmstrasse, où se dressait, éventrée, la chancellerie de Hitler. Là encore, personne, nul garde. Je montai l'escalier majestueux de la chancellerie, jonché de débris de toutes sortes. Il y avait une gigantesque galerie au sol de marbre poli dont j'appris ensuite que ses cent quarante-cinq mètres faisaient d'elle une galerie plus longue que celle de Versailles. J'allai de pièce en pièce pour arriver au bureau de Hitler, où je trouvai encore des certificats de décorations ou de promotions qu'il avait signés et que j'empochai. J'ai longtemps gardé ces reliques, puis je ne sais plus où ni comment elles ont disparu.

L'est et l'ouest de Berlin étaient les deux composantes d'une même ville, uniforme dans ses ruines et une dans ses voies de communication ; rien ne les séparait encore, mais, déjà, rien ne les liait. J'étais une exception, je crois, à faire la navette sans trêve d'ouest en est et vice versa.

Ce que nul ne pouvait alors concevoir, c'est que sur le cadavre de la grande capitale allaient naître deux villes, nées de deux inséminations artificielles, différentes, jumelles totalement hétérozygotes, mais séparées dès leur naissance et par leur naissance, et, bien que rivées l'une à l'autre, s'éloignant l'une de l'autre dans des galaxies ennemies.

Les femmes des services occidentaux et mon jeune chauffeur me disaient leur peur des Russes. Le souvenir encore tout récent des exactions et des viols déchaînés, opérés par les Soviétiques, avaient sans doute fait déborder cette peur à l'Ouest. On disait même que les viols continuaient.

En ce qui me concerne, un jeune communiste allemand avec lequel je m'étais lié, devenu sans doute agent soviétique, m'avait fait rencontrer le tovarichtch Panine. Panine était le responsable du Parti communiste de l'URSS qui contrôlait le général Tchouïkov, gouverneur de Berlin. Pour me rendre chez Panine, je passais par des rues où stationnaient des charrettes tirées par des chevaux. Des soldats russes étaient accroupis autour d'un feu qu'ils entretenaient sur un trottoir pour y rôtir je ne sais quelle viande. J'étais stupéfait de découvrir que, derrière les puissants chars soviétiques, derrière les orgues de Staline qui crachaient le feu sur Berlin, il y avait une intendance rustique qui semblait sortir du XIXe siècle.

Le camarade Panine me reçut fort aimablement. Nous conversâmes par le truchement d'un traducteur, un homme au visage fin, qui me parut très cultivé, dont le visage me rappelait celui de mon ami, l'avocat Matarasso, et qui était sûrement juif. Panine me questionnait abondamment sur les zones occidentales, et moi, oubliant qu'il me tirait les vers du nez, mais fier d'étaler mes connaissances, je lui fournissais mes informations qui n'avaient rien de militaires mais étaient sociales et politiques. Panine m'invita même à déjeuner avec sa femme et, signe qu'on n'était pas encore revenu à la terreur, il la traita gentiment de gauchiste.

J'allais lui rendre visite avant mon départ pour Baden-Baden et c'est alors qu'il me demanda si je voulais bien porter une lettre du maréchal Paulus, le vaincu de Stalingrad, à son épouse qui vivait en Forêt-Noire près de Baden-Baden. Depuis l'encerclement de son armée à Stalingrad, le 21 novembre 1942, l'épouse de Paulus n'avait eu aucune nouvelle directe de son mari et ignorait même son sort, bien qu'elle eût appris qu'il présidait un comité d'officiers prisonniers des Soviétiques « pour une Allemagne libre ».

Je me rendis donc à son château, au cœur de la Forêt-Noire, noble bâtisse où m'introduisirent des domestiques. Une grande femme, d'une sobre élégance, vint à ma rencontre et, stupidement, je lui tendis l'enveloppe en lui disant : « Je vous apporte une lettre de votre mari. » Dès qu'elle eut reconnu l'écriture, Mme Paulus s'évanouit. Une fois ranimée, elle me demanda si elle pouvait me confier une lettre pour son mari, ce que j'acceptai évidemment.

1946

La zone française en Allemagne fut d'abord commandée par la 1re armée, c'est-à-dire par des combattants qui avaient débarqué au sud de la France et des maquisards qui y avaient été intégrés au cours de l'avance de l'armée en France jusqu'au Rhin. Puis un gouvernement militaire lui succéda et installa ses bureaux et ses bureaucrates à Baden-Baden. Les médiocres fonctionnaires en uniforme remplacèrent les baroudeurs. Beaucoup de petits officiers vichystes occupèrent les bureaux du gouvernement militaire. Toutefois, son directeur, Jean Laffon, et son adjoint, le germaniste Pierre Grappin, étaient des hommes de grande qualité. Je devins responsable de la propagande, comme commandant assimilé, à la direction de l'information, dirigée par l'aimable Jean Arnaud. Violette, mon épouse, en lieutenant assimilé, m'était adjointe.

Je terminai l'année 1945 et commençai l'année 1946 à Baden-Baden, avec divers séjours en zone anglaise, zone américaine, et bien sûr à Berlin. Mais surtout, je recherchai des antinazis qui avaient survécu ici ou là, et je nouais des liens avec eux. Les bureaucrates du gouvernement militaire s'intéressaient non pas à favoriser les démocrates dans notre zone, mais à y vivre de façon quasi coloniale ; je me sentais de plus en plus distant de ces personnages alors que j'avais fraternisé avec mes amis de la 1re armée.

À Baden-Baden, je disposais des bulletins des services de renseignements américains et anglais sur l'état des populations et dans leurs propres zones. D'innombrables rumeurs circulaient et beaucoup d'Allemands croyaient que les camps de concentration homicides étaient des inventions de la propagande alliée. Ayant cessé de croire en la propagande nazie, ils s'imaginaient que tout ce qui venait des occupants était propagande. Les rumeurs tenaient donc lieu d'informations dans ce pays démantelé et déstructuré. C'était l'an zéro de l'Allemagne. Puis, je décidai de rentrer à Paris, de plus en plus écœuré par l'atmosphère de Baden-Baden. Mais, auparavant, je voulus retourner à Berlin.

L'occasion s'en présenta. Le gouvernement militaire avait acquis l'usage de quelques-unes des premières Volkswagen qui sortaient d'usine et Bottigelli se vit autorisé à se rendre à Berlin en automobile. Violette et moi l'accompagnâmes ainsi qu'un jeune apprenti journaliste errant dans la zone française, et avec qui nous avions sympathisé, Robert Scipion, devenu plus tard célèbre pour ses mots croisés.

Je ne me souviens plus guère de notre voyage d'autoroute, de ses étapes, je ne sais plus si nous fûmes encore logés à Frohnau, mais je me souviens très bien de la *Kommandantur* quadripartite, installée dans un édifice intact, Kaiserwerther Strasse 16-18, à Dahlem.

Une année après mon premier séjour, je constatai que le Tiergarten était transformé. Au cours de l'hiver 1945-1946, ce qui restait d'arbustes et de branches avait été coupé par les habitants ; mais les mêmes Berlinois avaient transformé le Tiergarten en un immense potager, partagé en minuscules parcelles, où les statues demeurées intactes des rois de Prusse, des princes et généraux à casque à pointe contemplaient avec morgue laitues et carottes.

En considérant l'Unter den Linden, je vis des groupes de

femmes et de vieillards déblayer les gravats, empiler les briques, utiliser chaque embryon de mur pour le reconstituer. L'ambassade soviétique se reconstruisait sur cette avenue. Bientôt, on put voir s'édifier un ou deux palais d'art stalinien massif.

L'Ouest demeurait informe. Son artère principale, le Kurfürstendamm exhalait la décomposition. Les prostituées faisaient le trottoir, du néon s'accrochait aux ruines, indiquant boîtes et cabarets.

J'y voyais non seulement la corruption du capitalisme, mais aussi son impuissance à résoudre les problèmes de reconstruction, alors que les premiers labeurs fourmiliers de l'Est m'apportaient la preuve tangible de l'aptitude du socialisme à édifier un monde nouveau.

C'est plus tard que l'Ouest commença sa reconstruction, et avec une vélocité extraordinaire. Tandis qu'inversement, à l'Est, tout se ralentissait, se sclérosait, se durcissait.

Au cours de mes voyages suivants, ce n'était plus le spectacle des ruines, dont pourtant beaucoup persistèrent pendant des décennies, qui me frappa, mais celui de la division qui non seulement coupait la ville en deux, et surtout engendrait deux nouvelles villes à partir de la désintégration de l'originelle. Le Mur ne fut édifié qu'en 1961, mais, progressivement, les contrôles de Berlin-Est se multiplièrent et se durcirent. Les lignes de passage furent limités et contrôlées, et le franchissement devint interdit aux Allemands de l'Est comme de l'Ouest, sauf laissez-passer.

Berlin-Est avait commencé sa reconstruction dans l'ex-centre-ville, notamment sur l'Unter den Linden, mais, avec la séparation, ses autorités se rendirent compte progressivement que le centre historique n'était plus centre mais périphérie, et le nouveau centre se déporta, à partir de l'Alexanderplatz, au-delà vers l'est, dans la Stalinallee (nommée ainsi de 1949 à 1961), devenue ensuite la Karl-Marx-Allee. L'ancien centre de la capitale se transforma en *no man's land*, avec terrains vagues et pousses folles dans les rues. Ce n'est que bien plus tard que l'Est plantera dans l'Unter den Linden quelques immeubles vitrines pour visiteurs étrangers.

Du côté occidental, Kreuzberg était tout proche du centre. Il devint un quartier périphérique qu'habitèrent les miséreux puis les immigrés turcs. Le centre de l'Ouest s'installa au sud-ouest de la zone, au Kurfürstendamm, ancienne artère des distractions et des plaisirs.

En 1948, Berlin ne sera plus une ville coupée en deux, mais deviendra deux villes. Le 5 décembre, deux municipalités étaient créées puis, en 1949, deux nouvelles nations formées, la RDA puis la RFA. Berlin-Ouest et Berlin-Est dépendaient désormais de deux nations. Chacun relevait d'un système solaire étranger et ennemi, et pourtant les deux villes demeuraient inséparables dans leur séparation.

1950-1988

En 1950, Robert Antelme et moi devenus chômeurs, le besoin nous poussa vers Berlin-Est.

Nous savions que nos livres avaient été publiés en RDA : le mien, *L'An zéro de l'Allemagne*, vendu à 50 000 exemplaires aux éditions Volk und Welt, dans une traduction où avait été expurgé mon chapitre sur la zone soviétique dans lequel, bien qu'atténuant leur cruauté, je faisais état des viols et exactions ; le livre de Robert, *L'Espèce humaine*, témoignage extraordinaire d'humanité sur la déportation qu'il avait subie, s'était vendu à trente mille exemplaires. Nous avons reçu les factures qui nous indiquaient qu'une somme rondelette nous attendait à Berlin. Malheureusement le change, interdit entre le mark Est et le mark Ouest, ne pouvait être que clandestin et au taux de cinq contre un, de plus le change entre mark Ouest et franc français était soumis au contrôle. Néanmoins, nous décidâmes d'aller à Berlin pour profiter autant que possible de ce pactole exceptionnel.

J'ai évoqué ailleurs ce périple vers Berlin de Robert, Monique Antelme et moi, mais je raconterai ici notre arrivée à Berlin-Ouest. Nous étions surtout préoccupés de passer à l'Est pour nous loger, car nous n'avions pas un mark sur nous. Notre voiture, de marque inconnue et supposée soviétique, passa d'autant mieux le contrôle, déjà sévère, que je demandai, avec morgue, quel était le meilleur hôtel. On nous dirigea sur la Friedriechstrasse, dans un hôtel wilhelmien, massif, luxueux, avec des cariatides, réservé aux hôtes de marque. Là, le concierge, que j'ai supposé agent du KGB, nous demanda nos *propousk* soviétiques, c'est-à-dire l'autorisation de loger dans Berlin-Est. Je brandis sous son nez nos deux factures en répétant avec la même morgue : « *Wir sind Schriftsteller.* » Je vis son ordinateur mental se mettre en mouvement de façon précipitée pour trouver la réponse adéquate. Mais comme cette situation était inédite, ignorée de tous les règlements bureaucratiques du système soviétique, il décida, par crainte de mécontenter le Parti par un refus, de nous offrir l'hospitalité. J'entrai dans une chambre gigantesque ornée d'immenses tableaux et de pompeuses statues, dont le lit pouvait contenir quatre personnes. En riant comme un dément, je rejoignis la chambre de Robert et Monique, eux-mêmes pliés de rire. Leur chambre était deux fois plus grande que la mienne avec deux gigantesques lits jumeaux et non seulement des statues et tableaux, mais un piano à queue. De chômeurs fauchés à Paris, nous étions propulsés aux sommets de la nomenklatura.

Le lendemain matin, nous nous rendîmes chacun chez notre éditeur pour toucher nos droits d'auteur. Chez le mien, Volk und Welt, la présentation de ma facture eut un effet immédiat. Une charmante secrétaire vint m'apporter quelques énormes liasses de billets, constituant une somme qui aurait pu nous faire vivre un an à Berlin-Est et qui nous aurait permis d'acheter des voitures, mais nous n'aurions pu payer les droits de douane en rentrant en France. Comme la masse des billets dépassait la capacité de mes poches, j'en mis sous ma chemise et dans mon caleçon. Je donnai rendez-vous à la secrétaire, que je trouvais de plus en plus délicieuse, et elle m'offrit, plus suaves que des droits d'auteur, deux nuits d'amour. Mais elle dut me quitter le troisième jour pour la répétition générale du défilé du 1er mai, qui était préorganisé méticuleusement de façon à la fois allemande et soviétique. Nous avions dû camoufler sa présence nocturne à l'hôtel et elle me dit adorablement : « Edgar, pourquoi n'est-on pas, ici, aussi progressistes en amour qu'en politique ? »

Robert avait également reçu une liasse, moins énorme que la mienne, mais considérable. Malheureusement, nous savions que cette somme perdrait cinq fois de sa valeur si nous la changions dans les petites officines privées de l'Ouest. Et si nous la changions ensuite en francs, elle ne pourrait nous faire vivre que quelques petites semaines. Comme nous ne pouvions vivre durablement la vie de la nomenklatura, nous décidâmes de dépenser au maximum nos richesses. Nous allions prendre nos repas dans les restaurants de luxe de l'Unter den Linden, appelés « HO », et nous commandions en pointant du doigt les plats et les vins les plus chers, nous gorgeant de vins bulgares et de champagnes de Crimée. Nous rentrions dans les lugubres magasins d'État acheter pêle-mêle chemises en fibranne, appareils photo, cigarettes russes, disques de musique classique allemande et de musique folklorique russe, arménienne, géorgienne ; j'achetai même un manteau de fourrure d'occasion pour Violette. Mais nous n'arrivions pas à épuiser notre pactole.

Tout en vivant notre équipée dans une gaieté frénétique, nous étions saisis par la sourde et profonde tristesse de la démocratie populaire. Je découvrais que, depuis mon séjour en 1946, ce qui avait été zone Est était devenue RDA et que cette démocratie populaire s'était de plus en plus fermée.

J'étais à Paris et fus terriblement ému lors de la première révolte ouvrière contre le système soviétique à Berlin-Est en 1953, partie, ô symbole, de la Stalinallee le 17 juin pour se généraliser à toute la RDA le lendemain. Cette véritable insurrection populaire fut réprimée conjointement par l'armée soviétique et les forces de la RDA, tandis que le chancelier Adenauer demandait aux insurgés d'abandonner leur lutte. Cette révolte, antérieure à celles de la Pologne et de la Hongrie (1956), a éclairé la vraie réalité de la RDA, mais seulement pour ceux qui n'avaient pas les yeux bandés. Comme elle était allemande, elle ne suscita aucune sympathie à l'Ouest, même chez les intellectuels de gauche, craignant de passer pour anticommunistes.

De mon côté, j'étais devenu, après ma rupture avec le parti communiste, apte à fraterniser, évidemment indirectement, avec l'insurrection allemande de 1953, première révolution populaire contre la domination de l'empire soviétique. Au cours des années suivantes, les évasions de l'est vers l'ouest de l'Allemagne se sont multipliées, en dépit des périls. Trois millions sur dix-neuf millions d'habitants ont fui la démocratie populaire.

Le Mur fut édifié en 1961-1962, et je le découvris en 1964, avec Johanne, ma deuxième épouse, au cours d'un séjour consécutif, je crois, à une invitation de l'Institut français.

Nous découvrîmes la nouvelle Alexanderplatz, désormais centre de Berlin-Est, avec son obélisque ou minaret faisant fonction de tour de télévision, nous nous engageâmes dans la Karl-Marx-Allee. Cette grande avenue était désolée, flanquée d'immeubles sinistres, dépourvue de petits commerces. Nous y trouvâmes un restaurant à goulasch que je déclarai « dégoulhasse ».

Nous déambulâmes toute la journée dans la ville soviétisée, uniformisée, aux bâtisses tristes et grises, aux petites fenêtres, avec un très grand nombre de policiers dans les rues, puis, découvrant un restaurant à musique pour dîner, nous nous liâmes à un jeune couple inconnu qui, après boissons et confidences, nous exprima son désespoir : tout était contrôlé, fliqué, surveillé, sans issue.

Au début de 1968, j'avais été passionné par les révoltes étudiantes. J'avais fait un exposé en mars sur l'internationalité des révoltes étudiantes pour montrer à la fois leur similarité et leurs différences. Puis, en mai-juin 1968, je me suis concentré sur le mouvement français, négligeant le juin 1968 de Berlin-Ouest.

1988

En 1988, je fus invité, accompagné d'Edwige, par mon ami Christoph Wulf, professeur à la Freie Universität, cette université libre qui avait été fondée en 1948, au début de la guerre froide, l'université Humboldt, demeurée en zone est, ayant perdu sa liberté.

Les deux villes étaient bien transformées depuis mon dernier séjour, sous l'impulsion des grands travaux pour commémorer les 750 ans de Berlin. Je vis bien les progressions dans les reconstructions, mais sans prendre conscience qu'elles avaient été stimulées par cet anniversaire, revendiqué identiquement par deux villes différentes qui portaient le même nom.

L'Unter den Linden s'était modernisée, faussement occidentalisée. Je conduisis Edwige à la cathédrale Sainte-Edwige, recouverte d'un beau dôme brillant et lui racontai, ce qui est faux, que la sainte avait offert son corps aux envahisseurs pour sauver Berlin. Nous découvrîmes les palais officiels du pouvoir de la RDA. La reconstruction semblait terminée, les quelques bâtiments du XVIIIe siècle avaient été restaurés, ainsi que la massive cathédrale.

À l'Ouest, nous assistâmes à un magnifique concert dans le nouveau bâtiment de l'Orchestre philharmonique de Berlin, et nous fîmes une longue promenade pédestre jusqu'au café Einstein. Cette portion de ville mutilée était devenue elle aussi une ville, et, du reste, le film de Wim Wenders faisait intervenir un ange dans cette ville en ignorant l'autre.

Ces deux Allemagne étaient en fait habitées par deux univers absolument éloignés par des années-lumière de distances politiques, sociales, économiques et morales. Ces deux univers y ont modelé chacun leur ville. Ils s'y sont implantés et juxtaposés, tout en s'ignorant l'un l'autre. C'était le lieu crucial de la brisure non seulement de l'Allemagne, mais aussi de l'Europe entre deux demi-Europe qui ont pris forme de 1945 à 1989, et enfin entre deux mondes polarisés, l'un sur les États-Unis, l'autre sur l'Union soviétique. Et ce qui ne cessait de me fasciner, c'était de ressentir physiquement et mentalement la coupure arbitraire et démente du monde, c'était d'y trouver les deux microcosmes des deux macrocosmes d'où, passant incessamment de l'un à l'autre, je pouvais vivre le destin tragique, grotesque et stupéfiant de notre planète.

1990

Entre ma visite de 1988 et celle de 1990 (27 novembre-1er décembre), Berlin, l'Europe, la planète avaient changé de visage.

Ce qui semblait éternel et fatal en Allemagne, en Europe, au sein de l'empire soviétique et du monde s'était effondré, et le symbole concret de cet effondrement planétaire avait été la chute du mur de Berlin.

La *glasnost* et la *perestroïka* de Gorbatchev avaient déclenché un formidable ébranlement qui conduisit à la désintégration de l'empire soviétique, pour lequel la révolte des populations de la RDA et la chute du Mur, le 9 novembre 1989, furent un coup décisif.

De Paris, je suivais à la télévision ce moment sublime de l'escalade joyeuse par des milliers de jeunes gens d'un mur dont l'approche était jusque-là mortelle, la grande fraternisation des gens de l'Est et des gens de l'Ouest sur le Tiergarten, comme les retrouvailles inespérées et bouleversantes de membres d'une famille qui se croyaient séparés à jamais.

Une fête gigantesque déferla sur Berlin. Puis il y eut l'émouvante méditation au violoncelle de Rostropovitch au pied du Mur, qui exprimait et transcendait de façon métaphysique le sens de cette fulgurante flambée de liberté.

Nous avons acheté des morceaux du Mur, les avons rapportés à Paris et placés à côté des pavés arrachés de Mai 68. À la porte de Brandebourg, côté Tiergarten, désormais repeuplé d'arbres pas encore adultes, une sorte de marché aux puces original présentait à la vente des casques, décorations, uniformes soviétiques.

1992, 1995, 2000

Dans la première quinzaine de 1992, je fis mon premier séjour au Wissenschaftskolleg. Je me souviens bien de notre appartement dans la verdure, des bicyclettes à notre disposition, de la qualité du restaurant et des vins français, de la possibilité d'y puiser le soir, bien qu'il soit désert, boissons ou nourriture en indiquant notre prélèvement dans un cahier. Wolf Lepenies, éminent historien et sociologue, grand connaisseur de la culture française, en était le directeur. Nous étions le plus souvent cloîtrés dans le Wissenschaftskolleg, je n'en vois pas de souvenir particulier sur Berlin, sinon l'évocation d'une urbanisation occidentaliste grignotant l'ouest de Berlin-Est.

En 2000, Berlin redevint la capitale de l'Allemagne. Le Reichstag, incendié par Van der Lubbe et bombardé par l'armée soviétique, fut restauré, avec une nouvelle et superbe coupole. Une nouvelle chancellerie, ainsi que la présidence de la République, l'une et l'autre de style contemporain et sobre, lui devinrent toutes proches. Tout ce territoire de pouvoir était verdoyant, bucolique, pacifique, à la différence de la sinistre Wilhelmstrasse des temps hitlériens.

Mes hôtes avaient la nostalgie des théâtres, opéras, concerts du Berlin-Est, dont les bâtiments étaient désormais menacés, disaient-ils, pour cause de double emploi, bien qu'ils demeurassent encore très fréquentés. J'ai l'impression que pour eux l'âge de fer politique de la RDA avait aussi été un âge d'or culturel, d'autant plus qu'ils voyaient dans les activités de l'Ouest l'invasion de l'agent et du profit.

J'allai me recueillir au Monument pour les victimes de la guerre et du régime totalitaire (*Gedenkstätte für die Opfer von Krieg und Gewaltherrschaft*) qui, au temps de la RDA était Monument pour les victimes du fascisme et du militarisme. Il y a aussi au Tiergarten une *Gedenkstätte Deutscher Widerstand* (Mémorial de la résistance allemande) et un *Denkmal für die ermordeten Widerstandskämpfer* (Mémorial aux combattants de la Résistance assassinés) dans le *Prenzlauer Berg*. Ce qui m'émeut davantage, c'est le Monument au déserteur inconnu, à Postdam.

2012

C'est du 17 au 19 octobre que je suis invité à Berlin pour présider une commission chargée de primer des films, émissions de radio et de télévision, articles de presse contribuant à la compréhension entre peuples méditerranéens, organisée par la Fondation Anna Lindh.

Je suis logé dans un hôtel occidentalisé dans la Friedrichstrasse, presque en face de mon hôtel de 1950 disparu, proche de la gare de Friedrichstrasse, à deux pas de la Spree et non loin de l'Unter den Linden. Un dîner des participants avait été prévu, mais, arrivé en début d'après-midi, la curiosité me poussa à retourner sur les lieux aujourd'hui concrets et réels du Berlin fantôme que je portais en moi.

Il faisait très beau, le ciel était très pur, comme lors de mon premier séjour parmi les ruines. Mais il n'y avait pas de ruines dans la Friedrichstrasse, ni dans l'Unter den Linden. Partout des vitrines à l'occidentale avec les noms cosmopolites qu'on trouve dans toutes les villes.

À ma droite, je découvris une superbe ambassade de France reconstruite dans son apparence ancienne, mais flanquée d'appendices modernes. Je pris avec émotion la Wilhelmstrasse, qui sous la RDA était devenue un *no man's land* proche du Mur et semblait alors avoir disparu. C'était devenu une rue entièrement nouvelle, constituée de bâtiments bourgeois. La chancellerie de Hitler avait disparu, rasée, néantisée par la RDA à l'époque du Mur puis, après la réunification, remplacée par des immeubles quelconques. Une sobre pancarte, sur le trottoir, rappelait l'emplacement du palais de la chancellerie. De même, aucune trace du ministère des Affaires étrangères. Je revins épuisé à mon hôtel, juste à temps pour le dîner du jury.

J'avais arpenté une ville réelle, pleine de vie et d'animation, mais, en moi, le Berlin fantôme des ruines demeurait vivant et la ville réelle me semblait d'une certaine façon fantôme. Ou plutôt, j'étais très ému de sentir la présence en moi, dans leur vie d'outre-tombe, à l'instar de ces Enfers élyséens des Grecs où Ulysse rencontra Achille, de mes Berlin définitivement morts.

2013

Et me revoici à Berlin pour écrire au Wissenschaftskolleg qui m'offre l'hospitalité pour ce mois d'avril 2013.

Je suis arrivé avec Sabah le 5 avril dans la neige. Nous sommes logés Königsallee dans un bel appartement totalement aménagé, où rien ne manque, du tire-bouchon à l'imprimante. Trois poubelles dans la cuisine, l'une pour les papiers, l'autre pour les plastiques, canettes, bouteilles, la troisième pour les produits organiques. Pas de désordre ou déficience méditerranéenne, l'efficacité d'une organisation à l'allemande. Sabah m'accompagne et a prévu de rester avec moi quelques jours, mais elle doit partir pour donner ses cours à l'Institut d'urbanisme à Rabat. Les jours suivants, il fait très froid, et surtout, il n'y a aucun de ces signes de printemps que sont pâquerettes et jonquilles. Puis, vers le 10 avril, le temps se radoucit, il se « printanise ». Je quitte mon gros manteau. Et, sur le chemin qui me conduit quotidiennement de chez moi à l'endroit où je déjeune, de la Königsallee à la Wallotstrasse, siège du Wiko (Wissenschaftskolleg), longeant partiellement le lac, je vois apparaître de minuscules feuilles sur les arbustes et des bourgeons sur les arbres. Le 17 avril, je dîne en plein air dans un restaurant italien de la Hagenplatz. Le jeudi 18, nous prenons l'apéritif dehors, au Wiko. Puis, deux ou trois jours plus tard, arbres et arbustes sont en fleurs. Tout reverdit. Il me manque de la partager avec celle que j'aime. Et le printemps, au moment où je quitterai Berlin le 2 mai, sera pleinement épanoui.

Berlin est redevenu une ville une. Mais sa vie musicale, théâtrale, esthétique est celle d'une capitale au carré, parce qu'elle a gardé concerts, opéras, théâtres de l'Est, qui se sont ajoutés à ceux de l'Ouest, et d'innombrables théâtres hors normes se sont créés depuis.

Elle est devenue capitale culturelle de l'Europe (sauf pour le cinéma, où Paris tient encore la palme), redevenue capitale politique de l'Allemagne. Elle est même déjà, comme dit Wim Wenders, la capitale européenne du XXIe siècle.

Berlin reste une ville espacée faite d'espaces très divers.

Elle est neuf fois plus étendue que Paris, mais ne compte que 3,4 millions d'habitants. 1,5 million de Berlinois ont quitté la ville depuis vingt ans, autant de nouveaux Berlinois y sont arrivés, provinciaux (dont Souabes), étrangers de toutes nations, des Turcs aux Israéliens. Notre chauffeur de taxi, à notre arrivée à Tegel, était un Palestinien. Par ailleurs, des bourgeois sont attirés par la capitale, des bobos s'installent à Prenzlauer Berg. Des Berlinois quittent la ville, des néo-Berlinois s'implantent.

Des jeunes de toutes nations viennent y trouver liberté et bon marché locatif. Berlin, ville prétendue aryenne sous Hitler, est devenue cosmopolite et multiculturelle. Elle est gaieté après tant de sérieux, elle est sagesse après tant de folie. Elle a aussi ses folies nouvelles dans ses libertés. Elle est, pour la jeunesse venue de partout, charme et joie de vivre.

Le dimanche de ma visite, un orchestre, semblant sortir d'un film de Kusturica, joue de façon endiablée de la musique balkanique et entraîne certains d'entre nous, dont moi, à danser.

Une continuité a traversé les mutations et métamorphoses de Berlin, celle de la musique. Le Philharmonique a continué de Weimar à Hitler, de Hitler à la RFA. Durant le nazisme, Beethoven et Schubert ont pu éveiller, le temps d'un concert, cette zone de sensibilité que le plus barbare ou implacable, y compris Hitler, porte en soi. Mais juste le temps d'un concert.

Le Philharmonique dispose aujourd'hui de son temple, à l'architecture intérieure géniale. Il a toujours eu des chefs d'orchestre supérieurs, notamment Furtwängler, les derniers étant Abbado et Rattle.

En outre, Berlin est une ville propre. Pas de crottes de chiens. Les nettoyeurs évacuent en permanence papiers sales ou déchets qui traînent dans les rues. Berlin est une ville honnête. Les taxis appelés n'ouvrent leurs compteurs que quand vous ouvrez leur porte.

Berlin est une ville tranquille. Pas de précipitation, pas de hâte comme à Paris ; de la courtoisie et de l'urbanité dans les rues, ce qui montre que c'est la densification, l'accélération et l'intensification qui ont fait de Paris une ville aussi nerveuse et énervée.

À la différence de Paris, surpeuplé, la ville n'a pas encore la population des grandes métropoles. La largeur et la longueur des grandes avenues permettent un trafic calme et paisible. De plus, Berlin n'étend pas hors ville des pseudopodes suburbains. La ville est comme posée dans la nature, qui commence à l'intérieur même de la ville, notamment à l'Ouest, dans Grunewald (forêt verte), où j'habite en ce moment. Il y demeure une vie animale semi-sauvage ; j'ai vu un oiseau de proie fondre sur un lac pour y happer un poisson, un petit écureuil tout roux, tout poilu est venu à ma fenêtre, des canards glissent tranquillement sur mon lac et le petit canal qui longe mon immeuble pour relier deux lacs. Un cygne a traversé le canal en me dédaignant majestueusement.

La Seine et la Spree ont deux poésies différentes, bien que parallèles. La Seine traverse de façon sinueuse Paris d'est en ouest, elle enveloppe les deux îles de la vieille Lutèce, partage le cœur du Paris du XVIIe siècle, elle est chargée de toute l'histoire de notre capitale. Mais son affluent parisien, la Bièvre, est devenu souterrain. Paris dispose aussi du canal Saint-Martin avec ses écluses, mais nulle autre voie d'eau. La Spree traverse Berlin d'ouest en est ; elle enveloppe l'île des Musées de façon très mélancolique.

Je crois que c'est l'isolement de Berlin-Ouest pendant plus de quarante ans qui a empêché la banlieue de se développer et de dégrader la périphérie de la ville. Ce n'est pas de la campagne qu'il y a autour de Berlin, c'est une nature de dunes, de lacs, de pins.

En 2012, j'ai découvert, et j'y suis retourné, le Mémorial aux Juifs assassinés d'Europe, édifié en 2005 entre la porte de Brandebourg et la Potsdamerplatz, au cœur même de Berlin, vaste quadrilatère de vingt mille mètres carrés, avec deux mille sept cents tombes de tailles inégales mais géométriquement identiques, nues, sans inscriptions, sans nul enseveli, constituant le fantôme de béton du cimetière dont étaient privés les martyrs. On ne pouvait mieux indiquer que les assassinés furent interdits de sépulture et que Berlin leur offre ces tombes en dur, anonymes comme fut leur mort, vides, mais pleines du souvenir. Berlin a mis en son centre, avec évidence, la mémoire du génocide nazi.

Tantôt je vois une ville merveilleuse avec la Spree, l'Unter den Linden, Grunewald, Kreuzberg, tantôt je vois une ville grise et sans âme dans de longs alignements tristes d'immeubles uniformes. La poésie de Berlin est à éclipses, elle apparaît ici et disparaît là.

Je marche et je regarde. Je vois les visages des jeunes, des vieux, des femmes, et je ne peux m'empêcher d'être sans cesse saisi par une pensée pourtant bien banale sur la plasticité humaine. Quoi, ces jeunes aujourd'hui « verts », subversifs, rouges, démocrates, humanitaires auraient été il y a soixante-dix ans des jeunes fanatisés en uniforme brun, méprisant le non-aryen, haïssant le juif ? Ces braves gens, ces braves femmes démocrates, paisibles d'aujourd'hui auraient été envoûtés il y a soixante-dix ans par la parole hallucinée du Führer ? Ces intellectuels et universitaires démocrates d'aujourd'hui auraient exalté les vertus et la grandeur du IIIe Reich, comme le firent la plupart des philosophes kantiens (plus nombreux dans l'hitlérisme que les existentialistes) ? Et bien des ex-nazis ou pronazis de 1933-1945 avaient été eux-mêmes des socialistes, communistes, internationalistes démocrates convaincus avant 1933.

Tout ne s'est pas passé brusquement, comme le montre si bien *L'Adieu à Berlin* de Christopher Isherwood, récit vécu qui commence en 1930 et finit en 1933. Comme dans le film *Cabaret*, au début, les nazis sont présents de façon dispersée et périphérique, comme des extrémistes fanatiques qui inspirent plutôt crainte ou répulsion. Puis, au cours des années qui suivent, avec l'aggravation de la crise économique, le nazisme devient de plus en plus une force, une menace, un espoir, un enthousiasme, tout en restant encore minoritaire. Dès que Hitler accède au pouvoir, tant de gens, comme le dit Isherwood, s'adaptent comme ils s'adapteraient à n'importe quel régime ! Ils s'acclimatent « en vertu d'une loi naturelle, comme un animal qui change de pelage pour l'hiver ». Les succès économiques puis militaires accomplirent l'adhésion au régime d'un grand nombre d'Allemands, mais certes pas l'unanimité. Il y eut une minorité silencieuse plus importante qu'on ne le pense. Il y eut aussi la résistance allemande antinazie, celle de l'intérieur, invisible, celle des protecteurs de juifs qui les cachaient dans des caves, comme fut caché pendant cinq ans dans une cave, à Berlin, Abraham Moles. Mille deux cents juifs ont ainsi été cachés. Et je pense aux résistants allemands, émigrés en France, qui participèrent à notre résistance, et que j'ai aidés et aimés, notamment mon ami et adjoint Jean Krazatz, marin de Hambourg et combattant de la guerre d'Espagne. Je pense à toute cette Allemagne intellectuelle de la diaspora, Thomas Mann, Theodor Wiesengrund Adorno, Herbert Marcuse, Hannah Arendt, Fritz Lang, Albert Einstein, et tant d'autres qui ont combattu le nazisme. Je pense aux héroïques officiers comme von Stauffenberg qui tentèrent de tuer Hitler.

Je songe à l'Allemagne pacifique des principautés qui enchantait Mme de Staël. C'est avec le Reich de 1871, c'est-à-dire l'État-nation fondé sur une communauté de sang, que la pacifique Allemagne est devenue belliqueuse, impériale, impérialiste.

Mais dans ce Berlin de 2013 est honoré et reconnu tout ce que détestait Hitler : les juifs et aussi les couples non-aryens ou bâtards d'aryens de la jeunesse cosmopolite. Dans l'Allemagne en baisse démographique, les couples mixtes ou bâtards font de Berlin la seule ville féconde de l'Allemagne.

L'Europe se désintégrera-t-elle à partir de Berlin ? Le nouveau parti anti-euro tenait son congrès fondateur à Berlin le dimanche 14 avril. Le double objectif de l'Alternative für Deutschland (AfD) est d'ancrer durablement la lutte contre la monnaie unique dans le paysage politique allemand, pour ensuite pousser le gouvernement à négocier la sortie du pays de la zone euro, qui devra être dissoute.

Durant Weimar, on pensait que la consolidation démocratique était définitive et l'impérialisme banni à jamais. Aujourd'hui, on pense que la consolidation démocratique est définitive et l'impérialisme banni à jamais.

Mais une nouvelle crise mondiale est arrivée, peut-être encore plus inquiétante que celle de 1929. Des forces de dislocation et mutation sont à l'œuvre.

À nouveau et de façon nouvelle, le sort de l'Europe se joue à Berlin.

Et le sort de Berlin se joue dans la crise planétaire. Comme dit le proverbe turc : « Les nuits sont enceintes et nul ne sait quel sera le jour qui naîtra. »

22

Rue des Blancs-Manteaux

1962-1979

Ma vie avait changé au début des années 1950. Elle prend également un autre tournant dix ans après.

Après *Chronique d'un été*, et mes voyages au Chili, à Washington, en Californie, mon hospitalisation à New York, ma convalescence à Monte-Carlo, je quitte l'appartement du 3, rue Soufflot, tout proche du Panthéon, et vais m'installer dans une pièce jouxtant l'atelier de tapisserie d'Yvette Prince-Cauquil, rue des Blancs-Manteaux.

J'emporte dix livres avec moi, dont les *Présocratiques*, les *Pensées* de Pascal, les morceaux choisis de Hegel, le manuscrit philosophico-politique de Marx, *Une saison en enfer* de Rimbaud, *Crime et châtiment* de Dostoïevski. Je laisse papiers, objets, voiture, CCP. J'ai gardé une voiturette Lambretta qui va bientôt se déglinguer. En dépit du déchirement de la séparation, je me sens débourgeoisé. C'était devenu une de nos incompréhensions avec Violette ; je la voyais embourgeoisée, elle me voyait « jouant au jeune ». Nous continuons malgré tout à nous rencontrer, nous faisons des repas communs, nous allons encore une ou deux fois en vacances, en Périgord, en Israël, je vois mes filles qui ont 12 et 11 ans. L'aînée pense que je suis un « jouisseur », je lui dis que sa mère et moi avons dérivé lentement l'un de l'autre.

Mon amie Yvette Prince, devenue Prince-Cauquil, par son mariage avec le docteur Cauquil, m'accueille.

Je l'ai rencontrée par une amie belge, elle-même connue lors de mes exposés à l'université de Bruxelles. Nous avions sympathisé. Elle était peintre, elle m'avait conduit à son atelier rue Saint-Denis, un soir, au temps des Halles, grouillantes d'animation, avec ses prostituées tout au long de la rue ; les escaliers de son immeuble sentaient fortement le fromage, il devait y avoir un dépôt important. Elle était d'une immense bonté qui se lisait dans ses œuvres, et avait subi de difficiles épreuves. Nous étions en relation affectueuse. Elle se maria avec le docteur Cauquil, psy et ami du docteur Olivenstein, lequel se dévoua par la suite aux toxicos.

Le couple avait loué deux étages dans un hôtel XVIIe siècle du Marais rue des Blancs-Manteaux pour y installer des métiers à tapisserie du XVIe siècle je crois, venus des Flandres. Elle m'offrit l'hospitalité dans une pièce jouxtant l'atelier, assez vaste, assez dénudée, avec lit, lavabo, réchaud à gaz, toilettes, ce qui me permettait d'être autonome.

Le matin, je montais par une échelle de l'atelier à leur étage prendre avec eux et Darius, le fils d'Yvette, le petit déjeuner.

Le Marais n'était pas encore devenu le Marais, c'était le 4e et le 3e arrondissement, remplis d'« îlots insalubres ». Les cours des hôtels XVIIe siècle étaient disgracieuses, servant généralement de hangars ou parkings, souvent couvertes, les premiers étages nobles occupés par des ateliers de confection ou entrepôts, les chambres mansardées habitées par du petit peuple. Des vieux et des vieilles logeaient encore dans les seconds étages. Tout y était vétuste et sans confort. Mon quartier, entre la place Beaubourg vide et la rue Vieille-du-Temple, était d'un agréable cosmopolitisme. À côté des ouvriers et des vieilles gens, il y avait le trop-plein juif de la rue des Rosiers, le trop-plein arabe des travailleurs des Halles, des Martiniquais, quelques artistes américains de la vieille bohème (David Hill et Joe Plaskett), des intellectuels et artistes d'une nouvelle bohème, pas encore bobos. Bien approvisionnée par les Halles proches, la rue Rambuteau était bordée de voitures des quatre-saisons, et remplie de magasins d'alimentation, plus quelques restaurants. J'aimais particulièrement me fournir chez le poissonnier, le crémier, et j'allais me faire moudre du moka chez le petit marchand de café. Le quartier était à dominante populaire.

Je faisais ma popote, cuisant mes légumes à feu doux dans leur eau, j'allais parfois au restaurant tunisien Lalou de la rue des Rosiers ou bien je prenais mes repas avec des amis ici et là ; je profitais des cocktails pour éviter de me faire à dîner. J'avais repris lentement mes activités de chercheur au CNRS, songeant à travailler sur les militants. J'avais pour cela recruté un étudiant ou plutôt un post-étudiant, Serge Thion, garçon libertaire et anti-colonialiste, auteur d'un livre sur l'Afrique du Sud, *Le Pouvoir pâle*, et d'une enquête au Cambodge en pleine guerre civile.

Mais j'étais devenu allergique à ce que j'avais supporté en m'ennuyant jusqu'à ma maladie. Je le constatai lors de la première réunion de sociologues à laquelle je participai à mon retour de convalescence. Au bout d'une demi-heure de questions administratives, une force incoercible me souleva de ma chaise et je quittai la séance.

Magda venait me rendre visite régulièrement de Turin et nous échangions entre-temps des lettres câlines.

J'étais donc parti pour une vie tranquille, avec moins de voyages, décidé à bien me réguler, à ne pas me disperser, à rester près de moi-même.

Je terminais mon manuscrit que j'appelai *La Méditation,* mais je ne souhaitais pas le faire éditer et ne songerais à le publier qu'après 1968. (Ce sera *Le Vif du sujet*, je l'ai évoqué précédemment.)

Le Cresp

À mon retour à Paris, je rejoins le « cercle Saint-Just » qu'avaient créé Claude Lefort et Corneille Castoriadis sous l'aile bienveillante et dans l'appartement de leur ami le docteur Pitchal.

Assez rapidement, j'obtiens que l'on cesse de se mettre sous l'égide du second Comité de salut public et, après débat, Saint Just devient Cresp, Cercle de recherche et d'élaboration sociale et politique. Nous tenons des réunions périodiques où nous avons des invités ; l'un d'eux étant Althusser. En fait, Lefort et Castoriadis menaient le jeu. Nous allions à la fois ensemble et différemment au-delà du marxisme tout en intégrant ce qui restait pour nous fécond dans l'apport de Marx. Alors que la décennie s'enfonçait dans le lacanisme, l'althussérisme, le structuralisme, nous étions des déviants. Je tentai de faire connaître la pensée de Castoriadis à l'époque dans un article du *Nouvel Obs*, puis Lefort salua mon livre sur Plozévet dans *La Quinzaine littéraire*, mais tout cela demeurait rejeté par le courant principal.

Le Cresp restera un moment important de mon devenir intellectuel, que suivit peu après, dès 1965, ma participation au « groupe des dix » créé par le docteur Jacques Robin.

Maurice Clavel

C'est en 1963, je pense, que je rencontre Maurice Clavel pour de bon ; je l'avais jusqu'alors croisé dans le Clado de Lambert. Il avait été paralysé pendant quelques mois en 1962 par une étrange maladie et ayant appris que j'en avais moi-même subi une en même temps que lui, il s'identifia à moi et m'identifia à lui, puis il décida de me prendre sous sa protection.

Il était très grand, avec d'énormes lunettes de myope et un regard trouble derrière ses verres épais. Il parlait surtout de façon très théâtrale avec une belle voix de basse.

Il avait dirigé le maquis FFI dans la région de Chartres, et reçu le général de Gaulle sur le parvis de la cathédrale. Lors de notre rencontre, il était un fervent gaulliste, devenu « gaulliste de gauche ». Il avait épousé Sylvia Montfort, mais s'en était séparé. J'étais pour ma part fasciné par le visage de la comédienne que j'aurais adoré adorer, mais n'osai pas le dire à Maurice.

Je crois que c'est après son étrange maladie que la foi chrétienne est tombée sur lui comme la foudre. Il avait fait un roman qui m'avait plu, *Une fille pour l'été*, deux pièces de théâtre, je crois très élisabéthaines, et il mijotait son Polyeucte, *Saint Euloge de Cordoue*, ce mystique chrétien sous la domination musulmane en Andalousie qui se vouait au martyre en profanant les mosquées. C'est alors qu'un producteur de sa connaissance, Denis Harroche, lui proposa d'écrire le scénario et les dialogues d'un film dont le thème serait celui d'un SS criminel échappant aux alliés en prenant l'identité d'un juif déporté et s'installant alors en Israël. Maurice me demanda de travailler avec lui, ce qui plut au producteur, puisque je faisais partie de la commission d'aide à la qualité cinématographique (évidemment sans être présent si l'on proposait un mien scénario). Le thème m'intéressait, car j'y voyais la possibilité de traiter d'un cas extrême de double identité, et pas seulement l'histoire de la découverte d'un coupable. J'acceptai et, comme l'été arrivait, Maurice m'entraîna pour travailler ensemble dans une propriété à Sainte-Maxime dont l'hôtesse s'appelait Adrienne de Carbuccia. Arrivé sur place, je vis qu'il s'agissait de l'épouse d'Horace de Carbuccia, grand réactionnaire antisémite, directeur de *Gringoire* avant-guerre, devenu pétainiste mais sans collaborer. L'homme était sur une chaise roulante, invalide. Son fils, avec qui je me liai, était aux antipodes des idées de son père et ne songeait qu'à une chose : assassiner Franco.

Patrice Blank

Parmi les invités de la Grande Pointe, nom du domaine, il y avait Patrice Blank, dirigeant du mouvement de résistance Défense de la France, secrétaire général du MLN, puis membre à 24 ans de l'Assemblée consultative créée par de Gaulle ; après la libération de Paris, il devint directeur du journal de son mouvement, devenu *France-Soir*. Il était très lié avec le fils Carbuccia. C'était un homme grand, imposant, le visage noble, des yeux bleus, marqué par la mélancolie. Nous devînmes amis et j'abandonne quelques instants la Grande Pointe pour évoquer son destin.

Il avait été évincé de *France-Soir* par une cabale financière ayant corrompu certains membres du comité directeur du quotidien pour le remplacer par Pierre Lazareff, ancien patron de *Paris-Soir*, émigré aux États-Unis pendant la guerre. Ce fut la première « normalisation » dans la presse issue de la Résistance, aujourd'hui morte ou colonisée par l'argent. Blank me raconta la suite romanesque et mystérieuse. Ayant tout perdu, il partit au Brésil, fit fortune, revint en France, perdit son argent, repartit au Brésil, y refit une fortune qu'il put asseoir désormais sur des bases solides et constitua un groupe de presse.

C'était un homme d'amitié fidèle et il avait en retour des amis fidèles. Il vivait seul, mais avait une liaison discrète. Nous nous rencontrions souvent dans son appartement, avenue Victor-Hugo. Un été de vacances, il m'invita sur son yacht à Saint-Tropez, il fit une erreur de pilotage, heurta un écueil, le bateau commença à chavirer et les passagers, dont moi, durent nager longuement jusqu'à la rive. Il m'invita aussi dans une villégiature dans le Var où je rencontrai Bertrand de Jouvenel dont je savais qu'il avait été l'amant de Colette, seconde épouse de son père, et l'initiateur de la prospective. Ce grand esprit qui se fourvoya était de ceux que la crise économique de 1929, puis la crise politique en France de 1934 orientèrent vers le fascisme avec lequel il flirta diversement sans pourtant devenir sous l'Occupation un véritable « collabo ». Il s'exila en Suisse en 1943. Il semblait très vieux, fatigué, quand je l'ai rencontré, mais disposait de l'amour d'une jeune femme qui semblait l'adorer.

Patrice Blank participa au club Saint-Simon, comme je le fis également, avec à la fois intérêt et scepticisme. Il porta en lui jusqu'à la fin le sentiment d'un grand destin avorté. Il est mort à 78 ans, en 1998.

Je n'oublie pas non plus mon idole d'adolescence, Gaston Bergery, dont j'évoque la rencontre (voir p. 50).

De nouveau Clavel

Maurice avait une compagne, une jeune institutrice sympathique, mais ce Chérubin adulte s'embrasait facilement

Ainsi nous étions tous les trois sur la plage, Magda et lui en retrait, moi légèrement en avant, je l'entendis murmurer à Magda : « Vous êtes belle, je vous veux », puis comme je me retournais, dire d'une voix puissante : « Comme cette mer nous donne le sentiment de l'infini ! »

Une autre fois, lors d'un repas collectif en plein air à la Grande Pointe où j'avais fait venir mon ami Rolland et son épouse, il se pâma à la vue de Flavienne, me prit à part et, d'une voix égarée, me souffla : « C'est Elle, c'est Elle, dis-lui tout, dis-lui que je suis un génie, dis-le lui ! » Il s'assit à côté d'elle pendant le repas, la couvant du regard, et, quand elle tendit la bouteille vers son verre, de sa voix de basse profonde, il lui lança : « Vous me grisez. »

Je fus moi-même très étonné un soir, quand, passant par sa chambre pour me rendre dans la salle de bains, je le vis étendu, nu, sur le lit, et l'entendit me dire : « Edgar, embrasse-moi. » Je l'embrassai sur le front.

Toutefois, après la Grande Pointe il trouva la femme de sa vie. C'était une jeune actrice venue auditionner pour *Saint Euloge de Cordoue*. Il me raconta : « Au bout de dix minutes, elle m'offrait son cœur, son corps et sa main. » Il fit un geste large d'appropriation : « Je les ai pris. »

Il aimait la grandeur et vivait de rêves de grandeur. Un jour, il me dit qu'après le théâtre il ferait de la politique. « Mais, Maurice, être député n'est pas digne de toi ! – Il ne s'agit pas de cela ! – De quoi alors ? – Suis-moi ! » Et il s'élance dans la vague, nage comme un dauphin et, arrivé au milieu des flots, m'attend. J'arrive poussivement jusqu'à lui. « Alors ? – Aujourd'hui, c'est un général, demain, ce sera un poète. »

Et il pique dans la vague, s'éloignant vers le large.

Je me souviens aussi que, quelques années plus tard, après mon article dans *Le Monde* disant que je ne voterais ni pour Mitterrand, ni pour Lecanuet, ni pour le Général, il me téléphona à 6 heures du matin : « Ce n'est pas beau ce que tu as écrit là. Eh bien, tu ne seras pas ministre de la Culture, tu n'auras rien. »

Il rompit avec le Général lors de l'affaire Ben Barka, puis s'émerveilla de Mai 68. Le rencontrant à la Sorbonne occupée par les étudiants, il leva extasié les bras au ciel : « C'est le Moyen Âge ! » Ensuite, il devint maoïste, puis tonton flingueur des nouveaux philosophes, il fit divers éclats à la télévision dont son célèbre et théâtral : « Messieurs les censeurs, bonsoir ! », où on le voit se lever dignement et quitter le plateau en direct. Il écrivit de superbes et folles chroniques au *Nouvel Observateur*, puis se retira près de Vézelay où il s'éteignit en 1979. Je me rendis à ses funérailles à la basilique Sainte-Marie-Madeleine. Je fus toujours très ému et très amusé par ce personnage incroyable, un Don Quichotte cachant en lui un petit Sancho, toujours prêt à partir pour l'honneur et la gloire et, en même temps, faisant des comptes de petit épicier.

Revenons à la Grande Pointe. Maurice est tellement investi dans son *Saint Euloge de Cordoue* qu'il ne me donne que quelques propositions mélodramatiques et j'écris seul le scénario commandé. J'imagine que le chef SS d'un *sonderkommando* de déportés fabriquant de la fausse monnaie pour les nazis reçoit l'ordre, étant donné l'avance des troupes alliées, d'exécuter ses prisonniers. Il prend l'identité de l'un d'eux, se fait tatouer son matricule sur le bras, puis part en Israël où, sous l'identité de Jonathan Strauss, il devient ingénieur et participe activement à la vie locale, devient l'amant d'une sépharade, Dolorès, se lie aux frères de celle-ci. Le film commence quand elle lui apprend qu'elle est enceinte, ce qui le trouble. Puis arrive un jeune chercheur américain qui enquête sur le *sonderkommando* où il était censé avoir été déporté, une machine infernale se met alors en marche, avec une succession d'informations qui révèlent finalement qu'il fut le commandant SS dudit *kommando*. Les trois frères de Dolorès l'enlèvent et l'amènent dans un temple antique désaffecté du Néguev pour débattre sur son sort. L'un veut le tuer immédiatement ; un autre propose de le livrer à la police ; le troisième, qui est cabaliste (et pour moi disciple inconscient de Sabbetai Zevi) essaie d'expliquer que Jonathan Strauss n'était pas seulement Heinz Werner, il était en même temps devenu un autre, et que, dans ce cas, il faut le laisser libre de pouvoir trouver une rédemption. Il sera finalement livré à la police. La voiture qui l'y conduit passe sous les fenêtres où Dolorès accouche. On entend les cris du nouveau-né.

Le producteur Denis Harroche avait choisi Henri Calef comme réalisateur ; à part *Jéricho*, il n'avait pas fait de films marquants. J'accompagnai Calef en Suisse pour obtenir de l'acteur vedette allemand, Heinz Bohm, qu'il prenne le rôle principal. Calef lui demanda d'accepter une rémunération faible, vu la portée antinazie du film (cet acteur était profondément antihitlérien). « Moi je suis comme un sac de blé, mon prix est celui du marché. »

Je ne sais plus à quel accord ils sont arrivés. Daniel Gélin et Corinne Marchand furent de la distribution, elle en Dolorès, lui en frère cabaliste (mon porte-parole)

Découverte d'Israël, Jérusalem

Avec Calef, nous fîmes un voyage de repérage en Israël, notamment à Jérusalem. J'avais été impressionné de découvrir en roulant sur la route montant vers la ville sainte, en contrebas, un village totalement en ruine.

J'ignorais qu'il s'était appelé Deir Yassin et qu'il y avait eu un massacre par l'Irgoun des cent vingt villageois palestiniens au cours de la guerre d'indépendance. Pendant que Calef rencontrait des acteurs et les autorités cinématographiques pour bénéficier d'une subvention accordée par Israël aux films étrangers se tournant sur son territoire, je circulais dans une voiture louée. Sortant de Haïfa, je fus hélé par un jeune auto-stoppeur arabe. J'allais dans la direction de son village et l'embarquai. Il travaillait à Haïfa et me conta les brimades et contrôles incessants qu'il subissait. Je lui dis que j'étais français et juif.

Arrivé près de son village il me proposa d'aller chez ses parents prendre le thé. Je quittai la route goudronnée et suivit un chemin de terre conduisant à un pauvre village. Les parents m'accueillirent dans leur masure, comme le veut l'hospitalité orientale, et m'offrirent du thé. Le fils leur expliquait notre rencontre et, parlant de moi, j'entendis le mot *yehudi*. Le visage des parents se figea aussitôt. Toute familiarité disparut. Je les quittai assez secoué.

Une autre fois, j'empruntai une rue conduisant à une haute muraille séparant la Jérusalem israélienne de la Jérusalem occupée par la Jordanie. Il y avait une guérite au-dessus de la muraille avec un soldat jordanien ; des enfants juifs jouaient dans la rue.

Je m'approchai de la muraille et le Jordanien me mit en joue. Je lui adressai un salut de la main. À ce moment les enfants me désignèrent en criant avec emportement : « *Arbi ! Arbi !* »

Il n'y avait pas eu encore la guerre des Six-Jours, ni la suivante, ni les intifadas, mais j'avais senti des deux côtés la haine. Cette présence de la haine laissa en moi une marque indélébile.

Je m'imaginais trouver quelques racines, mais l'Israël de ce temps était ashkénaze, importait du hareng de la mer du Nord et négligeait les rougets méditerranéens. Ce n'est que dans un quartier de Tel-Aviv que je trouvai quelques restaurants séfarades bulgares avec mes nourritures matricielles. J'admirais de loin la vieille ville de Jérusalem, au-delà de la vallée, tenue par la Jordanie, avec sa coupole et ses monuments. La Jérusalem moderne était anonyme, mais on y sentait la religion par les interdits alimentaires et le respect intégral du shabbat. J'ai circulé une fois dans le quartier ultrapieux de Mea Shearim et, comme je fumais, je reçus quelques insultes et menaces.

Je revins en Israël quelques mois plus tard pour le tournage. La troupe, Violette et moi (nous étions quasi séparés, mais je lui avais promis ce voyage) étions logés dans un hôtel de Tel-Aviv. Calef était désemparé par le refus de subvention et les critiques des autorités israéliennes sur le scénario : une juive ne peut faire l'amour avec un Allemand, pire quand c'est un SS ; une juive ne peut avoir un enfant d'un SS. Je voulais traiter d'une transformation avortée de personnalité, je voulais donner une leçon de complexité humaine dans un cas extrême de double identité. Je voulais en tirer une morale via la naissance de l'enfant, seule morale qu'avait Staline et qu'il réserva aux enfants de ceux qu'il assassinait ou déportait : « Les enfants ne doivent pas payer pour les crimes des pères. » Mais Calef modifia le scénario, il fit de Werner seulement un criminel qui cherche l'impunité dans le mensonge. Il n'y eut plus de complexité. Je retirai mon nom des dialogues, dont le sens important avait été supprimé ou modifié. J'eus honte de ce film binaire. Je ne sais pourquoi il y eut faillite du producteur qui ne put bénéficier de subventions, pâtit du désintérêt des distributeurs. Le film ne fut exploité ni en France ni en Israël. Il passa seulement dans un circuit américain dans une présentation de trois films successifs de série B. Plusieurs années plus tard, une maison de DVD grava le film, mais je doute qu'il s'en soit vendu un exemplaire.

Mon premier séjour en Israël me permit de constater que je ne me sentais pas viscéralement attaché à cette nation, bien que radicalement hostile à sa destruction. Elle me permit de comprendre qu'un peuple sans terre n'était pas venu dans une terre sans peuple. Elle me fit saisir la profondeur de la haine des deux côtés, malgré d'importantes exceptions.

Puis, sous l'influence de Clara et Marek Halter, j'en suis venu à participer au Comité qu'ils avaient créé pour la paix entre Israël et Palestine, et je dois dire que je fus très ému par les initiatives de Clara auprès des deux parties.

Israël-Palestine

J'ai exprimé dans un article *Juif, adjectif ou substantif ?* ce que je concevais comme mon identité. Je me considère substantivement comme un être humain qui, comme tout être humain, relève d'appartenances historiques, ethniques, sociales, et, à ce titre, je me reconnais, français, juif, européen, et méditerranéen par ses ascendances espagnole et italienne.

Tout en me sentant fils de Montaigne et de Spinoza, qui, l'un et l'autre, ont dépassé judaïsme et christianisme, j'ai toujours reconnu faire partie du peuple maudit et non du peuple élu. Comme je le montre dans *Le Monde moderne et la condition juive*[1], à part les juifs orthodoxes à papillotes pour qui la seule culture est la Bible et le Talmud, la plupart des juifs, même croyants, ont acquis la culture post-religieuse des « gentils » d'Occident, laquelle est issue des Grecs et latins, et s'est développée à partir de la Renaissance. Il subsiste en moi une différence due à mes origines du fait des insultes, cruautés, persécutions subies par les juifs, ce qui m'a donné d'éprouver une répulsion pour toutes les insultes, cruautés, persécutions subies par qui-

1. Le Seuil, coll. « Points Essais », 2012.

conque, y compris celles commises par des juifs. Pour cela, j'ai été aidé par le juif Jésus et le chrétien Dostoïevski.

Tout ce qui est exclusion, *herem*, excommunication, rejet me fait horreur.

Ni sioniste ni antisioniste, je reconnais le droit d'Israël à sauvegarder son existence et je reconnais le droit d'une nation palestinienne à aspirer à l'existence.

Le sionisme n'aurait pas abouti à la création d'une nation s'il n'y avait eu l'extermination nazie.

Je crois que cette catastrophe (la Shoah) a eu et aura des répercussions en chaîne dans l'histoire. L'avenir dira si l'avènement de l'État-Nation, Israël, aura été principalement un bienfait pour les juifs et le monde ou une source de conflits pour les juifs et le monde.

Après 1967, la situation aggravée du peuple palestinien par la répression et la colonisation a suscité mes articles parus dans *Le Monde*, réunis dans le livre *Le Monde moderne et la condition juive*. Ceux-ci relèvent de l'humanisme universaliste et de la compassion. Bien entendu, on en a extrait des phrases hors contexte, on m'a attribué une haine de soi (alors que j'ai écrit un livre d'amour sur mon père et sa famille, *Vidal et les siens*). Certains ont voulu faire croire que je souhaitais détruire Israël, et j'ai subi d'autres méchantes inepties.

Je renvoie le lecteur, curieux de ma pensée sur la condition juive et la tragédie Israël-Palestine, à mon livre *Le Monde moderne et la condition juive*. C'est un exemple de pensée complexe qui heurte les esprits unilatéraux.

De toute mon implication dans cette question tragique, je veux retenir les juifs généreux, animés par la compassion pour les vaincus et les opprimés, tels Stéphane Hessel, Jérôme Lindon, Pierre Vidal-Niquet, Dominique Vidal, les Palestiniens dénués de tout antijudaïsme, dont la merveilleuse Leïla Shahid, Edward Saïd, Mahmoud Darwich, Elias Sambar. Quand on a, comme moi, des ascendants qui ont connu des humiliations millénaires, comment ne pas aimer ces porte-parole des humiliés et offensés ? De plus, à l'occasion d'un procès que j'eus à subir et où je fus défendu par Georges Kiejman, je pus rencontrer et devenir l'ami d'un avocat voué à la défense des persécutés, William Bourdon.

Johanne

En 1964, la rencontre de Johanne modifie mon destin.

En 1961, j'avais connu très brièvement une Johanne gaie, expansive, exubérante, à Montréal, en cours d'escale, au milieu d'une bande joyeuse. Puis, dans le film *À tout prendre*, de Jutra, (voir p. 395) une Johanne pathétique, douloureuse, bouleversante. Un soir, je suis invité à la taverne Nicolas-Flamel, dans mon quartier, à un « cocktail mystérieux » pour je ne sais quel étrange événement. Dans la foule, j'en profite pour me gaver de sandwichs et autres amuse-gueules et pour boire quelques coupes. Une voix féminine derrière moi s'exclame : « Le petit père Morin ! » et je vois une Johanne élégante, fardée, façon mannequin, très séduisante. Elle me dit qu'elle vient s'installer à Paris. Elle vit chez une copine (la superbe blonde Madeleine Lersch, fille d'un roi canadien de la bière), espère tourner dans un film de Truffaut qu'elle a rencontré à Montréal et, en attendant, elle est mannequin avec une copine québécoise, Pauline Bernatchez. Elle dit qu'elle veut me donner le poster du film *À tout prendre.* Je lui demande son téléphone et je quitte la cohue.

Le lendemain, un mardi ou mercredi je ne sais plus, je l'appelle et lui demande si elle est libre à dîner samedi. « Oui. – Ah… et vendredi ? – Oui. – Et demain ? – Oui… »

Le lendemain, nous dînons « chez Françoise », le restaurant situé au sous-sol de l'agence de l'aéroport des Invalides. Je lui fais goûter leur beaujolais, puis, après le dîner, je la conduis chez Lalou, rue des Rosiers, et lui fais déguster la boukha, puis je l'emmène « écouter des disques » dans ma chambre du 38, rue des Blancs-Manteaux, où elle reste la nuit et les jours qui vont suivre.

Elle déménage ses quelques affaires de chez Madeleine Lersch. Celle-ci, qui aime la peau noire, a une liaison orageuse avec un Jamaïcain.

Johanne s'est installée tout naturellement chez moi. En fait, mon désir pour elle est très modéré, mais je suis envoûté par la double Johanne, celle qui porte une blessure secrète et celle qui est animée par la joie de vivre.

Beaucoup croient que j'ai succombé à l'attrait physique d'une fille superbe, alors que c'est l'émotion pour son destin d'orpheline et l'admiration de son ardente vitalité qui m'ont chaviré. C'est son goût pour son sens de la fête qui m'a ébloui et entraîné.

En fait, quinze ans de couvent n'ont absolument pas christianisé cette païenne, une fille sauvage sous des dehors affables, civilisés. Mais elle n'a pas de régulation, ainsi, elle ne peut obéir à la chronométrie et c'est un supplice pour moi de m'impatienter pour aller au dîner, au spectacle, dans un rendez-vous où nous sommes attendus, alors qu'elle prend son temps pour se farder minutieusement le visage. Quand elle boit, elle perd tout contrôle. Au début, elle est spirituelle, quasi géniale, puis sa voix s'empâte et elle devient gâteuse. Pis, elle ne décolle pas des soirées, nous restons les derniers, moi piaffant. Puis je la laisse, je rentre tandis qu'elle va dériver avec le premier venu ou le dernier rencontré. Mes attentes dans ce cas me sont insupportables comme m'étaient insupportables ses lamentables propos d'ivrognesse. Puis elle rentre furtivement en exprimant sa peur d'être « grondée ». J'ai envisagé la séparation, mais j'ai considéré plus importantes ses qualités et vertus que ses carences. Je décide de les tolérer et, de mon côté, je prends mes libertés. Je tins bon durant seize ans.

Effectivement, elle avait une immense capacité d'amitié, de communion, de compassion, tout en étant, non pas égoïste, mais très égocentrique (contradiction qui semble étonnante mais qui est assez banale). Son sens de la fête est fabuleux. C'est elle qui m'a initié au rock et, depuis, j'adore ça. J'ai dansé au Papagayo des nuits entières.

Nous étions passés du 38, rue des Blancs-Manteaux au 35, dans un hôtel XVIIe, un premier étage doté d'une mezzanine. J'avais pu l'acheter grâce à la fois à un crédit bancaire et au prix de vente très modéré que m'avait fait le propriétaire, un jeune artisan qui partait en banlieue. Johanne faisait rue des Blancs-

Manteaux des festins qu'elle préparait pendant des heures avec un soin extrême, puis elle mettait la musique et nous dansions. Une nuit, une balle de revolver, tirée par un voisin insomniaque, est venue trouer notre fenêtre. Johanne était le pôle d'attraction de notre couple pour les Daniel, Jacques Monod, François Jacob, John et Chantal Hunt, Bernard de Bonnerive. Nous invitions aussi Lucien Brams et Edwige, Claude Lefort, Corneille Castoriadis, et la piquante et ravageuse Américaine, rédactrice en chef de *The Paris Review*. Au cours de ces dîners, Edwige se tait, elle est ailleurs, comme dans un rêve. Je la regarde souvent.

À l'aéroport, au moment de partir pour le Venezuela, je me dis soudain que, s'il m'arrivait quelque chose, Johanne serait seule et complétement démunie. Je songe alors à l'épouser pour la protéger. Nous fîmes un mariage très gai à la mairie du 4e, entourés d'amis, puis un repas de noces chez Garin, célèbre restaurateur de l'époque où Malraux avait sa table.

Johanne avait tissé des liens étroits d'amitié avec nos voisins d'en face. Ceux-ci, les peintres David Hill et Joe Plaskett, vivaient dans une des plus vieilles maisons de Paris et logeaient notre amie rencontrée au Palagio chez Simone, Myriam des Courtils. Non loin habitait Jacques Garcia qui allait devenir un designer célébrissime et la belle actrice Aurore Clément. Notre immeuble du 35, rue des Blancs-Manteaux était presque devenu une communauté, avec le petit Espagnol gay, Manuel, ami à tout faire qui rendait d'innombrables services à Johanne, nos voisins de palier Michèle Manguin et son compagnon à demi-marocain Bakka, au-dessus Pauline et Rolling, en face les Blitz, cofondateurs du Club Med, et, au dernier étage mansardé, d'autres amis dont j'oubliais le nom, avec aussi, dans une petite maison sur notre cour, le peintre Titus Carmel. Au début, nous mettions tous nos voitures dans la cour et, quand l'un voulait sortir sa voiture coincée, il appelait les autres qui descendaient manœuvrer de bonne grâce. On s'invitait, on faisait des courses les uns pour les autres. Notre grande pièce – salon de l'appartement – avait un hamac où j'aimais me balancer, j'avais un beau bureau dont j'avais dessiné la table, tout tapissé de livres.

Un jour, alors que nous sommes au lit, je reçois un appel téléphonique, et je réponds quelque peu essoufflé. C'est Magda qui comprend tout et me dit vouloir rompre avec moi si je ne romps pas avec Johanne ; elle rompit.

C'est je crois peu après notre rencontre que j'entraîne Johanne sur les routes d'Espagne avec une Mini Moke prêtée par le producteur du film *L'Heure de la vérité* dont j'ai fait le scénario (voir p. 356). Puis, par le copain d'une amie chère, Rosine F., fascinante brune aux yeux très bleus qui aurait pu m'être destinale, nous pouvons disposer dans la presqu'île de Saint-Tropez d'une maison rustique, à La Mourre, sans électricité et avec l'eau du puits.

Jean et Michèle Daniel

Rosine nous fait inviter pour un cocktail dans la belle villa de Claude Perdriel, patron-financier du *Nouvel Observateur*, créé en 1964, peu de temps avant donc. Nous y retrouvons Jean Daniel et Michèle, très beaux tous les deux.

J'avais déjà rencontré Jean Daniel en 1947, je crois, lors d'un cocktail de la revue *Caliban* qu'il dirigeait avec le soutien amical d'Albert Camus. Pendant la préparation de *L'Homme et la mort*, à la Bibliothèque nationale, je m'étais lié, je l'ai dit, avec l'ex-compagne de Jean Daniel, qui y était bibliothécaire. Au moment de la création du *Nouvel Observateur,* en 1964, peu avant ces vacances, il m'avait demandé d'y collaborer et je lui avais proposé une chronique de disques, ce qui aurait comblé mon amour pour la musique, j'aurais signé Mike Roussillon, ne voulant pas compromettre plus encore mon nom de chercheur, déjà guère pris au sérieux pour s'être consacré au cinéma. Daniel voulait que je signe Edgar Morin, je refusai et cela n'alla pas plus loin.

Je pense que c'est Johanne qui, dans tout son éclat, les séduisit, chacun de façon différente. Je crois qu'elle nous a entraînés à danser au Papagayo. Je m'y déchaînai jusqu'au petit matin et elle n'arrêtait pas.

Nous passâmes des soirées et des nuits ensemble dans cette boîte de nuit et il se forma une amitié de couple. Ils furent très bienveillants, et nous invitèrent à un premier séjour en Tunisie ; nous allâmes dans le désert, passâmes quelque temps dans l'oasis de Tozeur, où nous découvrîmes Tijani, ramasseur de scorpions pour l'industrie pharmaceutique allemande, qui s'immunisait des piqûres mortelles en prenant des soupes de leur venin, et, quand il était piqué, se mettait à transpirer du visage, ce qui lui faisait dire : « J'ai de la pluie sur ma tête. »

Nous étions avec leurs amis : Josette Alia, journaliste qui passa au *Nouvel Observateur*, et son mari, le docteur Raouf ben Brahem, pédiatre, qui s'installa à Paris. Raouf m'offrit deux années plus tard, pendant un hiver, la possibilité de loger dans sa maison de Sidi Bou Saïd qui surplombait la mer. Il avait installé pour moi une cheminée. Je travaillais devant une baie vitrée et, dès que je levais le nez de ma feuille ou de ma machine à écrire, mon regard plongeait sur l'infini marin. Il m'arrivait de travailler jusqu'à 5 heures du matin puis de rejoindre Johanne dans la boîte du village où elle n'arrêtait pas de danser, et je me laissai à mon tour posséder. Il y avait là-bas encore à l'époque une petite société cosmopolite et des couples mixtes franco-tunisiens. Nous fréquentions le peintre Ben Abdallah et sa femme, la belle Latifa, amis des Daniel.

À partir de cette époque, nous passâmes nos vacances d'été et parfois d'hiver en compagnie des Daniel ou plutôt dans leurs résidences à Hammamet d'abord, puis à Argentario en Italie ensuite. Ces périodes furent des oasis de convivialité.

Ils avaient autour d'eux une petite tribu fidèle, son cousin Norbert Bensaid, Jean et Doune Cérésa, André et Évelyne Burguière, que nous leur avons fait connaître et qui sont devenus leurs amis, Albina du Boisrouvray, et, à Argentario, la visite de leurs amis du Manifesto, Rossana Rossanda, la superbe Luciana Castellina, Claudio Magris.

Nous discutions très librement Jean et moi, sauf sur un point qui me gênait. *Le Nouvel Observateur* à l'époque et jusqu'en 1968, voire peut-être un peu au-delà, était bipolarisé entre des figures tutélaires antinomiques : Mendès France, légaliste républicain de gauche à qui allait la sympathie de Jean, et Sartre, vedette médiatico-politique du procommunisme puis du maoïsme. Les chroniques économiques d'André Gorz annonçaient la fin imminente du capitalisme ; les chroniques sur la Chine de K.-S. Carol exaltaient les réalisations maoïstes. Les éditos de Jean étaient de remarquables analyses en politique internationale, de courageuses positions sur la question palestinienne, mais étaient fort timides ou quelque peu conformistes vis-à-vis du mythe « union de la gauche ». Le journal s'ouvrit au souffle nouveau de Cohn-Bendit en 1968, puis Jean finit par critiquer ouvertement le communisme en découvrant Soljénitsyne et, surtout, en prenant parti pour Mario Soarès contre la tentative de prise de pouvoir communiste au Portugal, en 1973. Le soleil sartrien s'éteignit progressivement sur le journal et le soleil camusien, toujours tacitement présent dans l'esprit de Jean, put alors resplendir. Dès lors, nous n'avons cessé d'être, comme on dit, sur la même longueur d'onde.

Ma séparation d'avec Johanne nous éloigna quelque peu. Autant Johanne était communicative et extravertie, autant Edwige était renfermée et secrète. Nous cessâmes de passer les étés ensemble, mais nous nous sommes souvent retrouvés et venons de nous souhaiter la bonne année 2018, encore mentalement valides. Je n'ai cessé d'aimer et admirer la qualité humaine de Michèle comme je n'ai cessé d'aimer et admirer la qualité d'intelligence de Jean.

L'entrée au Seuil

L'année 1964 fut aussi décisive pour mon destin d'auteur.

J'avais publié en 1951 *L'Homme et la mort*, qui, en dépit des belles critiques dont il avait bénéficié, s'était très peu vendu, et l'éditeur avait fait pilonner une partie du tirage.

En 1959, j'avais publié *Autocritique*, qui, en dépit des éloges dans quelques journaux de gauche non communistes, avait cessé de se vendre.

Paul Flamand, éditeur du Seuil, avec Jean Bardet, qui avait déjà publié mes *Stars* en 1956, m'approcha pour me demander d'entrer comme auteur dans sa maison (à moins que ce fût l'inverse). J'acceptai à la condition qu'il republie *L'Homme et la mort* et *Autocritique*. Il diffusa effectivement sous la couverture du Seuil les derniers exemplaires restant chez Corrêa de *L'Homme et la mort*, puis il fit un vrai tirage, le fit publier en poche et, enfin, le livre démarra à petite vitesse pour atteindre, soixante ans plus tard, les 70 000 exemplaires. En revanche, en dépit de nombreuses rééditions, *Autocritique* stagna. Il trouva des lecteurs chez les déçus du communisme, du trotskisme, du maoïsme.

Je signai un contrat pour *Introduction à une politique de l'homme,* que j'avais pu extraire de mon manuscrit de convalescence déjà évoqué (voir p. 36), ce qui me lia au Seuil pour cinq ou six volumes futurs. Ce livre, édité sans aucun succès en 1965, fut repris en poche après Mai 68 et eut quelque audience.

Claude Durand

Je me sens à l'aise au Seuil. Après la publication du *Vif du sujet* en 1969, Paul Flamand me voit en « moraliste », dans la lignée des essayistes du XVIIe siècle et cela me plaît plus que l'étiquette réductrice de « sociologue » qui me colle à la peau. Je suscite alors l'intérêt du jeune Claude Durand qui a découvert et traduit *Cent ans de solitude* de Gabriel García Márquez et qui publiera en 1973 *L'Archipel du Goulag,* devenant l'homme de confiance de Soljénitsyne pour toutes ses traductions dans le monde entier. C'est le plus brillant, le plus doué de tous les barons de la maison du Seuil. Mais, justement, à cause de cela il sera barré, en 1978, par une coalition d'autres barons, à la succession de Paul Flamand pour diriger la maison. Il émigrera aux éditions Fayard dont il devient PDG en 1980, et j'aurai plaisir à l'y suivre bien souvent. Généreux, il me laissa refaire entièrement les épreuves de ma *Sociologie*, sans murmure. Il lut, la plume correctrice à la main, mes livres *La Voie* et *Mon Paris, ma mémoire*. Il s'amusait beaucoup des mœurs du milieu éditorial.

Son remplaçant au Seuil est Michel Chodkiewicz, d'origine polono-catholique, devenu musulman, personnage austère et concis. La philosophie est attribuée au lacanien ou plutôt lacanâtre François Wahl, ce qui faillit être catastrophique pour moi. On lui avait confié le manuscrit de mon *Vif du sujet*, mais le mot « sujet » lui donnant de violentes allergies, il ne put aller au bout de la troisième page. « C'est un mot de flic, de commissaire de police ! » s'écriait-il en me disant qu'il lui était impossible de continuer à me lire ; providentiellement se tenait dans son bureau une jeune femme récemment recrutée par le Seuil comme lectrice, Monique Cahen, qui me dit : « Si vous le voulez bien, je m'occupe de votre livre. »

Elle fut une lectrice attentive, critique, bienveillante et, jusqu'à son départ du Seuil, en 2009, je crois, elle s'occupa toujours de mes livres.

Le « groupe des dix ». Jacques Robin

L'*Introduction à une politique de l'homme* me valut l'intérêt du docteur Robin, alors directeur d'une petite entreprise d'industrie pharmaceutique, habité par l'idée qu'il faudrait transformer la politique en la rendant scientifique. Dans ce but, il créa le « groupe des dix », invitant à y participer le politique Robert Buron, l'avocat Manuel Rosenthal, ex-disciple de Trotski, Henri Laborit, le docteur Sauvan, cybernéticien, René Passet, économiste, Jack Baillet, psychanalyste, Joël de Rosnay, Jacques Attali, Alain Laurent, à qui se joignirent plus ou moins régulièrement Henri Atlan, Jean-François Boissel, André Leroi-Gourhan, Michel Rocard, Michel Serres. Nous nous réunissions tous les mois chez Jacques Robin, enthousiaste de toute nouvelle découverte scientifique, qui sera animé toute sa vie par un sens missionnaire au service d'un humanisme régénéré. C'est après quelques années d'existence du groupe qu'il comprit que, si la science pouvait aider la politique, celle-ci, comme tout art, ne pouvait se réduire à une science. Pour ma part, j'ai découvert, grâce à Sauvan, les complexités de la pensée cybernétique de Wiener, grâce à Laborit la complexité biologique des relations cerveau-corps, grâce à René Passet une conception systémique intégrant l'économie. Pendant ces quelques années chacun apprenait des autres. Après l'exposé d'un d'entre nous nous passions au buffet, puis la discussion s'engageait jusque tard le soir. Le groupe aurait pu continuer indéfiniment, mais Jacques Robin, tombé amoureux d'une voisine qu'il avait rencontrée dans l'ascenseur de son immeuble, quitta son grand appartement qu'il laissa à sa femme, et s'installa avec sa nouvelle compagne rue de Sèvres. Il devint en 1981 animateur du Cesta (Centre d'étude des systèmes et techniques avancées). Robin conçut alors clairement l'ampleur du destin planétaire de l'humanité au regard du problème de la technoscience et de l'économie libérale, ce dont témoigne son livre *Changer d'ère*.

En 1983, Jacques Robin fonde le Groupe de réflexion interdisciplinaire (GRI, qui devient le Grit, Groupe de réflexions inter et transdisciplinaires). Il est tête chercheuse, réunit, avec quelques anciens des dix, de nouveaux esprits, dont Patrick Viveret, Roger Sue, Félix Guattari, André Gorz, Stéphane Hessel. En 2001, il initie avec Laurence Baranski, Patrick Viveret et Philippe Merlant le projet *Interactions Transformation personnelle – Transformation sociale*. Il demeurera infatigable, passionné, fervent, toujours espérant, jusqu'à sa mort en 2007.

Jean Recanati

Jean Recanati était le frère cadet de mon condisciple Joseph que j'avais recruté pour la Résistance en 1943. J'ai raconté qu'au dernier moment André, notre chef, avait décidé que Joseph l'accompagnerait au rendez-vous clandestin avec Henriot (BCRA, chargé des liaisons avec Londres) à ma place, et qu'il mourut à la libération de Mauthausen. Jean resta planqué comme percepteur du côté de Clermont-Ferrand, adhéra aux Jeunesses communistes à la Libération, puis devint rédacteur en chef adjoint de *L'Humanité*. Il se détacha du Parti en douceur en 1956, écrivit un très intéressant *Profils juifs de Marcel Proust*.

Je crois que c'est par Rolland que nous nous sommes vraiment rencontrés, vers 1977. Je me souviens d'un dîner chez sa femme et lui dans une petite rue calme de Montmartre. Entre nous, il y avait le lien souterrain que représentait son frère : pour lui, j'étais son dernier ami ; pour moi, j'éprouvais une bizarre culpabilité qu'il soit mort à ma place. Comme Jean et moi avions un programme de travail, il m'invita à passer une partie de l'été dans la maison louée pour leurs vacances à Saint-Tropez. Là, effectivement, il écrivit, j'écrivis, son fils écrivit. François avait été lacanien, puis s'était converti à la philosophie analytique et allait entrer au CNRS en spécialiste du langage. Nous nous délassions par de nombreux bains de mer. Edwige vint nous rejoindre les derniers jours de mon séjour et riait follement de barboter dans l'eau.

Je n'avais vu qu'une fois à Paris leur autre fils, Michel, devenu très jeune un activiste trotskiste. Toujours prêt à la bagarre, responsable du service d'ordre de la Ligue communiste révolutionnaire, il conduisit une très violente attaque lors d'un meeting du mouvement d'extrême droite : Ordre nouveau. Il y eut de nombreux blessés, et il fut blâmé par son parti pour « dérive militariste », il s'en détacha tout en restant lié avec son ex-condisciple et ami de toujours Romain Goupil. Il fut victime de deux désespoirs presque simultanés : il perdit sa compagne victime d'un cancer et découvrit par l'indiscrétion d'une parente le secret de sa naissance. Il n'était pas le fils de Jean Recanati, mais celui de Louis Daquin, cinéaste communiste qui avait eu une liaison avec sa mère, laquelle se maria avant sa naissance, tandis que Jean le reconnaissait légalement. Il fit une scène violente à ses parents, révolté par leur « mensonge » et jura de ne plus jamais les voir. Il disparut. Les recherches menées par la police furent vaines, quelques mois passèrent, on le crut parti en Amérique du Sud. C'est sur le tard qu'on découvrit qu'il s'était jeté sous un train, le 23 mars 1978. Romain Goupil lui consacra un film pathétique : *Mourir à trente ans*. Jean Recanati mourut peu après en 1980. Il a laissé un livre de souvenirs qui le dépeint tout entier *Un gentil stalinien*.

La fin de la rue des Blancs-Manteaux

Johanne, à la mort de sa mère, est partie passer plusieurs mois à Montréal où elle a rédigé une autobiographie, très touchante, publiée chez un éditeur canadien, intitulée *Une leçon*, et dont nul ne parla dans la presse québécoise ou française. Pendant ce temps, Edwige qui s'était enfin séparée de Lucien vint loger rue des Blancs-Manteaux. Elle dut repartir dans son triste appartement de la rue de la Pompe au retour de Johanne. Je ne voyais plus les qualités de Johanne, mais uniquement ses carences.

Johanne aimait beaucoup Azzedine Alaya, encore couturier inconnu, mais bénéficiant déjà de la clientèle d'Arletty ; il avait son atelier dans un petit appartement de la rue du Bac et y vivait avec son ami Christophe, un Allemand blond et doux, et son yorkshire Patapouf, fils de notre Mélisande, que Johanne lui avait offert. Johanne allait souvent les ravitailler en champagne, homard, et autres victuailles de luxe. Comme en cette année je devais payer mensuellement le redressement d'impôts consécutif au refus de l'inspecteur de considérer comme dépenses de travail mon loyer, mon chauffage, mes restaurants à Ménerbes ainsi que mes voyages à Paris comme responsable de mon centre, j'étais obligé de faire des économies et ne cessais de répéter à Johanne que nous devions en faire. Un jour, elle me dit : « Mamour, je vais apporter à manger à Azzedine, mais ce sera seulement du hareng. » Je la félicitai. Peu après, je vais au réfrigérateur et je vois dépasser l'antenne d'un homard. Incident minime certes, mais goutte d'eau qui fait déborder le vase : « Ça ne peut plus durer… »

Elle accepta aussitôt l'idée de la séparation. Elle voulait retourner à Montréal. Je me proposai de lui y offrir un logement mais, pour cela, il me fallait vendre mon appartement. Aurore Clément m'avait dit que Coppola était intéressé. Tous mes amis me demandèrent d'exiger un million de francs, ce qui était déjà élevé à l'époque, et de ne pas mollir. C'est ce que je maintins à l'envoyé de Coppola venu des États-Unis, alors qu'il proposait 900 000 francs. Je refusai. Puis Coppola, soudain intéressé par l'acquisition d'un studio de cinéma à Hollywood abandonna le projet d'appartement à Paris. Je mis en vente par l'intermédiaire d'un agent qui finalement trouva un acheteur à 900 000 que j'acceptai.

Il me fallait maintenant transférer le plus gros de la somme à

Montréal, ce qui était théoriquement impossible, vu le contrôle des changes à cette époque. Je sondai des amis banquiers, qui ne trouvèrent pas de solution. Finalement, l'un d'eux, qui faisait des affaires en Afrique et avait sans doute pour cela quelque liaison avec les services spéciaux, m'indiqua un agent secret qui vint me voir et se borna à me demander le nom de la banque et de la bénéficiaire pour le transfert des fonds. Je les lui donnai. Il sortit, téléphona d'une cabine publique et revint en me disant : « C'est fait. » Effectivement, je pus offrir à Johanne une belle maison près du Vieux Carré dans le quartier français de Montréal. Elle y avait un rez-de-chaussée, qu'elle aurait pu louer, puis deux étages et une terrasse. Elle aurait même pu louer un des étages.

Avant de mettre en route le divorce, Monique Cahen, grande amie à moi et grande féministe avait indiqué à Johanne une avocate pour qu'elle ne soit pas lésée. L'avocate me dit :

« Vous devez lui donner une pension mensuelle de 1 000 francs.

– Je lui donne le double.

– Vous devriez prévoir son logement.

– Je lui achète une maison. »

Johanne fit le vide rue des Blancs-Manteaux. Elle emporta meubles, tableaux qui m'étaient dédicacés, vaisselle, objets, et même le service à thé en argent qui venait de ma mère et que je gardais en souvenir (sur ma demande, elle me le restitua et je l'ai encore). Elle remplit un ou deux containers qui partirent vers le Canada. À Montréal, elle fit des fêtes au caviar et champagne, dépensa sa pension, fit des emprunts hypothécaires jusqu'à être obligée de mettre en vente, loua un appartement où, avec le résidu de la vente de sa maison, elle fit de nouvelles fêtes (dont une en notre honneur lors de notre passage à Montréal, Edwige et moi), elle dut abandonner cet appartement et trouva un atelier dans l'île aux Sœurs, au milieu du Saint-Laurent. Et là, miraculeusement, elle s'assagit, cessa de boire, géra correctement sa pension y vécut sereinement jusqu'à ce qu'elle fût frappée par une leucémie. Je raconte ailleurs mes ultimes visites à Johanne et ma présence à ses funérailles (voir p. 530).

23

El Relicario

J'ai longtemps cru que mes ancêtres avaient été expulsés d'Espagne en 1492, puis accueillis par l'Empire ottoman à Salonique, où ils avaient continué à parler un vieil espagnol mâtiné de quelques mots turcs, et cela jusqu'à la génération de mes parents qui parlaient cette langue avec leurs parents. Et, bien que je ne l'aie jamais parlée moi-même, je l'ai gardée à mes oreilles et en mon esprit.

En fait, le livre que j'écrivis sur mon père me fit découvrir une généalogie plus complexe : mes ascendants paternels venaient bien d'Espagne, mais ils avaient été accueillis à Livourne par le grand-duché de Toscane après un séjour à Amsterdam. Quant aux Beressi et Mosseri, mes propres ascendants maternels, ils semblent d'une souche italienne plus ancienne. Mais tous sont allés de Livourne à Salonique, et tous y avaient adopté la langue judéo-espagnole qu'ils gardèrent en France comme langue familiale.

Parmi les chants qu'aimait ma mère, il y avait, outre ceux des opéras italiens ou du folklore napolitain chantés par Tito Schipa, *El Relicario* et *La Violetera* interprétés par Raquel Meller, dont nous avions le disque et que je n'ai cessé de faire tourner après sa mort. J'ai gardé dans l'âme cet *El Relicario,* et Ana Sanchez à Valencia et à Cerisy m'en a rappelé les paroles. C'est au cours de nos Noëls si chaleureux chez Cécile et José Beneyto, dit Pépin, que Cécile met *El Relicario* interprété par Sarita Montiel, et que je chante les larmes aux yeux.

Je sentais donc en moi une « matrie » espagnole, la guerre d'Espagne ayant renforcé cette présence en mon cœur. Comme je l'ai écrit ailleurs, j'ai été marqué par la tragédie de la double guerre civile, celle, officielle, entre Franco et la République, celle occultée, et révélée seulement par quelques petites publications libertaires ou poumistes que je lisais, entre la bourgeoisie républicaine relayée et submergée par le parti communiste et les anarchistes et poumistes, tout cela dans l'abandon de la République par la France et l'hégémonie soviétique sur le camp républicain. J'ai toute ma vie gardé en moi les chants révolutionnaires espagnols : *A las barricadas*, *El quinto regimento* (communiste, mais il défendit Madrid).

Tout cela s'est réveillé quand j'ai assisté il y a deux ans à une petite cérémonie, derrière l'Hôtel de Ville, à Paris, en l'honneur de « *la nueve* », la neuvième compagnie de la division Leclerc, totalement composée d'Espagnols libertaires, socialistes, communistes, qui libéra Paris et que j'avais saluée, bouleversé d'émotion, au petit matin de leur arrivée, place de l'Hôtel de Ville, le 23 ou 24 août 1944, sans savoir alors qu'ils étaient espagnols. Il y eut deux discours commémoratifs, prononcés par de vieux libertaires, et un de Anne Hidalgo ; je ne pus m'empêcher de prendre la parole, de rappeler comment mon premier acte politique avait été de me rendre à la Solidarité internationale antifasciste pour faire des colis pour l'Espagne républicaine, d'évoquer mes larmes lors de l'annonce de la chute de Barcelone, et mon émotion durant toute ma vie à entonner les chants de la guerre d'Espagne.

Premier voyage en Espagne

Ma première occasion de me rendre en Espagne se présenta en 1952 ou 1953. Le trio Marguerite-Dionysos-Robert avait loué une villa à Cadaqués, sur la côte catalane. On avait vue sur la place où la jeunesse du lieu dansait la sardane le soir, nous faisions des balades en barque, nous nous baignions. Je me mis à parler spontanément espagnol, mais en faisant des erreurs d'anachronisme. Ainsi, je disais, pour poches, *faldouqueras* (de *faldas,* équivalent de djellaba) au lieu de *bolsillas*, je disais *fijo* pour *hijo* (fils), négligeant la jota, je disais l'équivalent d'un « holà tavernier, baillez-moi une chope ! ». Mais je pus me corriger progressivement et mon vocabulaire s'enrichissait de mots soit nouveaux, soit ressuscités de l'oubli.

Violette et moi avions une 4 CV, notre première voiture. Nous l'avions obtenue, par priorité de faveur, grâce à Marguerite. Comme elle avait obtenu de Mitterrand, alors ministre, un bon prioritaire pour acquérir sa Peugeot, elle me proposa d'intervenir en ma faveur pour la 4 CV que je souhaitais.

Débat subcornélien : devons-nous accepter une faveur d'un ministre de la bourgeoisie ? Dionys et moi sommes contre. Marguerite et Violette pour. Finalement je craque, j'accepte, et je remercie par écrit, compromission ultime, François Mitterrand.

J'ai fait des milliers de kilomètres avec cette petite merveille, copiée de la Volkswagen allemande. Nous sommes donc arrivés en 4 CV à Cadaqués et je projette aussitôt une expédition jusqu'à Cadix en passant par Barcelone, Grenade, Malaga, puis retour par Séville et Cordoue.

À la sortie de Barcelone, je suis hélé par un homme assez âgé, pauvrement mais correctement habillé, que je prends en stop. Il rentre à Grenade qu'il a quittée pour chercher un travail de boulanger à Barcelone, mais n'en a pas trouvé. Je décide de le ramener chez lui. À chaque étape, je lui propose une chambre d'hôtel qu'il refuse et je le retrouve le matin assis sur un banc lisant *Les Misérables* en espagnol. Je sympathise fortement avec cet homme si digne. À Grenade, il nous invite à dîner chez lui, dans la loge de concierge que tient sa femme, d'une paella modeste mais exquise.

Émotions et émerveillements tout au long du trajet. En longeant la côte, nous faisons arrêt à la plage d'Estepona, alors simple petit village de pêcheurs, pour prendre un bain de mer.

En sortant de l'eau, je parle avec un des pêcheurs qui m'invite dans sa cabane et m'offre des coquillages. Prudemment, j'évoque la guerre d'Espagne, voyant ce que je pense (nous sommes encore du vivant de Franco), il sort du fond d'un grand coffre son uniforme et son calot de l'Espagne républicaine, et m'évoque les combats pour Malaga. Il était à la mitrailleuse et « *el sangre de los fascistas salió como el jugo de la uva* » (le sang des fascistes sortit comme le jus du raisin). Nous fraternisâmes et restâmes longtemps en correspondance. Puis Estepona est devenue une station balnéaire aux grands hôtels cosmopolites.

À Cadix, il y avait un concert flamenco en plein air. Dionys m'avait initié au flamenco et j'étais devenu accro de l'anthologie flamenca de Ducretet-Thomson. À ce concert il y avait des troufions des autres régions d'Espagne, notamment des provinces du Nord, et ils rigolaient des moments les plus bouleversants du canto hondo, ce qui me fit mal pour les artistes qui se donnaient de tout leur cœur.

Je fus ému par l'austère Cordoue, sa mosquée, sa synagogue, et charmé par la gaie Séville. C'est plus tard que je connaîtrais Grenade.

Second voyage : résistance espagnole

Mon second voyage en Espagne a encore lieu du vivant de Franco, en 1961 (il meurt en 1975). Après la destruction de la résistance d'après-guerre, une nouvelle résistance s'est formée d'une part à partir d'intellectuels et universitaires, d'autre part sur l'initiative de Dionisio Ridruejo.

Ce poète et écrivain avait été un jeune franquiste et avait composé l'hymne des phalangistes pendant la guerre civile, puis, après la victoire de Franco, avait été écœuré par le régime. Il rompit avec le franquisme en 1942, accomplit des actions clandestines qui le firent emprisonner, fut libéré, de nouveau emprisonné, exilé, puis retourna en Espagne. Il avait accompli, si ma mémoire est bonne, un des premiers actes de la nouvelle résistance en allant distribuer à leur dépôt au petit matin des tracts incitant à la grève les conducteurs de tramway[1].

Je devais rencontrer la résistance intellectuelle à l'occasion d'un colloque madrilène consacré à l'Europe, autorisé par le régime à condition de demeurer privé.

La veille de mon départ, l'OAS commet une vague d'attentats, dont une tentative à mon domicile (voir p. 266), ce qui faillit me faire rater l'avion, car je ne voulais pas abandonner mon immeuble alors qu'une menace planait, et je partis lorsque j'eus l'assurance qu'un policier veillerait au pied de l'immeuble en permanence le jour et la nuit.

Nos voyages, le mien et ceux de Jean Bloch-Michel, Pierre Emmanuel, Constantin Jelénski, avaient été payés par le Congrès pour la liberté de la culture, lequel du reste avait financé ce colloque organisé par José Luis Aranguren et Carlos Bru, secrétaire de la toute neuve association espagnole de coopération européenne. L'Europe était pour ces antifranquistes la légitimation officielle de leurs aspirations démocratiques. Les thèmes furent capitalisme et marxisme, nationalisme et fédéralisme, culture d'élite et culture de masse. Nos amis espagnols nous incitèrent à politiser nos interventions, ce que nous fîmes, ils souhaitaient même nous voir expulsés, ce qui n'eut pas lieu.

Le colloque se déroula du 19 au 23 mars 1961. Au cours de ces quelques jours, je me liai surtout avec deux jeunes gens, Rodrigo Uria, qui entreprendrait de traduire en espagnol *L'Esprit du temps*, et José Vidal Beneyto, dit Pépin.

L'amitié avec Rodrigo fut intermittente, mais profonde. Je

1. « Dès son retour de Russie, il prend une attitude de plus en plus réticente vis-à-vis du régime franquiste, qui trahit à ses yeux l'idéal de justice sociale de la première Phalange. Dionisio Ridruejo en vient ainsi à rompre avec le régime constitué et démissionne de toutes ses charges officielles. Disgracié, relégué dans de petites villes de province, reniant publiquement ses anciennes convictions, il se consacre, pour subsister, à la littérature et au journalisme, tout en s'engageant délibérément dans un combat ardent pour la démocratie. L'exil, la prison, plusieurs procès sanctionnent ce revirement ou plutôt cette prise de conscience menée avec un courage exemplaire. En 1962, il participe à Munich à la rencontre entre les chefs de l'opposition extérieure et intérieure. En 1963, il dénonce l'exécution du leader communiste Grimau » (*Encyclopedia Universalis*).

le revis à chaque voyage en Espagne. Il me fit découvrir les poésies d'Antonio Machado mises en musique et chantées par Joan Manuel Serrat, dont le *Caminante, no hay camino* devenu notre hymne, chanté lors des rencontres de la pensée complexe en Amérique latine et en Espagne. Lorsque je me suis trouvé à Almería avec Johanne sous une pluie inattendue, Rodrigo nous offrit un séjour à Lanzarote, étonnante île volcanique des Canaries. Il vint même de Madrid pour assister à la remise de ma première Légion d'honneur, décernée par le président Mitterrand, mais je ne pus l'inviter à dîner, retenu par la fille d'Edwige qui, pour une fois, faisait un geste pour sa mère, et bien que je lui aie par la suite dit plusieurs fois ma honte de ne pas l'avoir invité à dîner ce soir-là et qu'il m'ait à chaque fois assuré que cela n'avait aucune importance, je suis persuadé que cela a un peu abîmé notre amitié. Cela ne l'empêcha pas de me trouver un hébergement pour un amour clandestin à Madrid.

Il devint un grand avocat international. D'une générosité fastueuse, il subventionna musées et expositions d'art. Il est mort en 2007 noyé en Croatie, probablement victime d'un infarctus. Bref, entre nous deux, il y eut une grande amitié qui se fêla, par mon fait, ou plutôt ma faute.

José Vidal Beneyto

L'amitié avec Pépin devint profondément fraternelle. De six ans mon cadet (né en 1927), il était fils d'un grand propriétaire terrien de la région de Valence. Durant la guerre civile, ce dernier fit divers voyages en France pour servir les intérêts du franquisme, certains accompagnés de José, et c'est au cours de l'un d'eux qu'un anarchiste catalan tenta d'assassiner son père. Une trentaine d'années après, Pépin et le fils de cet anarchiste, Mario Borillo, devenus amis à vie, découvrent ce lien de mort entre eux qui renforce leur amitié.

Le jeune Pépin étudie à l'Opus Dei, puis il perd la foi catholique et la foi en Franco, passe à la résistance intellectuelle (création d'universités privées dissoutes l'une après l'autre par le régime) et politique en participant activement à Munich à l'union des antifranquistes émigrés avec ceux de l'intérieur. Il participera non moins activement à la Junta democratica, organisation « éclectique » animée par Santiago Carrillo, le dirigeant communiste espagnol, mais comportant des esprits indépendants. La Junta sembla porter en elle l'avenir post-franquiste et ses représentants furent reçus par divers chefs d'État européens dont Giscard. Mais on eut grande surprise de la voir supplantée aux élections libres par le parti socialiste.

Souvent tenté par le communisme, Pépin me faisait inviter à Madrid pour une conférence afin que je l'aide à résister à l'adhésion. Mais il était « progressiste », donc compagnon de route.

Cela provoqua notre seule dispute. Il avait organisé à Barcelone en 1973 un colloque international sur l'épistémologie de la communication, du reste très intéressant, avec Eco, Serres, von Foerster et d'autres personnalités. Au cours du dîner, conversant avec Julia Kristeva, je dis que le marxisme est devenu l'idéologie la plus réactionnaire de notre temps. Pépin, voisin de table, qui a entendu, s'irrite et déclare qu'on ne peut dire de telles choses sous Franco. Je maintiens mon propos. Ce soir-là, nous sommes très chagrinés l'un par l'autre. Mais l'affection reprend le dessus dès le lendemain matin et nous nous embrassons. Nous n'avons cessé de discuter depuis, lui critiquant la monarchie, moi pensant que l'Espagne lui devait la démocratie ; lui soutenant *Le Monde diplomatique* et Attac, moi demeurant critique pour tout ce qui est stalinistique comme le Cuba de Fidel Castro.

Dans le fond, l'expérience subie sous Franco tendait à lui faire sous-estimer les caractères négatifs de l'idéologie soviétique. Mon expérience passée de communiste, puis ma fraternisation avec les révoltes polonaise, hongroise, tchèque me faisaient considérer ce communisme comme le pire ennemi de l'humanité au cours des années pré-gorbatchéviennes et tenir comme bien moindres les vices d'un capitalisme, qui, au cours de ces mêmes années, était encadré par un *welfare state* et soumis aux puissantes pressions des syndicats ouvriers. En fait, notre différence s'estompa après l'implosion de l'Union soviétique, le déchaînement mondialisé d'un capitalisme désormais sans frein, et nous devînmes profondément d'accord dans nos diagnostics sur l'état du monde globalisé d'après 1990.

Nous sommes de plus en plus impliqués dans des entreprises communes tels le comité des communications de masse de l'Association internationale de sociologie, dont je lui passe la présidence au congrès de Varna, ou l'Amela pour la collaboration intellectuelle entre pays latins et Amérique latine, puis l'Agence européenne de la culture, dont il est secrétaire général et me fait président, que Federico Mayor, alors directeur, installera à l'Unesco en 1993. L'agence, animée par Pépin, lance à Agrigente le programme méditerranéen de l'Unesco. De plus, Pépin déploie une énorme activité d'enseignant à l'université Computense de Madrid et d'éditorialiste au *País*.

Pépin s'est lié puis marié avec Cécile, et nos deux couples (le mien avec Edwige) forment une famille. Nous sommes ensemble à Valencia, Rome, Ramatuelle et autres lieux. Nous avons coutume de fêter Noël ensemble, avec leur fille Vera prenant progressivement de l'âge. Cécile met le disque d'*El Relicario,* que j'ai évoqué comme étant l'air préféré de ma mère et qui me fait verser des larmes. Edwige aime *La hija de doña Alba*, nous chantons, nous nous aimons.

Souffrant d'une maladie du sang, Pépin subit traitements et transfusions sans perdre de son énergie. Il est de plus en plus sous surveillance médicale et est hospitalisé à La Pitié en mars 2010. Le 15 ou le 16, je le retrouve en compagnie de Cécile, fatigué et souriant ; je le quitte, me retourne, et il me fait un joyeux signe de main. Peu après, à peine rentré chez moi, Cécile me téléphone et m'apprend sa fin.

Carboneras, La Chanca

C'est en 1964, je crois, année de ma rencontre avec Johanne, que Denis Harroch, producteur du film *L'Heure de la vérité*, me prête sa Mini Moke pour aller en Andalousie avec elle. Notre point d'arrivée est Carboneras, village du littoral levantin, proche d'Almería. On y parvient en traversant un désert propice au tournage de westerns et films d'aventures. À l'époque, de modestes maisonnettes, pas d'hôtel, mais une belle demeure sur la falaise où vit une amie, Dominique Aubier. Sur le trajet, je me fais rançonner pour un prétendu excès de vitesse par deux gardes civils qui semblent spécialisés dans le presse-touriste.

Dominique Aubier est persuadée que toute l'Espagne est inconsciemment juive. Ibères est une déformation d'Ivry (hébreux). Cervantès est juif et Dulcinée n'est autre que la Sekkhina de la Kabbale.

C'est la feria à Almería, nous allons aux corridas et faisons la fête. À un stand, nous admirons deux jeunes Gitans qui conversent en chant flamenco, nous buvons ensemble manzanillas sur manzanillas, et, toujours chantant, ils nous entraînent dans une habitation sous roche de La Chanca, quartier troglodyte gitan de la ville (dont nous avons lu la description dans le livre de Juan Goytisolo qui lui est consacré) où nous trouvons femmes et enfants qui dansent et chantent. Nous n'arrivons pas à nous séparer des deux Gitans, et ils viennent avec nous dans la Mini Moke jusqu'à Carboneras pour passer la nuit dans notre maison. Nous arrivons toujours en chantant sur la place du village, devant un café où sont attablés des locaux, deux gardes civils se lèvent et demandent leurs papiers aux Gitans, qui n'en ont pas sur eux. Ils veulent les enfermer au poste de police, je m'interpose, j'invoque la loi d'hospitalité qui est sacrée, je montre mes papiers, je me porte garant d'eux. Rien n'y fait, ils les embarquent. Je dis mon indignation et ma honte aux locaux attablés du café : chacun d'eux sort de sa poche une carte d'identité, me la brandissent triomphalement sous les yeux.

Je découvre brutalement le mépris populaire espagnol pour le Gitan, me sens écœuré. Cela m'a incité à raréfier pour un temps mes séjours en Espagne.

Le lendemain matin de bonne heure, nous allons au poste de police, mais les Gitans ont été libérés et sont repartis pour Almería. Nous les retrouvons là-bas, nous excusons. Nous n'avons plus de plaisir à être là et quittons Carboneras.

Valencia

Ma première lectrice et traductrice de *La Méthode* fut Ana Sanchez, professeur de philosophie à Valencia, et ardente féministe. Elle m'accueillit plusieurs fois chez elle, dans son petit appartement dont la fenêtre donnait sur le jardin botanique. Je fis plusieurs séjours, dont un avec mon ami Sami Naïr ; je me souviens d'un repas collectif en présence de Jean-François Dortier, responsable de la revue *Sciences humaines*, où nous nous disputâmes. Bien que je lutte contre l'aigreur, j'étais quelque peu aigri. Dortier avait fondé son magazine, stimulé par la lecture de mon *Paradigme perdu : la nature humaine*. Du reste, le premier numéro de la revue m'était en partie consacré. J'étais très heureux d'avoir été l'inspirateur de cette très intéressante et devenue si nécessaire revue, fondée et développée à Auxerre. Il se trouve qu'avec les années mes autres œuvres étaient pratiquement inconnues des collaborateurs, qui, pour la plupart, devinrent admirateurs de Pierre Bourdieu. Et là où le Bourdieu passe, le Morin trépasse. J'exprimais parfois mon dépit d'être souvent ignoré sur des thèmes sur lesquels j'avais travaillé et fait des livres pendant des années. Je ne me souviens plus des sujets et des termes de la querelle, mais la cause souterraine était là.

Les excès gastro-œnologiques me donnaient souvent des crises de foie jusqu'à une époque récente où l'usage du Chardon Marie, du desmodium, du radis noir réussit à m'en protéger, d'autant plus que je me modère désormais en vin et en gras à chaque repas convivial. En tout cas, je ne parvenais pas toujours à me contrôler et je me souviens de ce jour où j'arrivai malade, nauséeux à un déjeuner en plein air où un *paellero* préparait deux paellas géantes sur un feu de bois, l'une de fruits de mer et poissons, l'autre de viande. Je humais l'odeur, je louchais sur les assiettes, mais dus assister dans le jeûne aux bonheurs gustatifs des autres.

Je me souviens aussi de l'arrivée dans un restaurant populaire près de Valencia où se faisait une paella réputée. Le sol y grouillait de cafards et Edwige, horrifiée, ne put rien manger.

De Gibraltar à Port-en-Bessin

C'est en 1977 ou 1978 que Johanne et moi allâmes en vacances dans une maison louée par les Daniel non loin de Gibraltar. J'avais déjà ma relation d'amour avec Edwige, mais comme elle était à Paris, je ressentais un insupportable éloignement. Réussissant à lui téléphoner en cachette, je lui promis de la rejoindre. Je bondis dans ma Volkswagen et fonçai sur les routes. Je fis étape une nuit à Perpignan, puis arrivai à Paris, où j'enlevai Edwige pour une plage normande, Port-en-Bessin, je crois. Comme c'était une période de vacances, les hôtels étaient complets. Finalement nous en trouvâmes un, en bord de mer, avec vue sur les flots, où nous passâmes quelques jours heureux.

Barcelone

Je me suis lié à la ville de Barcelone, à partir de 1989, par l'Institut catalan d'études méditerranéennes qui m'invita pour divers colloques et conférences, me fit membre de son conseil, me donna en 1994 le prix international Catalogne, puis me recruta comme membre de son jury.

À Barcelone, j'ai connu le Barrio chino aujourd'hui disparu. Seul homme invité à un congrès mondial de femmes journalistes, je ne sais plus en quelle année, je proposai en fin de session de conduire les dames volontaires à l'exploration de ce quartier et fus suivi par une trentaine d'entre elles. Je les conduisis d'abord dans une boîte où une vieille chanteuse goyesque, toute fripée, prenait des poses érotiques, puis dans une boîte homosexuelle. Je m'avançai vers la salle d'arrière-fond où de superbes éphèbes avaient pris place, et mon apparition suscita un cri d'enthousiasme. Mais quand les dames apparurent derrière moi, le cri se transforma en gémissement. Finalement, toutes ces femmes furent très contentes de s'être encanaillées. Je fus très fier – et m'en suis vanté – d'avoir été le seul homme choisi par la presse féminine mondiale.

Sitges

Je passe sur les charmes de Barcelone, ne voulant pas faire le guide touristique. J'y fus aussi invité par l'Institut français et Jean Tellez, qui m'apporta plus tard, pour les derniers volumes de *La Méthode*, son inappréciable concours. Il me fit rencontrer en 1992 Maurice Botton qui devint mon ami et bienfaiteur. J'en viens à Sitges, port situé à une demi-heure de train ou de voiture de Barcelone.

Maurice Botton, de souche sépharade comme moi, avait un poste élevé dans la firme Danone à Barcelone, et m'avait offert en 1994 et 1999 un logement pour écrire dans un bel immeuble sur colline dominant ville et mer, où avait habité son père décédé, et qu'il conservait par piété. Je pus à diverses reprises, et surtout hors saison, en bénéficier.

J'écrivais face à la mer. Maurice m'avait installé le wifi pour mon ordinateur. Le matin, je prenais ma voiture, descendais jusqu'au marché couvert, la parquais à un étage supérieur et faisais mes emplettes. Poissons et crustacés, très frais, venaient du port voisin. L'agneau que je prenais en côtelettes était savoureux, le jambon de Bellota Pata negra est le meilleur du monde, et je l'accompagnais de chorizo et de morcilla ; un stand fournissait des plats préparés, pois chiches, épinards et j'avais découvert un vin rouge de Penedès, superbe, produit par un amateur de Médoc y ayant acquis des plants de cabernet sauvignon et devenu vigneron (j'ai oublié son nom, depuis son vin a été acheté par une grosse appellation). Il y avait aussi en bord de mer sur la plage un petit bistro en plein air où je me régalais de sardines grillées, coquillages et crustacés.

J'avais un bon rythme de vie, alternant repas, travail, promenade. Edwige vint me rejoindre, et, après sa mort, mes filles venaient pour les fêtes de fin d'année. C'est là que m'arriva la lettre d'une auditrice de Strasbourg qui avait assisté à une mienne conférence et dont la dernière phrase me troubla : « Je rêve d'embrasser votre belle bouche. » Aussi j'écrivis à l'inconnue pour lui proposer un rendez-vous à l'aéroport de Barcelone. C'était une jeune femme d'une trentaine d'années, Amélie, qui m'accompagna à Sitges, relation aimable qu'interrompit ma rencontre destinale avec Sabah, un an plus tard.

Deux ans après, Sabah et moi avons pensé acquérir un appartement sur la mer à Sitges, mais les prix dans cette localité très courue dépassaient mes possibilités.

Je faillis m'y noyer. Après avoir fait la planche, je voulus me redresser dans l'eau, mais je ne sais comment, je replongeai, m'affolai, sans pouvoir retrouver mon équilibre. Je fus heureusement secouru par deux proches baigneurs, je compris que mon sens de l'équilibre avait diminué et, depuis, je ne vais plus me baigner seul.

Maurice s'est remarié avec la veuve d'un très cher ami, maître Bonello, avocat à Nice, prénommée Charlotte. Il a vendu l'appartement de Sitges. Il demande de mes nouvelles à notre ami commun, Jean Tellez, à qui je demande des siennes. Une diaspora de plus dans ma vie après celle de la rue Saint-Benoît, celle d'*Arguments*, celle de José Vidal, celle du Palagio de Simone di San Clemente, celle des Bueno de Caldine, celle de Castiglioncello de Bolgheri.... Souvenons-nous du poème de Rutebeuf :

Que sont mes amis devenus
Que j'avais de si près tenus
Et tant aimés
Ils ont été trop clairsemés
Je crois le vent les a ôtés
L'amour est morte
Ce sont amis que vent emporte
Et il ventait devant ma porte
Les emporta...

Séville

Ah, en quelle année ? Mon ami Jean-Louis Pouytes m'avait donné le contact à Séville de Rodrigo de Zayas, grand d'Espagne (ayant, paraît-il, le droit d'entrer à cheval dans une église et de rester coiffé devant le roi), personnage immense, grand érudit, polyglotte, humaniste, historien, romancier, bibliophile, homme de lettres, musicologue, musicien concertiste, de plus trotskiste lambertiste, époux d'une merveilleuse cantatrice, et vivant dans son hôtel, calle Jesús del Gran Poder. Un hôtel qui regorge de livres, œuvres d'art, instruments de musique.

Edwige avait été accueillie par eux pour la Fête-Dieu de Séville, et, devant avancer dans mon travail à Sitges, je l'avais rejointe ensuite. C'est Rodrigo qui m'apprit que, si l'expulsion de 1492 des juifs et musulmans refusant de se convertir relevait de la purification religieuse, l'expulsion des morisques de 1609 relevait de la purification ethnique ou raciale.

J'ai perdu plus d'une page où j'évoquais Séville, si pétillante et colorée, sous la conduite de notre amie Elena, doctoresse au grand cœur.

Bernard Allien, Carmona

Non loin de Séville se dresse Carmona, ville-forteresse monumentale aux murs blancs, dominant une immense vallée associant dans sa mémoire de pierre son passé romain et ses quartiers juifs et arabe. Mon ami Bernard Allien y a pour résidence hispanique un palais baroque. Nous avions été accueillis Edwige et moi et ma pulsion gastro-hispanique s'était enchantée de la « route des tapas ». Puis j'y suis revenu avec Sabah, ayant le projet d'y commencer ensemble mon livre que je pensais alors consacrer uniquement à « mes amis, mes héros », mais je m'y suis trouvé très fatigué en raison d'un difficile retour de Tunisie plein d'obstacles, parmi lesquels de longues déambulations dans des couloirs d'aéroport à Madrid, ville dont il faut éviter cet endroit, infernal.

Je suis resté prostré à Carmona avec pour seule consolation le gaspacho et le salmorejo.

J'avais connu Bernard quand il était directeur de la Fnac (création post-militante de Max Théret et André Hessel) pour le compte d'une grande mutuelle. Il avait créé, avec le concours d'une grosse firme japonaise de boisson, le prix Château Beychevelle pour couronner des œuvres d'artiste, et il m'avait intégré dans le jury qui se réunissait deux fois par an dans l'historique château, dont le vignoble descendait en pente douce jusqu'à la Gironde. Repas fastueux très bien arrosés. Au cours de l'un d'eux, l'astrophysicien Michel Cassé, levant son verre devant ses yeux, répondit à un convive qui lui demandait ce qu'il voyait en physicien dans son vin :

« J'y vois quelques-unes des particules qui se sont formées à la naissance de l'univers, j'y vois les deux atomes d'hydrogène et l'atome d'oxygène qui se sont unis pour constituer de l'eau, j'y vois l'apparition des premières cellules vivantes, j'y vois le développement végétal et l'apparition de la vigne sauvage, j'y vois l'apparition de l'agriculture et de la domestication de la vigne, j'y vois la production du raisin, puis j'y vois la transformation en boisson fermentée, j'y vois la sélection historique du cabernet-sauvignon et du merlot, j'y vois l'économie moderne de transport et d'exportation du Médoc, j'y vois les contrôles techniques de plus en plus poussés de la vinification, j'y vois le plaisir des buveurs de cet arôme, à votre santé, chers amis ! »

Cependant, la firme japonaise fit défection au bout de peu d'années et le rendez-vous Beychevelle cessa.

Bernard Allien avait entre-temps absorbé ma *Méthode* et, devenu conseiller du patron de Sony, il put éclairer la stratégie de celui-ci en s'inspirant, me dit-il, de mes conceptions. Il voulut me manifester sa reconnaissance en nous invitant Edwige et moi à San Francisco où il résida pour un temps sur une hauteur d'où la vue plongeait sur l'un des plus beaux paysages du monde. Je le conduisis, avec sa compagne, chez Heinz von Foerster, qui avait en partie de ses mains bâti sa retraite, solitaire, au sommet d'une colline fréquentée seulement par des animaux sauvages, dont des coyotes qui approchaient la maison la nuit ; il y vivait avec sa femme et nous avait hébergé Edwige et moi lors du colloque « Ordre et désordre » organisé par René Girard à l'université Stanford en 1981. Je parlerai ailleurs de Heinz von Foerster, le penseur contemporain qui m'a le plus inspiré, notamment pour l'*order from noise* (l'ordre par le bruit), l'autonomie/dépendance propre à l'auto-organisation, l'auto-référence récursive (connaissance de la connaissance).

Je reviendrai aussi sur l'excursion que nous fîmes avec Bernard et sa compagne sur la route *number one* jusqu'à Big Sur en passant par Carmel et Monterey (voir le chapitre « Californie »).

Grenade

Mon dernier séjour en Andalousie a eu lieu le 27 mars 2017, à Grenade, avec un retour différé pour cause de bronchite le 7 avril. Les deux premiers jours sont occupés par ma conférence à l'Université euro-arabe, puis, après la journée d'hospitalisation, un farniente délicieux dans l'Albaicín où Sabah et moi aimons prendre nos repas, soit sur la hauteur avec une vue plongeante sur l'Alhambra, soit en bas où il s'impose à notre regard. Au premier plan, des arbres en fleurs violettes, des bougainvillées sans doute, puis des massifs de verdure, arbres multiples et généreux, grimpant jusqu'aux tours et murailles austères de l'Alcazaba, le palais des rois maures qu'a dû abandonner Boabdil en 1492. Et, toujours en arrière-plan de mon esprit, la pensée de l'implacable purification religieuse catholique, qui avait expulsé pour l'exil mes ascendants paternels et les ascendants maternels de Sabah, réveille en moi la conscience de mon ascendance.

Nous avons l'impression de retrouver ici des racines, et songeons à nous installer durablement à Grenade ou bien non loin, en bord de mer, à Salobreña, lieu enchanté dont nous parle Federico Mayor.

À Grenade, j'ai connu un grand moment de bonheur avec Sabah, attablés dans un restaurant de plein air, au pied de la colline touffue au-dessus de laquelle se dresse l'Alhambra, sous un soleil à peine tamisé par un parasol, savourant des aubergines au miel avec un verre de Rioja, environnés par un brouhaha de conversations joyeuses, j'étais déconnecté de tout ce qui me harcèle, connecté à tout ce qui m'apaise, envahi pendant un temps par un sentiment de plénitude.

Beaucoup de bruits doivent émaner de la foule du dimanche, de plus en plus confus à mon ouïe amoindrie, mais je suis envahi par cette splendeur visuelle. Je me rendis il y a vingt ans ou plus dans un carmel de l'Albaicín, à la terrasse verte, d'où je pouvais contempler à toute heure l'Alhambra. À l'époque, je marchais bien et j'aimais descendre la colline jusqu'à la rue des Rois catholiques, puis la remonter en suivant la vallée. Hier, Sabah et moi étions au mirador de San Nicolas pour admirer d'en haut l'Alhambra. Aujourd'hui, je le contemple d'en bas, avec un sentiment d'élévation intense. Sabah et Manal m'ont laissé à ma table avec l'ordinateur et sont parties se promener. Je sens moins, mais je la sens encore un peu, hélas, cette pression du temps qui m'enjoint de toujours hâter les choses, même en ces vacances convalescentes qui m'appellent à ne pas rentrer trop tard, alors même que je suis assis ici, à cette table, heureux et contemplatif, mais impatient de l'arrivée du garçon.

24

Cinéma cinéma

Après la mort de ma mère, mon père et moi avons été hébergés chez ma tante Corinne, à Ménilmontant. Pendant un temps, j'oubliai mon malheur dans la lecture et le cinéma.

La salle de cinéma était pour moi une bonne caverne enveloppante, les films me happaient et me faisaient participer à leur aventure, leur vie m'insufflait de la vie. Certes, je m'évadais de ma réalité, mais dans cet imaginaire je découvrais les réalités de la vie. Ainsi, ai-je été marqué par trois films de guerre, montrant tous absurdité et tragédie : *À l'Ouest rien de nouveau*, film américain de Lewis Milestone (1930) d'après le roman d'Erich Maria Remarque, où, à la fin, le héros allemand, terré dans un trou d'obus, voit au-dessus de sa cache une petite fleur de printemps, sourit, se soulève pour la saisir et est abattu par un tir français. Ce jour-là, le communiqué militaire a annoncé : « À l'Ouest, rien de nouveau. » *Quatre de l'infanterie*, de Georg Pabst, montrait quatre lycéens allemands engagés volontaires sous les incitations nationalistes enflammées de leur professeur et qui découvrent au front horreur et mort (1930), *Les Croix de bois* (1931), de Raymond Bernard, peignaient les mêmes réalités du côté français.

J'aimais, j'adorais en fait tous les films, les comédies musicales de la UFA comme *Le congrès s'amuse* ou *Le Chemin du paradis*, avec la chanson *Avoir un bon copain*, les westerns de série B, les tragédies bourgeoises avec adultères d'après Henry

Bernstein, comme celle où Gaby Morlay regarde fascinée (et me fascinant) le violoniste ami de son mari, le barbu Victor Francen.

Des visages éveillaient le désir adorant du préadolescent que j'étais. Celui de la brune Gina Manès dans *La Voie sans disque*, de l'autre brune Pola Illéry, vamp séductrice de braves garçons dans *14 juillet* et *Sous les toits de Paris*. Mais la « fatale » qui suscita en moi un amour prêt à toutes les servitudes et démences fut Brigitte Helm dans *L'Atlantide* de Pabst (1932). Elle était Antinea, reine d'un royaume inconnu dans le Hoggar. Le lieutenant de Saint-Avit et le capitaine Morhange, perdus dans le désert, ont été recueillis par ses Touaregs. Saint-Avit est convoqué par Antinea.

Blonde aux yeux bleus, avec un visage souverain qui me foudroya, elle était assise sur un sofa, une panthère à ses côtés qu'elle faisait taire d'un « chut ! » implacable, elle tendit en silence un jeu d'échecs à Saint-Avit, et la partie s'engagea, toujours en silence.

Tandis que Saint-Avit et moi-même subissions un envoûtement incontestable, elle poursuivit la partie, prononça simplement « échec », puis « mat », et congédia l'officier désormais obsédé par elle à jamais. Elle voulut séduire le capitaine Morhange, mais celui-ci se refusa. Alors elle convia à nouveau Saint-Avit, lui offrit ses lèvres ; il se mit à ses pieds et lui enlaça les genoux, et quand ils furent à nouveau bouche à bouche elle lui souffla doucement et impérativement au visage : « Tue Morhange ! » Alors, saisi de folie, halluciné, Saint-Avit parcourut les couloirs du royaume souterrain, trouva Morhange et lui plongea un couteau dans le cœur, tandis que le capitaine, dans une infinie stupeur, murmurait en s'effondrant : « Saint-Avit… »

Il y a quelques années, j'ai trouvé une vidéo du film et je me suis passé sans relâche la scène de la partie d'échecs, marqué à jamais par Antinea comme un fervent hindouiste peut l'être par la déesse Kali…

Mais autant *L'Atlantide* m'avait inspiré de l'adoration, autant *Le Testament du docteur Mabuse* de Fritz Lang (1933) provoqua en moi une franche épouvante.

Ce savant dément interné échafaude divers plans criminels :

attentats, incendies et destructions, dans Berlin. Il a hypnotisé son médecin soignant qui devient l'organisateur de ses forfaits. Mon épouvante arrive toujours à son comble quand le médecin file à toute vitesse dans sa voiture décapotable avec le spectre de Mabuse debout sur le marchepied.

Que de beaux films m'ont ainsi enchanté entre 11 et 13 ans, le *À nous la liberté !* de René Clair, dont je chante encore la chanson[1]. Du même réalisateur, *Le Million*, *14 juillet*, *Sous les toits de Paris*.

Marius de Pagnol, réalisé par Alexandre Korda en 1931, m'a fait un étrange et profond effet que je n'ai compris que plus tard. Marius, fils du cabaretier César, est orphelin de mère. Il aime Fanny qui l'aime, mais il est irrésistiblement attiré par la mer. Il veut s'embarquer comme marin, mais son père le pousse à renoncer pour l'amour de Fanny, qui l'aime suprêmement et qui lui mentira pour qu'il puisse partir. À travers Marius, je sentais comme lui, orphelin de mère, que l'appel de la mer identifié à l'appel maternel était le plus puissant de tous.

J'en viens aux trois films qui ont profondément marqué mon esprit dans ces années de préadolescence et y ont laissé leur empreinte pour la vie.

La Tragédie de la mine, de Pabst, réalisé en 1931, deux ans avant l'arrivée de Hitler au pouvoir et le déchaînement de la folie nazie, se situe dans une mine de charbon qui s'étend de France jusqu'en Allemagne. Une grille en fer, dans le boyau de la mine, indique la frontière infranchissable. Un coup de grisou éclate dans la mine française, les mineurs allemands font sauter la frontière et se portent au secours des Français. Une scène montre un mineur français blessé qui, halluciné, croit voir un ennemi de la guerre de 14-18 et se débat contre son sauveur. Les mineurs français sont sauvés par les Allemands. Fraternisation. Le film se termine sur un plan de la grille frontière rétablie dans le boyau de la mine.

1. *Mon vieux copain, la vie est belle/quand on connaît la liberté/N'attendons plus, partons vers elle/L'air pur est bon pour la santé/Partout, si l'on en croit l'histoire/ Partout on peut rire et chanter/Partout on peut aimer et boire/À nous, à nous la liberté !*

L'Opéra de quat'sous, du même Pabst (1931), d'après la pièce de Brecht nous montre comment un chef de gang et un exploiteur des mendiants vont s'associer et devenir banquiers pour légalement « bouffer l'pain des malheureux », selon les mots qui terminent l'inoubliable complainte de Mackie. À travers la dérision brechtienne du film je ressentais obscurément la misère humaine, matérielle et morale.

Le Chemin de la vie, de Nikolaï Ekk, date également de 1931. Je l'ai vu à La Bellevilloise, une salle qui passait des films soviétiques (tels *Les Joyeux Garçons*, *Le Concerto de Beethoven*, *Eux, les marins de Kronstadt*). L'action commence dans le Moscou du début des années 1920, où sévissent pénurie et délinquance. Une femme d'apparence bourgeoise, accompagnée de son petit garçon, est attaquée par un jeune voleur qui lui arrache son sac. La femme tombe et meurt. Son enfant, Kolka, perdu, seul, est finalement recueilli par la bande de petits voleurs, parmi lesquels Mustafa, responsable de la mort de sa mère, et dont il devient ami. Les jeunes délinquants sont raflés et dirigés vers un camp de rééducation. Là, sous la conduite d'un moniteur, s'effectue une transformation rédemptrice. Les pionniers construisent une ligne de chemin de fer qui relie leur camp à la ville voisine. Vient le jour de l'inauguration. En ville attendent la population, les pionniers, la fanfare. Le moniteur envoie Mustafa faire en draisine une ultime vérification des rails. Mustafa est arrêté à mi-chemin par son ancien chef de gang venu le récupérer. Il refuse, le gangster le tue. Quand la locomotive partie du camp arrive au corps de Mustafa, le mécanicien le met sur le tablier de sa locomotive. Puis la caméra se déplace sur la foule qui attend l'arrivée du train. Dès que la locomotive est détectée au loin, la fanfare se met à jouer. La locomotive approche et, quand on voit le corps de Mustafa, la fanfare s'arrête, un grand silence se fait dans la foule, on entend le halètement puissant de la locomotive et l'on voit le panache blanc de fumée qui sort de sa cheminée.

Ce film m'exalta et me bouleversa. J'étais à la fois Kolka brutalement orphelin et, me sentant coupable sans doute, un peu Mustafa. Je voyais surtout dans ce film soviétique la rédemption et le pardon. Tout cela allait m'être confirmé peut-être un an ou deux plus tard par la lecture de *Résurrection* de Tolstoï et surtout de *Crime et châtiment* de Dostoïevski, textes qui m'ont donné pour toujours la foi en la rédemption et la croyance aux vertus du pardon.

J'ai continué à voir des films durant mon adolescence, me transformant lentement de cinéphage en cinéphile, mais gardant ma fascination pour l'image cinématographique en elle-même. J'ai vu avec les mêmes émotion et ferveur les grands films français d'avant-guerre : *La Belle Équipe*, *Poil de Carotte*, *La Bandera*, *Pépé le Moko* de Julien Duvivier, *Hôtel du Nord*, *Quai des Brumes*, *Le jour se lève,* de Marcel Carné, *Toni, Le Crime de monsieur Lange*, *Les Bas-Fonds*, *La Bête humaine*, *La Marseillaise*, *La Grande Illusion*, *La Règle du jeu*, de Jean Renoir.

Je découvris avant la guerre le Studio 28, rue Tholozé, première salle d'art et essai. Je continuai sous l'Occupation à Toulouse, où des films américains passaient encore en zone sud, puis dans Paris occupé. Après-guerre, je fréquentai pour un temps la Cinémathèque de la capitale où je découvris les films muets.

Dans mon souvenir demeurent intensément le *Tabou,* de Murnau-Flaherty, *Citizen Kane* d'Orson Welles, les films de Kurosawa, la sublime trilogie samouraï qui relate la vie de Musachi Miyamoto, jeune paysan qui rêve de devenir samouraï, et qui d'épreuve en épreuve acquiert la maîtrise de son art, défait en combat les grands maîtres et affronte finalement le plus grand, Kojiro, sur la plage de Mukojima, devant une tribune de seigneurs dont l'empereur. Vainqueur, il abandonne son arme et part sur une barque pour une île où il va se retirer à jamais pour se consacrer à la méditation. Une fois encore, c'est la transformation et l'élévation de soi, puis l'accomplissement dans l'abandon de la violence qui m'ont ému et transporté.

Enfin, le génie de Chaplin m'a marqué dès l'enfance par la drôlerie inépuisable de ses courts métrages et de ses premiers films, comme *La Ruée vers l'or*, qui ont continué à m'enchanter à tout âge ; puis mon adolescence fut émue aux larmes par *Les Lumières de la ville* où Charlot commence à endosser le rôle sacrificiel qui sera celui de Calvero dans *Les Feux de la rampe*. J'admire le parcours de celui qui a commencé dans la peau d'un petit vagabond quasi-clown pour arriver aux *Temps modernes* en diagnostiqueur du travail industriel (antérieurement aux philosophes de plume) et en critique du capitalisme ; j'admire enfin qu'après avoir mis en relief l'aspect grotesque de l'ignominie hitlérienne il se soit hissé au discours messianique à toute l'humanité. Le cinéma, très longtemps méprisé par les élites intellectuelles, a produit et révélé au XXe siècle un des plus grands humanistes, philosophes, poètes et visionnaires de tous les temps.

J'entrai au CNRS en section de sociologie en 1950. Après des tatônnements, que j'évoquerai plus loin, j'avais trouvé dans le cinéma un thème protégé parce que dédaigné, qui n'intéressait personne en sciences humaines, où personne ne mettrait son nez… J'accumulai un nombre considérable de notes, qui, à mon départ du centre d'études sociologiques de la rue Cardinet pour le centre d'études des communications de masse rue de Tournon, furent entreposées dans une cave du CES, puis oubliées après le déménagement du centre, et définitivement perdues.

J'avais obtenu un petit crédit pour assister au Festival de Cannes, et m'y rendis avec mon ami Lucien Brams. Nous allions aux séances du matin, de l'après-midi, consommant film sur film (voir p. 482).

Je découvris avec enthousiasme *La Porte de l'enfer* du Japonais Kinugasa, qui reçut le Grand Prix du Festival. Je m'amusai alors à observer comment l'opinion se faisait après la vision d'un film. Un festivalier sortait en disant « génial » ou « nul », puis cela arrivait à un petit noyau entourant André Bazin, avec Chabrol et Truffaut ; Bazin, avec son aura, faisait son diagnostic décisif qui transformait le « nul » en « génial » et « le « génial » en « nul », et ainsi se formait une opinion collective.

Je ressentais fortement la dimension mythologique du Festival. L'escalier sacré que montaient les stars sous les flashs photographiques, les cocktails où l'on se bousculait pour les approcher. Les starlettes posaient pour les photographes, presque nues sur la plage, elles-mêmes possédées par le mythe de la star. (Je fis un article, paru dans *Les Temps modernes*, le seul dans cette revue, sur la « mythologie du Festival de Cannes ».) Je dînai une fois avec René Clément, dont la sollicitude venait du fait qu'il avait été l'amant de Violette, mais il ignorait que je le savais. Dans une véritable ivresse cinéphage, je voyais des films du lever jusqu'à 2 heures du matin, pour m'endormir sur un film mexicain relatant la vie du Christ.

Mes deux livres, *Le Cinéma ou l'homme imaginaire* et *Les Stars*, parus tour à tour en 1956 et 1957, me valurent des invitations comme juré pour d'autres festivals, dont celui de Mar del Plata, en Argentine, qui me fit découvrir l'Amérique latine (voir p. 483 et 554), également celui de Mannheim, où je fus juré sous la présidence autoritaire, mais bienveillante à mon égard, de Fritz Lang[1]. Quelle émotion de me trouver avec le réalisateur mythique des films qui avaient marqué et bouleversé mon adolescence, puis dont j'avais découvert les chefs-d'œuvre muets (*Metropolis*, *Siegfried*) et aussi l'inoubliable *Fury* réalisé aux États-Unis !

Je fus aussi juré au Festival de Venise où je découvris le film sur Johanne, *À tout prendre*, de Claude Jutra (et où je défendis un des tout premiers films soviétiques critiques de l'ère stalinienne).

Enfin, mon *Cinéma ou l'homme imaginaire* me valut d'être nommé en 1959 membre de la commission d'aide à la qualité, dite aussi d'avance sur recettes, où il y avait Julien Gracq, Dominique Aury, Jacques Audiberti, Marguerite Duras (qui démissionna rapidement pour protester contre la guerre d'Algérie), Henri Queffélec, Pierre Moinot. Les séances étaient animées et les interventions d'Audiberti m'amusaient beaucoup. Il dit

1. Le jour de la délibération du jury je prends ma voiture avec Johanne et Baldi pour Bacharach où déguster des vins du Rhin que j'apprécie particulièrement. Nous nous enivrons quasiment dans une taverne, envoûtés par la « sorcière blonde qui fait tourner la tête des hommes à la ronde » (Apollinaire), quand brusquement je me rends compte qu'on a passé l'heure de la convocation du jury. J'ai conduit comme un fou jusqu'à Mannheim arrivant avec quarante-cinq minutes de retard, craignant les foudres de Fritz Lang, qui rudoyait tous les membres du jury pris en faute, mais qui s'est contenté de me faire un sourire indulgent.

un jour, à propos d'un scénario dont les dialogues étaient nuls : « Mais c'est merveilleux, c'est comme dans la vie ! »

Comme je l'ai écrit plus loin (voir p. 386 et suivantes), j'ai participé aux équipées et divers festivals du groupe du film ethnographique, avec Jean Rouch, Mario Ruspoli, Luc de Heusch, Jacqueline Veuve, à Locarno puis sur la côte ligure. Florence créa un festival du film ethnographique et sociologique, Festival dei popoli, Rouch et moi fûmes du jury. Au cours d'une séance du jury où nous étions côte à côte, je proposai à Rouch de faire un film ensemble sur une interrogation à poser et que je me posais à moi-même : « Comment vis-tu ? », car, depuis ma séparation avec Marilu, je vivais très mal la tristesse de ma relation avec Violette.

Chronique d'un été

Rouch accepta plutôt distraitement ma proposition. De retour à Paris, je joignis Anatole Dauman, producteur de films d'auteur, d'abord de courts métrages, puis, lancé dans le long métrage avec *Hiroshima mon amour*. Devant faire une conférence à Bruxelles sur les rapports entre production et création au cinéma, et pensant à traiter du film de Resnais-Duras, je l'avais rencontré et, ce jour-là, il ne m'avait pas lâché : son épouse venant de le quitter, il ne voulait pas rester seul. Il m'entraîna du reste chez l'étonnante Alice Sapritch qui attendait la consécration, qu'elle connut plus tard pour son rôle de Folcoche dans *Vipère au poing*.

Anatole Dauman était lettré, esthète, raffiné, un peu pervers et aimant la compagnie des écrivains ou des philosophes. Je ne me souviens plus pourquoi, il me reçut dans sa voiture. Je lui dis que Jean Rouch et moi voulions faire à Paris un film sur le thème « Comment vis-tu ? ». Il rétorqua simplement : « J'achète. »

Les premiers contacts sont pris. Dauman nous a imposé son « délégué » un directeur de production, Heinrich, sombre, autoritaire et tâtillon. J'ai fait accepter la collaboration de Marceline Loridan, qui m'avait impressionné quand je l'avais rencontrée quelques mois auparavant : déportée à Auschwitz à 14 ans, portant sans le camoufler son matricule sur le bras, elle m'avait ému et séduit par l'association du malheur le plus profond, dont la mort de son père dans le camp de concentration, et d'un juvénile et joyeux désir de vivre.

Comme Rouch est par ailleurs occupé à terminer *La Pyramide humaine*, produite par Braunberger, rival de Dauman, j'ai la liberté de faire commencer le tournage par des « essais ». Ce sont des entretiens au cours d'un dîner. La qualité gastronomique et œnologique doit inciter à la détente et à la confidence de la ou des personne(s) dont nous voulons savoir comment elles affrontent les problèmes de leur vie.

Comme je l'ai indiqué ailleurs (voir p. 301), j'ai voulu commencer par Marilu, que j'avais croisée par hasard quelques jours auparavant. Puis cela continua avec le couple Gabillon et quelques autres. Je relate l'histoire du tournage dans le petit livre *Chronique d'un été*. La vision des rushs de Marilu avait impressionné Dauman et ses amis. Nous avons continué. Nous avons également eu une séquence bouleversante de Marceline seule, place de la Concorde déserte et aux Halles où elle évoquait son père et sa déportation. Puis Rouch a eu l'idée de poser aux passants, via Marceline et Nadine, la question : « Êtes-vous heureux ? » De mon côté, j'ai pu réunir avec l'aide de Daniel Mothe, ouvrier professionnel chez Renault, deux de ses jeunes camarades OS pour évoquer leur condition de travail et de vie. Puis j'ai eu l'autorisation exceptionnelle de filmer à l'intérieur de l'usine Renault, à Billancourt, grâce à mon vieil ami de Lyon, Didier Limon, devenu cadre dans l'entreprise. C'est le cameraman Raoul Coutard qui y fit les prises de vue. En cours de tournage, Rouch intégra un jeune Africain, Landry, qui joua à l'ethnographe sur les étranges mœurs françaises. Nous eûmes des repas-débats collectifs, dont l'un sur la guerre d'Algérie où nous posâmes le problème de la désertion, passage qui fut censuré, je l'ai dit, dans la version commercialisée. Il y eut des événements pour deux de nos « personnages » principaux : quelques mois après avoir parlé de son mal de vivre et de sa solitude, Marilu avait rencontré un nouvel amour et était heureuse. Quant à Angelo, OS chez Renault, il s'était fait renvoyer peut-être à cause du film. Je ne sais plus si c'est en juillet ou en août que Rouch trouvant le film trop triste voulut le transporter à Saint-Tropez et eut même quelques tentations d'introduire de la fiction que j'interdis formellement. En fait, je m'intéressais surtout au mal-être et aux difficultés de vivre qui s'exprimaient dans les tête-à-tête, c'est-à-dire à cette recherche de vérité intérieure que je baptisais « cinéma vérité » ; lui s'intéressait au « cinéma direct » rendu possible par la prise de son, simultanée à la prise de vue, elle-même effectuée par une caméra mobile, la Coutant, dont nous jouissions du prototype. Toutefois, il est évident que, sans Rouch, il n'y aurait jamais eu de film.

Le tournage fut constamment agité par diverses divergences entre Rouch et moi, entre Rouch et Heinrich, entre Rouch et Dauman, celui-ci voulait lui imposer son monteur, mais aussi à cause des couples qui se défaisaient et des liaisons qui naissaient, Marceline passant de la complicité à la rivalité avec Marilu.

Nous tournions inlassablement encore au début de l'automne, et avions accumulé plus de vingt heures de pellicule, mais le producteur nous somma d'arrêter. Il fallait monter à partir de tant de rushs un film d'une heure et demie. Il fut décidé que Rouch proposerait un montage, puis que je proposerais le mien. Après la projection de son montage, je me préparai à faire le mien, mais me jugeant incompétent dans cette technique (à laquelle j'avais pourtant beaucoup réfléchi), Dauman décida qu'il n'y en aurait pas de second, et je pus seulement imposer quelques modifications, ajouts et retraits au montage de Rouch, opéré par Lena Baratier. Pour moi, ce film fut une bouteille tantôt à moitié pleine, tantôt à moitié vide, où je voyais surtout ce qui manquait. Les séquences pathétiques où l'émotion montait progressivement étaient coupées pour ne garder que leur paroxysme. Le caractère réflexif du film où Rouch et moi, à diverses reprises, intervenions pour faire le point et prendre des décisions a disparu, sauf dans la séquence finale où, après avoir fait se rencontrer les protagonistes pour arriver à une compréhension mutuelle (ce qui n'arriva que très partiellement et provoqua bien des incompréhensions), nous épiloguions Rouch et moi sur notre entreprise.

Cinquante années plus tard, un jeune admirateur du film, François Bucher, retrouve les rushs, que l'on croyait perdus au musée de l'Homme, oubliés dans une armoire au CNRS, et, suivant les indications chronologiques que j'avais données dans le petit livre consacré au film[1], il a pu reconstituer l'essentiel dans son vrai déroulement en un film d'environ cinq heures. Mais ce véritable *Chronique d'un été* ne peut être projeté qu'en privé. Florence Dauman, fille du producteur et devenue productrice d'Argos film, refuse toute reconnaissance de cette version authentique, laquelle ne saurait être vraiment commercialisée, mais pourrait passer en cinq séances sur une chaîne de télévision.

Certains saluent *Chronique d'un été* comme un chef-d'œuvre, mais le vrai chef-d'œuvre est méconnu.

Il a été question de tourner *Vingt ans après* avec les mêmes protagonistes, mais Dauman voulait en confier la seule responsabilité à Rouch alors que je tenais à la partager. « Comment vis-tu ? » était mon idée, mon obsession d'alors, devenue obsession permanente.

L'année suivante, Braunberger me proposa de faire un film d'après *De l'amour* de Stendhal. Le projet me séduisit au premier abord, mais je me rendis compte qu'il était impossible de faire un documentaire sur l'amour sans être indiscret ou voyeur, et surtout que l'amour était merveilleusement traité dans les films de fiction. Aussi j'abandonnai.

J'eus l'idée de faire un film sur le thème « Où va le monde ? ». Mon propos était de traiter le problème uniquement par des visages en gros plan. *Chronique d'un été* m'avait confirmé que rien n'est plus émouvant, éloquent, expressif que la géographie mouvante du visage de celui ou celle qui parle de ce qui le touche au plus profond. J'avais décidé de commencer par François Perroux pour

1. Réédité aux Éditions de l'Aube.

qui j'avais une immense admiration ; mais notre dialogue fut vicié par sa surdité.

Je fis un peu plus tard, avec l'aide de l'Institut national de l'audiovisuel, une anthologie du cinéma vérité, film réunissant des passages de films de Chris Marker et autres, et que j'ai projeté au cours de quelques conférences. Puis je me suis consacré à mes essais sociologiques et mes préoccupations épistémologiques, et je suis redevenu purement et simplement cinéphage et cinéphile. J'ai fait, il y a cinquante-soixante ans, quelques articles esthético-sociologiques sur des films dans la revue *La Nef*[1].

Durant les années d'après-guerre, je fus parmi les premiers à reconnaître la dignité esthétique du thriller, du western, du film de science-fiction, bref, à effectuer la pleine reconnaissance de l'art du cinéma, art dénié et ignoré quand je l'avais découvert dans mon adolescence. J'ai vu, dans la collaboration antagoniste permanente entre production et création, le renforcement de la création à travers les films d'auteur. J'ai vu comment le cinéma s'est mondialisé de la meilleure manière, non par l'homogénéisation, mais par la floraison de films asiatiques, sud-américains, africains où, bien sûr, n'ont cessé de jouer des influences. J'ai vu l'apparition de nouveaux chefs-d'œuvre comme *La Ligne rouge* de Terence Malik, *21 grammes, Babel*, *Biutiful*, d'Iñárritu, d'autres aussi, sud-coréens, chinois dont je n'ai pas retenu le nom. Le cinéma est pour moi l'art multidimensionnel où images, paroles, musiques s'entre-fécondent, où peut s'exprimer un puissant message humain à l'instar de *Land and Freedom* de Ken Loach.

Je regrette tant aujourd'hui de ne pouvoir me nourrir de quatre à cinq films par semaine comme je l'ai fait pendant des années !

1. Un grand nombre de mes textes sur le cinéma des années 1950-1970 ont été retrouvés et rassemblés par Monique Peyrière et publiés avec la collaboration de Chiara Simonigh sous le titre *Le Cinéma, un art de la complexité*, Nouveau Monde Éditions, 2018.

25

Connais-tu le pays où fleurit l'oranger ?

L'Italie

À la fin de la guerre, l'Italie fut mon premier souhait, ma première volonté de voyage. Depuis l'enfance chantait en moi l'air de Mignon dans l'opéra d'Ambroise Thomas, comme si cet air m'offrait la nostalgie d'un pays natal perdu.

Connais-tu le pays où fleurit l'oranger
Le pays des fruits d'or et des roses vermeilles
Où la brise est plus douce et l'oiseau plus léger
Où dans toute saison butinent les abeilles
Où rayonne et sourit comme un bienfait de Dieu
Un éternel printemps sous un ciel toujours bleu ?
Hélas ! Que ne puis-je te suivre
Vers ce pays lointain d'où le sort m'exila !
C'est là, c'est là que je voudrais vivre
Aimer, aimer et mourir !
C'est là que je voudrais vivre
C'est là, oui, c'est là !

Et le « là où je voudrais vivre, aimer et mourir » qui déjà me bouleversait me prend de plus en plus aux entrailles avec l'âge et me fait l'œil humide.

En 1947, j'ignorais que j'étais de souche italienne. Je savais toutefois que mes ascendants de Salonique venaient de Livourne, en Toscane, qu'ils avaient acquis, dans cette terre ottomane, la nationalité italienne après que l'Italie fut devenue, en 1861, une nation indépendante, ce qui faisait d'eux des protégés consulaires, soustraits aux lois turques comme aux lois religieuses du rabbinat qu'exécutaient les autorités ottomanes. Ainsi, quand un juif prenait un verre de vin dans une taverne grecque, la condamnation par la synagogue entraînait une arrestation et un emprisonnement par les Turcs, mais pas s'il était protégé consulaire d'une nation occidentale.

Mes ascendants paternels, Nahum[1] et Francès, venus de la péninsule Ibérique via Amsterdam, étaient devenus livournais sous la dépendance tolérante du grand-duché de Toscane au XVIIe ou XVIIIe siècle, et un Nahum s'illustra dans le Risorgimento. Il y a toujours des Nahum en Toscane et en Ombrie. Les Beressi et Mosseri, mes ascendants maternels, devaient être d'origine plus ancienne, ma grand-mère parlait encore italien et, chez ma tante Corinne, j'écoutais avec ferveur le disque de l'hymne à Garibaldi : « *Si scopran le tombe, si levano i morti* » (Les tombes s'ouvrent et les morts se lèvent).

Après avoir quitté Salonique, deux de mes oncles de Bruxelles, Jacques et Henri, gardèrent la nationalité italienne. Mon oncle Léon devint belge, mon père français, ma tante Mathilde, qui épousa un officier serbe à Salonique, devint yougoslave et vécut à Belgrade.

Quand la persécution nazie menaça les juifs, une partie de ma famille fit ressusciter son identité italienne pour trouver refuge de l'autre côté des Alpes. Le consul d'Italie en Avignon se montra très actif dans les démarches établissant passeports et papiers italiens de rapatriement. En bénéficièrent ma cousine Chary et son mari Hiddo, mon oncle Léon, sa femme et mon cousin Edgard (qui s'engagea ensuite dans l'armée française d'Italie), mon oncle Jacques, son épouse et leur fille, ma cousine Régine.

1. Nahum est l'orthographe normale de mon patronyme, c'est par erreur que l'état-civil français l'a orthographié avec un o.

Mon oncle Henri est resté à Bruxelles avec sa compagne bretonne, quelque peu protégé par sa nationalité italienne. Mon père n'a pas voulu quitter la France, sans doute pour des raisons amoureuses et aussi pour ne pas s'éloigner de son fils. Ma tante Mathilde et son mari Bouki avaient fui Belgrade pour l'Italie lors de l'invasion allemande en Yougoslavie (avril 1941) ; Bouki mourut en route et Mathilde réussit à retrouver son identité italienne, un refuge, voire une protection ; tous ces parents vécurent ensemble à Florence assez tranquillement pendant un temps. Ce fut quand les troupes allemandes envahirent l'Italie en septembre 1943, à la suite de la destitution de Mussolini, que mes parents furent cachés à la campagne par des amis italiens, sauf mon oncle Jacques qui demeura à Florence et y mourut, faute de soins médicaux pendant l'insurrection de la ville, en août 1944.

De tout cela je n'eus connaissance qu'en écrivant le livre sur mon père, *Vidal et les siens*, en 1986. Je ne sais si cela contribua à ce que l'appel de l'Italie fût pour moi un appel personnel impératif, invincible.

Violette et moi fîmes le voyage en train : Turin, Florence, Rome, Venise, puis Torri del Benaco sur le lac de Garde, près de Malcesine.

Nous sommes surpris par Turin, ville si peu italienne. De la gare je crois prendre le train le plus rapide en montant dans un accelerato, ignorant que ce terme désignait les omnibus et qu'il fallait prendre un rapido ou espresso ; chargé d'une lourde valise en bois, il faut en toute hâte changer de quai.

À Florence, je tiens absolument à avoir une vue sur l'Arno de ma chambre d'hôtel. Aussi, accompagné de Violette, la lourde valise en bois sur l'épaule, j'arrive sur le quai de l'Arno et, à chaque hôtel, je demande une chambre, à chaque fois on me répond que c'est complet. Je continue, je marche, je sue, l'été est très chaud à Florence, je vais d'hôtel en hôtel jusqu'au dernier, loin, face à la piazzale Michelangelo où nous trouvons une belle chambre, avec vue sur l'Arno.

Une partie de la ville est encore détruite par les combats. Nous nous émerveillons de tout, le Ponte Vecchio, les Offices, Fra

Angelico, Botticelli, la place de la Signoria, sa tour, ses statues, le café Rivoire, sur la place, les pâtes, le café, le chianti, les trattorias.

Il faut penser que ce fut une découverte éblouissante, qu'à cette époque l'Italie, pas encore touristique, n'était connue que par des images fixes. À Florence, tant de beautés de tous ordres, dans une même petite surface, me procuraient une ivresse infinie.

Je me rends au cimetière où est enterré mon oncle Jacques. En passant par la synagogue, je suis hélé par un rabbin qui réclame un dernier participant pour faire le *minian*, mais je poursuis mon chemin et vais me recueillir sur la tombe de cet oncle si bon, le seul lettré et cultivé de la famille, modeste, réservé et brave.

J'avais reçu à Paris une lettre du parti d'Action, très actif et indépendant pendant la Résistance, mais qui ne subsista que peu de temps après la Libération, submergé qu'il fut par le Parti communiste et le Parti socialiste. Ils avaient, je ne sais comment, pu lire mon article « Notre collaboration[1] » que j'avais publié en Allemagne quand j'étais chef de la propagande du gouvernement militaire français, et ils l'avaient publié dans leur journal *Non mollare.* Je fraternise avec eux à Florence.

À Rome, je trouve un petit hôtel un peu sordide mais tout à fait plaisant, près du Campo dei fiori, l'*Albergo del Sole*, et c'est un nouvel émerveillement pour la ville, ses rues, ses places du centre historique, le Vatican, la chapelle Sixtine, je deviens à jamais amoureux du Campo dei fiori avec son marché populaire, ses trattorias et la noble statue de Giordano Bruno.

Nos séjours sont intenses et précipités : une semaine à Florence, une semaine à Rome, une semaine à Venise. Nous nous levons tôt pour visiter, marcher, admirer, et nous nous couchons tard pour jouir au maximum de notre séjour, nous ne sommes jamais rassasiés d'admirer, de nous extasier dans ce pays qui nous semble en tout point magique.

Je passe sur la semaine à Venise, qu'en dirais-je qui n'a déjà

1. L'article parut aussi au Liban dans les *Cahiers de l'Est*, de Camille Aboussouan qui voulut me connaître, et nous nous liâmes pendant un temps à Paris où il occupa une fonction à l'Unesco.

été dit et redit, et, malgré la banalisation et la répétition, reste vrai ?

Nous avions choisi pour la fin du séjour le petit port de Torri del Benaco, sur le lac de Garde. C'est Clara Malraux qui nous avait indiqué cette villégiature méconnue où avait séjourné André Gide. Il n'y avait qu'un petit hôtel à Torri, et j'avais été très ému par le doux visage d'un innocent encore très jeune, un lien affectueux s'était tissé entre nous bien que nous n'ayions échangé aucune parole. Je me souviens d'une promenade en barque avec Violette sur le lac paisible. Soudain, un souffle brutal de tempête arriva sur nous, et des vagues de plus en plus fortes agitèrent l'eau. Je ramai de toute mon énergie vers le rivage en m'écriant : « Le vent se lève, il faut tenter de vivre. »

Dans le car nous conduisant à Torri, nous avions lié connaissance avec une aimable jeune femme, Michèle Gordon, dont nous apprîmes plus tard qu'elle était la fille d'Hélène Gordon Lazareff. Elle se rendait dans la petite ville voisine de Malcesine et nous la revîmes souvent, notamment lors de l'élection de Miss Malcesine, organisée par une marque de dentifrice où, je ne sais comment, je me retrouvai membre du jury.

À Paris, fin 1947 je crois, Marguerite Duras et Dionys Mascolo, Elio et Ginetta Vittorini se rencontrèrent et tombèrent « amitieux » les uns les autres, unis par un véritable coup de foudre, analogue à celui qui m'avait lié à Dionys et Marguerite. Vittorini était un écrivain communiste, directeur de la revue *Il Polytecnico*, où ne régnait nullement le dogmatisme, le fanatisme et l'obscurantisme que provoquait à cette époque l'importation du jdanovisme en France. Pour marquer notre opposition à cette ligne culturelle que commençait à imposer le Parti, nous fîmes Dionys et moi une interview d'Elio dans *Les Lettres françaises*, où notre ami proclamait fermement que le front de la culture était distinct du front de la politique et que, pour lui, communisme signifiait protestantisme et non catholicisme. Je rapporte ici l'épisode pour dire que, même après mon excommunication par le Parti communiste français, je pouvais avoir des relations très amicales avec des communistes italiens, dirigeants ou militants, et j'ai toujours, jusqu'à récemment, aimé me rendre aux fêtes de *L'Unita*, pour y chanter et danser.

Au cours de l'été 1947 ou 1948, Dionys, Robert et Marguerite avaient rejoint en vacances Elio et Ginetta à Bocca di Magra, petite station balnéaire ligure, près de La Spezia, à l'embouchure, comme son nom l'indique, de la rivière Magra et face à Lerici. Violette et moi avions été invités à les rejoindre. Nous arrivons à leur résidence dans notre 4 CV, où l'on nous dit qu'ils sont à la plage. Nous y allons, nous nous mettons en maillot, et je nage en les cherchant. Je découvre la tête de Dionys, j'arrive près de lui sans qu'il s'en doute et je m'exclame : « Quel est ce triton ? » Nous nous embrassons tous dans l'eau et, le soir, nous nous rendons dans un restaurant en plein air en face, à Lerici, où Marguerite est toute heureuse de nous faire goûter les *spaghetti alle vongole* qu'elle a elle-même découverts sur place. Je me souviens de ces jours heureux sans autre détail que la mer et les *spaghetti alle vongole*. Tout cela me rappelle brusquement nos vacances à Saint-Tropez au cours des années 1947-1950, dans une maison ou une villa où se retrouvait notre petite communauté de la rue Saint-Benoît.

Ligurie

Capitale de la Ligurie, Gênes est une de mes villes préférées. C'est un site superbe à plusieurs étages. Au rez-de-chaussée, populeux et populaire, un port énorme, où débouchent des ruelles étroites et des places charmantes, dans l'une d'elles j'ai découvert une vieille cuisinière faisant cuire au four de grandes tourtes feuilletées au fromage, parentes des *pastellicos* familiaux que j'aime particulièrement.

Puis, aux différents étages, une ville médiévale, une ville Renaissance, une ville moderne et, au sommet, l'étonnant cimetière où chaque tombe comporte une sculpture réaliste du défunt, seul ou en famille, et parfois dans son activité favorite. Ces sculptures sont d'une extrême diversité et font de ce beau cimetière des hauteurs un musée en plein air. J'aime la cuisine génoise avec ses *torta genovese*, son pesto, les pâtes farcies, la *focaccia*. J'y fis des repas mémorables dont, après un bain de mer au coucher du soleil, celui dans l'*entroterra* ligure, après mon prix Viareggio, avec Edwige et mes amis Mauro, Suzanna, Oscar, Sergio, Gianlucca, repas qui dura tard dans la nuit remplie d'étoiles.

Gênes porte la marque de la famille princière des Durazzo dont mon ami Carlo est un descendant.

Plus tard, je ne sais plus quand et comment, j'ai retrouvé un cousin de mon père, Raffaele Nahum, qui avait émigré de Salonique pour se fixer à Gênes parce que son père était représentant à Salonique de Fernet-Branca. Il avait fondé une famille italienne, et j'ai pu tout récemment renouer avec son fils Mauro. En Ligurie, j'ai particulièrement aimé le petit port de Camogli, sur la presqu'île de Portofino. Il m'était arrivé une étrange histoire d'amour lors d'un précédent séjour. Je visitais l'aquarium de la ville et m'étais trouvé nez à nez avec une « méroute », si l'on peut appeler ainsi une femelle mérou. Fascinés l'un par l'autre, nous ne cessions de nous regarder, quand le gardien m'indiqua que l'heure de la fermeture était arrivée, je le suppliai d'attendre. Quelque chose d'incroyable nous liait la méroute et moi. Le gardien revint à la charge, je le fis encore patienter, mais je dus finalement m'arracher à l'aimante méroute.

Camogli est un petit port couvert et des trattorias tout autour, de dimension si réduite qu'on dirait presque une miniature, ce qui en même temps le rend très convivial. J'aimais rester attablé près de l'eau, parmi des pêcheurs et riverains, alors que Portofino était devenu une villégiature de luxe, sans intérêt pour moi. De Camogli on pouvait faire des excursions toutes pédestres sur la colline dominant la ville de sa chapelle, ou vers Portofino. Ce que nous avons fait sous la conduite de notre ami Pietro, prêtre d'origine sicilienne qui me chantait « *in uno giardino blu* ».

J'y suis revenu en mars 1977, sur l'invitation d'une amie. Là, j'ai dû accueillir ou plutôt recueillir mon père, qui, n'en pouvant plus des sévices que lui infligeait sa femme (d'adorante elle était devenue mégère), avait résolu de la fuir. Il passa quelques jours auprès de nous, décidé au début soit de s'installer à Livourne d'où venaient ses ascendants, soit à Cannes, où vivait son ami d'enfance, le docteur Matarasso, mais sa détermination faiblit et, un matin, je l'entendis dire au téléphone à Corinne : « Pouîta [poulette], Edgar me demande de revenir à toi. » Elle lui répondit quelque chose du genre : « Fais comme tu veux, Vidal. » Et lui : « Oui, je vais rentrer, Edgar me le demande. » J'étais effondré de cette capitulation. Je le conduisis en gare de Gênes. Il y avait la queue au guichet. Lui, brandissant sa canne, dépassa la file d'attente en clamant : « *Sono vecchio, sono vecchio* » et arriva au guichet. Le séjour me devint alors très pesant et je précipitai mon retour.

Jean Rouch et les séances italiennes de films ethnographiques.

Le Comité du film ethnographique est créé par Jean Rouch en 1952. J'ai rencontré Rouch[1] chez un ami commun, le poète Jean Laude, dont l'épouse, née Capet, était secrétaire au centre d'études sociologiques où j'étais affecté. J'aimais à lui répéter qu'elle avait des droits sur le trône de France, comme plus tard j'aimerais répéter à mon ami Guy de Lusignan que, grâce à ses droits sur le royaume de Jérusalem, il pouvait résoudre le conflit israélo-palestinien.

Puisque je faisais officiellement la sociologie du film au CNRS, Rouch m'embringua dans le comité et avec une petite bande joyeuse de cinéastes ethnographes, dont Mario Ruspoli, sa compagne, la belle Dolorès, Luc de Heusch, Jacqueline Veuve, sous la houlette d'Enrico Fulchignoni, responsable du cinéma à l'Unesco, nous fîmes de nombreuses rencontres et projections, notamment à Sestri Levante, Rapallo, Florence. *Les Maîtres fous*, que Rouch réalisa en 1954, me firent grande impression,

1. Lors de sa fondation, le Comité du film ethnographique (CFE) se donne pour missions « de collationner, de conserver, de diffuser les films d'intérêt ethnologique existant déjà et de produire de véritables films ethnographiques nouveaux », avec la collaboration d'ethnologues et de cinéastes français comme Marc Allégret, Roger Caillois, Germaine Dieterlen, René Clément, Pierre Ichac, André Leroi-Gourhan, Claude Lévi-Strauss, Edgar Morin, Alain Resnais, Jean Rouch…

et c'est ce film qui m'incita à lui demander de faire un film-document avec moi. Rouch était un être poétique, libre. Il adorait plaisanter, s'amuser. Toute sa vie comportait une part de jeu et de joie. Pour lui, les Africains étaient des êtres poétiques dont il préférait la présence à celle des Européens. J'admirais qu'en voyage il ne prenne que sa brosse à dents, lavant le soir sa chemise de nylon, sèche le lendemain matin, et mettant son pantalon sous le matelas pour sauvegarder son pli. Mario Ruspoli était le descendant déviant d'une vieille et princière famille romaine, qui avait le droit de pénétrer à cheval dans les églises. Mario voulut modifier ce droit en faveur de sa moto. Il fit des documentaires remarquables en « cinéma direct » dont *Les Inconnus de la terre* et *Regards sur la folie.* Toute cette aventure culmina pour Rouch et moi au jury du Festival des peuples à Florence, en 1959.

Je crois que ma première relation organique avec l'Italie se fit à Turin, avec le groupe de la petite revue *Ragionamenti.* J'avais connu le jeune sociologue italien Alessandro Pizzorno au deuxième congrès mondial de sociologie à Liège, en août 1953. Je n'ai aucun souvenir des communications et débats, mais je n'ai cessé de garder en mémoire la voix d'or de la traductrice Vitia Hessel donnant vie, sensibilité et qualité humaine aux communications empesées des sociologues.

J'ai surtout le souvenir d'une fête permanente. Au cours d'un banquet, je demandai à chaque participant de chanter un air de son pays, et ce fut une grande fraternisation dans une liesse générale. Le sociologue japonais choisit un chant samourai belliqueux. Jean-Daniel Reynaud du Brassens, qu'il me fit découvrir. Pour moi, ce congrès fut musique et convivialité.

Pizzorno donna mon adresse à Franco Fortini vers l'été 1955 quand se créa *Ragionamenti.*

Les intellectuels qui lancèrent la revue avaient pour la plupart été soutenus par le mouvement Comunità, créé en 1948 par Adriano Olivetti à Ivrea, siège de son entreprise de machines à écrire. Ils étaient indépendants de tout parti, tout en ayant des sympathies communistes ou socialistes. Le groupe était constitué notamment par Franco Fortini, Armanda et Roberto Guiducci, ce dernier architecte, Franco Momigliano, économiste. Ils décidèrent de faire de *Ragionamenti* une tribune indépendante de gauche pour confrontations, discussions et débats, politiques, philosophiques, éthiques, économiques.

Franco Fortini était vif, enthousiaste, parfois lyrique, un peu emphatique, et nous nous trouvâmes en grande communauté ; j'étais devenu libre politiquement et me sentais à l'aise chez moi, chez ces intellectuels extra-académiques proches, mais non intégrés au parti communiste et au parti socialiste. (Ce n'est qu'après Budapest, en 1956, que l'URSS est devenue pour moi l'ennemi.) Violette et moi étions devenus très liés au couple Fortini. Nous logions chez eux à Milan.

Je fus intégré à *Ragionamenti*, Roland Barthes fut invité à une réunion de la revue, qui l'accueillit également. L'idée nous vint de faire un *Ragionamenti* français, même format, même formule sobre, plus proche du bulletin que de la revue, et ainsi commença l'aventure d'*Arguments*.

Ragionamenti dura jusqu'en 1957 et je participais à ses réunions. Je me souviens qu'à l'une d'elles un aristocrate très stalinien, Galvano della Volpe, dénonça un de mes propos où j'indiquais que des personnes de classes différentes pouvaient avoir des goûts cinématographiques semblables ; il s'écria à plusieurs reprises avec, dans sa voix grondante, toute l'indignation et l'horreur : « *Interclassismo ! Interclassismo !* »

Cela me rappelle un autre incident à Florence vers les années 1950-1960. Je faisais une conférence sur le cinéma et, à un moment donné, je donne cet avis : « J'aime le western. » Ce propos fut jugé monstrueux pour le philosophe marxiste Lucien Goldmann, qui était dans la salle, vint vers moi, s'empara du micro et expliqua qu'on ne pouvait pas, qu'on ne devait pas aimer le western, instrument d'aliénation et de mystification des peuples.

Je ne sais plus qui m'incita à participer à la fête de Gubbio, dite des Cierges – *Ceri* –, et ne sais plus en quelle année je m'y suis rendu. Je me vois seul dans le train, je crois que je suis accueilli par un ami. La fête a lieu en mai. Gubbio est une magnifique petite ville médiévale d'Ombrie à flanc de montagne.

Au début des festivités, les clés de la ville sont remises au chef de la corporation des *muratori* ou maçons dont le patron est sant'Ubaldo. Pendant les journées de la fête, ce *muratore* a un pouvoir supérieur à l'archevêque, au préfet, au maire ; c'est le roi de Gubbio. Il y a deux autres corporations, celle des commerçants dont le patron est san Giorgio ; et celle des agriculteurs, dont le patron est sant'Antonio. La course des Ceri commence à 18 heures. Chaque Cero est un appareillage en bois, lourd de 300 kilos, emmanché sur des brancards portés sur épaules par huit adultes de sa corporation.

La fête est annoncée au petit matin par des tambourins, puis la sonnerie générale des cloches des églises. Dès la fin de la matinée, l'enthousiasme est indescriptible. Les Ceri sont promenés dans les rues et vont stationner sur la grande place. Les habitants de la ville encouragent chacun leur saint. Un grand déjeuner a lieu à la mairie où tous chantent le *Quel mazzolin di fiori* ; on s'égosille, on monte sur les tables en chantant, on s'embrasse, la liesse est inouïe.

Au moment du départ, tous font comme si l'issue de la course était incertaine, comme si la compétition était ouverte, alors qu'elle est invariablement fixée. C'est sant'Ubaldo qui doit arriver le premier à la basilique au sommet de la montagne, suivi par san Giorgio et sant'Antonio.Les porteurs se relaient, les trois saints semblent rivaliser de vitesse, mais l'ordre est immuable.

Après l'office à la basilique, les Ceri redescendent majestueusement vers la ville, entre des haies de porteurs de flambeaux. De la matinée jusqu'à la nuit, l'enthousiasme n'a pas fléchi.

Pendant toute la fête, je suis ivre, groggy, anéanti de joie, marqué à jamais par la plus étrange et enivrante fête que j'aie jamais connue.

Alors que je traiterai ailleurs des bouleversements des années 1955-1958 qui me mobilisent principalement à Paris, je reviens à Florence où se tient au printemps 1959 le premier festival international du film ethnographique et sociologique, dit Festival dei popoli, festival des peuples. Il est organisé par des intellectuels et universitaires italiens, dont Tullio Seppilli, patronné par la ville de Florence. Jean Rouch et moi faisons partie du jury. Ce festival me passionne et me transforme. Non seulement je découvre de superbes documentaires anthropologiques comme la chasse à la girafe, les possibilités du « cinéma direct » qui effectue la prise de son en même temps que l'image et permet de capter les conversations improvisées, comme dans le *Primary* de Richard Leacock ou les films des frères Maysles, mais surtout la capacité de filmer la convivialité et la commensalité, comme dans ce débat autour d'une table et des boissons du *Come back Africa* de Lionel Rogojin. Cette scène m'inspirera du reste pour *Chronique d'un été* où les rencontres avec les personnes que nous voulons connaître et interroger se feront autour d'une table bien servie en mets et vins.

Le jury du festival est invité à une fête dans la villa toscane du duc Simone Velluti Zati di San Clemente à Figline Valdarno. Simone a 35 ans à cette époque. Il a un visage d'oiseau, une voix éraillée, le goût des plaisirs, une hospitalité généreuse. Il est célibataire, érotomane, jouisseur, il adore l'herbe et le crack, mais je découvrirai aussi et surtout un homme de cœur, désintéressé, un esprit loyal, un ami fidèle. C'est une de ces personnes qui aiment cacher leurs qualités. Nous sommes fastueusement reçus, on boit, il me parle de fêtes érotiques, puis je le trouve embrassant une convive dans une salle de bains. Je découvrirai plus tard un miroir sans tain qui lui permet de suivre les ébats des couples invités dans la chambre d'amis. À partir de cette date, à chacun de mes séjours à Florence je logerai au Palagio, une villa à l'italienne, résidence aristocratique de campagne, devenue la résidence principale de Simone qui a dû vendre le Palazzo San Clemente de Florence en 1962, un bien de famille du XVIIe siècle, puis ses immeubles à Florence et ses fermes. Il vendra finalement le Palagio à Sting, mais c'est une autre histoire, nous ne sommes qu'en 1959…

La famille San Clemente est d'origine napolitaine, mais devenue toscane depuis longtemps ; Simone est un de ces descendants de familles aristocratiques désargentées au XXe siècle. Il est contraint de se séparer de son patrimoine pour sauvegarder son hospitalité et son train de vie.

Il aime les arts, dont le cinéma, mais son intérêt passionné va à la magie. Ce qui me rappelle l'épisode suivant : ayant entendu parler du sorcier d'un village centrafricain qui était capable de faire venir la pluie par ses incantations, il organisa une venue de la RAI dans ce village pour filmer ce prodige. L'expédition arriva dans la capitale de la république marxiste-léniniste pour tenter d'obtenir le droit d'aller filmer, mais les autorités lui affirmèrent qu'il n'y avait pas de sorcellerie dans le pays. Toutefois les bakchichs permirent de se rendre au village. Là, le sorcier déclara pouvoir déclencher la pluie dès le lendemain.

Le lendemain, sous un soleil éclatant et un ciel bleu, le sorcier sort majestueusement de sa case et exécute danses et chants sacrés. Puis il rentre non moins majestueusement dans sa case. Le cinéaste filme, mais le ciel restera sans nuages toute la journée. Le lendemain, les Italiens font poliment remarquer au sorcier que la pluie n'est pas arrivée.

« Évidemment, répond-il, tous les autres sorciers du voisinage ont fait des rites pour qu'il ne pleuve pas. »

L'hospitalité de Simone nous émerveille. La cuisinière nous prépare des plats exquis avec les légumes du Palagio. Nous buvons le chianti du Palagio, nous assaisonnons avec l'huile d'olive du Palagio, et, à chaque retour en voiture, j'emporte des bouteilles à Paris. Nous devenons amis des amis de Simone : Paola Carola, qui va devenir notre hôtesse à Rome à Johanne et moi dans son appartement via di Panico et dans sa superbe maison sur le Janicule ; Isabelle qui épousera Carlo Durazzo ; Myriam de Courtils.

Nous faisons des balades à la découverte des villes merveilles comme Sienne, Pienza, Montepulciano, tant d'autres, et Simone est étonné d'avoir dans son voisinage de beaux villages et de belles demeures inconnus de lui.

Simone a un bureau au ministère de l'Agriculture à Rome où il se rend un jour par semaine pour s'occuper d'Agriturist, une association qu'il patronne, et dont le but est de permettre aux domaines traditionnels pratiquant la polyculture de subsister en logeant et nourrissant des touristes. Je fais une conférence à Agriturist en 1964 sur le thème anticipateur : néonaturisme, néoruralisme, néo-archaïsme. J'y détecte des courants alors invisibles aux sociologues : le néonaturisme qui a précédé la conscience écologique des années 1970 et la fortifiera. Le néoruralisme est le développement du goût du rustique dans de nombreux domaines, comme le mobilier et la vaisselle ; le néoarchaïsme commence à fleurir avec les bijoux et l'art de Greenwich village et de Saint-Germain-des-Prés, annonçant la vague hippie.

J'ai toujours été bienvenue au Palagio. J'y vins souvent, seul ou avec Johanne, puis Edwige. Il y avait tant de beauté et d'harmonie dans ce lieu. Simone accepta de perdre l'autonomie du célibat en épousant Florence, fille d'un ambassadeur de France. L'hospitalité demeura avec un grain de folie en moins.

Raymond Aron

Du 8 au 15 septembre 1959, il y eut à Milan et Stresa le Congrès mondial de sociologie. je m'y rendis avec Violette. Le Congrès commença dans un désordre indescriptible, à l'italienne, puis se consolida rapidement, à l'italienne, par initiatives et débrouillardises. Puis il se transféra à Stresa, au bord du lac Majeur. Violette et moi fréquentâmes alors Raymond Aron qui était venu avec une éblouissante jeune femme. Je connaissais un peu sa famille. Sa fille Dominique avait tenu à ce que je vienne à l'anniversaire de ses 15 ans. J'avais grande estime pour sa femme Suzanne, née Gaucho, non juive, qui l'avait attendu patiemment sous l'Occupation alors qu'il était à Londres. Ce qui ne m'empêchait d'avoir de la sympathie pour sa jeune maîtresse découverte à Stresa. Pour moi, Aron était l'auteur de livres importants *La Sociologie allemande contemporaine* et *Introduction à la philosophie de l'histoire*, parus avant-guerre, que j'avais lu à Toulouse, me faisant découvrir Max Weber, Georg Simmel, Ferdinand Tönnies, et qui ont eu une importante influence sur ma façon de penser, confirmant et développant à partir des penseurs allemands ce que m'avait enseigné Georges Lefebvre. Mais j'étais aux antipodes du journaliste de droite qu'il était pendant les années 1960 bien que, par la suite, je reconnus la profonde vérité de son *Opium des intellectuels*. Quand je fis le service de presse de mon livre *L'Homme et la mort*, je pensai d'abord au philosophe de l'histoire et je lui dédiai le livre « avec mon admiration », puis me ravisai et gribouillai une parole plus conventionnelle en croyant avoir bien rayé admiration. Il s'en rendit compte, cela l'amusa beaucoup, il me le rappela souvent. En 1955, je lui demandai de signer l'appel des intellectuels contre la guerre d'Algérie que je lançais avec mes amis Mascolo, Antelme, Des Forêts, il me répondit qu'il agissait beaucoup plus efficacement au sommet de l'État. Bref, nous étions de bords opposés, mais pas en tout, et nous avions des relations cordiales. Cette cordialité s'accrut en intimité à Stresa.

Par la suite, Aron refusa de quitter son épouse pour sa maîtresse et celle-ci voulut se venger. Comme nous étions devenus amis, elle nous parla à Violette et moi de ses plans de représailles. Ainsi elle allait à la Sorbonne pendant les cours de Aron, ouvrait la porte de la salle et le regardait fixement. Elle voulait aller encore plus loin : « Je suis une cavale sauvage du Caucase », nous disait-elle. Je lui demandai d'être magnanime : « L'important n'est-il pas le temps merveilleux que vous avez passé ensemble en vous aimant ? Abandonnez toute rancune. Comprenez la fidélité de cet homme à son épouse », etc. Je ne sais si j'ai contribué à la calmer, mais elle abandonna sa vengeance. Je dois dire ici, bien qu'une fois de plus j'anticipe, que Raymond Aron m'a rendu innocemment un grand service. Le rencontrant par hasard dans la rue en 1967, il me dit : « Qu'ont-ils donc tous ces gens de la DGRST[1] à vouloir vous flanquer un blâme scientifique pour votre excellent livre sur Plozévet ? » Il m'apprit ainsi le complot des docteurs Gessain et Sutter qui s'organisait contre moi et que je relaterai ailleurs, ce qui me mobilisa pour la contre-attaque dans laquelle je demandais pour mon travail transdisciplinaire et indiscipliné, non pas le

1. Délégation générale à la recherche scientifique et technique.

blâme mais des félicitations. Peu après, lui qui était révulsivement hostile à Mai 68, alors que j'en étais un « spectateur engagé », voire enthousiaste, m'accusa dans un article du *Figaro* d'être avec Claude Lefort un « apôtre de la décadence ». Mais tout cela se tassa. C'était un brave homme, affectueux, resté fidèle à ses amis, même devenus adversaires comme Sartre. Au moment de sa mort, en 1983, nous étions de nombreux intellectuels de gauche à reconnaître la justesse de ses critiques contre le marxisme (tout en demeurant admirateur de Marx) et les totalitarismes. Seuls demeurèrent les irréductibles pour qui il valait mieux avoir tort avec Sartre que raison avec Aron…

Magda Talamo

Au cours du congrès, je rencontrai une jeune sociologue turinoise dont le visage me séduisit, et avec qui nous échangeâmes nos adresses et téléphones. Elle tenait avec deux autres amies sociologues, chacune ayant son charme, Flavia Derossi et Anna Anfossi, une boîte privée d'enquêtes sociologiques à Turin, le CRIS (Centro di ricerche industriali e sociali). Je les trouvais très pavésiennes, cachant sous leurs sourires un pathétique caché, à la fois féminines et actives, volontaires et sensibles, lancées dans une entreprise économiquement hardie et ardue qui, surtout à l'époque, semblait relever uniquement du genre masculin.

Ma correspondance avec Magda s'enflamma rapidement. D'une génération postérieure à la résistance antifasciste, elle avait grande admiration pour les partisans et voyait un moi une incarnation de cette résistance admirée. Je rêvais surtout à son visage et ses lèvres. Je lui donnai rendez-vous à Lyon, ville intermédiaire entre Turin et Paris. Nous nous promenâmes au long du fleuve et, au confluent du Rhône et de la Saône, nous confluâmes psychiquement et physiquement. Mais, en 1964, ma rencontre avec Johanne provoqua notre rupture. Je reviendrai sur cette exquise personne qu'était Magda.

Jutra et Johanne

Je fus invité à faire partie du jury du Festival de Venise de cinéma en août 1964. Dans l'avion, je rencontrai le cinéaste québécois Claude Jutra, que j'avais connu à Montréal. Il venait présenter hors compétition son film *À tout prendre*.

Je fus très intéressé par ce festival, j'ai notamment défendu un film soviétique contestataire dont j'ai oublié le nom et qui n'eut pas de prix. Je me souviens vaguement du grand prix remis à Visconti, *Vaghe stelle dell'Orsa* (*Sandra*), et surtout du *Barberousse* de Kurosawa.

Je fus très ému à la projection de *À tout prendre*, nous n'étions que quelques rares spectateurs. C'était un film autobiographique, unique en son genre et d'une maestria géniale. Jutra y montre sa rencontre avec Johanne lors d'un cocktail à Montréal. Il tend une bouteille de whisky vers son verre : « En voulez-vous une larme ? – Tout un chagrin », répond-elle.

Commence entre eux une belle histoire d'amour. Johanne est enceinte et il promet de l'épouser, mais Jutra est d'une famille très bourgeoise et très catholique, Johanne, d'apparence noire, est en fait métisse d'un père jamaïcain mort de tuberculose et d'une mère québécoise catholique qui l'a abandonnée chez les sœurs en cachant son identité. Johanne est éduquée au couvent, puis, en sortant, trouve différents boulots et devient mannequin. Les parents de Jutra ne veulent pas de cette Noire sans famille. Le curé de la famille intervient, et Jutra téléphone à Johanne : « Johanne, c'est fini », et lui envoie un chèque pour avorter. Johanne avorte et fait une tentative de suicide.

Quand j'ai rencontré Johanne à Montréal en 1961, elle était épanouie brillante, joyeuse, elle avait pardonné à Jutra et ils étaient désormais très amis, lui étant devenu homosexuel, mais il ne s'était rien pardonné et avait voulu faire ce film de culpabilité et de rédemption où Johanne et lui jouaient leur propre rôle.

Je découvre avec ce film à quel point l'apparemment frivole et gaie Johanne porte en elle une double tragédie, un double abandon. Cela a marqué ma rencontre avec elle par hasard, à Paris, peu après.

Je raconte ailleurs cette rencontre et notre union quasi immédiate en automne 1964.

Torre Vecchia, Idanna et Hugues

En plus de mes séjours à Plozévet, Neauphle-le-Château, Paris, Rio de Janeiro, Californie, New York de 1963 à 1971 que je ferai revivre ailleurs, j'ai passé des semaines de plaisir et d'écriture à Torre Vecchia, à l'entrée de l'Argentario, dans la propriété de mes amis Carlo et Isabelle Durazzo dont la sereine hospitalité me fut si agréable. Il y eut une soirée où je quittai le dîner avec de nombreux amis en plein air pour peut-être me coucher, à la suite d'un lumbago. Johanne déjà ivre se laissait lutiner par un des convives. Idanna Pucci était au dîner avec son mari Hugues de Montalembert. Ils avaient quelque 25 ans. Elle ressentit alors, ce que j'ignorai, une profonde compassion à mon égard, ce qui, plus tard, au colloque du Palagio sur la crise du développement, fit d'elle ma Providence.

Hugues de Montalembert, séduisant, élégant, intelligent, lettré allait subir un terrible accident à New York en 1978 alors qu'il était séparé d'Idanna. Au moment de rentrer chez lui, à Washington Square, il fut attaqué par deux inconnus, l'un d'eux lui jeta de l'acide sulfurique au visage, qu'il put nettoyer rapidement sauf les yeux, ce qui le rendit aveugle. Il portait depuis un bandeau d'acier. Toutefois, sa vie n'a pas chaviré, il a continué sa vie d'écrivain, journaliste, voyageur. Dans un film qui lui fut consacré, il explique : « On se rend compte que la vue n'est pas une perception, mais une création ou un choix de notre cerveau. Certaines personnes voient certaines choses que d'autres ne voient pas. Certains ont une sensibilité que d'autres n'ont pas et regardent plus intensément ce qui les entoure. Tout dépend de ce que vous voulez voir et ce que vous ne voulez pas voir. Cette création d'images a continué à fonctionner même lorsque je suis devenu aveugle, car mon imagerie n'avait pas cessé de créer. »

Puisque j'évoque les vacances, je ne veux pas oublier les deux ou trois années de suite en Argentario, cette merveilleuse presqu'île en pays étrusque, entre Rome et la Maremme, où les Daniel qui y eurent leur résidence d'été nous invitèrent Johanne et moi, et d'où je fis parfois une petite fugue. Il y avait des amis chers aux Daniel qui me furent chers aussi comme les Ceresa et Albina du Boisrouvray.

Paul Thorez et Cefalù

Il y eut aussi une ou deux semaines de vacances au Club Med de Cefalù, en Sicile. J'avais été invité par Paul Thorez qui y avait une fonction de GO (gentil organisateur) au service des GM (gentils membres). Nous étions liés par une amitié des profondeurs. J'étais très ému par ce garçon, fils cadet de Maurice Thorez. Il m'avait rencontré dans les années 1960. Né à Moscou en 1940 durant l'exil de ses parents, Maurice Thorez, dirigeant du Parti communiste français, et Jeannette Vermeersch, il avait passé sa jeunesse en Union soviétique et bénéficié des loisirs et avantages des enfants de la nomenklatura (il le raconte dans son livre *Les Enfants modèles*, de 1982), puis rencontrant des jeunes et des peintres non conformistes, dont les œuvres étaient interdites d'exposition, il en fit parvenir en France clandestinement dans sa propre voiture non contrôlée. Sa position critique à l'égard de la culture stalinienne l'amena à me rencontrer. Il s'était marié, avait un enfant, puis avait accepté son homosexualité ; il m'a dit en avoir fait l'aveu à ses parents qui, bien que haïssant l'homosexualité par conformisme et stalinisme, ne l'ont pas rejeté et il garda leur amour. J'étais très ému de connaître cet enfant fragile et doux, issu d'une ascendance d'acier (Staline = homme de fer), et l'affection s'est installée entre nous. Je me souviens que nous étions ensemble lors du grand défilé populaire de Mai 68. Je pense que c'est peu avant ou peu après qu'il m'invita au Club Med, une création de militants de gauche, comme le fut la Fnac. C'est Gérard Blitz, ancien résistant, qui a inventé aux Baléares le Club Med, avec pour devise « convivialité et liberté », le succès a été foudroyant ; par la suite le Club fut pris en mains par Trigano pour devenir plus tard une multinationale.

Le Club de Cefalù est situé au bord de la mer près de la petite ville sicilienne. Les arrivants sont accueillis par l'hymne du Club, sur un très bel air d'une vieille mélodie sicilienne qui commence ainsi :

In uno giardino blu
Pieno de fio-o-ori...

J'adore cet air et le chante souvent. Nous arrivons donc avec Johanne, sa superbe copine canadienne blonde aux yeux bleus, Madeleine Lersch, fille d'un riche brasseur juif et qui aime surtout l'amour avec les Noirs. Elle subjugue aussitôt le chef des GO du Club. Johanne et moi avons notre cabane, nous pouvons jouir d'un libre buffet très riche, de toutes sortes de jeux, vivons de baignades, de concerts, et la présence de Paul m'y est très agréable. Il est devenu de plus en plus critique à l'égard de l'URSS tout en se sentant « soviétique » en même temps que français.

Il quitta Paris en je ne sais plus quelle année pour s'occuper d'un centre pour enfants handicapés ; il est mort d'un cancer en 1994.

La Providence toscane

À Paris, de retour de New York où, en automne 1973, j'ai rédigé comme un possédé l'avant-propos général de *La Méthode*, j'essaie de commencer la rédaction proprement dite de l'ouvrage, mais je n'en ressens ni la force ni le courage. Je suis démoralisé. Comme souvent dans ce cas, je me laisse entraîner à des choses secondaires, futiles. Johanne et moi connaissions déjà une vie quelque peu désaccordée. J'ai une amie charmante, mais je ne ressens pas le feu de l'amour. Et sans combustion amoureuse je ne suis rien. Je sais que je dois quitter la capitale, m'isoler pour rédiger, mais je suis comme enlisé, je n'arrive pas à ressentir l'élan.

De plus, je suis ennuyé à l'idée de partir à Florence pendant une semaine. J'y ai organisé avec mon prodigieux ami Candido Mendes, qui a son université personnelle à Rio, une rencontre franco-brésilo-américaine de quinze à vingt personnes sur le mythe du développement, lequel règne toujours dans les esprits. Comme je suis très sensible aux environnements et que je n'aime pas les colloques en salle universitaire ou en sous-sol de grand hôtel, j'avais suggéré de faire cette rencontre au cœur d'un paysage toscan, dans la villa de Simone di San Clemente, qui, hospitalier comme toujours, fut enchanté de cette initiative, et nous avions préparé la rencontre pour les 13-17 septembre 1974.

Finalement, l'engagement qui faisait de moi l'un des responsables de la rencontre me fit prendre le train pour Florence où je pensais m'éloigner un peu plus de mon œuvre et perdre mon temps. J'ignorais que cet apparent détour me mettrait au contraire sur la Voie.

En fait, ce fut ma résurrection. Idanna, nièce de Simone, qui m'avait rencontré chez Carlo Durazzo à Torre Vecchia et avait de la sympathie pour moi, vint me chercher à la gare pour me conduire en voiture au Palagio. Me sentant tout à mon aise avec elle, je lui contai mes difficultés en cours de route. Elle fut ange de chair dans sa compassion qui me donna passion. Elle vint dans ma chambre me rendre le souffle vital. Le colloque fut très intéressant et vivant. Étaient présents Cornelius Castoriadis, Jean-Marie Domenach, Jacques Attali, Pierre Massé, et Candido Mendes était venu avec un collègue brésilien… Ma communication s'appelait « Le développement de la crise du développement », ce qui allait contre le « mythe » qui régnait alors et règne encore. Nous étions autour d'une table ronde dans le salon de la villa, poursuivions les discussions un verre de Bellini à la main, sur la terrasse du Palagio. Le soir, nous excursionnions dans diverses trattorias du voisinage. Idanna me trouva un lieu tranquille pour travailler à mon livre, une petite maison en Toscane maritime, sur la côte, dans la propriété de son ami Ludovico Antinori que je connaissais un peu et qui était prêt à m'accueillir.

La rencontre du Palagio était amicale, conviviale, les idées échappaient à la banalité des idées régnantes sur le développement. Notre colloque, prophétique en 1974, invitait à repenser ce maître mot, d'y introduire critique et complexité. Nous en sommes encore loin en 2019.

En même temps, il y eut autour de moi d'autres jeux de l'amour et du hasard que ceux que je vivais avec Idanna ; Candido tomba amoureux, Paola tomba amoureuse ; tout cela donnait à ces journées un caractère enchanté. Reste également présent dans ma mémoire l'émerveillement d'une après-midi sur la terrasse surmontant le palazzo Pucci, du père d'Idanna, via dei Pucci, où nous étions, tout proches du dôme de la cathédrale, au centre de la ville sublime, étendus sur des chaises longues, alanguis et heureux avec le couple ami qui s'était formé également pendant le colloque entre Paola Carola et Cornelius Castoriadis. De son côté, Candido voulut glisser au restaurant sur le genou de celle qui l'avait fasciné sans qu'elle le sache encore une bague de fiançailles bien qu'elle fût mariée. Elle ne s'en rendit pas compte et quand nous nous levâmes pour quitter le restaurant, la bague tomba à terre. Nous attendîmes la sortie des autres pour chercher à quatre pattes sous la table et les sièges la bague perdue que nous retrouvâmes et qui finit par arriver à sa destinataire, laquelle fut rapidement séduite.

Le colloque terminé, nous fûmes quelques-uns à nous rendre à Rome où continuèrent mes journées de félicité avec Idanna. En mon for intérieur, je l'appelais Providence. Elle m'avait sorti de toutes mes impuissances, elle me donnait ardeur, volupté de vivre, volonté. De Rome, je l'incitai à venir avec moi à Caldine – chez Xavier et Eva – dans un ancien couvent, lieu privilégié à jamais dans mon cœur – dans le petit appartement jouxtant le bâtiment principal, que me réservait mon ami, et où nous nous aimâmes.

Cet amour fut total, absolu, rédempteur et pourtant, quand nous nous séparâmes en gare de Milan où elle me déposa, il n'y eut aucun chagrin de part et d'autre, comme si en moi une combustion totale s'était produite sans laisser nulle cendre. Elle partait pour Bali, et moi je rentrais à Paris avec la décision de repartir en Toscane maritime, chez Ludovico.

J'ai raconté cela, et tout ce qui va suivre, notamment dans l'avant-propos à l'édition sur papier bible de *La Méthode* en deux volumes. Je dois les évoquer ici, car ce sont des souvenirs essentiels de ma vie que je ne puis passer sous silence.

Je suis donc rentré à Paris pour préparer mon séjour à Bolgheri. Mon départ a été retardé par l'opération de la cataracte que subissait mon père à l'hôpital des Quinze-Vingt. Deux-trois jours avant mon départ, j'étais à une soirée chez mon aimable voisine de palier, Michèle Manguin, au 35, rue des Blancs-Manteaux, et je me suis trouvé près d'une femme brune aux cheveux lisses et courts, aux yeux très bleus, au visage pathétique et doux. Elle se borna à passer son index sur le dos de ma main. Je pensais lui demander son numéro de téléphone, mais la conscience de mon départ imminent me fit renoncer.

Le lendemain matin, sortant de mon immeuble je la rencontre sur le pas de la porte. Je lui demande si elle veut m'accompagner aux Quinze-Vingt, à vingt minutes de marche, elle accepte. En la quittant, je lui demande son numéro de téléphone. Je ne suis pas entreprenant, mais une audace comme étrangère à moi me vient d'un bouillonnement intérieur. Le soir, je lui téléphone, et comme elle sait que je pars en voiture, je lui demande si elle veut m'accompagner jusqu'à Genève : « Rappelez-moi dans une heure. »

Je la rappelle et elle accepte. Je viens la chercher chez elle, tout l'arrière de ma Coccinelle bourré de livres, documents, papiers. Elle s'appelle Janie Pradier. Elle tient un magasin rue de Tournon, où elle renouvelle l'art de la table avec de la vaisselle néorustique.

Nous nous arrêtons à Fleurance, près de Genève, sur le lac Léman, où nous passons la nuit. Elle décide de m'accompagner jusqu'à Bolgheri où elle m'aide à m'installer. Elle viendra tous les week-ends du vendredi au lundi, par avion, à Pise, où je vais la chercher. Elle me donne à la fois une émotion extraordinaire et le feu d'amour qui allume et maintient à forte température mon haut fourneau intérieur.

Ma maisonnette est dans un champ de maïs, non loin d'un bois de pins qui précède la plage ; mais je n'ai pas de paysage et je ne vois pas la mer. Un jour de déjeuner de palombes chez Ludovico où était présente une femme superbe, j'ose regretter l'absence de paysage. Elle propose alors de me faire accueillir au château de Castiglioncello, au sommet d'une colline, dominant les cinq mers et l'île d'Elbe. Le château, à demi ruiné, est propriété de l'oncle de Ludovico et ami de la belle convive, le marquis Incisa. Elle lui téléphone, il accepte, demande un délai d'une semaine pour y installer un petit appartement habitable, il y surélève le parquet, près de la fenêtre, pour y placer un bureau d'où mon regard pourra plonger sur la mer et les îles.

Pour parvenir au château de la route qui longe la côte, je traverse vergers, vignobles et cultures et me retrouve au pied d'une colline, devant une porte grillagée dont j'ai la clé. Toute la colline boisée appartient au marquis, qui y interdit la chasse et où je rencontre lapins et biches en liberté. Au sommet de la colline se dresse l'imposant château qui fut enjeu de guerres encore au XVIIe siècle, depuis longtemps abandonné, ayant conservé une grande pièce consacrée aux armures.

La grande porte du château était toujours fermée, et j'avais en poche une énorme clé pour l'ouvrir. Je me sentais alors très médiéval.

Un couple de gardiens vit au château. Lui va travailler tous les matins à l'usine, sur la côte, elle tient le jardin maraîcher, Mme Pagni est une brave femme, elle fait des pâtes délicieuses, des bruschettas, des saucissons, et m'appelle *professore*. Elle demande à son mari de m'acheter des escalopes de veau à la boucherie du village.

Moi : « *Ma, signora Pagni, no ho bisogno de vitello me piace tanto tutto que me fa con maiale.* »

Elle (solennelle) : « *Uno professore debbe mangiare vitello !* »

Je fais un compromis : j'accepte le veau une fois par semaine.

Auprès du château délabré, il y a les restes d'un village abandonné où la plupart des toits sont effondrés. Le sommet de la colline est envahi d'herbes folles, mais, à flanc de coteau, il y a un beau vignoble qui produit un vin exquis, non commercialisé à l'époque, que je boirai à chaque repas.

Le marquis, grand amateur de médoc, avait acheté des plants de cabernet-sauvignon et de merlot dans un domaine voisin du Château La Lagune, les avait replantés sur un sol dont la composition avait été étudiée, et dans une orientation solaire favorable. Peu après la vinification qui avait suivi les premières vendanges, il avait invité ses amis à goûter le vin nouveau, mais tous furent rebutés par l'âcreté du breuvage. Il le laissa vieillir tout en entretenant sa vigne et en continuant ses vendanges. Six ans après la première dégustation, il en fit une nouvelle et faillit défaillir tant la saveur était exquise. Le vin fut mis en bouteilles et distribué à des amis. Ce fut mon vin de table. Puis des parents à lui, les Antinori, grands producteurs et négociants de chianti, prirent en mains la distribution et le vin fut vendu sous le nom de Sassicaia : c'est un des vins italiens les plus recherchés.

Je m'étais installé avec ma petite machine à écrire Olivetti, je rassemblais des notes, faisais et défaisais des plans, rédigeais brouillons sur brouillons ; parfois mes mains volaient sur le clavier et je rédigeais un très long jet ininterrompu.

Comment maîtriser une énorme matière d'informations et de connaissances ? J'ai pleinement utilisé une méthode pour écrire *La Méthode*, qui est de procéder à des lectures de façon aléatoire, de couvrir un vaste champ en prenant de courtes notes, puis en reliant, selon leurs affinités, ces notes entre elles, d'arrêter les recherches sur tel sujet dès qu'un grand nombre de textes consultés deviennent redondants, puis d'ébaucher des têtes de chapitre, élaborer un plan, commencer à rédiger, laisser au processus de rédaction son inventivité et sa possibilité d'introduire une nouvelle idée, modifier le plan, arriver à un premier jet, puis tout relire et parfois tout modifier, laisser une idée entrée marginalement dans mon esprit se frayer un chemin parfois jusqu'à une place centrale (comme la notion de sujet dans *La Vie de la vie*), continuer les échafaudages jusqu'à ce que j'aie le sentiment de pouvoir architecturer solidement.

Je pouvais me passer de cigarettes dans le quotidien, mais non pour écrire ; j'avais comme besoin de l'aspiration qui déclenche l'inspiration, de ce petit feu de tabac qui alimente le feu intérieur, et je savais que, décidé à travailler en solitaire du matin à la nuit, je ne pourrais m'empêcher de consommer trois paquets par jour. De même que l'on s'arrête de fumer quand on sait que continuer va vous tuer prochainement, de même j'ai voulu m'arrêter pour sauver de la mort l'enfant que je faisais naître. À la place, je mâchai du bois de réglisse, mais il ne me donnait pas le feu sacré. Mon ami A. m'offrit de la cocaïne à inspirer. L'effet fut foudroyant, j'écrivis toute une nuit un texte que je trouvai génial de prime abord. Après m'être réveillé, je le relus et le trouvai incohérent. La cocaïne me brûlait les narines, et je m'en débarrassai surtout pour n'en pas devenir esclave, car ç'aurait été pire que le tabac. Et je ne sais trop comment, mais certainement avec l'amour de Janie, la volonté et l'énergie me vinrent et je n'eus même pas besoin de réglisse.

Je travaillais à mon rythme, m'arrêtant quand le besoin s'en faisait sentir, me promenant alors dans les environs, seul, dans la nature, sous un ciel très souvent bleu, puis revenant à ma table. Mme Pagni m'apportait déjeuner et dîner. Je n'avais pas de téléphone, pas de courrier, je ressentais l'élan de l'aventure de l'esprit, j'étais bien dans ma peau, comme lorsque je faisais de la résistance sous l'Occupation.

Le week-end, dès le vendredi soir, je prenais ma Coccinelle et descendais sur la côte pour m'installer dans l'ex-ferme que Ludovico avait mise à ma disposition. Puis, à l'occasion de repas et de fêtes, je retrouvais mes nouveaux amis, *gentlemen-farmers*, aristocrates désargentés vivant sur leurs terres et de leurs terres. Leurs parents avaient épousé au début du siècle des princesses russes pour se renflouer financièrement, puis celles-ci avaient trouvé un refuge toscan après la révolution d'octobre. Ainsi Gherardo della Gherardesca, très chaleureux parent de Simone, avait pour mère une Romanov, et son vin portait en blason la couronne des Romanov. Nous ressentîmes une très forte affection l'un pour l'autre et je le revis jusqu'à ce qu'il fût emporté par un destin funeste, sans doute dû à l'alcool. Parmi ces amis, dominait la figure de Ginebra, grande et belle femme majestueuse, qui marchait toujours accompagnée par une cour d'une vingtaine de chiens, parmi lesquels certains très grands et un vieux et petit hargneux qui mordait tout le monde, mais n'avait heureusement plus qu'une dent. Quand Ginebra était assise, tous ses chiens l'entouraient, quand elle se levait, tous se levaient pour la suivre. J'appris que Ginebra avait domestiqué ou plutôt séduit un lion qui dormait avec elle dans son lit et grondait quand son mari devait la rejoindre ; elle dut se séparer de cet animal pour sauver la santé psychique de son mari ; mais elle eut peu après un lien affectif très fort avec un sanglier. Celui-ci vivait dans un petit enclos communicant par une petite porte avec sa chambre à coucher. Chaque matin le sanglier venait lui rendre visite au lit et la léchait tendrement.

Je profitai aussi du week-end pour téléphoner aux miens.

Mon petit monde du week-end me remplissait et je repartais avec joie pour la solitude de la semaine où je me sentais possédé par une volonté et une pensée à la fois supérieure, extérieure et intérieure à moi-même.

Alors que j'aurais dû accueillir Janie dans le château comme je le souhaitais, j'apprends de Johanne par téléphone qu'elle est très malheureuse parce que son amant l'a quittée. Je lui propose aussitôt de venir passer quelques jours au château. Cela semble à Janie une préférence et la blesse, en dépit de mes explications. Puis j'invite pour deux semaines mon père et ma tante Corinne, devenue son épouse après la mort de son mari. Janie était comme on dit bipolaire. Elle passait de l'émerveillement, devant une fleur, un papillon, un oiseau, à la mélancolie la plus profonde. Lors d'une séance de cinéma où nous étions côte à côte et où je me sentais si bien près d'elle, elle tourna vers moi un visage plein de larmes en me disant : « Pourquoi êtes-vous si cruel ? » Il y a des personnes aimées qui restent en vous à des profondeurs très inégales. Janie est restée en moi à une grande profondeur.

Je suis rentré à Paris appelé par le centre d'études transdisciplinaires dont j'étais devenu directeur. En fait, ma présence n'était pas indispensable. J'avais écrit dans une même lancée un livre en trois parties : *La Nature de la nature*, *La Vie de la vie*, *La Connaissance de la connaissance*. En fait, chaque partie allait devenir un volume autonome. Puis j'y ai joint *Le Devenir du devenir* qui est resté à l'état de brouillon. Par la suite, il y a eu *L'Humanité de l'humanité* et *L'Éthique*. Le tout fut apparemment terminé en 2004, encore que j'aie ajouté, comme en appendice, *L'Aventure de la méthode* (2015) et je pense que mon *Sur l'esthétique* (2016) est en fait un dernier tome.

J'ai poursuivi le travail, et notamment la réécriture difficile de *La Nature de la nature*, d'abord à Saint-Antonin, au pied de la montagne Sainte-Victoire, chez les Nughe, puis à Carniol, en Haute-Provence, chez Claude Gregory. Ensuite, j'ai travaillé à *La Vie de la vie* à Ménerbes, dans le Luberon, en 1977-1978, je l'achèverais à Caldine, en Toscane.

J'évoquerai mes souvenirs de bonheur/amitié/amour/travail/ méridionalité à Saint-Antonin et Carniol dans un prochain chapitre, et je reviens à l'Italie.

Caldine

L'année 1978, je revenais de Bruxelles vers Ménerbes où je louais depuis 1976 une belle maison pour l'année (sauf pour les vacances de Noël, Pâques et août, réservées aux propriétaires, les Gimpel).

La propriétaire tenait une galerie de tableaux à Londres, Jean Gimpel avait écrit *Les Bâtisseurs de cathédrales*[1] ; bien que (et parce que) fils et époux de personnes vouées à l'art, il avait écrit un pamphlet *Contre l'art et les artistes*[2]. C'était un homme facétieux, doué d'un esprit très inventif, qui, notamment, voulait apporter dans ce qu'on appelait alors « tiers-monde » une technologie de transition, comme les meilleurs moulins à eau, ou bien, aux paysans de l'Inde, un siège à pédales qui permettait de créer de l'électricité, allumer une ampoule et lire un journal.

J'avais fait étape à Paris où j'avais été invité à déjeuner par

1. Seuil, 1958.
2. Éditions universitaires, 1968.

Lucien et Edwige (voir notre première rencontre p. 572), devenue son épouse. Je téléphonai devant elle à Janie, qui insistait pour que je reste à Paris une journée de plus, mais j'étais pressé de revenir à mon manuscrit du second tome de *La Méthode : La Vie de la vie*. Edwige se sentit comme dépitée par ce coup de fil, et la sentant soudain intéressée par moi, je leur proposai de venir à Ménerbes pour les vacances de Pâques. Ils vinrent, Johanne était en Espagne.

Edwige avait son cocker qu'elle adorait et qui l'adorait. Elle aimait le tenir embrassé, le chien dormait avec elle, mais il avait des accès inattendus de folie et la mordait sauvagement. Ce qui arriva à Ménerbes. Il fallut trouver un médecin pour une piqûre d'antibiotiques. Lucien conduit la voiture, je suis derrière avec Edwige, il bougonne, s'emporte contre ce chien. Je tiens affectueusement Edwige par l'épaule et elle me jette un regard reconnaissant.

Lucien rentra à Paris un petit matin pour son travail ; peu après, je la vis descendre l'escalier pour venir prendre son petit déjeuner. Je l'attendis au bas des marches et elle se trouva naturellement dans mes bras.

Nous nous trouvâmes seuls et nous nous trouvâmes enfin.

Edwige était à la fois sauvage et indomptée sous une apparence civilisée et normalisée, femme enfant et dame bourgeoise. Ce dernier aspect était pour les « relations ». Son visage aux traits parfaits, au regard bleu, était pour moi l'incarnation d'un mystère infini et destinal.

Alors que nous étions encore des amants clandestins, je dus me rendre à Montréal avec Johanne. Avant ce départ, nous étions convenus, Edwige et moi, de nous revoir à Florence où elle accompagnerait ses parents à un congrès de médecins. Je devais prendre le jeudi 31 mai un vol Montréal-Rome à 20 h 10 arrivant à 9 h 55 à Rome-Fiumicino ; mon ami Simone de San Clemente, qui devait se rendre à Florence ce matin-là, devait venir me chercher au sortir de l'avion, puis me conduire au buffet de la gare de Florence où, en fonction du temps d'autoroute, j'avais fixé rendez-vous à Edwige vers midi ; de là nous partirions pour

Caldine chez mes amis Bueno, dans le petit appartement qui était à ma disposition.

À l'aéroport de Montréal, j'apprends que le vol d'Alitalia est supprimé, tous les vols sur DC8 ayant été suspendus à la suite de la chute, la veille, d'un avion de ce type. Une foule italienne hurlante assaille le comptoir d'Alitalia où l'on répartit les passagers vers d'autres compagnies, les privilégiés sur Air Canada direct pour Rome, les autres sur des vols pour Londres, Paris, Francfort, etc. Manque de pot, on me donne un Air Canada qui arrive à Roissy au matin, mais le départ du vol Paris-Rome est prévu à Orly juste une heure plus tard, ce qui rend quasi impossible la correspondance. Toutefois, je téléphone à Simone que j'arriverai vers midi à Rome ; comme il ne peut m'attendre, je le prie d'aller trouver une belle blonde aux yeux bleus au buffet de la gare de Florence, de lui demander si elle s'appelle Edwige, et, dans l'affirmative, de la prier de m'attendre vers 15 heures.

Le vol Montréal-Paris arrive à l'heure prévue ; une estafette est prête pour conduire à Orly les quelques passagers de ce vol à destination de Rome. Moi qui n'ai pas de bagages en soute, je sors parmi les premiers, mais dois attendre des Napolitains ou des Siciliens avec de grosses valises. Les minutes passent… Deux couples arrivent lourdement chargés. Le troisième attend encore la sortie des siennes. Je prends une décision de général en chef : si nous attendons les retardataires, la correspondance sera foutue. Déjà, elle est hautement improbable. Je donne l'ordre du départ. Le chauffeur de l'estafette, jeune Maghrébin alerte, fonce sur l'autoroute, mais se trouve rapidement bloqué par un embouteillage avant d'arriver au périph. Puis le périph est bouché. Je lui demande de prendre les Maréchaux, où ça circule moyennement.

On emprunte l'autoroute direction Orly pour y arriver une heure après le départ prévu de l'avion pour Rome. Je ne désespère pas, je demande aux passagers italiens de m'attendre, et, comme il n'y avait pas encore les contrôles de personnes et de bagages, je vole vers la porte d'embarquement du Paris-Rome. J'arrive au moment précis où on retire la passerelle, je supplie l'hôtesse italienne qui, sympathique et compréhensive, la maintient, j'annonce que d'autres passagers me suivent, je lui demande de les attendre, je cours vers les Italiens stationnés à la porte de l'aéroport, ils me suivent avec leurs bagages. Je suis essoufflé, j'ahane dans l'avion, mais suis fou de joie. Je crois que nous nous sommes posés à 13 h 40 à Rome.

Toujours avec mon bagage à main, je me rue sur l'agence de locations de voiture, je loue une grosse Lancia et fonce à 200 à l'heure sur une autoroute tranquille. Finalement, je déboule dans le buffet de la gare de Florence, je cherche… Elle est là, prévenue par Simone que j'aurais un gros retard. Joie, pleurs de joie ! Je l'emmène à Caldine chez mes amis Bueno, oasis d'hospitalité et de tendresse, au-delà de Fiesole. Edwige et les Bueno se plaisent mutuellement, le séjour est pleinement heureux.

L'année suivante (1979), au mois de juillet, nous sommes toujours clandestins. Edwige doit me rejoindre à Caldine. Elle est en vacances avec Lucien dans le Lot, dans la maison de campagne prêtée par François Furet. J'attends son appel jour après jour ; le temps passe, je ne sais pas qu'elle est quasi séquestrée dans une maison isolée, et que, chaque fois que Lucien part en voiture, il emporte avec lui le téléphone. Et j'attends, j'attends son appel, c'est la saison où l'on entend sans cesse à la radio la chanson de Julio Iglesias *Vous les femmes*, et chaque écoute m'émeut aux larmes. Mon attente est interminable. À chaque sonnerie de téléphone dans la maison, je traverse trois pièces au pas de course : ce n'est pas elle.

Un jour, enfin, le téléphone sonne, on me crie : « C'est pour toi ! » C'est elle, elle a rejoint sa sœur en Savoie, me téléphone d'une cabine. Je lui demande de louer une voiture, de passer en Italie, de prendre l'autoroute du Soleil et, vers Bologne, de me téléphoner. Je l'attendrai au buffet de la gare de Florence. Elle qui n'a conduit que des petites voitures loue une énorme Lancia, traverse les Alpes comme Hannibal sur son éléphant, et nous nous retrouvons enfin, comme prévu ; elle est très fière de son exploit. Nous passons je ne sais plus combien de semaines dans le petit appartement autonome qui fait partie de la grande maison de nos amis ; nous prenons nos repas avec Eva, Xavier, leurs enfants, Raffaele, fils de Xavier et peintre comme lui, chiens, chats, oiseaux familiers. Harmonie et bonheur chez ces amis chers qui lui ont plu et qui l'ont adoptée.

Avant notre départ, Xavier Bueno me propose de me louer à un prix d'ami la petite maison qui jouxte la leur. Il n'a jusqu'alors pas voulu la louer ni la vendre, de peur de voisins trop proches. Mais nous lui convenons parfaitement. Nous décidons de venir concrétiser la location quand nous reviendrons, l'été suivant.

De retour vers Paris où nous devons nous séparer, Edwige doit rejoindre la rue de la Pompe, moi la rue des Blancs-Manteaux, nous faisons halte pour dîner au restaurant réputé de La Côte, à cent kilomètres de Paris. Elle a bien apprécié le repas, mais, au dessert, le dégurgite entièrement. Elle est très gênée pendant que les garçons retirent nappes et couverts souillés. Je pense que l'idée de rentrer dans son triste appartement l'a angoissée.

À l'automne, je vais avec elle passer un week-end chez le peintre Solombre, à la campagne, près de Paris. Elle a été de nouveau mordue par Justin et sa main est bandée. Lucien, son mari, qui l'a aimée follement mais dont je sais qu'il a une maîtresse, qu'il m'a du reste présentée, vient nous rejoindre. Je lui propose une petite balade en forêt où je lui annonce que je suis désormais le « protecteur » d'Edwige. « Je suis très étonné », se borne-t-il à me répondre. Cet aveu a ranimé sa jalousie et, dans les jours qui suivent, il la met dans l'obligation de se séparer de moi ou de lui.

Mais elle refuse de me quitter, et, un matin, il quitte l'appartement d'Edwige rue de la Pompe, avec son matelas sur le toit de sa voiture et la chaîne hi-fi dans le coffre.

Après une période de clandestinité dans des chambres d'hôtel ou d'amis, Edwige vit avec moi rue des Blancs-Manteaux, Johanne restant à Montréal après le décès de sa mère. Au début de juillet, nous arrivons tout heureux en Coccinelle décapotable à Caldine, persuadés que nous avons trouvé notre lieu de vie permanent. J'ai déjà prévu que notre résidence principale serait Caldine, et que nous irions à Paris quand nous en aurions envie.

Mais, en arrivant, nous apprenons que notre ami Xavier a été hospitalisé à Fiesole. Il meurt avant qu'on ait le temps de lui rendre visite.

Nous avons fait un très beau repas de funérailles, dans une trattoria proche de Caldine, où nous avons évoqué avec émotion la personne de Xavier. Scènes du passé, souvenirs, le repas devient vivant, plein de sa présence, avec des moments de gaieté ; Edwige a un peu bu et nous amuse en baptisant « Petit Marcassin » Raffaele, le fils de Xavier. Vrai repas mystique d'endo-cannibalisme spirituel où l'on incorpore le mort en profondeur dans nos vies.

Nous passons une partie de l'été à Caldine, en harmonie. L'oie des Bueno, très amoureuse, vient poser sa tête sur mon genou quand je suis assis. Je termine *La Vie de la vie* . En voici les dernières lignes : « Ma table est tout contre la fenêtre de ma chambre. Cette fenêtre est continuellement ouverte sur les cyprès, oliviers, vignes, pentes, collines – le paysage que j'aime le plus au monde. Je quitte la chambre et je descends. Les animaux familiers, familiaux, sont là sous la treille. Ils se reposent. Ici, pas d'agression, de compétition, de préséance : chats et chiens jouent ensemble, mangent ensemble dans la même casserole, et, sous la volière, picorent ensemble pigeons et tourterelles. Le vieux chien Bruno me regarde de ses yeux humides et tend à tout hasard le cou pour une caresse. J'avance sur la terrasse. Sous le grand orme, Raffaele ne cesse de marteler avec son *scalpello* la pierre tombale de son père, mon ami Xavier, mort il y a vingt jours. Dans le ciel encore bleu, des chauves-souris volent et virevoltent. Cette nuit sera encore envahie par des galaxies de lucioles. »

La petite maison étant échue par héritage à la première femme de Xavier, tout espoir de nous installer en Toscane s'envole. Mon rêve de vie à Caldine se dissipe en fumée.

Nous y sommes retournés l'été suivant (1980) je ne sais plus combien de temps. Puis, en 1985, où nous fîmes avec Eva et Raffaele, chez un restaurateur archéologue-historien, un dîner alchimique, propre à la Renaissance. Il y avait encore cette harmonie entre Eva, Raffaele, les enfants, les animaux. Depuis, je n'ai cessé de penser à la route des crêtes : Fiesole-Caldine, dominant des pentes d'oliviers et de vignes jusqu'à une riante vallée. Avec la *number one* en Californie, c'est pour moi la plus belle route du monde. Elle porte en mon âme l'essence de la Toscane, de mon amour pour l'Italie. Du reste, quand, dans une période de tristesse, j'allai voir mon ami gourou Jacques-Antoine Malarewicz et lui demandai une hypnose eriksonienne, il me demanda de penser à ce qui m'était le plus agréable. J'hallucinai immédiatement sur la route de Caldine et éclatai en sanglots.

L'Amela

En l'année 1980, sur l'initiative de mon ami-frère José Vidal Beneyto, animateur de la résistance au franquisme, que j'ai connu à cette occasion à Madrid, l'Amela est créée à Florence avec le professeur Alberto Spreafico. C'est une association pour favoriser les échanges entre pays méditerranéens et d'Amérique latine. La région Toscana nous laisse la villa Fabricotti et, pour nos activités, l'usage de la villa de Mondeggi, sur la route du Chianti, entre Florence et Sienne. Nous n'en avons guère profité, bien que nous ayons un moment rêvé Edwige et moi de nous installer dans la superbe villa de Mondeggi.

Je note ici les belles journées de Taormina en Sicile, en mars 1983, lors d'un colloque international sur la Méditerranée organisé par José Vidal Beneyto, avec Edwige et Cécile, prolongées par une visite à Syracuse et à Noto, ville entièrement détruite par un tremblement de terre en 1693 et reconstruite en palais baroques au XVIIIe siècle, déserte et majestueuse.

Dans notre périple en voiture, Pépin était tout heureux de retrouver des paysages d'orangers si proches de ceux de sa terre natale, Valence. Au retour par Rome, j'ai conduit mes compagnons à mon lieu de pèlerinage, au café Sant'Eustachio, pour boire le meilleur café du monde.

Giulio Seniga (1915-1999)

J'interromps ici ma chronologie toscane parce que surgit impérativement la figure de Giulio Seniga. J'essaie en vain de me souvenir de notre première rencontre. Était-ce déjà à la fin des années 1960 où je rencontrai Silone ? Était-ce plus tard, à Milan, où il vivait ? En tout cas, j'avais pensé, avant ces souvenirs, écrire un livre *Mes héros, mes amis*, et il était de ces quelques-uns dont l'existence me donne confiance en l'humanité. J'ai souvent incité Giulio à écrire ses Mémoires ; je pensais qu'il était mort en 1999 sans l'avoir fait, mais, en 2011, sont parus des textes de lui, *Credevo nel Partito* (J'ai cru au Parti), que je n'ai pas lus et qui doivent évoquer une partie de son passé.

Seniga, d'origine paysanne, jeune ouvrier chez Alfa Romeo, était devenu un chef de la résistance italienne, et son maquis avait notamment libéré la région frontalière de Domodossola. Après la Libération, son ardente activité communiste le fit remarquer par Togliatti, secrétaire général du Parti communiste italien, qui en fit son secrétaire-trésorier, et à qui il confia un certain nombre de tâches discrètes, comme payer les vacances, voyages, restaurants des dirigeants du Parti. Il pilote de Milan à Moscou l'Alfa Romeo que les camarades italiens ont offerte à Staline pour son anniversaire. Il fait un stage à Moscou, rencontre une jeune Russe qu'il épouse. C'est un homme de fer sur qui le Parti peut compter absolument. Bientôt, Giulio constate avec étonnement puis réprobation que les chefs du communisme italien mènent une vie « capitaliste », contrairement à l'austérité prolétarienne qui devrait être la leur. Il pense que le camarade Staline, s'il était au courant, interdirait ces pratiques. Il continue son office, disposant d'un imposant trésor non inscrit sur les registres officiels du Parti, et, de plus, il dispose de l'avion de Togliatti pour certaines de ses missions. Vers le début des années 1950, Giulio se persuade que non seulement le Parti a trahi la classe ouvrière en Italie, comme partout ailleurs, mais aussi comprend que le communisme stalinien est une dictature totalitaire. Le 25 juillet 1954, il s'enfuit avec la caisse secrète du Parti, 500 000 dollars, et l'avion de Togliatti. Mais il protège sa vie. Au moment de sa fuite, il confie publiquement à Ignazio Silone des documents confidentiels du Parti en lui demandant de les publier s'il lui arrive malheur.

Comme l'a écrit un chroniqueur du *Corriere della Sera* : « Pour avoir connu le véritable visage de l'Union soviétique parce que inséré dans des organismes hermétiques, GS est entré en contact avec les arcanes impérieux de la raison de fer du Parti, le découvrant trop cynique et brutal au regard des idéaux qui ont conduit à tant de sacrifices. »

Après cela, le Parti n'a cessé de le dénoncer comme un voleur voulant bénéficier d'un trésor et allant s'installer sur la Côte d'Azur. En fait, Giulio consacra cet argent à aider les grèves et révoltes ouvrières en Europe, comme la grève des mineurs dans les Asturies, à financer le mouvement indépendant Action communiste, à éditer les textes prophétiques occultés par le stalinisme, comme ceux de Rosa Luxembourg. Il vivait lui-même de façon très modeste dans un petit appartement de Milan, se rétribuant avec un salaire d'ouvrier spécialisé, consacrant toute son énergie à la dénonciation du grand mensonge historique. Il devint de plus en plus à la fois libertaire et réformiste et se rapprochera du Parti socialiste.

Il m'a raconté cette anecdote significative. Alors qu'il était chef de partisans, on lui amène un jeune fasciste destiné à être fusillé. Il interroge le jeune homme qui lui répond avec l'accent de son village natal. Seniga, ému, fait filer en douce son prisonnier.

Quelques années plus tard, pendant un match de football à Milan, il rencontre l'ex-jeune fasciste luxueusement vêtu d'un manteau de fourrure, devenu chroniqueur sportif d'un grand journal. Et celui-ci lui dit : « Alors, tu es passé du côté de la bourgeoisie maintenant ? »

Seniga est l'un des hommes les plus courageux, calomniés, salis que j'ai eu à connaître. C'est un cas extrême et exemplaire d'une prise de conscience qui l'a conduit à une décision incroyable. Il me donne du courage et confiance dans le génie souterrain qui travaille dans les tréfonds mentaux, celui qui réveille et révolutionne les esprits, là où l'on pourrait croire que tout est fermé, figé, pétrifié. Le génie souterrain a travaillé dans un certain nombre d'esprits, y compris celui du secrétaire général de l'URSS, Mikhaïl Gorbatchev.

Mauro Ceruti et la communauté complexe

Au printemps 1980, j'ai rencontré Mauro Ceruti à Bologne, puis à Florence. Il m'avait envoyé sa thèse soutenue en philosophie des sciences, sous l'autorité de Ludovico Geymonat, en 1977, sur l'epistémologie génétique de Jean Piaget, puis son livre en collaboration avec Gianluca Bocchi *Disordine e costruzione. Un'interpretazione epistemologica dell'opera di Jean Piaget*. Il avait lu *Le Paradigme perdu,* trouvé dans la librairie française de Florence.

Comme j'avais repris les idées épistémologiques et transdisciplinaires de Jean Piaget, et que j'avais intégré ces idées dans *La Méthode*, j'ai trouvé une proximité très grande dans le texte de Ceruti, et j'ai voulu le rencontrer. Nous avons immédiatement sympathisé en profondeur, intellectuellement et affectivement, et nous n'avons cessé de nous rencontrer et de fraterniser à Florence, Venise, Rome, Bergame, Milan. Il trouva Edwige « *bellisima* avec ses yeux d'un bleu discret, aigus, timides ». Je suis lié aussi à Gianluca Bocchi, avec qui il a écrit ses principaux livres. Puis avec Sergio Menghi, de Parme, qui m'a connu à travers Bateson et avec qui je me suis également lié en profondeur, et avec Oscar Nicolaus, de Naples.

Nous avons formé comme une petite famille, fratrie d'élection pour celui qui n'a pas eu de frère de sang, mais qui a pu trouver des frères de cœur et d'esprit.

Mauro a été l'initiateur de mes plus beaux doctorats *honoris causa* italiens notamment à l'Université de Palerme en 1991 où il enseigna, celle de Pérouse en 1991 à l'occasion de mes 70 ans, celle de Bergame où il a créé le centre d'anthropologie complexe.

Il a organisé un magnifique congrès à la maison de la culture de Milan *La sfida della complessità* en 1985, avec Le Moigne, Prigogine, Laszlo, Gallino, Pasquino, Munari, Varela, Luhman, Bocchi et moi.

L'année suivante 1986, à Florence, au Palazzo Vecchio, rencontre sur le thème *Abitare la terra* avec Castoriadis, Eigen, Hilman, Eldredge, Lovelock, Berman, Laszlo, Varela, Eisler, Pestel, Weiszäcker, Prigogine, Pomian, Mushakoji.

Mauro et Gianlucca ont été les initiateurs de la pensée complexe en Italie avec Sergio Menghi à Parme, Oscar Nicolaus à Naples, Giuseppe Gembillo et Anamaria Anselmo à Messina.

À Rome, j'ai trouvé le concours et l'amitié de Maria-Giovanna

Musso, enseignante, à l'Université de la Sapienza, de sociologie de la transformation, l'innovation, la créativité et la complexité. Elle a écrit *La trave nell'occhio* (La Poutre dans l'œil), *Mito e scienza dello sviluppo* (1996), *Il Sistema e l'osservatore Itinerari di sociologia della complessità* (2008).

Enfin, la pensée complexe eut une place à part à l'Université de Messine. Une jeune chercheuse du département de philosophie, Annamaria Anselmo, intéressée par mon œuvre et stimulée par son maître à l'université Giuseppe Gembillo, était venue me rencontrer à Paris en 1997 et 1998, et m'apporter sa thèse de doctorat me concernant, éditée par la suite en livre. Je fus très heureux de sa si profonde compréhension et adhésion. Elle vint au Colloque de l'Unesco organisé pour mes 80 ans et me transmit une invitation de l'université de Messine pour y recevoir un doctorat *honoris causa*. Ce fut pour moi une semaine magnifique d'hospitalité et de fraternisation intellectuelle. Giuseppe Gembillo créa un institut d'épistémologie EM dans son département ainsi qu'une revue *Complessita*. Il édita des textes miens dont des inédits, comme le manuscrit d'une première version de *La Connaissance de la connaissance*. Nous nous sommes revus avec joie à Nardo (2004), Messine (2006), Rome (décembre 2006) Enna (2009) et au Congrès mondial de la pensée complexe à Paris, en décembre 2016. Cette année 2017, Annamaria Anselmo est devenue professeur titulaire à l'université de Messine.

La diffusion de mes idées en Italie a été plus grande qu'en France. Le ministre de l'Éducation du Parti démocrate a même tenu à Rome en 2007, à la Bibliothèque nationale, une grande assemblée nationale d'enseignants pour m'y entendre sur la réforme de l'éducation, mais son gouvernement a été remplacé peu après par celui de Berlusconi. J'ai été invité à deux grandes réunions du syndicat de l'enseignement italien, rassemblant des milliers de personne à Rimini, et j'ai trouvé une écoute réconfortante…

La pensée complexe continue son aventure en Italie.

Sienne

Pour l'été 1985 ou 1986, Mauro nous avait trouvé chez une amie tenant un haras entre Grosseto et Sienne une résidence parmi de superbes chevaux de course que nous aimons et admirons. Les hirondelles volaient en tous sens et venaient s'abreuver en plein vol à la pièce d'eau de la propriété. Nous sommes allés assister, avec Edwige et Mauro, au Palio de Siena, l'une des fêtes les plus intenses que je connaisse avec celle de Gubbio.

C'est toute l'année que les dix-sept quartiers, ou *contrade,* de Sienne se préparent à la course du Palio, avec moult réunions, récoltant les fonds pour acheter leur cavalier. La course se fait sur la grande place centrale, Piazza del Campo, les spectateurs dispersés aux balcons et surtout tassés au milieu de l'immense place. Une fois précédente, je me trouvai au milieu de la place, cette fois, le père de Mauro qui était à la mairie nous offrit le privilège d'un balcon du palais. La foule arrivée tôt le matin remplit la place jusqu'à saturation.

Avant même le départ de la course, tout le monde est surexcité, chacun espérant la victoire de sa *contrada*. En fait, la course est limitée à dix chevaux et les sept *contrade* exclues se lient à une *contrada* avec cheval. Elle commence vers 19 heures, est précédée par une charge de cavalerie de *carabinieri* sabre au clair, puis d'un « cortège historique » où défilent les *Alfieri*, porte-drapeaux, en costumes médiévaux.

Le départ est donné par le directeur de la course, qui attend que tous les chevaux soient en position, et il y a beaucoup de faux départs. La course est ultrarapide, ultraviolente. Les cavaliers se servent de leur cravache pour frapper les autres chevaux et cavaliers. Le vainqueur est le premier cheval qui termine la course avec ses ornements de têtes intacts. Ce peut être le cheval seul après la chute de son cavalier.

La victoire est saluée par les hurlements de triomphe de sa *contrada*, et provoque sanglots de désespoir chez beaucoup de vaincus. Il y a parfois des bagarres, mais nous n'en avons pas vu. La *contrada* victorieuse fait couler le vin à flot dans ses rues et fait la fête toute la nuit.

Nous n'avons pu en jouir. À la fin de la course, Edwige a subi une très forte crise d'asthme, provoquée ou surexcitée par la chaleur et la poussière. Nous avons dû, guidés par Mauro, trouver un hôpital où on a pu la calmer par une piqûre.

Et j'égrène maintenant le chapelet des villes visitées.

Pérouse, Perugia, capitale de l'Ombrie, escalade une acropole de cinq cents mètres, entourée de murs étrusques et médiévaux. La ville est étrangement captivante, avec un centre historique riche en palais.

À Pérouse, en 1987, je fus nommé docteur *honoris causa*, dans une des plus anciennes universités d'Europe (1307). Les salles ont conservé leurs fresques, notamment la superbe salle où je reçus le diplôme écrit en latin dans un parchemin tout enluminé. J'ai rencontré à Pérouse un ami admirable, Carlo Manuali, psychiatre, d'une humanité et d'une profondeur d'esprit extraordinaire ; il émanait de lui une aura de bonté et de sagesse.

Bergame, dont j'ai beaucoup aimé la vieille ville haute ; j'y ai rencontré plusieurs fois Mauro et, en 2003, j'y fus également fait docteur *honoris causa* à l'institut d'anthropologie complexe qu'il a créé.

Venise, où après notre premier voyage, je profitai des invitations de la Société européenne de culture d'Umberto Compagnolo, notamment dans les années 1950 (continuée par sa femme après son décès) pour des rencontres à San Giorgio. Campagnolo, à la fin de chaque rencontre faisait adopter une résolution sur le rôle majeur de la culture pour l'Europe, que tous les participants, pour remercier l'hôte, votaient à l'unanimité. Il s'est trouvé qu'une fois, je me refusai à signer le texte, le trouvant insignifiant ou plat. Au moment du vote pour le texte proposé par Campagnolo, une nuée de mains se leva pour l'approuver. Vote contre ? À sa grande surprise, deux mains se levèrent, dont la mienne. Il nous regarda fixement et déclara : « vote acquis à l'unanimité ». Je ne voudrais pas conclure sur la SEC par cette petite remarque ironique. Elle a accompli une œuvre pie et noble.

Une intellectuelle vénitienne, Maria Padova, avait fait un diplôme sur ma revue *Arguments*, nous étions devenus amis et elle nous offrit à Edwige et moi, un mois de vacances au Lido pendant l'été 1981, dans un appartement avec vue sur mer disposant d'une cabine et d'une tente. Je me souviens d'un rêve récurrent des premiers jours dans lequel, fracassant la porte de notre chambre, Lucien pénétrait, fou de colère. Mais je garde surtout en mémoire les journées partagées par aller-retour en vaporetto entre les visites dans Venise et les heures de plage, les baignades en mer et bains de soleil. Nous étions un jeune couple de 60 et 50 ans.

Nous revenons plusieurs fois à Venise après cet été de vacances au Lido ; après une conférence à Pordenone, en mai 1988, avec Edwige heureuse et Mauro, et aussi dans une villa de Vénétie où un paon fit la roue pour Edwige, laissant admirer son plumage superbe. Nous sommes en 1989, dans une petite pension familiale indiquée par Claude Roy dans les Zattere, en face de la Giudecca. Je retrouve une fois encore Francette Trentin (voir p. 95). J'aime errer, me perdre, me retrouver en partant de San Marco pour aller aux Fondamente Nuove, sur la lagune, en face de l'île-cimetière de San Michele, qui m'évoque toujours *L'Île des morts* de Böcklin. J'aime le quartier San Polo, très tranquille. Du reste, hors des zones touristiques, Venise est calme, sereine par ses ruelles et ses canaletti.

Je suis retourné à Venise à de nombreuses autres occasions, mais la magie aquatique de Venise a diminué dans mon esprit alors que croissait la magie pédestre de Rome.

Bologne

J'y ai rencontré Mauro, je l'ai dit.

J'y fis des rencontres dispersées dans le temps, avec Umberto Eco, que j'ai connu jeune, aimant la parodie et la plaisanterie, devenu sémiologue puis s'épanouissant à la fois en penseur original et en romancier génial. Je me souviens notamment d'un colloque avec Mauro et lui.

J'ai rencontré le professeur Bellazi, de Bologne, lors d'une exposition à Mantoue je crois, amené par Michel Maffesoli, personnage étonnant que j'évoquerai plus loin. Le professeur Bellazi, sympathique et emphatique, m'invitera souvent par la suite à l'université de Bologne. Il était amical, chaleureux, enthousiaste et déclamatoire, il vivait dans un cocon familial avec son épouse, sa maman, *mamita*, et son chat.

Mantoue

Ville superbe qui fut gouvernée par la Maison de Gonzague, avec une architecture de la Renaissance, dont le palais ducal. La ville est inscrite au patrimoine mondial de l'humanité, établi par l'Unesco. Je la découvre invité à une exposition du peintre anarcho-pataphysicien, Enrico Baj, au palazzo della Ragione en mai ou juin 1982. J'y fais un exposé sur « la crise de la mort » dans le cadre du thème de la peinture de Baj, qui est l'Apocalypse. Je suis revenu à Mantoue faire une conférence dans l'atmosphère joyeuse du Festival de littérature au cours des années 2000.

Et puis, au cours des années 1960-1990, j'ai eu l'occasion de découvrir tant d'autres villes de Toscane, d'Émilie-Romagne dont les centres historiques de toute beauté possèdent chacun un théâtre où ont lieu les conférences, dont les miennes, avec leur population cultivée et chaleureuse.

Parme

En 1988, Sergio Menghi m'invite à faire un cours semestriel à l'université de Parme. J'ai un charmant petit appartement dans le centre historique. Mais je ne me donne que superficiellement à mes cours, m'attelant à la rédaction du livre sur mon père, mort en 1984. Je tiens à lui offrir en tombeau la restitution de sa vie.

Quelques mois après sa mort, j'avais rêvé que j'étais à l'intérieur de sa tombe au Père-Lachaise, au-dessus de son cercueil, et que j'entendais la voix de mon père me dire : « Mon chéri, tu peux sortir maintenant », et, comme je soulevais la dalle du tombeau, il ajoutait : « N'oublie pas ta sacoche », puis je sortais de cette tombe imaginaire, car je l'avais enterré provisoirement au cimetière de Monaco en ne sachant où le déposer définitivement. J'ai voulu le faire transporter au Père-Lachaise dans la tombe Beressi. Puis j'ai senti que c'était une erreur, car, de son vivant, il se confiait à ma fille Irène lui disant que ma mère « n'était jamais contente » et puis, comme il avait épousé ensuite sa sœur Corinne qui de passionnée s'était montrée finalement acariâtre à son égard il avait dit également à Irène : « J'en ai soupé des sœurs Beressi ! » Il avait décidé par testament de donner son corps à la médecine, mais à quoi aurait servi ce vieux corps de 90 ans ? Pourquoi le découper en morceaux ? Bref j'optai pour l'enterrement provisoire à Monaco puisque, après une attaque à La Turbie, il avait été transporté à l'hôpital où il était décédé. J'aurais dû penser à Livourne, ville de ses ascendants, où il rêvait de finir sa vie… Quand, au bout d'une dizaine d'années, il fallut le retirer du cimetière de Monaco, je décidai, après beaucoup d'hésitations, de le faire rejoindre ma mère et ma grand'mère au Père-Lachaise. Je ne sais toujours pas si j'ai bien fait.

J'avais mis très longtemps à surmonter tout ce qui m'opposait à lui. Tout d'abord je lui en voulais de m'avoir caché la mort de ma mère, puis je lui en voulais de sa liaison avec la sœur de ma mère que j'avais surprise dans une de leurs embrassades. J'étouffais dans le cocon où il voulait me protéger alors même que j'étais devenu adolescent, m'empêchant de partir en Grèce avec mon copain Salem, m'empêchant d'aller enquêter avec le groupe Esprit dans un camp de réfugiés espagnols, m'empêchant de trop beurrer mes tartines, de trop boire d'eau glacée. Je dus, vers 15 ans, passer le jeudi, jour de congé scolaire, dans sa boutique, car il pensait naïvement que cela me donnerait le goût du commerce.

Je crus que sa mobilisation en 1939 allait me libérer, mais il exigea que j'habite chez sa sœur Henriette, terriblement bourgeoise, qui voulut toute mon enfance me contraindre à tenir ma fourchette de la main droite. La déroute de juin 1940 me

« sauva », si je puis dire, et je devins enfin autonome à Toulouse. Rentré à Paris auprès de ses amours, de son commerce où la pénurie fit disparaître tous ses invendus et invendables, et aussi auprès de ses copains de régiment, il venait parfois me voir avec un faux laissez-passer allemand, puis, une fois réfugié à Nice, c'est moi qui venais le voir. Je lui cachai mes activités de résistance, mais quand je dus changer d'identité (ma classe devant partir en Allemagne au service du travail obligatoire) je dus lui avouer ma clandestinité. Il mobilisa tous les membres présents de la famille, y compris l'oncle Hananel Beressi, patriarche très respecté par lui, pour me faire renoncer, mais, évidemment, je tins bon et devins définitivement libéré de sa tutelle. C'est moi qui devins son protecteur en lui donnant d'excellents faux papiers d'identité et qui lui fournis les laissez-passer nécessaires, fin août 1944, pour qu'il retourne à Paris. Puis, ma rancune enfantine et adolescente diminuant, mon estime et mon amour pour mon père augmentèrent. Sa fin de vie fut tristement persécutée par son ardente amante, devenue épouse acariâtre. À sa mort j'éprouvai le besoin de réhabiliter sa mémoire et de révéler ce qu'avait été sa vie (en dehors du secret amoureux que je devais garder pour moi). J'avais commencé à pratiquer l'ordinateur, j'avais réuni tous les documents possibles sur sa vie, dont de nombreuses lettres de lui qu'il tapait à la machine et dont il gardait copie. Bref, j'étais enfin tranquille à Parme après une période malheureuse à Paris, que j'évoquerai plus loin, et je me mis à rédiger entre rires et larmes la vie de mon père. Entre-temps, j'avais découvert que mes ascendants saloniciens étaient tous originaires de Livourne. Du coup, possédé par le destin de Vidal, je fis mes cours à la va-vite, négligeai mes étudiants et collègues, mais mon cher Sergio ne m'en garda pas rancune.

Spoleto

En juillet 1989, nous étions hôtes de la fondation SIGMA TAU, au Festival dei due mondi. Nous étions logés dans un superbe et antique monastère transformé en hôtel, sis sur une colline, la vue était superbe. Nous participions, Mauro et moi, au colloque : « Qu'est-ce que la connaissance ? » avec Von Foerster, Vattimo, Varela, Gargani. je suis ému de revoir Heinz von Foerster, mon Socrate de la pensée complexe.

Bellagio

En 1995, si je ne me trompe, sur le lac de Côme, les vacances avec Edwige commencent très mal, elle est blessée à la main et il faut chercher un docteur dès l'arrivée. Cependant, une fois installés, un doux rythme conduit nos journées, nous prenons tous nos déjeuners sur une terrasse de restaurant, au bord du lac, et je prends immanquablement des spaghettis *al pomodoro* avec beaucoup de parmesan, puis nous faisons de paisibles promenades dans le grand parc, au long de l'eau. Mauro et Suzanna, (qui traduit mes livres en italien) nous rendent visite et partagent notre félicité sereine. Les vers du lac de Lamartine me venaient en tête et je le récitais :

« Ô temps ! suspends ton vol,
Et vous, heures propices !
Suspendez votre cours :
Laissez-nous savourer les rapides délices
Des plus beaux de nos jours ! »

Mais ce que je me récite aujourd'hui est le début du poème :

« Ainsi toujours poussés vers de nouveaux rivages
Vers la nuit éternelle, emportés sans retour
Ne pourrons-nous jamais dans l'océan des âges
Jeter l'ancre un seul jour ? »

Milan

Plusieurs conférences et des amitiés sûres m'appellent régulièrement dans cette deuxième capitale italienne, je suis également fait docteur *honoris causa* de la Libera Università di lingue e comunicazione, en 2001.

Soudain, me vient le souvenir du mariage de 24 heures, à Milan, de ma tante Mathilde, sans doute au début des années 1960. Tante Mathilde, que j'ai déjà évoquée, était une grande brune aux yeux bleus et d'une grande beauté. Mariée à un officier serbe rencontré à Salonique en 1916 ou 1917, elle avait été une reine de beauté à Belgrade dont me parlait avec ravissement mon ami l'écrivain Daviço. Elle et son mari Bouki venaient tous les ans à Paris par l'Orient-Express pour nous couvrir de cadeaux. La famille, moi y compris, j'étais tout gamin, attendions le train à l'entrée du quai de la gare de Lyon. J'étais enthousiasmé par l'arrivée de la puissante locomotive à vapeur crachant sa fumée blanche en haletant puissamment, suivie des beaux wagons-lits tout bleus arrivant de villes aux noms fabuleux : Istanbul, Belgrade, Vienne, Venise. Nous avancions et, soudain, ils apparaissaient : Bouki poussait de puissants ohhhh ! De tous les cadeaux apportés, j'appréciais particulièrement le saucisson hongrois de Szeged au goût inimitable. Ils m'invitèrent une fois avec eux à Vichy où ils faisaient une cure, et de la voir en robe du soir décolletée presque jusqu'aux seins, je fus soudain possédé par un désir incestueux.

Comme je l'ai dit, elle trouva refuge en Italie lorsque les Allemands envahirent la Yougoslavie, après que son mari mourut pendant l'exode. Elle dut séduire de puissantes personnalités et put accueillir une partie de sa famille française. Après la Libération, elle partit avec un amant à Buenos Aires, en revint seule. La famille se préoccupa de la remarier. Mon père dut jouer un rôle dans l'affaire, car il adore marier célibataires ou veufs. Je ne sais comment ils dégotèrent un riche négociant de tabac, lui-même probablement judéo-balkanique. Ils se marièrent à Milan et nous étions présents Violette et moi. Le lendemain matin, elle vint m'annoncer son divorce : « Je ne peux pas rester dans le lit de cet homme dégoûtant, son corps est plein de pustules. » Mon père essaya de la convaincre de bénéficier des avantages en confort et finances de ce mariage, mais rien n'y fit. Elle trouva à Rome la gérance d'un magasin pour bébés et femmes enceintes : Prémaman, via Frattina. Elle vivait modestement, mais, dans le petit restaurant où elle était habituée, elle avait des manières de reine, demandant à changer la garniture, la cuisson, refusant tel plat, demandant tel accommodement non prévu dans le menu. J'allais la voir à chacune de mes visites à Rome. Puis vint la retraite et mon père lui trouva un studio à Paris dans son quartier. Elle avait profité du changement de ses papiers d'identité serbes en identité italienne pour s'y rajeunir de dix ans.

À l'âge officiel de 70 ans, elle dut être hospitalisée à Paris, et le médecin envisagea une opération. J'étais présent. Mon père ne put s'empêcher de dire à voix basse au médecin, mais Mathilde l'entendit parfaitement : « Ma sœur a en fait 80 ans. » Mathilde, jusqu'alors mourante, se redressa, s'exclamant d'une voix puissante : « Mais comment peux-tu mentir ainsi Vidal, tu sais bien que je n'ai que 70 ans ! » Et mon père confus : « Excuse-moi ma chérie, je ne sais pas où j'avais la tête. »

* * *

Je dois constater depuis un an (nous sommes en 2017) un certain déclin de ma condition physique. Je pouvais encore marcher longtemps sans m'épuiser avec seulement, en arrivant, la bonne fatigue du marcheur de fond. Désormais, je perds rapidement le souffle, je sens l'affaiblissement de mes jambes.... Maintenant, les coups de pompe m'arrivent de plus en plus souvent. Ce n'est que lorsque je donne une conférence, une interview, un débat que je suis saisi par un feu intérieur, que ma mémoire se réveille, que je m'exalte, alors on me dit : « Comme vous êtes en forme ! » En fait, c'est comme si une énergie qui vient de l'extérieur me pénétrait ou plutôt comme si une énergie provenant des profondeurs génétiques arrivait à mes neurones obéissants. Je n'ai pas de volonté, c'est la volonté qui se saisit de moi. Ainsi, le matin, je ne peux me lever bien qu'éveillé, je suis trop bien au lit, dans les draps, avec mon oreiller. Je m'admoneste, je m'objurgue, rien n'y fait. Je rumine je ne sais quoi et, soudain, déclenché par je ne sais quel propos de mon monologue intérieur, la volonté s'empare de mon corps, me projette les jambes hors du lit et me force à me lever. Au plus vite, thé vert à goulées, un rien de farine de coca ou de poudre de guarana ou de poudre de gingembre dans un jus d'orange pressée pour me désensommeiller l'esprit, et le vrai réveil arrive uniquement devant mon Mac, à l'arrivée des mails. Mais s'il y a trop de mails fastidieux, ils m'encombrent l'esprit et tendent à me réensommeiller. J'ai installé un système antispam dénué d'intelligence « spamique », incapable de démailer le bon grain de l'ivraie numérique.

Je reviens à Milan. Que de rencontres, débats, conférences, à la maison de la culture, organisés par un jeune intellectuel communiste, très ouvert (passé ensuite au berlusconisme), mais également au Piccolo Teatro de Giorgio Strehler (2007, 2012, 2016) qui avait passé une saison de vacances dans mon appartement des Blancs-Manteaux alors que j'étais en Californie.

À Milan, Edwige cherchait et trouvait costumes, chemises, chaussures pour me vêtir de pied en cap.

Naples

C'est à Naples que je connus Oscar Nicolaus, devenu depuis co-mousquetaire avec Mauro, Gianlucca, Sergio et moi. Mauro y avait organisé en avril 1991 une rencontre autour de sa revue *Pluriverso*, et je m'y liai avec Oscar et Maria-Giovanna Musso, professeur de sociologie à l'université de la Sapienza à Rome. Oscar était psy, attaché au CNRS italien, journaliste occasionnel, fanatique de football et surtout de Maradona qui fit les beaux jours du club de Naples jusqu'au moment où il fut suspendu « parce que le ballon s'était égaré un instant sur son doigt ». C'était un joueur fabuleux, d'une subtilité certaine et incroyablement astucieux. Oscar fit partie d'une association en son honneur :

Te Diegum, et il nous présenta lors du congrès inter-latin pour la pensée complexe à Rio, des moments maradoniens filmés – admirables.

À Naples aussi, je retrouvai ma très chère amie Paola Carola, de dix années plus jeune que moi (née en 1929), qui m'avait offert si souvent l'hospitalité à Rome. Je l'avais connue au Palagio, chez Simone. Issue de la grande bourgeoisie napolitaine, épouse d'un très riche héritier dont elle fut très tôt séparée, elle était sensible, intelligente, cultivée : elle brûlait du désir de se rendre socialement utile. Elle crut trouver cette utilité en se liant avec un haut responsable du Parti communiste italien. Mais quand elle voulait parler politique et classe ouvrière avec lui, il lui disait : « Cara, je fais ça toute la journée avec mes collègues du bureau politique, laisse-moi le plaisir de faire l'amour avec toi. »

Paola trouva enfin un sens utile à sa vie. Mais, auparavant, me vient à l'esprit un incident à la fois tragique et stupide. Nous étions à ce point liés Paola, Johanne et moi que nous faisions des voyages ensemble comme ce voyage en Suède, où nous trouvâmes, par un ami balte émigré, la complicité d'un consul soviétique balte qui nous donna, privilège exceptionnel alors, les visas nécessaires pour nous rendre à Léningrad pas encore redevenu Saint-Pétersbourg. Je raconterai ailleurs ce beau voyage où, en une nuit, l'hiver fit place au printemps. Nous étions arrivés dans la ville, neigeuse le soir, lumineuse au matin, sous un soleil éclatant, l'eau dégoulinait des toits, ruisselait dans les caniveaux, des hommes se mettaient torse nu devant la forteresse Pierre-et-Paul. Je ne me rendis pas compte que Johanne souffrait lorsque, visitant le musée de l'Ermitage, Paola réservait ses commentaires artistiques à moi seul, et je ne me rendais pas compte en général que Paola focalisait sur moi ses propos intellectuels ou politiques.

Un soir que nous étions tous les trois dans mon bel appartement de la rue des Blancs-Manteaux (que je n'ai cessé de regretter), Paola était étendue la tête sur les genoux de Johanne, elle-même accroupie sur le tapis, et moi j'étais à demi affalé non loin, tout semblait paisible, serein, doux, et soudain, d'une voix elle-même très douce, Johanne dit à Paola en lui caressant le visage : « Je ne t'aime plus Paola. » Paola redressa la tête stupéfaite, interloquée : « Quoi ? » « Je ne t'aime plus ma Paola, je ne t'aime plus. » Paola éclata en sanglots, et Johanne de lui caresser le visage en larmes : « Je ne t'aime plus ma chérie »....

Dès que nous fûmes seuls, Paola me demanda une explication. Moi-même j'essayais de comprendre et je lui dis que Johanne se sentait sans doute sous-estimée, voire, d'une certaine façon, méprisée intellectuellement par elle. Puis, plus tard, Johanne me dit que Paola jetait ses serviettes hygiéniques dans les cabinets, mais elle ne me donna jamais la vraie raison, que je crois pourtant avoir devinée.

Je continuai de mon côté à voir Paola. Le destin vint donner un sens utile et gratifiant à sa vie. À 38 ans, elle rencontra Lacan et le despote du nouvel intégrisme freudien la sacra psychanalyste en trois séances. Elle devint peut-être plus efficace psychanalyste que si elle avait suivi tout le cursus. Elle ouvrit un cabinet à Paris, puis à Naples, se consacra aux névrosés, tourmentés, anxieux, obsédés, dingues, agités, accablés, elle écrivit des articles sur les diverses psychoses et névroses ainsi que sur ses amis artistes Giacometti et Cremonini, et tout cela l'épanouissait enfin, tout en lui faisant accepter sa condition de grande bourgeoise. Edwige et moi fûmes reçus dans son magnifique domicile napolitain. La dernière fois que je la revis, ce fut dans son appartement parisien du 7e arrondissement, au cours d'un dîner où était également invité Claude Lefort, qui s'énerva une fois de plus contre moi, je ne sais plus à quel propos, ce qui choqua Sabah qui, le voyant pour la première fois, ne savait pas que ces éclats étaient habituels chez lui.

Paola décéda à Paris en 2012. Ses amis se réunirent chez elle, dont son premier grand ami à Paris, Pierre Nora. Je me souvenais de tant d'années intimes et complices qu'avait arrêté le brutal désamour de Johanne, mais sans qu'il pût briser notre amitié.

Était-ce la première ou la seconde visite à Naples ? J'arrive de Rome. Je suis dans le taxi avec Oscar, et nous débattons des mérites comparés de Rome et de Naples. Le chauffeur qui nous a écoutés me demande : qu'est ce qui est plus beau pour vous,

Rome ou Naples ? Je réponds que ces deux superbes villes ont chacune leur beauté. Le chauffeur répond : « Rome n'a été que l'œuvre des hommes, ici (et, d'un geste large, il étend largement le bras sur la baie de Naples), c'est l'œuvre du Père éternel ! » La seconde fois, Oscar conduit et je le vois brûler avec allégresse les feux rouges. « Mais… ! m'exclamé je : "Ici, tu sais, ils n'ont qu'une valeur suggestive" me rétorque-t-il. Effectivement, il n'est pas le seul à ignorer la signalisation. Puis je le vois prendre une petite rue étroite en sens interdit. J'apprends que les sens interdits également n'ont qu'une valeur de suggestion.

Ah les fabuleux repas dans cette trattoria où Oscar et mes autres amis napolitains étaient habitués ! Connaissant ma dilection pour l'aubergine, nous avons organisé le culte de la sainte aubergine « *Santa melanzana* », et il n'était point de *cena* sans un plat d'aubergines. Je fus aussi invité à faire un cours de deux semaines à l'Institut de philosophie de Naples, qui a coutume d'inviter des auditeurs étrangers, et mon ami suédois, dont le nom m'échappe, un des premiers adeptes de la pensée complexe, fut invité de Stockholm. Par la suite, il s'écarta de la pensée complexe par radicalisme politique, mais il fut très longtemps un encouragement pour moi

Erice

La fondation Ettore Majorana pour la culture scientifique, Ettore Majorana Foundation and Centre for Scientific Culture, sise à Erice, en Sicile, m'avait demandé d'être membre de son comité scientifique. J'avais accepté, puis avais été invité dans cette petite ville, à 756 mètres d'altitude où la fondation est installée depuis 1963 dans d'anciens monastères et organise cours et conférences. Je ne sais plus si j'ai fait une conférence ou participé à un débat. Mais j'étais intrigué depuis longtemps par la personnalité et la soudaine et mystérieuse disparition d'Ettore Majorana au printemps de 1938, à l'âge de 32 ans. Ettore Majorana effectuait des travaux en physique des particules, avec des applications particulières de la théorie des neutrinos auprès du grand Enrico Fermi qui avait découvert la stucture de l'atome. Il impressionnait Fermi par son génie.

Le 26 mars 1938, il prend le paquebot-poste pour Palerme après avoir envoyé une lettre où une intention de suicide est clairement énoncée. En fait, il ne se suicide pas, il débarque à Palerme, annonce à un collègue qu'il renonce à l'enseignement, puis il disparaît définitivement. Il a vidé son compte en banque et pris son passeport. Quelques témoins disent l'avoir vu après le 28 mars et, parmi eux, son infirmière. Ses collègues Fermi, Amaldi, Segrè penchent pour la thèse du suicide, sa famille celle du retrait dans un couvent ; d'autres ont envisagé un enlèvement par des services secrets ou une fuite en Argentine (Recami). L'écrivain sicilien Sciascia a pour sa part défendu l'hypothèse que Majorana avait disparu (ou se serait suicidé) parce qu'il avait anticipé l'usage militaire de l'énergie nucléaire. Conscient des dangers de l'arme atomique que susciteraient ses découvertes en physique nucléaire, il aurait choisi de disparaître. Il se trouve qu'en 1934, à Rome, Fermi avait bien obtenu expérimentalement une fission nucléaire, mais on ne comprit que plus tard le sens de son expérience. (Durant la guerre, aux États-Unis, Fermi collabora à l'élaboration de l'arme nucléaire.)

Différentes versions sur sa disparition se sont multipliées : exil en Argentine (attesté par un témoin en 1955), refuge dans un couvent, enlèvement par un service secret étranger le 4 février 2015, le bureau du procureur de Rome a publié un communiqué déclarant que Majorana était vivant à Valencia, au Venezuela, entre 1955 et 1959…

Je n'ai cessé de m'interroger sur ce personnage, d'essayer de comprendre le lien entre son intelligence hors du commun et son renoncement dans le cas où il aurait fui pour se cacher. Je reste marqué par l'hypothèse de Sciascia pour qui le génial Majorana avait compris qu'il avait, avec Fermi, ouvert la boîte de Pandore, libérant les plus grands maux de l'humanité. Bref, je garde de mon séjour à Erice un souvenir flou mais ensoleillé, charmé de ces journées passées à fraterniser justement avec un nouvel ami, professeur à l'université de Padoue, dont le nom m'échappe à l'instant, et toujours hanté par le mystère Majorana

Cannobio

Vacances avec Edwige à Cannobio, sur le lac Majeur, en juillet 1995. Beaucoup de vaporetti faisant l'aller-retour à Locarno. Souvenir doux et paisible.

Montepulciano

Je fais aussi un séjour aux environs de Montepulciano dans la propriété écologique d'un ami qui avait abandonné son poste de chef d'industrie pour se consacrer à une vie écologique. J'étais avec M, avec qui je m'entendais physiquement et intellectuellement fort bien, mais qui avait des accès de possessivité, de jalousie et de susceptibilité soudains et inattendus pour moi, rêvait de m'épouser alors que nous étions déjà mariés l'un et l'autre, et qui parfois même menaçait de dénoncer notre liaison à Edwige. Nous passâmes par chance quelques jours paisibles, et je pus retourner à Pienza, ville théatrale qui n'a cessé de m'envoûter. Il fallut ultérieurement nous séparer M et moi.

Retours à Florence

Je fis en 2009 ou 2010, à Florence, la conférence inaugurale d'un Congrès international sur la médecine où sont venus les représentants des médecines exotiques ou indigènes, et où je montrai qu'il y a plusieurs médecines, y compris dans les pays occidentaux, et qu'il fallait œuvrer pour les complémentariser.

Je revis Eva qui me confirma que Caldine, le Caldine de l'harmonie, n'était plus : dissentions, séparations. Mon paradis perdu n'était plus seulement perdu, il n'était plus un paradis.

Je fis aussi en 2012 ou 2013 une conférence sur la Voie au

palais de la Signoria, présentée par le maire Matteo Renzi qui choisit ensuite une autre voie.

Et l'année suivante je pense, extrêmement fatigué et démoralisé par cette perte d'énergie, ma « Providence », Idanna, mariée depuis à Terence, remarquable écrivain, elle-même écrivaine et auteur de beaux livres sur ses ascendants, dont Savorgnan de Brazza, m'offrit l'hospitalité dans un petit appartement pour amis à l'étage inférieur de son appartement, proche de l'Arno. J'y passais de longues journées allongé, somnolent, puis un premier soleil printanier me fit me lever, et j'effectuai ma première promenade avec Terence, tout émerveillé de longer l'Arno, de le traverser puis d'aller place de la Signoria prendre un espresso chez Rivoire.

J'ai la clé du petit appartement d'Idanna. En Idanna, je retrouve le souvenir du Palagio, désormais propriété d'une star du show business. Nous sommes allés ensemble voir Simone et son épouse Florence dans une petite maison d'un village toscan où il finissait tristement ses jours. Nous sommes allés ensemble lors de son décès nous recueillir dans le *castello* d'une de ses sœurs.

Prix Nonino

Emmanuel Leroy Ladurie fait partie d'un jury international institué par la famille Nonino (productrice d'une grappa frioulaine réputée), et comportant Naipaul, Peter Brook, Adonis, Claudio Magris, Antonio Damasio, Ermanno Olmi. Il avait milité pour me faire obtenir le prix 2004 décerné à « un maître de notre temps ». La remise du prix se faisait fin janvier à Percoto, siège de la distillerie et de la famille Nonino, près d'Udine. Edwige et moi faisons donc le voyage par un vol Paris-Venise puis un transport en auto jusqu'à un hôtel d'Udine où les membres du jury et les lauréats sont accueillis par les charmantes filles Nonino pour un dîner. Le lendemain soir, grande fête à Percoto dans la maison familiale, avec apéritif, banquet, orchestre frioul, puis orchestre rock, je déguste, je bois, nous dansons, je trouve la bonne transe, puis rentre hagard dans la nuit à Udine pour me lever assez tôt pour la remise des prix. Celle-ci se fait dans la distillerie même, vaste salle où en mezzanine fument les alambics. Une foule d'invités prend place à de très nombreuses tables. La grappa est versée généreusement dans les verres. Sur la tribune, la table du jury, puis, debout, les lauréats. L'orchestre entonne le *Libiamo* de *La Traviata* et nous chantons tous, verre en main, en chœur, l'hymne au plaisir et à l'amour. Les prix sont distribués, c'est Leroy Ladurie qui me présente. On festoie. Puis la famille Nonino offre aux membres du jury deux jours à Venise sur la route du retour. J'ai été nommé l'année suivante membre du jury et, à par deux ou trois années, j'y suis retourné à chaque fois avec le même bonheur de retrouver la liesse et mes nouveaux amis, dont Antonella Nonino, Damasio, Olmi. J'ai pu militer pour Leila Shahid (prix 2008) Serge Moscovici (2010) Alain Touraine (2016) et j'ai fait l'éloge de Michel Serres en lui remettant le prix 2014, oubliant ses propos péjoratifs sur mon compte et le réconciliant du coup avec moi. Après chaque prix, je fais un séjour de quelques jours non plus à Venise mais à Rome, dans un hôtel place du Panthéon, dans mon périmètre sacré où je jouis du Caffè sant'Eustachio, du Campo dei Fiori, de la piazza Navona, du monte Citorio.

Me sentant fatigué en janvier 2017, je ne me suis pas rendu à la fête annuelle et ne sais si j'aurai la forme pour l'année prochaine.

Je ne sais pas non plus si j'irai à Perugia pour le festival de sociologie en octobre et à Rome pour un colloque, en novembre. *Que sera sera.*

Musique

L'Italie a sans cesse chanté à mes oreilles : ma mère adorait la voix du ténor Tito Schipa, elle avait ses disques et, tout enfant, j'ai été pénétré par les airs de *Rigoletto* et *La Traviata*. Puis, après sa mort, je fus possédé, je l'ai dit, par l'hymne à Garibaldi qui existait en disque. Mon père chantait parfois un air appris d'un Italien révolutionnaire au camp de Frigolet.

Adolescent, j'ai aimé les opéras italiens, avant tout *Madame Butterfly* et *La Bohème*. À chaque séjour en Italie, je fus pourchassé par un air revenant en boucle dans ma tête. Au cours du premier voyage, c'était la chanson des *papaveri*, puis ce fut *Vola colomba bianca*, ensuite *Bella ciao*, *Quel mazzolin di fiori*, avec Marilu, *Volare* chanté par Modugno, puis les *Farfalle della notte* chanté par Minna, les chansons napolitaines *Como mammette te ha fatte*, *Funiculi funicula*, *Santa Lucia*, et, récemment, *Italiano vero*.

Addio

Mes lieux de magie, d'amour, de beauté, de communion ne sont plus.

Le Palagio n'est plus le Palagio, Caldine n'est plus Caldine, le château de Castiglioncello, où j'ai écrit dans le bonheur le premier jet de *La Méthode* a été définitivement ruiné par des tirs d'artillerie lors d'exercices militaires. Mes amis de la côte Maremme sont dispersés ou ont disparu. Torre Vecchia est toujours là. Carlo et Isabelle continuent à produire l'huile d'olive dont ils m'offrent chaque année un bidon, mais Carlo est fatigué, nous nous aimons de loin.

La route de Fiesole à Caldine si belle, si éclatante, si toscane, que j'évoquai en sanglotant devant mon ami Malarewicz parce qu'elle était la route du bonheur perdu, cette route fait revenir aujourd'hui à mon souvenir le temps à jamais perdu.

Dernier rêve, le réaliserai-je ? Aller à Livourne recevoir la médaille de citoyen d'honneur que m'a promise le maire de la ville. Stendhal voulait qu'on mette sur sa tombe qu'il était milanais. Je veux seulement être reconnu comme orphelin de cette Toscane où j'aurais dû vivre, où j'ai failli vivre.

26

Rome

J'avais découvert Rome au cours de mon premier périple en Italie, en chemin de fer, en 1947. J'allais y être invité quelque dix ans plus tard et y revenir toute ma vie pour des périodes plus ou moins longues.

Je fus invité à Rome comme intellectuel antistalinien par Ignazio Silone, ancien dirigeant du Parti communiste italien dans la clandestinité. Il connut la prison et l'exil ; écrivain reconnu, il devint apostat, comme moi, mais bien plus tôt, en 1931. Il fonda en 1956 avec Nicola Chiaromonte la revue *Tempo presente.*

Je rencontrai aussi Nicola Chiaromonte, qui m'inspira une affection infinie, bien que je l'aie peu connu. Philosophe de formation, il avait combattu en Espagne dans l'escadrille d'André Malraux (qui le dépeint sous les traits de Scali dans *L'Espoir*), fit partie de *Giustizia e Libertà*, s'exila aux États-Unis, fut proche de Hannah Arendt et s'opposa au communisme stalinien de façon proche de celle d'Albert Camus. La bonté, la beauté, l'ouverture de son esprit qui se lisaient sur son visage m'ont marqué ainsi que la pertinence profonde de ses paroles. Il se vouait à la recherche – une fois de plus dans l'histoire européenne – de la troisième voie (la trouverons nous un jour ? C'est dans ce sens que j'ai écrit *La Voie*).

Ce fut mon premier voyage en Caravelle. J'avais déjà pris un avion militaire aller-retour de Strasbourg à Berlin, sans trop d'émotions, mais ce voyage-là fut comme le dépucelage troublant d'une vie qui allait désormais transiter par les airs. En fait, j'avais peur, tout en étant enivré par le décollage et le survol des Alpes.

Silone était un homme qui me semblait très triste. Nous nous vîmes plusieurs fois à Rome, où il me logea à l'hôtel Monte Citorio, en face de la Chambre des députés, et nous déjeunions ensemble dans une trattoria toscane qui n'existe plus, près du Panthéon. Il est mort en 1978. En 2000, quelques historiens ou journalistes italiens prétendirent avoir découvert que Silone avait été pendant un temps un indicateur du pouvoir fasciste. D'autres sont convaincus de son innocence. Moi, je garde en mémoire son visage triste de vieux combattant qui semblait avoir perdu toute espérance.

Sartre

C'est plus tard que se situe mon « incident Sartre » à Rome. Adolescent, j'avais aimé *La Nausée*, *Le Mur*, notamment « L'enfance d'un chef ». J'avais intégré dans l'élaboration de mon livre *Le Cinéma ou l'homme imaginaire* bien des éléments de son essai intitulé *L'Imaginaire*. J'avais applaudi sous l'Occupation à sa pièce *Les Mouches*, que je considérais d'esprit résistant (bien que Sartre et Beauvoir n'aient nullement participé à la Résistance, à la différence de Camus) et j'avais écrit un article que je destinais aux *Lettres françaises* clandestines, opposant l'*Antigone* d'Anouilh, d'esprit collaborationniste, aux *Mouches* de Sartre (l'article n'arriva pas à destination). Après la Libération, je lisais avec intérêt *Les Temps modernes* et j'y fis même, en 1952, un article sur la mythologie du Festival de Cannes, ce fut ma seule collaboration avec la revue sartrienne. Auparavant, les opposants culturels du Parti, dont Dionys et moi étions à la pointe, défendirent Sartre contre les accusations les plus ignoblement grotesques, faisant croire que cette « hyène dactylographique », selon l'expression de Fadeev, touchait chaque mois son « salaire d'anticommuniste à l'ambassade américaine », entre autres inepties.

En 1952, bien que et parce que exclu du Parti, je pris l'initiative de demander à Gilles Martinet de réunir un certain nombre d'intellectuels, dont Sartre, pour protester contre l'arrestation de Jacques Duclos. Je raconte l'histoire de cette pétition qui avait été mon initiative et dont mon nom fut écarté sur exigence communiste (voir p. 201).

En fait, Sartre et moi cheminions en sens inverse, et bientôt adverse. Il partait du très subjectif existentialisme pour aller vers le marxisme et d'un vague sentiment de gauche pour se tourner vers le soutien à l'URSS. En fait, nous nous croisâmes en 1952, puis, progressivement, nous éloignâmes. Il devint « compagnon de route » du Parti, écrivit que tout anticommuniste était un chien, jeta dans l'infamie tant d'esprits lucides qui, ayant fait l'expérience communiste, de Souvarine à Trotski, de Sperber à Koestler, en dénonçaient le mensonge, la bêtise et la cruauté. Il fut très malheureux du rapport Khrouchtchev dénonçant les crimes de Staline et déplora sa publication qui allait « désespérer Billancourt ». Il ne cessa de vivre dans l'illusion politique la plus totale jusqu'à ce que, bien qu'ayant perdu la vue, son ex-jeune mentor maoïste, Pierre Victor, redevenu Benny Lévy, le désaveuglât politiquement peu avant sa mort, en 1980. Je passe sur mon opposition aux sartriens, notamment pendant la guerre d'Algérie, que je traite dans mon chapitre consacré à ce conflit, et j'en reviens à Rome.

Il fait très beau, pas trop chaud, c'est le printemps ou l'automne ; un journaliste romain m'a invité à déjeuner dans un agréable restaurant en plein air et nous devisons à bâtons rompus. Ce n'est pas une interview. À un moment, il me demande : « Que pensez-vous de Sartre ? », et je réponds immédiatement : « Grand écrivain, philosophe moyen, politique nul. » Le lendemain, cette phrase paraît en manchette de son journal. Sartre est à Rome ; interviewé par le même journaliste, il se répand en insultes et calomnies imbéciles à mon égard, car il est toujours très méchant dans la polémique. Je suis ennuyé, non que je regrette mon propos, mais qu'il ait été rendu public. J'ai voulu qu'il sache que c'était un propos privé, et je demande à sa compagne d'alors, l'actrice Évelyne Rey, d'avoir une explication avec lui, il refuse.

Je repris par la suite ma formule sur l'écrivain, le philosophe, le politique chaque fois qu'on me demanda mon opinion sur Sartre. J'ajoute qu'il est consternant qu'il soit souvent cité comme un exemple intellectuel de lucidité politique. C'est une preuve que la nullité politique dépasse largement sa personne.

Janvier 1981, palais Farnèse et villa Médicis

François Mitterrand est élu président de la République le 21 mai 1981. Mon ami Gilles Martinet, qui sait qu'il n'a aucune chance d'être ministre, lui demande l'ambassade de Rome, qu'il obtient. « Trop heureux de se débarrasser de moi » me dit-il, en m'invitant à passer quelques jours en janvier 1982 dans le superbe palais Farnèse.

Nous résidons avec Edwige dans la « chambre du cardinal » et nous admirons les lieux. Martinet nous confie ce qui l'émerveille le plus : « Je laisse le soir ma chemise sale et je la trouve le matin propre et repassée. » Martinet, dont la femme Ornella est d'origine italienne, connaît très bien les politiques italiens, et mène une vie diplomatico-galante décontractée.

Il nous fait visiter la villa Médicis sous la conduite de son directeur Leymarie, qui nous dit, en nous montrant son paysage admirable : « C'est insupportable de beauté. » Je suis moi-même envahi par une douce transe…

Au retour, Martinet m'apprend que Leymarie va prendre sa retraite et que Mitterrand souhaite, comme successeur, une personne non seulement versée dans les arts, mais ayant une ample culture englobant lettres, cinéma, sciences humaines.

« Tu viens de faire mon portrait », lui dis-je.

Il me promet de soumettre mon vœu au président de la

République. Il en parle à Régis Debray, alors conseiller de Mitterrand. Mais c'est une époque où Debray (que j'ai connu étudiant) me juge aux antipodes du socialisme dont il rêve encore, il dit à Martinet : « C'est un poste pour nos amis, non pour nos ennemis » (maintenant que nous sommes très liés, je lui ai rappelé cette phrase). J'abandonne mon fantasme où je m'imaginais souverain de la villa admirable.

Mais j'en avais auparavant parlé à Marguerite Duras qui, elle, me trouvait tout indiqué pour la villa Médicis et avait écrit en ce sens à François Mitterrand avec qui elle demeurait très liée (voir « mon » Mitterrand de la Résistance, p. 131). Au hasard d'une invitation à l'Élysée, je salue Mitterrand qui me dit : « Marguerite m'a écrit, ce n'est pas impossible, ce n'est pas impossible… » L'espoir du possible renaît à ce double « pas impossible ». Puis j'apprends qu'il y a de nombreux intellectuels ou écrivains socialistes qui postulent. Finalement, Mitterrand nomme Jean-Marie Drot, directeur de l'Institut français d'Athènes pour l'empêcher d'accéder à la direction de France 2 où il a été élu et pour laquelle le Président a son candidat.

Par la suite, j'ai été invité pour quelques jours à la villa Médicis par un de ses hôtes, un jeune musicien qui m'avait dédié une de ses œuvres. Je compris alors que je n'étais pas capable d'en assurer la direction. « Mais tu aurais eu des adjoints capables de faire le travail bureaucratique », me dit Edwige.

Ce doit être auparavant, dans les années 1960, que Johanne retrouve à Rome une copine québécoise, laquelle vit avec un Romain d'une trentaine d'années, hâbleur, blagueur, généreux, sympathique : Lello. C'est un enfant des rues romaines, débrouillard, un peu ruffian. Il vit de trafics que je n'ai jamais compris. Puis, après s'être séparé de sa compagne, nous l'avons revu au cours des années se transformer, se lier sans doute par mariage avec Solvi, une belle Allemande, vedette de films publicitaires italiens, devenir producteur de cinéma, toujours hospitalier et généreux, et elle désormais transformée en hyper-Romaine, expliquant tous les monuments et palais à Sabah. Notre amitié vieille de cinquante ans s'est consolidée. Puis, soudainement, le samedi 10 mars 2018 nous apprenons dans le même mail, par une amie commune, la mort de Solvi et celle de Lello, à Rome. Solvi, nous le savions, était atteinte d'un cancer. Nous demandions de ses nouvelles à Lello mais sans avoir de réponse. On l'avait retrouvé mort, chez lui, peu de mois après le décès de Solvi.

Mon esprit associe dans une certaine confusion des séjours différents. Je nous vois Johanne et moi loger pendant un temps au Trastevere, dans une maison, sur une petite place tranquille, que nous a prêtée Guy de Lusignan, qui occupe alors je ne sais quel poste diplomatique à Rome. (J'ai rappelé ailleurs que son ancêtre homonyme fut roi de Jérusalem de 1186 à 1190.)

J'aime beaucoup ce quartier populaire. De ma fenêtre, je vois sortir d'une maison voisine un petit vieux, qui, une fois dehors, regarde la fenêtre du second et dernier étage où se tient accoudé un autre petit vieux, et lui dit avec un amour filial : « *Ciao papà.* »

Je nous vois aussi loger via del Panico, un quartier d'artisans, dans un appartement prêté par Paola Carola, avec un valet de chambre sicilien discret qui, de lui-même, cire les chaussures et lave le linge. Je garde également en mémoire le superbe appartement de Paola, à mi-colline sur le Janicule, avec une terrasse d'où l'on découvre tout Rome. Je nous revois bien sûr aussi dans le petit logement romain de Simone, près de la place Navona.

Je retrouve souvent mon ami hongrois, András Bíró, de quatre ans mon cadet, qui a un emploi à la FAO (organisation des États-Unis pour l'alimentation). Claude Lefort, Cornelius Castoriadis et moi, qui nous sommes impliqués fortement dans la défense et l'illustration de la révolution hongroise, l'avions rencontré avec d'autres intellectuels hongrois réfugiés, mais une amitié particulière nous a liés à lui et, pendant un temps, nous formâmes à quatre un groupe solidaire. Il vivait avec son épouse française via del Arcaccio. Nous nous voyions très souvent. Il tomba amoureux de Paola qui elle-même en devint amoureuse. Mais son épouse, jalouse, fit croire au naïf András que Paola était une Célimène qui se riait de lui dans les salons romains. Un jour, je trouvai Paola effondrée, en larmes, elle venait de recevoir une lettre d'András :

« Madame, vous vous êtes bassement moqué d'un homme au cœur sincère… », se terminant par un : « Adieu, madame. »

Chose curieuse, András n'aimait pas Rome, alors que j'adorais cette ville. Il quitta la FAO et partit vivre une vie aventureuse dans le monde, notamment en Amérique latine, et tomba très fréquemment amoureux. Il est finalement revenu en Hongrie en 1986, et s'est alors voué à la cause des Roms, qui, particulièrement en Hongrie comme dans les autres pays est-européens, subissent discriminations, mépris, sévices. En 1990, il a fondé Autonómia Alapitvány, une ONG de soutien aux Tsiganes. Il a créé la première radio faite pour et par des Tsiganes, dont la culture est fondée sur la tradition orale. Il poursuit sans relâche son œuvre en faveur des Roms, vient de temps à autre à Paris, où, en 2016, nous avons pu nous embrasser pour son anniversaire. Récemment, il est venu me voir à Montpellier où je m'enracine. Nous avons de nouveau fraternisé comme ont peut-être fraternisé les derniers dinosaures.

Je me souviens plus récemment, était-ce en 1998 ?, d'un petit appartement via Sistina, vers Trinità dei Monti, que j'avais loué pour les quelques semaines où je faisais des conférences à l'université de La Sapienza et où Maria Giovanna Musso donnait elle-même ses cours. En cette période, j'étais fou de la *Quatrième Symphonie*, dite « Romantique », d'Anton Bruckner, que je remettais sans arrêt sur mon lecteur de CD. Je ne pouvais me passer de musique quand j'écrivais ou étais dans une chambre.

Je me vois poussant Edwige blessée dans un fauteuil roulant sur les trottoirs du centre de Rome et j'avais le sentiment très agréable d'être utile à la personne aimée.

Je devais retrouver Rome dans l'année 2008. Le maire – en réplique à l'anniversaire de la christianisation de Rome – m'avait demandé de faire un discours au Capitole pour célébrer l'année de la fondation de la Rome antique. J'y affirme que Rome n'est pas la Ville éternelle, mais la Ville qui intègre le Temps tout en luttant contre lui. Ainsi s'y sont succédé et mêlés édifices antiques, médiévaux, Renaissance, baroques, et ce jusqu'au XIXe siècle. L'architecture moderne est devenue inassimilable et a dû s'installer au Parioli pour le luxe ou dans les bas quartiers pour les classes populaires.

Tuberculose

J'aimais vivre à Rome en hiver ; mais il y est capricieux, de belles journées ensoleillées alternent avec un froid brutal et de fortes pluies.

Ainsi je me suis trouvé fortement enrhumé et fiévreux en 1999 à l'hôtel Colonna, face à la Chambre des députés, auquel m'avait habitué Silone. Cet hôtel n'ayant pas de restaurant, cela me causa quelques difficultés pour me nourrir, mais un médecin ami de Maria Giovanna parvint apparemment à me guérir.

Peu après, j'étais invité au Maroc pour donner deux conférences, l'une à Rabat, l'autre à Tanger. C'était également l'hiver, capricieux en ces deux villes marocaines comme à Rome. Il faisait très froid à Rabat et je fus logé dans une grande chambre non chauffée à l'ambassade de France. Puis à Tanger dans une chambre d'hôtel pas plus chauffée où j'étais privé de mon pyjama, oublié à Rome. Bref, je fus atteint à nouveau au nez, à la gorge et aux bronches.

À mon retour à Paris, je voulus me préparer à partir en Chine dans une université où était programmé un débat entre « pensée complexe » et « théorie des systèmes complexes ». Mais je fus saisi d'une forte et soudaine fièvre passant tour à tour de 37 à 40 °C. Je fus transporté à l'hôpital Cochin. La tuberculose était devenue si rare en France qu'on mit quelques jours à la détecter.

Aussitôt commença un traitement justement dit remède « de cheval », consistant en une prise quotidienne massive d'antibiotiques, cela pendant un an et demi, jusqu'à ce qu'on pût constater que le BK avait disparu. Les conséquences en furent une dégradation chronique de mes fonctions rénales avec un taux de créatinine élevé, une fatigue plus fréquente, la nécessité d'augmenter ma consommation d'eau et de diminuer viandes, charcuteries, etc.

Me voilà donc affecté non seulement d'une faiblesse hépatique contractée en 1952, mais désormais d'une fragilité rénale et bientôt prostatique. J'ai établi une digue d'autocontrôle pour retenir mon impétueuse inclination à la gourmandise, mais, à l'occasion d'une invitation dans une ville étrangère, ou après une conférence où je me suis beaucoup dépensé, la digue craque et je me laisse resservir en nourriture et en vin ; le lendemain, je suis hagard, contraint de me coucher et de jeûner.

Séjours

Que de séjours, que d'invitations dans les années 1980 à 2010, dont les rencontres avec Mauro Ceruti, devenu un temps sénateur du Parti démocrate, et ce séjour via Appia dans la belle villa de Jean-Louis Vuillerme, que j'ai connu comme le premier étudiant passionné par *La Méthode* !

Je me souviens d'une nouvelle visite à la chapelle Sixtine après la restauration des fresques par une entreprise japonaise. J'y découvris alors que le Créateur, qui tendait sa main vers Adam pour lui donner souffle de vie, tenait enlacée de son autre bras une créature féminine qui n'était pas un ange, parce que dépourvue d'ailes, alors que les anges voletaient autour, ce qui indiquait discrètement que Michel-Ange voulait associer un principe féminin à la création de l'homme.

Je fus invité à l'académie Vivarium avec Giuseppe Gembillo et Mauro Ceruti en novembre 2014, je crois. L'Accademia Vivarium Novum fut fondée en 1995 par Luigi Miraglia, ouverte à des étudiants de tous pays et continents pour une culture humaniste, basée sur le grec et le latin, et dont la langue de communication est le latin. Les cours sont en latin, les conversations entre étudiants également, et je fus émerveillé, alors que j'étais conduit en auto par un étudiant américain, d'entendre celui-ci échanger par téléphone portable des informations en latin avec un étudiant chinois. La session où nous fûmes invités était consacrée à mon thème : « l'humanisme régénéré ». Nous fîmes nos conférences au Capitole dans notre langue, traduites ensuite en latin pour les jeunes participants de tous continents. Puis elles furent publiées également en latin.

J'admire que cette langue morte, retrouve son universalité en une vie locale et singulière…

Le directeur Luigi Miraglia a pu obtenir des autorités publiques italiennes que son académie soit logée dans un superbe palais à

Tivoli, et j'y fis en 2017 une conférence. Le palais est en travaux de réfection et Miraglia me promit qu'après achèvement je pourrais y loger.

Chaque année, des élèves du monde entier y confluent pour apprendre les langues classiques de manière vivante. Le but principal de cette institution est la lecture des auteurs grecs et latins de tout âge (la Renaissance tient dans leur curriculum une place de grande importance), l'étude de la philosophie et de l'évolution de la pensée.

Que de promenades, que je situe de plus en plus dans mon périmètre sacré, marqué par Montecitorio, le Panthéon, le café Sant'Eustachio (où je fais à chaque fois un pèlerinage avec autant de dévotion que les pèlerins qui gravissent à genoux la *scala santa*), le Campo dei Fiori, la piazza Navona ! J'aime aussi partir du Campo dei Fiori pour aller au ghetto, devenu très casher, jusqu'à cette fin de rue où les bouts de colonnes antiques se mêlent aux constructions ultérieures et où l'on arrive à l'antique théâtre Massimo dont les étages supérieurs ont été convertis en appartements au XVIIe ou XVIIIe siècle.

Sabah et moi sommes revenus à Rome, à chaque fois pour une semaine, fin janvier-début février en 2015 et 2016, au retour des joyeuses cérémonies du jury du prix Nonino à Udine, et toujours dans un hôtel du périmètre sacré. À chaque fois, j'ai ressenti le souhait impérieux, indubitable, de vivre dans ce centre historique, d'y devenir piéton, de jouir de tout ce que mon regard ébloui m'offre de la composition artistique faite par le génial hasard qui a su juxtaposer et mêler les styles, les époques de façon si harmonieuse, de jouir de ce peuple gai et jovial, de me régaler de *porchetta*, *agnello*, *trippa*, *pasta*, *vino* et, évidemment, du *caffè* de Sant'Eustachio.

Hélas, je n'ai pu réaliser mes deux profonds désirs d'enracinement : Caldine et Rome.

Post-scriptum : le Vatican

La dernière semaine de juin 2019, alors que la correction des épreuves de ce livre touche à sa fin, je me trouve à Rome pour rencontrer le pape François.

Comme il porte en lui une conscience aiguë de la communauté de destin de tous les humains au stade actuel de l'ère planétaire, comme il s'est montré soucieux du sort de tous les exclus, rejetés, voués à la misère, comme il a fait preuve dans une encyclique historique de sa profonde prise de conscience de l'importante dégradation écologique qui touche corrélativement la biosphère et l'anthroposphère, je lui avais écrit afin d'évoquer la « crise de l'humanité » avec lui, et il m'accorda une audience.

C'est par une forte canicule et après d'interminables couloirs d'aéroports et la perte d'une valise que, partis du Brésil, nous sommes arrivés à Rome, Sabah et moi. Nous sommes accueillis et logés avec beaucoup de gentillesse et une sympathie mutuelle par l'ambassadrice à la Villa Bonaparte, siège de l'ambassade de France auprès du Saint-Siège.

La canicule m'empêche de jouir de Rome. J'ai à peine le temps d'aller me recueillir et de recueillir l'onctueuse et admirable crème du café de Sant'Eustachio, lieu de mon habituel pèlerinage. Le 27 au matin, tôt levés, nous sommes accompagnés par nos joyeux amis qui furent nos intermédiaires auprès de l'ex-ambassadeur Zeller, lui-même intermédiaire auprès du pape, et nous arrivons en voiture, par ses arrières, à la cité du Vatican. D'une vaste salle à l'autre, nous sommes guidés par un petit prêtre alerte à soutane noire, le long d'immenses couloirs, comme pour parvenir, étape par étape, au saint des saints, ou plutôt au sein du palais du Saint-Père.

Le pape François reçoit cordialement nos amis, le professeur Henri Joyeux et sa femme qui, pieux catholiques, lui font leurs offrandes personnelles, puis il répond aimablement à Sabah, qui lui offre les éditions italiennes de *La Voie* et de trois autres de mes livres. Il me prend affectueusement les mains, comme si un lien s'était déjà établi entre nous, puis nous nous retrouvons en tête à tête.

Sans reprendre les considérations préalables de ma lettre, je lui dis qu'à mes yeux toute tentative de changer le cours fatal des choses a pour préliminaire une prise de conscience généralisée de toutes les nations de la communauté humaine de destin dans une « Terre-Patrie », qui, loin de dissoudre les patries, les englobe. Or il est tragiquement paradoxal que la crise planétaire non seulement ne favorise pas cette conscience d'identité commune mais, au contraire, accroît les repliements identitaires quant à l'ethnie, la nation, la religion. Aussi je suggère au « *Muy Santo Padre* », auquel je m'adresse en espagnol, de réunir un symposium d'une dizaine de personnalités, religieuses ou laïques, de tous continents, mais chacune ayant comme souci essentiel le destin de l'humanité, afin de lancer cet appel à la conscience planétaire.

Le pape note et se dit très intéressé. Je me souviens que j'avais incité Rocard, alors Premier ministre, à susciter une première rencontre internationale sur l'écologie. Je ne sais ce qu'il sortira de cette ultime tentative.

Il regarde le livre sur l'Europe et m'exprime son inquiétude. Pour lui, Argentin, l'Europe est l'*abuela*, la grand'mère. Je lui dis que c'est devenu un squelette auquel il manque la chair. Il est également soucieux pour la Méditerranée, il a lancé un appel pour qu'elle redevienne mer des rencontres et des métissages.

Il me quitte en m'offrant une brochure *Fratellanza universale*, en réaction à mon petit livre sur la fraternité, et en me disant : « Restez jeune comme vous l'êtes. »

Qui aurait attendu un tel pape, qui se ressource directement dans le message évangélique, qui est un des premiers à prendre pleinement conscience des conséquences catastrophiques de la dégradation de la biosphère, et qui porte en lui la conscience de l'humanité ?

Je trouve l'espoir là où on ne l'attendait pas. Il en fut de même avec Gorbatchev, ultime successeur de Staline au secrétariat général du Parti communiste et qui fit s'écrouler la dictature du parti dont il était la tête. Il en fut de même avec Juan Carlos, héritier de Franco, censé faire perdurer son régime et qui permit au contraire à la démocratie de s'instaurer en Espagne.

Il n'y a pas que la vieille taupe de Hegel qui ruine le soubassement des systèmes apparemment impérissables, il y a l'esprit souterrain qui s'introduit dans les consciences et les révolutionne.

27

Régis Debray

J'ai connu un étudiant nommé Régis Debray lors du tournage du film-document *Chronique d'un été*. Marceline Loridan était liée à Jean-Pierre Sergent, étudiant lui-même, que nous avions intégré parmi les filmés, et, par lui, nous rencontrâmes son ami Régis qui se retrouva présent dans quelques scènes du film.

Il m'avait frappé par son beau visage intelligent et sa vivacité d'esprit. Du reste, lors de notre débat sur la guerre d'Algérie il n'avait pas hésité à rétorquer à ma phrase : « C'est très vaseux, la France » par un : « Pour sortir de cette vase dans laquelle tu te complais, il faut agir et parier pour la paix. » Ce n'était nullement un activiste lié au FLN comme son ami Jean-Pierre, mais un esprit lucide, condamnant cette guerre, comprenant que la paix était une nécessité première, ce qui était également mon cas.

Son visage et son intelligence me rappelaient le Dionys de ma jeunesse. J'eus l'espoir qu'il serait attiré par *Arguments.* Je l'invitai à l'une de ces réunions où se rendaient des amis de la revue, comme François Châtelet, Lapassade. Il y assista sans rien en dire, mais ne revint pas.

Puis je sus qu'il admirait Jean-Paul Sartre, collaborait aux *Temps modernes*, subissait l'influence d'Althusser, qu'il était parti à Cuba où il avait écrit *Révolution dans la révolution.* Tout cela m'était étranger, y compris Cuba, dont j'avais appris par un combattant de la Sierra Madre, tôt émigré au Chili, la déviation du castrisme en communisme stalinien.

En 1969 ou 1970, j'apprends en Californie, par un coup de fil de Florence Malraux, à la fois que Debray est détenu dans une prison bolivienne, à Camiri, pour avoir participé à la guérilla du Che, et qu'une pétition de personnalités s'organise en faveur de sa libération. Elle souhaite que je demande à Herbert Marcuse et Jacques Monod leur signature, et, bien entendu la mienne, que je lui donne aussitôt. Je vais trouver Jacques Monod qui, après lecture, signe. Puis je vais chez Marcuse. Je lui dis avant de lui tendre le texte que Jean-Paul Sartre a signé. Il m'interrompt : « *Ach !* Si Jean-Paul Sartre a signé, je signe les yeux fermés ! »

(Moi *in petto* : « J'aurais plutôt ouvert grand les yeux. »)

Je me suis par la suite beaucoup inquiété du sort de Régis Debray, et intéressé avec émotion à l'ultime guérilla du Che, qui, sans le savoir, était mû par l'espérance trotskiste en une révolution mondiale et dont le chemin de croix en Bolivie fut quasi christique. Quand, par la suite, j'appris par Régis qu'il avait lui-même trouvé le territoire idéal pour la guérilla du Che en Bolivie, avec une population *a priori* sympathisante et que ce fut le Parti communiste bolivien qui, obéissant à Moscou, lui imposa un territoire malsain, isolé, sans sympathisants possibles, je fus encore plus ému par ce destin du Che, que j'ai déjà évoqué plus haut.

Les années passèrent encore. Régis fit un séjour au Chili où il se lia avec Allende (que j'avais connu, en mon temps, candidat malheureux de la gauche à la présidentielle), puis il revint en France où il crut au socialisme apparent de Mitterrand. Il devint l'un de ses conseillers une fois celui-ci élu.

Nous n'avions aucun rapport depuis sa jeunesse. C'est alors que se situe l'épisode que je relate dans le chapitre « Rome » concernant la villa Médicis.

Quand, à la demande de mon père, je me fis remettre la Légion d'honneur par Mitterrand à l'Élysée, lors d'une cérémonie pour une fournée de six décorés, Régis était présent, observateur se tenant un peu à l'écart de tous, sans que j'aie pu discerner ses sentiments.

Les années passèrent. Je lus des livres de lui dont *La Critique de la raison politique*, où je me trouvai en résonance, notamment par son extrapolation du théorème de Gödel, et je lus son récit autobiographique d'un amour déçu, dont l'humilité, ou plutôt l'auto-ironie, me séduisit. Alors que je n'aimais guère le ton trop « normalien » de ses premiers écrits, je vis qu'il avait trouvé son style, comme Duras avait trouvé le sien au cours de sa carrière littéraire, et j'aimais son écriture alerte, plaisante, inventive, pleine de trouvailles, bref je découvrais un bel et grand écrivain.

Nous fîmes une rencontre étrange au cours des années 1980 ou peut-être début 1990. Edwige et moi cherchions une maison de campagne et on nous avait indiqué que le couple Debray voulait céder la sienne à Vert, près de Mantes, lieu que j'avais connu dans mon enfance, hébergé en février 1934 par un postier ami de mon père. Lorsqu'il avait appris que le cabinet était au fond du jardin, mon père avait inventé je ne sais quelle urgence pour me rapatrier à Paris, à mon grand déplaisir.

Par une triste fin d'après-midi grise, nous arrivons à cette maison dont je ne vois plus les formes ; Régis et Elizabeth sont là, ils semblent tristes l'un et l'autre. C'est un couple désuni. Nous renonçons à Vert.

Les années passent encore. Nous sommes en 2013 ou 2014, au Festival du film de Marrakech où je suis annuellement invité en décembre. Son directeur, notre ami Noureddine Saïl, organise des *master class* au sein du festival, et Régis Debray est invité à en tenir une. J'y vais par intérêt et ma présence le dégèle à mon égard. Nous déjeunons ensemble le lendemain dans le restaurant en plein air voué aux festivaliers, et la cordialité s'installe entre nous. Il me reproche encore de n'avoir pas prévu l'effondrement de l'URSS, mais je lui dis que j'ai envisagé dans mon livre de 1982 l'hypothèse de la transformation du système à partir d'un secrétaire général novateur. Il avait déjà écrit *Loués soient nos seigneurs* où il relate engagements et ruptures avec Castro et Mitterrand, que j'ai lu plus tard et que j'ai trouvé génial. Bref, à partir de ce repas, un lien se noue, se réchauffe lors de nos rencontres à Paris qui deviennent périodiques et nous découvrons une fraternité transgénérationnelle. Ce qui m'a poussé à la résistance et au communisme (liant l'un à l'autre), c'est cela même qui l'a mené au castrisme et à la révolution sud-américaine. Il a incorporé en son âme, quelques décennies plus tard, les chants de la guerre d'Espagne que j'avais appris à l'époque et gardés à jamais. C'est devenu mon ami et mon interlocuteur, ce qui ne va pas nécessairement ensemble. Nous différons, voire divergeons, sur plusieurs points, mais le lien entre nous est de plus en plus profond et je bénéficie de l'affection d'Isa, son épouse, et je crois de l'intérêt de leur fils, Antoine.

Je me suis lié à Edwige avec vingt ans de retard, je me suis lié à Régis avec soixante ans de retard, mais pour de bon.

28

Les œillets de Lisbonne

Hier soir, je suis soudain anéanti en apprenant la mort de Mário Soares, et son souvenir s'impose à moi.

Je l'avais rencontré à Paris pendant son exil, chez moi, rue des Blancs-Manteaux, avec notre ami commun, l'écrivain opposant António Alçada Baptista. Je savais que Mário Soares s'était engagé tout jeune, en 1943, contre la dictature salazarienne installée dès 1933, il avait 19 ans. Il avait été détenu douze fois et passé trois années complètes en prison. Il vécut exilé à Paris jusqu'à la « révolution des œillets » du 24 avril 1974, qu'il rejoignit le 1er mai.

Toutes les grandes extases historiques nous marquent à jamais de leur poésie lumineuse, mais fugitive, et ce fut le cas de ce moment de grâce dans l'histoire portugaise.

J'étais à Lisbonne début mai pour jouir de cette « extase de l'histoire ». L'expérience m'avait appris que les quelques moments de communion, poésie et euphorie collectives de ces moments extatiques étaient rapidement suivis de retombées, parfois même de régressions, qui, quoi qu'il en soit, anéantissaient les immenses espoirs nés des jours de libération. Je pensais que, même éphémères, les extases de l'histoire étaient des moments sublimes de nos vies dont il fallait non pas tant regretter la disparition, mais garder intacts l'émotion et le bonheur. Je pus donc jouir du bonheur lisboète et portugais de ces journées fastes de la fin du mois d'avril auprès de mes chers amis Helena et Alberto Vaz da Silva.

Contrairement à la plupart des émancipations, ce n'est pas un mouvement populaire qui arracha le pouvoir à une dictature militaire, ce fut un putsch des officiers de l'armée coloniale, au Mozambique et en Angola, qui renversa une dictature politique civile et suscita un soulèvement populaire enthousiaste. Une partie des officiers révolutionnaires se radicalisa sous l'influence du très efficace leader communiste Álvaro Cunhal. Le MFA, Mouvement des forces armées, qui constituait alors le pouvoir, passa sous contrôle communiste. La dictature abattue, une machine à faire des démocraties populaires se mit en marche. Une majorité du MFA comportant deux généraux et ayant obtenu la nomination d'un président de la République procommuniste s'efforça de monopoliser le pouvoir et, dans cette manœuvre, entreprit de supprimer le libre journal socialiste *Republica*, qui avait résisté à la dictature de Salazar malgré censures et emprisonnement de son directeur Raul Rêgo, et qui dénonçait les menaces aux libertés. En mai 1975, un commando « ouvrier » vint occuper locaux et imprimerie du journal, puis le MFA décida de mettre sous scellés les locaux vidés, supprimant ainsi le libre journal.

La manœuvre avait des chances d'aboutir à une « démocratie populaire ». Les États-Unis, après leur désastre au Viêt Nam, étaient incapables d'intervenir non seulement militairement, mais politiquement. La conscience du processus liberticide n'arriva pas en Europe et l'interdiction de *Republica* fut considérée comme positive au sein du PS par Jean-Pierre Chevènement et les siens. À ma grande surprise, Jacques Fauvet, rédacteur en chef du *Monde* avec lequel je collaborais et pour qui j'avais estime et amitié, fit un éditorial où il expliquait qu'il était prioritaire de donner du pain au peuple plutôt que la liberté.

Comme à l'époque Jean Daniel disposait du pouvoir au *Nouvel Observateur* et avait les mêmes réactions que moi, il m'incita à faire l'article que je souhaitais écrire et où j'expliquais entre autres que ceux qui suppriment la liberté ne donnent pas pour autant du pain au peuple. Cet article parut le 30 juin 1975. Je fus le seul esprit de gauche à démolir l'argument qui faisait de la liberté un luxe inutile, voire néfaste, à la révolution.

Ce papier parut au bon moment. Il procura un réconfort important à ceux qui, au Portugal, résistaient à l'entreprise de mainmise communiste, dont, avant tout, Otelo de Carvalho, commandant de la région militaire de Lisbonne, et Mário Soares. De là datent l'amitié très chaleureuse qu'il m'a vouée et ma grande admiration pour sa personne. Mário entreprit une série de meetings qui furent triomphaux dans différentes villes et quartiers de son pays, et Otelo de Carvalho protégea la capitale.

La situation devint incertaine, le MFA tente un coup d'État le 25 novembre 1975 et échoue ; il est dissous. Une constitution est votée le 2 avril 1976 et les élections du 25 avril voient la victoire du parti socialiste de Mário Soares.

Les nécrologies d'aujourd'hui évoquent le père tranquille du Portugal, le politique qui fit entrer son pays dans l'Union européenne, bref le Soares tardif, évidemment réel, mais oublient ou ignorent le héros historique.

Flashback lisboète : António

Au milieu des années 1960, j'ai découvert la merveille qu'est Lisbonne en même temps que j'y ai noué de belles amitiés.

António Alçada Baptista est écrivain, éditeur et opposant à la dictature salazarienne. Il arrive à sa revue *Tempo o Modo*, née en 1963, d'être caviardée par la censure et ses numéros comportent souvent des pages blanches. Il est proche d'*Esprit*, revue chrétienne de gauche, alors dirigée par Emmanuel Mounier avec qui il est en relation constante. Il m'invite à faire une conférence pour sa revue. J'essaie de me souvenir de l'année : entre 1963 et 1966, je crois.

Il a à peine 40 ans, et je dois avoir entre 42 et 45 ans. Il a un visage très doux, avec un demi-sourire permanent sur les lèvres. L'attirance mutuelle est immédiate et l'amitié s'installe rapidement entre nous. Il est entouré par une pléiade de jeunes esprits épris de liberté et de justice au cœur de la dictature salazarienne. Je connais rapidement le petit groupe de *Tempo o Modo* : João Bénard da Costa, Nuño de Bragança, Alberto Vaz da Silva, Helena Vaz da Silva, et quelques autres dont les noms m'échappent. Ils ont tous moins de 30 ans, sont souvent d'origine aristocratique, devenus chrétiens progressistes, peut-être sous l'influence d'António.

Nés et élevés dans un monde de traditions, ils s'en sont émancipés, faisant en quelques années l'itinéraire de trois générations. En dix ans, de la moitié des années 1960 à la moitié des années 1970, ils vont faire presque simultanément trois révolutions qui jusqu'alors nécessitaient autant de générations : ils sont passés de la foi religieuse à la passion démocratique, de l'obéissance à la tradition à l'émancipation, de la sexualité matrimoniale à la libre sexualité. Quand je revins à Lisbonne en 1970, au retour de Californie, ils étaient déjà partiellement « californisés » tout en conservant bien sûr leur lusitanité intérieure.

Parmi ces amis, Helena Vaz da Silva était d'un rayonnement solaire. Belle, intelligente, sensible, ardente, je l'admirais et l'aimais. Elle était très cultivée, ce qui lui valut d'être directrice du Centre national de la culture portugais, mais, étant journaliste, elle fonda *L'Expresso*, fut parlementaire européen, participa à l'Unesco. Elle était non pas débordée par ses activités multiples, mais, au contraire, débordante dans et par ces activités ; j'ai rarement vu un être si riche en qualités. Elle avait attiré l'affection d'un homme de génie dont la bonté et la générosité étaient extrêmes : Yehudi Menuhin.

Helena organisa pour moi une rencontre internationale à Sintra en 1999 : *Pensar o millenio com Edgar Morin* (Penser le millénaire avec Edgar Morin) dont les communications furent réunies dans un livre (et où fut publié mon article de 1975 « La liberté révolutionnaire »).

Je n'ai cessé de rencontrer Helena, et nous nous sommes revus dans ses ultimes années à Lisbonne. Sa mort en 2002 m'affligea terriblement.

J'aimais aussi profondément, mais autrement, son mari. À côté de la vitalité éclatante d'Helena, Alberto était un homme de réserve, de retenue, de pudique sagesse. Il avait un visage très fin, brun, et avait des origines marranes. Alberto était avocat, mais nous n'avons jamais évoqué sa profession. Ce qui nous a liés est son sens profond du mystère de la vie, et je me souviens d'une très longue nuit où, pendant que mon épouse Johanne parlait avec

Helena, nous étions en tête à tête et il me faisait mon horoscope avec un soin méticuleux ; il me révélait à moi-même des traits qui n'avaient encore jamais émergé à ma conscience. Quelque chose de commun nous traversait et nous attachait l'un à l'autre. Toute cette nuit nous a unis fraternellement, et ce sentiment a perduré entre nous. Je n'ai pas su la mort d'Alberto en 2007, nouvelle qui m'est arrivée avec retard, comme l'extinction d'une étoile qui nous frappe bien après sa fin.

Helena et Alberto avaient l'un et l'autre une présence poétique. Chez elle solaire, chez lui lunaire. Elle était, je l'ai dit, éblouissante, et il émanait de lui une aura de gravité souriante, de bienveillance, d'extrême douceur. Ces deux êtres inoubliables sont à jamais en moi.

Je revins à plusieurs reprises à Lisbonne invité d'António Alçada Baptista ; je me souviens de fêtes, de moments de liesse, de rencontres, de séjours dans sa maison de montagne à Serra de Estrela. Il m'offrit souvent l'hospitalité chez lui à Lisbonne où je me sentais en famille dans sa famille. En 1970, il crut que le successeur de Salazar allait procéder à un rétablissement démocratique, mais fut rapidement détrompé. Nous n'avons pas cessé de nous retrouver, je revois notre dernier dîner tous les deux dans un restaurant, son visage était méconnaissable tant ses traits s'étaient comme affaissés. Très fatigué, il parlait difficilement. J'appris peu après sa mort, en décembre 2008.

Je connus aussi, dans les années 1960, l'homme impressionnant qu'était Francisco Lyon de Castro, et nous nous liâmes d'amitié. Né en 1914, il s'était affilié en 1933 au Parti communiste portugais. Puis, fuyant la répression, il s'était exilé en 1934 et revint par la suite au Portugal où il fut emprisonné. C'est en prison qu'il apprit le pacte germano-soviétique ; il quitta le Parti, puis fonda, après sa libération en 1940, les éditions Europa-America où il publia des auteurs comme Jorge Amado et Gabriel García Márquez. Il avait traduit certains de mes livres avant la révolution des œillets où il fut grandement honoré. Puis il traduit les six volumes de *La Méthode*.

Avec notre mémoire commune d'ex-communistes devenus radicalement antistaliniens, nous avons fraternisé. Nous aimions nous rencontrer. Il mourut en 2004.

L'Institut Piaget, « coopérative pour un développement humain intégral et écologique », fut créé par António Oliveira Cruz en 1979 dans l'esprit transdisciplinaire et épistémologique de Jean Piaget. Il a fait essaimer dans tout le Portugal des instituts satellites voués à l'enseignement. António Oliveira Cruz, esprit poétique, illuminé et lumineux, fut très favorable à mes idées (le premier volume de *La Méthode* fut publié en France en 1977) et il m'invita pour son premier congrès international où était présent Ivan Illich (que je devais revoir par la suite chez lui à Cuernavaca, près de Mexico) fin septembre, début octobre 1980.

J'y ai aussi rencontré une attirante jeune enseignante philosophe portugaise, AB, à laquelle je m'attachai ; nos rencontres étaient hébergées avec bienveillance par António Alçada Baptista. AB organisa un débat sur la complexité à Lisbonne avec sept universitaires scientifiques et philosophes portugais, qui donna lieu à publication *(O problema epistemológico da complexidade)*, puis elle quitta l'enseignement pour se vouer à sa ville d'Evora et faire connaître sa région.

Je fus souvent invité par l'Institut Piaget qui poursuit ses activités pédagogiques et organise des congrès. Il continue à publier mes livres au Portugal.

Du 2 au 7 novembre 1994 eut lieu le Premier congrès mondial de transdisciplinarité au Convento da Arrábida, réunissant 76 participants de 16 pays. J'ai rêvé de poursuivre ma vie dans ce couvent dominant l'océan, aménagé pour divers colloques et rencontres. J'ai eu l'occasion de participer à la rédaction de la Charte de la transdisciplinarité en compagnie de Basarab Nicolescu et Lima de Freitas.

Basarab Nicolescu est un physicien des particules élémentaires qui s'est voué à la théorie physique et a fondé le Centre international de recherches et études transdisciplinaires (Ciret). Adepte de Stéphane Lupasco, dont l'œuvre m'avait impressionné, nous sommes l'un et l'autre conscients de l'insuffisance et des limites de la logique aristotélicienne. Nous divergeons quand il croit en une logique du tiers inclus alors que je pense que nous avons dans tous les problèmes-clés la nécessité de transgresser la logique classique, laquelle est indispensable pour tout ce qui est partiel. Je l'ai suivi à un beau congrès de transdisciplinarité à Locarno, du 30 avril au 3 mai 1997.

J'aimais Lisbonne, j'adorais y marcher, descendre et remonter les rues du Bairro Alto, le quartier Estrela, la place du Commerce, marcher le long du Tage, aller au Castelo de São Jorge, prendre le petit tram pour Alfama, j'aimais les maisons recouvertes d'azulejos, la vie populaire, les rues tranquilles avant l'invasion automobile. Je raffolais des carabiniers, crevettes géantes si goûteuses dans leur fraîcheur, les mille façons d'accommoder la morue, le fromage de brebis Serra, tout dégoulinant, les vins, dont le vinho verde. J'adorais et adore toujours le fado que la voix bouleversante d'Amália Rodrigues rendait encore plus bouleversant.

Trás-os-Montes

Mária Neves fut un nouveau lien fort avec le Portugal. C'était une étudiante de la province de Trás-os-Montes venue à Paris préparer à la Sorbonne une double licence, l'une en lettres modernes, l'autre en littérature générale et comparée, puis une maîtrise en linguistique française (terminée en 1994).

Elle avait besoin de travailler pour vivre.

Edwige la prit à notre service en 1987. Nous habitions un petit appartement en duplex rue des Arquebusiers, à l'angle de la rue Saint-Claude. Quand nous déménageâmes en 1994 pour nous installer une centaine de mètres plus loin, au 7, rue Saint-Claude, elle a activement participé avec Edwige au déménagement et à l'aménagement de l'appartement.

Un lien d'amitié se créa entre nous trois, surtout entre elle et Edwige. Quand Mária eut un délicat problème d'audition, Edwige chercha le meilleur spécialiste, l'accompagna jusqu'à l'hôpital où on lui fit une greffe du tympan.

Voici ce que Mária me dit après la mort d'Edwige : « Edwige

était une personne de très bon cœur, très attachante, elle ne pouvait pas voir la souffrance des autres… Moi, je l'admirais beaucoup, elle était un exemple de vie pour moi, mais bien plus que cela, je la considérais comme ma deuxième maman… Elle veillait sur tout, me faisait des cadeaux superbes. Je me souviens qu'un jour elle a acheté un collier pour moi et un autre pour sa fille… Il y avait effectivement une amitié très, très forte entre nous, sa bienveillance a fait que toute seule, en France, j'ai pu faire des études, tout en travaillant ! Je lui dois énormément, Edwige continue à être un exemple à suivre pour moi. »

À la fin de ses études, en septembre 1995, Mária rentra dans sa province de Trás-os-Montes. Comme l'Institut Piaget était alors florissant et avait des écoles dans différentes villes du Portugal, j'ai pu en intervenant auprès d'António Oliveira Cruz la faire intégrer comme enseignante à l'École supérieure d'éducation de l'Institut Piaget à Macedo, à trente kilomètres de distance de la ferme de ses parents. Elle y enseigna durant quinze ans.

Nous souhaitions nous retrouver et elle incita son institut de Macedo à m'inviter faire une conférence en avril 1996. Celle-ci eut lieu le 18 avril sous le thème : *O desafio da complexidade para uma reforma do pensamento*.

Nous avons été accueillis dans la ferme de ses parents, au village de Talhinhas. Comme beaucoup de paysans de la région, ils pratiquaient encore la polyculture, cultivaient leurs vignes, leurs oliviers, possédaient bétail et volailles. À la porte, un chien jouait affectueusement avec une petite chatte siamoise. Nous avons déjeuné d'un plat de mouton avec des pommes de terre que j'ai beaucoup aimé. La très jeune chatte Mixa est allée vers moi et a sauté dans mes bras. Edwige, qui souhaitait une copine pour notre chatte Herminette, a souhaité avoir Mixa à Paris. La mère, par reconnaissance et sacrifice, a accepté et, un mois plus tard, Mixa est arrivée par camion de Trás-os-Montes tout ahurie. Dès qu'elle fut sur mon balcon, elle y courut pour retrouver la ferme de Talhinhas, sans comprendre qu'elle en était désormais séparée par deux mille kilomètres.

Herminette et Mixa se regardèrent longtemps en silence, puis Herminette fit un premier pas et l'accepta. En dépit de cette sororité, Mixa qui avait toujours vécu à la campagne, était et resta mélancolique toute sa vie. C'est dans notre jardin de Hodenc qu'elle put galoper et batifoler.

La ferme des parents de Mária continuait de pratiquer polyculture et élevages divers, à l'ancienne. Cela était encore la norme à Trás-os-Montes qui était isolé du reste du Portugal par une chaîne de montagnes. Pas de parpaings, pas de villas dans ces campagnes. De jeunes paysans pauvres avaient quitté le pays, mais y étaient revenus pour leur retraite. Ainsi, traversant un village où j'admirais une cigogne sur son nid au-dessus d'un arbre, j'exprimais mon sentiment à Edwige. Un vieux paysan, assis sur le pas de la porte, m'apostropha aussitôt en français : « Salut mec, t'es de Paname ? » Je l'interrogeai à mon tour ; il avait été ouvrier je ne sais plus dans quelle banlieue autour de Paris et était rentré chez lui pour sa retraite. Les premiers migrants pour la France furent ces paysans des terres pauvres, mais ils revinrent au pays pour la plupart construire ou retaper une maison de leur région.

Trás-os-Montes étant comme je l'ai dit encore très isolé du reste du Portugal. Ce retard économique avait sauvegardé la qualité des relations de convivialité et celle d'une alimentation fermière en petites polycultures de légumes, poulets, porcs, agneaux, huile d'olive.

Pas de touristes à l'époque et peu aujourd'hui, le tourisme est attiré par le Sud. En se fermant à la modernité, le Portugal de Salazar avait, sans le savoir et au prix d'une dictature, sauvegardé pendant un temps un patrimoine humain et culturel inappréciable qui a aujourd'hui presque disparu.

Mária me fit connaître un enseignant de Bragança, qui m'emmena découvrir le parc naturel de Montesinho où étaient protégés de vieux villages persévérant dans l'agriculture et l'élevage traditionnels. Bragança et son centre historique sont situés sur le pourtour du parc naturel.

Mon post-marranisme psychologique était captivé par le « marranisme portugais » (j'ai raconté comment mon ascendant

Nahum avait quitté le Portugal au XVIe siècle pour la cité libre d'Amsterdam, puis avait gagné la tolérante Toscane, à Livourne). Comme en Espagne, il y avait de nombreux juifs au Portugal. Après leur expulsion d'Espagne, un certain nombre vinrent s'y réfugier. Ils en furent chassés, au même titre que les juifs portugais, par décret du 5 décembre 1496. Puis, en octobre 1497, le roi Manuel transforma l'expulsion en conversion forcée. Il y eut des baptêmes de masse où des foules juives se virent arrosées d'eau bénite. Aussi, plus qu'en Espagne, un nombre assez élevé, que je ne saurais chiffrer, de Portugais descendent d'ancêtres juifs convertis : on les reconnaît souvent à leurs patronymes tels que Abrantes, Campos, Carvalho, Costa, Cruz, Dias, Espirito Santo, Estrela, Henriques, Lopes, Mascarenhas, Matos, Mendes, Morão, Nunes, Paiva, Pereira, Pessoa, Preto, Rodrigues, da Silva, Souza ou Vaz. L'Inquisition instituée en 1537 obligea ceux qui étaient restés pieux à camoufler totalement leurs pratiques. Le cas exceptionnel de Belmonte montre qu'il fut possible à la communauté d'un village de maintenir sa conscience juive et des rites altérés, pratiqués par des femmes, comportant des prières à Adonaï.

Il y eut des milliers de marranes, surtout à Trás-os-Montes, dont beaucoup ont gardé le souvenir ou l'attachement, tenu secret, à leurs origines juives. Dans la région de Bragança, ils se connaissent tous.

Le Portugal ! J'y allais si souvent du milieu des années 1960 jusqu'au milieu des années 1990 ! Mais, depuis vingt ans, je me suis laissé accaparer par l'Amérique latine et j'ai négligé ce pays aimé et aimant. Il m'envahit aujourd'hui par ces souvenirs qui, déclenchés par la mort de Mário Soares, sont remontés les uns après les autres à ma mémoire.

J'ai récemment découvert un Lisbonne moderne, anonyme, sans épiceries, boulangeries, boucheries, crémeries, uniquement des grandes surfaces. Mais reste le Bairro Alto et les rives du Tage, leurs restaurants à la file, où nous fîmes, avec Isabel Oliveira Cruz, João Soares, fils de mon ami, un merveilleux déjeuner d'amitié au soleil, devant le fleuve.

29

L'enfermé

Quelques mois après la parution de mon premier volume de *La Méthode : La Nature de la nature* (1977) je reçus une lettre qui commençait à peu près en ces termes : « Je suis ce professeur qui a tué sa femme et je comprendrais que vous ne vouliez pas me répondre. »

Voilà ce que j'ai pu savoir de lui alors.

Gaston Richard était professeur d'éthologie animale à l'université de Rennes, il avait divorcé une première fois pour épouser une femme plus jeune.

Puis celle-ci vieillissant, il était tombé amoureux de son assistante ou secrétaire. Sa femme s'étant plainte qu'il ne lui faisait plus l'amour, il l'étrangla en faisant l'amour, enterra le corps dans le jardin de sa villa, puis partit à un congrès à Rio avec son amante.

Les parents de son épouse ayant alerté la police de la disparition de leur fille, celle-ci enquêta auprès de Gaston Richard, dont les réponses, je pense embarrassées ou maladroites, éveillèrent les soupçons. Le corps fut retrouvé et déterré. Il y eut un grand procès dont le caractère sensationnel eut un immense retentissement (mais je ne fus pas informé à l'époque, je suppose que c'était pendant mon séjour en Californie : en 1969, ou une ou deux années après). Il échappa de peu à la peine de mort (laquelle, rappelons-le, ne fut supprimée qu'en 1981 par Mitterrand) et fut condamné à la perpétuité.

Il m'écrivit de la Maison centrale de Saint-Maur, près de Châteauroux, et il me disait l'intérêt qu'il avait trouvé dans mon livre.

Alors que la plupart des esprits, dans les sciences comme dans l'enseignement, pensaient dans la disjonction entre l'humain, le biologique, le physique, il était heureux de trouver en moi une pensée qui faisait leur conjonction, sur une base qui reconnaissait leur unité et leur différence.

Je lui répondis sans nulle réticence, et un échange d'idées s'engagea entre nous.

Il est donc tout à fait partisan du lien que j'ai établi dès le premier volume entre *physis/bios/anthropos*. Nous discutons par correspondance. Comme je suis en cours d'élaboration de mon second volume *La Vie de la vie,* je lui propose de lui envoyer mes brouillons au fur et à mesure de leur écriture. Cela non seulement pour bénéficier de sa compétence, mais pour le relancer dans une activité intellectuelle interrompue jusque-là. Nous devenons très familiers et je lui suggère d'aller lui rendre visite. J'obtiens les autorisations et, en janvier 1980, je pars en voiture à Châteauroux, où je prends une chambre d'hôtel, et de là je me rends à la centrale de Saint-Maur.

La prison est entourée d'une muraille aux angles de laquelle pointe une tour de surveillance. Je découvre un édifice, non pas en hauteur, elle est sans étages, mais une sorte de colimaçon architectural fait de cercles successifs ; une fois délesté au vestiaire de tous mes objets, je dois attendre pour passer d'un cercle concentrique à l'autre, contrôle et levée d'une barrière métallique épaisse. Je pénètre de plus en plus loin jusqu'à ce qu'on me conduise vers un parloir. Soudain arrive Gaston, flanqué d'un garde. Bien que plus âgé que moi (j'ai alors 60 ans), sa chevelure rousse et assez rase n'a pas un poil blanc, le visage est sans rides, énergique, son regard est droit. Je vois un homme assez petit (me semble-t-il), mais alerte et vif. Nous étions émus l'un et l'autre sans trop l'exprimer. Nous nous sommes fortement serrés la main.

Je ne sais plus si c'est à cette première visite que nous sommes allés dans la cour des prisonniers, espace libre au cœur de la prison, puis dans sa cellule. Je sais qu'il m'a présenté d'autres détenus, et j'allais avoir l'occasion de mieux connaître certains, sans que jamais je ne leur demande la cause de leur emprisonnement. De même, je ne l'ai jamais interrogé sur la tragédie qu'il avait causée et s'était infligé.

J'ai vu que les codétenus l'appréciaient, voire l'estimaient. Au cours des dix années passées, il avait enseigné à lire et à écrire aux analphabètes africains, maghrébins, gitans. Il avait incité ceux qui avaient dû interrompre leurs études à les poursuivre, notamment pour le brevet, en utilisant l'enseignement par correspondance. De 1981 à 1986, il donna un cours de sciences naturelles et de mathématiques. Il me présenta un jeune détenu, Claude Polonsky, qu'il incitait à faire une thèse. Le sujet me toucha : « L'image de la femme chez le prisonnier », et je devins son directeur de thèse (qu'il soutint après sa libération). Gaston avait voué toute sa vie de détenu à ses camarades.

Bien entendu, nous débattions de mon livre en cours de rédaction, pour lequel son aide fut importante. Dans mon avant-propos j'ai écrit : « Les nouvelles rédactions (1977-1980) ont bénéficié tout d'abord de la collaboration constante, attentive, incitative, inappréciable de Gaston Richard qui m'a accordé non seulement sa compétence éco-éthologique, mais sa réflexion, sa coopération, son appui permanents. Que "l'enfermé" soit assuré de ma fraternelle fidélité. » Lui-même m'écrivait : « Je me sens de plus en plus gratifié par cette amitié née dans le travail autour du creuset des idées. » (31 janvier 1980) Il gardait en lui ce qu'il m'avoua une fois par lettre : « l'angoisse et le remords de la mort que j'ai causée ».

Quand Mitterrand fut élu président et que Badinter eut fait abolir la peine de mort, Gaston me dit lors de notre rencontre qu'il pensait avoir « payé », et, sachant que j'avais connu le président dans la résistance, il me demanda s'il pouvait espérer une libération anticipée. J'écrivis aussitôt à Mitterrand en faisant valoir le comportement remarquable de Gaston en prison.

Entretemps, la volonté de Badinter d'humaniser les prisons rencontra des résistances croissantes, et Mitterrand me fit répondre qu'il accordait une remise de peine de six ans, puis de le relancer dans un an ou deux.

Quand j'annonçai cette décision à Gaston, il me dit de laisser tomber toute démarche. Son destin était de continuer à rester en prison à aider ses camarades. Il me dit aussi : « Si je sortais, je n'oserais pas regarder ma fille. » J'ai vu qu'il avait comme adjoint pour son club culturel un jeune éphèbe et je ne pus m'empêcher de penser à une liaison amoureuse.

Toutefois, dans la nouvelle conjoncture permise par l'ère Mitterrand, Gaston put envisager avec moi l'organisation d'un cycle de conférences pour les détenus de Saint-Maur. Je donnai la première conférence et trouvai les prochains orateurs qui acceptèrent, souvent de prestigieux enseignants : Pierre Nora, François Furet, Michèle Perrot, Emmanuel Leroy Ladurie, Yves Coppens, Hubert Reeves, Henri Atlan, Albert Jacquart, Alain Touraine, André Burguière.

L'ensemble de ces conférences fut édité en 1982 chez Privat, à Toulouse, sous le titre *Origine et devenir de l'homme, entretiens à la prison Saint-Maur*, sans que la critique s'y intéressât le moins du monde.

Gaston semblait donc résigné à demeurer encore presque une dizaine d'années en prison quand survint l'inattendu. Une ancienne étudiante de ses cours à Rennes, secrètement amoureuse de lui à l'époque, était devenue professeur de sciences naturelles au lycée français de Beyrouth. Revenue en France pour les vacances de Pâques en 1987, elle interroge l'avocat de Gaston pour avoir de ses nouvelles. Celui-ci lui dit de s'adresser à moi. Je reçois donc la lettre d'Arlette Louvel, puis nous nous rencontrons. Son regard est très intense, ses lèvres fardées me semblent sensuelles. Je lui donne les coordonnées de Gaston. Elle lui écrit, il lui répond. Elle lui rend visite le 13 juillet 1987, l'amour flambe aussitôt comme de l'amadou. Gaston m'appelle et me dit qu'il veut absolument sortir. J'interviens auprès du président, et il obtient une libération conditionnelle. Il m'écrit (le 11 novembre 1988) : « Grâce à vous ce qui semblait impossible est devenu possible. » Son amie l'accueille à sa sortie de Saint-Maur, le 29 novembre 1988 ; ils décident de se marier, me demandent d'être témoin, mais je suis en Italie et, malgré mon désir, je ne peux me déplacer. Il l'accompagne à Beyrouth en 1989 où ils vivent une lune de miel sous les tirs et bombardements déchaînés de la guerre civile.

À la fin de l'année scolaire, elle apprend qu'à l'instigation de son premier mari, divorcé mais jaloux, elle ne retrouvera pas son poste. Gaston désespéré, persuadé qu'il fait le malheur de toutes les femmes qu'il a rencontrées, disparaît. Elle vient me trouver bouleversée, pathétique, me suppliant de le retrouver, ce dont je suis incapable. Elle va jusqu'à me dire qu'il est innocent de la mort de sa femme due à un moment de délire totalement inconscient ; je n'ose contester le mot innocent et lui suggère une inconscience irresponsable. Je suis à mon tour tourmenté.

Peu après, Gaston lui revient et ils vont former un couple aimant et paisible, partageant leur vie entre Paris, où elle a un petit appartement et, je crois, Paimpont, en Bretagne. Un jour que je signais des dédicaces au salon du livre, je les vis s'avancer vers moi et nous nous embrassâmes. Puis, à l'occasion du dernier volume de *La Méthode*, en 2008, mon éditeur organisa une séance de présentation à la maison de l'Amérique latine. Je demandai à mon cher et fidèle compagnon Jean-Louis Le Moigne et à Gaston Richard de prendre la parole. D'abord Gaston refusa : il craignait de parler pour la première fois en public depuis plus de vingt ans (sa condamnation lui avait fait perdre tous ses titres universitaires). J'insistai beaucoup car j'y tenais vraiment. Il finit par accepter. Dans son intervention, il exposa que j'étais loin d'être un auteur qui écrit facilement, au fil de la plume, qu'au contraire je raturais, modifiais, reprenais, faisais plusieurs brouillons. À la fin de la séance, sa femme, heureuse, me dit : « Nous avons retrouvé le grand Gaston Richard. »

Il avait été très estimé par ses anciens collègues, et certains, connaissant notre relation, m'en parlaient avec émotion.

Récemment, je voulus une fois encore le mobiliser, je crois que c'était pour la présentation de mon *Aventure de* La Méthode. Son épouse m'apprit que Gaston était décédé.

J'avais revu certains compagnons de prison et amis de Gaston lorsqu'ils furent libérés. Ce fut d'abord l'auteur de la thèse que j'avais dirigée, émouvante et traitant de « L'image de la femme chez le prisonnier », j'étais présent au jury de sa soutenance. Peu après, le jeune thésard reprit un métier commercial au sein d'une entreprise familiale. Je revis également plusieurs fois, avec affection, un autre jeune, Patrice Barrault, qui avait ouvert un petit restaurant en banlieue, et avec lequel je correspondis, avant de nous perdre de vue. Je revis un Méridional, corse je crois, qui avait fait le choix d'un métier artisanal en province. Enfin, j'ai pu, grâce à Charles Maestracci retrouver un exemplaire des *Entretiens de Saint-Maur*, et nous entretenons le souvenir de Gaston.

J'ignore beaucoup de choses de la vie de Gaston avant le drame. Je ne sais s'il n'a eu qu'une seule fille. J'ai pu renouer avec la femme qu'il a épousée après ses années de prison[1]. Je crois que, comme moi, à sa façon, il avait besoin de beaucoup d'amour. J'espère, je pense, qu'il a vécu ses dernières années apaisé et serein.

1. Je lui ai écrit récemment pour envisager la publication de nos échanges de lettres durant sa détention, mais elle n'a pas trouvé trace de mes lettres.

30

Des rêves

Quels beaux rêves ! L'un au début de la nuit, l'autre au tout début de la matinée. Entre les deux, d'autres rêves, que j'ai oubliés, assez agréables.

Dans le premier : je suis informé de la publication des œuvres complètes de Marguerite Duras. Je me mets à ma fenêtre et je vois à hauteur de mon étage, sur un échafaudage, Dionys qui semble mettre la dernière main à la préparation du quatrième volume.

Je lui parle, puis me retrouve soudain sur l'échafaudage. Il est assis, moi debout. Arrive non moins subitement un de mes amis qui semble être Claude Fischler et qui fait écran entre Dionys et moi. Il me prend la main et nos deux bras font un angle droit, dans une affirmation d'amitié. Dionys me semble un peu contrarié, alors ma main prend la sienne pour faire le même geste et je dis que je l'ai aimé dès que je l'ai connu. Il sourit alors, et nous faisons le calcul : nous nous sommes rencontrés en 1943 ou 1944, nous sommes en 2017, cela fait soixante-treize ans. « Et ton visage est toujours jeune, regardez cette tête, c'est toujours la même tête ! » dis-je avec admiration. Et lui de sourire doucement.

Mon rêve s'interrompt brusquement dans son sourire.

J'ai fait un rêve quelques mois après la mort de mon père, je l'ai déjà évoqué, car c'est un rêve récurrent. Je suis à l'intérieur de sa tombe, au-dessus de son cercueil, où je dors sans doute depuis longtemps. J'entends la voix de mon père me dire :

« Maintenant tu peux sortir, mon Minou. » Je soulève alors la dalle. Il ajoute : « N'oublie pas ta sacoche », j'ai en effet avec moi une serviette de documents ou de manuscrits, je ne sais. Je la prends et l'emporte.

Dans le dernier rêve, je retrouve Edwige. Nous avons été séparés, nous nous retrouvons, tout naturellement. Nous évoquons notre passé, nous sortons, prenons la voiture (je ne sais plus qui conduit et à qui appartient la voiture), nous nous attablons à la table d'un café, située sur un trottoir à un coin de rue. Il y a un peu de vent. L'une des deux rues est encore un peu ensoleillée, il y a un muret au soleil où des gens s'assoient. Nous quittons la table du café, traversons et nous arrivons au muret encore éclairé par un soleil qui va disparaître. Nous nous asseyons, contents, sereins. Le rêve s'interrompt alors que nous sommes encore sous le soleil.

Géographie des rêves

Dans l'infinie diversité des rêves, il y a les rêves obsessionnels, ils reprennent un thème récurrent en changeant de décor. Ainsi, à Tokyo, à New York, en d'autres lieux, je rate mon avion ou mon train, ou bien je ne sais plus où aller ; je suis dans un métro de New York, mais ne sais plus où descendre. J'ai également dans mon catalogue de rêves celui où je prends un autobus de banlieue à une porte de Paris dont la réalité très forte n'existe qu'en rêve, et soudain, je ne sais plus où je vais, j'ai perdu le nom de la rue. Parfois, je suis assis dans l'avion, mais celui-ci ne décolle pas. Quand j'étais enfant, je rêvais que je tombais d'un pont qui surplombe les lignes de chemin de fer venant de la gare de l'Est.

Beaucoup plus curieuse est ma géographie des rêves. J'ai un New York de rêve où je reviens souvent qui ne ressemble en rien au vrai New York. J'ai également un Moscou de rêve avec églises et place rouge, mais qui n'ont rien de commun avec les vraies. Il y a un petit appartement ou, bien que mort, vit mon père et dont parfois je perds l'adresse. J'ai des rêves de conseiller du prince. Ainsi je me suis souvent rendu dans un Élysée de rêve (qui ne correspond nullement au vrai). J'y entre par une petite porte discrète pour rencontrer de Gaulle qui me reçoit, je dois l'avouer, assez souvent. J'eus également, après son célèbre rapport, des entretiens très amicaux avec Nikita Khrouchtchev pour l'inciter à libéraliser davantage son immense pays.

31

Vive le Québec libre !

Depuis notre union, Johanne et moi nous rendions souvent dans sa ville natale de Montréal. J'y fus souvent invité pour moult colloques et conférences et fis même un cours à l'université, sur l'invitation de mon ami belge, Dofny, expulsé de France, où il avait été chercheur au CNRS, pour avoir participé à des activités pro-FLN, et qui devint professeur à l'université de Montréal. Je fus aussi convié à l'université du Québec par Serge Proux, très aimable garçon qui participa à l'organisation du Colloque de Cerisy qui me fut consacré. Je le sentis furieux contre moi un matin où, m'étant réveillé avec 39 de fièvre, je lui téléphonai pour lui dire que je ne pourrais assurer ma conférence en début de soirée à Montréal. J'ai pu constater à de nombreuses reprises combien les programmeurs perdent tout sentiment d'humanité quand leur invité se trouve soudain dans l'incapacité d'assurer son engagement.

J'ai toujours été étonné par cette ville coupée en deux, une moitié anglophone – où la langue française était bannie –, une moitié francophone – où la langue anglaise était tout aussi bannie. Entre les deux, une grande avenue cosmopolite avec des Turcs, des Indiens, des Chinois, etc.

Par Johanne, je pus rencontrer quelques protagonistes de la belle « révolution tranquille » qui, en quelques années, a décomposé et réduit en miettes la carapace de catholicisme conservateur qui avait sauvegardé l'identité francophone des Québécois.

Nous fréquentions écrivains, chanteurs, politiques comme le bon René Lévesque et, bien sûr, les amis proches de Johanne, au premier rang desquels Claude Jutra. Le petit groupe dont elle faisait partie était bilingue et, au cours de la conversation, on passait naturellement d'une langue à l'autre. L'indépendantisme à l'état naissant ne s'était pas encore renfermé, durci. C'était un « superbe lever de soleil », le printemps d'un peuple qui se réveillait de l'hibernation et chantait sa joie de renaître.

Nous étions en août 1967, à Montréal, et le général de Gaulle avait débarqué à Québec pour un voyage de quelques jours, et une journée prévue à Ottawa. Après un premier discours dans lequel il exalte l'identité commune des Français et des Québécois, il emprunte le lendemain le Chemin du Roy reliant la ville de Québec à celle de Montréal le long du Saint-Laurent. À chaque étape, il est salué en libérateur par un peuple qui agite des pancartes sur lesquelles sont inscrits ces mots : « France libre », « Québec libre ». L'enthousiasme va croissant tout au long du trajet. De Gaulle est bouleversé par cette ferveur inouïe. Il arrive à l'hôtel de ville de Montréal où l'attend une foule énorme, dans laquelle je me trouve noyé dans un état bienheureux. Après une allocation du maire, Jean Drapeau, de Gaulle, galvanisé, électrisé par le délire collectif qui hurle son besoin de reconnaissance, va lâcher, crier, les paroles qu'il avait décidé d'éviter, mais qu'il ne peut alors réfréner : « Vive le Québec ! Vive le Québec… libre ! »

À ce cri qui répond comme miraculeusement à une attente séculaire, à un besoin des profondeurs de l'âme d'un peuple répond une folle extase, un coït psychique, collectif, délirant, qui nous tient transportés. Puis nous nous embrassons, nous nous congratulons, ivres de bonheur.

À la suite de cet événement qui a suscité la protestation du gouvernement canadien, de Gaulle a écourté son séjour, mais le moment reste à jamais gravé dans la mémoire de ceux qui l'ont vécu il y a cinquante ans de cela.

Alanis Obomsawin

À Montréal, j'ai rencontré l'amie indienne de Johanne issue de la tribu des Abénakis, qui avait pris un nom français puis l'avait abandonné pour retrouver son nom originel : Alanis Obomsawin. C'était une brune aux yeux profonds, au beau et doux visage, aux lèvres harmonieuses. Tout en fréquentant le milieu artitisco-bohème, à la fois francophone et anglophone, qui était celui de Johanne, elle se sentait profondément d'ailleurs ; Johanne, fille de Noir, et Alanis, fille d'Indiens, se sentaient sœurs, intégrées superficiellement, elles avaient l'une et l'autre vécu de fortes discriminations et elles éprouvaient pleinement le rejet que subissaient Noirs et Indiens. Alanis fut d'abord chanteuse ; elle faisait des concerts en langue abénakie, et allait chanter dans les prisons pour les très nombreux Indiens incarcérés. Elle se consacra de plus en plus aux siens et devint réalisatrice de films, dont *Kanehsatake, 270 ans de résistance*, évoquant le conflit d'Oka en 1990.

L'origine du problème était un projet d'agrandissement d'un terrain de golf associé à une visée immobilière sur des terres où se trouvait un cimetière mohawk ; les Mohawks résistèrent à l'expulsion et à l'intervention de la police québécoise, puis de l'armée canadienne. Finalement, on abandonna le projet, mais on ne restitue pas les terres à la communauté Kanehsatake. Présente sur les lieux, Alanis filma l'événement et ce documentaire eut un retentissement international.

Alanis tourna d'autres films sur l'histoire et les cultures amérindiennes et continua à chanter. Elle nous fit visiter la réserve de sa famille Odanak, ainsi que celle proche de Montréal dont sont issus ces Indiens indifférents au vertige et qui travaillent sur les gratte-ciel des États-Unis.

Je l'aimais profondément. Nous la retrouvions à chaque séjour québécois et nous l'invitâmes à La Jolla durant mon séjour californien, pendant lequel, dans un chaste amour, je me sentais plus proche d'elle que de Johanne.

Elle avait adopté une petite fille eskimo (inuit) que j'ai vue grandir.

Alanis se fâcha avec Johanne, je ne sais plus pourquoi ni quand.

Après notre séparation, Johanne revint à Montréal, mais lorsque celle-ci tomba malade, elles se retrouvèrent. Lors de la messe des funérailles, Alanis chanta un déchirant chant de deuil abénaki qui nous bouleversa tous.

Par la suite, nos rencontres se raréfièrent et un grand regret de ma vie est de ne pas être resté étroitement lié à elle.

32

CNRS

Me voici à trente ans, en 1951, nommé stagiaire de recherche, au plus bas de l'échelle, avec un poste aléatoire, révocable, sans nulle sécurité, mais qui me donne un salaire.

Après avoir été responsable à peine adulte dans mes activités dans la Résistance, puis de journaliste à la FNDIRP, je suis devenu un « jeune chercheur ».

Je suis intronisé au centre d'études sociologiques, boulevard Arago, que dirige Georges Friedmann, mon protecteur et directeur de recherche. La secrétaire générale du centre est Mme Halbwachs, veuve de l'éminent sociologue mort en déportation et mère de Francis Halbwachs, résistant déporté dans le terrible camp de Dora Ellrich, usine souterraine de V2, où moururent tant de déportés, dont mon ami Claude Dreyfus. La secrétaire est Claudine Laude, née Capet, petite de taille comme celui que j'imagine son ancêtre, Hugues Capet.

Georges Friedmann a institué le « Conseil de la Couronne », incluant Mme Halbwachs, Paul-Henry Chombart de Lauwe, ex-aviateur, devenu sociologue, Georges Maucorps, ex-officier de marine, devenu psychosociologue, Alain Touraine, jeune agrégé d'histoire recruté en même temps que moi, mais au grade supérieur d'attaché de recherche. Lucien Brams, psychosociologue, également recruté la même année.

Il n'y a pas de licence de sociologie à l'époque, et nous sommes venus d'un peu partout, par hasard ou vocation, à la sociologie, comme Desroches, prêtre défroqué, Dumazedier, animateur militant de Peuple et Culture. La vieille sociologie durkheimienne, théorique, voire doctrinaire, n'a plus de descendants, et Friedmann nous pousse à des recherches empiriques dans la lignée des sociologues germano-américains, comme Lazarsfeld, notamment à partir de questionnaires sur échantillons représentatifs de population.

Je fréquentais le séminaire de Georges Friedmann à l'École des hautes études en sciences sociales, où j'apprenais beaucoup des divers intervenants évoquant leurs recherches. Mon ami Robert Pagès, rencontré à Toulouse où il était communiste puis trotskiste après 1941, car écoeuré par le chauvinisme du Parti, et enfin libertaire, était lui-même entré au CNRS en psychologie sociale.

Je reviens au séminaire Friedmann. Pagès, invité à l'un d'entre eux, nous exposa la théorie de l'information et de la communication de Shannon. Elle me sembla sans grand intérêt alors que, vingt ans plus tard, j'en découvris l'importance.

Alain Touraine

Georges Friedmann chérit Alain Touraine. Ce dernier, de quatre ans mon cadet (né en 1925), avait quitté l'École normale supérieure pour faire l'expérience de la vie ouvrière en devenant mineur à Valenciennes. Marqué par l'œuvre de Friedmann sur le travail ouvrier, *Les Problèmes humains du machinisme industriel* (1946), il lui avait écrit de Valenciennes, et Friedmann lui avait conseillé de terminer ses études, de passer l'agrégation, puis lui promit de le recruter au CNRS pour qu'il puisse se consacrer à l'étude de la condition ouvrière. De plus, Georges Friedmann qui, d'origine juive allemande, adorait la France, s'émerveillait du nom de « Touraine », et il me disait souvent : « Que c'est beau de s'appeler Touraine ! » Moi-même, j'aurais aimé m'appeler Touraine.

Nous étions les deux chouchous du maître, nous risquant parfois à des remarques critiques, ce qu'il n'aurait admis de nul autre. Nous ne savions pas alors que nous nous lierions de façon profonde.

Touraine semblait hautain à beaucoup et son assurance pouvait passer pour arrogance ; mais, dès cette époque, je sentais qu'il était franc et loyal. Nous n'eûmes guère l'occasion de nous croiser ou même de voir nos recherches se chevaucher, mais il n'y avait entre nous aucune répulsion. J'assistai à sa thèse où sans doute il exposait sa philosophie sociologique dans un langage qui me semblait alambiqué (et dont il se débarrassa progressivement), et il fut très durement critiqué par Raymond Aron ; bien que reçu avec mention, il en garda un sentiment d'humiliation. Cela ne l'empêcha pas de faire route vers les sommets universitaires et de devenir professeur à Nanterre. Cela ne l'empêcha pas non plus d'être un des rares mandarins bienveillants à l'égard de la révolte étudiante, ce qui lui valut pour un temps la défaveur de la caste. Il dépassa la sociologie du travail pour se lancer dans l'étude des mouvements sociaux.

Alors que Bourdieu s'efforce de démontrer que la société est vouée à la reproduction à l'identique, Touraine s'attache aux dynamismes transformateurs. Concurrent de Bourdieu comme candidat au Collège de France, c'est l'habile stratège prétendant au monopole de la scientificité qui sera élu. Touraine poursuit dans sa voie et découvre le grand méconnu, ou exclu, de la sociologie : le sujet humain. Et, comme moi, mais à sa façon, il interroge le monde contemporain et s'interroge sur le destin de l'humanité.

Cela nous rapproche, mais pas seulement. Depuis nos rencontres lors de congrès ou autres, il appréciait en moi, je crois, l'amour de la vie, et moi j'appréciais son caractère intègre, probe et fidèle. Il avait, comme moi, épousé l'Amérique latine en noces mystiques et, en noces privées, une merveilleuse Chilienne d'une bonté et générosité rares, Adriana, décédée d'un cancer en 1990. Il en fut ravagé, et, à la mort d'Edwige en 2008, je fis appel à lui pour savoir comment on peut vivre cette douleur. Sa nouvelle compagne, Simonetta Pizzoli, est également remarquable d'intelligence et de sensibilité. Atteinte d'un cancer de la gorge, elle a voulu décider de sa propre fin, en Suisse, ce qu'elle fit en présence d'Alain.

Il est indépendant de tout parti, comme moi, de gauche à sa façon, comme je le suis à la mienne. Il a réagi à l'affaire du voile de Créteil, comme j'aurais pu le faire, en s'opposant à l'expulsion des élèves voilées. Avec le temps, nous nous sentons de plus en plus proches, de plus en plus solidaires, de plus en plus présents au monde, lui à 93 ans, moi à 97 ans.

Georges Gurvitch

Mais revenons aux années 1950 du CNRS. Nous savions tous que Georges Gurvitch, professeur de sociologie à la Sorbonne et quelque peu paranoïaque, poursuivait Georges Friedmann de ses sarcasmes. Il était aussi un peu mythomane et avait confié à Duvignaud qu'il aurait pu être à la place de Lénine en octobre 1917, mais, disait-il, il faisait alors l'amour avec Dolly à Pétrograd, dans les jardins d'hiver. En fait, il dut être social-révolutionnaire, et, au début des années 1920, émigra en France. Sa théorie sociologique est particulièrement complexe, avec ses « paliers en profondeur », ce qui explique qu'elle ne fut guère connue ni comprise. Il avait un terrible accent russe, un caractère colérique et capricieux, il asservissait ses disciples, tout en étant un esprit profond. Comme il haïssait tout ce qui relevait de Friedmann, il m'ignora, et ne sut pas que son œuvre m'importait.

Je m'amusais beaucoup des relations Gurvitch-Friedmann, aussi je fis un sketch pour mes confrères du centre d'études sociologiques qui eut un vif succès pendant quelques années.

J'imaginais Friedmann recevant l'annonce du décès de Georges Gurvitch avec le vœu du défunt qu'il fasse l'oraison funèbre devant sa tombe. J'imaginais également Gurvitch recevant une lettre annonçant le décès de Friedmann avec une semblable demande.

Puis la scène se déplacait au cimetière où Friedmann et Gurvitch se trouvaient dos à dos, chacun ignorant la présence de l'autre, et chacun devant la tombe de l'autre.

Alors venaient les discours, chacun avec la voix de l'intéressé. Celle, si particulière, de Friedmann :

« Adieu très cher ami, ou plutôt au revoir, tu as été un pionnier de la sociologie du travail et de la connaissance de la société industrielle, etc. »

Puis le discours de Gurvitch, avec son accent russe :

« Adieu, mon très cher Georgy, apôtre de la sociologie de la connaissance et des paliers en profondeur, etc. »

À un moment chacun entendait la voix de l'autre.

Friedmann stupéfait : « Vous n'êtes pas mort ? »

Gurvitch, impérieux : « Rentrez dans votre trou ! »

Comme des étudiants nous étions quelques-uns à aimer blaguer et parodier nos protecteurs et contrôleurs de la section sociologie du CNRS, où je suis resté en dépit de mes travaux transdisciplinaires. Je ne pouvais alors réduire la recherche sociologique à l'élaboration et l'application de questionnaires (système qui régna une quinzaine d'années). Je ne pouvais concevoir la sociologie comme une discipline close. Je ne pouvais concevoir une recherche close sur son objet, négligeant tout contexte. Le conflit épistémologique entre l'individualisme méthodologique et l'approche globale m'était étranger. Du reste, j'étais autant historien, voire philosophe (sauvage), que sociologue, tout en intégrant toujours la dimension sociologique dans mes recherches. En fait, je suis devenu anthropo-épistémologue, bien que ce caractère propre à mon œuvre soit toujours ignoré et que cette catégorie soit inexistante dans la recherche et l'enseignement.

À vrai dire, en ayant la possibilité d'écrire selon ma volonté dans *Le Monde*, jusqu'à ces dernières années, et en m'exprimant dans de nombreuses revues et radios, parfois à la télévision, j'ai cherché à faire connaître ma forme d'esprit qui était dédaignée, voire méprisée, par les académiques et les critiques de presse.

Pour revenir au centre d'études sociologiques dans les années 1950, c'était un endroit quasi familial où du moins les relations étaient familières. J'y ai retrouvé Henri Lefebvre dont la pensée marxienne avait l'originalité et la vertu en France de se référer à Hegel et aux œuvres philosophiques de jeunesse de Marx. J'ai beaucoup apprécié ses morceaux choisis de Hegel, qu'il publia avec la collaboration de Nathan Guterman. Bien qu'audacieux dans sa philosophie, il n'avait pas un grand courage politique ; il m'évita lorsque je fus exclu du parti communiste et, à ma vue, il passait sur le trottoir d'en face. Il trouva courage et autonomie après son exclusion de 1958 et fut dans les années 1980 un précurseur dans la considération du phénomène urbain.

Mes relations étaient cordiales avec Chombart de Lauwe, qui œuvra dans le sillage de l'école de Chicago, qu'il me fit découvrir. Avec Crozier (c'est moi qui l'avais incité à entrer au CNRS), j'appréciais le sens complexe qu'il avait de la relation entre l'acteur et le système. Avec Maucorps je découvris la sociométrie de Jacob Moreno dont il était adepte. J'y retrouvai Robert Pagès que j'avais connu étudiant de philo à Toulouse, et qui, je l'ai dit, nous enseigna la théorie de la communication de Shannon sans que j'en comprisse alors la portée.

Lucien Brams

Lucien Brams, plus jeune que moi, mais recruté dans la même fournée que la mienne, était devenu un compagnon quotidien. Secrétaire de la cellule communiste du CES, il fit en sorte que, malgré la pression des plus sectaires, j'évite d'être mis en quarantaine par les membres du Parti, assez nombreux au centre. Nous avions pris un même bureau, ayant déménagé alors rue de Varennes, nous allions ensemble au café prendre un verre et jouer au baby-foot. Après le travail, il me rejoignait en moto à Rueil et restait souvent dîner chez nous, suscitant l'affection de mes deux filles, puis il repartait tard à Poissy, où il résidait dans des conditions que nous ignorions alors. Il nous avait accompagnés en vacances un été, à Montalivet, plage située sous la Gironde ; bref, c'était l'ami de la famille.

Il se trouve que Friedmann l'envoya comme enseignant et responsable à la faculté latino-américaine des sciences sociales, sise à Santiago du Chili, afin qu'il échappe à la persécution vengeresse d'un beau-père officier. Lucien s'était en effet lié avec une des deux filles de cet homme, puis celle-ci se brouilla avec lui et il se mit à fréquenter sa sœur. Le père poussa Lucien à l'épouser. De dépit, la première aimée, Madeleine, convola avec un autre. Je crois qu'ils eurent de part et d'autre un enfant, mais mon souvenir est embrouillé. Toujours est-il que Lucien retrouva Madeleine chez ses parents, ils firent l'amour clandestinement la nuit sur la terrasse de leur villa, puis décidèrent de fuir ensemble. Le beau-père voulut imposer à Friedmann de sévir, assimilant le CNRS à l'armée.

Friedmann exfiltra le couple doublement adultérin en envoyant Lucien à Santiago du Chili en tant que responsable scientifique de la faculté latino-américaine des sciences sociales, créée par l'Unesco. Une fois bien installé, Lucien me fit inviter officiellement pour y donner un trimestre de cours. J'arrive à Santiago, où il me fait accueillir chez lui par une petite colonie française et où je remarque, ému, une blonde au visage très pur et aux yeux très bleus. Il a déjà prévu une maîtresse pour moi, une femme mariée bovarysante. Moi : « C'est la petite blonde aux yeux bleus qui me plaît. – Bas les pattes, elle est à moi. »

J'avais été recruté au CNRS sur la base d'un projet de recherche que j'avais imaginé, pensant aller dans le sens des curiosités scientifiques de Friedmann sur l'« esthétique du monde industriel ». Mais ce sujet m'ennuya et mon intérêt me porta vers le cinéma, qui était, je le rappelle, un objet sociologique et anthropologique inconnu, voire méprisé, mais où j'étais sûr que nul ne viendrait me déranger. Du reste, Friedmann s'intéressait aux « mass media », terme utilisé à l'époque, dont le plus significatif alors est le cinéma.

J'aurais dû, comme c'était la norme, me lancer dans une enquête par questionnaire sur échantillon représentatif de la population, mais cette sociologie « à l'américaine » me semblait sans grand intérêt. Je m'intéressai d'abord à la fréquentation des salles de cinéma, remarquant un pic à la Toussaint, jour du retour des ombres des morts signifiant peut-être du coup une attraction particulière pour les ombres cinématographiques, je ne m'attardai pas trop sur cette hypothèse. En fait, je concentrais ma recherche sur les thèmes, archétypes et stéréotypes, les *happy end*, les héros et héroïnes des films, ce qui justifiait ma fréquentation quotidienne des cinémas, dont les séances corporatistes du matin où étaient présentés les nouveaux films. Du coup, j'allais au cinéma du matin (aux projections de presse) jusqu'au soir. Je prenais des notes sur un carnet avec un petit stylo bille lumineux et j'accumulai une énorme documentation qui fut finalement abandonnée dans une cave, mais dont je pus faire auparavant quelque usage dans des textes sur « l'amour au cinéma », « la mort au cinéma », « étrangers et métèques dans le film français », « évolution des personnages afro-américains dans les films américains », lesquels ont été retrouvés par chance dans un grenier du centre Edgar-Morin au moment où ce centre déménageait et perdait son nom. Ils ont été publiés avec d'autres textes, grâce à ma collaboratrice Monique Peyrière, qui les a retrouvés, puis classés, rassemblés et préfacés avec la collaboration de Chiara Simonigh, pour un livre publié en mars 2018 : *Le Cinéma, un art de la complexité*.

Comme mon salaire était très maigre, je demandai au CNRS le remboursement de mes tickets de cinéma. Le CNRS réunit une commission pour répondre à cette demande insolite. On refusa le paiement pour un « loisir donnant du plaisir », mais on accepta de me rembourser mes trajets en métro sur présentation du ticket.

Comme je l'ai dit précédemment, je reçus toutefois un petit crédit pour me rendre par deux fois au Festival de Cannes, en 1952, puis 1954, accompagné de Lucien Brams.

Vu la faiblesse des crédits alloués, nous logeâmes dans un hôtel miséreux où résidaient quelques mendiants, dont un cul-de-jatte porté à bout de bras dans l'escalier jusqu'à sa chambre.

Nous fûmes désarçonnés d'apprendre qu'il fallait un smoking pour assister aux séances du soir. Seul y contrevenait Picasso, vêtu d'une veste d'intérieur. Je n'avais qu'un costume bleu marine. Je songeai alors à Jacques Prévert, que je connaissais par André Verdet et qui habitait non loin, à Saint-Paul-de-Vence, mais j'avais les épaules larges et la taille étroite, alors que Prévert avait la taille large et les épaules étroites. J'appelai alors mon cousin Sam, à Monte-Carlo. J'essayai son pantalon de smoking, mais sans pouvoir boutonner le haut du pantalon qui restait ouvert sous la veste, elle-même trop étroite pour moi. J'emportai donc ce smoking, et achetai à Prisunic un ruban noir de cravate papillon. Mais je ne réussis pas à faire le nœud. Je téléphonai à André Bazin, le meilleur critique de cinéma de notre temps, en train d'écrire sa rubrique pour *France Observateur*, que je connaissais un peu, et il me fit le nœud dans sa chambre d'hôtel du Carlton. Je refilai mon costume bleu marine à Lucien, qui entra dans la salle, collé à moi, sans qu'on puisse découvrir qu'il n'était pas en smoking. La très aimable secrétaire du Festival, écrivaine dont j'essaie de me rappeler le nom, nous donnait des invitations non seulement pour les séances mais pour les cocktails où Lucien et moi nous enivrions et nous goinfrions en guise de repas. Au cours d'une présentation de presse qui se transforma en cohue, je fus charmé et impressionné de me trouver projeté tout contre la belle Gina Lollobrigida. Consommant de la pellicule du matin jusqu'à la nuit, je m'endormis une seule fois à la projection d'un film mexicain sur le Christ, et je découvris le cinéma japonais avec *La Porte de l'enfer* et *Rashomon.*

À la suite de mon ouvrage sur le cinéma, qui parut plus tard (1956) et de mon livre sur les stars (1957), on m'invita comme juré à d'autres festivals. Le premier d'entre eux fut celui de Mar del Plata, en Argentine – mon premier voyage en Amérique latine et en jet. L'avion était un Comet des Aerolíneas Argentinas, où nous restâmes assis très serrés dans des sièges étroits durant des heures ; l'avion fit successivement escale à Madrid, Dakar, Natal, Rio, avant d'arriver à Buenos Aires ; puis on nous transporta, avec quelques jurés venus d'Europe, dans un DC3 à Mar del Plata. Mon ami Lucien Brams, dont j'ai dit qu'il avait été nommé à la faculté latino-américaine des sciences sociales de Santiago du Chili, vint me voir. J'étais un peu perdu, et surtout très intimidé, par la belle Léa Masari – dont j'étais amoureux depuis que je l'avais vue dans *L'Avventura* – avec qui j'aurais pu et dû parler lors d'une fête privée, et qui, du reste, me regardait avec sympathie en jouant des doigts sur un petit tambour, mais je restai muet comme une carpe et n'ai pu me consoler de ma timidité.

En fait, toutes les notes que je pris pendant quelques années sur les films, sans compter la considérable culture cinématographique engrangée, me seraient utiles quand je rédigerais quelques rapports pour l'Unesco, à l'incitation de Georges Friedmann.

À la différence de Barthes, je ne considérais pas les mythologies du haut d'un trône « démythologiseur », voire, comme on le disait à l'époque à la suite d'Henri Lefebvre, de « démystificateur ». Je décrivais et interprétais les mythes cinématographiques du western, du thriller, etc. Mais, en même temps, je subissais leur envoûtement et je vivais subjectivement une adoration pour certaines stars. Je dialoguais avec mes mythes en les sachant et les décrivant comme tels. Sensation troublante.

En fait, quand Friedmann me demanda un livre sur le cinéma pour la collection qu'il dirigeait aux Éditions de Minuit, il pensait à une élucidation qui dévoilerait les films comme reflets fantasmatiques des réalités vécues, aspirations ou craintes d'une société. Du reste, j'étais déjà convaincu que le cinéma pouvait autant nous apprendre sur la réalité que la réalité pouvait nous apprendre sur le cinéma.

Toutefois, je ne fis pas une sociologie, mais une anthropologie. Je voyais que le cinéma était trop immergé dans la « culture de masse » comportant presse, magazine, loisirs, vacances, pour être traité isolément de façon sociologique. En revanche, une irrésistible pression interne me poussait à considérer la puissance de l'imaginaire et du mythe, ce que j'avais fait dans *L'Homme et la mort*, mais dans le champ particulier de l'image animée du cinéma et de la relation entre l'esprit du spectateur et le spectacle cinématographique. Mon intention : éclairer le cinéma par l'anthropologie (celle que j'ai élaborée dans *L'Homme et la mort*), éclairer l'anthropologie par le cinéma. Aussi mon livre s'intitula-t-il *Le Cinéma ou l'homme imaginaire*. Friedmann a toléré ces glissements progressifs du désir et le publia dans sa collection « L'Homme et la Machine », aux Éditions de Minuit.

Un peu plus tard, Alain Touraine incita Michel Chodkiewicz, éditeur au Seuil de la collection de poche illustrée « Le temps qui court », à me demander un livre sur les stars, ce dont je m'acquittai avec plaisir et très facilement, montrant que les stars étaient à la fois actrices, idoles, objets de culte, marchandises, et avaient évolué du muet au parlant.

Par la suite, je me lançai dans un essai sur la culture de masse où j'inclus le cinéma, *L'Esprit du temps*, qui parut en 1960, fut assez bien accueilli par la presse et fit l'objet d'une démolition en règle par Pierre Bourdieu qui déconsidéra le livre chez les sociologues pendant des dizaines d'années jusqu'à ce qu'il fût réhabilité par Éric Macé et republié par ses soins chez Armand Colin, puis tout récemment aux Éditions de l'Aube.

Bourdieu

J'avais trouvé Bourdieu très sympathique quand je l'avais rencontré aux côtés de Raymond Aron lors du colloque à Tivoli. Je fus très surpris par la violence de son attaque et par sa façon de dénaturer ma pensée. Son esprit dominateur et sûr de lui (*dixit* Aron) faisait qu'il se considérait comme le seul représentant de la scientificité sociologique et le poussait à vouloir écraser ceux qu'il considérait comme ses rivaux. En fait, le livre qui fit sa réputation était scientifiquement infondé. Il attribuait le succès scolaire à l'« héritage culturel » des élèves des familles aisées et cultivées, alors que les enquêtes de Noëlle Bisseret et de Mohamed Cherkaoui montraient la pluralité des facteurs favorisant les succès scolaires, dont, entre autres, la fortune des parents payant des heures supplémentaires et l'atmosphère dans les classes. De fait, l'œuvre arrogante et dominatrice de Bourdieu s'imposa largement. Sa scientificité apparente séduisit les scientifiques du Collège de France qui l'élirent au détriment d'Alain Touraine et de Claude Lefort. Je souffris évidemment du discrédit dont il m'accabla, mais de façon modérée, car je ne fus son rival ou concurrent en aucune instance, académique ou autre. Sa haine s'explique, je crois, par le fait que nous étions à la fois trop dissemblables et trop semblables. Trop dissemblables, par le caractère qu'il avait, impérieux et avide de pouvoir, organisateur de réseaux d'influence, alors que je demeurais marginal et franc-tireur. Trop semblables, parce qu'il était lui aussi un

« touche-à-tout », ce qu'il dissimula longtemps en critiquant toujours les intellectuels qui se dispersent au nom du sérieux scientifique du spécialiste. Mais qui se révéla lorsqu'il s'empara des sujets les plus divers et devint sur le tard un intellectuel politique, intervenant avec vigueur lors des grèves de 1995, alors qu'il était resté jusqu'alors, tout au long de sa carrière, extrêmement prudent, que ce soit pendant la guerre d'Algérie (où, dans le cabinet de Lacoste, il se borna à faire d'excellentes études sur les Kabyles), et tour à tour pendant la révolution hongroise, Mai 68, la guerre de Yougoslavie, en somme dans tous les conflits où d'autres, dont moi, se mouillaient.

En fait, ce fils de paysans modestes détestait le pouvoir bourgeois des « héritiers » et de l'aristocratie sociale républicaine au sein de laquelle il réussit pourtant à s'introduire et à s'intégrer spirituellement, jusqu'au moment où, à l'âge de 65 ans, il devint un intellectuel révolutionnaire.

Esprit doué, très intelligent, très cultivé, aimant comme moi l'oxymore, mais trop unilatéral, dogmatique, sectaire, avide de reconnaissance, impitoyable pour ceux qui se trouvaient en travers de sa route. Il a tenté de m'assassiner psychiquement et a partiellement réussi dans le milieu sociologique où j'étais déjà quelque peu déviant.

Le Cecmas

En 1961, Georges Friedmann crée donc le Centre d'études des communications de masse et prend pour adjoints Roland Barthes et moi. En fait, son objet est l'étude de la culture (dite à l'époque « culture de masse ») produite et diffusée par les médias. Le centre publie une revue, *Communications*, et j'y fais en 1964 un article : « Une télé-tragédie planétaire : l'assassinat du président Kennedy », assassinat transmis en direct par toutes les télévisions du monde. J'écris également dans un numéro suivant un article : « Culture analyse ».

Mon intérêt pour les communications de masse s'épuise progressivement. De son côté, Barthes entreprend sa recherche sémiologique. Nous faisons en 1973 un petit putsch où nous demandons à Georges Friedmann de transformer le Cecmas en Cetsas, c'est-à-dire centre d'études transdisciplinaires (sociologie, anthropologie, sémiologie). Du coup, nous voilà libres de nous vouer à nos intérêts principaux.

Nous avons de superbes bureaux rue de Tournon, dans un hôtel particulier XVIIe siècle, que la duchesse d'Argyll, ex-épouse de Clemens Heller, éminence grise de Fernand Braudel, patron de l'EHESS, louait à l'école. Quand j'ai connu la duchesse, celle-ci m'invitait parfois à déjeuner dans son appartement, dans l'autre aile de l'hôtel, avec immanquablement une bouteille de château-petrus.

J'ai dirigé le centre d'études transdisciplinaires après la mort de Friedmann et l'élection de Barthes au Collège de France, avec l'appui, au secrétariat, de Marie-France Laval, devenue une amie. J'ai demandé à Claude Lefort de codiriger le centre, ce qu'il a accepté, et le Cetsas est devenu Cetsap (p = politique). Sous je ne sais plus quelle pression (de l'EHESS ?), il y eut scission, et Lefort rejoignit le centre créé par Raymond Aron. Je suis resté au Cetsas devenu Cetsah avec André Burguière. À ma retraite, la direction fut transmise à Claude Fischler, puis à Nicole Lapierre, que j'avais recrutés au temps de la sociologie du présent ; ils ont fait une belle carrière.

Après ma convalescence, en 1962-63, je songe à faire une recherche sur les militants, m'interrogeant sur le fait qu'une minorité dans une population soit animée par une pulsion qui la pousse à se consacrer à autrui, une collectivité, un parti. J'associe à ce projet Serge Thion (je l'ai évoqué p. 327). En 1963, je travaille au scénario de *L'Heure de la vérité* (j'évoquerai ma déception)... Et voilà que Georges Friedmann m'invite à participer à une grande enquête polydisciplinaire, organisée par la DGRST sur la commune de Plozévet, dans le sud du Finistère.

Plozévet

En fait, la recherche avait commencé en 1961. Plozévet a été choisi par les directeurs de cette étude, les docteurs Gessain et Sutter, anthropobiologistes, parce que cette commune constituait un isolat génétique (on y avait constaté la claudication héréditaire de la hanche chez des femmes), et aussi parce que la mairie, tenue par des enseignants, disposait d'archives bien conservées. En fait, de Paris, les mandarins associés à l'enquête avaient découpé Plozévet en morceaux disciplinaires. Ils recommandaient aux chercheurs de chaque discipline de collaborer entre eux, mais le cas était rare, chacun cherchant à garder le monopole de ses propres découvertes.

Il y eut d'excellentes monographies d'histoire et de géographie permettant de situer Plozévet dans le temps et l'espace. Mais l'essentiel était ignoré ou oublié, c'est-à-dire les considérables et multidimensionnelles transformations que les développements socio-économiques d'après 1955 avaient produites en France et qui affectaient irrésistiblement Plozévet au début des années 1960. Je choisis de traiter de la modernisation de cette commune, mais bien décidé à y installer un jeune chercheur qui aurait ainsi un gagne-pain et à surveiller de loin son travail. Thion étant indisponible, il me fit connaître son copain Péninou, jeune responsable à l'Unef, devenu maoïste. Je partis donc en 4CV avec Péninou explorer Plozévet.

Pour nous familiariser avec le pays, je le conduisis au bar de Poulhan, le petit port de pêche de Plozévet, où, croyant faire local, je commandai deux lambics (eau-de-vie de cidre, réservée à l'usage privé) au grand amusement du père Ansquer, patron pêcheur et patron du bar. Mais, surtout, je fus fasciné par les vieilles Bigoudènes, au beau visage ridé, bienveillant et cordial, ne parlant pas français, fasciné aussi par le paysage, par les gens, je devinais que tout y était enraciné dans une ancienne et belle civilisation et que tout était en même temps en métamorphose. Je découvris une commune à majorité rouge dans un environnement blanc, bref, je décidai de m'installer à Plozévet autant de mois qu'il serait nécessaire. Péninou me fit rapidement faux bond sur faux bond, partant tour à tour en Chine ou ailleurs, en mission pour l'Unef. Je recrutai alors des étudiants de l'université de Rennes, dont Bernard Paillard, qui devint mon principal collaborateur. Je les installai dans des hameaux de la commune, je vivais moi-même avec Johanne dans un *penty* sur une falaise, au bord de mer, à Poulhan, loué au père Ansquer. Le sol était en terre battue, il n'y avait pas de chauffage, les cabinets étaient dans une cabane au fond du terrain. Comme j'avais aussi recruté mon amie Rosine Fitzgerald, elle-même liée à un collaborateur de Claude Perdriel, patron de *L'Observateur*, mais aussi industriel produisant des chiottes synthétiques, je pus recevoir un trône mobile pour nos besoins, sans avoir à courir dehors. J'ai tenu mon *Journal de Plozévet* qu'ont publié les Éditions de l'Aube et qui est également intégré dans l'édition de mes journaux en deux volumes au Seuil.

Je ne raconterai pas cette année de découvertes et d'amitié. Ce que je tiens à dire ici, c'est que ma conception ouverte et transdisciplinaire me fit découvrir et traiter de phénomènes essentiels et invisibles au découpage disciplinaire de la DGRST. Ainsi, je traitais de la disparition de la petite exploitation agricole de moins de deux hectares, mais de la survie de la polyvalence de Plozévetiens exerçant plusieurs métiers à la fois comme cafetier, chauffeur de taxi, éleveur de poules. Alors que le développement ruinait l'ancienne économie, cette polyvalence permettait à beaucoup de survivre. Je découvrais la résistance de jeunes paysans issus de la JAC (Jeunesse agricole catholique) s'associant en coopératives ou achats communs de machines ; je découvrais que les deux médecins, deux vétérinaires deux pharmaciens étaient les uns pour les blancs, les autres pour les rouges ; que les femmes ne voulaient plus de mariages avec des paysans pour ne pas traire les vaches le dimanche et qu'elles cherchaient en priorité fonctionnaires ou gendarmes ; que ces mêmes femmes installaient salles de bains, cabinets, voire chauffage central dans leurs domiciles qui en étaient dépourvus et devenaient ainsi des « agents secrets de la modernité ». Je discernais, chez ces femmes modernisées des symptômes de bovarysme, mais pas encore de beauvoirisme. Je découvrais, en étudiant le remembrement agricole qui s'opérait au moment de mon enquête, que celui-ci révélait bien des conflits entre paysans. Mais je ne compris pas alors qu'entraînant la destruction de chemins creux et de haies il altérerait les microclimats et préluderait aux aspects néfastes de l'industrialisation de l'agriculture. Je découvrais que les jeunes désœuvrés du café des Droits de l'homme souhaitaient un comité de jeunes, et je les encourageais à organiser un bal pour recueillir la somme nécessaire à sa création, enfin j'ai découvert là-bas les nouvelles relations entre générations qui allaient se développer au cours des années 1960.

J'étais enthousiasmé par toutes ces découvertes. En 1966, Pompidou, chef du gouvernement, s'étonna qu'aucun résultat ne justifiait les 5 milliards de francs voués à la recherche sur Plozévet. La DGRST, qui avait demandé aux chercheurs de ne rien publier avant la synthèse générale confiée au jeune historien André Burguière, suspendit alors son veto. Ce qui m'incita à passer à la rédaction, tout en intégrant, en les citant, les données des enquêtes précédentes dont j'avais bénéficié, notamment historiques, ethnographiques et géographiques.

En ce qui concerne les crédits, j'avais obtenu une très modeste subvention pour mes étudiants chercheurs et pour les quelques frais dédiés, alors que la plupart des autres équipes avaient reçu de grosses sommes, qu'elles avaient en partie affectées à d'autres recherches, plus intéressantes à leurs yeux. J'ajoute que la plupart des chercheurs des autres équipes sur place étaient jeunes et sous l'égide de mandarins qui leur donnaient leurs instructions depuis Paris. Les seules recherches où la relation entre mandarins et chercheurs fut concrète tenaient aux questions biologiques et médicales auxquelles s'intéressaient personnellement les docteurs Gessain et Sutter. J'étais le seul responsable de recherche sur le terrain de façon constante, et le seul non-mandarin.

J'avais recueilli un énorme matériel de notations et de conversations, sans parler des journaux d'enquête, le mien et celui de mes collaborateurs, au premier rang desquels Bernard Paillard qui, du reste, en mai 1968, m'initia aux débuts du mouvement de contestation. Le travail de rédaction sur Plozévet fut long et difficile. Je me souviens l'avoir entrepris au Danemark, d'abord dans la bibliothèque du musée Louisiana, non loin de Copenhague, puis dans une université populaire fréquentée par des hindous et des Pakistanais. À la cantine, quand la viande arrivait, ceux-ci me demandaient : « *Veal or pork* ? » Si c'était du porc, les musulmans poussaient leur assiette avec horreur, si c'était du veau les hindouistes rejetaient avec la même horreur leur assiette. Parfois, je ne distinguais pas à l'œil le veau du porc, et, me faisant confiance, les uns ou les autres commettaient inconsciemment un grand sacrilège. J'ai également poursuivi ma rédaction à Sidi Bou Saïd, puis chez Marguerite Duras, à Neauphle-le-Château. Je dus composer, architecturer, ventiler. Finalement, le livre parut fin 1967.

J'étais content de mon travail et pensais devoir en être félicité. Aussi, en rencontrant par hasard Raymond Aron dans la rue, je fus stupéfait de l'entendre me dire : « Qu'ont-ils contre vous, les gens de la DGRST ? Ils veulent vous coller un blâme scientifique. »

J'apprends alors qu'au cours d'une réunion les docteurs Gessain et Sutter m'ont condamné pour avoir transgressé l'interdit de publication (qu'ils avaient eux-mêmes abandonné sous la pression de Pompidou), ils me reprochaient d'avoir copié dans les autres rapports (alors que je citais toujours leurs auteurs) et d'avoir dit n'importe quoi. Jean Stoetzel, directeur du centre d'études sociologiques, auquel je fournissais annuellement mon rapport pour lui signaler l'avancement de mon travail de rédaction, ne songea nullement à me défendre contre ses amis. Gessain et Sutter proposèrent de m'infliger un blâme scientifique, ce qui aurait sans doute mis fin à ma carrière au CNRS.

Cela me rendit fou de rage : condamné pour avoir trop bien fait ! Condamné pour être sorti des ornières ! Condamné pour avoir pris des initiatives fécondes !

Je demandai une entrevue au nouveau président de la DGRST, l'économiste Claude Gruson, et je m'indignai de façon véhémente.

« Cher ami, je vous comprends, je suis prêt à signer un document assurant que vous ne méritez pas d'être blâmé.

– Mais ce sont des félicitations que je veux !

– Ah ! cher ami, vous en demandez trop.

– Eh bien, je vous demande deux enquêtes. L'une examinant le contenu de mon livre, l'autre concernant l'usage fait par les différentes enquêtes des crédits qui leur ont été alloués. »

Sur ce dernier point, je pouvais susciter un scandale, d'autant plus que j'avais fait un travail énorme pour une somme minime dont pas un sou n'avait été utilisé à mon bénéfice, alors que les autres avaient fait un travail minime pour une somme énorme.

Je reçus dans cette affaire l'aide courageuse du jeune historien André Burguière, chargé de la synthèse finale, et qui publia un an plus tard *Bretons de Plozévet.* Bien que dépendant des deux personnages ligués contre moi (se permettant des propos grotesques et grossiers à mon égard, je fus traité de « juif sans scrupule » par ces anciens vichystes), il fit une déclaration écrite à la DGRST disant que ma conduite avait été exemplaire sur le plan de la collaboration entre disciplines. Je lui en suis éternellement reconnaissant.

L'affaire s'aggrava à Plozévet même. Au lieu de faire l'éloge rituel des autorités municipales, j'avais signalé l'immobilisme du parti rouge (la gauche) et le dynamisme des jeunes agriculteurs blancs, suscitant de la sorte l'hostilité du maire et des officiels de l'époque. Pis, alors que je croyais être discret en n'évoquant pas les adultères et problèmes sexuels dont j'avais eu connaissance, ce qui aurait été utile pour l'évolution des mœurs, je fus réputé indiscret pour avoir évoqué, pourtant avec sobriété, si j'ose dire, les ravages de l'alcoolisme sur une partie du monde paysan masculin, et également pour avoir généralisé, à partir de quelques exemples venus à ma connaissance un certain type de comportements. Ainsi, je disais qu'alors que dans le passé le garçon qui avait raté son bac était puni il était désormais consolé par le cadeau d'un vélo ou d'une moto. Je reçus aussi une lettre virulente du photographe Bourdon dont j'avais cité, sous pseudonyme, un des propos concernant les jeunes : « Ils ont maintenant un poil dans la main. » Il m'assurait dans sa lettre que la jeunesse plozévetienne était saine alors que la jeunesse parisienne était droguée. De son côté, le bon auteur du *Cheval d'orgueil*, natif de Pouldreuzic voisin, dont je n'avais pas cité l'activité pédagogique à Plozévet, Pierre-Jakez Hélias, organisa à Radio Bretagne un petit procès de Moscou pour condamner mon ignorance du breton et une erreur sur le prix du blé. Une partie des Plozévétiens fut dès lors convaincue que j'avais fait un vilain travail d'espionnage et manquant totalement de sérieux.

Toutefois, l'hostilité s'atténua à Plozévet, surtout lorsque la génération du comité des jeunes accéda à la responsabilité et que l'un d'eux, devenu maire, m'accorda le titre de citoyen d'honneur. Mon livre ne fut plus lu localement avec un regard inquisiteur, mais avec le sentiment d'une histoire sauvegardée. Je gardai de bonnes et grandes amitiés, dont Jean-Claude Stourm, enseignant, sa femme, sa belle-mère, Mme Maho, Jenny Le Bail et d'autres. Bernard Paillard retourna souvent à Plozévet et y continua un travail de mémoire sociologique. Il fit la postface, « De 1965 à 2015 », de la récente réédition du livre.

Mais la mauvaise rumeur persista et persiste encore où il est dit que Morin a fait quelque chose de mal à Plozévet. Pour les uns, j'ai volé les autres, pour d'autres, j'ai gaspillé 4 milliards pour une enquête sans consistance.

Après mon entrevue avec Claude Gruson, j'étais bien décidé à combattre de toutes mes forces la calomnie, mais, soudain, Mai 68 arriva et mon esprit fut accaparé par la révolte étudiante. La coalition de mes ennemis se disloqua. J'avais suscité l'hostilité de jeunes chercheurs frustrés qui avaient travaillé sur le terrain et de mandarins de la DGRST. Une partie de ces derniers se concentra contre la révolte étudiante, comme Jean Stoetzel qui, écœuré, déclara : « Si c'est comme ça, je vais enseigner à Moscou. » Une autre partie sympathisa quelque peu.

Mai 68

Ma blessure, bien que très vive, passa donc vraiment au second plan avec Mai 68.

Dès 1965, j'avais suivi les agitations à Berkeley. J'étais intrigué depuis les premiers mois de 1968 par un jaillissement de révoltes étudiantes, quasi simultanées, dans des nations de systèmes très différents tels les pays occidentaux, la Pologne et l'Égypte. Du reste, je fis une communication en mars 1968 à Milan pour essayer de comprendre comment des révoltes semblables avaient lieu dans des contextes si différents, le seul point commun était la révolte contre l'autorité, si différente soit-elle.

Le hasard fit que Henri Lefebvre, invité en Chine en mars 1968, me demanda de faire son cours à Nanterre durant son absence. J'arrive dans une sorte de chantier en désordre, alors que des cars de police quittent les lieux. Je vois sur les marches de la fac de lettres un petit rouquin s'agiter, sans imaginer qu'il deviendrait l'instigateur et le meneur de la grande révolte. Je rencontre Ricœur à qui on avait mis une corbeille à papier sur la tête et qui avait réagi sans hargne. Je me rends à mon amphithéâtre éclairé (il n'y a pas de fenêtres), rempli d'étudiants. Quelques voix clament : « Grève, grève ! »

Je demande aux étudiants de voter. Une énorme majorité est pour le cours. Alors que je commence, deux jeunes enragés s'avancent vers la chaire et, me désignant, s'écrient : « Morin, flic ! » Puis ils coupent immédiatement l'électricité et le cours est interrompu. J'ai le temps d'apprendre que la révolte est partie de l'interdiction aux garçons d'aller dans le dortoir des filles, qu'un ministre s'est fait huer. Et comme je sais qu'un peu partout il y a des révoltes étudiantes je ne risque pas trop de me tromper en la prédisant à Paris. De fait, mon ami et collaborateur, Bernard Paillard, est sur place et m'avise de l'arrivée de la grève étudiante à l'université de Jussieu. Là, je découvre dans les diverses salles de cours des groupes studieux de garçons et filles travaillant sur les problèmes d'éducation et les problèmes politiques. Épaté, je cours prévenir Lefort et Castoriadis : « Venez voir. » Ils se branchent aussitôt sur la révolte qui arrive à la Sorbonne puis se répand sur les barricades du Quartier latin et enfin déferle sur Paris et la France.

(Je raconte ailleurs l'orchestre rock, Lapassade, Maurice

Clavel, le climat de la première semaine, mes allers-retours à Rio, mes deux articles réédités en 2018.)

Dans les mois qui suivent, je suis très occupé à diagnostiquer le mouvement de Mai 1968, notamment dans mon séminaire à l'EHESS intitulé : « Interprétation des interprétations de Mai 68 ». (Je me suis employé en 1978 à réinterpréter mon interprétation de Mai 68, et à la modifier en fonction des dix années passées, puis j'ai fait de même en 1988).

Sociologie du présent

C'est en mai 1969 que je découvre avec stupéfaction dans la presse parisienne qu'à Orléans une rumeur tenace attribue à des commerçants juifs de vêtements féminins la disparition de jeunes filles dans leurs salons d'essayage.

L'enquête, très rapide, fut publiée en fin d'année au cours de mon séjour en Californie où j'étais parti en septembre 1969.

Mon esprit marchait sur deux jambes au cours de cette période.

D'un côté, la jambe qu'on peut appeler cognitive ou épistémologique. C'était une révision de ma façon de connaître, commencée à *Arguments*, se continuant dans le Cresp, avec Lefort et Castoriadis, puis, à partir de 1965, avec le « groupe des dix », et se poursuivant à l'Institut Salk, en Californie, ensuite avec la décision à mon retour d'entreprendre *La Méthode*.

De l'autre, la jambe historico-sociologique, qui s'est activée à Plozévet, puis dans mes articles et études sur Mai 68, ensuite dans la « rumeur d'Orléans » et qui, à mon retour de Californie, se poursuit par deux travaux de recherche, l'un sur « le retour des astrologues » suscité par l'étonnant succès de madame Soleil (paru en 1972), l'autre sur le tournant de la presse féminine après 1968, dans un ouvrage appelé par l'éditeur *La Femme majeure* et dont le sous-titre est le véritable titre : *Nouvelle féminité, nouveau féminisme* (1973).

L'enquête astrologique fut très plaisante, car nous discernâmes que le double recul de la religion et du rationalisme au cours du XIXe et du XXe siècle avait permis le retour de divers occultismes, dont l'astrologie. Nous perçûmes que, excepté l'astrologie populaire des horoscopes médiatisés, il y avait une astrologie d'élite, d'horoscopes très personnalisés, consultée principalement par les professions à risques, *businessmen*, hommes politiques, stars de cinéma, acteurs, et même une astrologie marxiste faisant coïncider découverte de Neptune et irruption des masses populaires et celle de Pluton avec la prise de pouvoir nazie.

L'enquête sur la presse féminine confirma le tournant culturel de la fin des années 1960. Aux magazines vendant du bonheur par la séduction et la féminité : « Soyez belle, heureuse, glamoureuse, ayez de la sollicitude pour vos petits maris » succédaient les : « Soyez fortes, courageuses, affrontez l'infortune quand vos maris vous quittent ou quand les enfants s'en vont », tout cela étant la face médiatique commerciale d'un néo-féminisme revendiquant l'autonomie de la femme, non « beauvoirement » semblable à l'homme, mais différente.

Je pus conduire les deux recherches avec ma petite équipe de « sociologie du présent » grâce à une subvention du club du *Nouvel Observateur*, animé par Charles Guetta, avec qui je me liai très fort en une chaleureuse amitié. Il avait sauvé sous le feu son ami Jean Daniel, blessé à Bizerte, en juillet 1961, par des balles françaises, lors d'un affrontement avec des indépendantistes tunisiens. Il vivait un amour intense avec une femme mariée et avait créé le club du *Nouvel Observateur*, grâce auquel je pus faire mes deux enquêtes. Il avait quitté le Maroc, mais, sous la pression d'amis, il y revint pour la grande fête offerte par Hassan II, à Skhirat, en 1971[1]. Il jouait au golf, à la limite du parc festif, quand surgirent les soldats rebelles. Il les regarda et ils l'assassinèrent. Il y avait en lui une immense générosité.

1. Le 10 juillet 1971, le roi Hassan II subit, au cours d'une réception donnée à Skhirat pour son 42e anniversaire, une tentative de putsch menée par des généraux rebelles, elle échoua, mais fit une centaine de morts et environ 200 blessés (*NdE*)

Une enquête sur un événement doit être la plus contemporaine possible de l'événement et doit donc obtenir immédiatement les moyens financiers d'être menée, mais il ne fut plus possible, après le décès de Charles Guetta et la fin du club du *Nouvel Observateur*, d'obtenir des crédits immédiatement, soit de la part du CNRS, soit de toute autre institution scientifique.

J'avais pourtant envisagé une grosse enquête sur les problèmes humains, sociaux, économiques et écologiques posés par la construction du complexe industrialo-portuaire de Fos-sur-Mer, mais ma jambe sociologique fut paralysée par ma jambe épistémologico-cognitiviste, car j'étais désormais possédé par le projet de *La Méthode*. Aussi, je confiai l'enquête sur Fos à Claude Fischler et Bernard Paillard, lequel publia en 1982 un très beau livre méconnu, magnifique exemple de sociologie du présent : *La Damnation de Fos*. Ma sociologie du présent ne trouva aucune légitimation institutionnelle et ne suscita pas le moindre intérêt dans le milieu des sociologues, de plus, elle fut disséminée dans quatre livres (*La Rumeur d'Orléans*, *La Métamorphose de Plozévet*, *La Femme majeure*, *Le Retour des astrologues*), et dans quelques articles publiés notamment dans *Le Monde*, *Salut les copains* (1963), la revue *Planète* sur Mai 68 et le sang contaminé.

La fin de l'année 1968 est consacrée à mon séminaire sur les interprétations de Mai, et c'est en 1969 que je vole vers la révolution culturelle de Californie, amorcée en 1965, et qui a été la matrice de toutes les révoltes étudiantes, dont celle de 1968 en France.

Californie, Salk Institute

J'ai écrit mon *Journal de Californie* pendant mon séjour au Salk Institute for Biological Research, à La Jolla, près de San Diego.

Là-bas, la conjonction inouïe de l'intensité et de la sérénité a aussitôt et naturellement provoqué en moi la fin du désir de fumer alors que j'avais acheté pipe et tabac. En revanche, le joint devint, au cours de cette période, un élément nécessaire de reliance communautaire.

J'ai vécu là-bas la communion avec, enfin, mais provisoirement, la famille (mon père et ma tante, mes filles Irène et Véronique, dont m'avaient éloigné mon nomadisme et mes amours), mes aimées Johanne et Alanis, mes amis Burguière, Hunt, Monod, et mes nouveaux amis de La Jolla.

J'ai retrouvé Hélène, sœur de mon cœur, à San Francisco. J'ai découvert la contre-culture, formidable aspiration juvénile à la sérénité et à l'intensité, dans les communautés et dans les fêtes, et, surtout, ces concerts géants en plein air où l'on frôlait l'extase ; j'ai trouvé la réconciliation intérieure avec mon père et sa femme, j'ai goûté les joies cosmiques : plonger au cœur des hautes vagues de l'océan, ou, à l'inverse, laisser la vague m'entraîner sur des dizaines de mètres. J'ai accompli ma propre révolution culturelle, commencée depuis *Arguments*, poursuivie au Cresp, puis au « groupe des dix », culminant à La Jolla avec les découvertes de Bateson, von Foerster, Neumann, Ashby, la théorie des systèmes, la cybernétique de Wiener, l'auto-organisation.

Que de conditions exceptionnelles furent réunies pour que l'anxiété toujours présente en moi s'apaise, pour que sérénité et intensité s'unissent et s'accomplissent…

Tant de conditions intérieures et extérieures sont nécessaires afin qu'adviennent ces périodes de bonheur, extases de la vie personnelle qui, parfois, coïncident avec les extases de l'histoire.

Ainsi en avait-il été des jours de la libération de Paris, en août 1944, des mois de communauté vécus rue Saint-Benoît, en 1946, de la rencontre avec Marilu. Ainsi en serait-il plus tard, à Figline Valdarno, avec Idanna, à Castiglioncello de Bolgheri où j'ai commencé à rédiger *La Méthode*, à Caldine, chez les Bueno…, et enfin de ma rencontre avec Sabah, à Fès, en 2009.

* * *

J'écris ces lignes à Cennes-Monestiés, chez mon ami et frère Jean-Louis Pouytes. Comme tous les matins, et plus encore ce matin peut-être, j'ai eu du mal à me lever, en dépit des tasses de thé et du guarana versé dans mon jus de pommes. Je me sens somnolent, fatigué, alors que la matinée commence. Je dois continuer, comme l'araignée qui sécrète le fil de sa toile, comme la fourmi têtue qui obéit à l'ordre souverain de la fourmilière...

Japon : Chobei Nemoto

Le retour de Californie s'est fait par Tokyo, la découverte du Japon et la naissance de l'amitié avec Chobei Nemoto, jeune journaliste à l'*Asahi Shimbun*, le grand quotidien nippon. C'était l'un des rares étudiants à avoir appris le français. Par réaction au militarisme et à l'autoritarisme japonais, il avait recherché la culture française. Il nous guida, nous éclaira, et nous restâmes amis. Je le retrouvai par la suite au Japon ou en France, où il fut correspondant pendant un temps de son journal. Il m'apprit que la courtoisie japonaise empêchait de dire « non », remplacé par « pourquoi pas, peut-être, ce n'est pas impossible ». D'où sa stupéfaction quand, à Paris, où il était correspondant et où son fils était élève dans un lycée français, ce fils, à une demande de sa part, lui répondit « non ».

Il était très précis et méticuleux, à la japonaise, ayant besoin de temps bien circonscrit et parfaitement programmé. Il avait organisé à Tokyo, où il était devenu professeur d'université, un colloque où je devais participer. J'attendais mon tour, assis dans la salle de spectacle, à côté d'Edward Saïd (que j'admirais beaucoup). Comme il y avait encore du temps avant nos interventions, Saïd quitta la salle et j'en fis de même pour aller me promener dans un quartier inconnu. Découvrant ma disparition, Chobei alerta le service de sécurité, téléphona affolé à la police, et, lorsque je revins, il m'accueillit comme le rescapé d'une catastrophe.

Il était aussi d'une discrétion extrême. Lors de mon premier séjour à Tokyo, j'avais rencontré une amie française parlant parfaitement le japonais et dont le visage lui-même s'était nipponisé. J'appris par hasard qu'elle connaissait Chobei Nemoto.

Or je revis souvent Chobei, au Japon et en France ; nous eûmes même des journées et nuits intimes dans un *ryokan*, auberge de montagne. Au cours d'une journée, Chobei me dit une fois en évoquant cette amie : « C'est curieux, elle a tenu à me présenter son fiancé avant de se marier. » Je restai perplexe, découvrant une proximité que je ne soupçonnais pas. Des années passèrent encore et Chobei vieillit (mais avec un visage toujours très jeune, comme souvent chez les Asiatiques) et me dit : « Vous savez, je ne pouvais pas divorcer, chez nous, Japonais, ce n'était pas possible », et je compris rétroactivement que Chobei avait aimé cette jeune fille.

Il y a peu d'années, la fille de Chobei m'avisa de son décès. Elle me confia qu'il avait voulu garder un de mes livres dans son cercueil.

Cambodge et Ceylan

Du Japon, nous sommes allés au Cambodge, encore miraculeusement en paix. Nous avons passé quelques jours auprès du temple d'Angkor et, surtout, à découvrir dans la forêt des temples en ruine dont les énormes pierres avaient été renversées et déjetées par la puissance végétale des arbres. La veille du départ à Phnom Penh, nous avons vu une manifestation pacifique, ignorant qu'elle était le point de départ des événements sanglants de la dictature khmère rouge. Tous les visages que j'avais vus au Cambodge m'avaient semblé extrêmement doux, aimables, avenants, et je serais stupéfié d'apprendre que les pires cruautés viendraient d'êtres humains ayant de tels visages.

Après le Cambodge, nous avons fait étape à Ceylan où nous allâmes sur les hauteurs de Candy, nous réjouissant des cultures différentes qui y coexistaient, me semblait-il, pacifiquement, sans évidemment deviner les futurs déchaînements monstrueux d'une guerre civile entre Tamouls et Cinghalais qui, de 1980 à 2009, ferait 70 000 morts et 17 000 disparus.

Jacques Monod

De retour à Paris, je m'active sur mes deux jambes. D'un côté, l'amitié de Charles Guetta, et son club du *Nouvel Observateur*, me donne les moyens de faire les deux enquêtes de sociologie du présent que j'ai indiquées. D'autre part, mon lien avec Jacques Monod me permet la création d'un centre d'anthropobiologie fondamentale où dialogueraient et collaboreraient enfin biologie et sciences humaines. Monod rallie son ami François Jacob, prix Nobel comme lui, avec qui Johanne et moi devenons amis.

Je m'arrête sur Jacques Monod que j'ai aimé et admiré. Je l'avais connu après la Libération chez une amie commune qui l'avait fréquenté alors qu'il était un étudiant passionné de musique. Plutôt que de suivre sa vocation musicale, son esprit protestant le poussa à la discipline austère de la biologie moléculaire, ce qui lui valut le Nobel. Monod avait quitté plus rapidement que moi le parti communiste, mais nous nous sommes trouvés en communauté d'idées quand nous nous sommes rencontrés. Je le revis encore à Paris chez Chantal et John Hunt, celui-ci écrivain, *executive*, c'est-à-dire administrateur, du Salk Institute de recherches biologiques, dont Monod était un *fellow*. Il contribua à me faire inviter au Salk, où, du reste, il me fit lire le manuscrit du *Hasard et la Nécessité*, livre audacieux qui remplaçait d'un côté le déterminisme par le hasard, de l'autre le finalisme par la téléonomie.

C'était une personnalité aux multiples visages, un homme de la Renaissance mâtiné de don Juan. Il avait un don d'écrivain et avait écrit une pièce de théâtre, il avait l'esprit politique et pensa même un moment être candidat à la présidence de la République. Il était naturellement philosophe, s'interrogeant sur la solitude humaine dans le Cosmos où l'homme apparaissait tel un Tsigane de l'Univers. Il avait plusieurs maîtresses dont il était adoré, et je soupçonne même Johanne d'avoir temporairement succombé à son charme et à son désir. Il fut lié en dernier lieu à l'épouse d'un de ses fils, femme charmante, reniée par sa famille, dont je reste l'ami. Bref, c'était l'homme multidimensionnel.

Déjà, lors de notre séjour en Californie, alors que je pensais faire un travail sur « anthropologie et biologie », il se préoccupait de son côté de briser la barrière entre l'homme biologique et l'homme culturel, qui elle-même relevait d'une disjonction paradigmatique entre les sciences. Aussi, c'est ensemble que nous songeâmes, de retour en France, à créer un centre international d'études bio-anthropologiques. Comme je l'ai dit, il entraîna facilement dans l'aventure François Jacob, qui reçut avec lui le Nobel en 1965. Monod était un être rayonnant, il se mettait toujours naturellement, mais sans aucune vanité, au premier rang, ce qui suscitait l'irritation secrète de François Jacob. Monod ne se rendait pas compte de cette inimitié au sein de leur amitié. François Jacob publia en 1970, la même année que *Le Hasard et la Nécessité*, son livre important, *La Logique du vivant,* qui n'eut pas le même retentissement, et entretint un discret ressentiment. Il est curieux que Monod et Jacob, qui s'étaient consacrés à l'organisation du vivant, aient ignoré la problématique de l'auto-organisation posée par von Foerster et d'autres depuis 1950.

Je dois évoquer aussi ici un autre grand biologiste, Étienne Baulieu, que j'ai connu au Salk Institute, dont l'œuvre créative comporte l'élaboration de la pilule abortive (antiprogestérone RU 486) et qui, me découvrant un jour fatigué, c'était dans les années 1990, me proposa de prendre du DHEA, mais de faire d'abord une prise de sang pour un dosage selon le besoin de mon organisme. Après lecture de mon bilan sanguin, il me dit que je n'en avais pas encore besoin ; dix ans plus tard, il me fit faire une nouvelle prise de sang qui indiqua la dose quotidienne de DHEA qui m'était nécessaire. Son attention à mon travail au cours des années m'a été d'un grand encouragement.

Mais revenons au centre d'études bio-anthropologiques. Je rallie Claude Lefort, Cornelius Castoriadis, Claude Grégory. Ce dernier est le créateur et directeur de l'Encyclopœdia Universalis. Il en a fait une œuvre originale en la désoccidentalisant partiellement et en faisant place aux pensées et penseurs hindouistes, bouddhistes, arabes. Lui-même, que j'ai connu au quotidien communiste *Ce soir*, après la Libération, est devenu néobouddhiste. Il a pu s'amuser à participer avec son beau-frère Francis Blanche au feuilleton radio parodique, « Malheur aux barbus », qui m'a enchanté pendant des mois. Sa culture est immense. Le succès de l'Encyclopœdia Universalis fait que le petit pourcentage de droits qui lui revient pour chaque volume, devenu très conséquent, lui permit d'acheter une propriété à Carniol, hameau de Haute-Provence proche de Simiane, où il vit et d'où il part une semaine par mois à Paris pour son travail. Je le dirai ailleurs, mais, après la montagne Sainte-Victoire, j'ai pu travailler avec bonheur à *La Méthode*, chez lui, à Carniol.

Claude Grégory me fit rencontrer Philippe Daudy, gendre du propriétaire fondateur du Centre culturel de l'abbaye de Royaumont, Henry Goüin. Celui-ci avait confié à Philippe Daudy le soin de redonner une nouvelle vie intellectuelle à Royaumont, jusqu'alors lieu de rencontres strictement littéraires. L'idée d'un centre Royaumont de bio-anthropologie fondamentale séduisit Daudy qui nous offrit l'hébergement à l'abbaye.

Nous faisons quelques réunions, mais le clash se produit entre Monod d'une part, Lefort et Castoriadis de l'autre. Au cours d'une intervention, Monod parle ironiquement de la psychanalyse. Les réactions de Corneille, devenu psychanalyste du troisième groupe post-lacanien, et celles de Lefort, qui se fait psychanalyser par Piera Aulagnier pour pouvoir terminer sa thèse sur Machiavel, sont très violentes. Le plus grave est qu'ils décident de quitter le centre, suivis par Grégory, mécontent du « scientisme » de Monod.

Je suis effondré, non seulement du départ de mes plus proches amis, mais aussi du fait que, pour moi, il y avait une complémentarité antagoniste, féconde, entre leur philosophie et le biologisme de Monod, Jacob, puis Changeux. Je voyais une activité à deux étages, le premier, celui des connexions entre sciences humaines et biologie, le deuxième m'intéressant plus particulièrement, celui de l'élaboration d'une véritable anthropologie complexe liant l'humain au biologique, au physique et au cosmique, c'est ce que j'avais commencé à faire avec mon intervention au colloque international sur l'Unité de l'homme, devenu *Le Paradigme perdu : la nature humaine.*

Monod m'a adjoint Massimo Piattelli, un jeune biologiste italien qui est son disciple et qui organisera avec moi ce colloque à Royaumont. Bien entendu, aucune aide officielle de l'Université ni du CNRS, mais Monod obtient des subventions, dont celle d'un mécène américain, ami de Khrouchtchev. Les Éditions du Seuil acceptent de participer aux frais du colloque qui se tient en septembre 1972 et dont elles publieront les interventions[1].

J'ai pu inviter Henri Atlan, Humberto Maturana, Heinz von Foerster, ce qui ne semble « pas sérieux » ni à Monod ni à Changeux. Atlan, vrai précurseur brisant le dogme de l'ADN programme, est discrètement moqué par Changeux. Von Foerster est pris pour un « clown » par Monod, qui reproche à Piattelli de m'avoir laissé l'inviter. Maturana, qui a élaboré la notion d'*autopoïèse*, est inconnu. Bref, j'ai invité tous les initiateurs et précurseurs de l'idée d'auto-organisation du vivant pour laquelle les biologistes qui ne voient que les interactions moléculaires sont myopes, pour ne pas dire aveugles.

Le Paradigme perdu

Serge Moscovici m'a poussé à développer ma communication dans un livre qui aura le même titre *Le Paradigme perdu : la nature humaine* (1973, Le Seuil). C'est pour moi le premier livre d'anthropologie complexe, il demeure toujours ignoré dans les programmes compartimentés des lycées et universités.

J'y ai travaillé avec ardeur et assez facilement en Corse, dans un couvent, propriété d'un musicologue, en compagnie de Jean Daniel, Michèle, Johanne, la très aimable secrétaire de Jean, Michèle Charreau, puis au Brésil, notamment dans la maison des esclaves de Bahia dont je reçus en partant une statuette d'Exu (voir p. 568), enfin, dans une maison de vacances en Italie, où nous jouissions de l'hospitalité des Daniel, à Argentario que

1. *L'Unité de l'homme*, 3 vol., Seuil, coll. « Points Essais ».

j'ai précédemment évoquée. Ils étaient à l'autre extrémité d'une grande pièce, moi à ma table avec mon Olivetti, il y avait de la musique parfois, je me levais pour danser avec eux ou seul, puis me remettais au travail.

New York : l'introduction à La Méthode

Le Paradigme perdu est en même temps un rameau prématuré de *La Méthode*. Invité pour un trimestre par Tom Bishop à la New York University en septembre 1973, je vais me lancer dans la rédaction de l'Introduction générale à *La Méthode*. Tout d'abord, je m'installe dans le bel appartement d'un enseignant qui me le loue pendant son absence, au vingtième étage d'une tour de Bleecker Street, au cœur du Village, avec une vue fabuleuse sur la réunion entre la River et l'Hudson, la Statue de la liberté, le ciel sillonné d'avions arrivant ou partant de La Guardia (voir le chapitre New York).

Johanne viendra me rejoindre plus tard. Les fêtes se multiplient chez Tom Bishop et sa femme. Tom dirige le département de français de la New York University. Il voue un amour particulier à Beckett et invite des écrivains, dont Robbe-Grillet, à faire des cours. Tom Bishop est très amical à mon égard, et bien que nos rencontres se soient faites lointaines nous demeurons très proches.

Par coïncidence, Marguerite Duras est invitée à New York et elle surmonte sa peur de l'avion pour faire ce premier voyage transatlantique. Solange et Dionys l'accompagnent. Je les invite à loger chez moi, après y avoir reçu ma petite cousine, Corinne, partie faire le tour du monde. Bonheur des retrouvailles.

Au cours d'une séance à minuit de projection du film de Marguerite, *Abahn Sabana David*, je m'endors, alors que je suis assis à côté d'une durassienne intégriste. En sortant, tous félicitent Marguerite, majestueuse, alors, craignant d'être dénoncé par la durassienne, je lui avoue : « Marguerite, j'étais très fatigué, j'ai dormi. » Elle me regarde, d'abord incrédule, puis éclate de rire : « C'est bien toi ! » Je me sens pardonné.

C'est après le départ de mes amis et avant l'arrivée de Johanne, que, seul, je me suis lancé dans l'écriture. Je suis comme possédé. Grâce à la radio, j'ai de la musique et *Angie* des Rolling Stones, tube de l'époque, passe très souvent, il me fait me lever, danser, puis je reviens à ma table de travail. Je suis amoureux d'une étudiante, mais de même que les soldats se préparant au combat deviennent impuissants, de même mon amour demeurera dévirilisé, en dépit de mon envie. Je dois dire aussi que, totalement investi par la rédaction de mon Introduction, j'ai négligé mon cours sur « la complexité en littérature » que j'aurais pu illustrer par de merveilleux exemples, entre autres chez Dostoïevski ou Proust. Du coup, je ne serai plus invité pour faire un cours, mais seulement pour des conférences ou colloques.

En décembre, quand nous quittons New York sous le gel et la neige, j'ai terminé mon Introduction, véritable microcosme de l'œuvre future où j'ai mis toute mon énergie et toute ma ferveur. Je pense démarrer *La Méthode* à Paris.

À Paris, je me sens incapable de me mettre au travail. Je suis tantôt submergé, tantôt vidé, tantôt démoralisé. Johanne et moi avons désormais des vies amoureuses séparées. J'ai une liaison avec une femme charmante, aimante, désirante, que j'estime beaucoup, mais qui ne me donne pas l'exaltation. Je sens non pas la grandeur, mais l'énormité de l'œuvre à accomplir. Personne ne peut encore comprendre l'étrange et inattendue entreprise dans laquelle je veux me lancer. Mais je traîne, impuissant. Pourtant, un trip extraordinaire au hasch va me faire ressentir l'ambition cosmique qui m'anime. Cela se passe chez mon ami M., amateur de bonne herbe, comme il en est d'amateurs de bons vins. Il fait une soirée à la marie-jeanne. J'ai respiré, humé, fumé, et, à demi couché, je me vois dans une capsule spatiale faire le tour du Cosmos. Je dis : « Je fais la grande ceinture !!! – Quelle grande ceinture ? » demande M., et Jean B., qui a compris télépathiquement, répond : « La grande ceinture cosmique évidemment ! » Je plane, je navigue, euphorique, dans l'immensité sidérale, puis un clic dans mon esprit me rappelle vaguement que j'ai donné rendez-vous à 2 heures du matin à mon amie. Tout naturellement, ma capsule spatiale rétrécit doucement ses orbites pour finalement me déposer en douceur sur ma couche. J'essaie de me lever, mais je ne peux marcher qu'à quatre pattes, lesquelles me conduisent vers un gâteau au hasch que je savoure avec volupté. Après un temps, je réussis à me bipédiser, il est 1 h 30 du matin, je prends sans encombre ma voiture et vais rejoindre mon amie.

C'est au début de septembre 1974 qu'arrive l'événement inattendu et salvateur qui, dans mon esprit, fut d'abord considéré comme perturbateur. Je devais partir à Florence pour le colloque sur la crise du développement que j'avais coorganisé sur demande de Candido Mendes au Palagio, chez mon ami Simone, et j'y voyais un obstacle de plus m'empêchant de me consacrer à *La Méthode*. (Pour la suite, je renvoie à mon chapitre « Connais-tu le pays ? »)

Mais, grâce à mes deux « Providence », j'ai pu m'installer dans le château semi-ruiné du marquis Incisa, à Bolgheri, et y travailler dans l'exaltation et la sérénité, la souffrance et la joie de la parturition. J'ai pu y rédiger un premier gros brouillon en trois parties, « La nature de la nature », « La vie de la vie », « La connaissance de la connaissance », puis, pour ne pas publier un livre énorme (et très difficile à comprendre pour la plupart des esprits dont les principes de connaissance sont disjoncteurs, compartimenteurs et réducteurs, incapables de concevoir la complémentarité de termes contradictoires), je me suis concentré sur de multiples re-rédactions du premier volume, *La Nature de la nature*.

Je suis rentré contre mon gré à Paris me croyant, à tort, indispensable à la vie de mon centre, mais me suis vite rendu compte qu'il n'en était rien et que je pouvais faire le nécessaire par correspondance ou lors de courts séjours à Paris.

Mes bons amis, Jo et Charles Nughe, m'accueillent. Charles a créé et dirigé pendant sept ans le merveilleux relais culturel d'Aix-en-Provence, avec musique dans les rues, fêtes et rencontres, etc. Il s'est retiré près de Saint-Antonin dans une ancienne résidence des Templiers au pied de la Sainte-Victoire. Ils ont en annexe une petite maison, toute proche, ouverte sur la montagne par une grande baie vitrée. J'ai ma table, mes papiers, mon Olivetti et, juste devant les yeux, les couleurs changeantes, à chaque heure du jour, de la Sainte-Victoire. Je me sens non pas écrasé par une masse énorme, mais, au contraire, soulevé vers le sommet, transporté d'enthousiasme et de beauté. Je travaille, je retravaille mon premier volume. Je prends mes repas avec les Nughe, puis retourne à ma table. Parfois, je prends ma voiture et vais faire un tour au marché d'Aix.

Je crois bien que c'est à Saint-Antonin que j'ai terminé la dernière version, cette fois vraiment définitive, de *La Nature de la nature*. Ce lieu me plaisait tellement que, lorsque j'appris que ma cousine Odette Beressi avait une maison un peu plus haut, toujours en face de la Sainte-Victoire, je lui ai demandé si je pouvais provisoirement l'occuper, elle accepta. La maison était agréable et très bien placée. Mais, devant la fenêtre où je devais mettre ma table de travail, un arbre me dissimulait en partie la montagne. J'en fis part à ma cousine, elle me répondit : « Ah non, je ne vais pas couper mon arbre pour toi ! »

C'était une femme superbe qui épousa le directeur d'un grand magasin. Quand elle le quitta, me dit-elle, elle fit tomber à ses pieds son manteau de fourrure, arracha ses bagues, enleva ses colliers et les jeta. Elle écrivit des poèmes sous le nom d'Anna Beressi. Corinne, ma tante, avait elle-même une beauté très attirante. J'arrête là cette parenthèse Beressi (je me sens de plus en plus membre de ma branche maternelle et très peu Nahum, à part mon gamin de père).

Revenons aux Nughe, avant de revenir à *La Méthode*.

Je me souviens que, quelques années plus tard, je me rendis à la nouvelle résidence des Nughe, en Haute-Provence. Pour y arriver par un chemin de terre, il fallait passer près d'une ferme ; j'ai une VW blanche, comme celle de Charles, une femme noire, comme la compagne de Charles, et une tête ronde comme celle de Charles. Le fermier voisin, qui m'a vu arriver, déclare à Charles, qui me succède peu après : « Votre cousin est venu vous voir. »

Nous avons souvent fait étape chez les Nughe, Edwige et moi, sur le chemin de La Bollène-Vésubie. Puis, Charles mort, je suis resté en relation avec Jo, Guadeloupéenne, très amicale, qui s'est retirée à Marseille.

J'ai travaillé aussi à Carniol, profitant de l'hospitalité de Claude Grégory, évoqué précédemment. Il avait une vaste propriété isolée, proche de ce village, lui-même non loin de Simiane. Autant la Provence grouille de résidences secondaires, de Parisiens s'y enracinant, de mouvements et de circulation, autant, après Apt, la Haute-Provence est boisée, peu habitée, peu circulante, avec des villages plus charmants les uns que les autres.

Grégory m'avait logé dans une petite maison annexe, il y avait sa très riche bibliothèque et son autel bouddhiste devant lequel il se recueillait régulièrement. Sa femme Myriam allait cueillir des légumes sauvages pour nos repas. Lui-même connaissait des espèces de champignons comestibles, inconnus de notre gastronomie, et qu'il savait préparer. Il avait aussi des chênes truffiers et il nous régalait de soupe aux truffes. Cette vie de travail solitaire, mais liée à un couple hospitalier et amical, où régnaient à la fois solitude et esprit communautaire, me plaisait infiniment. Je crois que j'y travaillais aussi à la recomposition du premier volume de *La Méthode*, à la suite des critiques que j'avais sollicitées auprès du mathématicien Victorri et de quelques autres que j'ai remerciés dans mon avant-propos.

Devenu quasi bouddhiste, Grégory avait appris d'un maître chinois l'art de l'acupuncture et il soigna avec ses aiguilles en or tous les lumbagos que j'eus par la suite à Ménerbes. Souffrant fortement, je prenais ma voiture, allais à Carniol, restais étendu une heure après la pose des aiguilles, et me levais guéri.

La Nature de la nature paraît en 1977. C'est un aérolithe d'un genre inconnu, nourri de toute une culture commune, mais dispersée et compartimentée, livre monstrueux semblant aux uns une grossière vulgarisation, aux autres un micmac incohérent de science et de sciences humaines, bref, incompréhensible pour l'esprit qui ne connaît que de façon unilatérale, disjonctive, compartimentée et binaire. Sa chance est de paraître en pleine crise du grossier marxisme post-68 et du structuralisme à bout de souffle. Il suscite une certaine curiosité. Olivier Cohen écrit : « Enfin, on pense en France. » Mon attachée de presse, très cultivée, se dépense pour ce livre, bref, au lieu de tomber dans le néant comme il aurait dû, il finit par aimanter des esprits dispersés dans les sciences et dans la vie, à commencer par Jean-Louis Le Moigne, auteur de *La Théorie du système général*, dont l'esprit généreux m'a été depuis d'un sûr et permanent appui.

Par ailleurs, Jean Onimus, professeur à l'université de Nice, esprit teilhardien, organisa avec des universitaires de diverses disciplines les 9 et 10 mars 1979 un colloque : « Avec Edgar Morin à propos de *La Méthode* » (publié ensuite par Édisud). J'eus beaucoup d'interrogations et quelques contradicteurs qui n'y virent nullement l'élaboration d'un autre mode de connaissance et de pensée.

C'est à Ménerbes, dans le Luberon, que j'entreprends le tome suivant, *La Vie de la vie*, tentative de penser ensemble ce que les différentes branches de la biologie, plus l'écologie scientifique, nous ont appris de la vie et en l'intégrant dans la notion d'auto-éco-organisation, elle-même complexifiée en auto(géno-phéno)-ego-éco-organisation.

En 1978, j'ai loué pour un prix modique à la famille Gimpel, à Ménerbes, hors les périodes de vacances, en fait pour le plus gros de l'année, une superbe maison dominant la vallée et le château où vécut le peintre génial Nicolas de Staël.

Mme Gimpel tient une galerie à Londres. Son mari Jean est un essayiste créatif, auteur des *Bâtisseurs de cathédrales*, de *La Révolution industrielle au Moyen Âge*, il écrit aussi, lui dont l'épouse est galeriste, des pamphlets contre l'art… Il est bouillonnant d'idées ; il découvrit les moulins à eau les plus efficaces du Moyen Âge européen, en fit des maquettes et les proposa en Inde. De même, il inventa pour les domiciles sans électricité un siège à pédales dont le mouvement génère le courant permettant d'allumer une lampe.

Ménerbes est un très beau bourg, au flanc du massif du Luberon, de ce fait peu ensoleillé l'hiver, mais cet inconvénient est mineur. Johanne et moi allons le dimanche au marché d'Apt, dînons souvent dans un restaurant sympathique de Gordes dont j'ai perdu le nom, circulons pour partager des repas avec des amis installés dans la région que nous invitons à notre tour dans notre résidence. Nous aimons tellement Ménerbes que nous rêvons de nous y installer. Nous visitons une maison qui nous plaît, mais le prix dépasse mes possibilités. Enfin, c'est à Ménerbes que s'effectue ma rencontre destinale avec Edwige, comme je l'ai raconté.

De retour à Paris, mon travail s'interrompt. Un contrôleur des impôts que j'irrite énormément au téléphone – il a une voix de femme, et je lui dis « madame » à chaque fois, sans m'en rendre compte – me convoque pour me signifier un lourd redressement. Je déduisais de mes impôts le loyer de Ménerbes, le chauffage, l'électricité et mes voyages à Paris pour mes responsabilités à mon centre du CNRS. Je dus faire de gros versements mensuels et mon nouveau souci d'économie suscita l'incident qui déclencha en partie ma séparation avec Johanne.

Comme je vendis mon appartement (le mieux aimé de tous) rue des Blancs-Manteaux pour offrir une maison à Johanne qui voulait retourner à Montréal, je me suis trouvé en difficulté, logeant d'abord chez Edwige, puis, le lieu étant trop triste, trouvant un appartement dans un étage élevé d'une tour de la place d'Italie (que nous quittâmes après qu'Edwige se fit agresser dans notre parking du troisième sous-sol), bref nous errâmes jusqu'en 1984.

Nous nous étions enfin retrouvés avec Edwige en 1978, à Caldine (voir le chapitre « Connais-tu le pays ? »). Début juillet 1979, nous y retournons pour nous installer définitivement dans la maison voisine promise par Xavier Bueno, mais, celui-ci, hospitalisé à notre arrivée, meurt quelques jours plus tard, le 17 juillet 1979. C'est à Caldine, pendant que Rafaelle, fils de Xavier, sculpte la tombe de son père, que je termine *La Vie de la vie*, deuxième tome de *La Méthode*.

Puis je rédige *Pour sortir du XXe siècle*, qui paraît en 1981 ; s'ensuivent les conférences au Brésil, le colloque « Ordre et désordre », à Stanford, organisé par René Girard et où je fais une communication. Arrivent de tous les pays de nombreux invités, dont Castoriadis, qui vient sans sa valise, partie par erreur en Inde (et à qui nous donnons affaires de toilette et pyjama). Edwige est souffrante, mais va se reposer et guérir dans la maison sur la colline de Heinz von Foerster où nous logeons quelque temps. Puis je fais un cours au Venezuela, dont je raconte ailleurs les épisodes (voir le chapitre « Amérique latine »).

En dépit de tourments multiples (la santé d'Edwige, ses relations perturbantes avec ses parents, sa sœur, sa fille, les problèmes de logement), il y a encore et encore des voyages (en 1983 : Lisbonne, Argentine, New York,) et je travaille durement à *La Connaissance de la connaissance*, troisième volume et véritable « noyau » de *La Méthode*, pour lequel je dois mobiliser au maximum mes énergies intellectuelles. Il paraîtra en 1986 dans l'indifférence générale et l'absence totale de réactions.

En 1988, je me présente aux élections de la commission « sociologie » du CNRS et j'ai la surprise d'avoir le plus grand nombre de voix : j'en deviens *de facto* président. À ce moment-là, Edwige et moi résidons dans un hôtel au-dessus de Lausanne avec sa mère qui vient de devenir veuve. Edwige a une très grave crise d'asthme toute la nuit. J'appelle le médecin qui arrive en hâte et la sauve ; mais je ne peux la laisser et rentrer à Paris pour présider la commission. En dépit de la pression de Bernard Paillard, je reste près d'elle et c'est de Singly qui est élu président à ma place. Par la suite, je participerai aux réunions.

De fait, parmi les élus et nommés il y a deux lobbies, celui de gauche et celui de droite (Bourricaud, etc.). Chaque clan se réunit au préalable pour choisir et hiérarchiser ses candidats. Lors de l'élection, il y a soit entente tacite et l'élection d'un premier candidat est suivie par l'élection d'un candidat du clan opposé, ou bien il y a blocage, ce qui donne parfois, mais rarement, sa chance à un candidat original ; ce sont les projets de recherche les plus conformes aux deux conformismes, et intelligibles par tous, qui sont choisis. Quand un candidat vient me trouver avec un projet original, je lui conseille de proposer à la place un sujet conforme à la vulgate dominante, puis, une fois élu, de se consacrer à ce qui l'intéresse, car les contrôles sont très peu rigoureux. Il arrive même que la commission découvre l'absence depuis de nombreuses années de telle chercheuse ou tel chercheur. La chercheuse nous écrit qu'elle est partie et restée en Israël où le climat est excellent pour la santé de son enfant. Le chercheur est parti au Brésil, son pays, dont il était exilé, sans prévenir ni laisser l'adresse. C'est du reste grâce à ce sous-contrôle que j'ai pu dériver vers *La Méthode,* sans parler de mes recherches hétérodoxes, voire hérétiques, de « sociologie du présent ».

Malgré mes tourments, deuils, dépression, j'ai de très nombreuses activités « scientifiques ». En juin 1984, je participe à Milan au superbe colloque *La sfida della complessità* organisé par Gianluca Bocchi et Mauro Ceruti et réunissant entre autres Ilya Prigogine, Francisco Varela, Stephen Jay Gould et Heinz von Foerster (non traduit en français).

À Cerisy-la-Salle, en juin 1986, est organisé le colloque « Arguments autour d'une méthode », qui m'est consacré. La même année, je fais mon séminaire annuel à l'EHESS sur « La connaissance de la connaissance scientifique ». La même année encore, je donne un cours à l'université de Parme tout en écrivant le livre sur mon père.

Je ne sais plus quand j'ai fait un trimestre d'enseignement à l'université de Genève, avec Uli Windisch et Jean Ziegler, collègues rivaux. Bien qu'ayant beaucoup de sympathie pour Jean Ziegler et sa compagne Erica, j'étais plutôt en phase à cette époque avec Uli Windisch qui, comme moi, admirait l'œuvre de Vladimir Dimitrijević, éditeur de L'Âge d'homme, qui publia entre autres le chef-d'œuvre de Vassili Grossman *Vie et Destin,* et était radicalement antistalinien. Par contre, à ce moment-là, Ziegler avait fait de la Corée du Nord un tableau idyllique. Depuis, les choses ont changé, Windisch s'est durci et m'a vivement critiqué, je ne sais plus pourquoi, alors que l'universalisme de Ziegler est devenu concret et positif.

Avec ma rémunération de l'université de Genève, je me paie une cure d'amaigrissement à Crans-sur-Sierre, en Valais. Depuis quelques années, je me sens bouffi, adipeux, mal à l'aise devant le miroir. J'ai appris qu'un nommé Cambuzat, disciple de Mességué, pratiquait au grand hôtel de Crans-sur-Sierre une méthode infaillible d'amaigrissement.

La méthode Cambuzat est étonnante. Il nous installe dans ce grand hôtel de luxe en nous privant de repas normaux, nous faisant payer plus cher que si nous étions en pension complète. En fait, un thé sans sucre le matin, un poisson bouilli sans sel à midi et un léger dîner sans matières grasses le soir ; plus quelques bains de pieds et bains de mains. J'aurais pu prendre ces mini-repas au restaurant, mais je ne pouvais supporter la vue des chariots de hors-d'œuvre, de fromages et de desserts, des viandes tranchées devant le client, je prenais donc ma frugale pitance dans ma chambre. Dans la journée, je faisais une promenade pour me dégourdir les jambes, mais, partout, en façade des hôtels et restaurants qui constituaient l'essentiel de Crans, je voyais des pancartes « raclette », « fendant », qui sont parmi mes plat et vin préférés. Comme des Érinyes, ces « raclette-fendant » me poursuivaient et je rentrais comme un zombie dans ma chambre. La nuit, je vérifiais l'idée que les rêves primordiaux n'étaient pas érotiques, mais gastriques. Je rêvais que j'allais aux Halles, que je choisissais mes fromages, les disposais sur un plateau et, portant ce plateau, frappais à la porte où m'attendait une tablée de joyeux convives, et, au moment de déguster le fromage, je me réveillais. Les Burguière étaient venus me rejoindre pour partager mes jeûnes. Je maigris au bout de deux semaines, mais le principal fut de trouver la méthode pour ne pas grossir par la suite : au réveil, un grand bol de thé (*early morning tea*) puis, après la toilette, un petit déjeuner copieux, car l'organisme ne stocke pas les graisses le matin. Ensuite, isolé et à distance du déjeuner ou dîner, un repas de fruits. Un déjeuner léger avec un seul plat, poisson ou viande. Au dîner, liberté de consommation, mais éviter les desserts. Préférer le foie gras à la soupe ou à la salade de laitue, car soupe et salade forment une bouillie dans l'estomac qui permet une trop grande assimilation des mets. Préférer le champagne, car il est diurétique… Pour le retour, je remplis ma voiture de caisses de vin blanc du Valais.

Le lendemain de ma réinstallation rue des Blancs-Manteaux, je suis invité chez notre voisine Pauline, amie québécoise de Johanne, qui est venue s'installer dans notre immeuble, avec son compagnon Rolling, guitariste de Johnny Hallyday. Parlant de mes vins, je leur propose d'en déguster une bouteille. Je descends l'étage, prends la bouteille, remonte et nous buvons. Cet aller-retour, je l'ai fait douze fois et rapporté douze bouteilles qui ont été consommées. J'étais tellement ivre que je ne pouvais plus descendre l'escalier et que Rolling et un de ses copains durent me porter. Le lendemain, j'avais à la fois la gueule de bois et une bonne crise de foie. Je devais pourtant assurer mon séminaire de l'EHESS, rue de Tournon. Claude Fischler insiste beaucoup pour que je le fasse. Monique Cahen vient me chercher en voiture. L'un et l'autre me portent par les bras jusqu'à la grande table où attendent une trentaine d'étudiants et ils m'installent. Je regarde tout ce monde, hagard, et je dis : « Messieurs, l'heure est grave. – Ça va, on a compris », dit Fischler qui me reprend par le bras et me conduit à la voiture, me ramène au lit où je vais cuver quelques jours.

Je participe à Grenoble à une rencontre sur l'amour où mon exposé sera introduit dans mon futur livre sur la poésie : *Amour, Poésie, Sagesse*, et qui me vaudra le prix de poésie à Struga, en Macédoine, à l'époque encore yougoslave. Je m'y lie avec avec mon « frère balkanique », Luan Starova, auteur d'une merveilleuse saga sur sa famille d'origine albanaise dont les premiers tomes parurent aux Éditions Fayard.

Sur le quai de la gare de Grenoble, je sens l'intense douleur d'une sciatique qui commence. Qu'importe, je partirai avec cette sciatique pour mon second voyage en URSS, au moment où a commencé la perestroïka.

L'année 1990 arrive et ce sera un autre chapitre.

Je veux seulement clore celui-ci en indiquant que François Kourilsky est, entre 1988 et 1994, directeur du CNRS. Alors que jusqu'à son arrivée la haute direction m'ignorait, lui s'intéresse à mes idées et me mobilise lors d'une réunion des mandarins du CNRS pour prôner interdisciplinarité et transdisciplinarité ; j'en profite pour faire savoir que toutes les grandes découvertes scientifiques ont été faites en marge ou hors des disciplines, parfois par des amateurs éclairés, tel Darwin.

Pour l'anniversaire du CNRS, Kourilsky me fit présider (en 1970) une grande rencontre entre scientifiques et deux ou trois cents jeunes autour des grands problèmes de l'époque. La rencontre se fit à Arc-et-Senans. Elle remporte un tel succès que Kourilsky décide de la rendre annuelle, j'en conserve la présidence, un comité ad hoc est créé où j'ai pu choisir un certain nombre de membres, et une très belle aventure a commencé, non plus à Arc-et-Senans, mais au Futuroscope de Poitiers, avec des débats où participent les jeunes. Tout se termine par un bal, le samedi soir (je suis au premier rang des danseurs) puis, le lendemain, a lieu le compte rendu des séances suivi de mon discours final.

Ces rencontres ont suscité beaucoup d'enthousiasme et de vocations, elles ont attiré des étudiants des pays européens voisins, les responsables administratifs sont eux-mêmes intégrés dans ce bain chaleureux : Jean-Louis Buscaylet et Martine Roche.

Tout s'est bien passé, sauf la fois où j'ai déploré publiquement le renvoi de Thion pour ses activités extra-CNRS négationnistes.

J'ai gardé un souvenir euphorique de ces journées. J'ai démissionné de la présidence il y a quatre ou cinq ans pour laisser la place à d'autres. J'ai été désolé d'apprendre l'année dernière que la direction du CNRS avait supprimé pour des raisons d'économie la rencontre annuelle de Poitiers[1].

Depuis 1987, désormais à la retraite, j'ai obtenu le statut d'émérite, accordé et renouvelé tous les quatre ans, qui permet de diriger des recherches et d'avoir un assistant à mi-temps. Je travaille beaucoup plus depuis ma retraite qu'auparavant, avec l'extension internationale de la pensée complexe. Je reçois mes rendez-vous dans mon bureau du centre transdisciplinaire qui devient centre Edgar-Morin, avant d'être débaptisé pour être intégré dans un ensemble anthropologique.

Puis, le 2 juin 2010, je suis nommé président du Conseil scientifique de l'Institut des sciences de la communication du CNRS.

Dominique Wolton, créateur et directeur de cet institut situé

1. Il semble que la nouvelle direction du CNRS les ait ressuscitées en 2019.

dans un bâtiment de quatre étages rue Berbier-du-Mets, dans le quartier des Gobelins, qui voyait en moi un des, sinon fondateurs, du moins précurseurs des sciences de la communication, m'y avait attribué un beau bureau, au quatrième étage, très lumineux et avec vue sur le ciel. L'ISCC était à portée directe et rapide de bus partant de Montparnasse. Je préférais m'y installer plutôt qu'au centre Edgar-Morin, qui était éloigné (rue d'Athènes) et dans un quartier très encombré. L'un et l'autre étaient conviviaux, je choisis l'ISCC qui, non seulement m'offrait un vrai bureau, mais possédait un matériel technique complet mis à ma disposition (ordinateur, imprimante, instruments de bureau, petite cuisine). Du reste, pour mes 90 ans, en 2011, Wolton prit l'initiative avec l'accord du directeur du CNRS, Alain Fuchs (pour qui j'étais pourtant un ovni), de fêter mon anniversaire au premier étage de la tour Eiffel, en présence et avec discours de la ministre de l'Enseignement supérieur et de la Recherche, Valérie Pécresse, et de très nombreux amis. Vu mon goût pour la musique, on me donna la baguette pour diriger un petit orchestre.

J'ai continué mes activités, avec de multiples rendez-vous d'étudiants, chercheurs, collègues, journalistes. Poursuivant au-delà de *La Méthode* une réflexion sur « connaissance ignorance mystère », qui deviendra un livre, travaillant à la refondation sur une base anthropo-scientifico-philosophique de la pensée politique.

On avait baptisé de mon vivant le centre Edgar-Morin. On le débaptise également de mon vivant. CNRS et EHESS, dont il dépend conjointement, l'ont associé à d'autres petits centres dans un souci d'économie, et ont installé le conglomérat au siège de l'EHESS, boulevard Raspail, dans des espaces exigus. Le centre est absorbé dans une unité plus vaste où je me sens étranger.

Par ailleurs, en 2018, l'ISCC a déménagé à Villejuif, transformé ou intégré dans un nouvel ensemble, et, plutôt qu'à Villejuif, je m'installe à Montpellier.

Tout semble devoir se terminer dans l'incertitude et la précarité.

C'est étrange : c'est au CNRS et grâce au CNRS que j'ai eu la liberté, la possibilité, le temps de faire des recherches complexes et d'élaborer la méthode de la complexité, alors que tout y est organisé et institué pour éliminer la complexité.

J'ai de plus en plus besoin de repos et de sérénité, mais j'ai toujours besoin d'activité et de me consacrer à ce mythe que j'appelle « ma mission ». Je continue d'aimer la vie et d'avoir horreur de ses cruautés. Je m'interroge de plus en plus intensément sur l'aventure à la fois incertaine et prodigieuse de l'humanité où menaces et promesses sont inextricablement liées, tels Éros et Thanatos.

33

Tourments et oasis

Années 1980

Une nouvelle vie a commencé avec Edwige. Nous devons quitter la rue des Blancs-Manteaux et nous nous installons dans son appartement, rue de la Pompe. L'endroit porte la marque d'années tristes. Il y a une grande terrasse qui n'a jamais été aménagée ni fleurie. De plus, je n'aime pas le quartier. Edwige va tous les matins au bois de Boulogne voisin y faire courir son teckel Justin, brun aux longues oreilles, qui l'adore et qu'elle adore, mais qui, parfois, saisi de folie, la mord cruellement.

Du reste, Justin, habitué au lit d'Edwige, n'aime pas du tout que j'y couche. Un matin, il bondit sur moi, je repousse ses assauts en pédalant des pieds qu'il tente de mordre, finalement Edwige le calme. Elle sacrifia Justin en le confiant la plupart du temps à sa sœur jumelle non homozygote, Évelyne, aussi enveloppée qu'Edwige était mince, mais avec de très beaux yeux bleus, comme sa sœur, et la bouche fortement marquée au rouge à lèvres, alors que la couleur des lèvres d'Edwige, légèrement violacées, était naturelle.

À vrai dire j'héritais, sans imaginer tout ce qui allait m'arriver, de la sœur, de la mère et du beau-père d'Edwige.

Edwige avait un corps harmonieux et un visage non seulement aux formes parfaites, mais qui possédait pour beaucoup un pouvoir d'aimantation. Ses parents habitant Saint-Germain-des-Prés, des cinéastes, comme Melville, lui avaient proposé de jouer dans leur film, mais sa mère rejetait ces demandes avec horreur.

Edwige était un être totalement traumatisé, avec des jaillissements de joie de vivre qu'elle trouvait dans les bains, en appartement ou en mer, elle s'émerveillait des oiseaux, avait un très vif amour pour Justin le teckel et une infinie tendresse pour notre chatte (tous les matins, j'ouvrais la porte de notre chambre et Herminette accourait, bondissant sur le lit, léchant sans arrêt le visage d'Edwige qui la couvrait de baisers).

Je fais une parenthèse pour dire ma rencontre avec Herminette. J'étais chez une amie habitant Montmartre, on prenait un thé, quand arrive une sienne amie avec une chatte et une portée de quatre ou cinq rejetons tout blancs, à la tête siamoise. Mon fauteuil est éloigné de la portée, mais, soudain, un chaton, ou plutôt une chatonne, quitte ses frères et sœurs, vient vers moi, grimpe sur mes genoux et me regarde avec insistance. « Elle vous veut, emportez-la, disent les dames. – Mais non… »

Je suis sûr, rétrospectivement, que la chatonne était télépathe et que, dans sa félinité chamanique, elle avait pressenti Edwige. « Bon, je la prends… »

Comme il pleut, mon amie confectionne une petite boîte en carton pour la petite chatte, je l'emporte sous la pluie, dans le métro, et j'arrive chez nous, tendant à Edwige la boîte d'où sort un miaulement.

Edwige avait eu des chiens, mais n'avait pas élevé de chatons. Je partais le lendemain, je crois, en Espagne. Restée seule avec Herminette elle se renseigna auprès du vétérinaire et lui donna du lait pour chatons orphelins.

Edwige est parfois femme-enfant, parfois dame très bien élevée, parfois un être entre rêve et réalité. À la fois très affectueuse quand elle prend confiance, sinon très renfermée. Elle est profondément secrète. Elle m'a caché presque jusqu'à la fin le moment, aussi atroce que fut pour moi la mort de ma mère, où, à 5 ans, cachée, elle vit et entendit sa mère chasser son père. Son père était un médecin bohème qui soignait ses patients pauvres et ses amis artistes sans se faire payer. Sa mère, bourgeoise jusqu'à la moelle, voulait réussir et arriver, ce qu'elle fit en devenant médecin proctologue à l'Hôtel-Dieu et en épousant en secondes noces le professeur Albot, l'un des deux plus grands spécialistes du foie en France, qui allait devenir membre de l'Académie de médecine. Enfant, Edwige fut anorexique et subit de fréquentes maladies des voies respiratoires. Elle souffrait. Sa mère était autoritaire quand elle était présente, et, souvent absente, Edwige lui en tenait rigueur tout en l'aimant. Son beau-père était comme un étranger. Elle se rebellait et sa mère, parente par alliance de Gregorio Marañón, essayiste espagnol, la fit mettre au couvent du Sagrado Corazón de Jesús, à Madrid, d'où, contrainte à une discipline pour elle incompréhensible, elle s'évada, fit du stop, fut embarquée par un camionneur, et retrouvée par la police.

Je ne sais comment elle put fréquenter toute jeune un homme marié qui tomba à jamais sous son charme (il me dit le jour de ses funérailles : « Je l'aime toujours ») et lui fit un enfant. Pour cacher cette honte sociale, sa mère l'enferma, elle s'échappa, puis son amoureux, Alain, dut divorcer et, de gré ou de force, épouser Edwige juste avant la naissance de leur fille.

Edwige tombait souvent malade – sans doute une façon inconsciente ou enfantine d'attirer l'attention de sa mère médecin, qui l'envoyait chez tous ses collègues spécialistes. Du reste, peu après les débuts de notre liaison, elle tomba malade à Saint-Paul-de-Vence où je l'avais envoyée pour la rejoindre. Par là même et par les épouvantables crises d'asthme qui suivirent, son inconscient pensait peut-être retenir mon amour qui, certes, se trouvait surexcité par le souci de la sauver, mais n'avait aucun besoin de ses souffrances.

Par surcroît de malheur, sa sœur jumelle passait à son égard de l'adoration à la haine. Alors qu'après la mort de leur mère Edwige veillait à ce que sa sœur ne fût pas lésée, celle-ci, dans une crise délirante, appela un avocat pour l'attaquer en justice, puis, après un temps, vint en sanglotant se faire pardonner.

Même chose pour sa fille aimante. En découvrant son infidélité avec Lucien, son meilleur ami, le mari d'Edwige, Alain, l'avait chassée, et sa fille pensa alors que sa mère l'avait abandonnée, ses fantasmes pouvaient confiner au délire. Edwige, malgré tout, aimait sa fille, et fit tout pour qu'elle ait en héritage notre charmante maison normande de Hodenc, dans l'Oise, mais celle-ci ne lui pardonnait pas son supposé crime d'abandon ; ce n'est qu'à l'enterrement qu'elle lâcha un cri d'amour qui, au moins pendant ce moment, submergea son ressentiment.

Les parents d'Edwige me considérèrent favorablement. J'étais directeur de recherche au CNRS, j'étais un peu connu, bon garçon. Pour le beau-père, Guy Albot, je fus le « gentil Edgar » (de fait, je suis assez gentil). Redoutable chef de clinique, réputé aussi pour ses grandes colères, il filait doux et humblement devant sa femme, elle-même suprêmement autoritaire. Il avait eu le mérite, sous l'Occupation, à la demande de son ami et condisciple Weil, d'occuper le cabinet médical de celui-ci, il y fut arrêté par la Gestapo et enfermé à Drancy, le temps de prouver son identité aryenne.

Ils étaient riches, possédaient un yacht, mais, à la retraite, il le vendit, et ils dépensèrent beaucoup à bien vivre.

En vieillissant, elle devint de plus en plus autoritaire et prit son mari comme tête de turc. Elle l'accablait de reproches. S'il lui apportait des roses rouges, elle les jetait en lui hurlant qu'elle les préférait jaunes. Un jour, en nous ouvrant la porte, elle nous lança : « Je le hais ! » Et pourtant, une fois mort, elle l'adora et lui voua un culte.

La mort de Guy Albot survint en 1987. Il déjeunait avec sa femme Monique à La Rotonde quand il eut une défaillance et perdit connaissance. Edwige qui était avec eux me prévint, tandis que le Samu arrivait pour le transporter à Necker. J'arrive moi-même au volant de ma voiture aussitôt après le départ du Samu et roule vers Necker. Il est soigné par le cardiologue dont il a été le bienfaiteur et qu'il avait fait élire à l'Académie de médecine. Ce qui n'empêche pas le médecin de s'éclipser pour partir en vacances, et nous sommes en juillet. L'éminent professeur Albot, ayant perdu tout pouvoir, n'est plus rien. Tous ceux qui le couvraient d'attentions et d'éloges ont disparu. Il reste un agonisant et une femme autoritaire qui donne vainement des ordres aux infirmiers. On le transporte à Mondor. Sa femme, qui ne l'a pas quitté, est avec lui en chaise roulante et lui tient les mains. Je sens qu'il fait des efforts pour parler, mais qu'il n'y arrive pas. Ces derniers jours sont affreux.

Je me suis encore laissé entraîner à anticiper. Revenons en 1980.

Je suis amoureusement au plus haut, mais économiquement à zéro avec le redressement d'impôts, le don à Johanne d'une maison à Montréal, payée avec le plus gros de la somme acquise par la vente de mon appartement, que, de surcroît, Johanne a vidé de ses tableaux, meubles, etc., expédiés par conteneurs au Canada.

C'est alors que Jean-Claude Barreau, devenu pour un temps éditeur chez Nathan, me demande un livre.

Il a alors autour de 45 ans, a été prêtre-ouvrier en usine, a pris en charge une bande de loubards qu'il a transformés en leur faisant faire du parachutisme, puis en les emmenant en Lybie et au Moyen-Orient. En 1969, il rencontre une jeune infirmière qui lui fait renoncer à la prêtrise et qu'il épouse. Il écrit des livres sur la religion. Devenu responsable chez Nathan, il me contacte en 1979 ou début 1980. Il est énergique, volontaire, et j'ai en sympathie son expérience de vie et son couple. Je lui propose *Pour sortir du XXe siècle*, et lui demande une forte avance qui me soulagerait financièrement, ce qu'il fait accepter par Nathan.

Il ne resta pas à ce poste, devint conseiller de Mitterrand puis conseiller culturel à Alger, où il m'invita et me fit inviter par l'Université.

À l'occasion de ce projet de livre, j'ai retrouvé Jean-Jacques Nathan, que j'avais connu jeune officier à Baden-Baden en 1945, et qui mit à ma disposition, pour écrire, son domaine à Sénart, près d'Évry. Nous y allons à plusieurs reprises avec Edwige en dépit d'un chien féroce qu'il était dangereux de rencontrer sans son gardien, lui-même quelque peu féroce. Jean-Jacques Nathan mourut prématurément en 1987, et nous continuons à rencontrer sa veuve slave, Jaluca.

Journal d'un livre

J'écris avec ardeur et assez facilement *Pour sortir du XXe siècle.* Comme je regrettais de n'avoir pas tenu de journal pendant la rédaction de *La Méthode*, je décide d'en tenir un. Mais, à la différence de *La Méthode* où il aurait été intéressant de suivre une pensée en formation et en travail, j'avais surtout à cœur d'utiliser ma façon de penser pour voir le monde contemporain et ses problèmes. Aussi ce journal évoque surtout, outre des moments personnels, des événements comme la révolte de Gdańsk menée par Lech Walesa et, avec lui, le développement du formidable mouvement Solidarność rassemblant 10 des 13 millions d'ouvriers du pays. Les remarquables articles de Bernard Guetta dans *Le Monde* nous ont permis de suivre les événements au plus près, tout en les éclairant (Guetta fit également comme correspondant du *Monde* à Moscou de précieuses relations de la perestroïka de Gorbatchev). Je vais par la suite connaître et admirer Adam Michnik, cet historien polonais, intellectuel intransigeant dans l'opposition au pouvoir stalinien, et devenu rédacteur en chef particulièrement lucide de *Gazeta*, sans oublier Bronislaw Geremek lui aussi universitaire et soutien de Solidarność.

Un intellectuel d'origine roumaine, dont le nom m'échappe, s'intéressa alors à mon *Journal d'un livre.* Je lui en confiai la dactylographie, encore mal révisée, et il décida de le publier. Je lui demandai de m'envoyer préalablement les épreuves à corriger, d'autant plus que je partais avec Edwige pour un long périple, d'abord au Brésil, ensuite à Stanford University, puis chez ma sœur de cœur, Hélène Durbin, à San Francisco (voir le chapitre « Toulouse »), et enfin au Venezuela. Étant donné les dates prévues d'impression des épreuves et celles de mes séjours lointains, je donnai mon adresse à San Francisco où j'attendis le jeu d'épreuves qui n'arriva jamais. Quelle ne fut pas ma surprise à mon retour de voir mon livre publié pendant mon absence, en octobre 1981, chez Édisud, sans aucune révision de ma part ! Je découvris de nombreuses coquilles dont une concernant Régis Debray. J'avais écrit à son sujet : « samouraï qui cherche son seigneur : d'abord Castro, puis aujourd'hui Mitterrand ». Au lieu de seigneur il était imprimé serpent, ce qui était à la fois imbécile et injurieux pour le samouraï et pour le seigneur. J'exigeai que cette page fût retirée du livre et remplacée par une page corrigée. Par ailleurs, l'intellectuel responsable (irresponsable) de l'édition avait conclu un accord avec *Paris Match* pour publication de bonnes feuilles. Je refusai d'être publié dans ce magazine à sensation. « Trop tard », me dit-il. Je le menaçai alors d'un procès et le rédacteur en chef de *Paris Match* retira *in extremis* le texte, m'écrivant qu'il était nul et répugnant. Le livre tomba dans les oubliettes de l'histoire comme bien d'autres de mon cru ; il fut pourtant récupéré dans la volumineuse édition de mes journaux en deux volumes au Seuil.

Légion d'honneur

Je suis assez froid à l'égard des premières années du septennat de Mitterrand. Je n'ai pas cru à l'« union de la gauche », ce qui indique mon absence d'illusions, mais je ne m'étais pas douté que, pour la première fois dans l'histoire, c'est le parti socialiste qui étoufferait le parti communiste dans un baiser de la mort. Par ailleurs, je n'appréciais pas le discours borgne de Cancún, évitant toute critique à l'adresse de l'URSS, ni l'absence de soutien à Solidarność. Je fis quelques articles critiques dans *Libération*, rassemblés sous le titre *Le rose et le noir*.

Pourtant, mon père, qui adorait les décorations, souhaita que ce fût le président de la République qui me remît la Légion d'honneur que je venais de recevoir du ministère de la Recherche, où j'avais un supporteur inconnu de moi.

À vrai dire, je ne cherche pas les honneurs, mais je les accepte, car ils me protègent, surtout mes trente-quatre doctorats *honoris causa* qui sont comme autant de boucliers contre la mauvaise réputation universitaire.

J'écrivis donc à Mitterrand, sans trop croire à son accord, au vu de nos différends qui semblaient avoir effacé notre solidarité du temps de la Résistance. Or il répondit favorablement et m'indiqua une date. Le jour venu, il décora cinq ou six personnes dont moi, et je fus surpris et content de son éloge. Mon père était très heureux et après la cérémonie accrocha le chef de l'État : « Monsieur le président, je suis l'homme le plus âgé de cette assemblée, je suis né en 1894 ! – Pas du tout, répondit Mitterrand, le chanoine P. est plus vieux que vous. » Mon père, déçu, repartit à la charge en brandissant une lettre que le ministre Longuet, socialiste, membre du gouvernement d'Union sacrée, lui avait écrite en 1917 : « Regardez, monsieur le président, nous étions déjà socialistes ! » Puis il se dirigea vers le buffet où il consomma et but en abondance.

Mon ami Rodrigo Uría s'était déplacé de Madrid pour être présent à la cérémonie. J'ai dit ailleurs combien je me sentis honteux de ne pouvoir l'inviter à dîner, mais Edwige avait promis depuis longtemps à sa fille de venir ce soir-là chez elle, et comme les relations entre elles étaient très difficiles et souvent douloureuses, je ne pouvais éviter ce dîner. Du coup, je manquais à un devoir élémentaire à l'égard de l'ami Rodrigo qui s'était déplacé pour moi, mais qui eut l'élégance et la gentillesse de ne m'en avoir jamais voulu.

Villefranche, Saint-Martin et La Bollène-Vésubie

Les parents d'Edwige m'avaient donc à la bonne. Ayant acheté en 1980 un appartement dans une belle résidence sur les hauteurs boisées de Villefranche-sur-Mer, ils nous y invitent souvent. Est-ce la proximité de la mer ? Edwige a de fortes crises d'asthme et, durant l'été 1981, nous décidons d'aller plutôt à Saint-Martin-Vésubie, dans les hauteurs des Alpes-Maritimes, quasi à la source de la Vésubie. Nous y louons pour le mois un appartement, et nous explorons les environs. Au cours d'une visite au village de crête La Bollène-Vésubie, Edwige découvre une charmante maison à son sommet, proche de l'église. Elle sonne à la porte, une fillette lui ouvre, puis apparaît une jeune femme. Edwige lui fait compliment de la maison, elle nous la fait visiter, et nous l'apprécions beaucoup de l'intérieur. Les fenêtres donnent à gauche sur les hauteurs boisées des sapins quasi alpestres, en face plongent sur des prés, des moutons et une bergerie, et à droite sur un paysage méditerranéen d'oliviers, d'arbres fruitiers, de vignes. Les ruelles qui montent à la maison sont piétonnes, trop étroites pour une voiture. La jeune femme nous dit que la maison est à vendre, mais qu'elle est chère. Elle et son mari y ont perdu un enfant, victime de la mucoviscidose, ce qui les rend à la fois très attachés à ce lieu et en même temps les pousse à le quitter. Le prix est effectivement élevé pour l'endroit et nous n'avons pas les moyens. Mais Edwige réussira à vendre son appartement de la rue de la Pompe, en dépit de mille problèmes juridiques, et elle pourra acquérir la maison de La Bollène où nous avons passé plusieurs saisons, hiver, automne, printemps, été. Elle y a fait réaliser des travaux par un aimable maçon, notamment installer une terrasse à l'étage. Nous avions une voisine très aimable, devenue amie, Mme Barengo, dont la fille était épicière dans le village. Le café-bistro-tabac chez René et Rita nous devint familier. Le boulanger faisait cuire son pain au four pendant la nuit et je lui prenais le matin une délicieuse pissaladière ; je descendais ainsi tous les matins acheter le journal, faire mes emplettes, bavarder avec les uns et les autres. Nous partions souvent à La Bollène, prenant un train auto-couchettes. Arrivés à Nice, il nous fallait une soixantaine de kilomètres pour regagner notre nid. Nous aurions dû y rester, mais l'asthme d'Edwige s'aggravant, il lui devenait de plus en plus pénible de monter jusqu'à la maison et elle se refusait à tout fauteuil roulant avec ou sans moteur. Il nous fallut vendre et quitter ce monde méditerranéen qui, je le sentais de plus en plus viscéralement au fil des années, était ma matrie.

Nous nous sommes mariés en juin 1982, Edwige et moi. Au petit dîner étaient absents ceux qui, amis de Johanne, me marquèrent ainsi leur réprobation, sauf le bon et fidèle Jean Térésa.

Nous finîmes par quitter la tour Jade dans le 13e arrondissement, où nous avions emménagé après la vente de la rue de la Pompe. Une tour extrêmement anonyme, car même s'ignorent les voisins de palier, avec, au cœur du complexe de la place d'Italie, un centre commercial attristant. Au sous-sol de notre tour, où se trouvent les parkings, Edwige fut agressée. Elle dénicha finalement dans le 3e arrondissement un petit duplex dans une demeure XVIIIe, rue des Arquebusiers, jouxtant l'hôtel particulier Cagliostro, lié souterrainement à celui-ci par des galeries mystérieuses. L'appartement, au premier et au deuxième étage, est sombre, jamais ensoleillé, mais l'intérieur est agréable avec ses boiseries verticales et horizontales aménagées par un architecte. À l'étage, il y a la chambre à coucher et une petite pièce dont je fais mon bureau.

Nous sommes à peine installés que mon cousin Sam m'apprend que mon père vient d'être transporté à l'hôpital de Monte-Carlo. Après une errance d'hôtel en hôtel, quasi chassé par sa femme, celle-ci avait finalement accepté de le récupérer dans la villa de sa fille Daisy à La Turbie, au-dessus de Monaco. À la suite d'un copieux dîner où il a cédé à sa gourmandise habituelle, il s'est levé la nuit pour pisser, mais est tombé et n'a pu se relever, en fait, victime d'un AVC. Alors que sa machine physique était encore en bon état à 90 ans, à part une fatigabilité que je connais désormais personnellement, c'est un bug qui a altéré son ordinateur mental.

Edwige et moi prenons notre voiture et arrivons d'un trait à l'hôpital de Monte-Carlo. Là, je trouve mon père – sa voix est devenue caverneuse – qui me serre la main, je la lui serre aussi. Il y a une télé voisine qui donne un match de football. Il dit de sa voix sépulcrale : « Moi aussi, quand je rentrerai chez moi, je regarderai la télévision ! » Le lendemain, je le vois quasi sans connaissance. Je vais dans un petit salon où se trouve Corinne qui, depuis des années, l'a persécuté. Soudain, Sam accourt : « Edgar, viens vite, ton père est en train de mourir ! » Quand j'arrive, il a cessé de respirer. Une infirmière lui ferme les paupières, lui enlève son anneau de mariage et me le donne. Je vais retrouver Corinne et lui tend l'anneau. Elle éclate en sanglots comme si tout leur passé de passion lui remontait d'un coup.

Je décidai d'écrire le livre de sa vie, *Vidal et les siens*. Il avait été très malmené dans ses dernières années, et Corinne avait donné une version officielle à ses enfants de son mariage, prétendant que mon père l'avait imploré, menaçant de s'engager dans la marine. En réalité, ils avaient vécu une passion clandestine que je n'ai pas voulu évoquer dans le livre que je lui ai consacré (pour ne pas choquer les enfants de Corinne, mes cousins), mais je l'ai fait dans la réédition.

Pourtant, je dus attendre pour écrire ce livre. À la suite du décès de Guy Albot, beau-père d'Edwige, des divers drames familiaux qui s'ensuivirent, d'une nouvelle et longue crise d'asthme qui conduisit Edwige à l'hôpital du Val-de-Grâce, j'eus la première et seule dépression de ma vie. Il faut raconter dans quelles conditions.

Edwige était rétive à tout ce qui n'était pas médecine officielle (ayant intériorisé les dogmes de ses parents) et également à toute psychothérapie. La voyant totalement égarée pendant l'hospitalisation de Guy Albot, je réussis à lui faire admettre qu'elle consulte un psy, le docteur Malarewicz, que m'avait indiquée une amie argentine, également psy.

Malarewicz commença par lui faire faire une sorte de rêve éveillé en semi-hypnose. Elle se promenait sur une jolie île, au bord de l'eau, pleine de fleurs et d'oiseaux, charmée, mais soudain arrivait en un lieu putride et marécageux, inquiétant, un petit bossu sortant d'une maison qui se ruait vers elle pour la violer, et elle se réveilla. Elle ne voulut plus revoir le docteur, « surtout au moment où Guy est à l'hôpital ». Elle avait l'impression, elle si secrète, de s'être confiée indûment. J'étais effondré et je décidai de consulter Malarewicz pour moi. Il considéra ma situation et me fit une suggestion à la Paul Watzlawick : « Vous devriez avoir une maladie. »

Je m'interrogeai : j'avais eu une hépatite, je ne voulais rien de viral ou de bactérien, j'eus une dépression.

Je me trouvai au lit, incapable de me lever, larmoyant, mais captant les soins et l'attention d'Edwige, entouré d'affection. Quelques semaines après, mon état commença à s'améliorer, je pus me lever et, comme j'avais une invitation en cette année 1988 au Québec, nous partîmes elle et moi. J'étais encore affaibli, mais je me renforçai au cours du séjour. Nous fûmes invités par Johanne qui n'avait pas encore dû se séparer de sa maison, grevée d'hypothèques. Je ne sais pas si c'est alors que nous fîmes notre premier et inoubliable séjour sur l'île Sainte-Marguerite, au large de Québec.

En 1993, j'apprends que Johanne, atteinte de leucémie, est mourante. Je pars aussitôt à Montréal. Comme il y a je ne sais quelle grève aux aéroports de Paris, je prends un train pour Nantes d'où décolle le Boeing. Profitant de miles accumulés, je suis seul en première classe. Au bout de deux heures, le steward vient me chuchoter à l'oreille que l'avion, à la suite de l'avarie d'un moteur, retourne à Nantes. L'aéroport de nuit est glacial et désert. Pas le moindre service. Finalement, on repart au petit matin. À mon arrivée, Johanne est vivante et en cours de guérison. Elle habite désormais un spacieux atelier dans l'île aux Sœurs sur le Saint-Laurent. Elle s'est assagie : plus de fêtes, plus de caviar, plus de champagne, plus de homard. Je retrouve les tableaux que mes amis peintres m'ont dédicacés et que le fils de Johanne va dilapider au lieu de me les rendre. Je passe quelques jours auprès de Johanne et de son amie de cœur Alanis qui sont réconciliées après une longue fâcherie.

L'année suivante, 1994, Johanne rechute. Je reprends l'avion pour Montréal, mais j'arrive trop tard. Je participe à la messe à l'église, y fait mon oraison, Alanis chante un chant de deuil déchirant, de sa tribu Abenaki. Le petit ami de Johanne, Manuel, est venu de New York, il y a sa belle-sœur québécoise et ses neveux. Le repas de funérailles est très gai. Chacun évoque Johanne à sa façon, nous revivons ses beaux moments de vie.

En été 1995, Edwige et moi partons en vacances à Canobbio, sur le lac Majeur. Mais, hormis l'île Sainte-Marguerite au Québec, nos plus belles vacances eurent pour cadre Bellagio, sur le lac de Côme. J'ai évoqué le calme et la douceur de Bellagio dans mon chapitre sur l'Italie.

De très beaux souvenirs aussi chez les Dagenais dans leur maison de Sainte-Pétronille, dans l'île d'Orléans, en septembre 1990 et en juillet 2000.

Bernard Dagenais est professeur au département d'information et de communication de l'université Laval, à Québec. Nadine exerce une profession que j'ai oubliée. Ils nous ont invités en septembre 1990, lors de notre voyage au Québec, dans l'un des plus beaux lieux du monde, l'île d'Orléans, située au milieu du très large fleuve Saint-Laurent, à quelques kilomètres au-delà de Québec. On y accède par un long pont, et Sainte-Pétronille est à une extrémité de l'île, face à la ville de Québec. Leur maison est au bord du fleuve, charmante, ensoleillée, dans un environnement verdoyant. Il y a une terrasse extérieure avec canapés et fauteuils. Un colibri vient régulièrement se nourrir de fleurs, battant follement des ailes pour faire un vol stationnaire. Et, surtout, l'entente est très affectueuse entre Nadine et Edwige, très amicale entre Bernard et moi. Nous passons des journées de calme, de musique, de repas, de promenades tout au long de l'eau. Edwige goûte enfin la paix de l'âme. Lors de ce premier séjour, nous sommes allés en un site voisin sur la rive gauche du fleuve où des dizaines de milliers d'oies sauvages font escale sur la route du Sud. Nous avons navigué sur le Saint-Laurent vers l'embouchure, rencontrant baleines et dauphins, jusqu'à l'île aux Coudres. Une fine neige commence à tomber à la fin de notre séjour, mais elle ajoute à la magie et au plaisir de nous sentir dans une maison bien chauffée.

Je ne sais plus si c'est à la fin de ce séjour au Québec, alors que l'hiver commençait par de la neige épaisse, que nous étions à Rosemère, la maison de notre ami enseignant, journaliste et écrivain Heinz Weinmann et sa femme Monique. Heinz publie des comptes rendus de livres dans *Le Devoir*, il a fait une introduction psychanalytique à un recueil de mes morceaux choisis et vient de terminer un ouvrage magistral sur la nation. Nous prenions l'avion de retour le lendemain soir. Nous fîmes un dîner fameux de caviar, homard, champagne. Le lendemain matin, je refusai de me lever. Je voulais hiberner comme les marmottes qui fréquentent la maison Weinmann. Tous les appels d'Edwige et de mes amis étaient vains. J'avais décidé de dormir jusqu'au printemps. Finalement, ils me forcèrent à me lever, m'habiller, me jetèrent dans la voiture de Heinz qui nous conduisit à l'aéroport.

Au cours des années 1990, Monique Albot se sent mourir la nuit et téléphone à sa fille Edwige. Edwige tantôt seule, tantôt accompagné par moi, part de notre tour Jade pour la tour de Seine où sa présence rassérène sa mère ; la scène se renouvelle à plusieurs reprises.

Parfois, elle se fait hospitaliser, et cette ex-souveraine des hôpitaux rabroue le personnel qui la laisse sur une civière dans un couloir du fait de l'encombrement des salles.

Elle est devenue très tendre envers sa fille, elle qui fut si dure et autoritaire. Edwige se sent passionnément liée à cette mère qui lui a pourtant fait tant de mal. Nous sortons Monique au restaurant ou ailleurs. Edwige va la voir. Deux aides à domicile s'occupent d'elle, la dépouillent, tandis qu'Évelyne détient sa carte bancaire. Monique meurt en 1996, ne laissant que des dettes, et Edwige vend à la hâte l'appartement vitré du front de Seine.

Saint-Jean-de-Luz et La Rochelle

Edwige et moi avons trouvé des oasis temporaires de vie aussi bien en Italie qu'en France. En 1999, nous sommes allés à Saint-Jean-de-Luz, après une douloureuse hospitalisation où Edwige se fit enlever un rein. Nous avons ressenti là une grande sérénité à nous promener sur le port, dans la ville, à déjeuner dans une brasserie où nous prenions immanquablement une omelette aux cèpes, à goûter au marché des fromages de brebis encore artisanaux, à découvrir de beaux villages basques.

Il y eut aussi La Rochelle après une autre hospitalisation où Edwige avait été privée de tabac. Convaincu par ses paroles, j'étais persuadé qu'elle était enfin désintoxiquée. De notre chambre d'hôtel, nous avions une vue sur le port, nous allions dans un restaurant de poissons près de l'eau, nous nous promenions calmement, nous rencontrâmes Jabbar dans sa ferme. Un matin qu'elle s'était absentée de l'hôtel, j'eus un soupçon et découvris dans sa valise un paquet de cigarettes entamé. Elle était très prudente, se débrouillait bien pour fumer clandestinement, purifiait son haleine avec sans doute du chewing-gum qu'elle mâchait en cachette.

J'étais effondré, car, cette fois, je l'avais crue guérie.

Veuxhaulles-sur-Aube

Belle oasis que ce petit village du nord de la Bourgogne, dans une région boisée et assez froide l'hiver, où vivait notre ami Balligand, professeur d'histoire qui avait quitté l'enseignement pour vivre dans l'ancien presbytère restauré... Nous avions connu Guy d'une façon étrange. Lors d'un précédent voyage au Japon, en 1989, nous avons eu pour guide une femme charmante, Junko, avec laquelle Edwige s'était liée et avec qui elle demeurait en correspondance. Or Junko allait régulièrement en Bourgogne, dont elle appréciait les vins, et où elle organisait des voyages touristico-œnologiques pour des Japonais. Elle rencontra je ne sais plus comment Guy Balligand, grand fanatique de vins bourguignons, ils se plurent, et il décida de quitter l'enseignement et de vivre avec elle à Veuxhaulles. Elle continua pourtant à passer quelques mois de l'année à Tokyo pour y poursuivre ses activités organisatrices.

C'est donc Junko qui nous fit rencontrer Guy, l'amitié des deux femmes provoqua l'amitié des deux hommes, et nous fûmes invités une première fois chez eux du 17 au 22 juillet 1996.

Le jardin était très bien entretenu. Cinq ou six chats étaient des habitués des lieux. Guy et Junko alternaient à la cuisine, le repas était donc tantôt bourguignon, tantôt japonais. La commensalité se déroulait à un rythme humain avec un temps de pause entre chaque plat. Guy avait – a toujours – deux passions : la Bourgogne et Hector Berlioz. Il avait chez lui le drapeau de la Bourgogne dont il souhaitait l'indépendance. Nous imaginions ce qu'aurait été l'histoire de France si Charles le Téméraire avait vaincu Louis XI. La France aurait fait partie d'une grande Lotharingie dont la capitale aurait été Dijon. L'autre passion allait à Hector Berlioz. Par la suite, quand je lui téléphonais, je prenais la voix sépulcrale du spectre d'Hector et lui enjoignais d'écouter tel morceau.

Nous revînmes à Veuxhaulles du 22 juillet au 6 août 2001, cette fois avec nos chattes Herminette et Mixa, très intimidées de rencontrer des congénères un peu ploucs et très voyous, Pommard et Romanée-Conti, dit Titi, mais ils s'adaptèrent. Herminette fit une fugue. Sautant par-dessus le mur du jardin, elle disparut dans les bois mystérieux qui jouxtent le presbytère. Recherche, appels, puis descente avec échelle dans les bois jusqu'à sa réapparition.

Nous étions tellement bien avec ces amis que nous avons passé une semaine de vacances ensemble du 22 au 29 juin 2002 au gîte rural de Berzé-le-Châtel, en pays lamartinien, en face de la fantastique forteresse locale. Eux trois faisaient des excursions, moi j'étais très concentré sur je ne sais quel manuscrit[1].

Le Nil

Autre oasis de vie également, notre croisière sur le Nil, avec Sylvie et Sami Naïr, en 1997 je crois. Nous partîmes d'Assouan, où le grand barrage édifié en 1960-1970 pour réguler les crues du Nil avait retenu une grande partie des poissons en deçà, ainsi que les limons qui contribuaient à fertiliser la vallée. Les temples avaient été déplacés – travaux herculéens – afin de permettre la construction du barrage. Ce qui m'impressionna le plus, c'est la grande fresque de bataille, à la fois élégante et impitoyable, décrivant la victoire de Ramsès II à Qadesh, contre les Hittites treize siècles avant notre ère. Nous nous sommes assis à la terrasse de l'hôtel Old Cataract devant un paysage admirable. Puis notre bateau a descendu lentement le cours du Nil, avec des étapes où les fellahs appelaient Sylvie « Mme Gazelle ». Nous avons fait évidemment l'étape grandiose de Louxor. Ces quelques jours furent un mélange de sérénité, beauté, amitié, une plongée de trois millénaires avant notre temps et avec ces monuments, statues, visages peints qui traverseront les siècles futurs comme ils ont traversé les siècles passés, en élévation au-dessus des siècles, au-dessus du temps.

---

1. Peu après la parution de ces souvenirs, j'ai appris que Guy avait trouvé la mort dans un accident de voiture, et Junko, éplorée, m'a écrit qu'elle retournait au Japon.

Terrette

Il y eut aussi un moment magique à Terrette. Mon ami Bolle de Bal, sociologue, inventeur du mot « reliance » que j'ai fortement utilisé, était franc-maçon et m'avait fait connaître son ami également maçon : Léon Nisand, de Mulhouse, qui organisait dans une ancienne abbaye, à Terrette, des réunions et conférences. Il m'invita. C'était une belle journée de printemps, les fenêtres étaient ouvertes. Au moment de mon exposé, j'en arrivais à une image qui m'est chère, celle de la métamorphose de la chenille en papillon, je décrivais la déchirure de la chrysalide, la sortie du papillon, les ailes encore plissées, toutes humides, et puis, soudain, les ailes s'écartant, battant, le papillon prenant son envol. À ce moment précis, un grand beau papillon brun est entré par la fenêtre derrière moi, vola autour de moi, puis au-dessus de toute l'assistance médusée, enfin s'échappa par le fond de la salle.

Hodenc

Je ne me souviens plus de la date de l'achat de la maison de Hodenc par Edwige avec le produit de la vente de celle de La Bollène. Je me souviens en revanche que nous sommes allés séjourner deux fois dans la petite maison annexe de la résidence de Jacques-Francis Rolland, ami de lycée, de résistance, de vie. Il s'était installé depuis pas mal de temps à Silly-Tillard, près de Noailles, dans l'Oise. Là vivait une bande d'amis de J.-F et certains miens, dont Jacques Havet, ami depuis Lyon en 1943, qui dirigea la philosophie à l'Unesco, Robert Scipion qui fit un livre charmant de pastiches, *Prête-moi ta plume*, et quelques autres. Robert Badinter, hautain et lointain, y avait sa résidence secondaire. Jean Cau, qu'adorait J.-F, venait souvent chez lui. Son reportage dans *L'Express*, peu après l'indépendance de l'Algérie, où il révélait l'aspect sombre de cette indépendance, lui avait valu d'être viré, puis, après un temps à *L'Observateur*, rejeté également ; il était passé du sartrisme à la critique virulente de la gauche. Rolland lui-même professait désormais des idées nationalistes disons droitières, mais souvent avec humour. Je me souviens qu'avant de m'unir avec Edwige j'avais rencontré Claudie S. à Tillard et qu'une attraction mutuelle nous avait liés pour un temps. J'allais de temps à autre chez Rolland et j'aimais rencontrer les intellectuels du lieu. Quand nous séjournâmes chez lui, beaucoup avaient disparu, déménagé ou étaient morts.

La femme de J.-F, Flavienne, était très amicale. Rolland l'avait connue par Roger Vailland, une autre de ses grandes admirations.

Nous venions toujours avec notre chatte Herminette pendant ces séjours. Un jour, elle disparaît soudain. Nous la cherchons partout dans notre maisonnette, puis dans celle de nos amis, puis dans le jardin, puis dans la rue, nous entrons dans les fermes et demandons, en vain. Nous rentrons à la maison et pleurons dans les bras l'un de l'autre. Et puis, soulevant un tissu qui recouvrait un fauteuil jusqu'à terre, voici qu'apparaît la tête d'Herminette qui a sans doute voulu vérifier notre amour pour elle. Je l'insulte en la prenant dans mes bras et l'embrassant tandis qu'elle est très satisfaite.

Comme nous parlons de notre souhait d'une résidence à la campagne, Rolland nous fait connaître un médecin s'apprêtant à quitter sa maison dans le village voisin de Hodenc, sur la colline, à trois ou quatre kilomètres. La maison nous charme, elle est de style normand (Hodenc est à la croisée du Vexin normand et du Vexin français, mais il y a surtout des fermes massives), elle a un parc gazonné, doté d'arbres fruitiers. Il y a deux garages, l'un servant d'atelier. Nous faisons l'acquisition de cette propriété qui nous plaît, mais surtout qui est proche de J.-F. Je m'y installe pour écrire alors qu'elle n'est pas entièrement aménagée, qu'Edwige et Mme Lachens font les magasins à bas prix pour acheter réfrigérateur et autres objets de nécessité.

Tout sera meublé en peu de temps et nous nous installons. La vie quotidienne est plaisante. Le matin, je vais à Noailles acheter les journaux et faire les emplettes les jours de marché ; au retour je fais étape chez J.-F et nous commentons les événements. Je rentre au déjeuner. Une sympathique femme de la région nous fait le ménage et devient notre amie. Je travaille l'après-midi. Vers 18 heures, J.-F arrive, je sors le saucisson, le pâté et le vin. Nous aimons nous souvenir du passé, de la Résistance, du communisme. Parfois, on s'engueule, parce que je suis resté de gauche et qu'il ne l'est plus. On dîne chez nous ou chez lui.

Nous y allons souvent, y compris l'hiver où nous avons beaucoup de bois pour une flambée dans la cheminée et le chauffage.

Certes, le village est mort comme tant d'autres : plus de bistro, de boulangerie, ni d'épicerie. Les rues sont désertes, les gens aux champs ou chez eux. Le soir, ils se terrent devant la télévision. Nous avons parfois des drames félins. Herminette ou Mixa, montées sur le toit, ne peuvent plus en descendre et il faut chercher une grande échelle pour les saisir et les ramener. Parfois les deux chattes s'évadent dans la campagne et nous allons partout criant leurs noms. Une fois qu'Herminette semble bien disparue, que la nuit est tombée, que nous sommes désespérés, voilà que Mixa regarde à la fenêtre et nous voyons Herminette qui veut rentrer. Mixa la rustique adore galoper dans le parc, Herminette est plus casanière et ne s'éloigne pas de la maison.

Nous sommes devenus amis avec un couple de fermiers voisins, M. et Mme Hainque, qui nous vendent des œufs frais et nous offrent des légumes.

Nous couchons au rez-de-chaussée dans une chambrette où nous aimons regarder des séries télévisées dont celles de l'inspecteur Colombo. Il y a une marche de la pièce à l'entrée où se trouvent les WC. Une fin de nuit, à 6 heures du matin, Edwige veut s'y rendre, rate la marche et se casse je ne sais quel os. Elle pousse des cris de douleur épouvantables. Affolé, je téléphone aux Hainque, qui, braves gens, arrivent et me font appeler le Samu. Nous partons pour l'hôpital de Beauvais à une vingtaine de kilomètres. Mais il n'y a pas de place et on nous dirige vers Amiens, à soixante-dix kilomètres. Là on traite et on plâtre le pied d'Edwige. Je fais tous les jours le trajet. Puis on la rapproche à Beauvais et elle rentre plâtrée. Je crois que c'est dans cet état que nous avons fait un séjour à Rome où je me plaisais à la conduire en fauteuil roulant pour nos promenades, cafés, restaurants.

Il y eut aussi à Hodenc une période difficile où Edwige souffrait à la fois d'asthme, de diarrhée et du pied. Je devais me lever plusieurs fois par nuit et trouvais quelques heures de sommeil dans la journée. Elle souffrait tellement qu'elle devint pour un temps détestable et me grondait pour tout et pour rien. Je fis venir pendant quelques jours mon fidèle Jean-Louis Pouytes pour me soutenir. Heureusement, Edwige retrouva son caractère aimant dès que son état s'améliora.

En dépit de tous ces drames, j'étais très attaché à cette maison. Edwige mourut en février 2008 la laissant par testament à sa fille pour qu'elle ait un lieu de vacances.

J.-F mourut en juin 2008. Il me prévint qu'il allait passer deux ou trois jours à l'hôpital de Beauvais : « Pour une petite opération à l'anus, rien du tout. »

Il n'avait pas demandé l'avis de sa femme ni de sa fille qui lui auraient déconseillé l'opération, son affection anale aurait évolué lentement à son âge.

Il fut opéré et je le vis peu après sur une chaise, convalescent. Je fus soulagé, mais j'appris peu après qu'il s'était mis à saigner et qu'on lui avait fait une seconde opération. Cette fois, je le trouvai au lit, mais non découragé. Je lui dis de faire effort, que je l'attendais pour le saucisson et le vin, qu'il devait terminer ses Mémoires presque achevées. Il acquiesçait, le visage réjoui. Mais il se démoralisa. Je ne pouvais me rendre à Beauvais tous les jours et il avait besoin de copains, bien que sa femme Flavienne soit présente et extrêmement dévouée. Je le revis, il ne souriait plus ; je lui répétai mes exhortations, il inclinait un peu la tête, toujours sans sourire. Il avait cessé de lutter pour vivre. Il mourut peu après.

La fille d'Edwige mit aussitôt en vente Hodenc. Mon ami Maurice Botton, qui est la générosité même, l'acheta pour que je puisse continuer à l'habiter. J'y retournai avec Sabah, mais l'absence de Rolland et de sa femme qui déménagea raréfia mes séjours, et, voyant mon désintérêt, Maurice la vendit. Je regrette amèrement maintenant de ne pas m'y être installé. C'était à une heure de train ou d'auto de Paris. Les acquéreurs, des promoteurs, ont je crois démoli cette belle maison pour y construire trois pavillons. J'ai perdu toutes mes *querencias* par inconséquence, irréflexion, bêtise.

34
Claude Lefort

J'ai connu personnellement Claude Lefort au comité que nous avions créé : « Contre la guerre en Afrique du Nord ». Je l'estimais déjà pour son extrême lucidité. C'était le seul intellectuel de gauche à avoir écrit dans *Les Temps modernes*, lors du procès Kravchenko : « Kravchenko a dit vrai. » Sartre n'avait pas voulu publier l'article, mais l'insistance de Maurice Merleau-Ponty, qui fut professeur de philosophie de Claude Lefort et son « protecteur » aux *Temps modernes*, avait contraint Sartre, sous menace de sa démission, à accepter de le publier.

Peu après la guerre, il avait quitté le parti trotskiste en compagnie de Cornelius Castoriadis pour fonder le groupe Socialisme ou barbarie, publiant une revue du même nom. Leur discernement à l'égard de l'URSS, du communisme, ainsi que de l'exploitation capitaliste à l'Ouest était immense. Leurs carences étaient non dans ce qu'ils dénonçaient, mais dans ce qu'ils énonçaient : une solution universelle à tous les problèmes sociaux par et dans des conseils révocables à tout instant. Hormis cela, ils constituaient un minuscule îlot d'intelligence et de clairvoyance parmi l'aveuglement général des gauches réformiste ou révolutionnaire.

L'événement qui nous fit connaître, aimer et admirer Lefort fut sa mémorable intervention à notre comité en automne 1956, au moment de l'agression soviétique contre la révolution hongroise. Une partie de nos membres, dont Dionys Mascolo, Robert Antelme et moi-même, estimait qu'il était impossible de condamner au nom du droit des peuples la répression française en Algérie et de se taire sur la répression soviétique en Hongrie. Bien entendu, les communistes et « progressistes » du comité s'opposaient à toute prise de position sur la Hongrie. Les orateurs se succédaient diversement à la tribune, puis vint l'intervention de Lefort. De façon démonstrative, implacable, impérieuse, dans un silence impressionnant, il trouva les paroles qui étaient à la hauteur de ce formidable événement, et son discours transporta d'enthousiasme la plupart d'entre nous. Ce moment nous a fortement unis et liés. Ensuite, le sort tragique de la révolution hongroise nous souleva l'un et l'autre au cours d'innombrables réunions. Nous étions devenus frères.

Lefort fut introduit par Dionys dans notre petit groupe de la « rue Saint-Benoît ». Nous ne savions pas grand-chose de Socialisme ou barbarie (que nous appelions de façon plausible, en songeant à l'Union soviétique, Socialisme et Barbarie) où Lefort militait sous pseudonyme, et les échos de sa polémique avec Sartre dans *Les Temps modernes* nous étaient trop vaguement arrivés aux oreilles. Puis, les craquements dans le communisme stalinien, qui se manifestèrent avec le rapport Mikoïan, le rapport Khrouchtchev, les remous en Pologne, en Hongrie, en Tchécoslovaquie, bref ces merveilleux mois de 1956 où l'histoire semblait devoir vomir le totalitarisme forgé par Staline, tout cela nous rapprocha dans une même espérance et avec les mêmes exigences.

Nous devînmes progressivement familiers Dionys, Robert, Lefort et moi-même. Il y eut quelques années de connivence heureuse où nous nous retrouvions sans cesse, à Paris et en vacances, Lefort et Annie, Robert et Monique, Dionys et Marguerite, Violette et moi. Nous devînmes plus qu'amis.

J'avais été très sensible à la douceur, au charme, à la mélancolie d'Annie Lefort, pour qui je ressentais une attraction presque amoureuse, lui rendant souvent visite à l'Institut d'Amérique latine dont elle était bibliothécaire. Elle était aussi calme que

Claude pouvait être violent, soudain saisi par des crises d'irritation, voire de fureur. Leur fils Éric, de l'âge de mes filles, subissait ses colères et, devenu adolescent, il partit s'installer en Grèce où il éleva des chevaux et produisit de l'huile d'olive. Claude et moi nous brouillions de temps à autre sur des motifs futiles, puis, le calme revenu, il me tendait les bras.

Comme beaucoup, il abusait du terme « con » qu'il distribuait généreusement. Je lui dis, un jour, que j'avais rayé ce terme de mon vocabulaire. Il me regarda étonné : « Tu t'prends pour Jésus-Christ ? »

L'Octobre polonais de 1956 avait soulevé bien des espérances. Il y avait eu une menace d'intervention soviétique, mais l'unanimité du peuple polonais la fit reculer. Gomulka, victime de Staline, était revenu au secrétariat général du Parti. Il jura dans un grand meeting que le droit de grève était rendu à la classe ouvrière. Dionys, Robert et moi espérions un « communisme libéral » ; nous croyions que le système soviétique pouvait se réformer de l'intérieur. Lefort ne partageait pas ces illusions, mais il pensait qu'une révolution « véritablement » socialiste pouvait sortir de la crise du stalinisme. Même si l'intervention en Hongrie nous fit rapidement abandonner l'idée que le rapport K allait conduire à la réforme de l'URSS, nous croyions encore en la Pologne, Dionys reçut une invitation à se rendre à Varsovie, envoyée par Georges Lissowski, animateur de la revue *Tworczosch*. J'ai raconté dans le chapitre 19 notre expédition polonaise avec Robert, Dionys et Lefort.

Dans ce voyage est née ma complicité avec Lefort, en même temps qu'une très grande connivence dans nos analyses politiques. Je connus alors l'apport critique et informatif de Socialisme ou barbarie ; je ne pouvais accepter l'idée tarte à la crème d'une solution à tous les problèmes par la généralisation de conseils révocables à tout instant. Je ne pouvais enfermer dans le concept de bureaucratie toutes les énergies et les monstruosités du totalitarisme stalinien. Mais je fus séduit par la vigueur de cette pensée, initiée par Castoriadis et Lefort, par son non-conformisme s'opposant aux dogmes de la « gauche » officielle, et à tout ce crétinisme idéologico-politique qui pesa de façon hégémonique en France, de l'après-guerre à 1975 environ, et que nous dûmes subir pendant des dizaines d'années.

Nous nous trouvâmes une nouvelle fois d'accord, Lefort et moi, au moment du manifeste sur le droit à l'insoumission durant la guerre d'Algérie, dit Manifeste des 121 (voir p. 262). Dionys – je l'ai dit – était à l'origine du texte qui avait été ensuite remanié par quelques autres, dont Maurice Blanchot. Pour des raisons voisines, Lefort et moi ne l'avions pas signé. J'aurais signé s'il avait comporté seulement l'affirmation du droit à l'insoumission, mais bien qu'il ne fût pas question à proprement parler du FLN dans ce texte, le soutien inconditionné au FLN qu'avait manifesté Dionys (alors que je ne pouvais admettre la répression et les calomnies du FLN contre les messalistes) m'indisposait. Et surtout, je pensais que la prolongation de la guerre favorisait les forces régressives tant en France qu'en Algérie (au sein du FLN comme chez les pieds-noirs) et qu'il fallait avant tout promouvoir la paix, c'est-à-dire des négociations, thème qui était absent du texte des 121. Lefort, à la différence de la plupart des intellectuels de gauche français, ne nourrissait aucune illusion sur le FLN. Ses amis de Socialisme ou barbarie comme lui-même, tout en condamnant radicalement le colonialisme, n'en rejetaient pas moins ces formations déjà pré-totalitaires qui revendiquaient le monopole de la représentativité de leur peuple, réprimaient le droit de tendance et liquidaient physiquement leurs opposants. Lefort et moi entreprîmes alors de lancer un autre texte, qui reconnaissait évidemment le droit de l'Algérie à l'indépendance, mais poussait à la négociation. Nous le préparâmes avec Colette Audry et Maurice Merleau-Ponty qui l'édulcora quelque peu ; puis, pour avoir l'appui du puissant syndicat des instituteurs, nous le présentâmes à son responsable, Forestier, qui l'édulcora également. Finalement, notre appel parut ; il eut beaucoup moins de retentissement, mais beaucoup plus de signatures que celui des 121.

En mai 1958, au moment du putsch d'Alger, nous nous retrouvâmes encore, Lefort et moi. De Gaulle, sous la pression des putschistes, se vit appelé par le président de la République à la tête du gouvernement. Là, encore, Claude et moi nous séparâmes de notre ami Dionys, qui condamnait le « dictateur » avec les accents de Saint-Just et de la gauche conformiste qui appelait à sauver une République déjà suicidée. Nous refusions de nous identifier aux partis incapables de faire la paix en Algérie. Nous appelions plutôt à créer partout des « conseils antifascistes », hors de la tutelle des partis, pour résister aux putschistes. Si cette plateforme était bien naïve, nous avions une juste conscience de l'ambiguïté du gaullisme. Nous pressentions que de Gaulle était capable de faire la paix en Algérie, sans être certains qu'il sauverait la démocratie. Il y avait un « double je » en de Gaulle : cette formule, dont je titrais un article pour *France Observateur*, est de Lefort.

À l'occasion de mai 1958, Lefort et quelques-uns firent dissidence dans Socialisme ou barbarie. La majorité, menée par Castoriadis, pensait que le temps était venu de structurer le mouvement à l'échelle nationale en vue de la révolution imminente. Lefort refusa ce qui à ses yeux conduisait à la création d'un parti guide de la classe ouvrière. Il créa ILO – Informations et liaisons ouvrières –, petit groupe de conscience révolutionnaire issu des « masses », en l'occurrence quelques dizaines d'individus, dont Benjamin Péret.

J'avais essayé d'introduire Lefort dans le comité de rédaction d'*Arguments* (1957-1962), dont je fus le directeur. Lefort refusa, ne voulant pas lier son nom à celui de quelques-uns des membres de ce comité. Toutefois, il fit l'article principal dans le numéro spécial que nous avons consacré à la bureaucratie.

Notre communauté d'idées allait devenir plus forte encore dans les années 1960. Au terme d'une longue absence et d'une convalescence en 1962, je retrouvai Lefort et Castoriadis dans un cercle de discussions qu'ils avaient créé, le « cercle Saint-Just », qui allait devenir le Cresp (Centre de recherches et d'élaborations sociales et politiques). Lefort, Castoriadis et moi-même vivions, chacun de notre côté, une évolution semblable. Nous avions, à des rythmes différents, mais nous trouvant synchrones à partir de 1962, « provincialisé » et « dépassé » Marx, en détectant de plus en plus fortement les insuffisances ou carences de sa pensée, mais en préservant ce qui selon nous conservait sa fécondité[1].

Pendant je crois un ou deux ans nous nous réunîmes régulièrement chez le docteur Pitchal, jusqu'à ce qu'il quitte son appartement. Ce fut pour moi une période féconde en investigations et discussions. Je me liai alors étroitement avec Cornelius Castoriadis, et tous trois, jusque dans les années 1980, nous cheminâmes sous les insultes et les huées des sartriens, althussériens, maoïstes, structuralistes et, en gros, de tous les Diafoirus et Trissotin idéologiques qui, à part quelques moments exceptionnels, n'ont cessé de régner en France.

Et voici Mai 68. L'incendie de Nanterre se propage à Jussieu où me conduit mon ami et collaborateur Bernard Paillard. Je découvre un bouillonnement qui m'émerveille. Je me précipite pour alerter Lefort et Castoriadis. Nous allons devenir « les témoins » de ce que le mouvement a eu de plus vivant et spontané. Nous sommes d'accord pour estimer que le mouvement du 22 mars en est l'instance féconde. On fabrique ensemble *La Brèche* (comprenant un texte original de Lefort, un texte de Castoriadis ronéotypé et diffusé pendant les événements, mes diagnostics au *Monde* début et fin mai). Ma seule réserve vient de que je répugnais à ce que le livre soit dédié « aux enragés », ce à quoi tenait Lefort.

Puis les versions trotskistes, maoïstes, etc., vont recouvrir Mai 68 des vieux oripeaux idéologiques…

Au cours des années 1970, nous fûmes unis dans une commune répugnance à l'idéologie de l'« union de la gauche », dont les illusions et stupidités empêchaient toute réforme de pensée et toute refondation politique.

Je fis entrer Lefort, quand il arriva au CNRS, au centre d'études transdisciplinaires (Cetsap) que je dirigeais (en 1976, je crois). Puis, en 1983, quand il fut directeur d'études à l'EHESS, je lui demandai d'être avec moi codirecteur du centre. Nos intérêts

1. Voir mon *Pour et contre Marx* (Flammarion, 2010) qui contient quelques-uns de mes textes de l'époque.

intellectuels nous avaient portés sur des champs différents. Il s'intéressait à l'idée de repenser la philosophie politique, moi, je me consacrais à la « complexité ».

De fait, comme il était particulièrement irascible, nous continuions à nous fâcher parfois, mais au bout d'un temps nous nous retrouvions. Il y eut quelques orages, dont celui-ci. Nous étions dans le bureau de la secrétaire du centre, Marie-France Laval, et comme il était plus grand que moi mes yeux se trouvaient à hauteur de ses narines et je ne pus m'empêcher de lui dire spontanément : « T'as du poil au nez… » Il réagit aussitôt avec fureur, me fit sortir avec lui du secrétariat, rugissant que j'aie eu l'insolence de faire remarquer devant Marie-France qu'il avait du poil dans les narines. Nous restâmes brouillés quelques jours.

Ensuite, notre amitié, qui avait survécu à bien de ses micro-brouilles, fut un moment altérée plus sérieusement quand il rejoignit le centre Raymond-Aron et Pierre Rosanvallon. Cette amitié était à la fois intense et très orageuse, mais elle ne cessait de renaître.

En revanche, il se fâcha sans réconciliation possible avec Castoriadis (voir le chapitre dédié à Castoriadis).

Je continuai à vivre des amitiés séparées avec ces deux êtres que j'estimais et aimais. Quand je rencontrais Lefort, tantôt il me jetait un regard lourd de rancune, tantôt il m'ouvrait ses bras en me disant : « Tu es mon frère. » Mais, tout au long de ses années, on n'a cessé de réagir en concordance, et je dirais même en harmonie, à tous les événements, guerres, conflits, régressions, progressions, qui ont jalonné notre vie depuis l'époque où nous nous sommes connus, et ce jusqu'à sa fin.

En 2008, peu après la mort d'Edwige, j'éprouve le besoin de prendre de ses nouvelles après l'avoir quelque peu perdu de vue. Je lui téléphone un matin et l'entends qui me hurle au téléphone : « Annie vient de se jeter par la fenêtre ! » Je ne peux m'empêcher de pousser moi-même un hurlement où se combinent l'horreur de la mort d'Annie et celle d'Edwige.

Quand je peux enfin reprendre mon appel, il m'explique qu'Annie avait subi une hospitalisation, mais sans que ses jours soient en danger ; toutefois, elle était très angoissée à la pensée de devenir invalide et à la charge de Claude. Aussi lui avait-elle laissé une lettre d'amour pour lui annoncer son suicide et, profitant de ce que Claude téléphonait au médecin à son sujet, elle s'était jetée dans la cour par une de leurs fenêtres du cinquième étage, rue du Bac.

La veille de Noël 2009, il apprit qu'il avait un cancer, inguérissable, du pancréas, et son médecin lui donnait trois mois de vie. Quand j'appris la chose, j'allai le voir chez lui. En ahanant tout au long des cinq étages sans ascenseur pour arriver à son appartement rue du Bac, je m'apprêtais à une très triste rencontre. Le Lefort qui m'ouvre la porte est souriant, jovial ; nous parlons des événements, nous évoquons des souvenirs, nous plaisantons. Pendant quelques mois je vais lui rendre fréquemment visite et je suis de plus en plus admiratif. Tous les jours, il descend de chez lui, va au Luxembourg, rencontre une amie voisine, fait ses emplettes, remonte ses cinq étages. La fatigue le gagne, mais il ne renonce pas à sa sortie quotidienne. En fin d'après-midi, il reçoit ses amis, prend/offre le whisky, puis à 20 heures se met devant les infos télévisées. Il lit, prend des notes, il écrit des « flashs », me dit-il, des souvenirs d'enfance et de jeunesse qui jaillissent et qu'il évoque. Jamais une parole de découragement ou de désespoir. Il sait que, dès que la douleur arrivera, le médecin lui a promis de hâter la fin. De fait, la douleur n'est apparue qu'au cours de l'été, en août. Alors que j'étais au Brésil en septembre, il a été hospitalisé, mais a voulu rentrer chez lui. Son fils, vivant en Grèce, était venu à plusieurs reprises depuis le début 2010 et se trouvait près de lui au dernier moment. Claude s'endormit paisiblement le 3 octobre, et ne se réveilla pas. Il ne fut pas besoin d'intervenir pour arrêter sa vie.

Jamais je n'avais vu un tel courage, une telle noblesse stoïcienne devant la mort. C'est cette admiration que j'exprimai lors de la cérémonie funèbre au crématorium du Père-Lachaise. Mais je dis aussi combien j'admirais sa rigueur et sa lucidité de pensée. Je rappelai que Lefort avait été le seul intellectuel de gauche qui, lors du procès Kravchenko en 1949, avait écrit que Kravchenko avait dit vrai ; également qu'il s'était opposé, au sein des *Temps modernes*, au virage de Sartre en faveur de l'URSS dans « Les communistes et la paix » (1952).

Claude Lefort ne succomba à aucune des illusions progressistes. La critique de l'Union soviétique qu'il mena avec Castoriadis retirait à celle-ci le privilège ontologique que lui conservait Trotski, pour qui elle était un état socialiste « dégénéré » qui pouvait se régénérer. Puis, dépassant les thèses de Socialisme ou barbarie qu'il avait élaborées avec Castoriadis, dépassant du même coup une science politique compartimentée en secteurs étanches, il devint un penseur du politique, où philosophie et science vivent en permanente dialectique, un penseur du totalitarisme et corrélativement de la démocratie. Voilà un des grands esprits du siècle qui, j'espère, sera reconnu lorsque les baudruches se seront dégonflées.

En moi amitié, admiration, chagrin sont mêlés à jamais[1].

1. J'ai intégré de grandes parties de mon article : « Claude Lefort (1924-2010). Avec Lefort », *Hermès, La Revue*, 2011/1 (n°59), CNRS Éditions, p. 191-197.

35

Cornelius Castoriadis

Cornelius Castoriadis se faisait appeler Chaulieu et avait créé le mouvement Socialisme ou barbarie et la revue du même nom avec Claude Lefort. Lefort l'avait introduit dans le comité de soutien à la révolution hongroise, mais nous ne nous liâmes vraiment qu'après 1962, au Cresp.

Lefort s'était séparé de Socialisme ou barbarie au moment du putsch d'Alger, moment idoine pour Castoriadis de voir advenir la révolution, alors que Lefort lui reprochait de vouloir reconstituer un « parti-guide » du prolétariat. Toujours est-il qu'ils se réconcilièrent et, quand cessa ma convalescence en 1962, je les rejoignis au cercle Saint-Just qui se réunissait chez le docteur Pitchal, ami de lycée de Claude Lefort. Lui et Cornelius Castoriadis, encore Chaulieu, animaient le cercle. Ils sont alors en voie de dépasser leurs conceptions marxistes et leurs croyances révolutionnaires. Ils réunissent des ex-militants de Socialisme ou barbarie, du trotskisme, tel Max Théret, et aussi, plus ou moins occasionnellement, des intellectuels de gauche invités à exposer leurs visions. Comme il s'agit d'un groupe de recherches et discussions, reprenant en fait, à sa façon, la problématique d'*Arguments*, je trouve que le patronage de Saint-Just est inadéquat ; ainsi naîtra le Cercle de recherches et d'élaborations sociales et politiques.

C'est au Cresp que se constitue une véritable communauté d'esprit entre Lefort, Castoriadis et moi. Du reste, Corneille m'invite à faire un article pour l'ultime numéro de *Socialisme ou barbarie* et je lui donne un extrait de mon *Introduction à la politique de l'homme* que je rédige à l'époque. Nous nous rencontrons souvent au cours de dîners fraternels et tonitruants, car Claude et Corneille crient à tue-tête, et moi-même je suis surexcité. On proclame « conneries » les propos de l'autre. Quand j'amène Johanne la première fois à un dîner commun, elle est épouvantée croyant qu'on se disputait à mort. Ils étaient l'un et l'autre, chacun à sa façon, très impétueux, tempétueux et irascibles. Ils s'étaient déjà fâchés et réconciliés plusieurs fois par le passé.

Comme je l'ai déjà dit, nous avons vécu et subi ensemble les noires années où triomphaient les structuralismes, la coupure épistémologique althussérienne, la mort de l'homme et du sujet. Lefort et Castoriadis élaboraient chacun leur métamarxisme et leur conception de la démocratie, en fait devenant étrangers l'un à l'autre, tandis que je cheminais vers la pensée complexe. Les années 1960 étaient grises, pas seulement intellectuellement, mais politiquement. Le pompidolisme nous répugnait, mais aussi le socialisme resté mollétiste.

Comme j'étais alerté au début de mai 1968 par la révolte étudiante qui avait débuté à Nanterre et venait de s'installer à Jussieu, je prévins Claude et Corneille et les entraînai à Jussieu où les salles étaient remplies de groupes studieux d'étudiants discutant réforme de l'université et problèmes de société.

Ce fut le coup de foudre quand la Sorbonne fut occupée. Claude se lia aux animateurs du « 22 Mars » et Corneille fit un texte de soutien qu'il diffusa. De mon côté, j'essayais de comprendre et d'expliquer la « commune étudiante » dans quatre articles du *Monde* du 17 au 20 mai. Finalement, incités par François Furet, directeur de collection chez Fayard, nous y publiâmes nos trois textes où nous diagnostiquions non le début d'une révolution, mais l'apparition d'une brèche à la hauteur de la ligne de flottaison de notre civilisation.

Rien ne semblait devoir ébranler notre solidarité, mais leur amitié fut tragiquement rompue par un événement qui aurait dû la renforcer.

En effet, un certain nombre de directeurs d'études de l'EHESS, dont Vernant et Vidal-Naquet, admirateurs de Lefort et de Castoriadis, vinrent leur proposer de se présenter comme candidats à une direction d'études à l'EHESS, mais en leur indiquant que la réussite n'était possible que s'ils se mettaient tous deux d'accord pour se présenter à deux ans de distance, et leur demandant de leur signaler lequel des deux serait prioritaire.

Après cette entrevue, Claude dit : « C'est moi naturellement qui me présente le premier. – Pourquoi naturellement ? – Je suis professeur à Caen, j'ai besoin d'être à Paris, toi t'es psychanalyste et tu gagnes pas mal d'argent. – Quoi ? » rugit Corneille, qui nia toute priorité pour Claude.

Ils se séparèrent fâchés et le demeurèrent jusqu'à la mort.

Claude se présenta le premier et fut élu ; deux ans plus tard Corneille se présenta. Je les voyais l'un et l'autre séparément et, au cours d'un dîner, Corneille me dit qu'il aimerait savoir si Claude soutiendrait sa candidature. Comme je dînais avec Claude la semaine suivante, je lui promis de m'informer. J'ai raconté la fureur de ce dernier à la fin du dîner.

Je sus par je ne sais plus quelle indiscrétion qu'il avait envisagé de se rendre à Londres le jour de l'élection, mais il resta à Paris, fit loyalement l'éloge de Corneille, lequel fut élu.

Mais ils ne se réconcilièrent pas. Corneille dédicaça un livre « à Claude Lefort, puisque c'est l'usage », ce qui irrita encore plus ce dernier. Les années passèrent. À l'enterrement de Castoriadis, en 1997, Claude vint saluer sa veuve, Zoé, qu'il n'avait pas connue, car épousée après la brouille, et, lui tendant la main, se présenta :

« Claude Lefort.

Elle répondit sans prendre cette main :

– Trop tard ! »

Je rendis visite à Corneille à l'hôpital alors qu'il semblait ne pas être conscient. Son torse puissant, sa respiration forte me donnaient l'impression d'un taureau encore doué d'une gigantesque énergie bien que frappé à mort. Sa fille lui lisait des poèmes qu'il aimait et je crois qu'il les entendit, bien qu'il ne puisse rien exprimer.

Sa femme Zoé lui agença des funérailles exemplaires. Elle obtint l'usage d'un temple protestant où l'on écouta sa musique préférée, où une chanteuse noire chanta les spirituals qu'il aimait, où ses amis dont moi prirent la parole. Puis, au cimetière Montparnasse, un berger venu d'Épire joua à la flûte une mélopée funèbre.

Tout en usant d'un vocabulaire différent, nous étions devenus très proches intellectuellement Corneille et moi. Sa conception de l'importance de l'imaginaire convergeait avec la mienne. Lui et moi reconnaissions la fabuleuse créativité dans l'histoire de la vie comme dans l'histoire humaine. Et, bien que différentes en leurs sources, nos origines saloniciennes nous rapprochaient affectivement, et il me dit avoir terminé la larme à l'œil le livre sur mon père Vidal.

36

Amérique latine

Avant tout voyage, j'avais en tête les empires grandioses s'effondrant sitôt leur tête coupée, leurs rois-dieux séquestrés, puis assassinés. Ils répondaient aux fabuleux noms d'Atahualpa et de Moctezuma.

Ainsi fut abattu, tel un dinosaure décapité, le gigantesque Empire inca s'étendant du sud de la Colombie au milieu de l'actuel Chili, le long de sa colonne vertébrale, la cordillère des Andes.

Qu'une petite bande d'aventuriers ait pu surprendre puis détruire par leurs chevaux et armes à feu (ignorés sur le continent américain) les grandes civilisations de ce monde précolombien, capturer leurs rois et asservir leurs peuples me stupéfiait et me consternait.

Je rêvais de Bolivie ou du Pérou, d'où m'était parvenue la merveilleuse musique des Huaynos. J'étais curieux des peuples quechua, aymara, maya, entre autres, en même temps curieux de ce mélange plus métissé qu'ailleurs de populations, entre visages pâles et peaux brunes, entre Blancs et Noirs.

J'étais fasciné par les peuples d'Amazonie, nos pères, mères, frères, porteurs de vertus perdues par la barbarie de notre civilisation. *Le Partage des eaux* d'Alejo Carpentier m'avait particulièrement ému, et la réhabilitation des indigènes par Claude

Lévi-Strauss et Robert Jaulin m'avait confirmé dans une conviction ancienne.

Enfin, j'étais déjà sous le charme unique de la musique andine arrivée en France par le groupe des Guaranis, avec El Carnavalito, puis les Huaynos, boliviens-péruviens, les chants superbes tels *El Cóndor Pasa*, *La Flor de la canela*, les chants mexicains, cubains.

J'avais la plus grande compassion pour les conquis, les vaincus, les asservis et la plus grande attirance pour ce monde sud-américain si différent et si proche pour moi par la langue espagnole.

Argentine

J'ai raconté dans mon chapitre « Cinéma cinéma » mon premier voyage à Mar del Plata, en 1958 ou en 1959, où j'étais invité comme juré pour les courts métrages au festival de cinéma. À l'arrivée à Natal, pour la première fois sur le sol d'Amérique du Sud, je m'attendais à une vision tropicale, et la première chose que je vis sur la piste d'aéroport fut une gigantesque affiche Martini. À Buenos Aires on embarqua les jurés (je me souviens de Jean Aurenche) dans un DC-3 qui nous secoua passablement, puis on débarqua à la station balnéaire de Mar del Plata.

Durant le séjour, assoiffé, je fis l'erreur de boire à une fontaine publique, ce qui me provoqua une amibiase. Celle-ci fut diagnostiquée à mon retour à Paris par un médecin vietnamien dont je ne pouvais discerner au visage s'il avait 20 ou 70 ans ; il m'annonça qu'il tuerait les amibes par de très fortes doses d'émétine, mais ce ne serait pas mortel. Après l'injection, il me lançait sur les fesses, telles des fléchettes, des seringues de vitamines reconstituantes. Au terme des séances, il fallut vérifier la guérison par le seul test décisif. Étant donné que l'amibe ressemble comme une sœur à une bactérie bénéfique de l'intestin, il lui fallait diagnostiquer au microscope sur une selle encore chaude si l'amibe avait disparu. Comme j'aurais pu contaminer ma famille, il demanda que mon épouse et mes filles subissent le même test.

Il fallait prendre un laxatif la veille au soir, puis, au matin, attendre en salle d'attente l'ordre d'une infirmière d'aller à la selle avec un pot de chambre, ensuite l'infirmière apportait les selles encore fumantes sous le microscope du docteur. Il me déclara guéri, mais, par la suite, je me suis demandé si cette absorption d'émétine à haute dose ne m'avait pas affaibli le foie et n'avait pas été à l'origine de mon hépatite de l'année suivante. Du reste, j'appris plus tard qu'un écrivain américain était mort après ce traitement.

Violette et ma fille Véronique passèrent le test avec succès. Quant à Irène, elle n'arriva pas à produire quoi que ce soit, et les patients de la salle d'attente, qui n'en pouvaient plus de se retenir, commencèrent à protester.

« Petite sotte », dit Violette en retirant sa fille du pot. Puis nous allâmes dans un bistro et Irène prit un café, toute confuse. Soudain, elle s'écria : « Ça vient » et nous courûmes au cabinet du docteur où tout se termina au mieux.

Après Mar del Plata, je passai quelques jours à Buenos Aires dans une terrible chaleur humide ; je prenais douche sur douche et après chacune je recommençais à transpirer. J'y rencontrai mon cousin éloigné, Félix Gattegno, qui m'avait fait découvrir et admirer García Lorca et Saint-John Perse à Marseille, sous l'Occupation. Il collaborait aux *Cahiers du Sud* et était devenu conseiller culturel à l'ambassade de France ; grâce à lui, je pus m'introduire dans la vie *porteña*. Quand il quitta son poste, il ouvrit à Buenos Aires une librairie, Gradiva, où j'aimais le retrouver.

Je revins plusieurs fois dans cette ville si vivante, entre autres pour un colloque tenu autour de mes idées et organisé par une psychanalyste, Dora, où je me liai d'amitié avec Coco Fucks, également psy (comme on sait, il y a un psy pour deux habitants à Buenos Aires).

Je fus convié une autre fois à un colloque de philosophie dont je ne me souviens plus du thème et où était présent Georges Gusdorf, un penseur extraordinaire méconnu en France et dans de nombreux pays. Il était l'auteur d'une quasi-encyclopédie *Les Sciences humaines et la pensée occidentale* (Payot) et d'une suite d'ouvrages sur le romantisme allemand qui me marquèrent à jamais. J'ai voulu lire, mais ne l'ai pas fait, ses *Origines de l'herméneutique,* ses *Lignes de vie* puis ses *Écritures du moi* (Odile Jacob). Gusdorf est mort à 88 ans, toujours méconnu. Un jour, au cours d'une conversation où apparut le nom de Lévi-Strauss, il se mit en fureur : « C'est un criminel, c'est un anthropophage ! », persuadé que Lévi-Strauss lui avait volé la place qu'il méritait.

Au cours de ce colloque, je fis la connaissance d'une enseignante en philosophie qui devint une amie chère, Dolorès Cossio.

J'ai bien sûr évité l'Argentine pendant le temps de la dictature (1976-1983). Plus tard, appelé par l'université du Salvador de Buenos Aires, je me liai avec Raúl Motta, grand gaillard de près de deux mètres, fanatique à juste titre d'Octavio Paz et de Jorge Luis Borges. Son esprit avait assimilé les problèmes de la complexité, aussi lorsque l'Unesco créa une chaire pour la pensée complexe, je la fis confier à Raúl Motta et localiser à l'université du Salvador ; il créa la revue *Complejidad* qu'il continue de diriger. Nous fîmes ensemble des équipées au Mexique et en Bolivie et, en dépit de la différence d'âge et de taille, nous nous traitions de *gemellos.*

À chaque séjour à Buenos Aires, nous déjeunions rituellement, Raúl et moi, d'un *bife de chorizo*, accompagné d'une salade de *rucola* à l'ail, arrosé d'un cabernet-sauvignon de Córdoba.

Au cours d'une conférence, mon regard ne put quitter les yeux bleu azur d'une blonde aux cheveux très clairs. L'aimantation nous réunit tous les deux à la sortie, et nous nous comprîmes très vite. Ce fut une charmante compagne lors de mes séjours à Buenos Aires, puis elle fut nommée en Espagne. Elle me rejoignit un jour au monastère de Yuste, ultime résidence de Charles Quint, où s'est installée une Académie européenne qui m'avait offert un siège, et où se tenait un colloque sur l'Europe. Sans doute pour elle le charme était-il rompu, car l'on ne se revit plus.

Puis la pensée complexe suscita l'enthousiasme d'un étudiant argentin, Leonardo Zoya, venu passer sa thèse sous la direction du seul professeur d'université en France voué à la pensée complexe, Pascal Roggero, de Toulouse. Revenu en Argentine pour enseigner, Leonardo a créé un vaste réseau de partisans de la connaissance complexe et une maison d'édition.

Me revient soudain une expédition aérienne organisée par l'université du Salvador sur la base militaire argentine de l'Antarctique où le pilote, inquiet pour sa précieuse cargaison de personnalités, n'osa pas atterrir, tant le vent était puissant. J'ai donc survolé le pôle Sud, enfin accessible à mes yeux, mais pas à mes pieds.

Au retour de La Paz avec Raúl, j'ai le souvenir d'une conférence donnée dans la province de San Luis au centre ouest de l'Argentine, où je m'étais enrhumé pour avoir dormi sans pyjama. Je fis également une conférence à l'institut Montoya à Posadas, dans la province de Misiones, à la lisière du Brésil ; nous étions fin août et nous vécûmes d'amicales journées, très joyeuses, sans doute aussi en raison de l'abondance de caïpirinhas.

Brésil

Mon premier séjour à Rio fut le résultat d'une invitation à Santiago du Chili, en mai ou juin 1961. Mon billet me permettait de faire des étapes sur la voie de l'aller et, au retour, je pouvais choisir mes villes d'escale, à condition qu'elles fussent toutes à l'est de Santiago, ce qui comprenait toutes les villes d'Amérique latine jusqu'à Montréal !

À Rio, je fus accueilli par le professeur Guerrero Ramos, un des rarissimes universitaires de couleur noire au Brésil, que j'avais déjà rencontré à Paris. Il était dans la mouvance de ces intellectuels nationalistes/sociaux formés sous le gétulisme[1].

Je fus estomaqué par l'environnement sublime de Rio. J'étais chaque jour émerveillé d'être logé à Copacabana, à l'hôtel Ouro Verde d'où l'on pouvait accéder facilement à la plage, et j'aimais me laisser rouler par les vagues.

---

1. Sorte de pragmatisme politique inspiré du président Getúlio Vargas (1882-1954) (*NdE*).

Il m'avait invité à faire une conférence dans la grande salle de cérémonie de l'université. Peu avant l'heure, nous nous trouvions avec les sommités du lieu dans une petite pièce voisine. Cinq minutes avant l'exposé, mon ami entrouvrit la porte et découvrit une salle entièrement vide. Aussitôt, le recteur donna l'ordre à tout le personnel demeurant dans les locaux, secrétaires, femmes de ménage, balayeurs, d'occuper les fauteuils, on confia à chacun un carnet et un crayon et on leur ordonna de feindre de prendre des notes (bien qu'aucun ne comprît le français) avec quelques hochements de tête d'approbation ; je me suis donc adressé à ce public attentif qui, à la fin, m'applaudit longuement.

Je fis sûrement un ou deux voyages avant 1968 et durant la dictature qui s'instaura en 1964, puisque je me souviens du *Cinema novo* : *Rio, 40°*, de Nelson Pereira dos Santos (1955), *Barravento* (1961*), Le Dieu noir et le Diable blond* (1963), de Glauber Rocha, *A Falecida,* de Leon Hirszman (1965). En 1981, je vins saluer la dépouille du génial Glauber Rocha qui venait de mourir.

De Rio, mon esprit ne garde pas seulement un émerveillement chaque fois renouvelé devant le spectacle de sa baie magique, mais aussi devant le vieux petit tram qui, partant du centre-ville, passait sur un aqueduc pour aboutir par un trajet sinueux au Corcovado. Ce furent aussi les balades à pied dans le quartier en collines de Santa Teresa, la forêt tropicale de Tijuca, ou ce qu'il en reste, le quartier de Lapa où l'on allait danser du soir à la fin de la nuit, ivres de joie collective. D'ailleurs, mon amie Marta ne cessait de me dire que la danse et le bain de mer faisaient de Rio une ville unique.

J'ai connu également le Rio des favelas. Mon ami Jairo, issu de la théologie de la libération, avait réussi, en collectant des fonds à la foi publics et privés, à créer, pour les favelas Cantogalo et Pavão-Pavãozinho qui dominent la ville, une grande école-maison de culture rédemptrice pour les enfants et adolescents jusqu'alors voués à la délinquance et la criminalité. Mon ami avait dû accepter un compromis avec la mafia locale sur la base d'une non-ingérence mutuelle. L'école ne se contentait pas de donner un enseignement classique, mais accueillait aussi informatique, musique, danse, faisait pratiquer le sport. C'était un bonheur que de voir des gamins et des filles épanouis et de savoir que, depuis l'implantation de cette super-école, la délinquance juvénile avait chuté dans ces quartiers[1].

J'ai également vu une école-maison de la culture analogue, créée à l'initiative du maire, à Medellín (Colombie), ville de mafia et d'extrême criminalité, y compris enfantine (voir le film de Barbet Schroeder : *La Vierge des tueurs*), un lieu où les mères des enfants peuvent aussi venir se cultiver, ce qui eut aussi pour conséquence une chute drastique de la délinquance juvénile.

Il est pénible que de telles initiatives soient si rares dans ce monde de plus en plus urbanisé, de plus en plus « bidonvillisé », où la jeunesse est de plus en plus perdue.

Le Conjunto Palmeiras

Puisque j'en suis aux initiatives admirables, je tiens à évoquer le Conjunto Palmeiras. À la suite d'une spéculation immobilière sur le bord de mer à Fortaleza (nord-est du Brésil) des pauvres bidonvillois avaient été expulsés et transportés en 1973 à une vingtaine de kilomètres de Fortaleza, dans un désert sans eau, ni électricité, ni transports, ni voies d'accès. Les transplantés recréèrent de bric et de broc un bidonville jusqu'à ce qu'y débarquât Joaquim Melo. Ce séminariste formé par la théologie de la libération incita les habitants à construire en dur, trouva des subsides par le biais d'ONG étrangères, puis créa en 1998 une banque, y institua le microcrédit, relia la banque Palmas à la Banque populaire du Brésil (créée par Lula en 2003), pour que les habitants puissent toucher des retraites et faire toutes leurs opérations bancaires au niveau national.

Ainsi, la « banque » gérée par les habitants émet localement sa propre monnaie, le palmas, et se trouve au cœur d'un système

1. Janvier 2018, Jairo vient de m'apprendre que les subventions publiques et privées de son école ont été supprimées, et qu'il en est de même pour les écoles du même type qui existaient dans quelques villes du Brésil.

d'économie solidaire. Son siège abrite plusieurs microentreprises, dont Palmafashion, coopérative d'une quinzaine de couturières. Le Conjunto Palmeiras est devenu une ville de 36 000 habitants, avec ses commerçants, sa monnaie propre qui, de surcroît, est utilisée dans quarante-sept quartiers pauvres du Brésil.

Le 15 octobre 2009, Joaquim Melo publia en France un livre-témoignage[1] retraçant l'épopée de cette communauté de déshérités partie de rien pour inventer et mettre en œuvre l'une des activités les plus pertinentes contre les inégalités sociales et économiques. Ce livre est totalement ignoré dans notre pays. Je me suis permis de lui rendre un hommage public, le voici :

« Je souhaite adresser à Joaquim Melo, ainsi qu'à l'ensemble des habitants du Conjunto Palmeiras, le témoignage de mon estime et de mon admiration pour le modèle de banque communautaire de développement qu'ils ont créé, fait vivre et contribué à diffuser dans tout le Brésil. Par votre travail et votre engagement, vous avez ouvert l'une des voies vers les transformations nécessaires à l'élimination de la pauvreté urbaine. Et, par-là, vers l'imagination de villes nouvelles ! » (janvier 2012).

Candido Mendes

Candido Mendes, issu d'une grande famille brésilienne très catholique (pourtant, le patronyme Mendes semble indiquer l'origine marrane), est propriétaire-recteur d'une université fondée en 1902 par son grand-père, et qui occupe au centre de Rio un ancien couvent, magnifique édifice colonial. Candido Mendes est en relation étroite avec le groupe *Esprit*, et c'est sans doute un des amis de cette mouvance qui lui a glissé mon nom. Il m'invite pour le 1er mai 1968 à faire un cycle de conférences sur les médias et la culture de masse, ce que j'accepte avec plaisir.

Mais voilà que fait irruption la révolte étudiante à Nanterre, puis à la Sorbonne, puis au Quartier latin, puis dans tout Paris

1. *Viva Favela ! Quand les démunis prennent leur destin en main*, Michel Lafon, 2009.

et dans toutes les villes de France. Je demande à Candido de retarder mon arrivée, et il accepte aimablement de modifier son programme. À un certain moment, j'ai l'impression que les événements vont se calmer et j'arrive à Rio. La première chose que je demande, avant de poser ma valise à l'hôtel, est de passer au bureau de l'AFP où une dépêche m'apprend une recrudescence du conflit. Je dis à Candido, dont je viens de faire connaissance, qu'il m'est très difficile de faire un cours à froid alors que le feu a repris à Paris. Candido me suggère de commencer par deux conférences, puis m'offre l'avion aller-retour pour Paris du vendredi au mardi. Je reviens donc à Paris, plonge dans le fol événement, me rends à la Sorbonne, puis repars à Rio, cette fois je crois pour de bon. Je reprends mes conférences, mais voici qu'éclatent, après la mort d'un homme à Flins, de nouveaux incidents, puis l'annonce d'une grève générale. Candido me voit décomposé et m'offre un nouvel aller-retour. Cette fois, les choses sont plus compliquées, Air France est en grève, je prends un vol Sabena qui me pose à Bruxelles, d'où je fais du stop pour Paris. Je plonge dans les derniers flamboiements de Mai 68, je ne sais plus comment je reviens à Bruxelles pour retourner à Rio. J'ai pu faire deux séries d'articles pour *Le Monde*, seul témoin-connaisseur-interprète de Mai 68 durant l'événement même.

Après mes conférences à l'université Candido Mendes, je suis invité à celle de São Paulo. Accueilli par des étudiants enthousiastes qui tiennent à me montrer « leur » barricade, un amoncellement de détritus barrant une route dans le campus, je vais ensuite faire ma conférence, mais elle vient d'être interdite par les autorités, et la porte du bâtiment est fermée. Les étudiants s'attroupent autour de moi, on me donne un haut-parleur et je leur fais le récit du Mai parisien. Puis je suis invité par l'université de Fortaleza : quand j'arrive à l'aéroport m'attendent une délégation d'étudiants et une autre de professeurs qui me saluent, l'une et l'autre séparément, et à qui je tiens un petit *speech* non moins séparément.

Je donne des interviews, et suis stupéfait, alors que j'ai dit que les communistes n'ont joué aucun rôle en mai 1968, de lire en énormes manchettes, dans je ne sais plus quel grand journal de Bahia, que je déclare que ce sont eux qui ont mené la révolte étudiante.

Un lien très amical, je dirais fraternel, s'est établi entre Candido Mendes et moi. Aussi, quand il envisage un colloque en Europe sur le « mythe du développement », je lui suggère de le faire, non dans une université ou un grand hôtel, mais dans la villa toscane de mon ami Simone di San Clemente, à Figline Valdarno (1973). J'évoque ce colloque qui fut décisif dans ma vie comme dans la vie de Candido dans mon chapitre sur l'Italie.

Candido nous fit, Jean Baudrillard et moi, docteurs *honoris causa* de son université. Je ne sais si c'est à une autre occasion que nous nous trouvâmes Baudrillard, Maffesoli et moi à prendre la parole dans un gigantesque hangar. En tout cas, je nous vois près de la piscine du Copacabana Palace en train de déguster caïpirinha sur caïpirinha tout en déclarant à la presse – qui reprit abondamment nos propos – notre addiction à ce cocktail ; je me vois aussi sortir de la piscine, aller vers la table de mes amis où se tenait une brune brésilienne dont ma main humide toucha l'épaule nue et qui me dit en être électrisée ; c'est devenu une fidèle amie : Nurimar Falci.

Jean Baudrillard

Le jeune Jean Baudrillard est arrivé au Cecmas où il est resté un temps assez court. J'avais lu son *Système des objets*, et je lui avais dit : « C'est complètement génial et complètement dément. » Je ne savais pas ce qu'il avait retenu de mon propos, mais ça ne colla pas entre nous, du reste il critiqua vivement mon livre sur la mort dans l'échange symbolique et la mort, critique que je trouvai injuste, mais sans nul ressentiment. Puis il prit son envol : bien que confiné universitairement à un poste subalterne, l'originalité de sa pensée, au-delà de la « pensée critique » et du marxisme, lui procura des lecteurs et adeptes de plus en plus nombreux. Je trouvais ses écrits toujours stimulants, mais portant à l'exagération l'irréalité de la réalité, thème profond depuis la caverne de Platon et réactualisé par les médias, l'informatique, la « réalité virtuelle ». Pourtant, nous ne nous rencontrions pas. Il fallut une invitation commune à Michel Maffesoli, Jean Baudrillard et moi-même pour que je le retrouve et qu'après maintes caïpirinhas bues à Rio ensemble et à répétition toute glace fonde entre nous et soit remplacée par une chaleureuse empathie réciproque. À vrai dire, nous n'avions pas grand-chose en commun si ce n'est notre marginalité dans la vie académique, mais nous nous sentions bien ensemble et nous commerçions dans et sur le vécu quotidien.

Nous nous sommes à nouveau rapprochés à Guadalajara, au Mexique. Je nous vois dans une île luxuriante, attablés dans la chaleur, détendus. Je lui fis découvrir la margarita dont il devint fana, et cet après-midi de communion nous lia. Nous nous retrouvâmes à Paris avec Edwige et Marine, sa femme. J'appréciai son audace quand il célébra esthétiquement l'effondrement des deux tours de Manhattan. Certes, il occultait l'horreur de la chose, mais il en révélait cette composante poétique, présente dans tous les films catastrophe, cette fois non dans la fiction mais dans le réel.

Il organisa quelques fêtes et réveillons où je fus invité et dansai frénétiquement pendant qu'il restait assis souriant et bienveillant. Nous nous sentions *physiquement* amis.

Nous nous sommes trouvés Edwige et moi nez à nez avec Jean Baudrillard à l'hôpital Georges-Pompidou ; il était comme elle atteint d'un cancer et suivi par le même professeur. Son état empira. Il mourut en souriant tendrement auprès de Marine :

« Mais tu souris !

– Que veux-tu que je fasse d'autre ? »

Et il s'éteignit.

À la différence d'Edwige pour moi et d'Adriana pour Alain Touraine qui, bien que présentes dans le souvenir, sont irrémédiablement absentes, Jean reste vivant en Marine ou plutôt auprès d'elle. Elle lui parle. Elle organise périodiquement un repas-souvenir au restaurant indien voisin de leur appartement, rue Sainte-Beuve, et j'ai toujours du regret quand il ne m'est pas possible de m'y rendre. Marine est devenue une proche et affectueuse amie.

Michel Maffesoli

Michel Maffesoli était un jeune maître de conférences à l'université de Grenoble. Il avait fait ses études à Strasbourg, était très cultivé, notamment en philosophie allemande, et avait épousé l'Alsacienne Hélène Strohl, fille de distillateur. Il avait également subi l'influence des situationnistes. Maffesoli recevait toujours fastueusement ses hôtes de passage à Grenoble. Pour cela, il allait subtiliser caviar, foie gras, champagne au Prisunic local, connaissant une sortie dérobée.

Nous fûmes conviés Edwige et moi chez les Maffesoli en 1979, je crois. Je ne sais plus si j'avais fait une conférence, mais je me souviens d'un repas très gastronomique, convivial et arrosé avec des amis du couple, puis d'une sortie nocturne dans la boîte locale où, ivre, je dansai tantôt avec ma petite chienne Mélisande dans les bras, tantôt avec une courtisane de la boîte avec qui j'échangeai quelques tendresses.

Maffesoli subit des tracasseries administratifs après avoir effectué dans une grande surface une « reprise individuelle », selon le terme anarchiste où l'on se donne le droit de reprendre au capital une part de ce qu'il vous a volé par d'autres moyens. Une partie de ses collègues voulait l'exclure de l'université. Une autre, majoritaire, préféra passer l'éponge. Puis Maffesoli, bénéficiant de l'aide de son maître et ami Gilbert Durand, sociologue peu conformiste et qui eut une voix influente au comité de nomination, fut élu professeur à la Sorbonne.

Les Maffesoli vinrent s'installer à proximité de mon domicile rue des Blancs-Manteaux que j'allais devoir bientôt quitter après ma séparation avec Johanne.

À la suite de l'épisode grenoblois, Maffesoli décida, tel le Mackie de *L'Opéra de quat'sous*, d'agir dans la légalité et une apparente conformité. Il adopta le nœud papillon, la chemise blanche, le costume trois-pièces noir. Le couple, flanqué d'un ami à tout faire, dont la cuisine et l'amour, organisa de superbes réceptions pour collègues et personnalités. Bien que d'apparence hyperofficielle, Michel Maffesoli demeurait hors normes, notamment en ce qui concerne la sociologie. C'est ainsi qu'il dirigea la thèse sur l'astrologie d'Élisabeth Tessier, ce qui scandalisa ses collègues. J'intervins dans le débat non pour approuver la thèse astrologique, mais pour soutenir qu'un grand nombre de thèses médiocres étaient honorablement acceptées par ces mêmes détracteurs.

Maffesoli appréciait mon goût pour la culture, la vie et le cinéma populaire, et gardait de sa jeunesse situationniste le goût du dionysiaque. Bien que par la suite il ait proposé des thèses intéressantes, mais unilatérales, comme le néotribalisme qu'il jugeait antinomique à l'individualisme, alors qu'ils peuvent très bien coexister, bien qu'il inscrive sa pensée sous le drapeau de la postmodernité, en antinomie avec la modernité, alors qu'il aurait pu, dû, les dialectiser, je restai en termes cordiaux avec lui. Du reste, il acceptait de donner sa tutelle à des thèses dont j'étais de fait le parrain. D'ailleurs, ce mot de parrain, je le lui attribuerais dans sa globalité : il protégeait et aidait ceux de sa tribu et rendait service à ses amis.

Il est très grossièrement attaqué, et parfois répond non moins grossièrement. Mais il s'est constitué un réseau de personnalités influentes qui constitue son bouclier. Il y a un certain contraste entre la subtilité dont il fait preuve quand il préside un jury de thèse ou fait un exposé et le caractère unilatéral de ses maîtres mots. Mais, après tout, Althusser, Lévi-Strauss, Foucault n'étaient-ils pas eux-mêmes des esprits subtils dont les cadres mentaux étaient simplistes et unilatéraux ?

Congrès interlatin pour la pensée complexe, 1998. Académie de la latinité

Candido fonda l'Académie de la latinité où il rassembla Latinos, Italiens, Espagnols, Portugais :

« Les 18 et 19 septembre 1999 se sont réunis au Castello di Gargonza, en Toscane, les ministres de l'Éducation nationale italien et français, le directeur de l'Unesco, Maurice Druon, secrétaire perpétuel de l'Académie française, ainsi que plusieurs personnalités représentatives des pays latins d'Europe et d'Amérique, afin de jeter les bases d'une Académie de la latinité.

« Celle-ci aura pour objet de constituer une autorité morale indépendante, d'affirmer la solidarité des pays de culture latine et d'aider à la juste présence de leurs apports dans les évolutions du monde.

« Luigi Berlinguer, Claude Allègre, Federico Mayor, Maurice Druon, Candido Mendes, Marc Fumaroli, Hélène Carrère d'Encausse, Edgar Morin, Hector Bianciotti, Gianni Vattimo, Eduardo Lourenço, Dan Haulica[1]. »

La réunion à Gargonza fut très curieuse. Maurice Druon suspectait une intention cachée et voulait connaître l'origine des fonds ; il n'était pas satisfait de la réponse de Candido disant puiser dans son propre capital. Finalement, les gens de l'Académie française firent sécession (Druon, Carrère d'Encausse, Fumaroli), et de nouveaux membres apparurent dont Alain Touraine, néolatino comme moi, Jean-Michel Blanquer, très branché sur l'Amérique latine. Le secrétaire général fut mon ami Nelson Vallejo-Gómez, remarqué par Candido lors du Congrès interlatin pour la pensée complexe.

Candido eut à cœur de confronter le monde culturel de la latinité à celui d'autres mondes, d'où d'innombrables pèlerinages culturels de l'Académie de la latinité : Gargonza (septembre 1999), Bucarest (septembre 2000), Rio (mars puis novembre 2001), Téhéran (mars 2002), Paris (mars 2003), Lisbonne (octobre 2003), Alexandrie (avril 2004), New York (octobre 2004), Ankara (avril 2005), Port-au-Prince (septembre 2005), Bakou (avril 2006), Quito (septembre 2006), Amman (avril 2007), Lima (novembre 2007), Rabat (avril 2008), Merida (septembre 2008), Oslo (février 2009), Le Caire (octobre 2009), Cordoue (avril 2010), Rio (novembre 2010), Barcelone (mai 2011), Hammamet (décembre 2011), Pékin (mai 2012), Paris (janvier 2013), Kuala Lumpur (janvier 2014), Muscat (Oman) (novembre 2014).

En dépit des contretemps et des difficultés, l'aventure continue.

1. Présentation officielle (*NdE*).

Ceiça Almeida

En 1992, Ceiça Almeida, fonde à l'université de Natal où elle enseigne, le Grecom (Groupe de recherches), elle y réunit plusieurs chercheurs et enseignants, y invite Ilya Prigogine, Henri Atlan, d'autres encore. Mon ultime conférence eut lieu en plein air devant 15 000 personnes. La magnifique curiosité de Ceiça porte aussi bien sur les indigènes amazoniens, les cultures populaires que sur l'épistémologie et les questions sociales. Elle sait que la pensée complexe est une pensée qui embrasse et nous fait embrasser. Nous sommes unis par le cœur, la raison, la passion.

Les orixás

C'est à Fortaleza que je fus initié au candomblé. Un ami pratiquant m'avait introduit auprès du père des saints (prêtre du culte), petit homme dont je ne pouvais deviner au visage s'il avait 16 ou 96 ans. Il me fit asseoir dans son gourbi, et nous restâmes silencieux face à face pendant une heure. Au bout de ce temps d'observation, il me jugea digne de participer à une cérémonie. Celle-ci commença comme une messe catholique, avec invocation à Jésus et à la Vierge. Ce n'était que le hors-d'œuvre. Puis, le tambour se mit à battre, la musique se déchaîna et les fidèles dansèrent de plus en plus frénétiquement en invoquant les orixás, et particulièrement Exu, le dieu noir. Soudain, il s'incarna dans le corps d'une femme qui se convulsa, dont la voix se transforma en voix d'Exu. Puis un autre entra en transe. Moi-même, dansant, je me sentis pris d'exaltation, j'allais me mettre au cœur de la danse, mais le père des saints me retint. Et je devins seulement spectateur. J'aurais voulu assister à la prochaine cérémonie, mais je dus quitter Fortaleza.

Je peux témoigner du pouvoir des pères et mères des saints, qui sont les officiants de ces cérémonies et communiquent avec les orixás.

J'avais un ami, enseignant à l'université de Salvador de Bahia, qui aspirait à être élu professeur titulaire, mais il y avait dans le conseil électoral un très puissant ennemi qui empêcherait son élection. Il s'en ouvrit à son ancienne nourrice afro-brésilienne, qui était une mère des saints, et celle-ci l'assura que son orixá interviendrait positivement. Certes, dit-elle, votre ennemi a un orixá très fort, mais le nôtre est encore plus fort. Le jour de l'élection approchait. La veille, mon ami vit son ennemi en pleine forme dans les couloirs de l'université. Mais, le matin suivant, il était absent, foudroyé par une rage de dents.

Je suis littéralement fasciné, intrigué par tous les phénomènes de transe et de possession, et j'aime la mythologie des douze orixás, avec Exu le dieu noir taquin et irritable, Yemanja déesse des eaux, Xango esprit du tonnerre. Et j'adore écouter le disque que Vinícius de Moraes leur a consacré, notamment la marche des orixás. Du reste, j'ai une fois irrité Exu sans le vouloir. Le conservateur du musée de Salvador de Bahia m'avait accueilli pendant une semaine ou plus dans son musée pour que je puisse y écrire en paix (je rédigeais *Le Paradigme perdu*[1]). À mon départ, il m'offrit une statuette d'Exu la bouche grande ouverte. Il me dit de ne pas oublier de mettre dans cette bouche une cacahuète ou une noix de cajou, pour obtenir les bonnes grâces de l'orixá. Je pris l'avion avec Johanne et mon Exu à mes pieds, qui avait, sans que je m'en fusse rendu compte, perdu sa cacahuète. L'hôtesse apporte le déjeuner. Ma fourchette et mon couteau tombent. Je rappelle l'hôtesse qui me donne un nouveau couvert, lequel tombe à nouveau. Je vois Exu la bouche vide et trouve aussitôt un bout de pain que je mets dans sa bouche. Mon couvert ne tomba plus.

J'aimais beaucoup le marché de Salvador de Bahia, proche du musée (ancienne maison d'esclaves au bord de la mer). Il y avait profusion de plantes et d'élixirs magiques, et ce pour tous les maux et tous les désirs. Je me souviens d'un jour où, avec des amis, nous allions de stand en stand. Soudain, je sens qu'on me pince la fesse. Je me retourne et voit à deux pas un petit vieux. Nous continuons notre tour. De nouveau, main à la fesse,

1. Un matin, allant prendre ma douche, je vis en face de moi une mygale. Nous nous regardâmes attentivement. La mygale n'était nullement effrayée. Elle fit même un pas vers moi et je battis en retraite.

volte-face de ma part, présence du petit vieux qui prend un air distrait. Cela a recommencé une troisième fois, mais je pris un air courroucé et il ne recommença plus.

Marta

J'avais fait deux jours de conférence sur la pensée complexe à la Maison des métallos à Paris. Après la dernière conférence, une Brésilienne au regard pathétique, aux lèvres épaisses, mais blonde, me proposa de venir à son université, à Rio. Comme je partais pour le Pantanal, au Brésil, je lui dis que je verrais avec elle à mon retour. Son visage resurgit quand je revins à Paris. J'étais toujours en deuil d'Edwige, et elle me dit des paroles consolatrices qui me touchèrent. Nous restâmes en correspondance quand elle retourna à Rio, et je la retrouvai souvent.

Pantanal

Edwige était morte le 28 février 2008. Mes filles m'entourèrent d'affection et nous décidâmes d'aller ensemble au Pantanal, où j'étais invité par le SESC, avec mes filles et mes gendres.

Le Pantanal est une région fabuleuse du Mato Grosso brésilien, la plus grande zone humide de la planète, totalement inondée l'hiver, totalement desséchée l'été et extrêmement verdoyante et grouillante de vie au printemps, parsemée de canaux innombrables qui se dessécheront progressivement jusqu'à l'été. Avec les derniers marigots disparaîtront vie animale et végétale, et le Pantanal deviendra un désert jusqu'à l'arrivée des eaux qui le submergeront. Il constitue un écosystème encore plus dense en vie animale et végétale que l'Amazonie, patrimoine mondial de l'Unesco depuis 2000. Nous l'avons découvert au printemps, exubérant de vie végétale et animale, encore traversé d'innombrables canaux, telle une Venise végétale.

C'est une région difficile d'accès ; un avion nous porte jusqu'à, me semble-t-il, Cuiabá, de là un minibus nous conduit en plusieurs heures par des routes de terre jusqu'à l'hôtel du SESC, au cœur du Pantanal, où nous sommes hébergés dans de petites maisons en bois. Là, nous faisons de nombreuses promenades à pied et en bateau, assourdis par les chants d'oiseaux (650 espèces) et les singes hurleurs. Sur l'eau, nous rencontrons sans cesse des caïmans, parfaitement tranquilles. À pied, ce sont les débonnaires et paresseux capibaras qui stationnent en famille. Nous prenons de minuscules sentiers qui traversent des morceaux de forêt vierge. À l'hôtel, il y a un élevage de papillons où nous voyons s'ouvrir les chrysalides, mais aussi une fourmilière sous verre où nous pouvons suivre le cheminement des petites ouvrières. Nous sommes éblouis et émerveillés, et pendant ces deux semaines une vraie communauté s'est créée entre mes filles et moi.

Claudia et le SESC

Dans les années 1970, je crois, j'avais été invité par Danilo Miranda, directeur du SESC de São Paulo. Les SESC (services sociaux du commerce) constituent une institution culturelle très originale. Les SESC dynamisent le concept de centres culturels et sportifs (salles de spectacles, bibliothèque, pistes de course, salles d'exposition, théâtre, café) en drainant un public issu de milieux sociaux très divers, avec des horaires très ouverts : 9 heures-22 heures. Entièrement financées par une taxe parafiscale, ces structures atypiques connaissent un succès grandissant.

Pour moi, comme avec Candido Mendes c'est le début d'une relation durable avec ce pays. Je fais de multiples séjours au Brésil avec, à chaque fois, une conférence au SESC de São Paulo ; il m'est aussi arrivé d'effectuer un long séminaire de quelques jours sur ma vie et mon œuvre. Le SESC a même fait un site Internet sur moi durant plusieurs années, abandonné depuis, et récemment repris.

À la PUC[1] de São Paulo, je me lie avec des enseignants, dont

1. Pontifícia Universidade Católica.

Edgard de Assis Carvalho, devenu traducteur de nombre de mes ouvrages. Je connais le perroquet blagueur et rieur de Nurimar Falci, Galileo. Je deviens familier de cette ville énorme, apparemment inhumaine, entourée de favelas, au climat lourd l'été, froid et humide l'hiver, mais dotée de quartiers quasi provinciaux, d'un merveilleux grand marché couvert et d'une vitalité intense.

Puis je suis invité au campus d'enseignement secondaire du SESC, dirigé par Claudia Fadel, situé à Rio dans la zone de la Barra de Tijuca. Je suis émerveillé. Dans un vaste et verdoyant espace se tiennent les édifices d'enseignement, les villas de professeurs, les villas d'élèves, toutes confortables et dotées d'ordinateurs, un grand auditorium, un édifice de sports, une piscine.

Claudia et la plupart des professeurs ont lu *Les Sept Savoirs* et *La Tête bien faite*, ils ont incorporé dans leur enseignement les thèmes que je propose vainement d'inscrire aux programmes du secondaire en France. Beaucoup de mes citations sont sur les murs. Les professeurs et les élèves mangent ensemble à la cantine, sans ségrégation, en self-service, et la nourriture y est saine et copieuse. Les élèves sont issus de familles pauvres des différents États du Brésil. Il y a une grande familiarité, je dirais plutôt une grande « familialité » entre tous.

Claudia est une jeune femme, active, volontaire, généreuse, sérieuse et rieuse et elle a mis tout son cœur à cette entreprise qu'elle a montée et développée avec la confiance du président Alberto, du SESC. J'aime cette ruche. J'y ai d'ailleurs mon appartement dans une villa où nous avons séjourné presque chaque année Sabah et moi, jusqu'il y a deux ans.

Chili

Premier séjour : en survolant ces formidables pics enneigés de la Cordillère, je songe à Mermoz, Saint-Exupéry, Guillaumet, qui se crasha dans les Andes. Adolescent, je lisais l'hebdomadaire *Les Ailes* qui décrivait l'épopée contemporaine de l'Aéropostale, avec l'avion créé par l'ingénieur Couzinet, *La Croix du Sud*, et j'avais été profondément marqué par *Vol de nuit* et *Terre des hommes* de Saint-Exupéry.

Pour ma part, je voyage confortablement dans un Boeing alors que les héros de l'Aéropostale risquaient leur vie à chaque survol des Andes, à chaque traversée de l'Atlantique Sud. Soudain, j'ai un sentiment de chute : un trou d'air fait grossir les sommets soudain rapprochés. Puis tout ronronne à nouveau. Cependant, l'avion doit faire un détour, car il ne peut plonger sur Santiago trop proche de l'Aconcagua. À cette époque sans smog, on pouvait admirer de l'Alameda le gigantesque massif toujours enneigé, aux couleurs changeantes selon l'heure.

Lucien m'attend à l'aéroport et me conduit chez lui, où Madeleine m'a préparé une chambre, et il a invité pour mon arrivée un certain nombre de personnes de la colonie française. J'ai raconté ce passage (voir p. 481).

Le lendemain, un dimanche, il nous conduit avec sa Mercedes à la mer. Je suis assis derrière avec la jolie blonde qui se nomme Edwige. Ma main échappe à mon contrôle et se pose sur sa main. Un temps se passe, puis elle la retire. Le lendemain, en me conduisant à la Flacso où je dois commencer mon cours, il me dit : « Alors, on met sa main sur la main d'Edwige ? » Je ne sais que dire, mais je sais que je n'ai et n'aurai aucun espoir du côté d'Edwige. Elle est mariée, et son mari, Alain, est un ami proche de Lucien. Il est chargé par la grande maison de disques hollandaise, Philips, de produire des enregistrements latinos de chants et musique. Je fais mon deuil d'Edwige et feins l'indifférence quand je la revois en groupe.

Violette ne devait me rejoindre que plus tard, et Lucien me conduit dans un quartier où je rencontre une beauté populaire, au corps massif, qui m'attire, fille mère avec qui je me lie pendant un temps.

J'ai commencé mes cours dans un espagnol encore très maladroit, et j'ai fait hurler de rire mes étudiants en voulant leur parler du bouc émissaire. J'ai regardé dans le dictionnaire et, pour bouc, j'ai trouvé *cabron* qui, populairement, correspond à enfoiré ou cocu et *emissor* qui peut se traduire par éjaculateur. Aussi, quand j'énonce gravement *cabron emissor*, toute la salle éclate en hurlements de joie, et l'on finit, après d'interminables fous rires, par m'expliquer mon erreur.

Les étudiants étaient très sympathiques et intéressants, ils étaient déjà diplômés et venaient des divers pays d'Amérique latine, ce qui me donna pas mal d'amis lors de mes futurs voyages dans leur pays d'origine.

J'étais bien logé dans la villa de Lucien et Madeleine. J'adorais les fruits de mer, tous de dimension énorme : la moule ou *chorro* était un véritable beefsteak, les clams aussi étaient géants. Au cours d'un déjeuner, Violette mettant du citron sur la chair d'un de ces coquillages vit le mollusque s'élever de façon menaçante presque jusqu'à son nez, ce qui la terrifia. Les oursins ou *erizos,* d'une taille triple ou quadruple par rapport aux nôtres, donnaient une chair tellement tendre et généreuse qu'elle se dégustait avec une grosse cuillère. Désormais, à chaque voyage au Chili, dès que j'arrive, je demande des *erizos*.

J'apprécie aussi la *chicha*, équivalent du *sus wein*, jus de raisin fermenté, qui n'est plus du jus de raisin mais pas encore du vin. Les vins chiliens de l'époque étaient extraordinaires : cabernet-sauvignon, carménère ; on les consommait vieux de dix à vingt ans d'âge, alors qu'aujourd'hui leur vieillissement est artificiellement accéléré et leurs goûts trafiqués pour acquérir une saveur au goût international.

Allende était le candidat malheureux, condamné semble-t-il à échouer à l'élection présidentielle. Je me souviens de deux moments politiques forts. L'un avec le vieil anar, dont Luis Mercier-Vega, anar lui-même, m'avait donné le contact. Il avait déserté en 1914, et, emprisonné, s'était évadé en tuant son gardien, et, de ce fait, n'avait été amnistié que très tard, en 1937, je crois. Il avait rejoint les anarchistes pendant la guerre d'Espagne, et, au cours d'un repas, les yeux en pleurs, il nous a raconté les communes paysannes d'Aragon et de Catalogne où les paysans, rassemblés dans les églises qu'ils profanaient, brûlaient les billets de banque et se croyaient à jamais délivrés de l'argent. Puis il évoqua, pouvant à peine parler, la répression par les républicains bourgeois et les communistes. Soixante ans plus tard,

Ken Loach en a fait un magnifique film, en 1995 : *Land and Freedom*. D'ailleurs, ce qui m'a fait souffrir aussi bien pendant la guerre d'Espagne qu'ensuite, quand déstalinisé je suis revenu à la culture de mes années de jeunesse, c'était la mythologie mensongère de l'Espagne républicaine unanimement antifasciste, alors que le communisme stalinien dirigé par le général Orlov, chef kominternien, ambassadeur de l'URSS, écrasait anarchistes, poumistes, trotskistes (j'évoque Orlov dans le chapitre 3 consacré à mon ami et héros Wilebaldo Solano).

Je reviens à l'ami anar dont un trou de mémoire tenace me fait oublier le nom. Il nous raconta qu'il s'était exilé en Amérique du Sud dès le début de la guerre, en 1939. Il trouva un emploi de gardien dans une hutte, en Terre de Feu, dont la population amérindienne, installée depuis douze mille ans, avait été exterminée notamment par les chasseurs d'oreilles, assassins à la solde des grandes compagnies anglaises d'élevage massif de moutons, chargés de liquider les indigènes qui n'avaient que le mouton pour nourriture. Ils étaient payés en fonction du nombre de paires d'oreilles qu'ils ramenaient aux exploiteurs. Il n'y avait plus d'indigènes en 1940 quand notre ami devint gardien de troupeaux. Une terrible nuit où soufflait une bise glacée, on frappe à sa porte. Il voit une Indienne portant un enfant qu'il fait entrer. Il la nourrit, la fait dormir et, le lendemain matin, s'apprête à la ravitailler. Mais elle a disparu. C'était peut-être la seule survivante d'un peuple massacré en son entier.

Plus tard, on chargea mon ami de faire une route, passant par la cordillère des Andes, au sud du Chili. Cette route devait traverser un territoire indien. Mon ami fut chargé de négocier avec les chefs et proposa de l'argent qu'ils refusèrent. Il augmenta la somme qu'ils refusèrent encore. Ils lui demandèrent simplement quelques sacs de blé.

Et voilà qu'à cet instant c'est le destin des Alakalufs qui s'impose à mon esprit.

J'avais décidé que, lors de mon prochain séjour, en 1963, j'enregistrerais les témoignages et filmerais les derniers survivants. Hospitalisé à New York, puis longuement convalescent, je n'ai pas pu revenir au Chili en 1963, où j'ai été remplacé, ni les années suivantes.

Les Alakalufs, ou nomades de la mer, comme les a appelés José Lemperaire qui les a longuement étudiés, étaient l'ethnie la plus nombreuse vivant en cette Terre de Feu chilienne constituée d'îles et de canaux. En dépit du froid, dans cette région proche du pôle Sud, ils vivaient nus, le corps recouvert de graisse protectrice, la plupart du temps dans des canots, se nourrissant de coquillages et surtout de *chorros*, ces énormes moules que j'ai déjà mentionnées. Bien que et parce qu'ils ignoraient le mot « bonheur », c'était un peuple heureux, jusqu'à l'arrivée des navigateurs blancs par le détroit de Béring ; à partir de ce moment, les naïfs Alakalufs grimpèrent sur les navires des hommes blancs, s'émerveillant de tout, puis ils furent utilisés comme esclaves, leurs femmes devenant des proies sexuelles. Les navigateurs commerçants chilotes continuèrent cette exploitation au cours des XIXe et XXe siècles, et, en 1940, on ne comptait plus que quelques dizaines d'Alakalufs que le gouvernement chilien parqua au pied du poste militaire de Puerto Eden. Leurs canots furent amarrés pour toujours. Devenus sédentaires, les survivants commencèrent à dépérir : ils avaient perdu leur vie libre et nomade sur les flots, et, avec elle, les mythes et croyances qui y étaient associés. Le gouvernement chilien décida alors de civiliser les derniers Alakalufs. Il choisit un des ultimes adolescents, l'envoya pour un an ou deux à l'école militaire de Santiago du Chili, la capitale, puis les militaires le firent revenir pour enseigner la civilisation à ses compatriotes. Il s'installa dans une case, prit un harem de quelques femmes. Alors, il fit s'aligner les hommes, les mit au garde-à-vous, leur enseigna le demi-tour droite et le demi-tour gauche.

Il faisait l'admiration de ses compatriotes qui l'adoraient. Le temps passait et, un matin, les militaires découvrirent que les canots avaient été désamarrés et que tous les Alakalufs étaient partis. Le jeune chef les conduisait sur les canaux pour revivre la vie de leurs ancêtres. Mais son canot chavira et il se noya avec ses femmes. Ainsi, une partie des Alakalufs disparut, les autres retournèrent à Puerto Eden où ils continuèrent à dépérir, les femmes perdant la faculté d'accoucher par absence de menstruations, à l'instar des aménorrhées liées aux famines.

Je pris connaissance du sort des Alakalufs en 1962 en découvrant un texte de la veuve de José Lemperaire. Il n'en restait plus qu'une dizaine, d'après mes informations. Je résolus d'aller à Puerto Eden l'année suivante avec une caméra et un enregistreur. J'avais fait l'expérience cinématographique de *Chronique d'un été*, avec Jean Rouch en 1960, et j'étais très sensible, depuis mes lectures d'enfance de Gustave Aimard et Fenimore Cooper, au sort des peuples martyrs du double continent américain. Je suis resté très douloureusement atteint par la destruction physique et culturelle de ces peuples premiers dont nous sommes tous les fils et les frères. Bref, je voulais au moins faire témoigner des Alakalufs avant qu'ils disparaissent totalement.

Comme je l'ai dit, je n'ai pu revenir en 1963 au Chili, rompant avec une vie souhaitée et possible de quatre à cinq mois par an en Amérique latine. On m'informa deux ou trois ans plus tard que tous les Alakalufs avaient disparu, or récemment j'ai appris (mais la source est-elle sûre ?) qu'il en restait huit à Puerto Eden.

Lors de mon premier séjour au Chili, j'avais fait l'acquisition d'un scooter et nous partions, Violette et moi, en Lambretta vers les plages de la côte ou bien à Valparaiso, un nom magique à mes oreilles depuis la chanson de marin *Nous irons à Valparaiso*. D'ailleurs, la ville elle-même est magique : tout en collines et ascenseurs, avec un port imprégné de sa mythologie. Je fais une parenthèse : l'année suivante, revenu à Valparaiso, j'ai conduit Magda à un concert en plein air de Ninón Sevilla, vedette tropicale d'origine cubaine qui chante avec une sensualité inoubliable dans le film *Disparue à Rio*. J'ai vu plusieurs fois ce film merveilleux où elle est au départ une grande bourgeoise de Mexico, épouse d'un médecin et femme prude et honnête. Elle suit son mari à un congrès médical à Rio, déambule dans la ville et soudain une seconde personnalité surgit en elle. Elle se rend dans le quartier louche, devient érotomane, lacérant le visage de ses rivales d'un couteau, se fait chanteuse de cabaret et oublie complétement son ancienne identité. Après plusieurs années de vie de débauche, un pilote mexicain faisant par hasard escale à Rio la reconnaît comme sa tante. Il avertit son oncle, les médecins viennent, la soignent, et elle redevient l'honnête bourgeoise oubliant son passé de nymphomane. Ninón chante avec des ondulations et des spasmes corporels, qui, avec sa voix et son chant, me conduisent presque à l'extase.

Elle chantait donc à Valparaiso pour une foule immense et revenait en leitmotiv cette chanson, *Así*, qui veut dire tout simplement « ainsi » mais qui, dans le contexte, a fait délirer le public, dont moi.

Je ferme cette soudaine parenthèse, ah non !, pas tout à fait, car me revient à l'esprit une grande déception. Quelques années plus tard, je rencontrai à Mexico mon ami toulousain des années 1940-1942, Mario Llorca, réfugié espagnol petit-fils de Blasco Ibáñez, qui avait pu alors immigrer au Mexique. Il travaillait dans le milieu du cinéma, et, quand je lui parlai de Ninón Sevilla, il me dit : « Je la connais très bien ! » Il m'obtint un rendez-vous le matin suivant avec l'actrice. J'attendis ce moment avec une émotion croissante, me souvenant de ses admirables *Así*. Le lendemain, alors que je me préparais à me rendre chez elle, Mario me dit qu'elle s'excusait, mais elle avait trop bu la veille et devait rester au lit. Je partais inéluctablement le lendemain. De même que je n'ai pas fait l'amour à Marguerite Duras, je ne l'ai pas fait non plus à Ninón Sevilla.

Mais revenons cette fois à 1961. J'avais besoin d'explorer le pays au-delà de Santiago. Les voitures, même d'occasion, étant rares et hors de prix à l'époque, j'avais donc acheté cette Lambretta d'occasion, et, avec Violette à califourchon, nous pouvions nous évader de la capitale. L'engin tombait souvent en panne au milieu d'une route ; à chaque fois des Chiliens s'arrêtaient et ceux dotés d'une camionnette y installaient la Lambretta et ses passagers, puis nous offraient l'hospitalité. Ainsi avons-nous pu, dans une ville de province dont j'ai oublié le nom, célébrer les *fiestas patria*, fêtes nationales, avec banquets, beuveries, danses, et j'y dansai la *cueca*. Je me suis fait ainsi des amis durables, dont un couple d'ouvriers des faubourgs de Santiago avec qui j'ai correspondu jusqu'à la dictature Pinochet.

Puis je suis revenu au Chili en 1962 avec Magda, comme je l'ai dit. Nous avions loué un appartement au centre-ville de Santiago. Je regrette d'avoir brisé cette liaison amoureuse pour Johanne ! Sans pour autant regretter d'avoir rencontré Johanne.

Entre le premier et le second séjour au Chili s'était produit un mélodrame. Edwige et son mari Alain étaient venus en vacances à Paris et Edwige avait commencé une lettre pour son amant Lucien. Alain découvrit la lettre et, fou de rage, chassa Edwige. Il était d'autant plus furieux qu'à Santiago des « amis » l'avaient averti de la liaison entre Edwige et Lucien. Il s'était précipité ivre de vengeance chez ce dernier en l'accusant. Lucien, très calme, lui avait dit : « Je te répondrai quand tu me feras des excuses. » Sa femme Madeleine lui cria : « Alain, comment peux-tu suspecter Lucien ? » Désemparé, Alain fit ses excuses et se trouva persuadé, non qu'il était trompé par Lucien, mais qu'on l'avait trompé sur Lucien. On comprend donc sa rage découvrant la lettre d'Edwige. Celle-ci, chassée, alla se réfugier chez Violette, dont je n'étais pas encore séparé, mais où je n'étais guère présent. Elle charma mes filles, qui avaient 11 et 10 ans, pour qui je fus trop souvent et trop longtemps absent, à l'instar du héros du film *La Mule*.

Je retournai au Chili, fit escale à Dakar pour retrouver quelques jours mon ami Pierre Fougeyrollas, devenu professeur à l'université de cette ville, et que j'ai évoqué (au chapitre 19). Dans l'avion pour Santiago que je reprends à Dakar, je trouve Alain qui me dit son intention de tuer Lucien. Je ne sais pas si j'ai contribué à l'apaiser, mais il a renoncé à son projet homicide.

Je revins toutefois à Santiago, après une longue absence dont j'ai évoqué les raisons, invité, dans la période finale de la dictature, par une connaissance dont le nom m'échappe, et qui avait été un initiateur des négociations qui permirent d'aboutir par étapes au rétablissement de la démocratie.

J'étais logé chez lui, mais il buvait beaucoup et devenait de plus en plus ivre au fil de la journée. Il me révélait le secret des négociations à ses rares moments de sobriété. Le matin de mon départ, il était ivre mort et ne put me conduire à l'aéroport, ce dont se chargea son épouse. Là, à la vue de mon billet, on m'installa dans un salon d'étage donnant sur une mezzanine, en m'avisant qu'on viendrait me chercher. J'entendis l'appel par haut-parleur des départs pour Paris, mais personne ne vint. Je me mis au balcon, appelai, tout était désert. Finalement, je descends, vais au contrôle de police, interroge, et le policier me tend mon passeport qu'il a en main ; je serai le dernier à monter dans l'avion qui fermait sa porte.

Bien plus tard, je revins encore au Chili, quand Michelle Bachelet devint présidente (2006-2010), et j'y rencontrai plusieurs amis d'Alfredo Pena-Vega, antifasciste émigré en France, devenu mon petit cousin. Je fus décoré par la présidente et eus l'occasion de fraterniser avec mes nouveaux amis.

Je rencontrai, entre autres, Palacios avec qui j'étais en correspondance parce qu'il s'intéressait à la problématique de la complexité, bien qu'il fût, je crois, le dernier maoïste chilien. Je fus invité chez lui près du volcan Osorno, au bord d'un lac. J'avais le cœur rongé par la mort d'Edwige et je me confiai au couple en pleurant. Leur affection me fut bienfaisante.

Chaque année, je suis invité en janvier au Congrès du futur, à Santiago, mais je me laisse grignoter par la paresse et autres petites choses, et l'élan ne me vient plus. J'ai ainsi raté deux séjours chiliens. L'année prochaine à Santiago ?

Bolivie

Toujours en 1961, un avion nous conduisit, Violette et moi, de Santiago à Antofagasta, port à l'extrême nord du Chili, puis nous prîmes un vieux petit train fabriqué en Angleterre, sur une voie étroite, partant du niveau zéro pour arriver à 4 500 mètres d'altitude, puis plonger dans une *quebrada* vers La Paz, capitale de la Bolivie, située à 3 700 mètres. Le train (qui n'existe plus) avait trois wagons, un restaurant, un wagon à couchettes, le troisième à ciel ouvert, comme les anciens tram, où s'entassait le peuple indigène. On s'élevait progressivement dans le désert, je ne me souviens plus si on longeait les gigantesques mines de cuivre de Chuquicamata, mais on passait entre deux énormes volcans éteints, puis on arrivait sur l'Altiplano d'une altitude de 4 000 à 4 500 mètres, d'abord désert, puis parsemé d'herbes rares, qui se transformait ensuite en pampa, avec, ici et là, des lamas, des villages, les villes d'Uyuni et d'Oruro, cités des mineurs et de leurs révoltes. Aux arrêts, les cuisiniers du wagon-restaurant achetaient viande et légumes, les Boliviennes nous tendaient des cuvettes de *chicha* (différente de la *chicha* chilienne, faite de jus de raisin fermenté, celle-ci était faite de maïs fermenté, mâché dans la salive des vieilles édentées). Le voyage durait deux jours et deux nuits, toujours dépaysant ; l'air raréfié amoindrissait les distances, et les volcans nous semblaient longtemps très proches. Enfin une trouée dans l'Altiplano nous fit plonger le regard sur La Paz.

C'est une ville en pente qui dégringole sur une vallée, passant des quartiers populaires aux quartiers riches. Le peuple est andin, les femmes en chapeau melon, les hommes en bonnet phrygien, portant ponchos, le visage grave. Ces visages austères montraient une immense tristesse, mais aussi de l'indifférence envers les *gringos* que nous étions. Beaucoup d'hommes se tenaient assis ou accroupis. Pour ma part, je ne souffrais pas de l'altitude, en revanche je m'essoufflais quand j'avais des étages ou des pentes à grimper.

J'appris ce qui était ignoré et reste ignoré par la plupart des Européens, que la Bolivie, après des coups d'État ininterrompus, avait connu une grande révolution populaire. Le MNR – mouvement nationaliste révolutionnaire de caractère populiste, au sens latino-américain du terme, fondé et dirigé par Víctor Paz Estenssoro, allié au dirigeant syndicaliste Juan Lechín Oquendo, trotskiste, leader des mineurs – avait gagné les élections de 1951. Mais l'armée lui interdit l'accès au pouvoir. Alors les mineurs de l'Altiplano entreprirent une marche sur La Paz et livrèrent une bataille victorieuse sur les militaires, tout en perdant six cents hommes. En même temps, les paysans se révoltèrent dans les campagnes. Il y eut de nouvelles élections, et, avec le soutien de Lechín, le MNR instaura le suffrage universel, opéra la réforme agraire redistribuant les terres (1953), apporta l'école dans les campagnes et nationalisa les mines appartenant au magnat Patiño et à des compagnies étrangères. Malheureusement, un grand nombre d'ingénieurs s'expatria, le cours de l'étain et de l'argent baissa.

En fait, lors de mon passage à La Paz, la coalition Paz Estenssoro-Lechín était disloquée, Paz Estenssoro impuissant devant les difficultés économiques fut chassé du pouvoir par un coup d'État militaire en 1964.

La Bolivie était le pays le plus authentiquement indien de tous les pays andins, mais aussi le plus émouvant et le plus dépaysant ; la vice-royauté espagnole de Lima n'avait que peu profondément marqué l'Altiplano et les Yungas de Bolivie. C'est en Bolivie que la musique et le chant des Huaynos avait le plus gardé la saveur de leurs origines.

Les Quechuas et Aymaras composaient la majorité de la population du pays indien, quoique exclus de tout pouvoir par la minorité criolla. Ce n'est qu'en 2006 qu'Evo Morales, élu président, fit accéder la population indigène à la majorité politique.

De notre séjour en Bolivie, ce dont je me souviens le plus, ce sont des visages d'hommes, graves, austères, tristes, gardant comme une nostalgie inconsolable.

De La Paz, nous gagnâmes par chemin de fer Tiahuanaco, ensemble de ruines d'une cité sacrée dont l'antique civilisation s'est éteinte au XIIe siècle, comportant des restes de temples, des grands monolithes à visage humain, une monumentale porte du Soleil. Les symboles indéchiffrables, l'énormité des monuments ont fait naître la légende de Tiahuanaco comme base terrestre d'une civilisation extraterrestre.

De là, nous avons rejoint, à une quinzaine de kilomètres, le lac Titicaca, situé à 3 800 mètres d'altitude, où nous avons embarqué pour Puno sur la rive péruvienne du lac. Nous avons admiré les barques, en osier ou bambou, je ne sais, les îles flottantes de même matière. Notre bateau à vapeur semblait anachronique dans le monde aymara très ancien du lac Titicaca où nous étions plongés comme par magie, pour en ressortir à Puno prendre une micheline qui nous conduisit à Cuzco.

Retour en Bolivie

L'année suivante, cette fois nous empruntons la micheline Arica-La Paz, plus rapide, moins intensément poétique que le petit train d'Antofagasta, mais ce sont les mêmes émotions sur l'Altiplano et à La Paz. Une fois arrivé à La Paz, j'apprends qu'il y a la fête annuelle à Chulumani, dans les Yungas. J'affrète un taxi pour nous y rendre. Il doit passer par un col aussi élevé que le sommet du mont Blanc, le chauffeur s'arrête plusieurs fois pour régler son carburateur en fonction de la raréfaction de l'air. Finalement, nous arrivons à Chulumani (1 700 mètres d'altitude). Nous passons deux ou trois jours d'ivresse ; les *comparsas*, dont l'une composée d'anciens esclaves noirs, vont par les rues de la ville en jouant, chantant, dansant jour et nuit, nous les accompagnons, dansant également, parfois un musicien tombe, épuisé ou ivre mort.

Je suis retourné avec Raúl Motta à La Paz où je donnai une conférence, et au lac Titicaca (qui n'était pas alors pollué) ; nous y fîmes des invocations à Copacabana, où, me rappelle Raúl, j'ai dansé le huayno.

Pérou

De Cuzco, capitale de l'Empire inca, à plus de 3 000 mètres, il reste les rez-de-chaussée précolombiens des maisons de style colonial à partir du premier étage. On voit concrètement qu'une civilisation a été écrasée. Les édifices sont tous à deux niveaux, le niveau inférieur des murs est inca, et les niveaux supérieurs hispaniques. Symbole du Pérou : les fondations incas restent, et c'est sur elles que s'est édifié le monde colonial. Le vaincu est là, écrasé sous le poids du vainqueur, mais il résiste. Les tremblements de terre qui ont ruiné les étages coloniaux n'ont pas ébranlé les murs incas. L'antique et majestueux temple du Soleil a conservé ses murs, mais ils sont devenus ceux d'un couvent. À l'extérieur de la ville, la forteresse de Sacsayhuamán a conservé sa muraille d'énormes blocs de pierre ajustés à la perfection les uns aux autres, sans ciment. Prodiges d'une civilisation sans roue, sans chevaux, sans bœufs, ne disposant que du lama.

De là nous avons pris le train pour Machu Picchu.

C'est une ancienne cité-sanctuaire inca, sise au sommet d'un promontoire rocheux. Dans *Le Vif du sujet*, écrit deux ans plus tard, j'ai évoqué ce haut lieu sublime d'adoration du Soleil (je le retranscris ci-dessous).

Frobenius avait distingué deux types de vie – deux types de culture, le manisme et le chamanisme – l'un participation au rythme cosmique, à une sorte de jeu-rite où l'homme-microcosme mime le macrocosme, l'autre voué à l'exaltation des pouvoirs démiurgiques de l'homme, à son affirmation de puissance ; en fait, toute culture est un mixte de manisme et de chamanisme, comme de dionysiaque et d'apollinien dans un autre sens, et tout homme peut ressentir les deux appels, selon des amplitudes différentes.

Notre participation au monde va dans le sens maniste. J'en ai eu comme l'illumination sur le Machu Picchu, cette cité religieuse vouée à l'adoration du Soleil, au sommet d'une montagne abrupte, pain de sucre géant sur une profonde vallée tropicale. Ces monuments construits de pierres énormes, amenées de très bas et de très loin, ce culte solaire, et la disparition depuis des siècles de cette religion et de cette civilisation, tout cela, pendant le trajet d'ascension et la visite, me donnait ce sentiment fascinant d'absurdité qu'irradient sur notre civilisation et sur notre vie présente, sur tout ce qui est œuvre et effort, les grands témoignages humains du passé. Mais le grandiose Machu Picchu était le plus éblouissant flambeau de non-sens que j'eusse jamais admiré. Et j'eus l'illumination soudaine, au sommet de la pyramide vouée au Soleil, que la vie adorante du moine vivant dans ce couvent solaire pouvait être aussi valable que celle d'un député de la Vᵉ République, d'un petit fonctionnaire, d'un militant PSU, dont les vies sont aussi immuablement réglées, non pas par un grand rite, mais de petites habitudes... (Il faut adorer... Quoi ? C'est bien là le problème...)

Après m'être pendant des années méfié des mystiques, des communions, des ineffables, des manistes, des dionysiaques, il me faut maintenant exercer aussi (je dis : aussi, et non pas : en substitution à) la méfiance à l'égard des rationalismes, du dicible, de l'analyse, de l'apollinien. Ou, plutôt, je dois reconnaître que je crois intensément à l'un et à l'autre.

Pablo Neruda a écrit : « Machu Picchu est un voyage à la sérénité de l'âme, à la fusion éternelle avec le cosmos, là-bas nous sentons notre propre fragilité. »

Il fait parler les « bouches mortes » des Incas dans son poème *Alturas de Machu Picchu* (*Le Chant général*). S'adressant à son frère inca : *No volverás del fondo de las rocas. No volverás del tiempo subterráneo*[1].

J'ai été écrasé, arraché à moi-même dans ce site inouï. J'ai ressenti le sacré comme nulle part ailleurs, j'ai été envahi par le sentiment que les moines ou prêtres qui avaient vécu là, sur ces hauteurs célestes, une vie dans l'adoration du Soleil avaient eu une vie non pas aliénée, mais accomplie, dans la relation mystique de la ferveur et la vénération cosmique.

Le Soleil et la Pachamama

À la différence des dieux anthropomorphes ou biomorphes créés par l'esprit humain, le Soleil, Inti, est un dieu concret, réel, un vrai dieu sans lequel nous mourrions tous, un dieu nourrissier du monde végétal via ses photons qui s'y transforment en énergie vivante, monde qui lui-même nous nourrit. Je comprends dans

1. « Tu ne reviendras pas du fond des roches, tu ne reviendras pas du temps enfoui sous terre. »

ma chair la vie des moines ou prêtres passant leur existence à la contemplation et à l'adoration du Soleil.

À Lima, la capitale, deux souvenirs de cette première visite. La première est celle d'une rencontre avec Augusto Salazar Bondy, un de ces êtres pour qui je me prends immédiatement d'une grande tendresse.

La seconde est celle d'une vaste tente où venaient s'exhiber la soirée et toute une nuit les *comparsas*, groupes musicaux des multiples villages du Pérou, pour un très vaste public composé essentiellement de paysans ayant migré à Lima. Les Huaynos étaient de toute beauté et le public était transporté de ferveur à l'écoute de ses musiques autochtones. À Lima, j'ai découvert la variété de la musique péruvienne, les valses comme *Amor de mis amores* (repris par Piaf dans *La Foule*), les musiques bâtardes sino-péruviennes de Callao, et le splendide *El Cóndor pasa,* issu d'une zarzuela.

J'ai fait plusieurs retours à Lima, durant la période où mon ami Nelson y était conseiller culturel, dont l'un avec Sabah, heureux de retrouver amis et amies ; un autre, pour recevoir différents doctorats *honoris causa*, présider à l'inauguration d'un Institut de la pensée complexe à l'université Ricardo Palma. Le plus beau doctorat fut à l'université Pedro Ruíz Gallo, à Lambayeque, au nord de Lima, où un troubadour péruvien en poncho blanc chanta un poème comportant les titres de mes livres (j'en ai fait une vidéo). On me fit découvrir aussi un palais pré-inca où régnait un seigneur local. Mon séjour avait été suivi par Jeanne Mascolo, cinéaste et parente de Dionys, qui termina son film sur une *diablada* déchaînée à laquelle je participai timidement sur la place d'armes de Lima.

Je découvris également l'admirable restaurant « ethno-gastronomique » El Señorio de Sulco, en bord de mer, tenu par ma chère Isabel Álvarez, cuisinière hors pair, intégrant dans ses menus des recettes indigènes traditionnelles, et auteur d'un beau livre sur sa mère qui lui a appris à cuisiner, *Los manos de mi madre*, et que j'ai eu plaisir à préfacer.

J'ai découvert, grâce à mon amie médecin, les vertus toniques de la farine de coca, et celles, anti-inflammatoires, de l'*uña de gato*, que l'on m'expédie à Paris.

Je me hâte maintenant, à l'heure où j'écris ces lignes (19/11/2017), alors que je m'affaiblis et que la mort ne cesse de frapper autour de moi.

Venezuela

Du Venezuela, je revois deux séjours à Caracas, invité par l'université, le premier où j'étais seul, pour donner un cours, dont je ne me souviens guère, le second avec Edwige.

Cette mégapole, aux rues géométriques à l'américaine, s'étend entre deux belles rangées de collines vertes.

L'université nous offrit une plongée dans la forêt tropicale. Nous passâmes en avion près d'une gigantesque cascade, le saut de l'ange, puis atterrîmes dans une clairière où se trouvaient quelques cabanes proches d'un lac. Il y avait tant de cafards dans notre cabane qu'Edwige ne pouvait dormir et rallumait sans cesse tandis que les bestioles couraient dans tous les sens un peu partout. Le lendemain, avec un beau soleil, nous prîmes une barque et, tandis que je ramais, une pluie soudaine nous trempa de la tête aux pieds. Comme Edwige s'enrhuma, nous rentrâmes à Caracas et de là, pour se reposer, je louai une vieille Coccinelle VW aux pneus totalement lisses qui nous mena au-delà de la colline, dans un hôtel proche de la mer. Durant la nuit, Edwige fut victime d'une première violente crise d'asthme. Les somnifères qu'elle prit aggravèrent son état. Elle étouffait. Je décidai de la conduire à un hôpital. Le concierge nous indiqua un dispensaire dans la ville voisine. J'arrivai dans une ville en fête, l'avenue principale couverte d'un peuple chantant et dansant, et nous, coincés dans cette foule en liesse, à l'instar de Baptiste dans *Les Enfants du paradis*. Je m'enquis du dispensaire, il fallait faire demi-tour. Je ne sais comment je pus exécuter mon virage, montant sur le trottoir, manquant de heurter les danseurs, roulant pas à pas, sortant de la fournaise, prenant des petites rues désertes et trouvant enfin le dispensaire. Il y avait une femme médecin, des vieilles femmes malades sur des grabats. Edwige était devenue bleue d'asphyxie. La doctoresse lui fit une piqûre de je ne sais plus quoi qui la calma assez rapidement et je pus la ramener endormie à l'hôtel.

Me vient à l'esprit un autre voyage où je fus invité par l'Alliance française à faire des conférences dans diverses villes brésiliennes, ce que je combinais avec un grand colloque organisé par René Girard à l'université Stanford sur le thème « Ordre et désordre ». Je fis un itinéraire passant par Belém, ville où il pleut régulièrement à 4 heures de l'après-midi, avec son superbe marché très fourni en herbes, élixirs et produits magiques.

Nous logeâmes près de Manaus dans un hôtel au cœur de la forêt où nous entendions les cris des oiseaux et des singes hurleurs, nous faisions de fréquentes balades à Manaus sous une chaleur écrasante et naviguâmes jusqu'au confluent où se rencontrent les eaux vertes de l'Amazone et les eaux noires du rio Negro. Je devais retourner à Manaus où réside mon amie cantatrice, Isabelle Sabrié, qui chante dans le superbe opéra édifié dans la deuxième moitié du XIXe siècle à l'époque de la fièvre du caoutchouc où les nababs enrichis invitaient les plus grands artistes européens. Isabelle a un extraordinaire jardin tropical. Son ouïe extrêmement délicate a pu déchiffrer un quasi langage chez les grenouilles, et elle pense que les oiseaux et certains mammifères ont un véritable langage là où nos sens grossiers n'entendent que sons indistincts ou simples cris.

Je reviens à mon séjour avec Edwige qui, à force de passer de la chaleur ambiante à l'air conditionné de l'hôtel, prit froid et arriva fiévreuse à San Francisco. Je l'installai dans une chambre d'hôtel près de l'université, puis, quand elle alla mieux, j'eus l'idée de demander à Heinz von Foerster, qui avait construit de ses mains sa maison solitaire sur la colline de Sausalito, de nous accueillir. Sa guérison fut très rapide et notre séjour heureux dans une nature quasi vierge où les coyotes venaient rôder le soir.

Équateur

Sur le chemin du retour qui nous ramenait à Santiago du Chili en 1962, nous avions fait, Magda et moi, une étape d'une journée à Guayaquil, à l'embouchure d'un fleuve où passaient sans arrêt des péniches chargées de bananes. Cet agglomérat de baraques et cabanes en bois était d'une incroyable monotonie. Je ne sais pour quelle raison je voulais m'imprégner de cette ville et je marchais, sous un soleil accablant, suivi par Magda qui ne comprenait pas (le comprenais-je moi-même ?).

Le second séjour fut plus récent, mais épuisant.

Au cours de l'automne 2012, j'avais à mon programme un séjour au Brésil début novembre puis un autre en Équateur fin novembre. Mais, soudain, m'arriva l'annonce d'un prix décerné par des universités de langue hispanique et remis à Mexico à la mi-novembre. J'avais alors 91 ans.

Plutôt que d'envisager de passer du Brésil au Mexique et de là en Équateur, je choisis de faire trois allers-retours depuis Paris. Je pars donc début novembre au Brésil. Je change d'avion à São Paulo pour régresser de trois heures sur Natal. Puis je reviens sur Rio. Je ne me souviens plus de toutes mes activités, mais je reviens très fatigué à Paris pour repartir quelques jours plus tard à Mexico où je reçois ce prix latino, décerné par trois ou cinq universités de langue espagnole. Je dois non seulement faire des rencontres à Mexico, dont une avec Rubén Reynaga, le fondateur et recteur de l'université qui porte mon nom, laquelle fonctionne désormais sur Internet, mais je dois faire un discours pour mon prix dans la petite ville charmante de Guanajuato, au nord de Mexico, où je retrouve mon affectueux ami Enrique Luengo. Sabah est avec moi. Je tombe malade, à la suite d'un repas malsain, le matin même de ma conférence. On me conseille de l'annuler. Je tiens absolument à la prononcer. Ce que je fais, debout à un pupitre, puis je m'effondre et on me transporte dans ma chambre où je mettrai quelques jours à me remettre.

Retour à Paris pour très peu de temps, puis nouveau départ pour Quito. Vol de nuit en business, avec escale à Bogotá, attendre quelques heures de nuit, et prendre un avion pour Quito où j'arrive à l'aube. Il faut dire que je suis passionné par la « révolution citoyenne » de Rafaël Correa, que j'avais rencontré à Rio et à Paris. Je dors deux ou trois heures et me rends sur la place d'armes face au palais gouvernemental. Des ouvriers en bleu avec casque sont venus pour présenter de façon très familière leurs revendications au président Correa. Je dois participer à un déjeuner d'accueil d'où je m'éclipse au dessert pour faire une sieste.

Deux heures plus tard, on me réveille pour me conduire à une « petite réunion amicale ». J'arrive dans une salle où m'attendent 2 000 personnes et je dois faire une conférence. Le soir, je participe à un spectacle en plein air avec le président. Le lendemain matin, je dois inaugurer la « Chapelle de l'Homme », où une fresque a été peinte à la gloire de l'humanité. Bref, je suis pressé comme un citron, littéralement épuisé, et je repars hagard dans un avion qui fait escale à Lima, mais ayant pour terminus Amsterdam où je dois donc changer d'appareil. À Amsterdam, un policier du contrôle trouve apparemment que j'ai l'air d'un vieux caïd maffieux et il commence à me fouiller en me posant mille questions en anglais. Je lui dis que je suis professeur, il trouve dans mes papiers des journaux équatoriens où l'on me voit avec des officiels. Déçu, il finit par me laisser passer. J'attends, sommeillant, en salle d'attente. Finalement, j'arrive à Paris, Sabah m'ouvre, je m'effondre sur un lit, et je dormirai vingt-quatre heures.

Je suis assez affaibli et c'est à la suite de ce voyage que j'ai eu un arrêt du cœur chez le docteur Abastado qui a prescrit au plus vite la pose d'un *pacemaker*.

Mexique

Mon premier séjour a lieu en 1961, au retour de Santiago du Chili. Visite au musée d'Archéologie. À l'idée que Tenochtitlán, la capitale aztèque, est exactement sise sous la capitale coloniale, je pense une fois de plus à la barbarie de notre civilisation et celle, rituelle, des Incas où les prêtres faisaient annuellement le sacrifice de jeunes gens en leur arrachant le cœur pour régénérer le Soleil. J'aime que le Mexique ait gagné son identité métisse par des révolutions héroïques, j'aime que le président Cárdenas ait accueilli les exilés de la guerre d'Espagne, et aussi Trotski, Victor Serge. J'ignore alors le sort des indigènes, notamment dans les Chiapas, qui apporteront leur appui au sous-commandant Marcos.

Au cours de ce premier voyage, je suis aimablement accueilli à la grande université (Unam) par Pablo Gonzáles Casanova, sociologue, défenseur des peuples indigènes, qui, président de la Flacso où j'ai fait cours, est directeur de l'École nationale des sciences politiques et sociales, et sera recteur de la Unam en 1970.

Lors de ce séjour, Violette put faire la connaissance de sa cousine périgourdine devenue mexicaine. Celle-ci avait été enlevée jeune fille par un riche et passionné Mexicain, en dépit de l'opposition de ses parents, et avait fait souche à Mexico d'une nombreuse famille. Elle seule parlait, et encore avec difficulté, le français. Ils habitaient une demeure impressionnante, sorte d'hôtel particulier, dans je ne sais plus quel quartier de Mexico, et ils nous firent fête.

De ce premier voyage, me revient un détail qui me frappa. Sur un rayon sous vitre à l'université, je vis côte à côte un livre de Staline et un de Trotski. Ainsi, ce qui était non seulement incompatible mais s'excluait l'un l'autre, était complémentaire pour bien des intellectuels du Mexique et peut-être d'Amérique latine.

Plus tard, j'ai pensé qu'un certain nombre de lecteurs ont pu m'associer à Bourdieu, dont je fus le Trotski.

L'année suivante, en 1962, mon second séjour se passa avec Magda, au Yucatán. À Merida, je louai une Jeep et nous partîmes visiter la pyramide de Chichén Itzá et la grotte de Balankanché. J'ai décrit, dans *Le Vif du sujet*, la forte impression que me fit Balankanché.

Les deux souvenirs de Chichén Itzá et de Balankanché se sont associés, enracinés tous les deux en moi, avec les mêmes sentiments de quête, de fatigue, d'épuisement, d'étouffement, pour arriver enfin à une sorte de fascination… À l'intérieur de la grande pyramide, c'est, par degrés d'à peine une largeur d'homme construits à même la pierre, une montée interminable. À Balankanché, le plus dur est la descente ; il faut suivre les boyaux naturels – au milieu des vols fantomatiques de chauves-souris – avec des goulots d'étranglement où l'on ne peut progresser qu'accroupi. L'ascension à l'intérieur de la pyramide aboutit, en un endroit proche du sommet, à une petite plateforme aveugle ; de ce cul-de-sac, des échelons posés sur la paroi (par les archéologues) permettent d'atteindre une niche cachée, et, en son centre, se trouve une autre niche, minuscule, où nous regarde un petit dieu-félin aux yeux d'émeraude. L'interminable descente des galeries de Balankanché aboutit enfin à une grotte où, environné d'une cour de poteries d'offrande, règne un petit dieu-léopard.

Une petite idole indifférente au fond d'un sanctuaire, ou bien un masque grimaçant, un ours en peluche, un « rosebud », que sais-je, est-ce cela qui règne au tréfonds du moi ?

Le lecteur comprend qu'idole, masque, etc. sont des images de l'immobilité hiératique, cette indifférence royale d'un point aveugle et sacré, insoucieux des événements, pour qui peut-être un seul d'entre eux a compté, inconnu de nous et fondamental – notre événement[1] – et vers lequel les grands moments de notre existence s'avancent en procession déposer leur offrande, faire leur sacrifice…

Depuis le XIXe siècle, de nombreux écrivains ont, à maintes reprises, détecté, évoqué un moi différent, un moi indifférent, un moi spectateur, un moi témoin (qu'ils ont parfois identifié avec le « double »). Ce moi « profond » n'est peut-être que le centre de gravité de nos mouvements, élans, passions, frénésies, amours, fureurs. Mais ne faut-il pas également entendre le mot gravité dans son sens grave ? N'y a-t-il pas aussi l'énigme du sphynx dans cette idole témoin ?

1. C'est, au moment de la plus forte symbiose, avant que commence le premier processus de détachement, que j'ai été frappé, que quelque chose a été écrabouillé, là, au pied de l'idole. Aujourd'hui, il s'est formé une calcite, un dépôt calcaire, quelque chose comme ça, et ma mère est aujourd'hui montée dans le ciel nocturne, divinité, déesse tutélaire, Ishtar, que je reconnais à chaque pleine lune (oui, à chaque lune, je revis). Et, pourtant, il reste encore un petit quelque chose à vif, sous la cicatrice calcaire, une trace de l'épouvantable désastre.

Comment déchiffrer l'énigme ? Le centre de gravité de nos Balankanché et de nos Chichén Itzá intérieurs fascine, mais résiste à toute analyse.

Puis j'eus l'idée d'aller, toujours en Jeep, à El Progreso, alors petite bourgade sur la côte, puis longer celle-ci. La côte était quasi déserte et longée par un étroit chemin de terre. Nous roulions dans ce paysage inconnu et je pensais trouver tôt ou tard un village. Mais nul habitat apparemment. Au bout de quelques heures, la Jeep s'enlisa dans une masse sableuse, impossible de redémarrer ; au contraire, les roues patinaient et s'enfonçaient de plus en plus. La nuit tomba brutalement. Dans l'incertitude de pouvoir trouver du secours devant nous, je décidai qu'on partirait à pied en marche arrière. Nous marchions, les cris de bêtes sauvages épouvantaient Magda qui imaginait des tigres ou des léopards.

Nous marchions lentement, avec de moins en moins d'espoir, quand, soudain, j'entraperçus, entre des feuillages, une lueur. Je découvris un petit chemin et nous allâmes vers une cabane où nous frappâmes à la porte. Un couple d'indigènes apparut et je leur expliquai en espagnol notre mésaventure. Ils me conduisirent vers la mer et une maison habitée par un homme mûr qui nous accueillit et nous offrit l'hospitalité pour la nuit. Garagiste à Mérida, il passait ses loisirs dans sa résidence du bord de mer. Il avait l'électricité fournie par un groupe électrogène, un réfrigérateur d'où il nous sortit un whisky puis une collation. Le lendemain, nous partîmes vers notre Jeep avec la sienne et des chaînes, il sortit notre véhicule du bourbier. Je restai plusieurs années en correspondance avec lui.

Mexico

L'un de mes premiers séjours au Mexique fut une série de conférences que je fis à l'université catholique et qui me permirent de me familiariser avec Mexico, de voir et revoir le musée (que je visite à chaque voyage).

Un autre fut une invitation en première classe pour moi et mon épouse (Johanne) par Televisa, la grande chaîne de télévision. On m'offrait trois semaines de tourisme au Mexique dans les lieux de mon choix. Ma seule servitude était qu'à la fin du voyage je fasse un enregistrement sur vidéo.

J'élaborai notre itinéraire. Je voulais circuler en voiture, mais ce fut la seule interdiction : je le pouvais, mais on m'interdisait de conduire moi-même. J'alternai donc avion avec voiture. Ma première étape fut Oaxaca, au marché fabuleux, où nous prenions nos repas, avec ses environs archéologiques étonnants. Puis ce fut San Cristóbal de Las Casas dans le Chiapas. Encore récemment, les indigènes n'avaient pas le droit de circuler sur les trottoirs. Nous nous liâmes avec un préposé aux affaires indigènes qui nous fit visiter un village indien et son école. Comme les subventions pour la nourriture arrivaient très irrégulièrement, la direction de l'école y avait installé un potager ainsi qu'un clapier à lapins.

« Regardez comme c'est propre », me dit fièrement le directeur : il avait installé les lapins sur un grillage, de sorte que leurs crottes tombaient sur le sol. « Mais, lui répondis-je, c'est une erreur, regardez comme ils sont maigres ! »

Je lui explique que les lapins mangent leurs premières crottes, riches en protéines, et rejettent définitivement leurs secondes. Quelques mois plus tard, je recevrai une lettre chaleureuse me remerciant d'avoir permis aux lapins de l'école d'atteindre leur taille normale.

De San Cristóbal, nous partîmes en voiture pour Palenque, impressionnante cité maya, déjà abandonnée quand arrivèrent les *conquistadores*.

De là, nous passâmes à Veracruz, que je connus mieux plus tard, quand je fus accueilli à l'université qui se trouve, me semble-t-il, à Xalapa.

Vlady

C'est au cours d'un séjour à Mexico que je me suis lié avec Vlady, le fils de Victor Serge. Né à Saint-Pétersbourg, ayant suivi son père dans ses pérégrinations et exils, il était devenu peintre de fresques géantes, à la mexicaine, dont une de deux mille mètres carrés à la bibliothèque Miguel Lerdi de Tejada où il a déployé l'histoire des révolutions.

Vlady vivait à Cuernavaca, toujours vêtu d'un blouson à la russe. Il était resté fidèle aux idées révolutionnaires-libertaires de son père et il apporta son appui au mouvement zapatiste. Nous avons fortement sympathisé et sommes devenus amis.

Il me fit visiter la maison de Coyoacán où Diego Ribera et Frida Kahlo avaient hébergé Trotski et où il avait été assassiné le 21 août 1940. Mon esprit fut saisi au souvenir de ce moment d'ignominie, au cœur de cette autre ignominie que fut le pacte germano-soviétique, et que la guerre mondiale avait occulté.

La maison de Coyoacán n'était pas encore devenue un musée. Tout y était figé depuis le jour de l'assassinat. Sur la table de travail où Trotski reçut le coup de piolet dans le crâne : un livre de Shakespeare.

Vlady m'y fit rencontrer le petit-fils de Trotski, qui me montra le petit lit dans la chambre de ses grands-parents, où le mitraillage du commando tueur, guidé par Siqueiros, était passé au-dessus de sa tête, pendant que Trotski et sa femme se mettaient à plat ventre sur le parquet. C'était la première tentative d'assassinat de l'exilé. Peu après, Ramón Mercader, le futur meurtrier s'infiltra comme trotskiste dans l'entourage du vieux révolutionnaire et gagna l'affection du petit-fils. Le gamin fut médusé quand il accourut aux cris horribles de Trotski, et qu'il vit le crâne ouvert, sanglant, de son grand père. Il me dit qu'il avait décidé alors de ne plus jamais faire de politique. Il se maria avec une Mexicaine et devint un vrai Latino. Toutefois, il sortit de son retrait en 1989-1990 lorsque l'association Memorial, vouée aux victimes du stalinisme, l'invita à Moscou, lui demandant d'apporter les œuvres en russe du célèbre émigré. Sortant de l'avion, il arriva à la douane qui lui fit ouvrir sa grande malle, et le policier, stupéfait, découvrit opuscules, livres et brochures du Maudit. On s'apprêtait à arrêter ce criminel, mais celui-ci lui montra l'invitation officielle. Le policier appela un supérieur, qui appela un supérieur, qui appela un supérieur, jusqu'à ce que cela arrive au sommet du Parti-État, qui confirma l'invitation.

Le magnifique triptyque de Vlady sur Trotski montre en premier le révolutionnaire de 1905, en second, le chef de l'armée rouge devant la locomotive de son train spécial, et, le troisième, l'assassinat dont je ressentis avec une violence encore présente toute la haine, la ruse, la bêtise concentrées. Et reste en moi la présence de ce moment singulier de cette année où il fut « minuit dans le siècle », selon l'expression de Victor Serge, son père.

Plus tard, j'ai lu *L'Homme qui aimait les chiens*, récit magistral où Leonardo Padura prend le destin de Léon T. à partir de son premier exil à Alma Ata et celui de Ramón Mercader à partir de sa jeunesse endoctrinée. Les destins, si éloignés au départ, vont converger inexorablement vers Mexico…

Quand Mercader fut libéré de sa prison mexicaine, je découvris que je connaissais sa sœur. En effet, à Vanves, je fus voisin, dans le même immeuble du camarade et de la camarade Dudhuy (j'aurais pu dire la camarde). Il tenait une galerie de peinture réaliste-socialiste boulevard Raspail. Elle avait un visage de fouine, marqué par la défiance. Nous prîmes une fois un café, mais ne sympathisâmes pas pour autant. Puis, lors de mon exclusion, je l'ai raconté, ce fut elle qui éprouva le besoin de dire : « Il ne faut jamais fréquenter les exclus, ce sont les pires ennemis du Parti. »

Je sais que Trotski, comme l'a dit Boris Souvarine « était persuadé que toute difficulté, toute résistance pouvaient être surmontées par ce seul mot : “Fusillez !” » Je sais qu'il n'a pas hésité à réprimer dans le sang la juste révolte des marins de Cronstadt. Mais son destin a porté en lui l'espérance messianique de la révolution mondiale et la désintégration dans la fange de cette espérance. Quelle tragique épopée que celle de sa lutte obstinée à travers tous les désastres, y compris l'assassinat de son fils Sedov par un agent stalinien, avec sa conviction têtue qu'il exprime dans l'agonie par son dernier cri : « Je suis sûr de la victoire de la 4e Internationale ! »

Il eut pourtant son moment de doute quand il envisagea que si la Révolution mondiale ne débouchait pas de la Seconde Guerre mondiale, alors il faudrait revoir le marxisme jusque dans ses fondements. Mais il mourut dans la foi.

La fresque de Vlady, la visite à Coyoacán, le livre de Padura entretiennent en mon esprit la présence du coup de piolet mortel. Trotski se dresse pour moi dans le XXe siècle, comme le Messie-Martyr, sacrifié à mort, de la révolution mondiale, révolution qui ne pouvait qu'être permanente, et je vois ce coup de piolet comme le triomphe de la folie, de la bêtise en ce « minuit du siècle ».

Quand je connus Vlady, il portait en lui l'aura de son père. Il prolongeait la Russie de ses ascendants en revêtant la blouse paysanne du moujik. Il poursuivait l'ardeur révolutionnaire du père en prenant parti pour les mouvements émancipateurs, en dernier lieu les Zapatistes, il continuait l'art du père dans la fresque picturale vouée à la Révolution. À Mexico, il était toujours celui que je rencontrais avec le plus d'affection.

J'avais voulu faire connaître l'œuvre de Vlady en France et j'avais fait des tentatives auprès de nombreux responsables culturels pour faire exposer ses œuvres. De son côté, sans que je le sache, Régis Debray en faisait autant, et tout aussi vainement. Vlady est resté inconnu en France.

Il est mort en 2005 à Cuernavaca.

La maison de Trotski à Coyoacán est devenue musée.

À Cuernavaca, Vlady était voisin d'Ivan Illich mais l'un et l'autre, tous deux Slaves s'ignoraient. Je les présentai l'un à l'autre.

Ivan Illich

Ivan Illich formula l'une des deux prophéties simultanées de salut pour notre civilisation : détectant et dénonçant les effets contre-productifs du productivisme, il annonça l'aspiration à la convivialité. L'autre prophétie étant celle du rapport Meadows annonçant les dégradations écologiques et sociales produites par le développement scientifique-technique-économique.

Ma dernière rencontre avec lui, à Cuernavaca, me fit découvrir l'énorme tumeur qui s'était formée sur l'une de ses joues. Invisible au regard de son bon profil, elle était monstrueuse du côté ravagé. Il avait refusé les médications anticancéreuses en dépit des prédictions qui lui avaient annoncé, dès l'apparition de la tumeur, une issue fatale, très rapide. Il la soigna avec un traitement à base de feuilles de coca, qui lui permit de vivre et poursuivre ses activités pendant vingt ans, jusqu'à sa mort en 2002, à Brème.

Victor Serge

En cette année du pacte germano-soviétique, de l'invasion de la France, de l'asservissement de l'Europe, de l'assassinat de Trotski, Victor Serge avait écrit un livre fort justement appelé *S'il est minuit dans le siècle.*

Victor Serge (1890-1947) est pour moi l'une des plus extraordinaires personnalités du XXe siècle. C'est un de mes « grands hommes », un de mes héros. Fils d'un émigré russe et d'une Belge, Viktor Lvovitch Kibaltchitch de son nom, fut un jeune libertaire qui hébergea la fameuse Bande à Bonnot, refusa de les dénoncer et écopa pour ce faire de cinq ans de prison. Libéré en 1916, après d'étonnantes mésaventures, il rejoignit en 1919 la révolution soviétique à Pétrograd, adhéra au Parti communiste russe sans perdre l'esprit libertaire, rejoignit l'opposition de gauche de Trotski, fut exclu du Parti en 1928, puis emprisonné, déporté, et fut le seul prisonnier politique libéré par Staline sur intervention personnelle de Romain Rolland auprès du despote et une campagne internationale à laquelle participa André Gide. Banni en 1936, il rejoignit Trotski tout en répugnant au sectarisme du Vieux et de ses disciples.

Il arrive à Mexico en 1941 où il retrouve Sedova, la veuve de Trotski et d'autres émigrés antistaliniens, il y meurt en 1947, après avoir entretenu pendant la Seconde Guerre mondiale de vains espoirs en une grande révolution. Ses écrits sont inoubliables, dont *L'Affaire Toulaev* où il reconstitue par l'imagination la vérité incroyable de l'assassinat de Kirov, des arrestations et procès des vieux bolcheviks compagnons de Lénine, et la psychologie de leurs aveux. Ses deux grands livres concernent sa vie et son destin indomptable *Mémoires d'un révolutionnaire 1905-1945* (Éditions du Seuil) et les *Carnets 1936-1947* (édition complète, Agone).

Guadalajara

J'ai des souvenirs mêlés et flous de mes séjours à Guadalajara. Un lien de quelques années avec une enseignante, amie proche qui connaissait discrètement le sous-commandant Marcos, lien qu'une longue absence a fini par dissoudre. Mon plaisir de faire découvrir la téquila à Cornelius Castoriadis et les douces ivresses communes qui s'ensuivirent.

Je ne sais si c'est à cette occasion qu'on nous offrit un séjour de luxe à Puerto Vallarta, où nous pûmes assister/participer à un carnaval

Octavio Paz

J'avais rencontré Octavio et Marie-José Paz au cours d'un dîner à Paris chez Castoriadis, dont il appréciait beaucoup le libre esprit. Nous sympathisâmes et je le revis en différents séjours à Mexico. Pour moi, c'était un grand homme du siècle, à la fois par sa pensée et par son éthique. Il avait su unir en lui les ascendances mexicaine de son père et andalouse de sa mère, et il avait acquis une belle conscience métisse qui l'ouvrait à l'universel. Après avoir participé à la guerre d'Espagne, il rompit sans retour avec le communisme stalinien lors du pacte germano-soviétique et l'assassinat de Trotski ; devenu proche de Breton et de Péret, il participa au surréalisme. Ambassadeur aux Indes, il s'imprégna de la pensée orientale. Il était devenu un penseur planétaire, intégrant en lui quelques-uns des apports des cultures les plus riches.

Véritable homme de gauche, et très différent de la plupart des intellectuels de ce bord à l'époque, presque tous complaisants envers Staline, puis Castro et Mao, il fut surtout un intransigeant défenseur des libertés et opposant à toutes les oppressions, notamment en URSS et à Cuba. Il démissionna de son poste d'ambassadeur après la féroce répression des autorités mexicaines sur les étudiants à Tlatelolco en 1968. Il s'attira l'hostilité des intellectuels de la gauche officielle pour qui il ne fallait critiquer ni l'URSS ni Cuba. Ce géant demeurait relativement isolé à Mexico. J'allais lui rendre visite à chacun de mes passages, rempli de respect et d'affection. Ma dernière rencontre eut lieu en 1998. Son appartement avait été incendié et lui-même souffrait d'un mal qui l'empêchait de garder son équilibre. Je le rencontrai dans sa chambre d'hôtel, il se tenait debout en s'appuyant sur une sorte de petite balustrade d'appui mobile, nommé je crois un déambulateur. Je me souviens, non de ses paroles mais d'un immense rayonnement, d'une immense noblesse et d'une immense sérénité. Il mourut peu après.

La multiversidad
Rubén Reynaga

Autre séjour mémorable. Une amie enseignante à l'université de Guadalajara vint un jour me voir à Paris accompagnée d'un homme d'une quarantaine d'années, Rubén Reynaga. Cet homme, entrepreneur novateur dans le télémarketing, c'est-à-dire le commerce par Internet, cherchait à concrétiser un projet humaniste. Mon amie lui avait parlé de la régénération humaniste qu'apportait la pensée complexe. Je lui offris mon *Introduction à la pensée complexe* en espagnol. Peu de mois passèrent, il m'écrivit son enthousiasme de sa ville mexicaine de résidence, Hermosillo, capitale de l'État de Sonora, au nord du pays, et me soumit le projet d'y créer une université qui porterait mon nom et transmettrait mon enseignement. Cet entrepreneur était particulièrement entreprenant. Il trouva des locaux pour installer provisoirement son université, envoya à Paris un sculpteur pour édifier ma statue.

La photo du premier état du travail m'inquiéta. J'avais le visage terrible d'un dieu aztèque. Je lui demandai de m'adoucir, ce qui fut fait, et la photo de l'œuvre achevée me plut. Invité pour la cérémonie inaugurale de l'université, dès l'arrivée à l'aéroport, j'allai de surprise en étonnement : à la sortie des bagages une vaste banderole m'accueillit portée par des jeunes filles. À la sortie du terminal, il y eut musique et danses folkloriques. Puis on roula en voiture sur des avenues au-dessus desquelles flottaient des banderoles de bienvenue.

La cérémonie fut grandiose. Hymnes nationaux, les Mexicains chantant en chœur et avec cœur le leur, moi chantant avec exaltation *La Marseillaise*, les discours officiels se succédèrent, puis j'inaugurai ma statue de taille plus grande que la mienne.

Je dis à peu près ceci :

« Une statue ?

« Mais alors, je suis mort ?

« Et si je ne suis pas mort, je rêve !

« Et si je ne rêve pas,

« Que je ne sois pas de pierre comme cette statue ! »

Etc.

Je proposai des noms pour un comité international (qui, trop dispersé, ne fut réuni qu'une première et dernière fois). L'enseignement fut confié à Carlos Delgado, professeur d'université cubain (il y avait trois chaires de complexité à Cuba), auquel s'est joint un disciple de Pascal Roggero (son nom m'échappe). L'université eut des étudiants, la plupart boursiers, mais la crise économique supprima les bourses et réduisit le nombre des payants. L'université se transforma. Elle quitta Hermosillo, s'établit à Mexico, et continua à vivre par Internet. Il se développa un réseau d'étudiants de tous âges et de toutes professions dans l'Amérique latine, les doctorants devaient venir physiquement à Mexico pour passer leur thèse.

Rubén Reynaga avait une double personnalité, d'un type particulier. C'était un entrepreneur avisé, très actif et innovateur dans le domaine du télécommerce, mais aussi un mystique voulant apporter sa contribution au bien de l'humanité, ce qu'il pensait faire avec la Multiversidad Mundo Real Edgar-Morin. Les deux Reynaga avaient des vies différentes et non communicantes. L'homme d'affaires était coriace, le mystique désintéressé. Je n'ai jamais connu le Reynaga entrepreneur.

Il mourut au cours d'un voyage d'affaires à Guadalajara, renversé un soir par une voiture, en mars 2016. Son fils continue à faire vivre l'université.

Trois amis chers

Je reste profondément attaché à la mémoire d'Alfredo Gutiérrez Gómez, professeur à l'Université ibéro-américaine, véritable esprit frère, ami de cœur, avec lequel il y avait une compréhension mutuelle totale. Il me consacra son livre : *La propuesta. Tomo I : Edgar Morin, conocimiento e interdisciplina* (2003). Sa mort en 2013 me laisse inconsolé[1].

Daniel Cazés Menache, mort en 2012, était comme moi issu d'une famille séfarade de Salonique, ce qui nous faisait nous appeler mutuellement « cousin » et, comme moi encore, il avait été communiste. Il était, comme moi toujours, curieux de tout, polyvalent, transdisciplinaire, fut directeur du Centro de Investigaciones Interdisciplinarias en Ciencias y Humanidades (CEIICH) de la Unam.

Julián Meza mourut également en 2012. Je l'avais connu en même temps qu'Octavio Paz chez Castoriadis. Il était d'une vitalité extraordinaire, aimant la vie et en jouissant jusqu'à l'ivresse, grand voyageur, philosophe écrivain et poète, esprit libre et libertaire haïssant les touristes et les économistes. Il fut professeur d'histoire et de littérature à l'Institut technologique autonome de Mexico (Itam), d'où il dirigeait la revue *Estudios*.

Tous furent défenseurs des droits humains, des droits de la femme, des droits des indigènes.

---

1. http://www.colloqui.org/colloqui/2013/12/14/edgar-morin-y-alfredo-gutierrez-gomez

Le séjour à Cuba

Je fus invité à Cuba en 2006 pour un congrès sur la complexité, le second de ce type à La Havane. C'était mon premier séjour à Cuba. J'avais connu en 1961 ou 1962 à Santiago du Chili un jeune exilé cubain, qui avait combattu avec Fidel dans la Sierra Maestra, et qui, constatant le communisme stalinien s'installant au sommet avec Raúl Castro et Fidel lui-même, avait quitté Cuba. Peu après, le régime devint officiellement communiste sans passer par le masque de la « démocratie populaire ». Aussi, je ne participais pas à l'admiration de beaucoup d'intellectuels de gauche, même non communistes ou « progressistes », y compris Naville et Guérin, pour ce régime, Daniel Guérin était seulement choqué par la répression des homosexuels. Je me refusai de participer à la grande fête (j'ai oublié l'année) à laquelle assistèrent des intellectuels du monde entier. Je savais que l'apparent petit paradis socialiste tropical était un enfer de poche. Cela ne m'a pas empêché de voir dans le Che un héros et martyr de notre temps, retrouvant en lui le souffle universaliste de 1917 et, sans le savoir, un destin à la Trotski, du sommet du pouvoir au chemin de croix et à la mise à mort.

Me voilà donc à Cuba en cette année 2006. J'y découvre beaucoup de Latinos qui m'ont lu et travaillent sur la complexité. Le plus éminent titulaire de chaire de complexité est le professeur Oscar Sotolongo, qui voyage beaucoup en Amérique latine et propage nos idées communes. Je suis heureusement surpris de découvrir qu'il y a trois chaires d'université de la pensée complexe à Cuba, et je pense que le dépassement du marxisme (comme ce fut le cas pour le vieux Lucacks) conduit à une pensée complexe.

Je me lie particulièrement à Carlos Delgado, qui enseigne la complexité à l'université de La Havane. Puis, au cours d'un second séjour, avec Rubén Reynaga qui avait fait faire une série de petits bustes de ma personne qu'il voulait distribuer. Je le suppliai de n'en rien faire, et je dis à Delgado, pensant à mon buste : « C'est un peu trop le culte de la personnalité » et lui me répond, pensant à Fidel : « Oui, en effet. »

Colombie

En 1997, un jeune Franco-Latino d'origine colombienne vint un jour me trouver avec une invitation d'un professeur d'histoire à l'Université Pontificia Bolivariana de Medellín, Eduardo Domínguez, afin d'y faire une série de conférences. Je croyais que mon œuvre était totalement inconnue en Amérique du Sud et fus heureux de cette invitation.

Ce jeune homme, nommé Nelson Vallejo, revint m'interviewer longuement pour un journal de Medellín ; j'appris qu'il travaillait à la librairie du musée du Louvre. L'Université de Medellín lui offrit le voyage pour m'accompagner et nous nous liâmes. Il était cultivé, aimait la poésie, était dévoué et efficace, de temps en temps ombrageux et bizarre.

Nous fîmes donc ensemble le voyage Paris-Bogota-Medellín en février 1997. Cette ville était pour moi celle du cartel de la drogue et je m'attendais à une fusillade à chaque coin de rue. Je découvris une ville paisible et active, comportant de nombreuses universités. De la guerre civile qui fit rage durant tous mes séjours en Colombie, je ne subis ni ne vis aucun effet direct, en dépit des cruautés et misères sévissant hors de mes regards.

Lors de ma première conférence, je fus surpris du nombre et de la diversité des auditeurs, y compris des mathématiciens et ingénieurs, plus surpris encore de découvrir qu'ils connaissaient de multiples fragments de mon œuvre par photocopie, mails, tapuscrits, les livres étant rares et chers. Bref, j'étais déjà familier de ces inconnus et je trouvai un auditoire très réceptif. Il y eut diverses fêtes, danses, rencontres, et comme j'adorais déjà les chants latinos, Nelson et moi en chantions souvent ensemble, notamment le chant funèbre au Che Guevara et *El Caminante* d'Antonio Machado, mis en musique par Jean-Manuel Serrat. J'appréciais la gastronomie robuste de la province, à base de fèves de haricots et les *chicharrones*, morceaux de couenne grillés.

De Medellín nous allâmes à Bogota, immense mégapole, située à 2 700 mètres d'altitude, où sévissait à l'époque une forte délinquance. On me conseilla de ne pas sortir seul de mon hôtel. Un philosophe français, je ne sais plus lequel, s'était hasardé hors de l'hôtel et y était revenu tout nu. D'ailleurs, on me reconduisit à l'aéroport dans une voiture de police, car, après mes conférences et interviews, j'avais acquis une valeur marchande suffisante pour être kidnappé contre rançon.

Ma conférence à Bogota se termina dans l'euphorie : nous entonnâmes en chœur l'hymne de la pensée complexe, *El Caminante* :

Caminante no hay camino
Camino se hace al andar[1]

Un second voyage suivit, en avril 1998, j'y étais invité par l'association colombienne de psychologie, pour parler d'*Amour, Poésie, Sagesse* (Seuil, 1997) et pour participer également à un colloque sur la famille. Puis, en novembre 2000, le ministre de l'Éducation nationale colombien et la directrice de l'Institut colombien pour l'éducation et la science, Patricia Martínez-Barrios, organisèrent le premier grand congrès national pour les enseignants autour de mes *Sept Savoirs nécessaires à l'éducation du futur* (Seuil, 2000).

C'est en 2010 que, convié pour une saison à l'université de Cartagena de las Indias, je séjournai avec Sabah dans cette ville superbe (c'était son premier voyage en Amérique latine), ainsi qu'avec ma fille Irène et son mari, Gilles Léothaud, musicologue.

La vieille ville a gardé son architecture coloniale mais est entourée de misérables bidonvilles. En dépit des efforts de la jeune maire pour améliorer le sort de ces populations, le dénuement et la précarité persistaient. De Carthagène, nous rayonnâmes dans la région, notamment à Santa Marta, visitant l'ultime et modeste demeure où Simón Bolívar mourut à 47 ans.

Nous rencontrâmes aussi à Santa Marta de vieux sages Kogis descendus de leur Sierra Nevada, porteurs d'une culture millénaire et d'un art de vivre perdu par nos civilisations ; l'association

1. « Il n'est pas de chemin, le chemin se fait en marchant », extrait des *Proverbios y cantares* d'Antonio Machado.

Nous rencontrâmes aussi à Santa Marta de vieux sages Kogis descendus de leur Sierra Nevada, porteurs d'une culture millénaire et d'un art de vivre perdu par nos civilisations ; l'association Tchendukua, animée par Éric Julien, s'est employée à les protéger et à racheter des terres qui leur avaient été volées.

Sur le chemin du retour, nous nous arrêtâmes à Medellín, y avons retrouvé Gustavo López Ospina qui, lors de sa présence à l'Unesco, m'avait commandé les *Sept Savoirs nécessaires à l'éducation*. Il nous fit visiter le merveilleux centre éducatif et culturel édifié et soutenue par le maire de la ville, au sein duquel tant d'enfants sont arrachés à un destin fatal pour pouvoir mener une nouvelle vie.

En 2012, au cours d'un périple andin organisé par Jérôme Saltet (grand animateur en matière éducative et producteur du magazine pour jeunes, *Play Bac*) en sa compagnie et celle de Nelson Vallejo, nous fîmes aussi une étape particulièrement heureuse à Bogota, saluée par le président Belisario Betancur.

Enfin, en février 2019, l'université Unisabaneta de Medellín créa un Institut d'études en pensée complexe, inauguré par Gustavo López Ospina et Nelson Vallejo. Ce dernier, après nos premiers voyages en Colombie, était devenu mon collaborateur. Il s'était mobilisé ainsi qu'Alfredo Pena-Vega pour notre premier congrès interlatin pour la pensée complexe, organisé en 1997 à Rio ; je l'avais recruté avec Alfredo, lorsque le ministre de l'Éducation, Claude Allègre, m'avait demandé de proposer des réformes aux programmes d'éducation secondaire. Nelson se montra efficace mais impérieux pour mes autres collaborateurs ; il fut remarqué par le conseiller du ministre, le mathématicien Dacunha-Castelle, qui le prit sous son aile et le fit entrer au ministère de l'Éducation nationale où sa brillante carrière l'a porté au poste de secrétaire général du Conseil scientifique du ministre actuel, Jean-Michel Blanquer, avec lequel nous étions liés par notre curiosité mutuelle pour l'Amérique latine. Blanquer s'était intéressé à mes idées pédagogiques lorsqu'il avait dirigé la DGESCO au ministère, faisant du lycée d'excellence de Douai un lycée Edgar-Morin, puis créant une chaire à mon nom quand il dirigea l'ESSEC. Il porte aujourd'hui le poids des problèmes fondamentaux de l'Éducation nationale de notre pays.

Je caresse désormais le rêve d'une *despedida* globale, qui me prendrait quelques mois, où, d'étape en étape, je ferai ma visite d'adieu à ce cher continent.

Dans chaque pays j'ai trouvé de belles émotions, j'ai connu les émancipations et libérations qui ont suivi les oppressions et les dictatures, mais aussi les espoirs, dont celui, immense, de la révolution citoyenne en Équateur. Aujourd'hui, je m'attriste de la grande régression qui, atteignant les uns après les autres divers pays de la planète, affecte gravement l'Amérique latine, on ne sait pour combien de temps.

Et tant d'amis si chers sont morts…

Autant j'étais enthousiaste à la pensée d'une *despedida* quand l'idée m'est venue, il y a deux ans, autant maintenant je crains de n'y trouver qu'absences et deuils.

L'Amérique latine reste présente en moi et j'aime en retrouver la langue en parlant avec mes amis latinisés, Alain Touraine et Régis Debray.

37

L'abbé Boyer

À la suite d'un numéro d'*Arguments* consacré à la bureaucratie, je reçus une lettre étrange d'un certain abbé Boyer, écrite d'un ermitage inconnu de moi, Notre-Dame de Fatima, dans les Landes. L'abbé exprimait tout son intérêt pour ce numéro et sollicitait une rencontre. Il vint me voir au local d'*Arguments*, aux Éditions de Minuit. Cet homme grand, corpulent, barbu, en soutane, donnait une impression d'intensité et de puissance. Il me dit avoir été prêtre-ouvrier à Paris, en 1947, à l'âge de 24 ans. (Ses partisans ultérieurs diront qu'il voulait évangéliser le parti communiste.)

Il découvrit sa Vérité dans les paroles de la Vierge de Fatima et son message, apparemment secret, mais diffusé dans certains milieux où elle annonçait des temps apocalyptiques précédant la rédemption finale. Il fut suspendu par le cardinal Feltin, mais continua à officier. L'abbé me dit qu'il s'était alors fixé dans les Landes, au milieu des bois. Avec quelques disciples, tout aussi barbus, ils construisirent la chapelle de Notre-Dame de Fatima et les cabanes environnantes destinées à l'habitat. Il voyait dans la guerre d'Algérie, qui sévissait alors, l'annonce de la grande Apocalypse.

Il me proposa d'aller lui rendre visite à Notre-Dame de Fatima. J'étais à la fois intrigué et attiré par ce personnage que l'on ne pouvait pas vraiment, par son caractère mystico-prophétique, ranger dans la catégorie des intégristes. Du reste, il m'inspirait une étrange confiance. Le jeune Jean-Pierre Sergent, porteur de valise du FLN, était recherché par la police. Sûr de son sens de l'hospitalité et en dépit de ses convictions pro-Algérie française, j'y envoyai Jean-Pierre qui y resta en sécurité quelque temps.

Puis, à l'occasion d'une descente dans le Pays basque, je fis escale avec Johanne à Notre-Dame de Fatima. Nous fûmes reçus avec ferveur par l'abbé qui nous introduisit dans sa « snack-chapelle ». D'un côté, le secteur culte, de l'autre, le secteur restauration, avec une très longue table munie d'un rail où l'on pouvait faire circuler les plats d'un bout à l'autre. Les disciples barbus étaient de tous milieux, chacun touché par la Révélation et d'une fidélité inconditionnelle à l'abbé.

Chaque matin il faisait devant moi sa prière pour me convertir, et, découvrant que Johanne (même prénom que la Pucelle d'Orléans) avait été élevée dans un couvent, il se convainquit que nous étions voués au rôle grandiose de sauver la France et la Foi. Johanne m'inspirerait et je pourrais, devenu l'équivalent contemporain de Charles VII, accéder au trône de France. Je n'y croyais évidemment pas, mais l'idée de devenir roi de France me charmait.

Puis l'abbé me fit une confidence. L'Autre lui avait donné rendez-vous. « L'Autre ? » L'abbé me regarda halluciné, et je compris qu'il s'agissait du Malin qu'il avait rencontré et dont il ne pouvait prononcer le nom.

Je lui demandai où avait eu lieu la rencontre.

« Ah ! Dans une chambre d'hôtel sur la côte…

– Et alors, ALORS ??? »

La main tendue de l'abbé se mit à trembler convulsivement et il ne put plus ajouter un mot, j'ai senti l'ombre de Satan planer sur nous.

L'abbé était de plus en plus convaincu que l'Apocalypse approchait. Il fit un tract destiné à la population française indiquant que, dès que surviendraient les premiers signes (guerre civile, tremblements de terre, tornades), il conviait nos compatriotes à se réfugier à Notre-Dame de Fatima sans se soucier que le modeste ermitage ne pourrait héberger cinquante millions d'hôtes.

La fin de la guerre d'Algérie déçut son attente, mais il reporta l'Apocalypse à une invasion prochaine par l'URSS. Il scrutait à sa façon les informations filtrant de ce pays, et il s'intéressait particulièrement à Chélépine (membre du Bureau politique du Parti communiste soviétique, réputé particulièrement sectaire et qui, pour l'abbé, était l'instrument du Malin).

Pour subvenir aux besoins matériels de l'ermitage, l'abbé avait ouvert sur une route landaise un restaurant où les barbus faisaient une excellente cuisine. Un jour s'attablèrent deux clients apparemment russes. L'abbé s'approcha d'eux et, pour faire comprendre qu'il savait qu'ils étaient envoyés par le satanique bolchevik, il leur susurra :

« Vous venez de sa part... »

Les Russes, feignant de comprendre acquiescèrent, et l'abbé leur demanda de transmettre « à qui vous savez » qu'il avait bien saisi le message : « Dites-lui que j'ai compris... »

Il mourut dans l'attente ininterrompue de l'Apocalypse prédite par le message secret de la Vierge de Fatima.

Quand il découvrit assez tard mon livre, *Le Paradigme perdu : la nature humaine*, il fut profondément déçu. Il s'était déchaîné contre Teilhard et avait même publié un pamphlet, « Teilhard contre l'Évangile de Jésus-Christ ». La violence de ses attaques contre le modernisme conduisirent sa hiérarchie à le suspendre *a divinis*, suspension maintenue malgré ses nombreux appels, ce qui ne l'empêcha jamais de célébrer la messe à Notre-Dame de Fatima. Il accusait Jean XXIII d'être le précurseur de l'Antéchrist.

J'eus encore affaire à lui en 1966.

Parmi les barbus, il y avait également une femme, d'origine juive, qui avait été déportée à Auschwitz et s'était convertie à la Foi de Fatima ; on l'appelait Pompon, de son nom Françoise Hanff.

Elle avait eu un fils d'un enseignant-chercheur protestant de Strasbourg et, après leur divorce, l'enfant était resté sous la garde de son père.

Incité ou soutenu par la mère, l'abbé décida d'enlever l'enfant à l'hérésie afin de le mettre sous la protection de l'Ermitage. Un commando de barbus se rendit à Strasbourg, kidnappa l'enfant et le planqua à Fatima. Mais le père porta plainte et l'abbé fut arrêté. Il demanda le témoignage de ses amis catholiques qui se dérobèrent. Finalement, il n'eut pour témoins à décharge que deux juifs, le traducteur de Jung, Roland Cahen, et moi-même.

Je me rendis à Strasbourg dans la salle du procès où l'abbé était assis dans le box des accusés. Son avocat déclina mon état civil et indiqua que j'étais maître de recherches au CNRS, ce qui estomaqua le père de l'enfant qui y avait un grade inférieur au mien. Je témoignai de la sincérité des convictions de l'abbé dans un enlèvement dont le but était de restituer l'enfant à sa mère. Il fut condamné à dix mois de prison et incarcéré en juin 1966, puis libéré sous condition en décembre et amnistié en 1972.

Je sais qu'il est retourné dans les Landes, qu'il y a créé une distillerie, je me souviens vaguement qu'il avait inventé des lunettes spéciales.

Il est mort sans que je le sache. Quelques années plus tard, parlant de lui avec mon ami Bernard Paillard dans un autobus et nous interrogeant sur ce qu'il était devenu, un passager assis derrière nous, qui nous avait entendus, nous dit soudain : « Il est mort en 1992. »

38

La guerre de Yougoslavie

Hier soir, chez ma fille Véronique, au cours d'une soirée familiale autour de Liouba, mon arrière-petite-fille âgée de 5 mois, il a été à un moment question de Sarajevo qu'un de nos amis disait avoir visité récemment et où toute trace des bombardements et du siège de quatre ans (5 avril 1992 au 14 février 1996) a disparu. Du coup, je demande à Véronique : « As-tu des nouvelles de Francis Bueb ? » Vu le brouhaha et ma demi-surdité, je ne comprends pas bien sa réponse, mais il ressuscite fortement dans mon esprit.

J'ai connu Bueb alors qu'il avait une responsabilité littéraire à la Fnac, du temps où celle-ci était sous contrôle d'une mutuelle et de mon ami Bernard Allien. Il avait beaucoup soutenu mon livre *Terre-Patrie* et avait organisé des séances de signature. Esprit généreux et révolté, rempli de compassion pour le peuple palestinien tout en étant juif, il avait besoin de s'engager pour une juste cause. Lorsque la guerre de Yougoslavie entre Serbie et Croatie atteignit la Bosnie-Herzégovine et que Sarajevo fut assiégé, il s'y rendit et y créa, en déployant une extraordinaire énergie dans cette ville asphyxiée, un centre culturel français nommé centre André-Malraux qui réunit les crédits nécessaires pour local, bibliothèque et lieu de réunion à l'usage des habitants cultivés de cette ville, du reste très nombreux.

Me voilà ainsi en mesure d'évoquer la guerre de Yougoslavie qui m'affecta très profondément. Et ce d'autant plus que je plaçais à cette époque de grands espoirs dans l'Europe, la Yougoslavie me paraissant, dans sa réalisation multinationale, laïque et multireligieuse, représenter un microcosme de l'Europe souhaitée. Elle réunissait Serbes orthodoxes, Croates catholiques, Bosniaques musulmans (en fait, Slaves convertis sous l'Empire ottoman), une minorité turque, une minorité hongroise, une minorité juive. Sarajevo était une ville où avaient coexisté pendant des siècles tous ces peuples et ces religions mêlés qu'étaient les Serbes, les Croates, les Bosniaques, qu'ils soient catholiques, musulmans, juifs, orthodoxes. Puis s'étaient multipliés les mariages mixtes. À noter que la plupart des musulmans étaient laïcisés.

C'est pendant la grande année d'ouverture, où l'implosion de l'URSS et la fin de la guerre froide semblent ouvrir le monde à l'espérance, que des craquements qui deviendront fissures, puis ruptures, ont lieu en Yougoslavie. De fait, déjà, en 1986, la crise du communisme titiste avait suscité la réémergence des nationalismes serbe et croate puis bosniaque.

Un groupe d'académiciens de Belgrade avait publié un appel pour que les Serbes retrouvent au sein de la Yougoslavie l'hégémonie à laquelle ils avaient droit en vertu de leur rôle historique dans la résistance à l'occupant turc, puis allemand. Dobritsa Tchossitch, par ailleurs l'auteur génial du *Temps de la mort*, avait lui-même émis ces thèses. Milošević, qui allait devenir président de la république de Serbie, les endosse et, en 1989, il abolit l'autonomie du Kosovo et celle de la Voïvodine.

Au nationalisme dominateur serbe de Milošević répond le nationalisme sécessionniste croate de Franjo Tudjman, président de la République croate.

Les premiers incidents éclatent entre l'armée fédérale (contrôlée par les Serbes) et les Croates. L'Europe semble ne pas être concernée et ne tente aucun apaisement. L'Allemagne soutient en sous-main la Croatie qui fit séculairement partie intégrante de la maison d'Autriche, alors que Mitterrand soutient en sous-main, mais sans nulle efficacité, les Serbes, traditionnels alliés de la France.

Il se trouve que je suis invité à cette époque à Belgrade pour je ne sais plus quelle conférence. Je suis très sentimentalement attaché aux Serbes. Je connais leur rôle héroïque en 1914 alors que leur petite armée a contenu pendant des mois la puissante armée autrichienne ; puis, après une retraite par les montagnes, a rejoint à Salonique le corps expéditionnaire français pour reprendre le combat ; c'est là, en l'occurrence, qu'un fringant officier serbe, qui allait devenir mon oncle Bouki, s'éprit d'une superbe brune aux yeux bleus, sœur cadette d'un frère qui allait devenir mon père. Ce couple, je ne sais si je l'ai dit, venait entre les deux guerres chaque été en vacances à Paris chargé de cadeaux et victuailles pour notre famille, en particulier un merveilleux saucisson dont j'ai retrouvé le goût à Debrecen.

De plus, je savais qu'en 1941, alors que les troupes nazies étaient acclamées à Zagreb, c'était une résistance serbe qui avait retardé d'un mois l'avancée allemande sur Athènes, ce qui avait permis de reculer de mai à juin l'offensive allemande en URSS, et empêcha la prise de Moscou.

Au cours de mon séjour à Belgrade, je rencontrai le chef du gouvernement et il me garantit solennellement que la Serbie ne ferait rien pour disloquer la Yougoslavie. Je fus rassuré, puis, rentré à Paris, je fus surpris par la violence de l'attaque fédérale (serbe) sur la ville de Vukovar en Croatie, ce qui suscita évidemment un vaste mouvement d'apitoiement procroate et d'hostilité antiserbe en Europe. Je fis un premier article dans *Le Monde* pour exposer les responsabilités partagées du conflit et souhaiter au moins sa limitation à la guerre serbo-croate ; mais la Serbie attaqua la Bosnie-Herzégovine et entreprit le siège de Sarajevo. Je fis différents articles, notamment de soutien à la Bosnie, mais en essayant de lutter contre le « racisme » antiserbe (ces articles sont réunis dans *Les Fratricides*, Éditions Arléa, 1995).

Ma fille Véronique s'engagea profondément dans ce conflit ; tout d'abord sa découverte de la pratique du viol comme arme de guerre contre les femmes croates des camps de réfugiés la bouleversa, et le viol devint pour elle une cause définitive ; en même temps, elle prit parti pour les Bosniaques opprimés et se rendit à plusieurs reprises dans Sarajevo assiégée et progressivement détruite.

Comment s'y rendre ? C'est l'expérience que je fis avec Mme Gendreau-Massaloux, rectrice de l'Université de Paris. Nous avions décidé d'aller ensemble porter un message sur place. En fait, il fallait d'abord arriver sur la côte dalmate, à Split, je crois. Là, embarquer dans un avion militaire de l'ONU qui volait à basse altitude pour éviter la DCA serbe. Atterrir ensuite sous la mitraille serbe, mais aussitôt casqués et cuirassés, puis transportés dans des automitrailleuses. Les habitants de Sarajevo étaient continuellement sous le feu des *snipers*, qui occupaient les collines entourant la ville, et les tirs d'obus.

On pouvait voir près d'un pont, par une inscription qui paraissait étrange et dérisoire, le lieu de l'assassinat de l'archiduc d'Autriche, déclencheur de la guerre de 1914.

Je rencontrai les rédacteurs serbes et bosniaques du quotidien *Oslobodjenje* (il y avait même un général serbe dans l'armée bosniaque) ; ils défendaient avec un admirable acharnement ce qui restait de l'identité polyculturelle de Sarajevo et qui s'était défaite progressivement avec les exodes de Serbes et de Croates.

Je fis devant des universitaires et intellectuels de Sarajevo un discours de solidarité, qui se trouve dans *Les Fratricides*.

Je visitai, guidé par un cher ami bosniaque, la bibliothèque universitaire, enfouie dans des caves profondes pour être sauvée des bombardements.

Je traversai en automitrailleuse de grandes avenues mortes où notre présence suscitait quelques tirs.

Puis nous repartîmes par les mêmes moyens et rentrâmes à Paris où continua une lourde et insane polémique. Le siège de Sarajevo dura quatre ans, il fit plus de 5 000 victimes.

La Yougoslavie mourut définitivement aux accords de Dayton, le 14 décembre 1995, précédés par l'immonde génocide de Srebrenica où le monstre Mladić, encore admiré par bien des Serbes, procéda à l'extermination de 8 000 hommes et adolescents.

Dayton fut la solution la moins pire pour faire cesser la guerre, mais nullement pour éteindre les haines qui perdurent.

Cette guerre aurait pu être évitée, elle aurait pu être stoppée à ses débuts, un compromis aurait pu être trouvé, mais le déchaînement des violences et la radicalisation manichéenne entre bien et mal empêchèrent toute solution.

Une fois encore, au-delà d'un certain seuil de radicalisation, tout devient irréparable, irréconciliable, inexpiable.

39

Livres et travaux

La croûte au fromage à l'œuf

En septembre 1989-1990, je crois, je fais un cours à l'université de Lausanne. J'y passe deux jours et rentre par un TGV vers les 20 heures. La seule chose dont je me souvienne est la croûte au fromage à l'œuf que je dégustai religieusement, avant de prendre mon train, dans un petit bistro près de la gare, arrosée de quelques décis de vin vaudois. Nulle part ailleurs je ne trouve ce plat que j'aime suprêmement. À chaque séjour dans cette ville, je tiens à dîner d'une croûte au fromage à l'œuf, ce que j'ai pu faire tout récemment à l'occasion de l'inauguration d'une salle à mon nom dans un hôpital psychiatrique à visage humain.

Au cours des années 1980, la préoccupation du destin de l'humanité et celle du destin de la planète Terre sont de plus en plus liées en moi. Comme je l'avais dit à Philippe Dechartre dans la clandestinité en 1943, c'est fondamentalement par souci du destin de l'humanité que j'étais entré en résistance. Mon universalisme était et resta longtemps abstrait avant que je reconnaisse la nécessité de lier inextricablement unité et diversité humaines, c'est-à-dire d'inclure dans l'universalisme toutes les variétés culturelles et ethniques. C'est dans les années 1950, à l'époque d'*Arguments*, que j'ai pris à mon compte la formule de Heidegger d'ère planétaire, et c'est sans doute en 1970, à la découverte de la dégradation de la biosphère, que s'impose en moi la conscience planétaire, laquelle s'approfondira et s'amplifiera avec la mondialisation techno-économico-capitaliste. C'est l'esprit de plus en plus préoccupé par l'aventure humaine et la nécessité de prendre conscience de notre identité terrienne que je décide d'écrire *Terre-Patrie* avec la collaboration d'une amie proche partageant ces idées, Anne-Brigitte Kern. Le livre paraît en 1993, et plus son actualité s'impose au fil des ans, plus il est méconnu.

Première guerre d'Irak
Le président Mitterrand

J'ai évoqué (chap. 38) la guerre de Yougoslavie qui m'a tant préoccupé. À la même époque, l'invasion du Koweït par l'Irak de Saddam Hussein (jusque-là quasi-allié des États-Unis qui lui avaient fourni leur aide dans la guerre contre l'Iran dix ans auparavant) provoque la décision de Bush père de frapper l'Irak en prétextant que ce pays constitue un danger nucléaire, faux documents à l'appui. Bush réussit à réunir une vaste coalition et les préparatifs de guerre s'effectuent au cours de l'automne 1990.

Je fais deux articles dans *Le Monde* pour proposer, en échange de la restitution du Koweït par l'Irak, une conférence internationale pour régler les problèmes du Moyen-Orient, dont la tragédie israélo-palestinienne.

Je ne sais pourquoi mes articles inquiètent le président Mitterrand, convaincu qu'il faut suivre les Américains dont la décision est inéluctable. Il me fait savoir par son ministre et ami commun Kiejman qu'il souhaiterait dîner avec moi.

Le dîner a lieu non pas à l'Élysée, mais chez Kiejman, très familier, en présence de Danielle Mitterrand, de la sœur de celle-ci, la productrice Christine Gouze-Rénal, de Roger Hanin et, bien sûr, des Kiejman. Au cours du repas, Mitterrand me dit : « Vous êtes ici la personne que je connais le plus anciennement. » Nous évoquons quelques souvenirs de résistance. Je lui évoque

Michel Cailliau : « Il était un peu zozo, dit Mitterrand narquois. – Pas du tout, il était candide… »

Le repas est très cordial ; on passe au salon pour le café, Mitterrand s'installe près de moi dans un canapé et, me caressant le bras, me dit : « Vous savez, je suis obligé de suivre les Américains. – Vous pourriez alors formuler des buts de paix qui ne soient pas seulement le Koweït, mais le règlement des conflits du Moyen-Orient. » Il acquiesce et, dans le discours suivant, il évoquera la nécessité de ce règlement, mais de façon secondaire et comme en passant.

Puisque j'en suis à Mitterrand, j'en arrive au livre que Pierre Péan publia sur son avant-Résistance : *Une jeunesse française*[1], où l'on voit sur la couverture Mitterrand décoré par le maréchal Pétain de la francisque gallique et où est décrite sa jeunesse étudiante d'extrême droite, puis, après son évasion, son semi-vichysme, car il était sous la direction de Maurice Pinot, secrétaire d'État aux prisonniers, qui contrevenait aux dispositions d'armistice concernant les prisonniers français évadés, jusqu'à son ralliement à la Résistance après l'invasion de la zone sud par l'armée allemande en novembre 1942. Nous, compagnons venus du MRPGD, Le Moign, Dechartre, Ulmann, Cailliau, connaissions cette histoire et, en général, les résistants se réjouissaient du ralliement à leur cause des généraux comme Juin ou de Lattre de Tassigny ainsi que des affiliés à l'armée secrète de Vichy. Mais Mitterrand, devenu leader socialiste, n'avait plus pour seul passé que celui de résistant, et les jeunes générations pour qui Vichy et la Résistance étaient deux blocs non communicants furent stupéfaits, tandis que beaucoup de socialistes et bien d'autres se montrèrent scandalisés.

Je participai à une émission télévisée de Christine Ockrent où Mitterrand était attaqué par la journaliste et par Pierre Moscovici. J'essayai de faire comprendre que non seulement nous étions heureux du ralliement à la Résistance de vichystes à l'esprit patriote, mais que j'avais pu constater que Mitterrand était un résistant très courageux.

Pendant un temps, je fus seul à le défendre. L'homme semblait

1. Fayard, 1994.

à terre et commençait à recevoir quelques coups de pied d'exthuriféraires. Mais, bien que très malade (nous ne le savions pas), il put redresser son image au cours d'une interview avec Elkabbach qui, du reste, ne le ménagea pas. Ceux qui l'avaient abandonné ou morigéné lui redevinrent fidèles. Je pris plaisir à lui dire, peu après, lors d'une rencontre : « J'ai été votre Bastogne. » Après sa mort, j'ai fait un article : « Le second époux de la France ».

Années 1990

Mon livre *Les Idées*, tome 4 de *La Méthode*, qui aurait dû être intégré dans *La Connaissance de la connaissance* (tome 3), paraît en 1991.

Au cours des années bouleversantes de 1989-1991 où s'effondra le communisme stalinien d'URSS, je pus faire quelques séjours à Moscou et Saint-Pétersbourg qui me permirent de plonger dans une très provisoire mais très belle extase de l'histoire (je relate ces séjours dans mon chapitre « Europe du Nord »).

Je suis également invité en 1991 par les Amitiés franco-chinoises, avec René Passet, et je raconte dans mon *Journal de Chine* ces semaines qui me font découvrir à la fois la Chine antique à Xian, et la Chine en devenir de Deng Xiaoping.

Je l'ai dit, j'ai attrapé en gare de Grenoble une sciatique de plus en plus douloureuse et enracinée, contre laquelle les aiguilles d'or de mon ami Grégory ne peuvent plus rien, les anti-inflammatoires me détraquent le système digestif, la piqûre de cortisone dans la colonne vertébrale n'a fait effet que deux semaines. Le docteur Menkès, grand spécialiste, veut m'opérer, car mon nerf frotte contre la colonne et il faut l'en écarter chirurgicalement. Je m'y refuse énergiquement, je subis mille autres traitements, en vain, je traîne ma sciatique à Moscou et en Chine, ce qui m'empêche, le soir où je souffre trop, d'aller au karaoké. Je me rends dans un hôpital de Pékin espérant me faire traiter par une méthode traditionnelle, mais le médecin me dit : « Ici on ne soigne qu'à l'occidentale. » Cette sciatique m'avait déjà torturé à Lecce (1990). J'avais décidé de me faire soigner par des bains de boue, aux thermes de Montegrotto, près de Padoue où je me rendis seul en août 1992. Je me suis plu au rythme de vie de l'hôtel thermal : les bains de boue, bains d'eau chaude, repos, repas alternent régulièrement. J'aime être dans la boue chaude. La cure me fait du bien, je me crois guéri. Sitôt terminée, je bondis au volant et fais d'une traite Montegrotto-Paris pour retrouver Edwige.

D'habitude, la route de retour d'Italie m'attriste. Les paysages méditerranéens puis alpestres disparaissent, le soleil tiédit, le sud se transforme en nord. Cette fois, la route du retour est devenue riante. Je me croyais guéri, mais le mal revint. Les séances furent vaines, de même que celles d'acupuncteurs réputés de Paris. Les anti-inflammatoires me calmaient un peu, mais provoquaient rapidement des troubles digestifs. Parfois, quand le mal était trop violent, je rebroussais chemin après avoir fait quelques pas et rentrais chez moi. J'utilisais « l'ami du dos », ce dossier amovible qui cale bien les fesses, et que je portais avec moi. Je finis par croire mon mal inguérissable. Un jour, chez mon ami Jean-Claude Pouytes, médecin dans la région de Carcassonne, celui-ci m'indiqua l'adresse d'une kinésithérapeute méziériste, du nom d'une certaine Mlle Mézières, créatrice d'une méthode portant son nom. Il me conduisit chez cette praticienne qui me donna deux ou trois adresses de méziéristes à Paris. Dès mon retour, en août, je tombai sur Mme Deligny, qui, par chance, n'était pas en vacances. Elle était robuste et avait les bras puissants. Elle me malaxa, me tordit dans tous les sens, me pétrit, me désarticula, me réarticula, et en deux mois je fus guéri.

Le Monde

Ma collaboration au *Monde* sembla se resserrer avec la présence de Jean-Marie Colombani depuis 1990 comme rédacteur en chef et son élection à la direction en 1994, puis l'accession de son plus proche collaborateur, mon ami Edwy Plenel, à la direction de la rédaction. Alain Minc, qui préside le conseil de surveillance, est alors en bons termes avec Colombani et Plenel.

D'où un petit incident. Colombani me demande un service. Lequel ? Faire le compte rendu du livre d'Alain Minc *Spinoza, un roman juif.* Je dis que je voudrais le lire avant de donner ma réponse. Edwy, que je croise, me signale que tous les dimanches Minc va voir son père, ancien FTP. Je lis le *Spinoza* et suis effondré par ce qui est pour moi une incompréhension totale. Je dis à Colombani que je regrette de ne pouvoir en rendre compte. Je tairai ici le nom du grand écrivain qui fit l'éloge de ce navet dans *Le Monde.* La presse m'apprit plus tard qu'Alain Minc avait été condamné le 28 novembre 2001 par le tribunal de grande instance de Paris à verser 100 000 francs (environ 15 000 euros) à titre de dommages et intérêts pour plagiat, reproduction servile et contrefaçon, pour son ouvrage intitulé *Spinoza, un roman juif*, dont le tribunal a statué qu'il était une contrefaçon partielle de l'ouvrage *Spinoza, le masque de la sagesse,* de Patrick Rödel publié en 1997.

Edwy Plenel, vis-à-vis duquel j'avais beaucoup d'estime pour ses investigations journalistiques (l'affaire du *Rainbow Warrior*, le délit d'initié) et avec qui j'étais affectueusement lié, m'avait poussé à écrire *Penser l'Europe* dans sa collection « Au Vif du Sujet », chez Gallimard, et m'avait aidé à le corriger. Le livre avait paru en 1987.

Je lui fis part plus tard de mon intention d'écrire *Je ne suis pas des vôtres*, en réaction à tous ceux qui voyaient en moi un intellectuel comme les autres, un universitaire ou un chercheur comme les autres, un homme de gauche comme les autres. Edwy me poussa à l'écrire et me promit de m'aider, comme pour *Penser l'Europe.* Mais lorsque je me mis à la rédaction, il était indisponible, tout occupé à préparer avec Colombani leur accession à la direction du *Monde.* Il rata plusieurs de nos rendez-vous, je m'irritai, nous nous brouillâmes pendant quelques années. J'abandonnai *Je ne suis pas des vôtres*, découvrant en le rédigeant que j'étais moins intéressé par l'idée de me différencier des autres que de me reconnaître moi-même possédé par quatre démons antagonistes et complémentaires. *Mes démons* eut un commentaire peu favorable de Roger-Pol Droit dans *Le Monde* ; puis tomba à plat. Il essaie vainement de ressusciter de temps à autre.

Sisyphe et l'offense

Puis le Seuil, qui demandait à divers auteurs de rédiger un journal annuel pour la décennie 1990, me proposa l'année 1994. Je rédigeai donc quotidiennement mon journal, pas « littéraire » mais dans lequel je notais des événements mineurs, agréables ou désagréables, en même temps que je commentais les événements importants de ma vie et du monde, mes rencontres, tout cela volontairement non hiérarchisé, comme il en est dans chaque vie, faite de petites choses singulières et parfois de grandes émotions et de grands événements juxtaposés. Je fus critiqué dans *Le Monde* pour « ne pas savoir ce que c'est un journal d'écrivain », et je fus attaqué par un chroniqueur réputé de *L'Express*, qui, détachant des bouts de phrase, vit en moi un « balladurien », un addict du Prozac et, surtout, un ancien résistant déchu. Je ne sais toujours pas si c'était une réaction d'humeur ou une démolition suscitée par une cabale, je fis une lettre rectificative que publia *L'Express*, mais la blessure fut profonde et durable. Le chroniqueur, devenu tout-puissant au *Nouvel Observateur*, ne me pardonna pas le mal qu'il m'avait fait et empêcha toute mention de mes livres dans l'hebdomadaire.

Pour réagir à l'affront, je fis un journal l'année suivante que j'intitulais *Pleurer, aimer, rire, comprendre* et que publia la petite maison satellite du Seuil, Arléa (1996).

En juin 1995 ou1996, Gérard Paquet, directeur du centre culturel de Châteauvallon, m'invita à animer une rencontre : « Pour une utopie réaliste ». Il y avait entre autres Michnik, Cyrulnik, Stengers, Fitoussi, Naïr, et je pris plaisir durant ces trois jours à tisser un fil reliant les interventions des uns et des autres. Arléa publia le livre de la rencontre, il n'eut aucun retentissement.

Politique de civilisation, Sarkozy

Sous l'incitation de Sami Naïr avec qui je m'étais lié (et Edwige et moi étions liés à son couple) nous écrivîmes ensemble, chacun faisant ses propres chapitres, *Une politique de civilisation* (2007) qui lui aussi tomba à plat. Quelques années plus tard, j'en ai extrait mon chapitre, du même nom, que je publiai sous forme d'un opuscule intitulé *Pour une politique de civilisation.*

Il se trouve que Guaino, le collaborateur cultivé de Sarkozy, devenu président en 2007, suggéra au chef de l'État de promouvoir une politique de civilisation, ce qu'il fit dans un discours ; aussitôt *Le Monde* et d'autres journaux s'interrogèrent sur les liens entre mes idées et celles du Président, certains estimant que je l'avais inspiré. Je fis un petit article dans *Le Monde* où j'expliquais ce que j'entendais par ce terme et m'interrogeais sur ce qu'entendait le Président. Celui-ci demanda à me voir. Il me reçut à l'américaine, en bras de chemise, dans un petit bureau, avec son collaborateur debout à son côté. Il me dit que la politique de civilisation était celle des valeurs, de la culture nationale ; je lui répondis que ma conception était différente : il s'agissait de réduire les carences croissantes de la civilisation occidentale et d'en développer les vertus sous-développées ; il se montra aimable, envisagea vaguement une collaboration. À la fin de l'entretien, je lui dis bêtement que ses interventions me paraissaient à 50 % sincères. Le lendemain, il faisait une conférence de presse et on le questionna sur la politique de civilisation. Il rétorqua qu'il m'avait vu et que je m'étais déclaré favorable à 50 % à sa politique. Comme ce n'était nullement le cas, je dus faire de nombreuses rectifications, ce fut facile, car je fus assiégé par des journalistes, radios et télévisions de tous pays, ce qui ne m'était jamais arrivé et ne m'arriva plus jamais.

Yémen

En 1996, ce fut la grande et belle expédition organisée par Alain Borer à la gloire de Rimbaud. Borer avait découvert l'introuvable maison où avait travaillé Rimbaud à Aden, quand, après avoir pourtant localisé son emplacement, il eut l'idée qui se révéla juste qu'elle avait été surélevée d'un étage. Il la fit louer (ou acheter) par l'ambassadeur de France, trouvant dans ce diplomate un esprit audacieux et non conformiste. Né au Maroc et parlant arabe, il n'avait pas quitté Sanaa, à la différence de ses collègues étrangers, durant la guerre civile opposant le Nord-Yémen soviétisé au Sud occidentalisé. Borer réunit une smala d'écrivains et poètes français, arabes et quelques autres comme le poète grec Dimitri Analis. Je pus me lier intimement avec le poète exilé irakien chiite ex-communiste Jabbar Yassin Hussin et le Libanais Salah Stétié. Jean d'Ormesson était de la partie avec bien d'autres. Nous fîmes une cérémonie à Aden en l'honneur de Rimbaud et de Malraux (qui croyait avoir découvert le royaume de la reine de Saba), puis nous visitâmes l'extraordinaire ville de Sanaa, avec ses hautes maisons chacune délicatement décorée, où tous les hommes étaient armés d'un fusil ou d'une mitraillette, la joue gonflée en permanence par le qat. À part les armes à feu, c'était une vraie plongée dans un Moyen Âge oriental. Privilégiés, d'Ormesson et moi logions à l'ambassade, la seule de Sanaa sans gardes ni policiers, et nous découvrîmes une ville incroyable ; l'ambassadeur nous organisa une expédition dans la fertile vallée de l'Hadramaout, série d'oasis prospères et de petites villes, où circulaient librement moutons et gallinacées, échelonnées le long d'une vallée riante et verdoyante, encaissée entre des plateaux arides. L'ambassadeur avait négocié avec les tribus pour que nous ne soyons pas victimes d'enlèvements, ce qui arrivait fréquemment aux touristes.

Nous faisions des étapes dans de rustiques hôtels toutefois dotés d'une piscine et j'aimais, dès l'arrivée, y plonger. Nous écoutions des récits et mélopées de bardes et de conteurs. Nous formions une communauté charmée, immergée dans un univers inconnu et merveilleux.

Nous revînmes à Sanaa, puis à Aden, où nous prîmes des bains de mer, et nous quittâmes à regret le Yémen, alors paisible. Aujourd'hui, ce pays est à feu et à sang, dévasté par les bombardements d'Arabie saoudite contre les montagnards rebelles du Nord.

Il en est de même de l'Afghanistan, que je n'ai pas connu, mais que des amis amateurs d'Orient et de hasch visitèrent avant les désastres qui commencèrent par l'invasion soviétique de 1979 et qui n'ont pas arrêté depuis. Que de lieux paisibles par le passé sont aujourd'hui terres de massacres, de terreur, d'émigration !

Jabbar Yassin Hussin s'est marié à une enseignante française, installé à la campagne près de La Rochelle, il cultive de belles tomates et s'est lié d'amitié avec son coq prénommé Edgar. Il continue à écrire des poèmes et à faire des séjours à l'étranger pour parler du Moyen-Orient.

L'effort pédagogique

C'est en rédigeant *La Méthode*, élaborée pour « répondre au défi de la complexité », que me vient l'utilisation de l'expression « connaissance complexe », puis, plus ambitieusement, de pensée complexe[1]. Aussi, quand mon ami et gourou J.-A. Malarewicz me demande un livre pour sa collection « Communication et complexité » aux éditions ESF, je propose *Introduction à la pensée complexe.* Le livre paraît en 1990, puis il est réédité en poche, au Seuil (Points) La pensée complexe est désormais ce par quoi je définis mon entreprise. Je ne saurais dire : *in hoc signo vinces*[2], puisque je demeure vaincu.

Après avoir rédigé *Les Idées* et commencé à réfléchir sur le tome suivant (qui n'était pas prévu parce que je pensais avoir

1. J'indiquais déjà ceci dans *Science avec conscience* (1982) : « Le but de la recherche de méthode n'est pas de trouver un principe unitaire de toute connaissance, mais d'indiquer les émergences d'une pensée complexe, qui ne se réduit ni à la science, ni à la philosophie, mais qui permet leur intercommunication en opérant des boucles dialogiques. »

2. « Par ce signe, tu vaincras ».

traité de l'humain dans *Le Paradigme perdu*, mais j'avais besoin de reconsidérer et de traiter le sujet plus amplement), je songeai aussi à donner à mes idées une visée éducative et je réfléchis au projet d'un *Manuel pour écoliers, enseignants, citoyens*.

Je n'eus pas le temps d'envisager un début de réalisation car je fus inopinément appelé par le ministre de l'Éducation nationale Claude Allègre à présider un comité voué à réformer les programmes de l'éducation secondaire. Je n'ai toujours pas compris pourquoi il avait fait appel à moi, mais j'acceptai avec joie. Je commençai à déchanter quand je vis la composition dudit comité : des mandarins des diverses disciplines. Je pus y ajouter quelques noms, comme celui de l'historien André Burguière et de Claude Durand.

La première séance fut chaotique. Les biologistes exigeaient que la biologie ait la meilleure place, et les physiciens firent de même pour leur pré carré. Les propositions les plus contradictoires fusaient, mais chacun semblait ne voir que la promotion de sa discipline. Je fis part de ma déception à Didier Dacunha-Castelle, mathématicien, membre du cabinet du ministre et chargé d'accompagner mon comité. Je ne savais pas encore que sa sympathie à mon égard tenait à ce que j'avais fait une œuvre importante à ses yeux sans être pour cela passé par l'agrégation ou un doctorat. Il me suggéra de faire mes propositions à la séance suivante. Ce que je fis. Je suggérai d'organiser une semaine de journées thématiques où, pour chacune, serait traité un grand thème polydisciplinaire faisant appel aux compétents traitant de ses divers caractères. Première journée : l'Univers, seconde journée : la Terre, troisième journée : la Vie, quatrième journée : l'Humain, etc.

Cette proposition ne suscita pas beaucoup d'intérêt : Dacunha-Castelle demanda à l'assemblée s'il y avait d'autres suggestions. En l'absence de celles-ci, il décida que si « Morin voulait faire des journées thématiques, qu'il fasse ses journées thématiques ».

Il mit à ma disposition des bureaux dans l'ancienne École polytechnique, et accorda un budget pour nos frais. Je recrutai pour préparer ces journées Christiane Peyron-Bonjan, professeur à l'université d'Aix et favorable à la pensée complexe, Nelson Vallejo, que j'avais connu l'année précédente, qui m'était devenu familier et m'avait accompagné en Colombie, son pays d'origine, Alfredo Pena-Vega, sociologue émigré du Chili et désormais voué à la pensée complexe. L'installation se fit dans le chaos, les conflits et l'amitié. Je sollicitai enseignants et chercheurs pour les journées thématiques, la plupart acceptèrent de bonne grâce et je pus faire le programme. Les enseignants du secondaire furent invités aux séances, mais il n'y vint qu'une minorité, les syndicats voyant soit en moi l'instrument d'Allègre, soit en Allègre mon instrument. Croyant également défendre leur corporation en sacralisant leur seule souveraineté absolue, celle de leur discipline. Pourtant, je l'observe au lycée Edgar-Morin de Douai, c'est un bonheur pour les enseignants de collaborer sur des thèmes communs, chacun apportant le regard de sa discipline propre, mais aussi un bonheur pour les élèves ; malheureusement, la majorité des professeurs continuent à associer interdiscipline et dépossession.

Toutefois, la minorité des participants était chaleureuse. Pour ma part, à chaque séance, puis de séance en séance, je tissais le fil qui reliait les interventions les unes aux autres et les journées les unes aux autres. Les exposés furent enregistrés et publiés sous le titre *Relier les connaissances* (Seuil, 1999).

Philippe Meirieu avait aussi été nommé conseiller. Il fit son rapport pour la grande journée de clôture de la consultation Allègre. Je fis le mien. Aucune de mes recommandations ne fut retenue par le ministre.

J'étais alors soutenu par Jean-Michel Djian, responsable du *Monde de l'éducation*, dont il se vit débarquer arbitrairement, puis ce mensuel fut supprimé. J'étais sur ma lancée qui me fit écrire et publier *La Tête bien faite*, un titre indiquant le sens de la réforme pédagogique à faire (Seuil, 1999).

L'Unesco était alors dirigé par Federico Mayor, à mon avis le plus grand de ses directeurs, et qui, de surcroît, m'était très favorable. Son directeur du programme mondial « Éduquer pour un monde viable » (1994-2001), Gustavo López Ospina, me demanda un texte pour une nouvelle pédagogie de portée internationale, dont je m'acquittai avec l'aide de Nelson Vallejo-Gómez : *Les Sept Savoirs nécessaires à l'éducation du futur* (Seuil, 2000) furent traduits en soixante-dix langues avec une diffusion particulièrement large en Amérique latine, notamment au Brésil. Toujours animé par le souci d'une réforme de la connaissance et de la pensée, apte à aider les élèves et étudiants à affronter les grands problèmes de leur vie (les risques d'erreur et d'illusion, la compréhension d'autrui, les incertitudes) et à connaître la complexité humaine (l'humain n'étant nulle part étudié, mais disloqué et dispersé dans les disciplines humanistes et scientifiques), j'écris et publie en 2014 *Enseigner à vivre* (Actes Sud).

Une fois de plus, je suis un arbre solitaire dont les spores se dispersent à tous vents, certains germent dans des terres lointaines, d'autres se perdent sur des terres ingrates.

François Hollande

A la veille de l'élection présidentielle de 2012, *Le Monde*, en la personne de Nicolas Truong, responsable alors des pages « débats » et favorable à mes idées, me demanda d'interroger le candidat François Hollande. Nous nous rencontrâmes au siège du parti socialiste. Son visage placide et débonnaire me fit bonne impression et se surimprima à l'image d'homme d'appareil que j'avais de lui. Je ne savais pas que cet habile politique n'avait pas de pensée politique, comme la plupart de ses congénères. En même temps que mes questions, je lui faisais mes suggestions. J'avais en effet auparavant indiqué dans un texte, lui-même publié dans *Le Monde,* quelles seraient mes orientations « si j'étais président », et j'avais publié en 2011 dans *La Voie* la politique que je proposais. Le texte parut dans *Le Monde* et fit l'objet d'un petit livre aux éditions de l'Aube. François Hollande ne me contredisait nullement, semblant accepter plutôt qu'acquiescer à mes propos.

Il resta de cet entretien une sympathie mutuelle, un sentiment d'amitié de la part de Sabah, une promotion dans un ordre supérieur de la Légion d'honneur pour moi, et quelques rencontres.

Hollande se voulait un président « normal » sans penser que l'époque n'avait rien de normale. Il était sans vanité, nullement grisé par le pouvoir, affable et généralement bienveillant. Pour lui, gouverner c'était tenir le gouvernail, et naviguer se réduisait au cabotage. Il ne sentait pas qu'on était en pleine aventure dans un océan d'incertitudes, et que la nation avait besoin d'une pensée à la fois réformatrice et visionnaire. Du reste, il ne me consulta jamais, préférant demander leur avis à Gauchet ou Rosanvallon. Il me considérait sans doute comme un utopiste, sans se douter de l'irréalisme de son réalisme. Cet habile fut en même temps un grand naïf qui fit confiance à celui qui le trahissait. Ma sympathie initiale s'est enrichie d'une sympathie finale, car j'ai toujours vu l'homme sous le politique.

Tariq Ramadan

C'est en 2014, à Marrakech, qu'eurent lieu mes deux entretiens avec Tariq Ramadan, sous la modération de l'écrivain chrétien Charles-Henry de Bord. Ramadan était venu me proposer un livre de débats. Comme je le croyais intégriste, j'acceptai cette occasion d'échanges d'idées. En fait, au cours du débat, il se prononça pour un islam européen, acceptant la démocratie, et, sur la demande insistante de Sabah, l'égalité de la femme. Nous étions d'accord sur l'idée d'un humanisme universaliste. Des deux côtés, le livre me valut éloges et critiques, éloges pour la volonté de dialogue, critiques pour avoir accepté de parler avec un tel interlocuteur. Toute une presse a fait de Tariq Ramadan un homme au double visage, se montrant modéré pour les Occidentaux, et le contraire pour les Arabes. En fait, ce petit-fils du fondateur des Frères musulmans assassiné par Nasser, avait évolué depuis 2012, et je continue à penser que son influence sur la jeunesse musulmane pieuse fut positive en la détournant de Daesch.

C'est moi qui ai souhaité un second ouvrage d'entretiens, car le premier occultait la différence essentielle : celle entre mon agnosticisme et sa foi religieuse. Aussi, dans le débat, ai-je voulu démontrer que ce sont les humains qui créent leurs dieux et non l'inverse. Il y eut aussi un désaccord sur le Printemps arabe qu'il voyait télécommandé par les États-Unis alors que je mettais en évidence son caractère spontané.

Peu après la parution de ce livre, la campagne de presse contre l'islamo-gauchisme s'est accrue et je fus dénoncé dans un hebdomadaire comme le mentor de cet islamo-gauchiste. Des conférences de Ramadan deviennent interdites et suivent, l'une après l'autre, trois accusations de viol. Je déclare aux médias que c'est évidemment à la justice de vérifier ces accusations, mais que je maintiens mon opinion sur les idées qu'il a énoncées dans nos débats écrits (la veuve de Mohamed Arkoun me disait : « Je croyais lire mon mari »). J'interviens par tweet quand il m'apparaît que sa détention préventive est anormalement prolongée : « Mieux vaut la lumière d'un procès qu'un long confinement dans l'obscurité. » Dans cette affaire, encore obscure et qui tôt ou tard sera élucidée, j'ai voulu, comme si souvent par le passé, échapper aux préjugés, voire à l'hystérie collective. J'ai toujours résisté à toute démonisation, je pense qu'il faut, surtout dans les époques où l'angoisse cherche des coupables, tenter de sauvegarder en soi l'autonomie de l'esprit et de la sensibilité.

40

Jeanne Blum

Je savais que j'évoquerais Jeanne Blum, mais ça m'est venu aujourd'hui, 21 août 2017, parce que, hier soir, arrivé à Cenon chez mon ami Jean-Louis Pouytes et sa fille Laurence, j'ai au cours du dîner évoqué le DHEA, substance isolée par mon ami biologiste Étienne-Émile Baulieu (connu pour la mise au point de la pilule abortive). Il m'en donne sous forme de gélules depuis une vingtaine d'années.

Au cours de la conversation, je crois avoir dit que Baulieu était le fils de Léon Blum. Ce en quoi je me trompe, il s'agit d'un autre Blum. Et Laurence de me demander : « Tu as connu Léon Blum ? – Non, mais j'ai connu sa femme. »

Et Jeanne vient envahir mon esprit.

Elle m'avait invité dans la maison de Jouy-en-Josas, où elle avait vécu avec Léon Blum, je crois devenue musée maintenant, et où, déjà, j'entrai comme dans un musée.

Elle pensait que ma conception de la complexité humaine m'amènerait à comprendre sa grande idée. Je fus frappé par la justesse de sa découverte, et je crois être un des rares à m'y être intéressé. Elle avait fait rédiger par une classe d'adolescents deux portraits, dont l'un si je me souviens bien était d'André Malraux, l'autre d'un journaliste réputé dont le nom m'échappe. Les résultats étaient très divers, et, en rassemblant les traits variés des différentes copies, on obtenait un portrait rendant compte avec justesse des multiples aspects du personnage, un portrait dans sa complexité.

J'étais ému de rencontrer la veuve de Léon Blum et je revins souvent la voir. Elle avait un visage très doux, très aimant, que l'amour vécu d'abord dans le secret de l'adolescence et poursuivi jusqu'après la mort de l'Aimé avait transfiguré, lui donnant comme une sainte sérénité. J'appris d'elle qu'elle avait été amoureuse de Léon Blum à l'âge de 16 ans, pendant la Première Guerre mondiale, mais qu'elle ne put le rencontrer que bien plus tard, après deux mariages et une vie mondaine.

Mariés l'un et l'autre, chacun de son côté, ils devinrent amants vers 1937 et se retrouvaient, entre les séances du Parlement, sur le quai, face au palais Bourbon, près du pont de la Concorde. Elle me raconta qu'un jour qu'ils devisaient tendrement sur leur quai arrive vers eux une femme d'un certain âge, élégante, très bourgeoise, qui, une fois toute proche, crache au visage de Léon Blum, puis s'en va. Blum continue la conversation sans s'émouvoir et, sortant discrètement un mouchoir, s'essuie comme distraitement le visage. J'ai vu dans cet épisode tout un symbole à la fois d'une époque et de la personnalité de Léon Blum.

J'appris alors que lorsque celui-ci fut déporté à Buchenwald Jeanne arracha à Pierre Laval, chef du gouvernement de Vichy, l'autorisation de le suivre en déportation. Ils furent prisonniers, mais, otages d'État, ainsi que d'autres personnalités de la IIIe République, ils ne subirent pas le sort des détenus ordinaires. Elle obtint l'autorisation d'épouser Léon Blum en 1943. Transférés hors de Buchenwald par les SS en fuite, ce sont les troupes américaines qui les libérèrent en avril 1945.

Il fut président du gouvernement provisoire de la République française durant à peine deux mois, de décembre 1946 à janvier 1947, et mourut en 1950.

Jeanne vécut alors pour et dans le culte de Léon Blum. Je m'attachais à elle comme elle s'attachait à moi, elle m'appelait « mon petit Edgar ». Quand j'eus de grosses difficultés d'argent, vers la fin des années 1970, elle m'offrit un cadeau de prix (une médaille de famille, je crois).

Un jour de juin ou juillet 1982, elle me téléphona : « Mon

petit Edgar, je tenais à vous dire au revoir, je pars en Suisse. » Éberlué, je lui souhaitai bon séjour. « Ne vous inquiétez pas mon petit Edgar. »

Le téléphone raccroché je me suis senti inquiet puis angoissé, réfléchissant sur le « partir en Suisse » qui signifie partir sans avertir, et dont pourtant elle m'avertissait.

Je joignis Pierre Nora en qui elle avait particulièrement confiance, notamment pour les documents et archives de Léon Blum, il m'informa que Jeanne, se sentant devenue dépendante et ne voulant être à charge de quiconque, avait décidé de se suicider dans la plus grande discrétion.

41

Angleterre

Le château d'Inveraray

C'est aux débuts d'*Arguments* que, désireux d'établir un réseau transnational, j'avais pris contact avec Stuart Hall, animateur d'*Universities and Left Review*, et celui-ci m'avait invité à le rencontrer à Londres.

De ce voyage entre Calais et Douvres, je me souviens de ma fascination pour la houle et de mon mal de mer.

Souvenirs flous de mes rencontres avec les gens de la revue : vastes projets d'échange et de collaboration qui n'ont pas abouti, rencontre émouvante avec ma « sœur » Hélène, qui avait quitté Toulouse pour les États-Unis en 1941 et se trouvait à Londres, puis… de nouveau mal de mer pendant le retour.

Je reviens à Londres au début de novembre 1970, invité par l'ambassade pour y faire une conférence et une autre à Édimbourg. L'ambassadrice a été très intéressée par mes articles sur Mai 68 parus dans *Le Monde*, ainsi que son amie, la duchesse d'Argyll, qui m'invite à passer quelques jours dans son château d'Inveraray, non loin d'Édimbourg.

Un déjeuner est prévu à l'ambassade le 9 ou 10 novembre, et on m'a laissé inviter quelques amis bohèmes de Londres, dont Georges Lebreton, fréquenté naguère à Toulouse. J'apprends la mort du général de Gaulle auquel l'ambassadeur était particulièrement lié. Je lui téléphone pour qu'il se sente à l'aise s'il veut décommander le déjeuner. Il le maintient. Dans l'attente du déjeuner, mes amis s'ébaubissent devant les superbes tapisseries qui ornent les murs de l'ambassade. Le repas se passe dans une atmosphère aimable et distinguée. L'ambassadrice me renouvelle l'invitation de la duchesse d'Argyll qui attend mon appel téléphonique d'Édimbourg à la fin de ma conférence. Je crois avoir fait cette conférence dans mon anglais approximatif et j'ai oublié le thème.

Je téléphone à la duchesse, qui me manifeste sa joie de me recevoir :

« Edgar, je voudrais vous envoyer ma Rolls-Royce vous chercher.

– Volontiers, duchesse.

– Mais elle est en panne…

– …. ah… *sorry !*

– Je pourrais vous envoyer ma quatre-chevaux.

– Volontiers, duchesse.

– Mais elle est en panne également. Alors, Edgar, louez une voiture et venez au château. »

Je loue une voiture. Je suis gêné à la fois par la conduite à droite et par la neige. À la sortie de la ville, je prends en stop un jeune Écossais. Tout au long du voyage, il me remémore le match de rugby Écosse-France, où nous fûmes vaincus et, triomphalement, quand il parle de la France, il abaisse son pouce, puis le soulève quand il évoque l'Écosse. Cet Écossais exaspérant m'est utile en revanche pour me guider. Quand je le laisse, je n'ai plus qu'à suivre une ligne droite pour Inveraray. L'imposant château m'apparaît dans la neige. Je m'interroge déjà sur ce qui a été l'objet d'un débat acharné chez les archéologues d'Albion : malgré son allure féodale, ses tours et ses meurtrières, il a été édifié au XVIIIe siècle. Est-ce le dernier château féodal ou le premier château postféodal ? On me posera la question et je répondrai de façon complexe : « Il est l'un parce qu'il est l'autre. »

Le château domine une campagne blanche de neige. Devant la porte imposante, je sonne : un serviteur noir, tout de blanc vêtu, m'accueille et me conduit dans une pièce centrale où brûle un énorme feu de bois fait de troncs d'arbres.

La duchesse arrive, courtoise, et m'interroge sur Paris qu'elle connaît bien. J'apprendrai plus tard qu'elle possédait un hôtel particulier rue de Tournon, et qu'elle le louait à bas prix à la Maison des sciences de l'homme, qu'elle avait été, avant le duc d'Argyll, l'épouse de Clemens Heller, l'homme qui obtint les subventions qui propulsèrent au zénith universitaire l'EHESS de Fernand Braudel dont il fut le père Joseph.

Mais revenons au château d'Argyll. Après un temps de repos, je suis invité au dîner en présence du duc. À la fin du repas, le *bagpiper* joue de la cornemuse en faisant le tour du château, c'est le *lament* de la famille Campbell, qui fut massacrée au XVIIe siècle par le clan ennemi voisin, celui des Frazer.

Le lendemain matin, je me rends au bureau-bibliothèque du duc. Il y a toujours en quelque endroit où il se trouve, une bouteille de whisky *single malt* à portée de sa main ; le duc me fait connaître et déguster la qualité du pur malt alors que le béotien que je suis ne connaît que le vulgaire *blended.* Je remarque une charmante secrétaire, Aurora, et je rêve d'aller me promener avec elle dans les Highlands, la tenant par la main, dans un *remake* des *Hauts de Hurlevent.* Je me hasarde à lui demander si elle est libre dans l'après-midi quand la duchesse arrive inopinément :

« Edgar ! Je vous emmène cet après-midi dans les Highlands, dans ma Rolls réparée… »

Je dois renoncer à mes Hauts-de-Hurlevent et, après le déjeuner, pars avec la duchesse. Comme la neige abondante des jours précédents a laissé beaucoup d'humidité, la Rolls, un moment arrêtée, n'arrive pas à redémarrer, ses roues patinent dans la boue et s'y enfoncent.

« Edgar ! Nous sommes perdus !

– Nullement, duchesse… »

Je sors de la voiture, vais ramasser de petites branches sèches, éparses, les rassemble et les entasse sous les roues motrices de la voiture.

« Et maintenant, duchesse, mettez-vous en seconde vitesse et démarrez doucement. »

La Rolls démarre et la duchesse s'exclame : « Edgar, vous êtes un génie ! », je rosis de modestie. Nous faisons un tour charmant dans les Highlands, mais pour moi rempli de mélancolie du fait de l'absence d'Aurora.

L'espoir renaît, au dîner sont invités le *bagpiper* et Aurora. Je suis à côté d'elle, j'essaie de lui chuchoter : « *After dinner, I need to see you.* » Elle m'envoie un sourire que je suppose d'acquiescement. Comme la pièce centrale du rez-de-chaussée est entourée à l'étage supérieur d'une galerie en cercle, où donnent les diverses chambres, je glisse que je l'attendrai sur la galerie après que chacun aura regagné sa chambre. Cette nuit doit être sublime, digne d'Emily Brontë, d'autant que je dois repartir à Glasgow tôt le lendemain matin. Je souhaite donc bonne nuit à la duchesse, mais celle-ci me retient :

« Edgar connaissez-vous le dernier disque des Beatles ?

– Oui, totalement, duchesse.

– Edgar connaissez-vous le dernier Rolling Stones ?

– Bien sûr, duchesse !

Puis elle me surprend :

– Et le dernier Leonard Cohen ?

Comme j'hésite, elle me prend par la main et m'entraîne dans sa chambre :

– Venez l'entendre ! »

Je jette un regard désespéré à Aurora et ma bouche arrive à peine à chuchoter un inaudible « *wait for me* ». Je suis emporté par la duchesse, je feins d'écouter avec ravissement quelques airs, puis lui dis que je suis très fatigué, que je dois me lever tôt le matin et prends congé. Je suis dans la galerie où donnent toutes les chambres… Laquelle est celle d'Aurora ? Je crains d'entrer dans la chambre du valet africain qu'on me dit homosexuel ; je chuchote en vain : « Aurora ! » J'attends. Silence et nuit. Finalement, je regagne ma chambre et pars au petit matin, emportant avec moi un grand amour imaginaire.

J'ai souvent revu la duchesse à Paris dans la partie de l'hôtel de la rue de Tournon dont elle avait gardé la privauté, l'autre étant occupée par différents centres de l'EHESS, dont mon centre d'études transdisciplinaires. Elle m'invitait parfois à déjeuner, toujours avec un Petrus. Puis le Conseil d'État obligea l'EHESS à quitter cet immeuble loué à prix indu, faillit poursuivre en justice son président Jacques Le Goff pour dilapidation de biens publics, enfin la duchesse vendit l'hôtel particulier qui semble avoir été acheté par un Rothschild.

Myron Kofman

J'avais été charmé et étonné qu'un universitaire britannique s'intéresse à mes idées et à mon œuvre. J'ai su rapidement qu'il s'était intéressé aux intellectuels français ex-communistes… et qu'il m'avait découvert dans la diaspora de cette si nombreuse et hétéroclite catégorie qu'a produite dans ses ténèbres la France des Lumières. Maintenant que j'ai bien connu Myron, je crois qu'il y avait entre nous, en dépit et à travers la différence de nos destins, une secrète affinité que notre amitié allait mettre au jour.

J'ai d'abord rencontré le minutieux et scrupuleux chercheur Kofman quand il prit connaissance de mes écrits et des écrits sur mes écrits. Il m'interrogeait très souvent, mais, moi, je ne l'interrogeais jamais sur son livre. Après avoir commencé en tête à tête dans un premier temps, notre relation est devenue téléphonique. Durant des semaines et des mois, Myron m'interrogeait sur ma réaction à tel ou tel événement, sur ma relation intellectuelle avec tel ou tel penseur, sur les circonstances de tel texte ou telle prise de position.

Un jour, il m'annonça que son manuscrit était parti chez l'éditeur. Nos relations téléphoniques ne s'interrompirent pas pour autant, car il me proposait des dates pour ma venue à Londres, à Bolton et à Lancaster, et ces dates se modifiaient de mois en mois. Sans que je m'en sois rendu compte, et bien que nous traitions de choses tout à fait objectives, une intimité s'installait clandestinement en nous.

Aussi, quand je le rencontrai à l'aéroport de Londres, je l'étreignis comme un vieil ami cher. Effectivement, il m'avait fréquenté depuis mon adolescence, connaissait les épisodes de ma vie, mon caractère, mes idées, et sa familiarité à mon égard à travers mon œuvre faisait que je me sentais tout aussi proche de lui. De plus, n'était-il pas le père de ce double de moi-même, l'Edgar Morin du *Edgar Morin : From Big Brother to fraternity*[1] ?

Je dois dire que ce livre m'a beaucoup appris sur moi-même. Il mettait en relief des points que ma conscience actuelle avait laissés dans l'ombre. Il articulait les grands thèmes de mes écrits d'une façon nouvelle à mes yeux et qui m'incitait à revisiter mon esprit, et, surtout, son travail d'historien des idées, consacré à une biographie intellectuelle, était non seulement extrêmement pertinent par son exactitude et sa précision, mais il comportait une profonde compréhension de l'intérieur et, par-là même à la fois la lucidité objective et la lucidité subjective. J'ajoute que j'ai été saisi par le grand nombre de formules originales de son cru, par lesquelles il caractérisait de façon lumineuse tel ou tel aspect de ma pensée.

J'ai lu son livre comme un roman dont le héros – mon double – m'était, comme tout véritable double, autant inconnu que connu, autant mystérieux qu'évident. Je découvrais un « *young* Morin » et un « *old* Morin », alors que je me voyais en continuité. Je me demandais sans cesse ce qui allait m'arriver, et, à la fin du livre, je me trouvais rassemblé en moi-même, transfiguré en mon double par la paternité démiurgique de Myron Kofman.

Nous fîmes une longue et belle promenade à Londres, de la London School of Economics jusqu'à l'Institut français, en passant par Trafalgar Square, Buckingham Palace, Hyde Park dans une merveilleuse lumière de fin d'après-midi printanier, et, à partir de là, je passai trois jours d'intimité avec Myron, sans qu'il y eût aucune confidence de part et d'autre.

Nous avons beaucoup parlé dans les trains, de Londres à Bolton, de Bolton à Lancaster. Apprenant que sa famille venait d'Odessa, sa barbiche me fit soudain apparaître le fantôme de Léon Trotski. Je dis à Myron que j'avais procédé à une analyse génétique qui prouvait que Trotski était son ascendant. Myron éleva des objections pour me donner le plaisir de me voir les réfuter et se donner le plaisir d'acquiescer à cette parenté fantaisiste.

1. Pluto Press, 1996.

Nous fîmes un repas très gai dans un restaurant italien de Bolton en compagnie d'une enseignante française et la secrétaire anglaise de la délégation française à Manchester, et je fis découvrir à Myron l'art gaulois de la contrepèterie qu'il apprit avec une facilité inouïe.

La dernière journée, nous fîmes en chemin de fer, avec Mme Petitpas, le voyage Bolton-Lancaster. À Lancaster, j'oubliai dans le train ma sacoche contenant mes papiers et la clé de mon appartement, puis ma valise dans le taxi, signe psychanalytique indubitable que je ne voulais pas rentrer en France, mais devenir mon double et entrer dans le livre de Myron Kofman pour m'y reposer tranquillement.

Il se passa cette chose étrange dans l'avion Manchester-Paris. J'avais retenu une place dans une agence à Londres, puis une agence de Bolton m'avait réservé une autre place, et nous avions omis d'annuler la première réservation. Il y avait donc pour moi une seconde place dans cet avion. J'imaginai que cette place se trouvait à côté de la mienne et qu'un inconnu qui me ressemblait comme un frère allait venir s'y asseoir. « Mais qui êtes-vous, *sir* ? interrogerais-je. – Je suis Edgar Morin », m'aurait dit mon double avec un léger accent britannique acquis chez Myron. « Comme il y avait une place libre pour moi, je suis venu l'occuper. » Il m'aurait raconté qu'il était sorti du livre de Myron et qu'il venait passer le week-end à Paris. Comme il avait l'intention de dormir dans mon lit, je l'en détournais en lui proposant le Ritz et un dîner au Grand Véfour, ce qu'il acceptait avec plaisir. Je lui faisais jurer de revenir discrètement, dans la nuit de dimanche à lundi, dans le livre de Myron, et il me le promettait. Sitôt rentré chez moi, je téléphonai à Myron pour lui narrer l'étrange épisode, et il me questionna : « Cet Edgar Morin était donc en papier ? – Mais non… – Quelle était sa substance alors ? – Une substance corporelle que je n'ai pu identifier. » Et il continua à m'interroger sur cet autre qui prenait de plus en plus de substance pour lui et pour moi. Puis je fis téléphoner à Myron *son* Edgar Morin qui, avec son léger accent britannique, lui témoignait son affection filiale et lui demandait de réserver quatre places au restaurant italien pour un dîner entre lui, Myron et deux charmantes jeunes femmes. Au cours de ces longs téléphonages, un nouveau lien s'était créé entre Myron et moi, par le truchement de cet Edgar Morin à la fois moi-même et autre, fils de Myron et issu de mon esprit.

Je quittai Paris pour Lisbonne, puis Grenade, puis je fis d'autres déplacements, et, à mon retour, j'eus une grande envie de l'entendre. Dans le week-end du 25-26 mai, je lui téléphonai à plusieurs reprises, afin de poursuivre notre plaisanterie habituelle, lui demander si son Edgar Morin était bien rentré dans son livre, s'il n'avait pas envie d'une autre sortie, etc. Mais Myron ne répondit pas au téléphone. Je ne m'en inquiétai nullement, pensant qu'il était absent de Bolton. Quand je le rappelai en début de semaine, toujours sans réponse, je ne m'inquiétai pas plus. Et puis, le mercredi 29 mai au matin, tandis que je répondais à une journaliste, mon téléphone sonna, je pris distraitement l'appareil et Mme Petitpas m'annonça la mort subite de Myron.

Ne pouvant plus proférer un mot, j'interrompis l'entretien, et restai à la fois hagard et accablé. Un homme exquis, probe, scrupuleux, d'une si fine intelligence était mort. J'étais devenu l'ami de cet homme. Oui, mais il y avait plus entre Myron et moi : ce mystérieux lien ombilical tissé entre le second Edgar Morin dont il était le père et dont j'étais l'alter ego.

Je ressentis un terrible sentiment de perte. La mort de Myron Kofman fut une de celles qui m'a le plus douloureusement atteint au cours de mon existence.

42
États-Unis

Ma première visite aux États-Unis fut à New York, je crois que c'était à la fin des années 1950 ou au début des années 1960, c'était encore l'époque d'*Arguments*.

En 1962, je participe au Congrès mondial de sociologie de Washington dans des conditions que j'ai racontées au début de cet ouvrage lorsque j'ai évoqué mes rencontres avec la mort (chap. 1). Trop préoccupé et déjà affaibli je me souviens peu de la ville, car j'étais cloîtré dans l'enceinte du Congrès. Je me souviens seulement d'une réception à l'ambassade de France, où, me voyant sans cravate (ce qui était pour moi une habitude) Raymond Aron me lança : « Vous aimez jouer au provocateur... » – Mais non, c'est la cravate qui me serre trop le cou. »
J'ai également raconté le voyage en Californie qui a suivi l'irruption de la fièvre qui me saisit sur le Golden Gate, puis mon hospitalisation à New York, au Mount Sinai hospital (chap. 1).

Mais revenons à mon premier voyage. J'allais rejoindre une université pour une rencontre avec des essayistes de gauche, cette occasion me permit de rencontrer Marcuse et surtout de me lier avec Stanley Plastrick, l'un des responsables de la revue *Dissent* où se retrouvaient d'anciens trotskistes et d'anciens staliniens dans l'antistalinisme et l'anticapitalisme. Stanley et sa compagne m'ont accueilli chez eux lors de mes divers séjours à New York jusqu'à ce que je fusse invité par la New York University.

Je raconte ailleurs ce trimestre à la NYU où je ne me suis pas assez concentré sur le magnifique thème du cours « la complexité en littérature » afin de me consacrer à mon *Introduction de la Méthode*, dans mon heureux séjour au 20e étage d'une tour de Bleecker Street.

C'est au cours de ce séjour que je rédigeai le texte sur New York (chap. 43), publié d'abord dans une revue, repris par les éditions Galilée et resté confidentiel.

Ensuite, je fis de multiples séjours souvent invité par Tom Bishop directeur du French Department de la NYU, qui est devenu un ami très proche bien que le plus souvent géographiquement lointain. J'aimais lui apporter l'exquis fromage normand que je traduisais en anglais « *bridge bishop* »

Un de mes derniers séjours fut de me recueillir sur l'emplacement des deux tours anéanties du World Trade Center, en compagnie de mon amie chinoise Yu Shuo avec qui nous allions débattre avec un grand penseur confucéen chinois de l'université de Harvard.

Yu Shuo était enseignante à Pékin, elle émigra en France après la répression de la place Tien an Men en 1989. Elle apprit le français, dont elle ne savait rien, avec une vitesse extraordinaire, fit une thèse à Paris sur la transculturalité, qui partait de son étonnement de voir les similitudes entre paysans français et paysans chinois. Je fis sa connaissance lors d'une rencontre France-Chine, organisée par la Fondation Léopold-Mayer pour le progrès de l'homme, et nous restâmes liés. Puis elle put rentrer enseigner en Chine, devint professeur à l'Université de Hong Kong, traduisit quelques-uns de mes livres en chinois, m'apporta à chaque séjour à Paris des thés de grande qualité et, en cette année 2018, prend sa retraite et s'installe définitivement en France auprès de son mari artiste peintre.

Ah, j'oubliais. Je fus invité aux Nations Unies pour y prendre la parole lors d'une session sur le dialogue des cultures tenue à l'initiative du président iranien modéré d'alors. L'ONU était défendu comme une forteresse par crainte d'attentats et il y avait une multiplication de contrôles hors et dans le gigantesque immeuble. Or, à la suite de je ne sais quelle erreur de ma part, je me suis trouvé soudain en totale illégalité, errant dans les couloirs et cherchant en vain la salle du grand débat. Finalement, un officiel me croisa tout surpris, fut encore plus surpris de me voir dépourvu de badge et de passe, mais crut en mon innocence et me conduisit à l'Assemblée parmi les chefs d'État et les ministres et je pus faire mon intervention.

Californie

Je ne vais pas ici évoquer mon séjour en Californie de 1969-1970, puisque j'ai publié mon *Journal de Californie* qui se trouve en librairie.

Ce séjour fut intellectuellement et affectivement décisif pour moi. J'ai découvert chez Heinz von Foerster, von Neumann, Ashby, Wiener, Bateson, Pribram, en premier lieu les penseurs dont j'avais besoin pour concevoir la problématique de la complexité. J'ai vécu une extase de mon histoire personnelle dans une oasis de vie avec des amis très chers, tout en étant enveloppé par cette provisoire floraison de communauté et de communion.

Je suis revenu en Californie avec Johanne l'année suivante, au retour du Mexique, retrouvant nos amis proches, puis, Edwige et moi avons été invités à San Francisco, en septembre 1995, par notre ami Bernard Allien, nous avons rendu visite, dans son ermitage de Pescadero, Heinz von Foerster qui avait construit de ses mains sa maison en bois, isolée sur la crête d'une colline. Et, par deux fois, nous avons pris une des plus belles routes du monde : la *number one*.

Nous sommes passés par Carmel, Monterey, en nous arrêtant dans la forêt de séquoias, puis montés vers le légendaire Big Sur, où Orson Welles avait fait édifier pour Rita Hayworth une grandiose résidence, devenue hôtel-restaurant, avec tables en terrasse dominant un splendide paysage. Nous y logeâmes dans des cabanes en bois pour touristes. Big Sur, avec sa falaise dominant les séquoias géants et s'ouvrant sur l'immense océan, est pour moi l'un des plus beaux sites du monde.

Chicago

Entre 1985 et 1997, j'espère retrouver la date, je suis invité, sur la suggestion de François Furet, par l'éminent helléniste et spécialiste de littérature classique Allan Bloom pour parler de la « mass culture ». François Furet lui avait signalé que j'avais étudié la question. En fin lettré, il avait en abomination la mass culture et m'avait invité pour que j'en fasse la plus compétente des critiques. Il ignorait que mon point de vue en ce domaine était complexe, c'est-à-dire ambivalent. Je me souviens bien d'un séjour de quelques jours dans le campus de l'Université de Chicago. Je fus très content de faire la connaissance de Mircea Eliade avec lequel je parlai longuement des mythes. Il me dit entre autres qu'il avait voulu enseigner en France, mais n'avait pas pu. Je me souviens aussi d'un déjeuner avec mon inviteur, François Furet et Saul Bellow qui, je ne sais pourquoi, me fit quelques clins d'œil.

Mon exposé à son séminaire fut une énorme déception pour mon inviteur et me valut des objections véhémentes de ses étudiants. Je m'obstinais à dire que tout en cherchant le profit maximum et obéissant à un système de production standardisé selon les impératifs de la division du travail industriel, Hollywood avait quand même besoin d'originalité et de singularité pour chacun de ses films, de sorte que la dialectique complémentaire/antagoniste entre production et création aboutissait soit à des films médiocres, soit, parfois, à des films géniaux.

Je ne suis guère « retourné » aux États-Unis depuis la fin des années 1990, me passionnant plus pour l'Amérique latine où j'ai une familiarité avec la langue espagnole et avec la chaleur humaine des peuples du Sud. Je garde le souvenir de ces deux villes uniques et fabuleuses, chacune en son genre, New York et San Francisco.

Quant aux États-Unis eux-mêmes, tout ce que j'y aime et y admire contient son envers qui me fait horreur : le génocide barbare des peuples indigènes sur quoi cette civilisation s'est fondée, le racisme qui, certes, a diminué, mais dont le peuple noir demeure encore victime. J'apprécie que le jazz, le cinéma aient pu y développer leur art dans des conditions que j'ai observées pour Hollywood (in *Le Monde moderne et la condition juive*, 2006). Je ressens à la fois la brutalité et la bonhomie américaine. Je m'y sens étranger, et même en Californie, au plus fort de l'euphorie, je n'aurais pas signé le contrat qui m'y aurait lié à vie…

43

New York*

Comme pour tous les voyageurs arrivant par bus ou voiture de l'aéroport, Manhattan (et, pour moi, dire Manhattan, c'est dire New York) surgit brusquement, totalement, alors qu'on roulait depuis longtemps dans un paysage urbain écrasé. C'est le profil intégral de la ville, debout sur l'île longue. C'est le découpage improbable, incroyable, précis, sur un ciel infini. Cette image est simple, grandiose, élégante, élancée. Rien ne la parasite. On n'entend aucun son venir de la ville. Et pourtant, rien ne peut nous faire imaginer que ce puisse être une ville morte. Je dirais que c'est une image fantôme qui surgit. New York en son entier est entièrement irréelle. À chaque retour dans New York, je guette l'apparition de l'image. À chaque fois, l'image attendue m'apparaît par surprise et m'apporte toujours la même surprise. Et la même surprise m'apporte la même défaillance.

J'ai fait plusieurs séjours à New York. Toujours marchant dans les rues, si semblables et si dissemblables, toujours voyeur, halluciné, fasciné, incrédule, regardant les visages de toutes couleurs, toutes formes, toutes expressions, les étalages, les éclairages, les échafaudages, les gratte-ciel, les petites maisons basses, les échelles qui descendent de balcon en balcon, les vapeurs sortant des chaussées.

---

* Ce chapitre est un raccourci de l'ouvrage *New York, la ville des villes*, publié chez Galilée en 1984.

À l'automne 1973, et bien que ce soit pour une seule saison, je me suis installé dans le Village, et comme dans un village, j'ai fait mon marché, mes courses et j'ai commencé la rédaction d'un livre. J'ai installé ma *querencia*, une table devant la très grande baie vitrée de mon living-room, avec mes notes, papiers, machine à écrire. Je m'y suis « raciné ».

J'habite dans le New York *housing*, constitué de trois grandes tours de trente étages chacune, édifiées récemment, entre Bleecker Street et Houston Street. Je suis au vingt-septième étage, et, de ma table de travail, je vois, sur un ciel immense, les gratte-ciel de Downtown, parmi lesquels, juste en face de moi, se dressent les deux tours jumelles du Word Trade Center, dépassant de si haut tous les autres gratte-ciel que ceux-ci s'en sont trouvés nains.

Je vois à ma gauche le pont de Brooklyn, je devine la River, je vois à ma droite un peu de l'Hudson, au loin la statue de la Liberté, je vois très nettement le mouvement de proue de Downtown, mais les gratte-ciel m'empêchent de voir la confluence des deux rivières, l'étrave, la mer. Aussi, j'ai plutôt l'impression d'être dans le cockpit d'un *space-ship* entre ciel et terre. Le ciel est peuplé d'avions, d'hélicoptères, d'oiseaux. À l'ouest, et surtout à l'est, Brooklyn s'étend à l'infini. À mes pieds, je vois les trucks énormes à remorque dans Houston Street, et ceux qui déchargent et rechargent dans Green Street ; de terre monte leur rumeur. Les sirènes affolantes de police, des pompiers, des ambulances annoncent sans cesse la fin du monde.

Ma chambre est à l'est. J'ai mon lit le long de la baie vitrée. Je dors fenêtre ouverte avec des bouffées fraîches et fortes d'un vent pur, nocturne, mais qui parfois m'apporte des bouts de papier carbonisés, qu'une bourrasque descendante rabat des cheminées du crématoire d'ordures de l'immeuble. Le lever du soleil me réveille, rouge comme un soleil couchant. L'aube transfigure, d'une splendeur cosmique, Brooklyn la sordide. Le soleil monte à l'horizon et son énergie photonique m'éclaire, m'inonde, me tiédit, me chauffe, me brûle presque, me nettoie, me décrasse de la nuit, me catapulte, ivre d'énergie hors du lit, comme jamais cela ne m'arrive. Je passe sur les petits rites de la matinée : prendre le *New York Times* qui m'attend au pied de ma porte, et le feuilleter pendant que chauffe le thé ; le petit déjeuner au *whole-wheat*, pain complet, et au miel de la vallée Champlain, acheté au Health food store.

Quand je prends l'ascenseur le matin, à l'heure où les appartements se vident pour le travail ou pour la classe, j'ai l'impression de prendre un bus local. À chaque arrêt, des visages d'une variété inouïe : Asiatiques, Noirs, Portoricains, Européens, tête d'artistes, têtes de *highbrows*, têtes d'ouvriers, enfants autonomes bien qu'encore pucerons, femmes quadragénaires déjà ravagées par l'angoisse de vieillir, visages déjà détruits, figés dans une expression. Et, personne ne se parle.

Mon territoire. Celui que j'arpente, pour faire mes courses ou pour le plaisir.

Ouest : Bleecker Street. Les premiers blocs jusqu'à l'avenue des Amériques, sont constitués de restaurants de tous continents, de boîtes, bars, boutiques d'astrologues, colifichets, tissus hindous, artisanat post-hippie. C'est un fragment de la partie touristisée du Village, où des résidus de la culture beatnik-hippie sont devenus des produits de consommation exotique ; le matin, tout y est encore à demi-mort, avec quelques épaves solitaires. Au-delà de l'avenue des Amériques commence un fragment d'Italie ; épiciers, fruitiers, boulangers, bouchers, poissonniers, tout ce bout de rue est italien, discutant ; je suis chez moi dans ce bout de Méditerranée à peine anglo-saxonnisée, je vais y puiser mes substances matricielles ; puis, au-delà de la 7e Avenue, tout change encore ; la croisée de Christopher Street est très village : artisanat du cuir, de babioles diverses, petits restaurants qui furent *in* ou *hip*.

Puis, ce sont les petites maisons à l'anglaise, avec un peu de lierre par-ci, un arbuste par-là, et tout se métamorphose à nouveau à Hudson Street où commencent les grands entrepôts, les quais de l'Hudson sont proches.

Sud : c'est Soho ; des immeubles-entrepôts, commercialo-industriels ; au cœur de la ville, une activité de chargement/déchargement, gros camions, travailleurs aux gestes posés, mesurés, économes. Mais, depuis un an, les grandes piècesentrepôts sont transformées en ateliers d'artistes, une nouvelle vague post-beatnik, post-hippie est venue s'y installer, parfois en communautés ; des galeries de peinture s'y sont multipliées ; c'est l'«avant-garde» ; dans les mêmes lieux, un étrange mélange des deux populations, celle du hardware, du stockage, de la marchandise, et celle de la néo-bohème. Les galeries et les ateliers se raréfient de plus en plus et l'on arrive à Canal Street ; à gauche, Little Italy, bout de Naples du début du siècle demeuré figé, plus napolitain que Naples parce que s'autoreproduisant en vase clos, et au-delà, aussitôt, Chinatown, un bout de céleste empire tombé du ciel.

Est : en suivant Houston Street, l'artère camionneuse, on arrive à Broadway, dans un secteur où l'on vend des *bargains*, des surplus, des faux surplus (dont les tenues de scaphandriers lunaires). Du soldé, du bon marché, du commerce en gros, des entrepôts. Tout devient de plus en plus sordide : à la Bowery, on voit des visages verdâtres, des yeux rouges, les déchets alcooliques, les êtres broyés par la ville ; les bars sont sombres, lamentables, peuplés d'êtres hagards, prostrés. Le Lower East Side a commencé : des îlots polonais, ukrainiens, portoricains, oubliés ou déjetés, des débris ou des pseudopodes hippies. Ici et là des blocs entiers sont en pleine décomposition : maisons qui semblent mortes, poubelles amoncelées sur le trottoir, déchets, saletés, cadavres d'autos, sans moteur ni pneus. Des bandes d'adolescents jouent, occupent la chaussée. Les journaux parlent de rixes, d'attaques. Je marche en prenant l'air terrible, mauvais, concentré, pour que l'on pense que je suis un caïd.

Nord : au nord, de l'autre côté de Bleecker Street, en face de chez moi, s'élève une mini-cité-jardin, une sorte de super HLM, c'est le New York University Village. Là, c'est un îlot de paix, comme dans le N. Y. Housing ; les enfants jouent dans l'espace résidentiel en liberté, des chiens batifolent ; sécurité. Aux portes des immeubles, des portiers à matraque rassurent de façon inquiétante. Au-delà, et bordant le Washington Square, les bâtiments étranges de la New York University, une population étudiante, qui ne fait ni campus, ni Quartier latin ; pas de rassemblements, d'exubérance. Le square, lui, est un petit univers : petits vieux, joueurs d'échecs, étudiants lisant un livre ou un cours, semi-hippies du Village, petits groupes de musiciens qui jouent et chantent, enfants, chiens, écureuils, policiers à cheval surveillant de haut les joueurs d'échecs ou parlant avec les enfants.

Au nord du square, commence la 5ᵉ Avenue, qui a déjà quelque chose de bourgeois, mais n'est pas vraiment distinguée. La 8ᵉ rue est la rue vivante, avec ses boutiques, drugstores, disquaires, *delicatessen*, ouverts tard dans la nuit et le dimanche. C'est une petite réplique « village » de la 14ᵉ rue, c'est un microcosme à la fois populeux, populacier, *lower middle class*, avec des Noirs, des juifs, des solitaires, certains au regard perdu, d'autres parlant à voix haute, d'autres pleurant. Je vais parfois jusqu'à la 14ᵉ rue, elle-même réplique dégradée de la 34ᵉ rue et où s'arrête mon territoire. Depuis que j'habite la ville, la ville m'habite. Je ne suis pas seulement dans la ville, la ville est en moi. Elle me possède.

C'est l'étonnement constant, l'étrangeté constante, l'exaltation constante, l'inquiétude constante. Je sais, je sais, ce qui m'a exalté est aussi fait avec de la misère, du malheur, avec des millions de vies desséchées ou broyées. Tout cela, je ne le vois pas en esthète. Mais c'est précisément parce que je ne subis pas le malheur, que je ne suis pas broyé et détruit par New York que je peux vraiment le *vivre.*

Énergie

La matière de New York, c'est l'énergie.

L'énergie gronde dans les tonnerres souterrains du métro, jaillit en solfatares au milieu des chaussées. L'énergie roule sur le sol, puissante, tranquille, lourde. À la différence de Paris, où ils circulent à la périphérie urbaine, les énormes camions à remorque traversent Manhattan. L'énergie se consomme, se consume dans un fabuleux gaspillage électrique, qui laisse éclairés toute la nuit les gratte-ciel vides, les bureaux déserts.

L'énergie déferle sur, dans, par l'argent, *Money, money, money.* C'est l'obsession du capitaliste, du *middle-class*, de l'émigrant, du Portoricain. Gagnez, dépensez, économisez, tout est traduit en termes d'argent, et tout tire énergie de l'argent. Business, vol, corruption, donations, fondations, mendicité. L'*advertising* bouffe les soixante pages quotidiennes du *New York Times*, relègue les informations sur une maigre colonne. Le vif argent fonce à la vitesse de la lumière, court-circuite le billet de banque, le chèque, magnétise la carte de crédit.

La nuit, la ville ne peut dormir totalement ; le métro roule, des cinémas restent ouverts, des chaînes de télévision continuent leurs programmes, des boutiques sont ouvertes, dont celles de fruits, avec leurs étalages débordant sur les trottoirs.

L'énergie est dans l'air ; une étincelle électrique crépite soudain entre deux mains qui se frôlent. Et c'est bien l'énergie de la ville qui s'exprime dans l'érection permanente des gratte-ciel, se poursuit dans la destruction de blocs entiers, l'édification de nouveaux buildings qui, avec les deux tours jumelles du Word Trade Center, montent toujours plus haut dans le ciel, pour nous rappeler que nous sommes autant dans Babel que de Babylone.

Mais que l'énergie de la terre et des pierres ne fasse pas oublier l'énergie du ciel. Quel ciel immense, quel vent puissant quand il se met à souffler !

Tournoiement cosmique : le vent de l'océan est chargé d'iode ; le vent d'est est celui de la prairie ; quand il tourne au sud, c'est la lourdeur tropicale du golfe du Mexique qui s'abat sur New York ; quand il bascule au nord, le Groenland arrive. Le vent à Paris arrive tout rabougri, tempéré, très Ile-de-France. Ici, il a sa charge d'infini.

Des bandes de mouettes et de pigeons jouent dans le vent. Les pigeons de New York ne sont pas les gros pépères piétonnants balourds de Paris, ils sont « mouettisés », ils volent avec ivresse. Le ciel est peuplé, habité, vivant, grouillant. Les hélicoptères vont dans tous les sens. Les avions se suivent. La nuit, ce sont des étoiles en marche.

Il est des points privilégiés, des moments particuliers, des états seconds où l'on sent que toutes les énergies du sous-sol, du sol, de la pierre, du métal, de l'air, de la ville, du ciel se mêlent dans un tourbillon thermodynamique.

Car la ville est toujours en pleine autocréation et est déjà en pleine autodestruction. Elle est plus que jamais en plein élan, en plein échafaudage. Mais déjà, en même temps et par ailleurs, les chaussées se défoncent, l'amoncellement des déchets et de la saleté arrive à peine à être résorbé, des secteurs entiers sont en décomposition, non seulement dans le Bronx, à Brooklyn, mais aussi dans Uptown, dans le Lower East Side. Quel est le lien entre cette recréation perpétuelle d'ordre et ce désordre énorme, mortel ? Le capitalisme, le capitalisme bien sûr, mais à condition que ce mot ne réduise pas l'énorme complexité du phénomène à un mot creux : ce capitalisme *hic* et *nunc* doit être expliqué, et non déshydraté en un mot qui explique tout. Tout ce qu'il y a de plus fantastique, de plus fantasmatique à New York est ce qu'il y a de plus matériel – ses édifices, ses échanges, ses produits – et de plus énergétique – ses activités qui ne connaissent pas le sommeil. C'est l'excès de réalité de New York qui a la puissance bouillonnante et excessive du rêve.

C'est la sur-réalité de New York. Et il ne faut pas prendre ici le terme de sur-réalité au seul sens dégradé d'assemblage bizarre et hétéroclite. Il faut le prendre au sens du surréalisme originaire qui a senti, deviné, la créativité du hasard, l'inconscient au travail. Et c'est cela que New York nous donne à voir, dès que l'on est dans l'état second de la voyance : une formidable destructivité/créativité inconsciente et aléatoire, qui produit une réalité dont la seule référence ne peut-être que l'imaginaire.

Babel moderne et Babylone antique

New York, c'est la ville moderne, mais ce n'est pas la plus moderne des villes. Il y a plus neuf, il y a les capitales d'un futur déjà dépassé, du style Le Corbusier, il y a des villes ganglionnaires gravitant autour d'un réseau autoroutier. New York n'est ni une ville neuve, ni une ville ancienne, c'est la ville des temps modernes.

Moderne dans le sens où la ville est véritablement planétaire : capitale de l'ONU, elle est à l'image de l'ONU, un agrégat de peuples, de races, de cultures. Tout parcours dans le métro est un fabuleux voyage à travers la diaspora humaine. C'est le monde multicolore qui grouille à New York : on est, on vit, à la dimension de la planète, au rythme des temps modernes. Mais cette Babel de la modernité est en même temps, et de par cela même, la dernière des métropoles de l'Antiquité, comme l'Alexandrie hellénistique, la Rome impériale, la Babylone chaldéenne, l'Istanbul ottomane, New York est la ville cosmopolite : Noirs, Portoricains, Asiatiques, Italiens, Ukrainiens, Syriens, tous sont là. Chacune des alvéoles de la ville hypermoderne nous révèle soudain un monde très vieux, très ancien : échoppes sordides d'au-delà de la Vistule, fragments énucléés de l'Austro-Hongrie de la fin du siècle dernier, de la Naples et de la Sicile de 1920, dans l'East Side, c'est un désordre de bazars, de comptoirs de caravansérail, c'est la juxtaposition des métèques de tout bord et de tout poil. Ils ont submergé la race pionnière, dominatrice ; Babel-Babylone, c'est eux, et au premier rang, les plus cosmopolites des cosmopolites, les plus métèques des métèques, les juifs, qui portent en eux non seulement leur étoile de David errante arrachée au ciel de la Judée et trempée dans la boue des ghettos (étoile qui, à hauteur de visage, dans les vitrines indique le *cacherout*), mais aussi, en eux, les vieilles cultures slaves, germaniques, arabes, hispaniques. L'extrême monotonie du quadrillage urbain révèle l'extraordinaire variété de l'humanité.

La ville monstre

New York brasse et broie. Elle détruit les structures nationales des immigrants, mais elle renforce les structures archaïques des cultures déracinées. Le *melting pot* déchire à gros morceaux, et les individus se raccrochent aux placentas culturels, aux nourritures matricielles ; ce qui se reconstitue, c'est donc un univers archaïque de clans, de tribus, de mafias ; ce qui se constitue, ce sont des petits îlots ethno-territoriaux de blocs, de pâtés de maisons. L'individu est à la fois atomisé et accroché à sa petite communauté néo-archaïque. Ceux qui ne trouvent pas leur communauté sont alors rejetés, détruits.

Hors de la communauté archaïque, dans les grandes artères, dans le métro, les individus sont des globules emportés dans le flux énorme ; ce sont des automates marchant fixement, ne regardant personne. Ceux qui n'ont pas de communauté traînent, errent, tombent.

La solitude de la misère et la misère de la solitude hantent les rues de New York, avec les rejetés, déments, drogués, qui rient ou pleurent tout seuls, crient pour tous et pour personne, bavent, saignent.

La ville non éternelle

Rien ne parle d'éternité dans cette ville. Rien n'a de racine dans le passé. Rien ne semble devoir défier le temps. Tout périt, tout renaît, tout vit dans le temps, ce temps. La beauté de New York est une beauté mortelle.

Cette ville a été construite pour sa fonction, pour le profit, pour l'économie ; toute l'édification a été guidée par seulement la géométrie et le hasard. Et c'est cela le chef-d'œuvre. Manhattan, sous quelque angle qu'il apparaisse.

Le véritable art new-yorkais n'est pas dans les musées, les concerts, expositions, etc. Tout cet art mondial a été attiré, acheté, consommé, entretenu (fondations, etc.) à New York. Mais le véritable art de New York est dans sa surréalité, dans l'autocréation/destruction permanente, dans son caractère incroyable, évident, délirant.

Pas d'art de vivre à New York. La vie est plate, rituelle. Les parties sont stéréotypées. Toute la création culturelle s'est faite en Californie. Greenwich Village a été un centre de bohème, puis un pâle reflet, provisoire, de la nouvelle culture.

La ville est géniale, mais elle a pompé le génie des cerveaux. La ville est un chef-d'œuvre et les vies sont lamentables. La ville se consume, les individus consomment. Mais si tu te laisses posséder par la ville, si tu te branches sur le flux d'énergie, si les forces de mort qui sont là pour te broyer éveillent en toi le vouloir-vivre, alors New York te psychédélise.

Tout et rien

Ville antique, ville moderne, ville planétaire, ville du Moyen Âge, ville de l'âge de fer, ville d'horreur, ville de beauté, ville de solitude, ville d'extase. Tout cela, ce sont des facettes de la même ville-monstre. Il y a tout à New York. À New York, j'ai ressenti l'extase du tout.

Et pourtant, sans cesse, je pense à la phrase de Mailer : ils sont là, onze millions, de toutes les races, de toutes les cultures, venus de tous les continents, *et pourtant il ne se passe rien.* J'y pense dans le métro, quand je vois tous ces visages bouleversants, apposés, juxtaposés, sans le moindre contact, sans le moindre regard ; j'y pense dans la rue, où personne ne se regarde ; je pense à ce stock génétique inouï, le plus fabuleux rassemblement de gènes que n'agite aucun *shaker*, que ne mélange aucun cocktail, car le mélange est marginal, infime par rapport aux possibilités d'une humanité métissée.

On comprend que New York, ce n'est déjà plus l'Amérique, ce n'est pas encore la planète, c'est une île entre Amérique et planète, une Atlantide encore dans sa gangue.

Et je concluais en cet automne 1973 : si tu veux méditer sur les bas-fonds de la pauvreté et sur le délire de la richesse, sur le présent et sur l'avenir de l'homme, sur le monde, le néant et la création, si tu veux sentir le désastre et le génie de la vie, si tu veux savoir à quel point la raison n'a plus de sens, ne va pas sur l'Himalaya ou sur le Machu Picchu. Va à New York.

44

De Rocard à Hessel. La Voie

Nous étions en vacances Edwige et moi, en 1980, je crois, à Gif-sur-Yvette, où le CNRS a de nombreux labos, dans la maison du physicien Jacques Labeyrie avec qui nous étions devenus amis. Stéphane Hessel, que je ne connaissais pas, se présenta au téléphone en ami de Michel Rocard et je l'y invitai à me rencontrer.

Rocard

Je connaissais Michel Rocard du temps du PSU. Je n'en faisais pas partie, mais j'avais de la sympathie pour ce petit parti qui se proposait de régénérer la pensée et la politique de gauche, et, comme je fréquentais Gilles Martinet et quelques autres amis de *L'Observateur* de cette époque, j'ai pu faire la connaissance de Michel Rocard.

Il avait alors trente ans. Il était droit, un peu sec, rigoureux, on sentait bien la marque protestante, très sérieux et très « homme de bonne volonté ». Très différent des hommes politiques par la pensée et par le style. Je lui ai dit une fois, ce qui était un compliment, qu'il était très boy-scout, et il me rappela cette formule pendant des années, comme si je l'avais enfermé dans cette définition. Très indépendant au sein du PS de Mitterrand qu'il avait rejoint, il était devenu à la fin des années 1970 promoteur et animateur d'une « deuxième gauche » que les mitterrandistes essayaient de discréditer en la disant chrétienne et droitière. Il fut toutefois très populaire dans les sondages préludant à l'élection présidentielle de 1981.

Jean Daniel, lui-même rocardophile, organisa un petit complot auquel je participai. Il réunit, pour un déjeuner dans un restaurant de l'Île de la Cité, Rocard, Mendès France et Edmond Maire, responsable de la CFDT. Le but était d'obtenir un soutien explicite à la candidature de Rocard pour la présidence de la République. En fait, Mendès France se montra méfiant. Maire, pour sa part, dit qu'en tant que responsable syndical il ne pouvait s'engager pour un candidat politique.

La popularité de Rocard restait grande, mais lors de la convention décisive du PS, les jeunes-turcs de Mitterrand, Fabius et Jospin (alors sous-marin lambertiste), s'employèrent à l'assassiner psychiquement. Mitterrand, qui semblait incarner l'éternel perdant, fut promu candidat, puis élu. Rocard obtint quelques petits ministères jusqu'à ce qu'il devînt Premier ministre dans le second septennat de Mitterrand. Mais celui-ci le limogea brutalement en 1991.

J'ai un peu fréquenté Rocard lorsqu'il était Premier ministre. Je lui soumis, d'une part, l'idée de convoquer une conférence écologique internationale (j'étais convaincu des dangers que courait la biosphère dès 1970) et, d'autre part, l'idée de promouvoir dans les villes de France des maisons de la solidarité. C'était quelque chose qui m'était cher depuis que j'avais vu le rôle bienfaisant d'un *crisis center* à San Diego. Je proposais que chaque maison de la solidarité, non seulement regroupe les associations d'aide existantes (secours populaire, secours catholique, abbé Pierre, SOS amitié), mais aussi dispose d'une équipe permanente pouvant se porter au secours des misères physiques et morales, et des solitudes croissantes dans notre civilisation (entre autres celles des vieux, des femmes, des jeunes, des immigrés). Rocard me dit : « Fais-moi un rapport », et la cause fut perdue.

Son renvoi par Mitterrand fut un terrible choc pour lui. Il avait fini par croire que Mitterrand avait oublié ou surmonté sa rancune et qu'il l'avait intégré parmi ses proches collaborateurs. Il fut politiquement groggy, surtout après l'échec aux élections européennes et la destitution de son poste de secrétaire du PS. Il lui fallut des années pour reprendre pied dans la vie politique et, de toute façon, il resta en marge.

Stéphane Hessel lui demeura fidèle, et c'est ensemble qu'ils fondèrent en 2002 le Collegium international éthique, politique et scientifique, sous la présidence de Milan Kucan, alors président de la Slovénie. Sacha Goldman, fidèle de Guattari, puis de Rocard, puis d'Hessel, était secrétaire général. Le Collegium obtint l'adhésion des anciens présidents Fernando Henrique Cardoso, du Brésil, et Alpha Oumar Konaré, du Mali ; Ruth Dreifuss, ancienne conseillère fédérale de la Suisse ; le professeur de droit international Mireille Delmas-Marty ; l'ancien président d'Irlande et haut-commissaire pour les droits humains à l'ONU, Mary Robinson ; les économistes lauréats du Nobel Joseph Stiglitz et Amartya Sen, et quelques autres personnalités internationales. J'y participai évidemment, mais notre action n'était pas à la hauteur de nos ambitions. Beaucoup de personnalités avaient donné leur nom, sans plus, à l'exception de Peter Sloterdijk qui s'intéressa un temps à notre entreprise. Nous voulions convaincre les nations, mais seules la Slovénie et la principauté de Monaco répondirent à l'appel. Nous voulions remuer l'ONU qui se borna à des réponses polies. Le Collegium pondit toutefois un très beau texte, la *Déclaration universelle d'interdépendance*, en 2005, qu'il essaie de ressusciter à nouveau.

Durant ses dernières années, Rocard fit quelques déclarations publiques, les unes très pertinentes, les autres intempestives. Il mourut en 2016.

Comme Mendès France, Rocard fut politiquement un bourgeon printanier précoce, très prometteur, victime d'un regel brutal.

Hessel

Ma relation avec Stéphane Hessel devint au fil des années de plus en plus étroite et nous fûmes souvent ensemble lors d'interviews et de meetings. Le plus beau eut lieu durant un festival d'Avignon : nous avons chanté ensemble le dernier couplet, peu connu, de *La Marseillaise*, beaucoup moins guerrier.

Nous étions en communauté d'esprit et de sentiment. Nous avions en commun les mêmes causes, la même aversion contre toutes les oppressions, y compris sur les Palestiniens. Il resta d'une jeunesse étonnante au-delà de 90 ans, n'hésitant pas à se rendre en Afrique du Sud pour présider un tribunal Russell ou à Gaza.

Son expérience de vie était extraordinaire. Né allemand à Berlin, son enfance se passa entre une mère et deux pères, compagnons de la mère, dont l'un était son géniteur ; devenu français il s'engagea dans la Résistance, fut déporté à Buchenwald, survécut, participa aux premières réunions de l'ONU. Il aimait la poésie et il n'était de repas qu'il ne terminât par la récitation d'un poème.

Sa jeunesse s'épanouissait avec l'âge et il fut totalement jeune après 80 ans.

Il devint célèbre en 2010 avec la publication d'*Indignez-vous !*. L'histoire est simple, il avait fait un discours à la mémoire des maquisards du plateau des Glières, et un petit éditeur avait tenu à publier ce discours l'intitulant *Indignez-vous !* Ces simples mots eurent une énorme résonance et firent vendre l'opuscule à un million d'exemplaires.

Interviewé de toutes parts, on lui demandait : « Suffit-il de s'indigner ? » Il répondait alors : « Nullement, il faut indiquer la voie, ce que fait Edgar Morin dans son livre *La Voie.* »

Dans cet ouvrage sorti peu après, en 2011, je formulais les principes d'une pensée politique nationale et mondiale, à mes yeux salvatrice. C'est en grande partie grâce à Stéphane Hessel que *La Voie* put dépasser mes tirages ordinaires.

À l'occasion des signatures de nos livres respectifs, il me donna sans le savoir des leçons de convivialité. Moi, je signais les miens en travailleur manuel, écrivant à toute vitesse, une fois connu le nom de l'acheteur, un « très cordialement ».

La queue qui attendait devant le stand de Stéphane était beaucoup plus longue que devant le mien. Toutefois, avec chaque futur lecteur ou lectrice, Stéphane commençait une conversation, s'enquérant des intérêts de la personne, de ses activités, etc.

Ce n'était pas seulement de la courtoisie ni seulement de l'affabilité, c'était du respect humain.

À sa mort, le président de la République lui rendit un hommage national aux Invalides, fit noblement son éloge avec pourtant une restriction qui me choqua, attribuant à une « erreur » l'attitude de Hessel sur la tragédie palestinienne, et je me permis, prenant à mon tour la parole à l'enterrement au cimetière du Montparnasse, de dénoncer l'erreur d'attribuer à une « erreur » une attitude de compassion.

J'étais souffrant lors du récent repas d'anniversaire de son décès, et j'envoyai le message suivant que lut un de ses fils, Antoine :

Au centenaire de la naissance de Stéphane, quatre années après son décès, son esprit est vivant, plus vivant que jamais.

Son message profond contient l'indignez-vous, mais ne s'y résume pas.

Son message profond est d'abord : RÉSISTEZ.

Résistez comme il l'a fait toute sa vie, après la résistance contre le nazisme, dans la résistance à l'injustice, à l'humiliation, à toutes les vieilles barbaries renaissantes de domination, haine et mépris, et aussi contre la barbarie glacée de la domination du calcul insensible et du profit insatiable née de notre civilisation même.

ENGAGEZ-VOUS dans l'aventure incertaine de l'humanité vouée à tant de périls qui nous relie en une communauté de destins planétaires.

Engagez-vous pour que s'épanouisse en vous et en autrui la poésie de l'existence qui est communion, ferveur, amour.

AIMEZ. Dans la lutte gigantesque et infinie entre Eros et Thanatos, prenez hardiment le parti d'Eros, il vous tonifiera comme il a tonifié notre ami le grand Stéphane Hessel.

45

Europe du Nord, URSS et Russie

Amsterdam

Amsterdam : Rembrandt, Rembrandt, Rembrandt, qui donne aux visages à la fois de l'âme, de la noblesse, du mystique, du sacré. Inoubliablement. J'aime aussi Vermeer, mais les autres me touchent peu.

Amsterdam, au XVIIe siècle, c'est la ville libre, ce sont les marranes portugais reconvertis au judaïsme, ceux devenus libres-penseurs. C'est Spinoza, le plus grand de tous, qui a rejeté le Dieu créateur du monde pour la Nature créatrice.

Amsterdam, ce sont les canaux, les prostituées sous vitrine, les harengs mille fois plus savoureux et variés qu'en France, les *nasi goreng* des restaurants indonésiens.

J'y ai aussi reçu, je ne sais plus lequel, un prix remis par les souverains. Vague souvenir.

Copenhague

Copenhague, la capitale du Nord à l'esprit méridional, où l'on aime s'amuser au Tivoli, où je découvre une douzaine d'assiettes d'un beau bleu qui me plaît, et qui sont toujours sur ma table.

Il y a le charmant quartier maritime Christianshavn, mais surtout la « Ville libre de Christiania » proche du centre, construite au début des années 1970 par une communauté autogérée de hippies, chômeurs et squatters dans une ancienne zone militaire de trente-quatre hectares. Ses habitants ont mis en place leur propre système économique et social avec sa monnaie, ses activités culturelles et sportives, ainsi qu'un vaste espace agricole. Les voitures, les armes, les gilets pare-balles et les drogues dures sont interdits. Tout est géré par la communauté au cours de ses assemblées générales et assemblées de quartier.

Plus d'une cinquantaine de collectifs divers y exercent des activités industrielles, artisanales, commerciales, culturelles, sanitaires, théâtrales, etc. Christiania possède son jardin d'enfants, sa boulangerie, son sauna, son unité d'éboueurs/recycleurs, ses bulldozers, sa fabrique de vélos, son imprimerie, sa radio libre, un atelier de restauration de poêles anciens, un autre de restauration de voitures anciennes, son propre cinéma (« Byens Lys », « Les Lumières de la Ville ») et une foule de bars, restaurants et lieux de spectacles. L'architecture de beaucoup de maisons et bâtiments est colorée de façon originale.

Sa charte proclame : « L'objectif de Christiania est de créer une société autogérée, dans laquelle chaque individu se sent responsable du bien-être de la communauté entière. Notre société doit être économiquement autonome et nous ne devons jamais dévier de notre conviction que la misère physique et psychologique peuvent être évitées. »

L'État danois, ou du moins un gouvernement conservateur, entreprit de démolir Christiania, mais, après émeutes et résistances, un compromis fut conclu en 2011 et la communauté a pu racheter à l'État une bonne partie de son territoire.

Je l'ai visité plusieurs fois et j'ai connu un garçon (ah, ma mémoire défaille, pourtant on se voyait et on discutait, est-ce Jean-Manuel Traimond ?) qui avait vécu l'expérience pendant plusieurs années, avec les défis, les conflits, la lutte contre les drogues dures (mais la libre disposition du cannabis), les diverses réalisations. Il avait même écrit l'histoire de Christiania. Cette utopie concrète a traversé des crises, et l'on me dit qu'elle compte aujourd'hui mille habitants. Je ne pouvais que me passionner pour une telle expérience à la fois communautaire et libertaire, comme je me suis passionné pour le Conjunto Palmeiras près de Fortaleza au Brésil.

Sur la route de Copenhague à Elseneur, à Humlebæk, il y a le musée d'Art moderne, Louisiana, créé en 1958 et développé par Knud Jensen, devenu mon ami. Ce magnifique musée est l'un des grands lieux internationaux dédiés à l'art moderne et contemporain. Construit sur une pointe de la côte nord de Sjælland, surplombant la mer, son emplacement est exceptionnel. Dès le début, la vision de son fondateur a donné au musée Louisiana une âme, il a créé un havre où non seulement on admire l'art, mais où on le vit aussi. C'est aussi un lieu de rencontres, d'événements et de discussions sur la culture. Au cours des années, il a joué un rôle vital dans la vie culturelle du Danemark. Je n'oublie pas son merveilleux jardin décoré avec des œuvres d'art, sa cafétéria, la boutique et sa salle pour les événements. J'ai souvent été accueilli par Knud Jensen pour y séjourner quelques jours et y travailler. Il est mort en décembre 2000, mais Louisiana continue.

Stockholm

Voyage de novembre sous un soleil oblique, couleurs magnifiques des paysages de Dalécarlie. Stockholm, ville très aimable : premier séjour chez un adepte de la pensée complexe qu'il a abandonnée pour le militantisme gauchiste.

Finlande

Helsinki, Joensuu, capitale de la Carélie, la seule province de religion orthodoxe dans une nation protestante. On n'a cessé de continuer à peindre des icônes traditionnelles pendant les soixante-dix années où elles furent interdites en URSS. Une frontière ininterrompue de barbelés ponctuée de miradors traversait continûment la frontière avec l'URSS dans des paysages de forêts sans présence humaine.

Le professeur Kirkinnen m'avait invité dans son université, à Joensuu. C'était l'hiver, et à l'aéroport d'Helsinki on arrosait d'eau chaude les ailes des avions pour les dégeler. Kirkinnen m'avait invité dans sa maison de bois dans la forêt. Près de la maison, une cabane-sauna où l'on s'est entre-fouettés, selon la tradition, puis nous sommes sortis nus nous rouler dans la neige pour rentrer dans le sauna et enfin le quitter pour retrouver la maison bien chauffée.

Je suis revenu un été, à Helsinki cette fois, j'ai eu le plaisir d'y lire le journal sur un banc public au soleil de minuit.

Suède

Je me souviens d'un autre séjour, en Suède, avec Johanne et Paola. Je ne sais plus pourquoi nous étions restés quelques jours dans une île scandinave. Mes souvenirs sont complètement flous, mais j'ai celui très précis de ma conférence à Stockholm organisée par un intellectuel d'origine balte, réfugié et devenu suédois. Je n'en sais plus le thème. Je disais deux ou trois phrases, puis je m'arrêtais pour la traduction : pendant que l'on me traduisait, j'étais de plus en plus en plus fasciné par une femme brune, seule, au premier rang, qui me regardait fixement en se passant régulièrement la langue sur les lèvres. Mon regard ne put quitter son visage tout au long de l'heure, aussi bien en parlant mécaniquement que pendant la traduction, tandis qu'elle ne cessait de sortir sa langue pour caresser sa belle bouche rouge. Je pensais qu'elle m'attendrait à la fin de la conférence, j'espérais ce moment avec fièvre et ne cessais d'imaginer une étreinte démente.

Je termine mon intervention, et mon ami organisateur de la conférence demande s'il y a des questions dans la salle. À ce moment, la femme brune se lève, quitte lentement sa rangée en me regardant, et en remuant toujours sa langue, puis elle sort.

Cette femme était donc une vampire pyromane qui m'avait mis en feu et était partie sitôt l'incendie déchaîné. Longtemps elle m'est restée en mémoire.

Plus tard, quand, dans la conversation, je dis mon impossibilité d'avoir en France un visa pour l'URSS, l'ami émigré balte d'URSS qui avait organisé ma conférence me dit qu'il pouvait nous obtenir le fameux visa impossible dans les quarante-huit heures pour nous rendre à Leningrad, via le consul d'URSS, son ami, lui-même balte. Effectivement, alors qu'un ferry part pour Leningrad dans quelques heures, nous nous ruons vers une machine photographique, puis au consulat, où l'homme, très aimable, nous délivre immédiatement les visas.

Saint-Pétersbourg

Nous embarquons donc, faisons escale à Helsinki, arrivons de nuit, Paola, Johanne et moi, à Leningrad, toute couverte d'une neige épaisse sous un ciel gris. Intourist nous a pris en charge et nous a logés dans un hôtel où nous dînons d'une soupe épaisse. Le lendemain matin, surprise, le ciel est bleu, le soleil rayonnant. Nous sortons sur la perspective Nevski, l'eau dégouline des toits et des gouttières, c'est le dégel. Nous voyons des hommes, torses nus, du côté de la forteresse Pierre-et-Paul. Comme mon manteau a une cape très XIXe siècle et que ma compagne est noire, les gens en me voyant disent : « Pouchkine », reportant sur moi la négritude de ma compagne et me pouchkinisant. J'ai un petit guide indiquant les magasins où l'on trouve caviar, saumon, pirojkis, friandises : les étals sont tous vides.

Nous déambulons sur les canaux de cette Venise septentrionale, tandis que la neige disparaît des toits et des chaussées ; nous arrivons au fameux Cavalier de bronze et longeons la Neva. Quelle ville superbe ! Une ville italienne plantée dans le Nord, dont les palais sont installés devant d'amples espaces, au lieu d'être tassés les uns contre les autres comme en Italie.

Une Neva d'une largeur majestueuse. Le croiseur *Aurore* est à quai, il m'émeut encore, bien que totalement déconverti, mais je n'ai pas encore découvert ce que fut vraiment octobre 1917. Le fabuleux musée de l'Ermitage, dont Paola me commente les tableaux en négligeant Johanne, ce dont je ne me rends pas compte et qui causera le désamour de Johanne à son égard. Les immeubles reconstruits après le siège sont impressionnants. La ville a été restaurée telle qu'elle fut avant les destructions. J'y retrouvais les descriptions de Biély dans son *Pétersbourg*, les noms de rues, les hautes cheminées des ex-usines Poutilov à l'horizon, j'y retrouvais aussi le *Pétersbourg* de Dostoïevski, me demandant sur quel pont de canal le héros des *Nuits blanches* rencontra son héroïne.

Pendant mon premier séjour, Leningrad n'avait qu'un petit aéroport provincial doté d'un petit terminal. Lors de mon second séjour, je crois, il y avait un vol d'Air France deux ou trois fois par semaine. Mes amis m'avaient conduit à l'aéroport pour mon retour vers Paris, et m'avaient laissé.

Au terminal, j'apprends que mon vol est supprimé à la suite de je ne sais quelle grève. Je regarde le tableau : pas un seul départ pour Paris ni pour l'Europe de l'Ouest. Je vois seulement un charter d'Aeroflot pour Venise. Je demande au guichet si je peux acheter une place pour ce vol ; réponse : « impossible ». J'insiste. Inflexibilité. Je sors quelques roubles. Amollissement. Finalement, bien que ce soit un charter réservé par des Italiens, on me donne, sans la trace d'un billet, mais contre mes derniers roubles, l'autorisation de le prendre. Je trouve une bande de joyeux Italiens qui m'accueillent aimablement. Les fauteuils de l'avion sont soit défoncés, soit avec un dossier rabattu. Au décollage, les deux hôtesses russes ne nous demandent pas d'attacher nos ceintures. Pas un verre d'eau, pas un biscuit. Les Italiens chantent. Le Tupolev tient bien sa route et atterrit. Je demande à un Vénitien comment rejoindre Paris en fin d'après-midi. Pas d'avion, mais il me conseille de prendre à la gare le train de nuit. Je saute dans un taxi et me rends à la gare prendre ce Simplon dont le départ est prévu quelques minutes après. Une fois à la gare, j'apprends qu'à la suite de chutes de neige ou d'éboulements, je ne sais plus, le Simplon aura un considérable retard.

Il finit par entrer en gare, je trouve un contrôleur, il me trouve une couchette et j'arrive enfin à Paris.

À chaque retour dans cette ville, en diverses saisons, je suis toujours saisi par la beauté des palais, des jardins et rivages de la Neva.

Plus tard, je revins trois ou quatre fois à Leningrad redevenu Saint-Pétersbourg, ayant toujours grand plaisir à y marcher. Une fois, ce fut pour un colloque avec Cornelius Castoriadis et Jacques Julliard, je ne sais plus sur quel thème. Je me souviens que Julliard et moi avions changé de l'argent en roubles au cours officiel dans un office ad hoc. Corneille, quant à lui, avait trouvé dans la rue un change clandestin plus avantageux, et se moqua du catholique et du juif incapables des exploits du Grec. Mais soudain, en nous sortant sa liasse, il découvrit que seul le billet du dessus avait quelque valeur, le reste était misérable, bref, le Grec s'était fait rouler.

Je me souviens aussi d'avoir raté l'avion pour me rendre au colloque. Edwige et moi prîmes un vol de la Lufthansa le lendemain direction Moscou, où nous échouâmes à trouver nos bagages, car au lieu d'être au carrousel de Francfort ils étaient arrivés à celui de Delhi. À Moscou, les bagages étaient jetés n'importe comment et les voyageurs couraient d'un carrousel à l'autre. Puis nous approchâmes des contrôles de police où il y avait des files d'attente énormes. Je découvris un guichet vide pour diplomates où nous fûmes bien accueillis et contrôlés. Puis, avec un mauvais anglais et un mauvais allemand, nous avons trouvé un tramway qui nous conduisit vers l'aéroport des villes de l'intérieur de l'URSS. Après moult difficultés nous finîmes par nous envoler pour Saint-Pétersbourg, qui, à l'époque, n'était pas desservi directement par les capitales étrangères.

Moscou

J'ai ressenti une grande émotion dès les premières mesures prises par Gorbatchev en 1985 : *perestroïka* et *glasnost*. J'avais prédit la possibilité que la fin du système totalitaire pourrait venir du sommet du Parti et qu'il ne pourrait procéder que de là. Je voyais aussi que le système pouvait non seulement durer, mais coloniser une Europe occidentale lors d'une conjoncture favorable, comme l'absence d'assistance américaine. Je n'avais pas prévu le pourrissement de la guerre d'Afghanistan, commencée en 1979, que Gorbatchev arrêterait en 1989.

Je souhaitais me rendre à Moscou et une première occasion me fut bizarrement offerte par le pouvoir gorbatchévien qui invita, via Guy Sorman (que je connaissais amicalement) et *Le Figaro*, quelques intellectuels français, dont François Nourissier, Françoise Chandernagor, Jean d'Ormesson. Guy Sorman m'ajouta sur la liste. Les épouses étaient invitées. Nous fûmes logés dans l'hôtel que le Parti réservait à ses hôtes de marque. Je me souviens surtout de nos visites au Kremlin, de mes promenades rue Arbat (j'avais lu le roman du même nom), de mes conversations avec quelques écrivains et dramaturges qui exprimaient leur satisfaction des événements libérateurs. J'ai été invité à déjeuner au comité des écrivains, ex-forteresse de la culture stalinienne, où tous en revanche n'étaient pas enchantés.

Nous eûmes dans notre hôtel un débat entre Français, la plupart favorables au vent de liberté. Seul François Nourissier se montrait réticent, il y voyait un événement superficiel et provisoire : « Je crois que ça va retomber, comme Mai 68. » Du reste, j'avais déjà été frappé qu'il ait fait refuser par Grasset, où il était une éminence grise, le roman d'un dissident tchèque. Je l'ai alors soupçonné d'être un agent occulte du KGB (mais sans la moindre preuve). Sa femme, pétulante, était d'origine russe.

Je conduisis le groupe et quelques amis russes dans un restaurant azéri, par goût pour la cuisine turque, et je vis que nos amis russes ne semblaient guère heureux d'être dans le restaurant d'un pays musulman.

J'ai toujours été surpris qu'en Russie comme dans les démocraties populaires où avaient régné pendant des décennies une propagande et une idéologie universaliste, où furent accueillis des étudiants africains, cubains, latinos, il y eût un racisme quasi viscéral, beaucoup plus virulent que dans les pays occidentaux, notamment à l'égard des Africains.

J'ai mis à profit quelques occasions d'aller à Moscou de 1989 à 1991, j'y ai retrouvé le sympathique journaliste Guy Sitbon qui s'y était installé pour un temps. Invité à un dîner par l'ambassadeur de France, Pierre Morel, homme très cultivé et féru de culture russe, j'ai fait inviter à ce dîner Elena Bonner, devenue récemment veuve d'Andreï Sakharov (mort en décembre 1989), elle n'avait jamais été invitée. J'avais connu cette femme dynamique et chaleureuse quelques années plus tôt à Florence. Elle avait obtenu, en dépit de la résidence forcée où elle vivait avec Sakharov, l'autorisation de se faire soigner d'une malade particulière des yeux, chez un ophtalmologue réputé d'Italie. Elle était logée chez une aristocrate russe émigrée en Toscane et qui y traduisait en italien des textes de samizdat. Je ne sais plus comment j'avais connu cette femme, qui m'invita à dîner au restaurant avec Elena Bonner. Je fus très étonné que, plutôt que de choisir parmi la variété d'*antipasti* et de pâtes, Elena demandât un plat de pommes de terre.

Elle parla avec beaucoup de passion au cours de ce repas. C'est elle qui avait stimulé et encouragé Sakharov. Elle ne désarma jamais, jusqu'à sa mort en 2008.

Pierre Morel avait une collaboratrice d'origine russe à l'ambassade avec laquelle j'eus un lien très affectueux ; elle avait cette qualité poétique d'âme et de cœur qu'on ne trouve que chez des Russes ; je la revis à Paris et me désole de ne pas retrouver son nom.

Je fus aussi invité à l'université de Moscou par Marek Halter, extraordinaire personnage. C'est lui qui me fit prendre conscience de la tragédie palestinienne en m'invitant à participer au comité qu'il avait créé pour la solution du conflit israélo-palestinien (à l'époque, il regroupait Sartre, Chomsky et tant d'autres illustres) ; sa femme, la troublante Clara, allait elle-même dans les camps de réfugiés palestiniens. Elle était artiste peintre et édifia à Paris un « mur de la paix ». J'ai tout récemment appris la mort, en octobre de cette année 2017, de cette femme émouvante.

Marek avait eu une vie quelque peu « mythique ». Il s'était évadé, gamin, du ghetto de Varsovie, avait rejoint l'URSS (au temps du pacte germano-soviétique), y était devenu écolier et pionnier, avait été dans les bras paternels de Staline, était devenu peintre en France, puis écrivain ; au moment de la *perestroïka,* il avait créé un institut français à l'université de Moscou.

Je suis logé par le conseiller culturel de l'ambassade dans un appartement à un étage élevé d'une tour de ladite université, située un peu hors de la ville ; quand j'entre dans l'appartement une petite cohorte de cafards vient me dire bonjour.

C'est l'hiver, il neige. Je ne sais plus qui m'a accompagné en voiture au pied de la tour. Je monte à mon appartement. La clé n'ouvre plus la porte, je réessaie sans cesse, la remets, la retire, la remets, aucun déclic. Il est minuit passé. Je ne sais pas quoi faire. Il n'y a pas encore de portable à cette époque. Je reviens au rez-de-chaussée, tout est désert, j'erre de couloir en couloir. Finalement, je trouve un veilleur de nuit assis à une table avec un téléphone qu'il m'autorise à utiliser. Je téléphone au conseiller culturel français que je réveille ; il a perdu son amabilité et me dit qu'il est au lit et ne peut rien faire. Je raccroche, puis, soudain, inspiré pour lui demander d'appeler un service de nuit, je le rappelle, mais il raccroche dès qu'il entend ma voix. Je sors dans la nuit neigeuse, puis remonte à mon appartement. Efforts répétés et échec. Je redescends. Il y a une voiture qui vient d'arriver et d'où sort un couple qui parle espagnol. Pendant que la voiture s'éloigne, je vais à leur rencontre, heureux de reconnaître une langue que je peux parler et comprendre. Je leur raconte ma mésaventure. Ils montent avec moi, essaient la clé plusieurs fois, échouent.

Ce sont des étudiants cubains. Ils me proposent de dormir alors dans leur studio, où demeurent quelques victuailles, résidus d'un festin consécutif à la soutenance de thèse du garçon. Ils me disent leur désillusion. Depuis la *perestroïka*, personne ne s'intéresse plus à eux et même certains les dédaignent. Ils évoquent le racisme des blonds à peau blanche à leur égard. Ils m'invitent à dormir dans leur fauteuil à moitié déglingué.

Au petit matin, le garçon a une barre de fer à la main. Il me dit : « Ce que l'intelligence n'a pu faire, la force va le faire. » Nous partons avec l'intention d'enfoncer ma porte. Avant qu'il commence, j'essaie une dernière fois avec ma clé et, miracle, la porte s'ouvre. Nous pénétrons dans l'appartement. Je veux les remercier en leur offrant à boire ; hélas il n'y a dans mon frigidaire qu'une bouteille de lait que je leur donne et qu'ils boivent avec plaisir, le lait étant apparemment une denrée rare ; je crois aussi que je trouve une tablette de chocolat que je leur offre. Nous nous quittons avec force *abrazos*.

L'élan d'enthousiasme de la *perestroïka* s'atténue et disparaît avec la raréfaction de la nourriture. Au système rigide où régnait la débrouillardise et la tricherie succède un libéralisme économique qui, au lieu d'installer la concurrence propre au marché, installe le règne des mafias. La pénurie et la hausse des prix, conjointement à Eltsine, à la fois sauveur et fossoyeur, auront une nouvelle fois, et d'une autre façon, plongé le peuple russe dans le malheur. À nouveau, le chant de l'innocent de Boris Godounov me vient à l'âme : « *Gore, gore Rusi.* »

Je reviendrai à Moscou dans les années poutiniennes, avec Gala Naoumova qui a traduit *Terre Patrie* en russe. Gala Naoumova est une écrivaine d'origine russe, qui a acquis la nationalité allemande et qui vit souvent à Paris. Je l'ai rencontrée par son ami Constantin von Barloewen, et nous avons sympathisé. Mon intérêt passionné pour le chamanisme m'a fait lire son *Taïga transes : voyage initiatique au pays des chamans sibériens*[1], récit de son expérience personnelle de la transe chamanique dans une peuplade sibérienne. Elle s'est intéressée à traduire mon *Terre-Patrie* et a trouvé un éditeur russe. Nous sommes allés ensemble à Moscou pour la publication. Je me souviens qu'elle est entrée dans une église orthodoxe et y a fait une fervente prière ; elle ignore qu'elle est peut-être d'origine juive lointaine, ce que trahirait son nom de Naoumova ; Naoum étant un prénom d'origine hébreu très fréquent chez les juifs russes, mais on en trouve aussi au Liban et en Macédoine chez des chrétiens orthodoxes.

Elle m'a conduit chez un sculpteur qui a fait mon buste en sa présence.

Je fus très marqué, je l'ai dit, par le cinéma russe. *Le Chemin*

1. Calmann-Lévy, 2002.

de la vie de Nikolaï Ekk, à l'âge de 12-13 ans, m'a donné le sens de la rédemption, *Alexandre Nevski* d'Eisenstein, qui comporte la sublime bataille sur la glace accompagnée par la musique de Prokofiev, *Andreï Roublev* de Tarkovski, un des plus beaux films que j'ai vus de toute mon existence. J'ai continué à voir des films russes, ceux admirables de Nikita Mikhalkov, *Quelques jours de la vie d'Oblomov*, *Les Yeux noirs*, *Urga*, l'inoubliable *Soleil trompeur* et, dernièrement, *Léviathan* d'Andreï Zviaguintsev, *Faute d'amour*, du même réalisateur, *Taxi Blues* de Pavel Lounguine et aussi un film du même Lounguine, dont le héros est un jeune antisémite qui découvre qu'il est juif : *Luna Park*.

La littérature russe m'a profondément touché, je l'ai dit. Je suis marqué à jamais par Dostoïevski tout en aimant passionnément Tolstoï et Tchekhov. J'ai été bouleversé par l'œuvre de Soljénitsyne. Quelle grandeur dans cet homme solitaire, déporté, rejeté, condamné, exilé qui, non seulement, a fait des œuvres-témoignages littéraires magnifiques, mais qui, dans l'isolement, s'est acharné à reconstituer d'abord l'histoire concentrationnaire de l'URSS, mais aussi l'histoire même de la Russie pendant la guerre et sous la révolution ! Grâce à Claude Durand, son éditeur et homme de confiance, j'ai pu participer à un déjeuner en sa compagnie, où il avait été invité par le Premier ministre d'alors, Edouard Balladur.

J'ai continué à ressentir les plus grandes émotions en lisant *Vie et destin* de Vassili Grossman, puis, récemment, *La Fin de l'homme rouge*, puis *Femmes en guerre*, de Svetlana Alexievitch, puis l'extraordinaire *Maison éternelle* de Yuri Slezkine, et enfin *L'Archipel des Solovki*, de Zakhar Prilepine.

Et que dire de la musique ! En premier lieu, pour moi, le *Boris Godounov* et *La Khovanchtchina*, de Moussorgski, puis *Shéhérazade* de Rimski-Korsakov, et l'immense Tchaïkovski…

À la différence de l'humanisme occidental, principalement rationnel, l'humanisme russe porte en lui une sensibilité à la douleur, à la tragédie et à la folie des hommes.

46

Adolescence

Les entrées en culture

L'entrée en art

En ce mois de janvier 2018, la presse évoque la petite danseuse de Degas. Or cette petite statuette fut l'un de mes deux chocs esthétiques durant mon adolescence, aussi puissant qu'un coup de foudre amoureux ou qu'une révélation religieuse, telle celle de saint Paul le désarçonnant au point de le faire tomber à terre, comme le montre le sublime tableau du Caravage, *La Conversion de saint Paul sur le Chemin de Damas*.

Je ne sais à quel âge, je pense entre 14 et 16 ans, je fréquentais régulièrement le musée du Louvre. J'étais particulièrement attiré par le rez-de-chaussée et ses énormes sculptures mésopotamiennes, égyptiennes, iraniennes, ainsi que par les salles dévolues à la peinture italienne et hollandaise. Au cours d'une pérégrination dans les salles françaises du XIXe siècle, je me trouvai soudain devant une petite danseuse, haute de 30 centimètres, placée à l'intérieur d'un parallélépipède de verre. Elle portait un tutu de vrai tissu et était modelée dans une matière sombre.

Elle semblait faire un pas de danse, mais cambrée, rejetant sa tête et ses bras en arrière, son corps semblait en offrande, à la fois volontaire et soumise. De façon fulgurante, elle provoquait en moi tout à la fois souffrance et volupté, en une émotion esthétique et érotique mêlée de tragique ; son offrande était presque de l'ordre d'un sacrifice, et il émanait d'elle, en tout cas pour moi, à travers ces sentiments mêlés, plus qu'une ivresse, plus qu'un enchantement. Elle était en extase et me transmettait cette douloureuse intensité. Je sentis alors en moi la *transcendanse* alliée à un désir fou comme si, de façon ésotérique, Éros me révélait son mystère.

Quand, bien plus tard, j'ai trouvé la reproduction de la petite danseuse, je l'ai affichée dans mon bureau, elle portait toujours, mais atténuée, la même fascinante présence.

L'entrée en musique

Mon père adorait les chansonnettes. Il chantait ou sifflait le matin, en fin de repas, le soir, et m'apprit les chansons de Mayol, Perchicot, Georgius, Mistinguett, Maurice Chevalier.

Puis la radio me fit découvrir deux pièces symphoniques qui me charmèrent : *Sur un marché persan* de Ketelbey, et le *Ballet égyptien* de Luigini. Peu après, ce fut l'irruption de la *Symphonie pastorale* de Beethoven qui m'enchanta mille fois plus que tout ce que j'avais pu entendre jusqu'alors, je fus hissé à une hauteur d'émotion inédite pour moi. Je découvris ensuite le *Concerto pour violon* du même Beethoven où je trouvais, à la fois liées et heurtées, douceur et tendresse, force et violence.

Je pris la décision d'aller au concert. Selon les programmes, je me rendais au concert Colonne du théâtre du Châtelet, dirigé par Paul Paray. Je faisais la queue plus d'une heure avant l'ouverture afin d'obtenir une bonne place au poulailler, puis, après le passage au guichet, c'était la course effrénée étage après étage pour tenter de trouver une place au premier rang de la galerie supérieure. J'allais aussi au concert Lamoureux, qu'Eugène Bigot dirigeait assis sur un haut tabouret, sans doute privé de l'usage de ses jambes. J'étais installé dans la galerie supérieure, légèrement sur le côté, debout, avec d'autres mélomanes ne bénéficiant pas de place assise. Soudain, un murmure musical s'élevait doucement de l'orchestre, suivi par trois indicibles appels semblant venir d'un inframonde, appels se répétant à nouveau avec plus d'insistance, puis s'amplifiant progressivement, se fondant les uns dans les autres dans un crescendo frénétique jusqu'à faire soudain tonner l'orchestre de coups massifs, impérieux, forgeant l'Univers. Alors, tout s'arrêtait, puis doucement, faiblement, à partir du silence, tout recommençait, s'accélérant, s'intensifiant, et la *Neuvième Symphonie* s'élançait, comme l'univers lui-même, dans l'union cosmique d'Éros et de Polemos.

Mes cheveux se hérissaient sur ma tête. J'étais dans une formidable extase, non de sérénité mais d'absolu. Tout ce premier mouvement me transportait littéralement, dans son flux, ses ruptures, mêlant concorde et discorde, violence et tendresse. Depuis, ce mouvement n'a cessé de m'habiter. Certes, j'aime tout ce qui suit : scherzo, adagio, ode à la joie, mais leur beauté est comme atténuée pour moi par le sublime premier mouvement.

L'entrée en littérature

Depuis mon alphabétisation, à 6 ans, je n'ai cessé de lire, d'abord enfant solitaire, car fils unique dévoré par la lecture, et, plus tard et pour toujours, la dévorant à mon tour.

Toutes ces lectures merveilleuses ou bouleversantes : *Candide*, *Zadig*, *Hernani*, *Quatre-vingt-treize*, *Les Misérables*, *Le Père Goriot*, *Les Illusions perdues*, *La Terre*, *Le Livre de la jungle*, *David Copperfield*, *Sans famille*, *Jean Barois*, tout Anatole France, toutes les traductions de Dostoïevski, *Résurrection*, *Guerre et Paix*, *La Mouette*, *Oncle Vania*, *Jean-Christophe* (une émotion immense), poursuivies avec les découvertes de Céline, Proust, Malraux.

Puis, ce furent les essais, de Montaigne à Pascal, La Rochefoucauld, La Bruyère, Rousseau…

Et rien ne s'est arrêté, tout continue…

Qu'est-ce qu'un livre qui compte dans une vie ? C'est celui qui constitue pour son lecteur une expérience de vérité, cela vaut non seulement pour un livre d'idées, mais aussi, parfois plus profondément, pour un poème ou un roman. Voici qu'il nous dévoile et rend intelligible une vérité ignorée, cachée, profonde, informe, que nous portions en nous, et qui nous procure ainsi le ravissement de cette découverte. En faisant surgir une vérité, invisible au départ, ce livre illumine notre esprit, s'y incorpore et devient nôtre.

De l'enfance à l'âge adulte, nous vivons des âges esthétiques différents. Une fois adultes, nous devenons moins proches des œuvres qui ont charmé notre enfance. Mais les contes de Perrault, les romans de la comtesse de Ségur m'ont enchanté, et bien que désormais considérés comme enfantins, ils m'ont marqué en profondeur, même s'ils semblent dormir aujourd'hui dans un recoin de ma mémoire. En revanche sont toujours vivaces mes sentiments pour les Indiens d'Amérique, pour les Noirs réduits à l'esclavage, entre autres grâce à *La Case de l'oncle Tom*, et les romans d'aventures de Gustave Aimard. La compassion pour la souffrance m'a également été transmise par les récits de Jack London, entre autres *Michaël, chien de cirque.*

Plus tard, vers 13 ans, j'ai tellement besoin de me nourrir de romans qu'à l'école, pendant la classe, je lis sous mon pupitre, et chez moi, je lis à table, pendant les repas. Parmi les romans qui m'ont ému et transporté à cette époque, je veux m'arrêter un instant sur l'importance du *Jean-Christophe* de Romain Rolland et de tous les romans d'Anatole France. Le premier est romantique, lyrique, transporté par l'amour de l'humanité. Le second est sceptique, critique, souriant, détaché. L'un et l'autre me dévoilent, me révèlent, expriment deux sentiments antagonistes qui sont désormais très forts en moi, parce qu'ils me viennent du même événement fondamental : la mort de ma mère alors que j'avais 10 ans.

D'un côté, je suis désabusé à jamais, j'ai perdu l'absolu, je suis conduit à douter de tout, et cela d'autant plus que je n'ai subi qu'un très faible marquage culturel par mon père. L'autre aspect de moi-même, qui me vient de l'aspiration toujours renouvelée à m'intégrer dans une substance maternelle infinie, me poussera non seulement vers tout ce qu'exprime le romantisme, mais aussi vers la recherche de la foi, de l'effusion, de la communion.

Orphelin de mère, je n'ai cessé de rechercher ailleurs, autrement, la communion océanique, mais en gardant toujours le sentiment de l'irréparable, de la perte et du désastre. Le doute s'est incrusté au fond de mes cellules, à la fois du fait de l'expérience de cette mort sans retour et de ce faible marquage culturel dans mon éducation familiale, d'où cette impossibilité, en dépit de mes efforts, de croire en une religion révélée.

Je cherche à travers d'innombrables lectures le « message » qui me donnera ma vérité, et j'en trouve des fragments ici et là comme dans la vie de Ramakrishna, ou celle de Vivekananda transmise par Romain Rolland

Contradiction toujours vécue, jamais dépassée, entre un besoin de foi et le doute insurmontable, et toujours nourrie par des livres. D'où ma fascination, d'abord pour les auteurs qui ont vécu le plus intensément cette contradiction (Pascal, Dostoïevski), pour les philosophes de la contradiction qui en profondeur ne la suppriment jamais (Héraclite, Hegel, et même Marx), et mon attraction irrésistible pour le doute fondamental d'un Montaigne comme pour l'élan irrépressible au-delà du doute et de la raison de Rousseau.

J'ai été marqué par ce dont j'avais soif. J'étais déjà poussé, par le sentiment aigu de la vérité des idées contraires, et j'allais oublier de dire que la lecture de *Jean Barois* de Roger Martin du Gard m'avait gardé dans ce sentiment existentiel, premier.

Il m'est donc indispensable d'évoquer les auteurs russes qui me semblent essentiels, car ils touchent à ce qui est fondamental en moi, pour cette raison aussi que je les ai connus à l'âge même où les lectures peuvent nourrir et marquer en profondeur non seulement l'intelligence, mais aussi l'âme et l'être tout entier.

J'ai été frappé par le *Résurrection* de Tolstoï, le *Père et fils* de Tourgueniev, les récits tristes et nostalgiques tels *La Steppe*, *Oncle Vania*, de Tchekhov, puis, dans les dernières décennies, bouleversé par *Le Pavillon des cancéreux*, *Le Premier Cercle*, *La Maison de Matriona*, de Soljénitsyne, le dantesque *Vie et Destin*, de Grossman, écrivain « moyen », mais qui devient sublime dès qu'il plonge dans Stalingrad, percevant avec une justesse visionnaire pourquoi Stalingrad est à la fois la plus grande victoire et la plus grande défaite de l'humanité, et suscitant, à Auschwitz, une scène aussi terriblement grandiose que celle de la légende du Grand Inquisiteur, entre un jeune chef SS et un déporté communiste.

Cependant, celui qui à mes yeux reste le plus présent, le plus intime est encore et toujours Dostoïevski. De la même façon que je fus foudroyé par le premier mouvement de la *Neuvième Symphonie*, j'eus la même révélation, mais par le langage cette fois, en lisant *Crime et Châtiment*. J'ai écrit bien plus tard que la petite prostituée Sonia était en avance de millions d'années-lumière sur Marx. Les autres romans de Dostoïevski suivirent, j'étais toujours exalté : Dimitri, Ivan, Aliocha Karamazov, Mychkine, Raskolnikov, Stravoguine et les autres héros des *Possédés* ne m'ont jamais quitté. Nul n'a porté autant à la fois le sens de la souffrance, de la tragédie, de la dérision, du délire proprement humain. Et je n'aurais pas proposé l'idée d'*Homo sapiens/demens* comme notion clé dans *Le Paradigme perdu* si, sans cesse, n'avait été régénéré par les écrivains et surtout par la force narrative de Dostoïevski ce sentiment si profondément ancré en moi de l'indissociabilité de la folie et de la raison dans l'être humain.

Sans doute trouvais-je dans *Les Frères Karamazov* trois héros qui correspondaient à des virtualités profondes et contradictoires de mon être, comme chez la plupart d'entre nous. Mais ce qui émergeait principalement dans toute l'œuvre de l'écrivain, c'était, plus aigu, plus intense, plus douloureux et violent que partout ailleurs, y compris chez les autres Russes, le sens de la souffrance, la pitié infinie et hagarde pour cette souffrance, le tourment des âmes déchirées, les profondes instabilités de l'identité, les moments de vérité de l'amour, l'insondable mystère des êtres et de la vie. Mon premier sentiment philosophico-politique (si j'ose employer ce terme) m'est venu de Dostoïevski : résister à la cruauté du monde. Ce que je sentais chez lui, ce n'était pas tant l'ancien révolutionnaire devenu traditionaliste, l'ex-occidentaliste devenu slavophile, mais le maintien rageur dans le second Dostoïevski du doute, du nihilisme, et le combat furieux, désespéré, entre la foi et le doute, entre espoir et désespoir, combat qui ne m'a jamais quitté. Et je sais aujourd'hui que les plus grands esprits européens sont ceux qui n'ont cessé de vivre intérieurement cette contradiction fondamentale, cet antagonisme irréductible, même lorsqu'ils ont manifestement choisi un parti contre l'autre, ce dernier parti s'active souterrainement à l'intérieur du premier.

Cela me conduit directement à Pascal.

Pascal, ce sont d'abord des vérités qui surgissent soudain au cours de la lecture décousue des *Pensées* (toujours mal cousues dans les diverses éditions et à jamais mal cousues, car, fort heureusement, Pascal est mort avant d'avoir pu transformer ces diamants en maillons d'un discours apologétique).

Aujourd'hui, je comprends ce qui me « pascalisait » et me « pascalise » à jamais, c'est, dans la même pensée, le lien et le combat formidable entre la foi, la raison et le doute. La culture française est, au cœur de la culture européenne, celle où s'est mené de façon la plus radicale le débat/combat entre foi et raison, foi et doute, et Pascal vit dans son propre esprit ce combat qui oppose les esprits. Ainsi, de façon géniale, il se sert de la raison pour en montrer les limites, pour dévoiler un ordre de réalité supérieur, inaccessible à la raison, cela le conduit à énoncer très rationnellement sa foi « absurde » : *credo quia absurdum.* En même temps, il a compris qu'il n'y a pas de preuve rationnelle de Dieu, il fonde alors sa foi sur un pari. Certes, à l'époque de ma première lecture, je n'avais pas compris la vérité moderne et fondamentale de cette proposition, je n'avais pas compris que toute foi, toute croyance, non seulement en Dieu, mais aussi en l'homme, en la fraternité, en la liberté, est un pari dont il faut absolument être conscient. Depuis, toutes les idées maîtresses de Pascal ont germé en moi et éclairé des élaborations que je croyais nouvelles. Sur le tard, une phrase admirable m'a révélé ce à quoi j'avais accédé après un long processus :

« Toutes choses étant causées et causantes, aidées et aidantes, médiates et immédiates, et toutes s'entretenant par un lien natu-

rel et insensible qui lie les plus éloignées et les plus différentes, je tiens impossible de connaître les parties sans connaître le tout, non plus que de connaître le tout sans connaître particulièrement les parties. »

Je pourrais maintenant évoquer Rousseau, qui m'est proche parce qu'il a appris à penser en vivant ses expériences, parce qu'il fut un véritable autodidacte, et qu'il n'a pas subi l'empreinte des idées dominantes. Il a conçu sa pensée entre Genève et Paris, c'est le marginal, le déviant en lui, qui apporte tout ce qui manque à ses amis, lesquels deviendront vite ses ennemis : les philosophes des Lumières. Il a compris que dans le progrès existait aussi une dégradation, que la civilisation portait en son essence même la perte de ce qui est « naturellement » virtuel chez l'homme, et cela ne l'empêchait pas de songer à une société meilleure. La puissance créatrice de cette pensée autonome me frappe par son actualité, et s'il s'est opposé aux autres philosophes, permettez-moi de les garder ensemble en mon esprit. Ils sont en « dialogique » dans mon univers mental. De même, la dialogique entre romantisme et rationalisme n'a jamais cessé d'être active en mon esprit à partir du moment où, par l'ouverture jamais refermée, brèche originaire de la perte de l'absolu devenue ouverture insatiable, s'est engouffré en moi le romantisme allemand, et je pense particulièrement à Büchner, Novalis, Hölderlin.

Vient s'imposer ici la figure de Hegel. Je suis venu à Hegel par Marx, du moins par le biais d'un ami hongrois ayant subi l'influence de Lukács et qui m'avait entraîné, en 1942-1943, à lire Hegel dans les traductions anciennes de Vera dont on disposait à l'époque, avec l'aide des *Morceaux choisis* de Lefebvre et Guterman, puis, plus tard, les interprétations d'Hyppolite et de Kojève. C'est dans Hegel que j'ai appris à reconnaître ma (mes) contradiction(s) fondamentale(s), à les assumer à jamais, à les approfondir, à tenter de les « dépasser ». Depuis, j'ai appris que les contradictions vraiment fondamentales sont non seulement indépassables, mais constitutives de notre être et de notre vie. Dans Hegel, et notamment dans les pages admirables sur les sophistes grecs, j'ai découvert que le scepticisme n'était pas qu'incertitude et corrosion, mais aussi l'énergie même de l'esprit. Dans Hegel, je me suis senti encouragé dans mon aspiration adolescente à assembler, à relier les différents champs du savoir et de la connaissance, je me suis reconnu dans l'aspiration à la totalité, tout en pressentant que celle-ci était inaccessible, mais ne voyant pas encore clairement que croire la posséder était l'erreur suprême, ce que je découvris vers 1957 dans la phrase d'Adorno : « La totalité est la non-vérité. » Beaucoup ne voient dans Hegel que le système abstrait, la dialectique intempérante. Pour ma part, je vois le combat entre l'idée et le réel, la copulation/lutte entre l'une et l'autre, je vois la pensée qui accepte et assume la contradiction, qui vit dans l'antagonisme permanent des idées à l'intérieur d'elle-même, et qui retrouve toujours un nouvel antagonisme quand elle a surmonté l'antagonisme qu'elle subissait. Bien que le système philosophique de Hegel soit devenu, dans son achèvement même, la cible des critiques pertinentes de l'« existentialiste » Kierkegaard, j'ai toujours été sensible au mouvement même de la pensée hégélienne, véritable corps à corps ininterrompu avec ce qui dans l'existence échappe à la rationalité. Bien sûr, j'étais très heureux de découvrir qu'au-dessus de la raison limitée de l'entendement (*Verstand*) il y avait une raison supérieure qui se nourrissait de la contradiction au lieu de la rejeter, la raison dialectique (*Vernunft*). Mais pour moi, dans les contradictions, il y avait aussi, certes implicitement, mais fortement, la contradiction entre le rationnel et l'irrationnalisable. Dans Hegel m'a séduit aussi l'idée de « ruse de la raison » qui montrait que celui qui croit n'agir qu'en fonction de ses intérêts égoïstes agit en même temps pour un destin historique dont il est inconscient.

De Hegel, je reviens naturellement à Marx. Le Marx qui m'a frappé est celui des *Manuscrits économico-philosophiques*, où, sans doute, a pris source mon idée d'anthroposociologie, celle d'unidualité humaine (naturelle et culturelle), et celle que sciences de l'homme et sciences de la nature devaient s'embrasser l'une l'autre, aucune ne devant engloutir l'autre, mais l'une et l'autre devant tisser une relation dialogique indissoluble. Marx m'ouvrait la possibilité d'une pensée à la fois philosophique, scientifique et politique, où la théorie engendrait une *praxis* ; les disciplines (économie, psychologie, sociologie, histoire) n'étaient que des catégories d'utilité certaines, mais limitées, et il fallait saisir l'unité multidimensionnelle de l'anthroposociologie. Ce qui me subjuguait alors, c'était qu'il avait réussi à arrimer à la vision dialectique de l'histoire humaine l'idée que cette dialectique même, pourtant inachevable dans son principe, pouvait permettre le saut historique capital où serait abolie l'exploitation de l'homme par l'homme.

En même temps, je me nourrissais autant de Rimbaud que de Hegel et Marx. Mon ami Jacques-Francis Rolland, avec qui je partageais une chambre à la maison des étudiants de Lyon, idolâtrait le poète comme moi, et nous aimions déclamer *Une saison en enfer*, œuvre maîtresse, œuvre pythique, puisque, telle la pythie de Delphes, selon la parole extraordinaire d'Héraclite, elle « ne dévoile pas, ne dissimule pas, mais indique ». Rimbaud nous parlait de notre vouloir-vivre, de nos ardeurs, de nos folies, de la dureté des temps, de la conduite à adopter (« il faut être absolument moderne »), de la nécessité de dire adieu, de partir pour l'aventure.

J'allais oublier André Gide. Pourtant j'ai reçu comme messages personnellement adressés les injonctions des *Nourritures terrestres* et des *Nouvelles nourritures* qui exigeaient de moi ce que je n'arrivais pas à réaliser jusqu'à mes 20 ans : vivre ! Et bien que le mot n'y fût pas écrit, il était fortement implicite, et ne me deviendrait explicite que plus tard, grâce au surréalisme et à sa devise : vivre poétiquement !

Au cours de cette époque d'adolescence, je découvre Malraux, Céline, Proust. Le Malraux de *La Condition humaine* et de *L'Espoir* a joué un rôle énorme sur beaucoup de jeunes de ma génération, nous poussant à vivre nos idées, à risquer notre vie pour elles, à exalter la fraternité, à espérer en la Révolution. Le marxisme me montrait qu'on ne pouvait résoudre les problèmes philosophiques que dans la *praxis* (qui apportait le « dépassement de la philosophie »). Malraux me donnait l'exemple de l'écrivain combattant, ce qui n'allait pas peu contribuer à faire de moi un résistant. Je pouvais dépasser mon deuil et ma nostalgie dans la fraternité vécue au service de la grande « matrie », l'humanité.

L'antisémitisme de Céline, en pleine Occupation, ne m'empêchait nullement d'être emporté par et dans *Voyage au bout de la nuit*, épopée de la misère, de la folie, de la dérision. Comment pourrais-je le dire ? Il y avait quelque chose de dostoïevskien à la française que je retrouvais dans ce *Voyage*. Longtemps après, j'ai reconnu dans *D'un château l'autre* et *Nord* ce mélange d'autodérision, d'épopée lamentable, tels des ingrédients nécessaires dans la restitution du caractère dantesque de la Seconde Guerre mondiale.

Enfin, Proust fut pour moi, avec Céline, le plus grand écrivain du XXe siècle. Aux antipodes l'un de l'autre. Ils sont à mes yeux complémentaires ou, plutôt, je dirais que l'œuvre de Céline est complémentaire de celle de Proust. Que le monde rétréci du Faubourg-Saint-Germain devienne un microcosme de tout tissu de vie humaine, que l'amour pour la mère ait trouvé l'expression enfin adéquate à ce qui me semblait jusqu'alors indicible, qu'il ait plus généralement étendu le royaume du dicible à la complexité infinie de notre vie subjective, qu'il ait allié l'extrême précision du mot, l'extrême subtilité de l'analyse à ce qui d'ordinaire lui est incompatible, la traduction de la vie de l'âme et du sentiment, tout cela m'enthousiasmait et, surtout, me montrait, sans encore en faire surgir chez moi la notion, que la vérité résidait dans la complexité.

L'entrée en cinéma

Aussitôt après la mort de ma mère, j'ai raconté précédemment comment j'ai trouvé dans le cinéma à la fois la fuite dans l'imaginaire et l'entrée dans le réel (j'évoque cela précisément dans le chapitre consacré au cinéma).

L'entrée au théâtre

Je commençai à fréquenter le théâtre peu avant la guerre, et je garde un fort souvenir de *La Mouette* de Tchekhov, avec Georges et Ludmilla Pitoëff, au théâtre des Mathurins, et de *La terre est ronde* d'Armand Salacrou, au théâtre de l'Atelier. Je verrais également sur scène, quelques années plus tard, sous l'Occupation, *Le Soulier de satin* de Claudel, *Antigone* d'Anouilh, *Les Mouches* de Sartre, *Ondine* de Giraudoux…

L'entrée en politique

Je l'ai dit, la politique est entrée en ouragan dans notre classe de lycée au lendemain du 6 février 1934, sans pourtant me faire entrer en politique. La vague de juin 1936 émeut mes 15 ans. Mon entrée en politique se fera avec la guerre d'Espagne, et je commence à m'interroger. Je me rendrai au siège de SIA (Solidarité internationale antifasciste), organisation libertaire, afin de faire des colis pour les combattants. Puis elle s'affirmera avec les prises de conscience de la crise économique commencée en 1929, de la crise de la démocratie, de la perversion stalinienne, du délire hitlérien, et je me suis mis à chercher la Voie et ma voie.

Finale

Me voici de nouveau à Fès, en avril 2009, au festival des musiques sacrées du monde, à l'invitation de Faouzi Skali, grand adepte de la culture soufie. Fès, où mon destin s'est métamorphosé.

Chaque année, le festival est un moment propice au dialogue, à la réflexion et à la création autour des musiques sacrées de toutes les cultures. J'apprécie les moments d'enchantement que me procurent ces rencontres autour des musiques du monde. Je me souviens particulièrement du chant d'une religieuse libanaise chrétienne, des hymnes soufis, de l'orchestre de Jordi Savall, d'un chanteur tunisien inspiré passant, dans le même morceau, du rock à la prière extatique.

Le coup de foudre survint. La veille de ma conférence, le festival, en la personne de Faouzi Skali, avait organisé un dîner en mon honneur, événement auquel Sabah était conviée. Faouzi Skali lui proposa de s'asseoir à ma table, mais elle souhaita plutôt s'installer à la deuxième table pour rejoindre des ami(e)s. Après le dîner, quand on réunit tous les convives pour la photo souvenir, elle vint me saluer, tout de blanc vêtue. Dans ce patio aux lumières tamisées du riad Amine, avant de la reconnaître, j'ai d'abord été frappé par un beau visage ouvert, un regard d'une acuité extraordinaire et ce sourire qui semblait se dégager de ses lèvres en même temps qu'elle parlait. Quand elle prononça son prénom, le souvenir de l'avoir déjà rencontrée m'est revenu. La dernière fois que je l'avais vue remontait à 2002, alors qu'elle participait à un colloque à Marrakech auquel j'avais été également convié. À cette occasion, je l'appelai déjà « reine de Saba » en lui donnant ma carte de visite. Mais Sabah, en femme discrète et secrète, a préféré continuer à connaître l'homme qui l'a souvent inspiré dans ses études et dans sa vie sans pour autant éprouver le besoin de rentrer en relation directe avec lui. Elle a ainsi collectionné mes livres et mes cartes de visite.

Au moment de cette photo de famille, le temps s'est un instant arrêté... Je n'arrivais plus à lâcher cette main qu'elle m'avait tendue pour me saluer. Alors, mû par une de ces rarissimes prémonitions qui arrivent dans l'existence, je lui dis : « Cette petite main, je la garde... »

J'ignorais ce qui d'avance nous liait elle et moi, j'ignorais ensuite le destin commun qui nous lierait tous les deux. Il s'agit d'une communauté de destins, et plus encore d'une contamination de destins.

De même que j'avais perdu ma mère adorée et adorante à l'âge de 10 ans, Sabah avait perdu au même âge son père adoré et adorant, il la surnommait « Al Malak[1]», « l'ange » en arabe. De même que j'avais vécu mon enfance en solitaire et en rupture intérieure avec ma famille, Sabah fut solitaire et recluse, incomprise dans son besoin de plus en plus urgent de trouver un amour capable de lui faire oublier le manque du père. Comme moi, elle s'était plongée dans les livres, s'était nourrie de littérature et avait trouvé source de vérité humaine et ressource vitale chez Dostoïevski.

De même que j'avais fait l'expérience de l'univers stalinien au sein du parti communiste, sous l'Occupation puis dans la guerre froide, jusqu'à l'écœurement, elle avait milité dans le mouvement du 23 mars pendant les années de plomb de Hassan II. Elle y avait étouffé et avait découvert dans mon livre *Autocritique,* paru en 1959 – mais qu'elle avait lu plus tard –, l'antidote et l'incitation à se libérer. Elle avait aussi trouvé dans *Le Paradigme perdu : la nature humaine* et dans plusieurs de mes ouvrages une

1. Attachée à ce souvenir du père, Sabah a donné le prénom Malak à sa petite nièce.

communauté de pensée et de sentiments, et surtout des causes communes.

Après un parcours d'études en sociologie et en sociologie de l'urbain, elle avait soutenu une thèse de doctorat, exemplaire de lucidité et de discernement, sur les problèmes de pauvreté à Marrakech puis dans les pays du Sud.

Sabah était devenue intégralement française en demeurant intégralement marocaine, tout en se sentant citoyenne de la Terre-Patrie, comme j'étais devenu intégralement français, mais intégralement méditerranéen, avec mes racines espagnoles, italiennes, balkaniques.

J'étais déjà donc présent intimement, sentimentalement, intellectuellement dans son univers, et elle me révéla par la suite cette communauté d'âme et de destin.

Alors que nous étions côte à côte lors de la séance photographique, j'ignorais tout cela. Nous nous tenions le bras ou la main d'une façon qui nous semblait évidente, comme si nous étions liés depuis toujours. On se sentait envahis par un sentiment d'union et de fusion.

Le lendemain, alors que je me rendais à la conférence dans le Batha, le merveilleux jardin de Fès, un photographe aux aguets surprit le moment où, nous dirigeant l'un vers l'autre, nous nous tendîmes les bras. Dès lors, tout bascula, ma vie se métamorphosa. Je dus à la grandeur d'âme de Sabah de pouvoir corriger chez elle, à Rabat, les épreuves de mon livre sur ma défunte Edwige.

Discrète et respectueuse, Sabah a tenu à respecter le deuil que j'observais encore pour Edwige. Elle a cherché à me connaître davantage en intégrant mon passé à notre présent. J'ai encore en moi le beau souvenir du deuxième anniversaire de la mort d'Edwige, quand elle acheta des fleurs que je lançai dans l'océan (nous étions à Rabat) en me recueillant. Cet immense respect qu'a Sabah pour la mémoire de mon passé, cette extraordinaire générosité qui s'est renouvelée au cours des années m'attachèrent plus encore à sa personne.

Non seulement notre rencontre était improbable, mais tout semblait s'être ligué pour l'empêcher. Elle nous parut pourtant incroyablement évidente, nous étions faits pour nous reconnaître et nous connaître.

Alors que je tentais de survivre, Sabah me donna, et me donne toujours, l'intensité de vivre, avec la poésie fabuleuse qu'offre l'amour, du tendre sourire du matin au baiser de l'avant-sommeil.

Cette union entre un homme d'ascendance juive et une femme arabo-musulmane en étonne plus d'un et en scandalise certains, de part et d'autre. Nous sommes l'un et l'autre, non pas d'âme métisse, mais porteurs d'une unidualité et d'une universalité. Sabah est à la fois intégralement arabe, intégralement française et intégralement laïque. Nous sommes l'un et l'autre, au-delà de toute empreinte religieuse, d'esprit universaliste, répugnant à toute discrimination et à tout racisme.

Aussi, au cours des dix années vécues en commun, sommes-nous demeurés attentifs et réactifs aux événements proches ou lointains qui, de plus en plus nombreux, constituaient une avancée dans l'obscurantisme, la cruauté, le fanatisme, la haine, et un recul de la liberté, de la démocratie, de la tolérance aux mœurs d'autrui. Nous avons vécu ensemble les exaltations des printemps arabes, les désastres des répressions qui ont suivi, les horreurs de la guerre civile internationale de Syrie, l'afflux des migrants fuyant les guerres d'Afghanistan, du Soudan, en passant par le Moyen-Orient ou les famines d'Afrique sub-saharienne. Tout ce que j'ai alors écrit ou dit publiquement porte son empreinte.

Je connaissais le Maroc en surface, désormais je m'immerge dans la vie marocaine à chaque séjour dans sa ville natale, Marrakech, où vit sa mère. Sa famille et ses amis m'ont fait entrer dans ce monde à la fois semblable et différent. Ce monde que l'on stigmatise ou qu'on apprécie de l'extérieur, je le connais de l'intérieur et j'y ai découvert des laïques comme moi, qui l'expriment en privé.

J'avais connu Marrakech avant l'invasion touristique massive, et je n'en fus que progressivement perturbé. Avec Sabah, j'entrais dans l'intimité de la ville, je jouissais de son climat et pensais que nous pourrions nous y installer. Et cela d'autant plus qu'elle me fit découvrir sa ferme familiale de 14 hectares qu'entretenait sa mère de façon traditionnelle, n'ayant pas la possibilité de la moderniser. L'idée nous vint d'en faire une ferme écologique, qui pourrait être un modèle et un lieu de formation et de rayonnement. Sabah se lança avec enthousiasme dans la réalisation de cette entreprise agricole, d'autant plus qu'elle constituerait un hommage à la mémoire de son père qui en avait fait l'acquisition en 1959.

Elle se voua à ce magnifique projet, y investissant ses efforts et toutes ses économies pour y créer l'infrastructure nécessaire à la création d'un microclimat. Comme elle connaissait mon amour pour les ânes, elle fit l'acquisition d'un ânon que nous appelâmes Platon et qui devint rapidement familier et amical. Cependant, cette ferme nécessitait non seulement une compétence dans le domaine de l'agriculture, mais surtout une grande connaissance du milieu rural et paysan.

Que d'efforts ont été dépensés par Sabah ! Mais, comme disait Guillaume d'Orange : « Point n'est besoin d'espérer pour entreprendre ni de réussir pour persévérer. » Aujourd'hui, la ferme continue à vivre avec son frère Khalil.

Sabah est plus que dévouée, c'est une personne vouée à autrui. À sa mère, qu'elle a sauvée d'une mort certaine en la transférant à l'hôpital européen Georges-Pompidou, à Paris. Depuis, elle multiplie les consultations médicales pour la soulager des infirmités qui l'accablent. Elle est également très présente auprès de ses frères et sœurs.

Et quand je pense à tout ce qu'aurait pu être sa carrière professionnelle si elle s'y était consacrée pleinement, je me sens coupable. Sabah a toujours assumé et assume encore toutes les épreuves de la vie publique à mes côtés, elle si foncièrement discrète et solitaire. Elle m'accompagne dans mes combats et, en cela, n'endosse pas seulement le rôle de l'épouse, mais celui de collaboratrice, de complice et de conseillère. Sans elle, je n'aurais peut-être pas trouvé l'énergie et la force de continuer ma mission. Je lui en suis immensément reconnaissant.

À Marrakech, nous résidons dans une maison entourée d'un jardin verdoyant, bordé de palmiers et d'arbres débordant de fleurs blanches, de bougainvilliers tombant en cascade des murs et des fenêtres de la maison. La plupart des oiseaux sont cachés dans les arbres, mais présents à nos oreilles par leur caco-symphonie de chants allant des pépiements aux notes suraiguës.

Sur le plus grand arbre, gracile, une multitude de grappes de perles jaunes que viennent becqueter les moineaux de Marrakech (les « tibibets », de leur nom marocain). Quelques papillons vagabondent de-ci de-là. Je contemple feuilles et fleurs dans les piaillements incessants des invisibles oiseaux, entrecoupés de vols soudains de part et d'autre du jardin. Parfois, un oiseau qui m'est inconnu file rapidement, haut dans le ciel impeccablement bleu.

En ce mois de décembre, c'est l'été que je trouve dans ce jardin, il fait 23° entre midi et 17 h. Puis l'été s'enfuit à la chute du soleil, et on tombe dans la nuit à 6°.

J'aime ce jardin d'été en plein hiver ; il est plénitude de vie dans ma vie diminuée. J'aime également l'harmonie des intérieurs aménagés par Sabah. Nous avons souvent pensé faire de ce lieu notre résidence permanente, mais je ne me sens chez moi que dans ce jardin.

Sabah conduit. Moi, je n'ose le faire dans cette ville inconnue où la circulation est chaotique et brutale. Désormais, les rues étroites de la médina, où il fut si agréable de se promener à pied, sont sans arrêt parcourues de motos et vélomoteurs dont les bruits assourdissants et les frôlements permanents perturbent la visite.

La mère de Sabah vit dans un riad au milieu d'une impasse préservée, c'est la particularité de ces bâtisses de l'art arabo-musulman. La ville reste magnifique et d'une intense vitalité, avec son incroyable et mythique place Jemaa el-Fna. Mais, un peu partout, les riads deviennent chambres d'hôte ou résidences de riches étrangers qui vivent dans leurs bulles, transformées en palaces hollywoodiens. En outre, un tourisme de masse intercontinental a envahi Marrakech, désormais rempli d'hôtels et de myriades de visiteurs. C'est pour cela que j'ai renoncé à y vivre, tout en aimant y retourner et retrouver nos amis, ma belle-famille et ce jardin d'un perpétuel été.

J'en viens au plus important. Alors que, jusqu'à Edwige, je veillais sur les femmes épousées (sauf dans le cas de Violette, qui ne veillait pas tant sur moi, mais fut une compagne dans les épreuves de la Résistance), Sabah veille sur moi. Plus encore, elle m'a par trois fois sauvé la vie.

La première fois fut en 2013. Je fis cette année-là, à 92 ans, quatre allers-retours en Amérique latine en moins de deux mois.

Ces quatre voyages dans quatre lointains pays d'Amérique du Sud ont sans doute fatigué mon cœur. Je m'en suis rendu compte suite à l'alerte donnée par le Pr Aziz Kharchafi, sagace médecin de famille à Marrakech, qui se mit en liaison avec mon médecin traitant de Paris, le docteur Abastado. Sans l'insistance de Sabah ce jour-là, un simple électrocardiogramme sans défaut chez ce médecin m'aurait certainement conduit à la mort. Sabah insista pour faire un diagnostic plus poussé. Le docteur Abastado me consulte à nouveau, met le doigt sur la carotide, alors tout devient noir, j'ai une sensation de chute, tout disparaît à ma vue et ma conscience. J'ai connu une mort de quelques secondes pendant cet arrêt cardiaque. Il devint urgent de me placer un pacemaker, ce fut fait en septembre 2013.

Plus tard, en 2014, je fus de plus en plus affecté par une sciatique résistante à tout traitement et aggravée par un voyage à Doha pour la conférence internationale de WISE sur l'éducation. Après une mission épuisante, je dus rester alité à mon hôtel sans que les soins puissent améliorer mon mal. Sabah, pourtant très investie dans la réforme éducative de son institut, lâcha tout et accourut à mon chevet. Je fus hospitalisé à l'hôpital du Val-de-Grâce. Comme je l'ai raconté dans le premier chapitre, je fus placé sous morphine, ce qui épouvanta Sabah qui connaissait les contre-indications de ce traitement au vu de mon dossier médical. Elle fit interrompre la morphine et me sauva d'une mort certaine.

Je fus longtemps convalescent, mais devais partir à Berlin, au Wissenschaftskolleg, afin d'y travailler à mes souvenirs de cette ville qui ont donné lieu au livre *Mes Berlin*. Sabah est là pour mon installation et ne repart travailler qu'une fois ma convalescence terminée.

Sabah me donne jeunesse dans ma vieillesse, car l'amour et la tendresse sont eaux de jouvence, meilleurs que la gelée royale ou le ginseng. Elle nourrit les aspirations qui se sont formées dans mon adolescence, parce qu'elle a gardé les siennes, sœurs des miennes. Elle a le goût du beau dans la nature, les arts, l'ameublement. Grâce à elle, j'ai désormais un dressing digne d'un monsieur que je ne suis pas.

Elle me voit qualitativement jeune tout en me voyant quantitativement âgé ; alors elle veille sur moi, tout en me laissant poursuivre mes activités vitales.

L'aire de ma vie se rétrécit. Du nomadisme de la *Santa Maria*[1] a succédé le besoin de sédentarité dans la *querencia* enfin trouvée dans le centre historique d'une ville du sud de la France.

Mes faiblesses auditives brouillent la musique, mais je me remémore en permanence mes moments musicaux préférés, je les chante en imitant l'orchestre, j'ai tout le temps une musique dans la tête. J'aime chanter en compagnie de Sabah qui, parfois, m'enregistre, j'aime chanter lors de réunions amicales ces chansons : *À nous la liberté* du film de René Clair, l'air du film *14 juillet*, *À Paris, dans chaque faubourg*, celui de la chanson de Macky dans *L'Opéra de quat'sous*, et celui que je dédie à Sabah dans le film *Un soir de rafle* : *Si l'on ne s'était pas connu.* Je chante aussi *Pauvre Rutebeuf*, *Les Feuilles mortes*, *Le Chant des partisans*, *La Varsovienne*, et autres chants révolutionnaires qui me font retrouver la transe ancienne.

Je vieillis avec la fatigue et rajeunis quand l'ardeur me saisit.

Tout se rétrécit, mais le feu intense demeure en mon être, entretenu par l'aimée. J'ai toujours la curiosité et le goût enfantin du jeu, les aspirations adolescentes, bien qu'ayant perdu toute illusion. Je suis possédé par le monde, possédé par l'espèce humaine, possédé par l'amour, possédé par le mystère, possédé par l'émerveillement, possédé par la révolte, possédé par mon *daïmôn*.

Dès que nous nous sommes unis, je l'ai entraînée au Pérou, en

1. La caravelle de Christophe Colomb.

Colombie, au Brésil dont elle avait déjà étudié les conditions de vie des bidonvilles. Elle a entre autres contribué à la rédaction de *La Voie*, ce livre si important pour moi. Nous y avons travaillé ensemble sur les questions de l'avenir de la civilisation, et notamment sur l'avenir inséparable des villes et des campagnes. Sabah est présente dans mon travail, même quand on ne la voit pas ou qu'on ne veut pas la voir…

Avec elle, je continue, nos mains liées, à participer au monde, à l'aventure humaine, sur une voie commune. Elle entretient ce feu que j'appelle pour moi-même (*in petto*) ma « mission » : pour une connaissance et une pensée complexes, pour un humanisme régénéré, qui comporte en son noyau la conscience de la communauté de destins et de l'incroyable aventure du genre humain, pour une attention vigilante à l'énorme vague de globalisation techno-économique qui emporte la planète, créant de nouveaux horizons transhumanisants et déshumanisants, provoquant des périls eux-mêmes universels pour l'ensemble du genre humain, à commencer par la dégradation de la biosphère.

Partout, de façon dispersée renaissent et jaillissent les aspirations à une autre vie, et partout le règne du calcul, du profit, de la démesure (*hubris*) ainsi que le déchaînement de la haine, du mépris, du fanatisme étouffent nos aspirations et produisent des régressions inouïes de conscience dans l'accroissement quantitatif des connaissances.

Quand je regarde mon passé je trouve du réconfort au souvenir des oasis de vie temporaires, des extases personnelles et collectives où je me suis retrouvé en me perdant.

Quand je regarde un futur qui prendra forme sans que je puisse le vivre, je vois incertitude, angoisse, mais aussi le souci de sauvegarder des îlots de résistance si les barbaries devaient à nouveau s'imposer… Je garde l'espoir en l'improbable, déjà survenu de façon salvatrice en décembre 1941.

Enfin, je conserve, bien ancrée en moi, la conscience de ce que disait le vieil Héraclite : Concorde et Discorde sont pères de toutes choses.

Dès l'origine de l'Univers, Éros, en l'occurrence les forces d'association, d'union, de fusion, s'est trouvé à l'œuvre, inséparable de Thanatos incarnant les forces de dispersion, de conflit, de destruction, de désintégration, de mort.

Et cela fut et continuera pendant des milliards d'années et pour des milliards et des milliards d'êtres physiques, atomes, étoiles, galaxies.

Et cela fut, continue et continuera dans la non moins incroyable aventure de la vie, où solidarités, parasitismes, conflictualités, prédations sont inséparablement liées.

Et cela fut et continuera dans le fabuleux parcours de l'aventure humaine qui commença avec le redressement embryonnaire de la colonne vertébrale chez des primates devenant hominiens, puis humains. Aventure qui, incarnée par des génies créateurs et destructeurs, a créé puis détruit empires, cités, civilisations, œuvres d'art, épopées, mythes, dieux, idées, pour déboucher, à partir du XVe siècle européen, sur l'ère planétaire devenue mondialisation puis globalisation et poursuivant sa route vers quoi, vers où ? On l'ignore.

Ce que je sais c'est que la lutte inextinguible entre Éros et Thanatos ne s'arrêtera pas, qu'Éros, parfois aveuglé, peut œuvrer sans le savoir pour Thanatos.

Je sais que tout est incertain, mais aussi que Thanatos ne sera jamais totalement vainqueur, sinon à la fin de tous les temps, c'est-à-dire de l'univers.

Et je sais qu'au plus profond de moi-même, et définitivement, je dois non seulement prendre le parti d'Éros sans m'aveugler, tout en sachant que la torche qui nous éclaire nous révélera sans faillir l'immensité de l'ombre et de la nuit.

Ah, si chacun sentait, savait que chaque moment de son existence est un moment, certes infinitésimal mais réel, au cœur d'une épopée où nous devons nourrir la flamme d'amour qui donne et consume la vie.

Montpellier, juin 2019

Index

Repères chronologiques

1921 – (8 juillet), naissance, 10 rue Mayran, à Paris. Fils de Vidal Nahoum et de Luna Beressi

1927 – Entrée au lycée Rollin jusqu'à la classe de philosophie, en 1939

1929 – **Crise économique mondiale**

1931 – (26 juin), mort subite de sa mère, Luna, d'une crise cardiaque, à l'âge de 34 ans. Edgar sera élevé par son père et sa tante Corinne Beressi

1932 – Maladie inconnue, diagnostiquée fièvre aphteuse

1933 – **Hitler au pouvoir**

1934 – **Émeutes du 6 février, crise de la démocratie française**

1936 – **Front populaire**

Premier acte politique : colis pour l'organisation libertaire espagnole Solidaridad internacional antifascista (SIA)

1938 – **Accords de Munich**

Adhésion aux étudiants du parti frontiste de Gaston Bergery

1939 – **Pacte germano-soviétique, invasion de la Pologne, déclaration de guerre à l'Allemagne** : étudiant à la faculté des Lettres (Sorbonne), à la faculté de Droit, à l'École des sciences politiques

1940 (juin) – **Invasion de la France par l'Allemagne**

Refuge à Toulouse

1941 (juin) – **Invasion de l'URSS ; après désastres soviétiques, résistance de Moscou en décembre et entrée en guerre des USA, la guerre devient mondiale**

1942 – Licence d'histoire-géographie et de droit. Entre dans la résistance communiste

1943 – Entre dans le mouvement de Résistance des prisonniers et déportés où il devient responsable régional. Prend le pseudonyme de Morin. Triplement « criminel » en tant que juif, communiste et gaulliste

1944 (août) – Insurrection et libération de Paris.

Homologué lieutenant des Forces françaises combattantes

1945 – Crée l'exposition « Crimes hitlériens ». Épouse Violette Chapellaubeau. Attaché à l'état-major de la 1ère armée française en Allemagne. Puis, du 1/8/45 à 1/4/46, chef du bureau « Propagande » à la Direction de l'information au Gouvernement militaire français en Allemagne

Rencontre Heidegger

1946 – Début de la guerre froide ; regel stalinien.

Communauté rue Saint-Benoît

Publie son premier ouvrage : *L'An zéro de l'Allemagne*

1947 – Naissance de sa fille Irène

1948 – Condamnation de Tito (juin)

Naissance de sa fille Véronique

Rédacteur du *Patriote résistant (*9/2/48-1/11/49)

1949 – Procès Kravchenko

Procès Rajk

1/11/49-1/10/50 chômage

1950 – Entre au CNRS (1-10-50) grâce au soutien de Georges Friedmann, Vladimir Jankélévitch, Maurice Merleau-Ponty et Pierre Georges

1951 – Exclusion du Parti communiste

Publication de *L'Homme et la mort*

1954-1962 – Guerre d'Algérie

1955 – (novembre) Cofondateur du comité des intellectuels contre la guerre en Afrique du Nord

1956 – Rapport Khrouchtchev, Octobre polonais, révolution hongroise, répression soviétique

Publie *Le Cinéma ou l'homme imaginaire* et *Les Stars*

Cofonde avec Roland Barthes, Jean Duvignaud et Colette Audry, la revue *Arguments,* qu'il dirigera jusqu'en 1962

1957 – Voyage en Pologne (janvier)

1958 – Révolte des généraux d'Alger. De Gaulle au pouvoir

1959 – Publication d'*Autocritique*

1960 – Réalise avec Jean Rouch, *Chroniques d'un été*, sélectionné au Festival de Cannes et primé par la critique

1961 – Enseignement à la faculté de Sciences sociales d'Amérique latine à Santiago du Chili.

Découverte de l'Amérique latine

1961 – *L'Esprit du temps*

Devient directeur de la revue *Communications*

1962 – Atteint d'une grave hépatite, il est hospitalisé à New York. Rédige des notes de réflexion sur sa vie et sa pensée pendant sa convalescence qui donneront *Le Vif du sujet* (1969)

1964 – Se lie avec Johanne Harelle

1965-1967 – S'installe à Plozévet, petite commune bretonne, afin de réaliser une enquête sociologique qui aboutira à la publication de *La Métamorphose de Plozévet*

Tunisie 1967 – (Tozeur, Sidi Bou Saïd, Hammamet)

1968 – (mai) Écrit plusieurs articles « à chaud » sur « la Commune étudiante », qui seront réunis dans le livre *La Brèche* (avec ceux de Claude Lefort et Cornelius Castoriadis)

1969 – Invité au Salk Institute for biological studies, à San Diego, en Californie. Il y retrouve Jacques Monod, Prix Nobel de médecine, auteur du *Hasard et la Nécessité*

Publication de *La Rumeur d'Orléans*

Épouse Johanne Harelle

1970 – Nommé directeur de recherche au CNRS. Participe à la constitution d'un Centre international d'études bio-anthropologiques et d'anthropologie fondamentale à Royaumont. Codirige le colloque l'Unité de l'homme

Publication du *Journal de Californie*

1973 – Publie *Le Paradigme perdu : la nature humaine*

1977 – Publication du premier tome de *La Méthode : La Nature de la nature*. La publication des cinq autres volumes s'étalera sur trente ans

1979 *et sqq.* – Années Thatcher-Reagan : le libéralisme économique se répand dans le monde

1980 – Se sépare de Johanne

1981 – Mitterrand président de la République

1982 – Épouse Edwige Lannegrace

Publication de *Science avec conscience*

1984 – Mort de son père, Vidal

Publication de *Pour sortir du XXe siècle*

1989 – Chute et désintégration de l'Union soviétique, guerre de Yougoslavie

Publication de *Vidal et les siens*

1994 – Publication de *Mes Démons* (« J'essaie de reconnaître à quelles erreurs mes démons m'ont conduit, à quelles vérités je demeure fidèle »)

1995 – Nommé président de l'Agence européenne pour la culture

1996 – (mars) Mort de marguerite Duras

1997 – Décoré de l'Ordre officiel du Mérite (Espagne)

Publie *Amour, poésie, sagesse*

(Août) Mort de Dionys

1998 – Organisation à Paris des journées thématiques : « Le défi du XXIe siècle : Relier les connaissances »

À Rio de Janeiro, organisation du Premier Congrès inter-latin sur la Pensée complexe

1999 – Il reçoit au Portugal la décoration de la Gran Cruz de l'Ordre de Santiago de l'Epée

Fait docteur *honoris causa* de plusieurs universités brésiliennes (Natal, Rio Grande do Norte, Paraíba, Porto Alegre, Rio Grande do Sul)

2000 – **La mondialisation prend les commandes**

Publication des *Sept Savoirs nécessaires à l'éducation du futur.*

Tuberculose

2001 – Reçoit la médaille Aristote d'or de l'Unesco

2003 – Docteur *honoris causa* de l'Université Candida Mendes (Rio de Janeiro)

2005 – Création de la multiversidad Edgar-Morin à Hermosillo, Mexique

2008 – Décès de son épouse Edwige

2009 – Rencontre Sabah Abouessalam au festival de Fès

2011 – Publication de *La Voie*

2012 – Publication des deux volumes du *Journal, 1962-1987 et 1992-2010*

2014 – Création de la chaire « Edgar Morin de la Complexité » à l'ESSEC (Cergy-Pontoise)

2015 – On donne le nom d'Edgar Morin au lycée d'excellence de Douai (Nord)

2016 – Réalisation du premier Congrès mondial sur la pensée complexe au siège de l'Unesco

Table des matières

Du même auteur

La Méthode

La Nature de la nature (t. 1), Seuil, 1977, coll. « Points Essais », n° 123, 1981 et 2014

La Vie de la vie (t. 2), Seuil, 1980, coll. « Points Essais », n° 175, 1985 et 2014

La Connaissance de la connaissance (t. 3), Seuil, 1986, coll. « Points Essais », n° 236, 1992 et 2014

Les Idées. Leur habitat, leur vie, leurs mœurs, leur organisation (t. 4), Seuil, 1991, coll. « Points Essais », n° 303, 1995 et 2014

L'Humanité de l'humanité. L'identité humaine (t. 5), Seuil, 2001, coll. « Points Essais », n° 508, 2003 et 2014

Éthique (t. 6), Seuil, 2004, coll. « Points Essais », n° 555, 2006 et 2014

La Méthode, Seuil, coll. « Opus », 6 vol. en deux tomes, 2008

L'Aventure de La Méthode, Seuil, 2015

La pensée complexe

Science avec conscience, Fayard, 1982 ; Seuil, coll. « Points Sciences », n° 564, 1990

Sociologie, Fayard, 1984 ; Seuil, coll. « Points Essais », n° 276, 1994

Introduction à la pensée complexe, ESF, 1990 ; Seuil, coll. « Points Essais », n° 534, 2005 et 2014

La Complexité humaine, Flammarion, coll. « Champs : l'essentiel », n° 189, 1994

La condition humaine

L'An zéro de l'Allemagne, Éditions de la Cité universelle, 1946

Les Stars, Seuil, 1957, nouvelle édition coll. « Points », 1972

Le Cinéma ou l'homme imaginaire, essai d'anthropologie sociologique, éditions de Minuit, 1956

Les Enfants du ciel : entre vide, lumière, matière (avec Michel Cassé), Odile Jacob, 2003

L'Homme et la mort, Corrêa, 1951 ; Seuil, 1970, coll. « Points Essais », 2014

Le Paradigme perdu : la nature humaine, Seuil, 1973, coll. « Points Essais », n° 109, 1979 et 2016

Dialogue sur la nature humaine (avec Boris Cyrulnik), éditions de l'Aube, coll. « Interventions », 2000 ; rééd. 2004 et 2012, coll. « Aube poche » ; nouvelle édition illustrée par Patrick Lemaître, éditions de l'Aube, coll. « Monde en cours », 2015

Sur l'esthétique, robert Laffont/FMSH éditions, coll. « Le monde comme il va » et « Interventions », 2016

Le Cinéma, un art de la complexité, Nouveau Monde Éditions, 2018

La tétralogie pédagogique

La Tête bien faite. Repenser la réforme, réformer la pensée, Seuil, 1999

Relier les connaissances. Le défi du XXIe siècle, Journées thématiques conçues et animées par Edgar Morin, unesco-Seuil, 1999

Les Sept Savoirs nécessaires à l'éducation du futur, Seuil, 2000, coll. « Points Essais », 2015

Enseigner à vivre : manifeste pour changer l'éducation, Actes Sud/ éditions Play Bac, 2014

L'ère planétaire

Terre-Patrie (avec Anne-Brigitte Kern), Seuil, 1993 ; coll. « Points Essais », n° 207, 1996 et 2000

Pour sortir du XXe siècle, Seuil, coll. « Points Essais », n° 170, 1984 ; édition augmentée d'une préface sous le titre *Pour entrer dans le XXIe siècle*, Seuil, coll. « Points Essais », n° 518, 2004

L'An I de l'ère écologique : la Terre dépend de l'homme qui dépend de la Terre (avec Nicolas Hulot), Tallandier, 2007

L'Esprit du temps. Essai sur la culture de masse, 2 t., Grasset, 1962 et 1976 ; nouvelle édition Armand Colin/Ina, 2008

La Voie : pour l'avenir de l'humanité, Fayard, 2011, nouvelle édition « Pluriel », 2012

Penser global : l'humain et son univers, robert Laffont/FMSH éditions, coll. « Le monde comme il va » et « Interventions », 2015

Écologiser l'homme, Lemieux éditeur, 2016

Connaissance, ignorance, mystère, Fayard, 2017

Temps présent

La Rumeur d'Orléans (avec Bernard Paillard, évelyne Burguière, Claude Capulier, Suzanne de Lusignan, Julia Vérone), Seuil, 1969, coll. « Points Essais », n° 143, 1982, édition augmentée avec *La Rumeur d'Amiens, 1982*

Commune en France : la métamorphose de Plozévet, Fayard, 1967 ; LGF, coll. « Biblio-Essais », 1984, et « Pluriel », 2013

Mai 1968, la brèche : premières réflexions sur les événements, avec Claude Lefort et Cornelius Castoriadis, Fayard, 1968, 2008

Penser l'Europe, Gallimard, 1987, coll. « Folio », 1990

Les Fratricides, *Yougoslavie-Bosnie 1991-1995*, Éditions Arléa, 1995

Le Monde moderne et la condition juive, Seuil, 2006, coll. « Points Essais », 2012

Au péril des idées : les grandes questions de notre temps (avec Tariq ramadan), Presses du Châtelet, 2014 ; Archipoche, 2015

L'Urgence et l'essentiel (avec Tariq Ramadan), Édition Don Quichotte, 2017

Changeons de voie : les leçons du coronavirus, Denoël, 2020

Pensée politique

Introduction à une politique de l'homme, Seuil, 1965, coll. « Points Politique », n° 29, 1969, « Points Essais », n° 381, 1999

De la nature de l'URSS. Complexe totalitaire et nouvel empire, Fayard, 1983

Pour une politique de civilisation, Arléa, 2002

La Violence du monde (avec Jean Baudrillard), Éditions du Félin, 2003

Culture et barbarie européennes, Éditions Bayard, 2005 ; nouvelle édition, *L'Europe à deux visages : humanisme et barbarie*, Lemieux éditeur, 2015

Pour et contre Marx, Temps présent, 2010 ; Flammarion, « Champs Actuel », 2012

Ma gauche, François Bourin, 2010

La France une et multiculturelle. Lettres aux citoyens de France (avec Patrick Singaïny), Fayard, 2012

Le Chemin de l'espérance (avec Stéphane Hessel), Fayard, 2011

Où est passé le peuple de gauche ? Éditions de l'Aube, 2017

Ma voie

Autocritique, Seuil, 1959 et 2012 ; coll. « Points Essais », n° 283, 1994

Mes démons, Stock, coll. « À vif », 1994 et 2008 ; rééd. coll. « Points », n° 528, 2010

Vidal et les siens (avec Véronique Nahoum-Grappe et Haïm Vidal Sephiha), Seuil, 1989 et 2015, coll. « Points », n° 300, 1996

Amour, poésie, sagesse, Seuil, 1997, coll. « Points », 1999

Mon chemin. Entretiens avec Djénane Kareh Tager, Fayard, 2008 ; coll. « Points Essais », 2011

Edwige, l'inséparable, Fayard, 2009

Mes philosophes, éditions Germina, coll. « Cercle de philosophie », 2011

Mon Paris, ma mémoire, Fayard, 2013

Mes Berlin : 1945-2013, Le Cherche Midi, 2013

Journaux

Journal de Californie, Seuil, 1970 ; coll. « Points Essais », n° 151, 1982

Le Vif du sujet, Seuil, 1969 ; coll. « Points Essais », n° 137, 1982

Une année Sisyphe (Journal de la fin du siècle), Seuil, 1995

Pleurer, aimer, rire, comprendre, 1er janvier 1995-31 janvier 1996, Arléa, 1996

Journal (t. 1 et t. 2), Seuil, 2012.

Au rythme du monde : un demi-siècle d'articles dans Le Monde, Presses du Châtelet, 2014 ; Archipoche, 2015

Colloques

L'Unité de l'homme (avec Massimo Piatelli Palmarini), Seuil, 1974, coll. « Points Essais », 3 vol., 1978

Arguments pour une méthode, colloque de Cerisy, Seuil, 1990

L'Intelligence de la complexité (avec Jean-Louis Le Moigne), l'Harmattan, 1999

Pour une utopie réaliste, rencontres de Chateauvallon organisées par Gérard Paquet, Arléa 1996

Cet ouvrage a été imprimé en France par
CPI Bussière
Z.I. rue Pelletier Doisy
18200 Saint-Amand-Montrond (France)

pour le compte des Éditions Fayard
en juin 2021

PAPIER À BASE DE FIBRES CERTIFIÉES

Fayard s'engage pour l'environnement en réduisant l'empreinte carbone de ses livres. Celle de cet exemplaire est de :
1,8 kg éq. CO_2
Rendez-vous sur www.fayard-durable.fr

N° d'édition : 15-1393-5/03 - N° d'impression : 2059019